V&R unipress

Studien zu Macht und Herrschaft

Schriftenreihe des SFB 1167
»Macht und Herrschaft – Vormoderne Konfigurationen in transkultureller Perspektive«

Band 17

Herausgegeben von

Matthias Becher, Jan Bemmann und Konrad Vössing

Sophie Charlotte Quander

# Auf der Suche nach Re/formen

## Literarische Wege der Selbstlegitimation in der ›Reformatio Sigismundi‹ (1439)

Mit 7 Abbildungen

V&R unipress

Bonn University Press

Bibliografische Information der Deutschen Nationalbibliothek
Die Deutsche Nationalbibliothek verzeichnet diese Publikation in der Deutschen Nationalbibliografie; detaillierte bibliografische Daten sind im Internet über https://dnb.de abrufbar.

**Veröffentlichungen der Bonn University Press erscheinen bei V&R unipress.**

Gedruckt mit freundlicher Unterstützung der Deutschen Forschungsgemeinschaft.



Umschlagabbildung: Johann Bämler (ed.), Ein Cronica von allen kaysern vnd künigen. Von allen Bäbsten, Augsburg 1476, München, Bayerische Staatsbibliothek, 2 Inc.c.a. 499 t, Bl. 84r, urn:nbn:de:bvb:12-bsb00066570-6.
Druck und Bindung: CPI books GmbH, Birkstraße 10, D-25917 Leck
Printed in the EU.

**Vandenhoeck & Ruprecht Verlage | www.vandenhoeck-ruprecht-verlage.com**

ISSN 2626-4072
ISBN 978-3-8471-1599-1

*Meiner Mutter*

# Inhalt

## Vorwort zur Schriftenreihe

Im Bonner Sonderforschungsbereich 1167 ›Macht und Herrschaft – Vormoderne Konfigurationen in transkultureller Perspektive‹ werden die beiden namengebenden Vergesellschaftungsphänomene vergleichend untersucht. Sie prägen das menschliche Zusammenleben in allen Epochen und Räumen und stellen damit einen grundlegenden Forschungsgegenstand der Kulturwissenschaften dar. Vor diesem Hintergrund ist es das Ziel des disziplinär breit angelegten Forschungsverbundes, die Kompetenzen der beteiligten Fächer in einer interdisziplinären Zusammenarbeit zu bündeln und einen transkulturellen Ansatz zum Verständnis von Macht und Herrschaft zu erarbeiten.

Hierbei kann der SFB 1167 auf Fallbeispiele aus unterschiedlichsten Regionen zurückgreifen, die es erlauben, den Blick für Gemeinsamkeiten und Unterschiede zu schärfen. Die Reihe ›Studien zu Macht und Herrschaft‹ bündelt Ergebnisse aus teilprojektbezogenen Workshops und dient der Publikation von Monographien, die vor allem im Zuge der Projektarbeit entstanden sind.

Dies wäre ohne die großzügige finanzielle Unterstützung der Deutschen Forschungsgemeinschaft und das kontinuierliche Engagement der Universität Bonn zur Bereitstellung der notwendigen Forschungsinfrastruktur nicht möglich, wofür an dieser Stelle herzlich gedankt sei.

Matthias Becher – Jan Bemmann – Konrad Vössing

# Vorwort

Die vorliegende Arbeit wurde im Sommersemester 2021 an der Philosophischen Fakultät der Rheinischen Friedrich-Wilhelms-Universität Bonn als Dissertation eingereicht, im Vorfeld der Drucklegung stellenweise überarbeitet und um Hinweise auf aktuelle Forschung ergänzt.

Mein erster und größter Dank gilt Prof. Dr. Karina Kellermann, die so viel mehr als eine Erstbetreuerin für mich gewesen ist. Für ihre kritische Lektüre, ihre konstruktiven Ratschläge, ihr Feingefühl, wann es zu motivieren und wann es abzuwarten gilt, und nicht zuletzt für ihre Bereitschaft, mich stets auch als Person ernst zu nehmen, möchte ich meinen aufrichtigen Dank aussprechen. Ich hätte mich in dieser mitunter auch fordernden Zeit nicht besser begleitet fühlen können. Meinem Zweitgutachter Prof. Dr. Matthias Becher gilt mein Dank nicht nur für die wertvollen Hinweise während der Schreibarbeit, sondern auch für die konstruktive Zusammenarbeit im Forschungsverbund. Ihm möchte ich neben Prof. Dr. Jan Bemmann und Prof. Dr. Konrad Vössing auch für die Aufnahme in die Reihe ›Studien zu Macht und Herrschaft‹ meinen Dank ausrichten. Danken möchte ich des Weiteren den anderen beiden Mitgliedern meiner Prüfungskommission: Prof. Dr. Elke Brüggen, die nicht nur den Vorsitz der Prüfungskommission übernommen, sondern mich stets mit ihrem philologischen Feinsinn beeindruckt hat; und PD Dr. Alheydis Plassmann, die tragischerweise so früh von uns gegangen ist. Ihre Neugier und Lebensfreude werden mir ein Vorbild bleiben.

Ich hatte das große Glück, am Bonner Sonderforschungsbereich 1167 ›Macht und Herrschaft. Vormoderne Konfigurationen in transkultureller Perspektive‹ promovieren zu dürfen, ohne dessen interdisziplinären Austausch diese Arbeit nicht möglich gewesen wäre. Dank meiner lieben Kolleg·innen, allen voran Dr. Felix Bohlen, Prof. Dr. Anna Kollatz, Jasmin Leuchtenberg, Dr. Mike Janßen und Dr. Theresa Wilke, werden mir die Jahre dort unvergesslich bleiben. Bedanken möchte ich mich außerdem für die Möglichkeit, im Zuge meiner Teilprojektarbeit zwei Monate an der Beinecke Rare Book and Manuscript Library der Yale University verbringen zu dürfen. Prof. Dr. Roberta Frank und Prof. Dr. Joseph

Roach, die mich wohlwollend aufgenommen haben, und PD Dr. Tobias Daniels, der mich in der Handschriftenanalyse und später auch in der Fertigstellung des Manuskripts sorgfältig beraten hat, gilt mein besonderer Dank.

Den vielen Teilnehmer·innen der unterschiedlichen Colloquia und den Kolleg·innen des Bonner Lehrstuhls, vor allem PD Dr. Peter Glasner und Dr. Sebastian Winkelsträter, sei für ihr offenes Ohr und ihre klugen Nachfragen gedankt. Für ihre akribische Lektüre, hilfreichen Anregungen und ihre Bereitschaft, auch kurzfristig Ausschnitte der Arbeit gegenzulesen, bedanke ich mich außerdem aufrichtig bei Dr. des. Sona Arasteh-Roodsary, Anna Nachtsheim, Florian Saalfeld und Dr. Birgit Zacke. Dr. Katharina Gahbler und Lukas Müller möchte ich des Weiteren für ihre Geduld und Hilfsbereitschaft während der Drucklegung meinen Dank ausdrücken, die freundlicherweise durch den SFB 1167 finanziert wurde.

Dass mir die Arbeit bis zum Schluss Freude bereitet hat, verdanke ich nicht zuletzt der liebevollen Unterstützung meiner weiteren Freund·innen, insbesondere Mathias Barkhausen, Rebecca Brizón Beaumont und Janin Tscheschel. Enden möchte ich mit einem Dank an meine Familie, allen voran an meinen Vater Georg, der seine Leidenschaft für Kunst und Kultur mit mir geteilt hat, und an meine Schwester Friederike, die die Welt nicht so sieht, wie sie ist, sondern wie sie sein könnte.

Osnabrück im Januar 2023

# I Aus der Form geraten – eine Einleitung

Und wieder einmal finden die politischen Entscheidungseliten aus allen Teilen Europas zusammen, um über Chancen und Herausforderungen einer gemeinsamen Zukunft zu diskutieren. Eine neuartige Pandemie hat die Welt in Atem gehalten, der Klimawandel droht nach wie vor, Fremdenangst und protonationales Bewusstsein breiten sich aus. Die Medienrevolution bietet selbsternannten Deutungshoheiten ein neues Ventil, breitenwirksam Stimmung zu machen. Jahre der vermeintlichen Krise münden in immer lauteren Rufen nach Reform und Rückkehr in jene traumverlorenen Zeiten, in denen ja alles besser war. Soweit die Ausgangssituation des Heilig Römischen Reichs zu Beginn des 15. Jahrhunderts.

Inmitten von Zukunftssorge und Reformhoffnung entsteht ein Text, den Karl Beer einmal als »eines der umstrittenen Schriftwerke des Mittelalters«[1] bezeichnet hat: Die ›Reformatio Sigismundi‹ (»Reformation des Kaisers Siegmund«).[2] Ihr Verfasser, ein unbekannt gebliebener Teilnehmer des Basler Konzils, begleitet die auf dieser Kirchenversammlung geführten Reformdiskussionen und formuliert 1439 schließlich selbst Vorschläge, wie man Kirche und Reich angesichts der empfundenen Krisen um- und neugestalten könne. Er steht damit nicht allein: Zahlreiche, auch namentlich bekannte Teilnehmer des Konzils haben bereits vor ihm ihre Reformvorstellungen in die Debatte eingespielt. In einem Punkt aber unterscheidet sich sein Entwurf von jenen seiner Mitstreiter: Im Gegensatz zu den bis dato existierenden lateinischen Reformvorlagen fordert der Anonymus auf Deutsch. Das bringt die ein oder andere Herausforderung mit sich: Wie begründet man sein Recht auf Mitsprache, wenn man nicht die vor-

1 Karl BEER, Was ein deutscher Reformer vor einem halben Jahrtausend vom Ärztestand erwartete, in: Gesnerus 12/1–2 (1955), 24–36, hier 24.

2 Der Text firmiert in den ältesten Handschriften unter dem geeigneteren volkssprachigen Titel, die Forschung kennt ihn jedoch unter seiner späteren lateinischen Überschrift, die der Konvention halber beibehalten werden soll. Zu den volkssprachigen und späteren lateinischen Titeln vgl. Heinrich KOLLER, Einleitung, in: Reformation Kaiser Siegmunds, ed. DERS. (Monumenta Germaniae Historica. Staatsschriften des späteren Mittelalters 6), Hannover 1964a, 1–49, hier 1, Anm. 1.

herrschende Diskurssprache bedient? Wie setzt man sich in Bezug, wie grenzt man sich ab von anderen Diskursbeteiligten? Und wie erreicht man, dass die eigenen Aussagen auch Gehör finden?

Die volkssprachige ›Reformatio Sigismundi‹ zählt klassischerweise in das Untersuchungsfeld der Geschichtswissenschaft, die den Text vor allem quellenkritisch und sozialhistorisch untersucht hat. Nur am Rande hat die Forschung interessiert, weshalb jemand in einem lateinischen Diskurs auf Deutsch schreibt, wie sich das auf Argumentation und Aufbau des Textes auswirkt und wie der Fordernde den Sprachwechsel rechtfertigt.

Ziel der vorliegenden Arbeit ist es deshalb, die Faktur der ›Reformatio Sigismundi‹ in den Blick zu nehmen und dabei insbesondere ihren literarischen Wegen der Selbstlegitimation nachzugehen.[3] In einer Phase zunehmender interdisziplinärer Zusammenarbeit hoffe ich damit, neue Impulse im Dialog von Literatur- und Geschichtswissenschaften zu setzen. In Zeiten von politischen Krisen und europäischen Lösungen, von Populismus und Neuen Medien interessiere ich mich für Prozesse der Meinungsbildung im öffentlichen Raum. Im Geiste neuerer und neuster Methodenangebote schließlich frage ich nach den Überzeugungsstrategien politisch argumentierender Texte. Als Literaturwissenschaftlerin faszinieren mich dabei naturgemäß vor allem Formen und Funktionen der Darstellung.

Im Folgenden sollen der Untersuchungsgegenstand, die bisherigen Forschungsergebnisse sowie das Erkenntnisinteresse der vorliegenden Arbeit vorgestellt werden. Der in dieser Einleitung gebotene historische Rückblick möchte für die zunächst auf den Text konzentrierte Analyse lediglich den Rahmen abstecken und fällt dementsprechend kurz aus. Eine ausführlichere Zusammenfassung bietet das letzte Kapitel, das die kirchenpolitischen Ausgangsbedingungen der ›Reformatio Sigismundi‹ rekapitulieren und in diesem Zusammenhang die Serie der Allgemeinen Konzilien zu Beginn des 15. Jahrhunderts vertiefend behandeln wird (vgl. Kap. IV 2.1).

3 Ich wähle den Zusatz ›literarisch‹ in Anlehnung an Monika Fludernik: »›Literary‹ in this context […] refers to aesthetic (stylistic) appreciation as well as to a reading strategy that emphasizes savoring the text as such over and above its informational value« (Monika Fludernik, Factual Narrative: A Missing Narratological Paradigm, in: Germanisch-Romanische Monatsschrift 63/1 [2013], 117–134, hier 119). Es soll dabei nicht darum gehen, die ›Reformatio Sigismundi‹ als literarischen Text zu klassifizieren, gleichwohl aber ihren reinen Informationsgehalt zugunsten ihrer spezifischen Textur in den Hintergrund zu stellen. Unter dem Begriff ›literarisch‹ subsumiere ich im Folgenden rhetorische, narrative sowie (inter-)textuelle und (inter-)mediale Strategien der Selbstlegitimation, womit ich jene Verfahren fokussiere, mit denen sich ein Diskursteilnehmer durchzusetzen versucht. Zur (herrschafts-)soziologischen Kategorie der Legitimität im Sinne Max Webers vgl. stattdessen Kap. IV 4.3.4.

# 1 Die Konzilien von Konstanz und Basel

Zu Beginn des 15. Jahrhunderts blickt das Heilig Römische Reich auf folgenschwere Jahre zurück: Klimaverschlechterung, Pestpandemie, Agrarausfälle und Hungersnot befeuern sozialen Unmut und steigern die Skepsis gegenüber etablierten Deutungs- und Entscheidungshoheiten.[4] Inspiriert durch John Wyclifs Kritik an der Hegemonie des Papstes predigt der böhmische Theologe Jan Hus einem stetig wachsenden Publikum und zieht mit seinen Lehren schließlich den päpstlichen Bann auf sich.[5] Die Auseinandersetzungen in Böhmen stellen die Autorität der Amtskirche auf eine empfindliche Probe, die zudem im Laufe des 14. Jahrhunderts in konkurrierende Obödienzen zerfallen ist: Erst zwei, dann gar drei Männer beanspruchen für sich, das jeweils einzig legitime Oberhaupt der Römisch-katholischen Kirche zu sein.[6] Das Abendländische Schisma riskiert, die Kirche von innen zu zersetzen, während man sich von außen zunehmend durch die Osmanen bedroht fühlt.[7] Die kirchenkritischen Bewegungen in Böhmen, das Schisma und die als ›Türkengefahr‹ wahrgenommene Osmanische Expansion legen einige Zeitgenossen als Folgewirkungen einer reformbedürftigen Kirche

4 Zu den Symptomen der vermeintlichen ›Krise‹ des 15. Jahrhunderts vgl. Heribert MÜLLER, Die kirchliche Krise des Spätmittelalters. Schisma, Konziliarismus und Konzilien (Enzyklopädie deutscher Geschichte 90), München 2012, 1. Eine übersichtliche, durch Randnotizen strukturierte Einführung in die relevanten soziopolitischen Themen des 15. Jahrhunderts bietet außerdem Erich MEUTHEN, Das 15. Jahrhundert, überarb. von Claudia MÄRTL, 5. Aufl. (Oldenbourg Grundriss der Geschichte 9), München 2012, 1–110. Claudia Märtl spitzt die entscheidenden Problemfelder mit Blick auf den Reformdiskurs zu (vgl. Claudia MÄRTL, Der Reformgedanke in den Reformschriften des 15. Jahrhunderts, in: Ivan HLAVÁČEK/Alexander PATSCHOVSKY [edd.], Reform von Kirche und Reich zur Zeit der Konzilien von Konstanz [1414–1418] und Basel [1431–1449]. Konstanz-Prager Historisches Kolloquium [11.–17. Oktober 1993], Konstanz 1996, 91–108, hier 91).

5 Zur Kirchenkritik von Wyclif und Hus vgl. den Überblick bei MEUTHEN 2012, 78f.

6 In das Abendländische Schisma und seine Auslegung durch die Geschichtswissenschaft führen ein Joëlle ROLLO-KOSTER/Thomas M. IZBICKI (edd.), A Companion to the Great Western Schism (1378–1417) (Brill's Companions to the Christian Tradition 17), Leiden/Boston 2009a, insbesondere DIES., Introduction: The Great Schism and the Scholarly Record, in: ebd., 2009b, 1–7. Welch entscheidende Mittler- und Schlüsselposition das Konzil von Pisa (1409) für die Beilegung des Schismas einnimmt, hat Florian Eßer mit seiner Studie jüngst aufgezeigt (vgl. Florian ESSER, Schisma als Deutungskonflikt. Das Konzil von Pisa und die Lösung des Großen Abendländischen Schismas [1378–1409] [Papsttum im mittelalterlichen Europa 8], Wien/Köln/Weimar 2019).

7 An insgesamt zwölf Reiseberichten des 15. und 16. Jahrhunderts hat Almut Höfert nachgewiesen, wie sich der europäische Diskurs um eine vermeintliche ›Türkengefahr‹ im Laufe des Spätmittelalters dramatisiert (vgl. Almut HÖFERT, Den Feind beschreiben. ›Türkengefahr‹ und europäisches Wissen über das Osmanische Reich 1450–1600 [Campus Historische Studien 35], Frankfurt a. Main/New York 2003). Zur terminologischen Differenz von empfundener Bedrohung (›Türkengefahr‹) und militärischer Auseinandersetzung (›Osmanischer Expansion‹) vgl. ebd., 51.

aus, die es von Grund auf zu erneuern gilt.[8] Um das Schisma zu beenden und eine Reform in die Wege zu leiten, fordern sie deshalb ein Allgemeines Konzil, das höchste kirchenpolitische Versammlungsorgan.[9] Der Römisch-deutsche König Siegmund von Luxemburg (ab 1433 auch Römisch-deutscher Kaiser) drängt schließlich einen der drei päpstlichen Prätendenten, den von der Pisaner Obödienz gewählten Johannes XXIII., dazu, ein Konzil für Konstanz anzusetzen. Seinen Zeitgenossen gilt der König fortan als Galionsfigur der schwelenden Reformhoffnungen: Seit langem hat wieder einmal ein weltlicher Herrscher ein Kirchenkonzil angeregt und damit der herbeigesehnten Reform den Weg geebnet.[10]

Am 5. November 1414 finden die Konzilsväter in Konstanz zusammen. Das Konstanzer Konzil (1414–1418) formuliert drei wesentliche Ziele: die als Ketzerei empfundenen kirchenkritischen Tendenzen in Böhmen zu unterbinden (*causa fidei*), das Schisma beizulegen und somit die Einheit der Kirche zu restituieren (*causa unionis*) sowie die dringende Reform anzugehen (*causa reformationis*). Seinem zugesicherten freien Geleit zum Trotz, verurteilt das Konzil Jan Hus am

8 Zum Zusammenhang von Schisma und Reformforderung vgl. Jürgen MIETHKE, Einleitung, in: Quellen zur Kirchenreform im Zeitalter der großen Konzilien des 15. Jahrhunderts. Erster Teil: Die Konzilien von Pisa (1409) und Konstanz (1414–1418), ausgewählt und übersetzt von DEMS. und Lorenz WEINRICH (Ausgewählte Quellen zur Deutschen Geschichte des Mittelalters 38a), Darmstadt 1995, 1–50, hier 15.

9 Zu Form und Funktion des spätmittelalterlichen Konzils vgl. Mona KIRSCH, Das allgemeine Konzil im Spätmittelalter. Organisation – Verhandlungen – Rituale (Heidelberger Abhandlungen zur Mittleren und Neueren Geschichte 21), Heidelberg 2016, 40; Jörg SCHWARZ, Ein Konzil – Was ist das?, in: Jan KEUPP/Jörg SCHWARZ (edd.), Konstanz 1414–1418. Eine Stadt und ihr Konzil, Darmstadt 2017, 7–10. Einblicke in die bewegte Konzilsgeschichte zu Beginn des 15. Jahrhunderts bieten die interdisziplinären Beiträge in Heribert MÜLLER/Johannes HELMRATH (edd.), Die Konzilien von Pisa (1409), Konstanz (1414–1418) und Basel (1431–1449). Institutionen und Personen (Vorträge und Forschungen 67), Ostfildern 2007.

10 Siegmund hat nicht nur durchgesetzt, dass Johannes XXIII. ein Konzil auf Reichsboden einberuft, sondern auch 19 Jahre später in Basel zwischen Papst und Konzil zu vermitteln versucht (vgl. Jörg K. HOENSCH, Kaiser Sigismund. Herrscher an der Schwelle zur Neuzeit 1368–1437, München 1996, 173f. und 400f.). Dass der Kaiser dank seines selbstbewussten Auftretens zum Hoffnungsträger des Reformwunsches stilisiert worden sei, hat die Forschung wiederholt betont: Für Joachim Schneider ist Siegmund »eine, wenn nicht die zentrale Figur des Konstanzer Konzils« (Joachim SCHNEIDER, Sigismund. Römisch-deutscher König auf dem Konstanzer Konzil, in: Karl-Heinz BRAUN et al. [edd.], Das Konstanzer Konzil 1414–1418. Weltereignis des Mittelalters. Essays, Darmstadt 2013, 41–46, hier 41), Hermann Wiesflecker schreibt Siegmund eine »Gloriole des Märtyrers der Reform« zu (Hermann WIESFLECKER, Kaiser Maximilian I. Das Reich, Österreich und Europa an der Wende zur Neuzeit, 5 Bde., Bd. 2: Reichsreform und Kaiserpolitik. 1493–1500. Entmachtung des Königs im Reich und in Europa, München 1975, 204) und Thea Buyken spricht gar von Siegmunds Apotheose zum »Engel« in der Wahrnehmung seiner Zeitgenossen (Thea BUYKEN, Der Verfasser der ›Reformatio Sigismundi‹, in: Josef ENGEL/Hans M. KLINKENBERG [edd.], Aus Mittelalter und Neuzeit. Gerhard Kallen zum 70. Geburtstag dargebracht von Kollegen, Freunden und Schülern, Bonn 1957, 97–116, hier 113).

6. Juli 1415 zum Häretiker und verbrennt ihn noch am selben Tag auf dem Scheiterhaufen. Die öffentliche Hinrichtung löst die *causa fidei* jedoch nur scheinbar, schließlich findet die ›hussitische Bewegung‹ »[e]rst mit dem Märtyrer [...] ihren Namen.«[11] Die schwelenden Autoritätskonflikte zwischen Papst und Konzil blockieren in der Zwischenzeit einen konstruktiven Reformdialog und rücken die *causa reformationis* in weite Ferne. Nur die *causa unionis* vermag das Konstanzer Konzil nach drei Jahren tatsächlich zu lösen: Nachdem die drei Papstprätendenten abgesetzt worden sind, wählt die Versammlung 1417 Kardinal Oddo di Colonna zum neuen Papst Martin V. und löst damit das 40 Jahre währende Schisma.[12] Vom Konzil und seinen Verhandlungen erschöpft, beenden die Konzilsväter die Generalsynode schließlich im April des darauffolgenden Jahres.[13]

Unter den drei Leitaufgaben *fides, pax* und *reformatio* finden die Konzilsväter 13 Jahre später in Basel zusammen. Große Hoffnungen setzt man auf diese neue Generalsynode, die nun endlich die Reform angehen soll. Von Beginn an jedoch steht das Basler Konzil (1431–1449) unter schlechtem Vorzeichen: Papst Martin V. stirbt nur wenige Monate vor der von ihm für Basel angesetzten Ver-

11 Erich MEUTHEN, Das Basler Konzil als Forschungsproblem der europäischen Geschichte (Vorträge. Rheinisch-Westfälische Akademie der Wissenschaften. Geisteswissenschaften G 274), Opladen 1985, 7.

12 Zu Martin V. und seiner Reformpolitik im Anschluss an das Konstanzer Konzil vgl. Birgit STUDT, Papst Martin V. (1417–1431) und die Kirchenreform in Deutschland (Forschungen zur Kaiser- und Papstgeschichte des Mittelalters. Beihefte zu J. F. Böhmer. Regesta Imperii 23), Köln/Weimar/Wien 2004.

13 Walter Brandmüllers zweibändige Konziliengeschichte bietet nach wie vor die umfangreichste Gesamtdarstellung des Konstanzer Konzilsgeschehens (vgl. Walter BRANDMÜLLER, Das Konzil von Konstanz 1414–1418, 2 Bde., Bd. 1: Bis zur Abreise Sigismunds nach Narbonne [Konziliengeschichte. Reihe A: Darstellungen 11], Bd. 2: Bis zum Konzilsende [Konziliengeschichte. Reihe A: Darstellungen 19], Paderborn et al. 1991a/1997a). Die Kritik an Brandmüllers Arbeit, der als Kirchenhistoriker immer wieder auch theologische Interpretationen historischer Ereignisse bietet, sammelt MÜLLER 2012, 79. Wichtige Impulse für die Konzilsforschung haben außerdem die mit den Konzilsjubiläen verbundenen Sammelbände gesetzt (vgl. Karl-Heinz BRAUN et al. [edd.], Das Konstanzer Konzil 1414–1418. Weltereignis des Mittelalters. Essays, Darmstadt 2013a; Gabriela SIGNORI/Birgit STUDT [edd.], Das Konstanzer Konzil als europäisches Ereignis. Begegnungen, Medien und Rituale [Vorträge und Forschungen 79], Ostfildern 2014; Karl-Heinz BRAUN/Thomas M. BUCK [edd.], Über die ganze Erde erging der Name von Konstanz. Rahmenbedingungen und Rezeption des Konstanzer Konzils [Veröffentlichungen der Kommission für geschichtliche Landeskunde in Baden-Württemberg. Reihe B: Forschungen 212], Stuttgart 2017; Jan KEUPP/Jörg SCHWARZ [edd.], Konstanz 1414–1418. Eine Stadt und ihr Konzil, Darmstadt 2017). Von germanistischer Seite hat Thomas Rathmann das Projekt gewagt, anhand historiographischer und fiktionaler Textformen das Konstanzer Konzil als diskursives Ereignis zu beschreiben (vgl. Thomas RATHMANN, Geschehen und Geschichten des Konstanzer Konzils. Chroniken, Briefe, Lieder und Sprüche als Konstituenten eines Ereignisses [Forschungen zur Geschichte der älteren deutschen Literatur 20], München 2000). Kritisch zu Rathmanns Arbeit äußert sich MÜLLER 2012, 78f.

sammlung; sein Nachfolger Eugen IV. versucht zunächst vergeblich, diese Ende des Jahres 1431 aufzulösen und stattdessen ein Konzil im Kirchenstaat einzuberufen. Als es ihm im Januar 1438 schließlich gelingt, ein Konzil in Ferrara zu eröffnen, muss er die meisten Basler Konzilsväter exkommunizieren, weil sie seiner Auflösungsbulle nicht folgen wollen. Diese reagieren ihrerseits, indem sie sich auf die Superiorität des Konzils berufen, Eugen IV. kurzerhand absetzen und stattdessen im November 1439 den Herzog Amadeus VIII. von Savoyen zum bisher letzten Gegenpapst der Geschichte wählen[14] – und damit das »eigentlich Unfassbare«[15] eintritt: Nur 22 Jahre nach dem Konstanzer Konzil und seinen Anstrengungen, die Einheit der Kirche wiederherzustellen, riskieren die in Basel Versammelten ein neues Schisma, das die Autorität des Konzils als kirchenpolitisches Entscheidungs- und Hoheitsorgan zunehmend untergräbt.[16] Die Reform

14 Ursula Gießmann hat sich eingehend mit Felix V. beschäftigt (vgl. Ursula GIESSMANN, Die *renuntiatio* Felix' V. [1449], in: Harald MÜLLER/Brigitte HOTZ [edd.], Gegenpäpste. Ein unerwünschtes mittelalterliches Phänomen [Papsttum im mittelalterlichen Europa 1], Wien/Köln/Weimar 2012, 391–410; Ursula GIESSMANN, Der letzte Gegenpapst: Felix V. Studien zu Herrschaftspraxis und Legitimationsstrategien [1434–1451] [Papsttum im mittelalterlichen Europa 3], Köln/Weimar/Wien 2014). Bei der Bezeichnung ›Gegenpapst‹ handelt es sich um eine nachträgliche Setzung: Der Titel entspricht nicht der zeitgenössischen Beurteilung des jeweiligen Prätendenten, sondern lässt erkennen, welcher Kandidat sich schließlich durchgesetzt und damit die Papsthistoriographie in seinem Sinne beeinflusst hat (vgl. GIESSMANN 2012, 391, Anm. 19). Zu den terminologischen Schwierigkeiten im Kontext des Abendländischen Schismas vgl. auch Andreas REHBERG, Ein ›Gegenpapst‹ wird kreiert. Fakten und Fiktionen in den Zeugenaussagen zur umstrittenen Wahl Urbans VI. (1378), in: Harald MÜLLER/Brigitte HOTZ (edd.), Gegenpäpste. Ein unerwünschtes mittelalterliches Phänomen (Papsttum im mittelalterlichen Europa 1), Wien/Köln/Weimar 2012, 231–259, hier 231. Laut Dieter Girgensohn kann es ohnehin nicht Aufgabe der Geschichtswissenschaft sein, die faktische Legitimität eines Prätendenten – sprich seinen Status als Papst oder Gegenpapst – zu bewerten (vgl. Dieter GIRGENSOHN, Von der konziliaren Theorie des späteren Mittelalters zur Praxis: Pisa 1409, in: Heribert MÜLLER/Johannes HELMRATH [edd.], Die Konzilien von Pisa [1409], Konstanz [1414–1418] und Basel [1431–1449]. Institutionen und Personen [Vorträge und Forschungen 67], Ostfildern 2007, 61–94, hier 94). Ähnliche Kontroversen zeichnen im Übrigen die Konziliengeschichte aus, denn auch hier unterliegt die Zuschreibung nachträglichen Deutungsprozessen: Eine Synode kann in dem Selbstbewusstsein eines Allgemeinen Konzils stattgefunden haben und dennoch nicht als solches überliefert sein (vgl. KIRSCH 2016, 39f.).

15 Johannes HELMRATH, Das Konzil von Konstanz und die Epoche der Konzilien (1409–1449). Konziliare Erinnerungsorte im Vergleich, in: Gabriela SIGNORI/Birgit STUDT (edd.), Das Konstanzer Konzil als europäisches Ereignis. Begegnungen, Medien und Rituale (Vorträge und Forschungen 79), Ostfildern 2014, 19–33, hier 26.

16 Die Konflikte und Reformbemühungen des Basler Konzils skizziert MÜLLER 2012, 40–52. Einen guten Überblick verschafft außerdem der Band von Michiel DECALUWÉ/Gerald CHRISTIANSON/Thomas M. IZBICKI (edd.), A Companion to the Council of Basel (Brill's Companions to the Christian Tradition 74), Leiden/Boston 2017; vgl. insbesondere den historischen Abriss von Michiel DECALUWÉ/Gerald CHRISTIANSON, Historical Survey, in: ebd., 8–37. Die älteren Forschungspositionen diskutiert Johannes HELMRATH, Das Basler Konzil 1431–1449. Forschungsstand und Probleme (Kölner Historische Abhandlungen 32),

scheint angesichts dieser neuen Differenzen vertagt.[17] Kaiser Siegmund, Lichtgestalt der Reformträume, ist derweil gestorben.

## 2 Die ›Reformschriften‹ des 15. Jahrhunderts

Mit der Jahrhundertwende erhalten die schriftlich geführten Diskussionen um eine Kirchenreform, deren Notwendigkeit spätestens das Abendländische Schisma vor Augen geführt hat, durch die dichte Abfolge der spätmittelalterlichen Generalkonzilien neuen Auftrieb. Haben bisher lediglich einzelne Autoren eine Reform prinzipiell gefordert, bieten die Konzilien nun den institutionellen Rahmen, nach der konkreten Umsetzung einer solchen zu fragen.[18] Ein prosperierender Austausch der vor Ort versammelten Gelehrten ist die Folge: In Konstanz und Basel werden die bekannten Schriften kirchenrechtlicher Autoritäten wie Marsilius von Padua oder Wilhelm von Ockham kopiert, zirkuliert und gesammelt; einzelne Konzilsteilnehmer setzen Vorschläge für die in den Deputationen geführten Verhandlungen auf und lassen diese zur Mitschrift vorlesen; schließlich verabschiedet natürlich vor allem das Konzil selbst schriftlich fixierte Reformdekrete – allein die Aktenmassen des Basiliense, so spekuliert Erich Meuthen, übertreffen die überlieferten Schriftzeugnisse aller vorangehenden Konzilien zusammengenommen.[19]

---

Köln/Wien 1987, 6–17. Zu nennen ist außerdem Stefan Sudmanns Dissertation zum Basler Konzil, der mit seinen Beobachtungen zur synodalen Praxis des Basiliense neue Forschungsimpulse gesetzt hat (vgl. Stefan Sudmann, Das Basler Konzil. Synodale Praxis zwischen Routine und Revolution [Tradition – Reform – Innovation 8], Frankfurt a. Main 2005).

17 Dass die Römische Kurie auch nach dem Basler Konzil das Projekt der Kirchenreform verfolgt, hat der von Jürgen Dendorfer und Claudia Märtl herausgegebene Sammelband veranschaulicht (vgl. Jürgen Dendorfer/Claudia Märtl [edd.], Nach dem Basler Konzil. Die Neuordnung der Kirche zwischen Konziliarismus und monarchischem Papat [ca. 1450–1475] [Pluralisierung & Autorität 13], Berlin 2008; einen kurzen Überblick bietet Jürgen Dendorfer, Zur Einführung, in: ebd., 1–18).

18 Diesen Zusammenhang von Reformdiskurs und Konzilskontext betont Miethke 1995, 29. Ob Konstanz und Basel deshalb, wie wiederholt geschehen, zu ›Reformkonzilien‹ generalisiert werden sollten (so etwa jüngst bei Wolfgang Beutin, Humanismus und Reformation, in: Ders. et al., Deutsche Literaturgeschichte. Von den Anfängen bis zur Gegenwart, 9., aktual. und erw. Aufl., Stuttgart 2019, 59–102, hier 68), hinterfragen Brandmüller 1997a, 436 und Johannes Helmrath/Heribert Müller, Zur Einführung, in: Dies. (edd.), Die Konzilien von Pisa (1409), Konstanz (1414–1418) und Basel (1431–1449). Institutionen und Personen (Vorträge und Forschungen 67), Ostfildern 2007, 9–29, hier 10. Mit Girgensohn kann man zumindest von ›Reformkonzilien‹ sprechen, wenn man damit nicht auf die tatsächlichen Reformdekrete, wohl aber auf die Reform als bestimmendes Diskussionsthema auf den Konzilien hinweist (vgl. Girgensohn 2007, 61).

19 Vgl. Meuthen 1985, 16f.; ebenso Heribert Müller, Das Basler Konzil (1431–1449) und die europäischen Mächte. Universaler Anspruch und nationale Wirklichkeiten, in: Historische Zeitschrift 293 (2011), 593–629, hier 594; Helmrath 2014, 31. Zu den unterschiedlichen, auf den Konzilien produzierten und rezipierten Schrifttypen vgl. Jürgen Miethke, Die Konzilien

Nicht umsonst sind die beiden Großereignisse in Konstanz und Basel als »Büchermärkte«[20] bezeichnet worden: Die »Flut von Traktaten, Denkschriften, Anträgen, Avisamenten und Propagandaschriften«[21] bezeugt den beeindruckenden Literaturbetrieb, den Konstanz und Basel ins Leben rufen und der den sogenannten ›Reformschriften‹ den Weg ebnet.

Im weiteren Sinne subsumiert der Begriff ›Reformschrift‹ all jene Quellen, die auf die Reformaufgabe Bezug nehmen: Texte also, die Missstände beklagen, eine Reformnotwendigkeit aussprechen, eine grundlegende Reform fordern oder konkrete Reformvorschläge zu Einzelthemen formulieren. Zu dem unüberschaubaren Textcorpus gehören sowohl die offiziellen Konzilsdokumente – neben den Aktenunterlagen, Diskussionsniederschriften und Beschlussvorlagen zählen hierzu vor allem die von der Generalkongregation erlassenen Reformdekrete – als auch die von Einzelpersonen oder Personengruppen aufgesetzten Traktate und Memoranden, Predigten oder Polemiken. In diesem Wortsinn meint ›Reformschrift‹ jeden Text, der im ausgehenden Mittelalter das Reformprojekt – in welcher Form auch immer – thematisiert.[22]

---

als Forum der öffentlichen Meinung im 15. Jahrhundert, in: Deutsches Archiv für Erforschung des Mittelalters 37/2 (1981), 736–773, hier 757–763.

20 Paul Lehmann, Konstanz und Basel als Büchermärkte während der großen Kirchenversammlungen, in: Zeitschrift des Deutschen Vereins für Buchwesen und Schrifttum 4/1 (1921), 17–27. Zum Literaturbetrieb auf den Konzilien vgl. auch Helmrath 1987, 173–175 sowie Ders., Kommunikation auf den spätmittelalterlichen Konzilien, in: Hans Pohl (ed.), Die Bedeutung der Kommunikation für Wirtschaft und Gesellschaft. Referate der 12. Arbeitstagung der Gesellschaft für Sozial- und Wirtschaftsgeschichte vom 22.–25. 4. 1987 in Siegen, Stuttgart 1989 (Vierteljahrschrift für Sozial- und Wirtschaftsgeschichte. Beihefte 87), 116–172, hier 154–166.

21 Brandmüller 1997a, 434. Rathmann hat angesichts der Vielzahl zirkulierender Textformen den Versuch unternommen, das Konzil als diskursives Ereignis, d. h. als Text zu lesen (vgl. Rathmann 2000, 268; noch einmal in Ders., Beobachtung ohne Beobachter? Der schwierige Umgang mit dem historischen Ereignis am Beispiel des Konstanzer Konzils, in: Heribert Müller/Johannes Helmrath [edd.], Die Konzilien von Pisa [1409], Konstanz [1414–1418] und Basel [1431–1449]. Institutionen und Personen [Vorträge und Forschungen 67], Ostfildern 2007, 95–106, hier 105).

22 Eine repräsentative Auswahl versammeln die Quellen zur Kirchenreform im Zeitalter der großen Konzilien des 15. Jahrhunderts, ausgewählt und übersetzt von Jürgen Miethke und Lorenz Weinrich, Erster Teil: Die Konzilien von Pisa (1409) und Konstanz (1414–1418) (Ausgewählte Quellen zur Deutschen Geschichte des Mittelalters 38a), Zweiter Teil: Die Konzilien von Pavia/ Siena (1423/24), Basel (1431–1449) und Ferrara/Florenz (1438–1445) (Ausgewählte Quellen zur deutschen Geschichte des Mittelalters 38b), Darmstadt 1995/2002. Miethkes Verständnis von ›Reformschrift‹ ist denkbar weit gewählt (vgl. Miethke 1995, 41). Einen offenen Gattungsbegriff unterstellt auch Thomas Cramer, wenn er die ›Reformschriften‹ als Ausdruck eines wissenschaftlich-politischen, primär lateinischen Diskurses liest, der mit Marsilius' ›Defensor Pacis‹ (1324) seinen Anfang nimmt und in dem die ›Reformatio Sigismundi‹ und der ›Oberrheinische Revolutionär‹ seltene volkssprachige Ausnahmen bilden (vgl. Thomas Cramer, Geschichte der deutschen Literatur im späten Mittelalter, 3., aktual. Aufl. [dtv 30779], München 2000, 171 f.). Ebenso erkennt auch Gabriele

In einem engeren Verständnis hat die Geschichtswissenschaft mit dem Begriff ›Reformschrift‹ eine bestimmte Gruppe von Texten zu bündeln gesucht, die – primär im Kontext der Konzilien beziehungsweise Reichsversammlungen des 15. Jahrhunderts verfasst – nicht nur Reformen verlangen oder einzelne Reformpunkte diskutieren, sondern sich selbst dem Programm einer Kirchen- und ›Reichsreform‹ stellen,[23] indem sie umfangreiche Ratschläge formulieren. Ihren Gattungsbegriff verdankt die Textgruppe einer anonymen deutschsprachigen Flugschrift von 1442, die der Historiker Max Lenz 1877 als »kirchlich-politische Reformschrift«[24] bezeichnet hat. Da es sich also nicht etwa um einen Quellenbegriff, sondern um ein historiographisches Beschreibungs- und Deutungsmuster handelt, übt Claudia Märtl zurecht Kritik an der »fest eingeführten, gleichwohl etwas unscharfen«[25] Bezeichnung, die eine fundierende Norm impliziert. Als erste hat sie deshalb eine kritische Gattungsdefinition versucht, indem sie zwischen den literarischen Quellen und den ›Reformschriften‹ unterscheidet: Während erstere primär Missstände aufzuzeigen suchen, bieten die ›Reformschriften‹ komplexe Lösungsmodelle an.[26] Ihren Ansatz hat zuletzt Se-

Annas in der politischen Publizistik, in Konzilsakten und in Schriftzeugnissen aus dem Umfeld des Herrscherhofes oder der Städte unterschiedliche Typen von ›Reformschriften‹ (vgl. Gabriele Annas, *Gehorsamkeyt ist tod, gerechtigkeyt leyt not, nichts stet in rechter ordenung.* Zum Begriff der ›Gerechtigkeit‹ in Schriften zur Reichsreform des 15. Jahrhunderts, in: Petra Schulte/Gabriele Annas/Michael Rothmann [edd.], Gerechtigkeit im gesellschaftlichen Diskurs des späteren Mittelalters [Zeitschrift für historische Forschung. Beiheft 47], Berlin 2012, 223–254, hier 232f.).

23 Zum Zusammenhang von Kirchen- und Reichsreform vgl. Karl-Friedrich Krieger, König, Reich und Reichsreform im Spätmittelalter, 2. durchges. Aufl. (Enzyklopädie deutscher Geschichte 14), München 2005, 49 sowie die Beiträge bei Ivan Hlaváček/Alexander Patschovsky (edd.), Reform von Kirche und Reich zur Zeit der Konzilien von Konstanz (1414–1418) und Basel (1431–1449). Konstanz-Prager Historisches Kolloquium (11.–17. Oktober 1993), Konstanz 1996. Die Problematik des Begriffs ›Reichsreform‹ diskutieren u.a. Hartmut Boockmann, Über den Zusammenhang von Reichsreform und Kirchenreform, in: ebd., 203–214, hier 203; Johannes Helmrath, *Geistlich und werntlich.* Zur Beziehung von Konzilien und Reichsversammlungen im 15. Jahrhundert, in: Peter Moraw (ed.), Deutscher Königshof, Hoftag und Reichstag im späteren Mittelalter (Vorträge und Forschungen 48), Stuttgart 2002, 477–517, hier 490. Wie auch immer man den Zusammenhang im Einzelnen bewerten mag – Angermeiers Ansatz, auf die ›Reformschriften‹ in seiner Auseinandersetzung mit der spätmittelalterlichen ›Reichsreform‹ komplett zu verzichten (vgl. Heinz Angermeier, Reichsreform und Reformation [Schriften des Historischen Kollegs. Vorträge 5], München 1983), ist jedenfalls zu Recht kritisiert worden (vgl. hierzu zusammenfassend Krieger 2005, 116).

24 Max Lenz, Eine kirchlich-politische Reformschrift vom Basler Concil, in: Zeitschrift für Kirchengeschichte 1 (1877), 463–469, hier 466. Es zeugt von den definitorischen und begrifflichen Unklarheiten, dass die namensgebende Flugschrift i.d.R. nicht zum untersuchten Corpus zählt.

25 Märtl 1996, 92; ebenso Annas 2012, 228.

26 Vgl. Märtl 1996, 92. Die Übergänge zu Fürstenspiegeln, Reichstagsreden und staatstheoretischen Traktaten der Zeit sind fließend (vgl. ebd., 92; Tobias Daniels, Diplomatie, politische Rede und juristische Praxis im 15. Jahrhundert. Der gelehrte Rat Johannes Hofmann

bastian Dümling weiterentwickelt: Die Gemeinsamkeit der ›Reformschriften‹ liege darin, dass sie Gesellschaft als Gesamtsystem beobachten und eine Unordnung feststellen, die es mithilfe einer umfassenden Reform zu beheben gelte.[27]

Zu dem forschungsgeschichtlich gewachsenen Kanon der ›Reformschriften‹ und ihrer Autoren zählen in der Regel der Kurialkleriker Dietrich von Nieheim, der mit seinen kurz vor dem Konstanzer Konzil abgefassten ›Avisamenta Pulcherrima de Unione et Reformacione‹ (1414) ein detailliertes Reformprogramm bietet, das in Konstanz aufgesetzte, anonyme ›Avisamentum‹ (1415), das generelle Reformfragen in Gestalt eines Quaestionen-Kommentars verhandelt, und der Pronotar und gelehrte Jurist Job Vener, der mit seinem dem Konstanzer Konzil vorgelegten ›Avisamentum sacrorum canonum et doctorum ecclesie catholice‹ (1417) das Reformanliegen als Großprojekt versteht. Zu erwähnen sind des Weiteren der Lübecker Bischof Johannes Schele, der mit seinen auf dem Basler Konzil entstandenen ›Avisamenta reformacionis in curia et extra‹ (1433/1434) hierarchisch gegliederte Reformpunkte diskutiert, und der berühmte Humanist und Kardinal Nikolaus von Kues, der im dritten Buch seiner Schrift ›De concordantia catholica‹ (1433/1434) Vorschläge für eine Reform von Kirche und Reich formuliert. Den von der Geschichtswissenschaft festgelegten Kanon bilden allerdings nicht nur jene lateinischen ›Avisamenta‹, die namentlich bekannte Gelehrte an die Konzilsväter in Konstanz beziehungsweise Basel dedizieren. Vielmehr hat man Aeneas Silvius Piccolominis fiktiven Dialog ›Pentalogus de rebus ecclesiae et imperii‹ (1443) ebenso als ›Reformschrift‹ klassifiziert wie das gegen Maximilian I. gerichtete ›Somnium‹ (1495) des Hans von Hermansgrün, das Heinrich Toke zugeschriebene Traktat ›Concilia wie man die halten sol‹ (1442) ebenso wie Luthers Streitschrift ›An den christlichen Adel deutscher Nation‹ (1520). Zu dem Textcorpus gehören also auch volkssprachige Schriftzeugnisse, darunter die anonym überlieferte ›Reformatio Sigismundi‹ (1439) und das ›Buch der 100 Kapitel‹ des sogenannten Oberrheinischen Revolutionärs (1510), die ihre Reformvorstellungen mit Offenbarungserzählungen verbinden.[28]

---

von Lieser [Schriften zur politischen Kommunikation 11], Göttingen 2013, 378; Almut Breitenbach, Der ›Oberdeutsche vierzeilige Totentanz‹. Formen seiner Rezeption und Aneignung in Handschrift und Blockdruck [Spätmittelalter, Humanismus, Reformation 88], Tübingen 2015, 223).

27 Vgl. Sebastian Dümling, Träume der Einfachheit. Gesellschaftsbeobachtungen in den Reformschriften des 15. Jahrhunderts (Historische Studien 511), Husum 2017, 11 f.

28 Die Kerntexte der ›Gattung‹ sammelt Märtl in einer Überblickstabelle, die jedoch nicht der Kanonisierung, sondern lediglich der Orientierung dienen soll (vgl. Märtl 1996, 107 f.). Aus den knapp 20 Werken wählt Dümling in ihrer Nachfolge neun repräsentative Texte für seine vergleichende Analyse (vgl. Dümling 2017, 15), die Autoren und ihre jeweiligen ›Reformschriften‹ stellt er im ersten Teil seiner Arbeit gründlich vor (vgl. ebd., 53–123). Bei aller begrifflichen Unschärfe scheint man sich im Übrigen über den festen Kern der ›Gattung‹ einig: Immer wieder genannt werden Johannes Schele, Nikolaus von Kues und die ›Reformatio Sigismundi‹ (vgl. Fritz Hartung, Deutsche Verfassungsgeschichte vom 15. Jahrhun-

Inwiefern die als ›Reformschriften‹ bezeichneten Texte dabei lediglich theoretische Reformentwürfe vorgelegt oder aber handlungspraktischen Einfluss geübt haben, hat die Geschichtswissenschaft unter dem Paradigma von Theorie und Praxis zwar kontrovers diskutiert, bisher jedoch nicht beantworten können.[29] Ohnehin scheint man sich in der Bewertung der Quellen auffallend uneins: Erkennt die protestantische Geschichtswissenschaft des 19. Jahrhunderts in den ›Reformschriften‹ einen Vorboten der Reformation und namentlich Luthers, befragt die krisengewöhnte Weimarer Republik die Texte nach ihren Vorstellungen von Utopie und einer (im 15. Jahrhundert vermeintlich fehlenden) politischen Ordnung; deutet der Nationalsozialismus die spätmittelalterlichen ›Reformschriften‹ als herbeigesehnte Rückkehr in eine idealisierte deutsche Urgemeinschaft, liest die frühe DDR-Historiographie diese nur wenige Jahre später als Beginn der frühbürgerlichen Revolution.[30] Im Dienste historiographischer Meistererzählungen hat die Spätmittelalterforschung die Quellen gern

dert bis zur Gegenwart, 6. Aufl., Stuttgart 1954, 23; WIESFLECKER 1975, 202–208; Heinrich KOLLER, Die Reformen im Reich und ihre Bedeutung für die Erfindung des Buchdrucks, in: Gutenberg-Jahrbuch 59 [1984], 117–127, hier 117f.; Tilman STRUVE, Kontinuität und Wandel in zeitgenössischen Entwürfen zur Reichsreform des 15. Jahrhunderts, in: Jürgen MIETHKE/ Klaus SCHREINER [edd.], Sozialer Wandel im Mittelalter. Wahrnehmungsformen, Erklärungsmuster, Regelungsmechanismen, Sigmaringen 1994, 365–382, hier 367; BOOCKMANN 1996, 204f.; HELMRATH 2002, 491; KRIEGER 2005, 50f.; Christian JÖRG, Sündhaftigkeit – Hungersnot – göttliches Strafgericht. Zur Deutung von Klimaextremen, Missernten und Versorgungsengpässen in der ›Reformatio Sigismundi‹, in: Andreas HOLZEM [ed.], Wenn Hunger droht. Bewältigung und religiöse Deutung [1400–1980] [Bedrohte Ordnungen 6], Tübingen 2017, 35–53, hier 41).

29 So Erik Hühns, der seine Beobachtungen zur ›Reformatio Sigismundi‹ und zur ›Concordantia Catholica‹ unter diesem Leitparadgima anstellt (vgl. Erik HÜHNS, Theorie und Praxis in der Reichsreformbewegung des 15. Jahrhunderts. Nikolaus von Cues, die ›Reformatio Sigismundi‹ und Berthold Henneberg, in: Wissenschaftliche Zeitschrift der Humboldt-Universität zu Berlin 1. Gesellschafts- und sprachwissenschaftliche Reihe 1 [1951/1952], 17–34). Positionen, die der ›Reformatio Sigismundi‹ einen handlungspraktischen Impuls attestieren (z. B. Franz IRSIGLER, Die *Kleinen* in der sogenannten ›Reformatio Sigismundi‹, in: Saeculum 27 [1976], 248–255, hier 251) stehen jene Thesen gegenüber, die in den ›Reformschriften‹ rein theoretische Traktate zu erkennen meinen (vgl. HARTUNG 1954, 24; WIESFLECKER 1975, 207). Eßer plädiert mit Blick auf die Konzilssituation i. A. dafür, »den (vermeintlichen) Gegensatz von Theorie und Praxis zu überwinden, indem die Pragmatik der Situation hinreichend berücksichtigt wird. Denn in gewissem Sinne war damals auch die Theorie pragmatisch. Es handelte sich weniger um politische als um politisierte Theorie« (ESSER 2019, 727).

30 Einen ausführlichen Forschungsrückblick zu den ›Reformschriften‹ bietet DÜMLING 2017, 15–29. Kritisch zu den Forschungskonjunkturen äußern sich im Kontext der ›Reformatio Sigismundi‹ Lothar Graf zu DOHNA, ›Reformatio Sigismundi‹. Beiträge zum Verständnis einer Reformschrift des fünfzehnten Jahrhunderts (Veröffentlichungen des Max-Planck-Instituts für Geschichte 4), Göttingen 1960, 17; Hartmut BOOCKMANN, Zu den Wirkungen der ›Reform Kaiser Siegmunds‹, in: Deutsches Archiv für Erforschung des Mittelalters 35 (1979), 514–541, hier 515; Michael HIERSEMANN, Der Konflikt Papst-Konzil und die ›Reformatio Sigismundi‹ im Spiegel ihrer Überlieferung, in: Zeitschrift für historische Forschung 9 (1982), 1–13, hier 1f.

zu einer Gattung homogenisiert und dabei die bemerkenswerten textuellen Unterschiede zugunsten eines Argumentationsstrangs eingeebnet – denn bei genauerer Betrachtung geben die von universitär geschulten Gesandten, Gelehrten Räten oder anonym gebliebenen Konzilsteilnehmern verfassten lateinischen Traktate, volkssprachigen Prophetien, Quaestionen-Kommentare, fiktiven Dialoge und Traumerzählungen doch ein stilistisch wie inhaltlich ziemlich heterogenes Bild ab.[31]

Sucht man, das Corpus in seinen vielfältigen Textsorten einerseits sowie den Forschungskonjunkturen andererseits zu überblicken, scheint eine klare Grenzziehung zwischen dem Reformdiskurs als solchem und einer Gattung ›Reformschrift‹ problematisch. Legen zahlreiche intertextuelle Bezüge einen Zusammenhang der erwähnten Texte auch nahe,[32] unterscheiden sich die Quellen doch in Aufbau, Inhalt, Stilistik, adressiertem Rezipientenkreis – und nicht zuletzt in der Sprache: So präsentieren etwa Dietrich von Nieheim, Job Vener oder auch Johannes Schele ihre Reformüberlegungen auf Latein. Der Verfasser der ›Reformatio Sigismundi‹ dagegen diskutiert seine umfassenden Reformvorstellungen in der Volkssprache. Um den Stellenwert dieser volkssprachigen Reformvorlage inmitten eines lateinischen Diskurses zu fassen, werde ich deshalb im Folgenden auf den generalisierenden Begriff ›Reformschrift‹ verzichten und stattdessen eine Binnendifferenzierung vornehmen: Die der ›Reformatio Sigismundi‹ vorangehenden, auf den Konzilien von Konstanz und Basel auf Latein verfassten Reformvorschläge sollen ihrem Quellenbegriff nach (›Avisamenta‹) gebündelt und als Vergleichsfolie herangezogen werden, um das spezifisch Eigene der ›Reformatio Sigismundi‹ herauszuarbeiten.[33] Die bisheri-

31 Die Unterschiede zwischen den ›Reformschriften‹ betonen bereits Heinz Kamnitzer, Zur Vorgeschichte des Deutschen Bauernkrieges, Berlin 1953, 53; Krieger 2005, 51; vgl. außerdem Dümling 2017, 12. Zu den Autoren der ›Reformschriften‹ vgl. Märtl 1996, 94f.; Annas 2012, 229; Breitenbach 2015, 219.

32 Dass der Verfasser der ›Reformatio Sigismundi‹ auf Dietrich von Nieheim und Johannes Schele zurückgreift, beobachtet Heinrich Koller, Untersuchungen zur ›Reformatio Sigismundi‹ II: Die Vorlagen der ›Reformatio‹, in: Deutsches Archiv für Erforschung des Mittelalters 14 (1958), 418–468, hier 462f. Die ›Reformatio Sigismundi‹ beeinflusst ihrerseits das ›Buch der 100 Kapitel‹ (vgl. Koller 1964a, 25). Man hat auch vermutet, dass die ›Reformatio Sigismundi‹ Luthers ›An den christlichen Adel deutscher Nation‹ inspiriert hat (so behaupten jedenfalls Paul Joachimsen, Die ›Reformation des Kaisers Sigismund‹, in: Historisches Jahrbuch 41 [1921], 36–51, hier 42; Beer 1955, 26; Günther Franz, ›Reformation Kaiser Sigmunds‹, in: Hellmuth Rössler/Günther Franz [edd.], Sachwörterbuch zur deutschen Geschichte, unter Mitarbeit von Willy Hoppe und anderen Fachgelehrten, München 1958, 962f., hier 963; Koller 1964a, 27). Kritisch zu diesem möglichen Zusammenhang von Luther und ›Reformatio Sigismundi‹ äußert sich Boockmann 1979, 535f., Anm. 71.

33 Zum Begriff ›(Konzils-)Avisamenta‹ vgl. Dümling 2017, 15, Anm. 13 und 57, Anm. 20. Erich Kraft hat ebenfalls zwischen den lateinischen und volkssprachigen ›Reformschriften‹ binnendifferenziert, zu denen er die ›Reformatio Sigismundi‹, die ›Reformation Kaiser Friedrichs‹, Heinrich Tokes ›Concilia wie man die halten sol‹, den ›Oberrheinischen Revolutionär‹

gen Definitionsangebote zu den ›Reformschriften‹ sollen damit nicht in Abrede gestellt werden; ich möchte lediglich die Perspektive ändern, wenn ich im Folgenden einmal nicht nach den Gemeinsamkeiten, sondern nach den Unterschieden frage. Es gilt, die ›Reformatio Sigismundi‹ gleichermaßen mit den ›Avisamenta‹ in Kontrast zu bringen (vgl. Kap. II) und aus dem vermeintlich stabilen Gattungskontext zu lösen (vgl. Kap. IV), um neues Licht auf diesen Einzeltext zu werfen.

## 3 Die ›Reformatio Sigismundi‹

### 3.1 Textbeschreibung

Wie soll das Konzil in Basel seine grundlegenden Aufgaben angehen, wenn Autoritätskämpfe und persönliche Interessen jede weiterführende Diskussion boykottieren? Die Kardinäle wollen ihre Machtposition nicht einbüßen, die Klöster ihre Ländereien nicht aufgeben, die Mönche ihre Ordensregel nicht einhalten. Statt ihrer Funktion als Berater und Entscheidungsträger gerecht zu werden, scheinen die geistlichen Autoritäten vor allem an gruppenorientierten Vorteilen interessiert und desavouieren somit jede ernsthafte Reformbestrebung. So jedenfalls klagt die ›Reformatio Sigismundi‹, eine 1439 gegen Jahresende in Basel abgefasste volkssprachige Reformvorlage.[34]

In Struktur und Inhalt imitiert ihr Verfasser die bis dato unveröffentlichten ›Avisamenta‹ des Johannes Schele, die er offensichtlich gut gekannt haben

und Luthers ›An den christlichen Adel deutscher Nation‹ zählt (vgl. Erich Kraft, Reformschrift und Reichsreform. Studien zum Wirklichkeitsverhältnis der deutschen Reformschriften im Spätmittelalter insbesondere des sogenannten ›Oberrheinischen Revolutionärs‹, Diss. masch., Darmstadt 1982, 11–17).

34 Zu Entstehungsraum und -zeitraum der ›Reformatio Sigismundi‹ vgl. ausführlich Heinrich Koller, Untersuchungen zur ›Reformatio Sigismundi‹ III: Entstehungszeit, Entstehungsort und die Verfasser der ›RS‹ und ihrer Redaktionen, in: Deutsches Archiv für Erforschung des Mittelalters 15 (1959a), 137–162, hier 144; zusammengefasst in Ders., ›Reformatio Sigismundi‹, in: Verfasserlexikon 7 (2., völlig neu bearb. Aufl., 1989), 1070–1074, hier 1071. Soweit bisher bekannt, handelt es sich bei der ›Reformatio Sigismundi‹ um die erste volkssprachige Reformvorlage. Die Forschung ist nicht müde geworden, diesen Sonderstatus zu betonen (Heinrich Werner, Zur ›Reformation Kaisers Sigmund‹. Eine Entgegnung, in: Neues Archiv der Gesellschaft für ältere deutsche Geschichtskunde 29 [1904], 495–506, hier 495; Karl Beer, Der gegenwärtige Stand der Forschung über die ›Reformatio Sigismundi‹, in: Mitteilungen des Instituts für Österreichische Geschichtsforschung 59 [1951], 55–93, hier 57; Heinrich Koller, Eine neue Fassung der ›Reformatio Sigismundi‹, in: Mitteilungen des Instituts für Österreichische Geschichtsforschung 60 [1952], 143–154, hier 143; Cramer 2000, 172). Werner setzt ihn gar prominent in den Titel seiner Edition: Die Reformation des Kaisers Sigmund. Die erste deutsche Reformschrift eines Laien vor Luther, ed. Heinrich Werner (Archiv für Kulturgeschichte. Ergänzungsheft 3), Berlin 1908.

muss.[35] Statt allerdings den berühmten Lübecker Bischof als legitimierende Autorität heranzuziehen, fingiert er in der Einleitung seines Reformkatalogs eine von Kaiser Siegmund von Luxemburg freigegebene lateinische Reformvorlage, die er laut Selbstaussage in die Volkssprache übertrage. Die Forschung hat diese Selbstsetzung als rhetorischen Schachzug enttarnt: Die ›Reformatio Sigismundi‹ basiert nicht etwa auf einer lateinischen ›Ur-Reformatio‹, sondern wird in der Volkssprache konzipiert.[36] Auch die ausgestellte Nähe zum Kaiser entspricht nicht den historischen Tatsachen: Kaiser Siegmund hat die ›Reformatio Sigismundi‹ weder verfasst noch autorisiert.[37] Als gesichert gilt nur, dass der anonym

35 Koller hat diesen Zusammenhang nachgewiesen: Die beiden Texte gleichen sich in Aufbau (Einleitung mit einer vehementen Kritik an Geiz und Simonie, geistliche Reform, weltliche Reform) und zeigen zahlreiche inhaltliche Überschneidungen (vgl. KOLLER 1958, 427–434). Die ›Reformatio Sigismundi‹ ergänzt allerdings eine Traumvision, die Siegmund von Luxemburg in Preßburg gehabt haben soll, trennt die Einleitung vom Reformkatalog und gliedert die Kapitel unterschiedlich, so dass sie »als eigenständiger, dt.sprachiger Traktat einzustufen ist« (Heinrich KOLLER, ›Reformatio Sigismundi‹, in: Lexikon des Mittelalters 7 [1995], 550f., hier 550; ebenso argumentiert Volker ZAPF, ›Reformatio Sigismundi‹, in: Deutsches Literatur-Lexikon. Das Mittelalter 3 [2012], 624–629, hier 624f.).

36 Laut Werner stelle die Berufung auf eine lateinische Quelle die Nähe der ›Reformatio Sigismundi‹ zur Mainzer Akzeptationsurkunde aus (vgl. Heinrich WERNER, Der kirchliche Verfassungskonflikt vom Jahre 1438/39 und die sog. ›Reformation des Kaisers Sigmund‹, in: Neues Archiv der Gesellschaft für ältere deutsche Geschichtskunde 32 [1907], 728–745, hier 740). Vergleichbares konstatiert Beer mit Blick auf Scheles ›Avisamenta‹ (vgl. Karl BEER, Zur Überlieferung der sogenannten ›Reformation Kaiser Siegmunds‹, in: Mitteilungen des Instituts für Österreichische Geschichtsforschung 40 [1925], 205–233, hier 207; ähnlich auch KOLLER 1989, 1071). Die Vermutung aber, dass die ›Reformatio Sigismundi‹ auf einer lateinischen ›Ur-Reformatio‹ basiere (vgl. BUYKEN 1957, 100), hat sich nicht bewährt (so bereits Carl KOEHNE, Die sogenannte ›Reformation Kaiser Sigmunds‹, in: Neues Archiv der Gesellschaft für ältere deutsche Geschichtskunde 23 [1898a], 689–737, hier 732; JOACHIMSEN 1921, 42; dann vor allem KOLLER 1958, 424; Hartmut BOOCKMANN, ›Reformatio Sigismundi‹, in: Theologische Realenzyklopädie 28 [1997], 384–386, hier 385).

37 Berührt die ›Reformatio Sigismundi‹ in einigen Punkten auch die Reformabsichten Siegmunds, kann kein direkter Zusammenhang nachgewiesen werden (vgl. Carl KOEHNE, Zur sogenannten ›Reformation K. Sigmunds‹, in: Neues Archiv der Gesellschaft für ältere deutsche Geschichtskunde 28 [1903], 739–750, hier 750). Beer relativiert dahingehend, dass über Scheles ›Avisamenta‹ ein Bezug zur kaiserlichen Partei bestehe und die behauptete Nähe somit keine reine Fiktion darstelle (vgl. BEER 1951, 58; ähnlich auch Heinrich KOLLER, Zur Reformpolitik Kaiser Sigismunds, in: Josef MACEK/Ernő MAROSI/Ferdinand SEIBT [edd.], Sigismund von Luxemburg. Kaiser und König in Mitteleuropa 1387–1437. Beiträge zur Herrschaft Kaiser Sigismunds und der europäischen Geschichte um 1400. Vorträge der internationalen Tagung in Budapest vom 8.–11. Juli 1987 anläßlich der 600. Wiederkehr seiner Thronbesteigung in Ungarn und seines 550. Todestages, Warendorf 1994, 15–25, hier 15). Koller attestiert der ›Reformatio Sigismundi‹ überdies eine ideologische Nähe zum Kaiser: Ihr Verfasser täusche nicht etwa absichtlich, sondern formuliere seine Forderungen »in dem guten Glauben, daß hier wirklich das Vermächtnis des Luxemburgers vorliege und gewahrt werde« (KOLLER 1964a, 7). Ihren Rezeptionserfolg verdankt die ›Reformatio Sigismundi‹ jedenfalls u. a. ihrer Selbstsetzung als kaiserliche Reformvorlage (vgl. DÜMLING 2017, 160; JÖRG 2017, 39).

gebliebene Verfasser aus dem südwestdeutschen Raum stammt, in einer Kanzlei im Umfeld von Kaiser Siegmund und König Albrecht II. gearbeitet und am Basler Konzil teilgenommen hat.[38] Anlass zu weiteren Spekulationen hat vor allem der im Text genannte Autorname *Friderich* geboten; wie Heinrich Koller allerdings hat nachweisen können, ergänzt diese Autorreferenz erst die spätere, als Vulgata bezeichnete Augsburger Redaktion.[39] Da keines der Interpretationsangebote bisher überzeugen konnte, hat sich die Forschung mittlerweile darauf geeinigt, die Anonymität als Selbstschutz zu lesen: Angesichts seiner harschen Kritik verberge der Verfasser der ›Reformatio Sigismundi‹ seine wahre Identität bewusst hinter derjenigen des Kaisers.[40]

In seiner Einleitung kritisiert der Anonymus die Obrigkeit und ihre mangelnde Bereitschaft zu Reformen, verweist auf die in Konstanz formulierten Reformabsichten, beklagt das derzeitige Elend und ruft vor allem die Reichsstädte in die Pflicht. Der folgende Hauptteil bietet im Anschluss an detaillierte Vorschläge zur Kirchenreform die Skizze einer Reform des Reichs. Papst- und Königtum sollen grundlegend reformiert werden. Die Bischöfe sollen keine Dispensen mehr erteilen, also nicht mehr einzelne von der Einhaltung des kanonischen Rechts freisprechen, und Pfründe ausschließlich an universitär geschulte Geistliche verleihen. Die Orden sollen keinen Einfluss mehr auf Pfarreien ausüben und die Pfarrer ihrerseits ein festes Einkommen beziehen. Das Zölibat, wenn auch in der Idee sinnvoll, halte ja doch niemand ein und so solle man den Priestern endlich die Ehe erlauben. Man solle die Straßen ausbauen, eine einheitliche Reichsmünze einführen, die Leibeigenschaft abschaffen und kostenfreie ärztliche Versorgung in den Städten anbieten. Einem hierarchisierenden Strukturprinzip folgend behandeln kirchlicher und weltlicher Reformteil ihre Programmpunkte dabei in einzelnen, aufeinanderfolgenden Kapiteln: Der auf

38 Der unbekannte Verfasser der ›Reformatio Sigismundi‹ kommt vermutlich aus dem Umland von Basel und hat das Konzil selbst miterlebt. Da er die kaiserlichen Reformer Johannes Schele, Dietrich Ebbracht und Johannes Bracht kennt und Zugang zu deren z. T. noch nicht publizierten Schriften hat, gehört er aller Voraussicht nach zum Umfeld der kaiserlichen Interessensvertreter (vgl. Koller 1958, 438f.; Ders. 1959a, 144; kritisch zu Kollers Erkenntnissen zu Herkunft und Beruf des Verfassers äußert sich Karl Mommsen, Die ›Reformatio Sigismundi‹, Basel und die Schweiz, in: Schweizerische Zeitschrift für Geschichte 20/1–2 [1970], 71–91, hier 72). Belastbarere Aussagen zu Person, Bildungsstand und Hintergrund lassen sich, so Koller, nicht treffen (vgl. Koller 1959a, 155f.).

39 Vgl. Koller 1958, 427. Zur Autornennung der Vulgata vgl. ausführlich Kap. II 3.2.

40 So vermuten bereits Koehne 1898a, 723 und Beer 1925, 221. Zuletzt hat das noch einmal Koller nahegelegt (vgl. Heinrich Koller, Zum Finanzwesen Kaiser Friedrichs III., in: Gerhard Ammerer/Christian Rohr/Alfred S. Weiss [edd.], Tradition und Wandel. Beiträge zur Kirchen-, Gesellschafts- und Kulturgeschichte. Festschrift für Heinz Dopsch, München/Wien 2001, 152–160, hier 156). Märtl scheint die Anonymität weniger als Selbstschutz denn als programmatische Entscheidung zu lesen, führt den Gedanken jedoch nicht weiter aus (vgl. Märtl 1996, 95).

die Kirchenreform bezogene erste Teil widmet sich der Reihe nach Papst, Kardinälen, Bischöfen, Pfarrkirchen (die in der ›Reformatio Sigismundi‹ einen besonderen Stellenwert besitzen), Domherren, Ritterorden, Mönchs- und Nonnenklöstern sowie der Versorgung der Pfarrkirchen und der Säkularisation geistlichen Besitzes. Der weltliche Reformteil thematisiert das Königtum, das Zollwesen, die Zunftordnung, das Handelsgewerbe, Fragen der hohen und niederen Gerichtsbarkeit, den geistlichen Ritterstand, den Ärztestand, das Urkundenwesen, Ansätze einer Preiskontrolle und das Bürgerrecht. Der Text kulminiert schließlich in einer Kaiser Siegmund von Luxemburg zugeschriebenen Vision: Eine göttliche Stimme habe dem Kaiser 1403 in Preßburg die Ankunft eines Priesterkönigs namens Friedrich prophezeit, der im Jahre 1439 die Reform auch gegen den Willen der Konzilsteilnehmer erzwingen werde. Es folgen zwei nachträglich ergänzte Reformpunkte zum Münzwesen und zum Almosensammeln der Bettelorden,[41] bevor der Text mit einer Gebetsformel schließt.

Seine Themen leiht der Anonymus aus juristischen, theologischen und legendarischen Quellen seiner Zeit: Er kennt nicht nur Scheles ›Avisamenta‹, sondern weiß auch um die Verordnungen des Konzils und des Kaisers, rekurriert wiederholt auf den Schwabenspiegel und die Mainzer Akzeptationsurkunde, zitiert aus der Bibel und macht sich die große Beliebtheit der auf Breitenwirkung angelegten Formen von Predigt, Legende und Kaiserprophetie zu Nutze.[42] Er-

41 Die Forschung ist sich einig, dass die beiden letzten Kapitel kurz nach der Entstehung des Hauptteils ergänzt worden sind (vgl. Beer 1951, 61; Koller 1964a, 5; Hendrik Mäkeler, Geldgebrauch als Lebensform. Die ›Etymologien‹ des Isidor von Sevilla und die ›Reformatio Sigismundi‹ über das Münzwesen, in: Harm von Seggern/Gabriel Zeilinger [edd.], »Es geht um die Menschen«. Beiträge zur Wirtschafts- und Sozialgeschichte des Mittelalters, für Gerhard Fouquet zum 60. Geburtstag, Frankfurt a. Main et al. 2012, 47–57, hier 52f.).

42 Koller hat sich eingehend mit den intertextuellen Bezugspunkten der ›Reformatio Sigismundi‹ beschäftigt: Als wahrscheinliche Quellen benennt er Scheles Reformtraktat, die Verordnungen des Basler Konzils und des Kaisers, Dietrichs von Nieheim ›Avisamenta‹, den Schwabenspiegel, die Mainzer Akzeptationsurkunde, die Pragmatische Sanktion von Bourges, die ›Historia scolastica‹ des Petrus Comestor, Bertholds von Freiburg ›Summa‹, die Chronik des Jakob Twinger von Königshofen sowie verschiedene, nicht eindeutig zu benennende Landfriedenserlasse und Kaiserprophetien des Spätmittelalters; außerdem zitiert der Anonymus die Clementinen aus zweiter Hand, übernimmt die Silvesterlegende vermutlich aus der Konstantinischen Schenkung oder der ›Legenda aurea‹, rekurriert auf mündlich tradierte Martyrologien und bezieht seine Christus-Zitate aus einer nicht bekannten deutschsprachigen Bibelübersetzung. Während Koller den Mainzer Reichslandfrieden von 1235 und die Chronik des Paulus Orosius als mögliche Quellen nicht ausschließt, spricht er sich vehement gegen eine lateinische Ur-Reformatio aus und verneint auch Berührungspunkte zu Giuliano Cesarini, Pierre Dubois, Vinzenz von Beauvais und Eberhart Windecke (vgl. Koller 1958; zu Bertholds von Freiburg ›Summa‹ vgl. außerdem Heinrich Koller, Die Entstehungszeit der ›Summa‹ des Berthold von Freiburg, in: Mitteilungen des Instituts für Österreichische Geschichtsforschung 67 [1959b], 117–134, hier 132). Hermann Heimpel hat den Bezug zu Twingers Chronik in Frage gestellt (vgl. Hermann Heimpel, ›Reformatio Sigismundi‹, Priesterehe und Bernhard von Chartres, in: Deutsches Archiv für

gebnis ist ein bunter Stilteppich, der in seinen assoziativen Vernetzungen mitunter überrascht: Gegenwartsbezogene Handlungsanweisungen weichen apokalyptischen Zukunftsbildern, nüchterne Sentenzen folgen auf emotionale Ansprachen, sachliche Aufzählungen rahmen detailverspielte Erzählungen. Während die mit Zwischenüberschriften markierten Programmpunkte an die zeitgenössische Traktatliteratur erinnern, weisen Gebetsformeln, Ausrufe und die wiederholten Übersetzungen aus dem Lateinischen in den Bereich der Predigt. Die Schlussvision schließlich fällt vollkommen aus dem vorangehenden Textzusammenhang heraus, indem sie in ausführlicher Figurenrede eine Offenbarungserzählung bietet. Diese Gegensätze zusammenzwingende Textästhetik hat in der Forschung wiederholt zu polemischen Ausrufen geführt: Der Verfasser sei »verwirrt«[43] und sein Text, wenngleich auch »geschickt[...]« und »literarisch bedeutsam«,[44] am Ende doch »rätselhaft[...],«[45] ein »eigentümliche[s] Zwittergesicht«[46]. Da die Stilvarianzen vor allem zu irritieren scheinen, hat man diese bisher guten Gewissens ignoriert.

Nimmt man die stilistische Vielfalt indes ernst, erlaubt sie erste Rückschlüsse auf einen möglichen Rezipientenkreis. Schließlich gibt die auf breitenwirksame Textformen zurückgreifende Kompilationstechnik – wie auch die grundlegende Entscheidung, auf Deutsch zu schreiben – die Tendenz zu erkennen, nicht nur die relevanten Entscheidungseliten auf dem Konzil zu adressieren, sondern dezidiert auch ein Laienpublikum in das Reformgespräch zu integrieren. Die Frage, ob der Text damit einen revolutionären »Aufstand der niederen Schichten«[47] propagiert oder doch eher eine konservativ ausgerichtete Reformpolitik verfolgt, hat die Forschung mit Blick auf die Gesamtintention des Textes zum Teil sehr kontrovers diskutiert. In engem Zusammenhang mit der Adressatenfrage hat man außerdem unterschiedliche Hypothesen zur Rezeptionsform aufgestellt: Handelt es sich bei der ›Reformatio Sigismundi‹ nun um eine schriftlich rezipierte Flugschrift[48] oder doch eher um eine circa zweistündige, mündlich vorgetragene

Erforschung des Mittelalters 17 [1961], 526–537, hier 532), während Karl Mommsen mit Felix Hemmerlin eine weitere mögliche Quelle identifiziert hat (vgl. Mommsen 1970, 90f.).

43 Joachimsen 1921, 36.

44 Koller 1952, 144; noch einmal in Ders. 1984, 118.

45 Beer 1951, 93.

46 Alfred Doren, Zur ›Reformatio Sigismundi‹, in: Historische Vierteljahrschrift 21 (1922/1923), 1–59, hier 5.

47 Koller 1952, 151; ähnlich auch Hühns 1951/92, 19; Wiesflecker 1975, 203f. Zu dieser Forschungskontroverse vgl. ausführlich Kap. I 3.4.

48 So argumentieren Hildegard Zimmermann, Druckausgaben mit Titelholzschnitten Lukas Cranachs d. Ä. (Ein Nachtrag), in: Zentralblatt für Bibliothekswesen 50 (1933), 428f., hier 428; Karl Beer, Zur Frage nach dem Verfasser der ›Reformatio Sigismundi‹, in: Mitteilungen des Instituts für Österreichische Geschichtsforschung 51 (1937), 161–177, hier 171; Franz 1958, 962; Tilman Struve, Reform oder Revolution? Das Ringen um eine Neuordnung in Reich und Kirche im Lichte der ›Reformatio Sigismundi‹ und ihrer Überlieferung, in: Zeitschrift für die

Rede?[49] Was die ältere Forschung als unterschiedliche Produktions- und Rezeptionsformen gegeneinander auszuspielen bemüht war, hat man mittlerweile als eine für die spätmittelalterliche (Konzils-)Situation konstitutive Mischform akzeptiert: Texte werden als Reden konzipiert, aber nicht vorgetragen; Reden werden zu schriftlichen Traktaten ausgebaut; Traktate zur Mitschrift wiederum vorgelesen.[50]

Der Überlieferungsverbund gibt Aufschluss, als was die ›Reformatio Sigismundi‹ schließlich ins kollektive Gedächtnis eingegangen ist: Acht der insgesamt 20 Handschriften gruppieren sie mit dem als ›Reformatio Friderici‹ bezeichneten Landfrieden von 1442, vier Handschriften verbinden sie gar mit der ›Goldenen Bulle‹ Karls IV.[51] Selbst wenn die ›Reformatio Sigismundi‹ ursprünglich als mündlicher Vortrag konzipiert worden ist, so wird sie später im Kielwasser bekannter Reichstexte als schriftlich ausgearbeitetes Reformdekret des Kaisers überliefert und erregt als solches noch in der Reformationszeit einige Aufmerksamkeit – Wolfgang Aytinger, Sebastian Frank und Johannes Cochläus erwähnen sie bald hundert Jahre nach ihrer Niederschrift namentlich und noch Luther kennt die ›Reformatio Sigismundi‹ vermutlich.[52] Die Selbstinszenierung als kaiserliche Reformvorlage auch nach dem Tod Siegmunds im Jahr 1437 hat also zum Erfolg geführt.

---

Geschichte des Oberrheins 126 (1978), 73–129, hier 79. Boockmann widerspricht dem angesichts der Textlänge vehement (vgl. Boockmann 1979, 530–532). Dagegen ließe sich einwenden, dass Flugschriften vereinzelt auch bis zu 60 Seiten umfassen konnten (vgl. Beutin 2019, 74).

49 Das vermutet Koller 1952, 152; noch einmal in Ders., Untersuchungen zur ›Reformatio Sigismundi‹ I: Die Fassungen und Handschriften der ›Reformatio‹, in: Deutsches Archiv für Erforschung des Mittelalters 13 (1957), 482–524, hier 493.

50 Zu den Mischformen vgl. Miethke 1981, 753–755 sowie Ders. 1995, 36f.; Daniels 2013, 330; Helmrath 2014, 31. Auch Koller hat die ›Reformatio Sigismundi‹ später als Flugschrift und Vortrag begriffen (vgl. Koller 1984, 118f.).

51 Gemeinsam mit der ›Reformatio Friderici‹ überliefert wird die ›Reformatio Sigismundi‹ in den Kodizes München Cgm 3887, St. Gallen Cod. 957, München Cgm 702, Nürnberg Hs. 15902, München Cgm 568, München Clm 4362, Gotha Cod. Chart. A 160. ›Reformatio Sigismundi‹ und ›Goldene Bulle‹ finden sich in den Kodizes Luzern Msc. 27 fol., Weimar Cod. Fol. 73, Innsbruck Serv. Cod. I b 28, München Cgm 276. Zur Rezeption als »verbindliches Reichsgesetz« vgl. Koller 1995, 551.

52 Zu den Nennungen bei Aytinger, Frank und Cochläus vgl. Koehne 1898a, 724f.; Sabine Schmolinsky, ›Reformatio Sigismundi‹, in: Killy Literaturlexikon 9 (2. Aufl. 2010), 469f., hier 470. Die Nähe zu Luther legt u. a. Koller nahe (vgl. Koller 1964a, 27).

## 3.2 Überlieferungsverbund

In seinen profunden Studien zur ›Reformatio Sigismundi‹ und zuletzt in seiner Edition der unterschiedlichen Fassungen hat Heinrich Koller den Überlieferungsverbund gründlich aufgearbeitet. Seine Forschungsergebnisse sollen mit Blick auf die Besonderheiten und Divergenzen der einzelnen Fassungen kurz wiedergegeben werden, da der Hauptteil der vorliegenden Arbeit die ›Reformatio Sigismundi‹ in ihrer überlieferungsgeschichtlichen Vielfalt ernst nehmen wird.

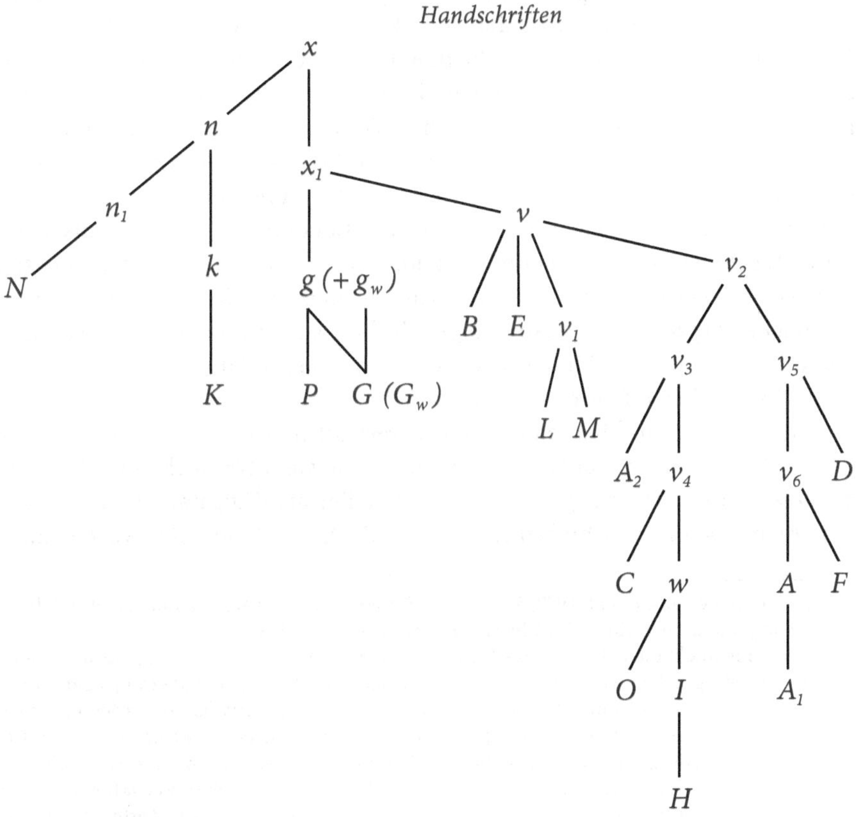


Abb. 1: Die Handschriften der ›Reformatio Sigismundi‹ nach Koller

Koller bündelt die fünf überlieferten Fassungen zu drei Gruppen (Abbildung 1): Die n-Gruppe mit der von Koller aufgefundenen Handschrift N und der ihr nahestehenden Handschrift K kommt der verschollenen Urfassung der ›Reformatio Sigismundi‹ am nächsten.[53] Während der theologisch geschulte Redaktor der K-Fassung im Sinne der orthodoxen Lehre der Römisch-katholischen Kirche an einigen Stellen korrigierend in seine Vorlage eingreift und die Gesamtintention des Textes damit verändert,[54] kopiert die frühere N-Fassung wortgenau. Jede Auseinandersetzung mit der ›Reformatio Sigismundi‹ muss also mit der dem verlorenen Archetyp (x) am nächsten kommenden N-Fassung ihren Anfang nehmen.[55]

Die beiden anderen Gruppen gehen auf eine gegen Jahresende 1439 vermutlich in Basel angefertigte gemeinsame Vorlage ($x_1$)[56] zurück: Zunächst variiert ein Laie kurz nach 1439 in Basel die in $x_1$ konservierte Textform, indem er die Traumvision Siegmunds an den Textanfang stellt, zahlreiche kleinere Ergänzungen und Kürzungen vornimmt und ein zusätzliches Kapitel über die fahrenden Schüler und die Herolde einfügt. Diesen Urtext der so genannten g-Gruppe (g)[57] kopiert die P-Fassung,[58] während bis 1449 ein kirchenrechtlich gebildeter Redaktor den Text noch einmal sachkundig überarbeitet ($g_w$). Die G-Fassung, in der ersten Hälfte des 16. Jahrhunderts in Südwestdeutschland verfasst, geht auf beide Redaktionen (g und gw) zurück und weicht am meisten vom (verlorenen) Original der ›Reformatio Sigismundi‹ ab. Aufgrund ihrer zahlreichen Ergänzungen verspricht gerade die g-Gruppe mit den Handschriften P und G weiterführende Einblicke in die zeitgenössische Auseinandersetzung mit der volkssprachigen Reformvorlage.

Parallel zu diesem Überlieferungszweig verfasst ein Laie 1440 in Augsburg eine weitere Redaktion (v) auf Grundlage von $x_1$, die vor 1476 noch einmal überarbeitet wird (w). Der von Joachimsen und Haller als ›Vulgata‹ bezeichneten v-Gruppe mit den Handschriften A, $A_1$, $A_2$, B, C, D, E, F, L und M sowie den auf w

53 Zur n-Gruppe vgl. Koller 1957, 500–503, außerdem Ders. 1964a, 11f. Zum Neufund der N-Fassung und ihrer Stellung im Überlieferungsverbund vgl. Ders. 1952.

54 So vereinheitlicht die K-Fassung die Sakramentenlehre, die in der N-Fassung noch scheinbar falsch wiedergegeben wird (vgl. Koller 1957, 485). Carl Koehne hat allerdings darauf hingewiesen, dass die Sakramente erst im Laufe des 15. Jahrhunderts fixiert werden und davor variierend Erwähnung finden, der Urtext also streng genommen keine Fehler macht (vgl. Carl Koehne, Zur sogenannten ›Reformation K. Sigmunds‹, in: Neues Archiv der Gesellschaft für ältere deutsche Geschichtskunde 31 [1906], 214–237, hier 218f.). Zum Redaktor der K-Fassung vgl. außerdem Koller 1959a, 158. Die K-Fassung entsteht im dritten Viertel des 15. Jahrhunderts (vgl. ebd., 144).

55 So fordert Koller 1957, 497; ihm folgt Dohna, der seine Analyse der ›Reformatio Sigismundi‹ nur auf die N-Fassung stützt (vgl. Dohna 1960, 21).

56 Zu der kurz nach der Niederschrift der Urfassung angefertigten, verlorenen Vorlage $x_1$ vgl. Koller 1959a, 145; Ders. 1964a, 12f.

57 Zur g-Gruppe vgl. Koller 1957, 503–514; Ders. 1959a, 157f.; Ders. 1964a, 16f.

58 Manfred Straube hat diese Handschrift ausfindig gemacht (vgl. Manfred Straube, Eine neue Handschrift der sogenannten ›Reformatio Sigismundi‹, in: Wissenschaftliche Zeitschrift der Ernst-Moritz-Arndt-Universität Greifswald 4. Gesellschafts- und sprachwissenschaftliche Reihe 1/2 [1954/1955], 123–138), die Koller in seine Edition als P-Fassung aufnimmt.

zurückgehenden Handschriften H und O verdankt die ›Reformatio Sigismundi‹ ihren Bekanntheitsgrad.[59] Jede Auseinandersetzung mit der volkssprachigen Reformvorlage wird an dieser breitenwirksamen Fassung nicht vorbeigehen können, zumal die insgesamt 13 Drucke bis 1720 allesamt den Vulgata-Text auflegen (Abbildung 2).

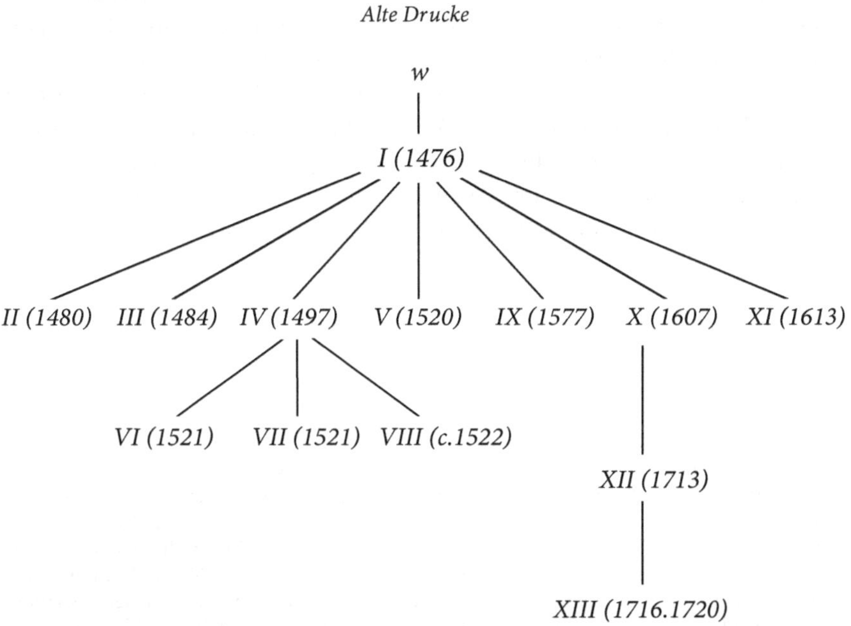


Abb. 2: Die Frühdrucke der ›Reformatio Sigismundi‹ nach Koller

1476 publiziert der Augsburger Drucker Johannes Bämler einen Band (I), in dem die ›Reformatio Sigismundi‹ neben einer Kaiser- und Papstchronik sowie dem als ›Reformatio Friderici‹ bezeichneten Landfrieden von 1442 abgedruckt wird. Auf Grundlage von Bämlers Ausgabe entstehen alle späteren Drucke, über die Hälfte davon bis 1522.[60] Die ›Reformatio Sigismundi‹ zählt damit zu jenen seltenen Texten, die zeitgleich in Handschrift und Druck konzipiert wie rezipiert worden sind. Als Kind der medialen Revolution des 15. Jahrhunderts verbreitet sie sich dabei von Augsburg ausgehend in Schwaben, Bayern und Tirol.[61]

59 Zur Vulgata vgl. Koller 1957, 515–518; Ders. 1964a, 12–16.

60 Folgende Druckausgaben erscheinen in Bämlers Nachfolge bis 1522: Antonius Sorg, Augsburg 1480; Johann Schönsperger, Augsburg 1484; Lukas Zeissenmair, Augsburg 1497; anonym, Straßburg 1520; Thomas Wolff, Basel 1521; anonym, ohne Ortsangabe 1521; anonym, ohne Ortsangabe ca. 1522. Zu den Drucken vgl. Koller 1964a, 39–44.

61 Vgl. Koller 1959a, 147.

Die zahlreichen Handschriften und Drucke des 15. und frühen 16. Jahrhunderts bezeugen die bald 100 Jahre währende Faszination, die der ›Reformatio Sigismundi‹ noch in der Reformationszeit zu einiger Berühmtheit verhilft,[62] und dokumentieren die lebendige Arbeit mit und am Ursprungstext: Die Vulgata kürzt großzügig, behält die Grundintention der Urfassung jedoch bei, die K-Fassung korrigiert im Sinne der kirchlichen Lehre, die G-Fassung radikalisiert den ursprünglichen Aussagewert, die Drucke schließlich stellen die ›Reformatio Sigismundi‹ durch Kontext und Paratext in einen reichsgesetzlichen Zusammenhang.[63] Die späteren Bearbeiter haben so auffallend in den Text eingegriffen, Absätze gekürzt, ausgebaut oder die Textstruktur im Ganzen umgestellt sowie durch den Überlieferungsverbund Lesarten nahegelegt, dass man die unterschiedlichen Fassungen nur im Vergleich miteinander betrachten kann, um Thesen über Wirkabsicht und Rezeption des Textes aufzustellen.[64]

62 In der Regel gilt die ›Reformatio Sigismundi‹ als weit verbreiteter Text (vgl. etwa Koehne 1898a, 691; Hühns 1951/52, 22; Koller 1952, 144; Buyken 1957, 116; Wiesflecker 1975, 205; Krieger 2005, 51; Schmolinsky 2010, 470; Jörg 2017, 39; Beutin 2019, 68). Laut Boockmann habe die ›Reformatio Sigismundi‹ keine breite Rezeption erfahren, weil sie erst so spät nach ihrer Niederschrift Erwähnung findet (vgl. Boockmann 1979, 537). Man könnte gegen Boockmann einwenden, dass gerade ein kritischer Kommentar wie jener des Humanisten Cochläus, der bald 100 Jahre später die ›Reformatio Sigismundi‹ zu widerlegen sucht, Zeugnis ablegt für ihren, wenn auch verzögert einsetzenden Bekanntheitsgrad (so bereits Dohna 1960, 11). Es stimmt jedenfalls nicht, dass es »bis zum Ende des 15. Jahrhunderts keinerlei Wirkungszeugnis« der ›Reformatio Sigismundi‹ gebe (Boockmann 1996, 207) – denn wieso entstehen sonst in dichter Folge unterschiedliche Handschriften und Drucke? So legen Anton Sorg (1480) und Johann Schönsperger (1484) den Bämler-Druck (1476) im dichten Abstand von vier bzw. acht Jahren neu auf, weil es üblich war, »daß die erfolgreichen Werke der einen Offizin von den anderen Werkstätten nachgedruckt wurden« (Ursula Altmann, ›Reformatio Sigismundi‹, in: Reformatio Sigismundi [Augsburg: Lukas Zeissenmair 1497], mit einem Nachwort von Ders. [Bibliothek seltener Bücher. Neudrucke 1], Leipzig 1984, 1–8, hier 5). Märtl, die für die ›Reformschriften‹ ebenfalls einen schwachen Überlieferungsverbund beobachtet, sieht darin im Übrigen kein Argument gegen ihre Wirkkraft (vgl. Märtl 1996, 95 f.).

63 Zu den Bearbeitungsspuren in den späteren handschriftlichen Fassungen vgl. Dohna 1960, 20; ebenso auch Struve 1978, 77. Buyken beobachtet ähnliche Anverwandlungsprozesse für die Frühdrucke (vgl. Buyken 1957, 100).

64 Dümling lobt, dass Kollers Edition für die überlieferungsgeschichtliche Disparität der ›Reformatio Sigismundi‹ sensibilisiert hat (vgl. Dümling 2017, 98). Zu Recht kritisiert Struve deshalb Dohnas Ansatz, nur mit der Handschrift N zu arbeiten; die Bearbeitungen, die unklare Passagen ihrer Vorlage kommentieren und präzisieren, stehen »Vorstellungswelt der RS und Sprache ihres Autors« wesentlich näher als ein moderner Interpret, weshalb sich jede Auseinandersetzung an diesen Bearbeitungen messen müsse (vgl. Struve 1978, 79).

### 3.3 Exkurs: Die jüngsten Handschriftenfunde

Koller verzeichnet in seinem Paralleldruck der unterschiedlichen Fassungen die 16 bis dahin bekannten Handschriften der ›Reformatio Sigismundi‹;[65] vier weitere Textträger listet der Handschriftencensus. Der Straßburger Kodex Cod. B 89 ist leider verbrannt, bevor er eingehend untersucht werden konnte.[66] Die zweite Handschrift, der Cod. XVI.D.49 in Prag,[67] ist falsch zugeordnet: Der Text beginnt zwar mit der Formel *Kunig Sigmunds Reformation* (Cod. XVI.D.49, 1r), bringt jedoch im Folgenden Siegmunds Gesetz zu den Pfahlbürgern vom 25. März 1431 (Cod. XVI.D.49, 1r–5v);[68] es handelt sich also nicht um eine Handschrift der ›Reformatio Sigismundi‹.

Die anderen beiden Handschriften konservieren die Vulgata-Fassung der ›Reformatio Sigismundi‹: Marston MS 273 (im Sinne der alphabetisch fortschreitenden Forschungstradition nachfolgend mit Q bezeichnet) hat Thomas Marston 1960 von dem 1939 in die USA emigrierten Antiquar Bernhard Rosenthal erworben. Die Handschrift befindet sich aktuell in der Beinecke Rare Book and Manuscript Library in Yale, Connecticut.[69] Die Schriftart weist auf die zweite Hälfte des 15. Jahrhunderts, während die ausgekratzten Initialen PHM auf der ersten Textseite vermuten lassen, dass die Handschrift Q im 16. Jahrhundert in den Besitz des Augsburger Stadtschreibers Paul Hector Mair übergegangen ist.[70] Der Text bricht mitten im Satz im Kapitel zu den Nonnenklöstern ab. Eine gründliche Textdurchsicht hat ergeben, dass die Handschrift Q, vergleichbar der Handschrift H,[71] die Abschrift eines Vulgata-Druckes bietet und also erst nach 1476 angefertigt worden sein kann. Der Textträger erlaubt damit zwar spannende Einblicke sowohl in die Rezeptionsgeschichte der ›Reformatio Sigismundi‹ als auch in die Wechselbeziehung von Handschrift und Druck im ausgehenden Mittelalter,[72] spielt für die folgende Analyse jedoch eine nachgeordnete Rolle.

65 Vgl. Koller 1964a, 33–39.

66 Vgl. Zapf 2012, 627.

67 Vgl. Prag, Nationalbibliothek, Cod. XVI.D.49.

68 Vgl. K. Sigmunds Gesetz über Pfalbürger und Bürger-Aufnahme (Nr. 429), in: Deutsche Reichstagsakten unter Kaiser Sigmund. Dritte Abteilung 1427–1431, ed. Dietrich Kerler (Deutsche Reichstagsakten 9), Gotha 1887 (Neudruck Göttingen 1957), 565–570. Auf das Pfahlbürgergesetz folgen ein Fragment der ›Reformatio Friderici‹ (Cod. XVI.D.49, 6r–9v) und ein lateinischer Text (Cod. XVI.D.49, 10r–21r).

69 Vgl. New Haven (Connecticut), Yale University, Beinecke Rare Book and Manuscript Library, Marston MS 273.

70 Für ihre wertvolle Hilfe in der Handschriftenanalyse danke ich Tobias Daniels und Claudia Märtl.

71 Vgl. Koller 1957, 522.

72 Zur Interferenz von Handschrift und Druck im 15. Jahrhundert vgl. Jan-Dirk Müller, Publizistik unter Maximilian I. Zwischen Buchdruck und mündlicher Verkündigung, in: Ute

Auch die zuletzt identifizierte, 1466 von dem Schreiber Conrad Bopfinger verfasste Handschrift (Augsburg, Stadtarchiv, Reichsstadt – Selekt Chroniken Nr. 4d), in der die ›Reformatio Sigismundi‹ unter anderem im Verbund mit der ›Augsburger Chronik‹ des Sigismund Meisterlin und Hans Rosenplüts ›Der stat spruch von nuernberg‹ überliefert wird, bietet eine Abschrift der Vulgata (nachfolgend R).[73] Dass die Handschriften Q und R den Vulgatatext überliefern, bezeugt die breite Rezeption dieser Fassung.

### 3.4 Forschungsrückblick

1845 beschimpft der Bonner Historiker Joseph Aschbach in seiner ›Geschichte Kaiser Sigmunds‹ die ›Reformatio Sigismundi‹ als »Schmähschrift«,[74] die sich zu Unrecht mit den fremden Federn des Kaisers schmücke. Gut 30 Jahre später rühmt sein protestantischer Kollege Friedrich von Bezold die volkssprachige Reformvorlage als »Trompete des Bauernkriegs«[75] und Wegbereiter der Reformation. Eine hitzige Diskussion soll damit ihren Anfang nehmen: Gut 100 Jahre lang wird der Text sehr unterschiedlichen, zum Teil sich widersprechenden Thesen zur Reformzeit Pate stehen. Mit seinem chronologisch sortierten und kommentierten Literaturverzeichnis bietet Lothar Graf zu Dohna eine übersichtliche Zusammenfassung der Forschungsergebnisse bis 1960.[76] Der hier gebotene Rückblick will deshalb lediglich Schlaglichter auf die ältere Forschungsgeschichte werfen.

Lange Zeit beschäftigen die geschichtswissenschaftliche Diskussion zunächst die Fragen nach Entstehungskontext und Überlieferungsverbund der bekannten Handschriften und Drucke. Willy Boehms Edition der später sogenannten Vulgata ebnet der Suche nach einem historisch greifbaren Verfasser den Weg,[77]

---

Frevert/Wolfgang Braungart (edd.), Sprachen des Politischen. Medien und Medialität in der Geschichte, mit 36 Abbildungen, Göttingen 2004, 95–122, hier 96.

73 Vgl. Klaus Graf/Eva Haberstock/Gisela Kornrumpf, Handschriftenbeschreibung 25719, in: Handschriftencensus. Eine Bestandsaufnahme der handschriftlichen Überlieferung deutschsprachiger Texte des Mittelalters, bearb. v. Rudolf Gamper et al., https://handschriftencensus.de/25719 (15.02.2023). Da die Handschrift erst kurz vor Drucklegung der vorliegenden Arbeit zugeordnet worden ist, konnte ich sie nicht mehr eingehend untersuchen. Ich kann aber zumindest bestätigen, dass es sich um die Vulgata-Fassung der ›Reformatio Sigismundi‹ handelt.

74 Joseph von Aschbach, Geschichte Kaiser Sigmunds, 4 Bde., Bd. 4: Sigmunds letzte Regierungsjahre zur Zeit des Basler Konzils, Hamburg 1845 (Neudruck Aalen 1964), 420.

75 Friedrich von Bezold, Die »armen Leute« und die deutsche Literatur des späteren Mittelalters, in: Historische Zeitschrift 41/1 (1879), 1–37, hier 26. Zu dieser epochemachenden Einschätzung vgl. zuletzt Jörg 2017, 36f., Anm. 8.

76 Vgl. Dohna 1960, 203–217.

77 Friedrich Reisers Reformation des K. Sigmund, ed. Willy Boehm, Leipzig 1876, 161–252.

die jede Debatte um die ›Reformatio Sigismundi‹ bis in die 50er Jahre des 20. Jahrhunderts hinein bestimmen soll: Hat ein Augsburger Pfarrgeistlicher namens Friedrich (Carl Koehne) oder vielleicht der Stadtschreiber Valentin Eber (Heinrich Werner), der hussitische Wanderlehrer Friedrich Reiser (Willy Boehm) oder doch der Basler Magister Friedrich Gren (Alfred Doren), der Basler Notar Friedrich Winterlinger (Karl Beer) oder am Ende der Elsäßer Humanist Heinrich von Beinheim (František Bartoš) die ›Reformatio Sigismundi‹ verfasst?[78] Laie oder Kleriker, Hussit oder Humanist, Wanderlehrer oder Stadtschreiber – die allesamt widerlegten Interpretationsangebote sensibilisieren nicht nur für die Vielschichtigkeit des Textes, die von den divergierenden Fassungen noch potenziert wird, sondern führen ebenso eindrücklich vor Augen, wie auf Grundlage desselben Textes sehr unterschiedliche Beobachtungen angestellt werden können. Auch Paul Joachimsen und Alfred Doren, die eigentlich aus der Diskussion um einen möglichen Verfasser herausführen möchten, beschäftigen letzten Endes die Fragen nach Entstehungszeit, Urheberschaft und Überlieferungsgeschichte.[79] 1952 schließlich entdeckt Heinrich Koller die der Urfassung nahestehende Handschrift N und kann damit nachweisen, dass die Vulgata den Autornamen *Friderich* in ihre Vorlage einfügt.[80] Die Diskussion um einen urkundlich nachweisbaren Urheber der ›Reformatio Sigismundi‹ kommt damit an ihr Ende. Kollers Studien versammeln die wichtigsten Informationen zu Autor, Entstehungsraum und -zeitraum sowie den Quellen und bieten damit nach wie vor den aktuellen Forschungsstand,[81] auch wenn vereinzelt spätere Arbeiten den Fragen nach Autorschaft, Produktionsbedingungen und Überlieferungsverbund verpflichtet bleiben.[82] Kollers parallel entstandene wissenschaftliche Edition mit synoptischem Paralleldruck der unterschiedlichen Fassungen bereitet den Text nach modernen Wissenschaftsstandards leserfreundlich auf.[83]

Neben den quellenkritischen Studien zu den Produktions- und Rezeptionsbedingungen bestimmt vor allem eine Frage die Forschungsdiskussion: Handelt es sich bei der ›Reformatio Sigismundi‹ um ein revolutionäres oder konservatives Schriftzeugnis? Steht sie also am Vorabend der Reformation als Wegbereiter einer neuen Geisteshaltung oder als letzte Bastion einer alten Ordnung? Bereits Friedrich von Bezold nennt die ›Reformatio Sigismundi‹ »das erste revolutionäre

---

78 Zusammenfassungen der Verfasserthesen bieten Beer 1955, 25, insb. Anm. 6; Koller 1964a, 8.

79 Vgl. Joachismen 1921; Doren 1922/1923.

80 Vgl. Koller 1952; Ders. 1958, 427.

81 Vgl. Koller 1957, 1958, 1959a. Zu Kollers wegbereitenden Arbeiten vgl. Dohna 1960, 14.

82 Produktions- und Rezeptionsfragen diskutieren auf Koller folgend Heimpel 1961, Mommsen 1970, Boockmann 1979.

83 Vgl. Reformation Kaiser Siegmunds, ed. Heinrich Koller (Monumenta Germaniae Historica. Staatsschriften des späteren Mittelalters 6), Hannover 1964.

Schriftstück in deutscher Sprache«,[84] Carl Koehne erkennt den »Aufruf zu einer blutigen Revolution«[85] und auch Karl Beer bezeichnet die Reformvorlage als »revolutionäre Flugschrift«.[86] Vehement widerspricht dieser Interpretation Heinrich Werner, der dem Text eine konservative Grundstimmung attestiert.[87] Im ideologisch aufgeladenen deutsch-deutschen Dialog der 50er Jahre soll die Frage nach dem Charakter der Schrift dann richtig aufbranden: Die marxistischen Historiker Erik Hühns, Heinz Kamnitzer, Moisej Smirin und Manfred Straube deuten die ›Reformatio Sigismundi‹ als Sinnbild des Klassenkampfes,[88] den die »bürgerliche[...] Historiographie«[89] bisher nicht genug gewürdigt hätte. In Westdeutschland scheint man derweil um deeskalierende Interpretationen bemüht: So hält Thea Buyken in ihrem verfasserinteressierten Beitrag zur Festschrift für Gerhard Kallen, seines Zeichens Schüler Friedrich von Bezolds, die ›Reformatio Sigismundi‹ für »weit weniger revolutionär«[90] als bisher angenommen. Der Historiker und ehemalige SS-Hauptsturmführer Günther Franz, der nach seinem Entnazifizierungsverfahren 1957 auf den Lehrstuhl für Agrargeschichte in Stuttgart-Hohenheim berufen worden ist, entscheidet sich in seinem ›Sachwörterbuch zur deutschen Geschichte‹ für einen Kompromiss, wenn er zwischen den reaktionären Forderungen und der revolutionären Sprache der

84 Bezold 1879, 26.

85 Koehne 1903, 742. Koehne relativiert an späterer Stelle, dass er den Verfasser der ›Reformatio Sigismundi‹ nicht als »sozialpolitischen Reformer« verstanden wissen möchte (Ders. 1906, 236).

86 Beer 1937, 175.

87 Vgl. Werner 1904, 502f.; Ders. 1907, 743.

88 Vgl. Hühns 1951/52, 19; Kamnitzer 1953, 53f.; Moisej M. Smirin, Deutschland vor der Reformation. Abriß der Geschichte des politischen Kampfes in Deutschland vor der Reformation, aus dem Russischen übersetzt von Johannes Nichtweiss, Berlin 1955, 102–157; Manfred Straube, Die ›Reformatio Sigismundi‹ als Ausdruck der revolutionären Bewegungen im 15. Jahrhundert, in: Ernst Werner/Max Steinmetz (edd.), Die frühbürgerliche Revolution in Deutschland, Referat und Diskussion zum Thema Probleme der frühbürgerlichen Revolution in Deutschland 1476–1535, mit einer Karte, Redaktionsleitung Gerhard Brendler (Tagung der Sektion Mediävistik der deutschen Historiker-Gesellschaft vom 21.–23.1.1960 in Wernigerode, 2 Bde., Bd. 2), Berlin 1961, 108–115, hier 111; Ders., Die Reichsreformbestrebungen in den Jahren 1437–1439 und die Forderungen der sog. ›Reformatio Sigismundi‹ zur Umgestaltung des Reiches. Ein Beitrag zur Vorgeschichte der frühbürgerlichen Revolution, Diss. masch., Greifswald 1962, 260. Ursula Altmann deutet eine ähnliche Lesart an, wenn sie in ihrem Nachwort zum Neudruck von Lukas Zeissenmairs Ausgabe der ›Reformatio Sigismundi‹ von 1497 fragt: »Stellt sie eine Reformschrift dar oder ist ihr Inhalt als aufrührerisch, ja revolutionär zu charakterisieren?« (Altmann 1984, 1).

89 Vgl. Straube 1962, 7. Mit dieser Formel grenzt sich Straube wiederholt gegen die Interpretationsangebote aus Westdeutschland, insbesondere gegen Werner ab: »Werner, Vertreter der reaktionärsten Kreise der bürgerlichen Geschichtswissenschaft, leugnete jeden revolutionären Grundzug der Reformatio Sigismundi« (Straube 1961, 109, Anm. 6).

90 Buyken 1957, 116.

›Reformatio Sigismundi‹ unterscheidet.[91] Schließlich stellt sich Lothar Graf zu Dohna in seiner 1960 publizierten Dissertation der schwierigen Aufgabe einer ideologiefreien Textinterpretation, während er wiederholt gegen die sozialistisch eingefärbten Thesen aus Ostdeutschland polemisiert. Mit seiner nah am Wortlaut der N-Fassung entwickelten Analyse gewinnt Dohna die Erkenntnis, dass die ›Reformatio Sigismundi‹ kein revolutionäres Gedankengut verhandelt, sondern im Sinne des reaktionär orientierten Reformdiskurses argumentiert.[92] Nichtsdestotrotz findet die These vom sozial-revolutionären Potenzial des Textes auch später noch Widerhall: So scheint Hermann Wiesflecker Mitte der 70er Jahre eine revolutionäre Tendenz anzunehmen, wenn er die ›Reformatio Sigismundi‹ als »Brandschrift« eines »Rebellen« liest.[93] Zeitgleich kritisiert Franz Irsigler Dohnas Interpretation der wiederholt im Text apostrophierten *kleinen* als programmatische Gemeinschaft im Sinne der Geistig Armen und erkennt vielmehr einen konkreten Handlungsappell, auch wenn er sich damit nicht gleich für eine revolutionäre Lesart der ›Reformatio Sigismundi‹ aussprechen möchte.[94] Ihm folgt Tilman Struve, der die »sozial-revolutionäre Sprengkraft«[95] der ›Reformatio Sigismundi‹ betont, ›revolutionär‹ jedoch nicht mit aufbegehrenden Bevölkerungsgruppen, sondern mit einem empfundenen Widerspruch von Ideal und Wirklichkeit assoziiert. Jüngst hat noch einmal Wolfgang Beutin eine revolutionäre Lesart der Quelle nahegelegt, wenn er mit der ›Reformatio Sigismundi‹ das »Gewitter des Bauernkriegs«[96] heranziehen sieht.

Ab der zweiten Hälfte des 20. Jahrhunderts verlagert sich die Forschungsperspektive zunehmend von Entstehungsbedingungen und Textintention hin zu den konkreten Forderungen des Textes: Hermann Heimpel untersucht das in der ›Reformatio Sigismundi‹ skizzierte Angelrecht,[97] Clemens Bauer spürt den Be-

91 Vgl. Franz 1958, 962.

92 Vgl. Dohna 1960, 52–68. Dohnas Einschätzung der ›Reformatio Sigismundi‹ als konservativ folgen u. a. Mommsen 1970, 89; Heinz Thomas, Jeanne la Pucelle, das Basler Konzil und die *Kleinen* in der ›Reformatio Sigismundi‹, in: Francia 11 (1983), 319–339, hier 319; Jörg 2017, 40. Dohnas Ergebnisse haben Willy Andreas veranlasst, seine Beurteilung der ›Reformatio Sigismundi‹ in der Neuauflage seiner Darstellung des vorreformatorischen Deutschlands zu ändern (vgl. Willy Andreas, Deutschland vor der Reformation. Eine Zeitenwende, 7. Aufl., Berlin 1972, 607).

93 Wiesflecker 1975, 204.

94 Vgl. Irsigler 1976, 253f. Zur Kritik an den anachronistischen Begriffen ›konservativ‹ und ›revolutionär‹ vgl. ebd., 249f.

95 Struve 1978, 105; noch einmal in Ders. 1994, 379. Zu seinem Verständnis von ›revolutionär‹ vgl. Ders. 1978, 121.

96 Beutin 2019, 68.

97 Vgl. Hermann Heimpel, Die Federschnur. Wasserrecht und Fischrecht in der ›Reformation Kaiser Siegmunds‹, in: Deutsches Archiv für Erforschung des Mittelalters 19 (1963), 451–488.

deutungsdimensionen des Wucher-Begriffs nach[98] und Peter-Johannes Schuler thematisiert den zeittypischen Ruf nach Trennung von geistlicher und weltlicher Gerichtsbarkeit.[99] Hartmut Boockmann geht des Weiteren den Überlegungen zu einer Reform der geistlichen Orden auf den Grund[100] und Carl Pfaff zeichnet die von der ›Reformatio Sigismundi‹ herbeigesehnte Beziehung von Klerus und Laien nach,[101] während Heinrich Koller und Hendrik Mäkeler finanzhistorische Fragestellungen diskutieren.[102] An der literarischen Figur des Fahrenden Schülers interessiert, setzt sich der Germanist Philip Reich mit dem in der g-Gruppe ergänzten Kapitel zu den Fahrenden Schülern auseinander.[103] Christian Jörg, der die Reformvorlage nicht nur vor dem Hintergrund politischer Aushandlungsprozesse, sondern auch im Zusammenhang mit sozioökonomischen Entwicklungen der Zeit lesen möchte, wendet den Blick dagegen von den gestellten Reformforderungen hin zu den zugrundeliegenden Persuasionstechniken, wenn er das für die ›Reformatio Sigismundi‹ typische eschatologische Argumentationsmuster aus den klimatischen Verschlechterungen und damit einhergehenden Hungersnöten der 30er Jahre des 15. Jahrhunderts ableitet.[104] Weniger am Text als solchen interessiert, wählt wiederum Ernő Marosi die ›Reformatio Sigismundi‹ als Ausgangspunkt, um die Selbstrepräsentation Kaiser Siegmunds zu fokussieren.[105]

98 Vgl. Clemens Bauer, Der Wucher-Begriff der ›Reformatio Sigismundi‹, in: Friedrich Facius/Jürgen Sydow (edd.), Aus Stadt- und Wirtschaftsgeschichte Südwestdeutschlands. Festschrift für Erich Maschke zum 75. Geburtstag (Veröffentlichungen der Kommission für geschichtliche Landeskunde in Baden-Württemberg. Reihe B: 85) Stuttgart 1975, 110–117.

99 Vgl. Peter-Johannes Schuler, Recht und Billigkeit als politische Forderung der Reformschriften des 15. Jahrhunderts, in: Paul-Joachim Heinig (ed.), Kaiser Friedrich III. (1440–1493) in seiner Zeit. Studien anläßlich des 500. Todestags am 19. August 1493/1993 (Forschungen zur Kaiser- und Papstgeschichte des Mittelalters 12), Köln/Weimar/Wien 1993, 301–315.

100 Vgl. Hartmut Boockmann, Die Orden in den deutschen Texten zur Kirchen- und Reichsreform des 15. Jahrhunderts, in: František Šmahel (ed.), Häresie und vorzeitige Reformation im Spätmittelalter, unter Mitarbeit von Elisabeth Müller-Luckner (Schriften des Historischen Kollegs. Kolloquien 39), München 1998, 275–288.

101 Vgl. Carl Pfaff, Klerus und Laien im Spiegel der ›Reformatio Sigismundi‹, in: Eckart C. Lutz/Ernst Tremp (edd.), Pfaffen und Laien – ein mittelalterlicher Antagonismus? Freiburger Colloquium 1996 (Scrinium Friburgense 10), Fribourg 1999, 191–207.

102 Vgl. Koller 2001; Mäkeler 2012.

103 Vgl. Philip Reich, Der Fahrende Schüler als prekärer Typus. Zur Genese literarischer Tradition zwischen Mittelalter und Neuzeit (Deutsche Literatur. Studien und Quellen 39), Berlin/Boston 2021, 459–464.

104 Vgl. Christian Jörg, Teure, Hunger, Großes Sterben. Hungersnöte und Versorgungskrisen in den Städten des Reiches während des 15. Jahrhunderts (Monographien zur Geschichte des Mittelalters 55), Stuttgart 2008, 165; Ders. 2017, 45.

105 Vgl. Ernő Marosi, ›Reformatio Sigismundi‹. Künstlerische und politische Repräsentation am Hof Sigismunds von Luxemburg, in: Imre Takács (ed.), Sigismundus Rex et Imperator. Kunst und Kultur zur Zeit Sigismunds von Luxemburg 1387–1437. Ausstellungskatalog,

Ergänzend zu diesen den Einzeltext zentrierenden Arbeiten stehen jene diskursgeschichtlichen Ansätze, die denselben in einen größeren intertextuellen Zusammenhang einordnen: So stellt Tilman Struve die ›Reformatio Sigismundi‹ in den Kontext eines allgemeinen, in Konzilstraktaten, Prophetien und politischer Publizistik aufscheinenden Reformdiskurses.[106] Darauffolgend versucht sich der Dohna-Schüler Erich Kraft darin, die Charakteristika der deutschsprachigen ›Reformschriften‹ inmitten einer lateinischen Debatte zu konturieren.[107] Schließlich setzt vor allem Sebastian Dümling mit seiner 2017 erschienenen Dissertation wesentliche Impulse, indem er die ›Reformschriften‹ weniger nach ihren Forderungen, als vielmehr nach ihren zugrundeliegenden Gesellschaftsentwürfen befragt. Seine Studie arbeitet das disparate Textkorpus erstmals komparatisch und im Geiste einer selbstkritischen, methodisch geschulten Geschichtswissenschaft gründlich auf.[108]

Die ›Reformatio Sigismundi‹ zählt zu den meist besprochenen und umstrittensten (Reform-)Schriften des Spätmittelalters.[109] Ihre von der Forschung attestierte »Sonderstellung«[110] scheint sie dabei ihrer Form und allen voran ihrer Sprache zu verdanken: »Umso mehr überrascht uns in dieser Gattung [d. i. die ›Reformschriften‹, S. Q.] die ›Reformation Kaiser Siegmunds‹, die, in deutscher Sprache verfaßt, in Anlage und Stil völlig aus dem Rahmen fällt. [...] Dabei wurde die bis dahin völlig unübliche Ausdrucksweise dieser Schrift von der Forschung, insbesondere aber von den Germanisten überraschend wenig beachtet. Ihre Sprache wurde jedenfalls nie ernsthaft untersucht, und so unterblieben auch

---

Budapest, Szépmvészeti Múzeum, 18. März–18. Juni 2006, Luxemburg, Musée National d'histoire et d'art, 13. Juli–15. Oktober 2006, Mainz 2006, 24–39. Marosi erwähnt die ›Reformatio Sigismundi‹ zwar prominent im Titel seines Katalogbeitrags, untersucht jedoch primär die Repräsentation Kaiser Siegmunds anhand von Siegeln, Buchdrucken, Architektur und Porträts und kommt nur am Rande zweimal auf die ›Reformatio Sigismundi‹ zu sprechen.

106 Vgl. Struve 1978.

107 Vgl. Kraft 1982. Zum Begriff der ›volkstümlichen Reformschrift‹ vgl. ebd., 11–18.

108 Dümling 2017. Ausführlich besprochen in Sophie Quander, [Rezension]: Sebastian Dümling: Träume der Einfachheit. Gesellschaftsbeobachtungen in den Reformschriften des 15. Jahrhunderts (Historische Studien 511). Husum: Matthiesen 2017, in: Beiträge zur Geschichte der deutschen Sprache und Literatur 140/4 (2019), 438–443. Dümlings Erkenntnisse sollen an gegebener Stelle resümiert und kommentiert werden.

109 Ein Loblied auf die Bedeutung der ›Reformatio Sigismundi‹ stimmen u. a. an Carl Koehne, Studien zur sogenannten ›Reformation Kaiser Sigmunds‹, in: Zeitschrift für Sozial- und Wirtschaftsgeschichte 6 (1898b), 369–430, hier 369; Dohna 1960, 12; Mommsen 1970, 71; Boockmann 1979, 514; Jörg 2017, 41. Zur Relevanz der ›Reformatio Sigismundi‹ für die Spätmittelalterforschung vgl. Dümling 2017, 93.

110 Märtl 1996, 95. Zuletzt noch einmal Reich, dem zufolge die ›Reformatio Sigismundi‹ »als politisch agitatorischer Traktat in der Volkssprache [...] einen exzeptionellen Status« besitzt (Reich 2021, 460).

weitere Überlegungen, welche Bedeutung dieser merkwürdigen Ausdrucksweise zukommt?«[111]

In der Tat existieren bis heute keine germanistischen Studien zur ›Reformatio Sigismundi‹[112] und nur wenige, von den Historiker·innen geleistete Vorarbeiten bereiten einer solchen den Weg: Als erster bietet Dohna Ansätze einer philologischen Analyse, wenn er die ›Reformatio Sigismundi‹ »zuerst und zuletzt aus ihr selbst«[113] heraus zu verstehen sucht; seine Dissertation verdient vor allem für ihre textnahe Argumentation Anerkennung. In seinem erkenntnisreichen Beitrag analysiert daran anschließend Struve die rezeptionsbedingte Vielschichtigkeit des Textes und setzt die ›Reformatio Sigismundi‹ dabei unter anderem in Bezug zur zeitgenössischen Spruchdichtung.[114] Stärker an der Sprache interessiert, fragt kurz darauf Kraft in seiner vergleichenden Studie zu den deutschsprachigen ›Reformschriften‹ nach dem Stellenwert der Volkssprache in einer primär lateinischen Texttradition, auch wenn er sich in seiner Analyse dann leider, wie Dümling zurecht moniert hat, auf einen inhaltlichen Vergleich der Quellen beschränkt.[115] Kraft kommt schließlich zu der Erkenntnis, dass die Texte über die Volkssprache versuchen, breitenwirksam Forderungen zu stellen.[116] Es bleibt jedoch zu fragen, ob die ›Reformatio Sigismundi‹ tatsächlich nur in die Breite wirken möchte – ob sich die Entscheidung, auf Deutsch zu fordern, also in einem Multiplikationseffekt erschöpft.

Zuletzt hat noch einmal Dümling versprochen, die ›Reformschriften‹ »als *Texte* ernst zu nehmen«[117] und dabei mit Blick auf die ›Reformatio Sigismundi‹ angekündigt, »Beobachtungen zu ihrer rhetorischen wie sprachlichen Form«[118] anzustellen; im Rahmen seiner vergleichenden Untersuchung der neun von ihm ausgewählten Quellen muss er jedoch letztlich auf eine tiefgehende philologische Einzelanalyse verzichten. Ausführlichere Überlegungen zum Autorprofil der ›Reformatio Sigismundi‹ holt er in seinem 2020 veröffentlichten Eintrag im Handbuch ›Quellenanalyse‹ nach, indem er unter Rekurs auf narratologische

111 Koller 1984, 118. Das Forschungsdesiderat formuliert er bereits in Ders. 1952, 144.

112 Reichs germanistische Arbeit zu den Fahrenden Schülern beschäftigt sich nur mit zwei nachträglich ergänzten Unterkapiteln in der g-Gruppe der ›Reformatio Sigismundi‹ (vgl. Reich 2021, 459–464).

113 Dohna 1960, 17. Vereinzelt haben sich vor Dohna auch andere an philologischen Beobachtungen versucht: So möchte etwa Hühns aus einer »kurze[n] Untersuchung der Form« auf den »Charakter« (Hühns 1951/52, 19) der volkssprachigen Reformvorlage schließen; ebenso plädiert auch Hiersemann für eine Interpretation »von innen« (Hiersemann 1982, 4) heraus, um sich der Verfasserfrage zu nähern, wählt dann jedoch den Entstehungskontext der ›Reformatio Sigismundi‹ als Zugang zur Vielschichtigkeit des Textes.

114 Vgl. Struve 1978, 102, Anm. 173.

115 Vgl. Dümling 2017, 23f.

116 Vgl. Kraft 1982, 286.

117 Dümling 2017, 11 (Hervorhebung im Original).

118 Dümling 2017, 93.

Modelle verschiedene textimmanente Strategien der Autorkonstruktion identifiziert. Sein Beitrag bietet die erste und bisher einzige Interpretation der ›Reformatio Sigismundi‹ mit literaturwissenschaftlichen Standards, die jedoch formatbedingt kurz ausfallen muss.[119]

## 3.5 Forschungslücken, Erkenntnisinteresse und methodisches Vorgehen

Interessiert an den Kommunikationsformen auf den Konzilien des Spätmittelalters, skizziert Johannes Helmrath fünf Themenkomplexe: Zu fragen sei zum einen nach den Leitvorstellungen, vor deren Hintergrund Prozesse der Konsensfindung und Dissensbewältigung im politischen Dialog ablaufen. In engem Zusammenhang hierzu stehe zweitens die Konzilssituation als form- und normgebende Institution, deren Struktur die kommunikativen Aushandlungsprozesse maßgeblich beeinflusse. In den Blick nehmen sollte man des Weiteren die Kommunikationspartner, zu denen nicht nur die offiziell organisierten Konzilsausschüsse, die intern herausgebildeten Allianzen und die durch persönliche oder politische Vernetzungen vorab bestehenden Interessensgemeinschaften zählen, sondern auch jene diffuse ›Öffentlichkeit‹, auf die das Konzil ausstrahle. Als viertes Forschungsfeld nennt Helmrath die Sekundärfunktionen des Konzils, das heißt auf welche Weise die Konzilien in Konstanz und Basel neben ihrer Hauptaufgabe als (kirchen-)politisches Entscheidungsorgan auf den künstlerischen, intellektuellen und wirtschaftlichen Austausch rückwirken, indem sie Gelehrte Räte und Musiker, Bankiers und Schausteller in einer Stadt zusammenbringen. Untersuchen müsse man zu guter Letzt die Medien und Strategien der Kommunikation. Diesen letzten Aspekt unterteilt Helmrath wiederum in vier Schwerpunkte, denen er folgende Leitfragen zur Seite stellt: »a) Welche Sprachen werden auf dem Konzil gesprochen? Welche Rolle spielen Übersetzungen und Dolmetscher? Wie ist das Verhältnis von Latein und Volkssprachen zu bewerten? Welche Art der Latinität findet sich in Reden und Traktaten des Konzils? b) Lassen sich Gattungen von Predigten, Reden und Traktaten bestimmen? Wie charakterisierten Redner selbst ihren Stil? Wie lange dauerte eine Rede? Wie nahm sie das Publikum auf? Gab es humanistische Einflüsse? Wie waren die Disputationen organisiert? Unter welchen Bedingungen erfolgte die Transformation der mündlichen Rede in eine Schriftfassung? […] c) Wie steht es mit Publikationsformen von Urkunden und Traktaten? Welche

119 Vgl. Sebastian Dümling, Verfasser, Autoren, Erzähler – Zugänge zur Textlichkeit der ›Reformatio Sigismundi‹, in: Maria Rhode/Ernst Wawra (edd.), Quellenanalyse. Ein epochenübergreifendes Handbuch für das Geschichtsstudium (utb 5112), Paderborn 2020, 212–219.

Bedeutung hatten die Notare? Wie hoch war die Ausstoßfrequenz der Kanzleien? Welche Rolle spielte ›Propaganda‹ als politische Instrumentalisierung von Kommunikationsmitteln? Inwiefern kann im Spätmittelalter von ›Öffentlichkeit‹ gesprochen werden? Inwieweit können Handschriftenstudien als Kommunikationsforschung verstanden werden, indem sie Problemen der Verbreitung von Traktaten, der Rolle der Konzilien als Kopierzentren und Büchermärkte nachgehen? d) Schließlich, von uns nicht zu leisten, eine formale und inhaltliche Analyse der Traktate: Wie sind sie aufgebaut? Welche Argumentationsformen werden benutzt? Wie werden gegnerische Argumente eingebaut? Welche Formen der Polemik werden angewandt?«[120]

Helmrath formuliert diese Fragen an der Schwelle zu einem neuen »Kommunikationszeitalter«,[121] das 1989 mit der in den USA entwickelten Kommunikationsforschung auch zunehmend in der deutschen Geschichtswissenschaft Einzug hält. Dass die Konzilien als »Kommunikationsphänomene«[122] für Fragen nach sprachlichen Aushandlungsprozessen im Spätmittelalter besondere Relevanz haben, legt allein ihre Größe nahe: Nirgendwo sonst finden Gelehrte und Mächtige aus allen Teilen Europas in derselben Zahl zusammen,[123] nirgendwo sonst werden Texte in derselben Form produziert, zirkuliert, vervielfältigt. Zurecht mahnt Helmrath deshalb auch eine »formale und inhaltliche Analyse der Traktate« an, die jedoch in weiten Strecken – zumindest aus Sicht der Literaturwissenschaften – nach wie vor fehlt. Das von Helmrath formulierte Desiderat aufnehmend, soll deshalb im Folgenden mit der ›Reformatio Sigismundi‹ exemplarisch ein Traktat dieser Zeit philologisch untersucht werden. Zur Diskussion stehen Sprache, Aufbau, Argumentations- und Legitimationsstrategien der ersten volkssprachigen Reformvorlage. Damit greife ich eines der jüngsten Schwerpunktthemen der Spätmittelalterforschung auf: Wie Michiel Decaluwé beobachtet, zentriert die Geschichtswissenschaft im Kontext politischer Prozesse der Entscheidungsfindung seit kurzem vor allem Fragen der Legitimation.[124] So hat Jürgen Dendorfer bezogen auf die nachkonziliaren Reformbemühungen der Kurie gefragt, wie Theologen und Kanonisten nach 1450 die neu gestärkte Po-

120 Helmrath 1989, 127. Zu den fünf Themenkomplexen vgl. ebd., 124–127.

121 So Hans Pohl in der Einleitung des Bandes (vgl. Hans Pohl, Einführung, in: Ders. [ed.], Die Bedeutung der Kommunikation für Wirtschaft und Gesellschaft. Referate der 12. Arbeitstagung der Gesellschaft für Sozial- und Wirtschaftsgeschichte vom 22.–25. 4. 1987 in Siegen, Stuttgart 1989 [Vierteljahrschrift für Sozial- und Wirtschaftsgeschichte. Beihefte 87], 7–18, hier 8).

122 Helmrath 1989, 116f.; vgl. auch Brandmüller 1997a, 435.

123 Vgl. Kirsch 2016, 18.

124 Vgl. Michiel Decaluwé, Das Dekret *Haec sancta* und sein gedanklicher Kontext auf dem Konzil von Konstanz und auf dem Konzil von Basel, in: Annuarium historiae conciliorum 41 (2009), 313–340, hier 317.

sition des Papstes zu legitimieren suchen,[125] Ursula Gießmann und Mona Kirsch haben die Legitimationsstrategien von Papst und Konzil im Spätmittelalter nachgezeichnet,[126] Florian Eßer hat Techniken der Autoritätssetzung am Beispiel des Konzils von Pisa (1409) aufgezeigt[127] und Sebastian Dümling hat in den Blick genommen, wie die Verfasser der ›Reformschriften‹ ihre Gegenwartsanalysen zu rechtfertigen suchen.[128] Die jüngsten historischen Arbeiten zur spätmittelalterlichen Konzilszeit eint ihr ausgestelltes Interesse an Autoritätskämpfen, Legitimationsstrategien und konfligierenden Deutungsangeboten im Kontext politischer Entscheidungsprozesse. Mit der hier gebotenen literaturwissenschaftlichen Analyse möchte ich das Erkenntnisinteresse der historisch arbeitenden Studien aufnehmen und weitertragen, indem ich im Folgenden insbesondere literarische Strategien der (Selbst-)Legitimation untersuche.

Die beiden Schwerpunktthemen der ›Reformatio‹-Forschung: die Fragen nach Autor und Intention des Textes sollen als Ausgangspunkt dienen, jedoch aus Sicht der Literaturwissenschaften umformuliert werden. Statt nach dem außertextlichen Verfasser zu fragen, soll der ›Autor‹ als Analysekategorie zum Einsatz kommen: Welches Autorprofil zeichnet der Text, welche Autorfunktionen entwickelt der Diskurs? Und welche Rückschlüsse erlauben die gewonnenen Erkenntnisse wiederum auf die Ausgangssituation des Textes und seine Rezeptionsgeschichte? Analog soll auch die Frage nach dem Charakter der ›Reformatio Sigismundi‹, mithin nach ihrem revolutionären Potenzial, textimmanent beantwortet werden: Welche Lesarten bietet der Text selbst an? Wie plausibilisiert und legitimiert der Verfasser sein Recht auf Mitsprache, wie ordnet er sich ein in beziehungsweise distanziert er sich von bestehenden Diskursen? Mechanismen der Integration und Abgrenzung nachzuvollziehen, bringt mit sich, die spezifische Machart eines Textes ernst zu nehmen und nach seinen sprachlichen, stilistischen und semantischen Strategien der Selbstsetzung zu fragen. Es wird sich

125 Vgl. Dendorfer 2008, 3. An anderer Stelle untersucht er, wie das Konzil von Pisa die eigene Legitimität sichert, indem es sich nicht auf den Papst, sondern auf den Heiligen Geist beruft (vgl. Ders., Inszenierung von Entscheidungsfindung auf den Konzilien des 15. Jahrhunderts. Zum Zeremoniell der *sessio generalis* auf dem Basler Konzil, in: Jörg Peltzer/Gerald Schwedler/Paul Töbelmann [edd.], Politische Versammlungen und ihre Rituale. Repräsentationsformen und Entscheidungsprozesse des Reichs und der Kirche im späten Mittelalter, Ostfildern 2009, 37–53, hier 48).

126 Gießmann setzt die »Legitimationsstrategien« des vom Basler Konzil gewählten Papstes Felix V. im Untertitel ihrer Dissertation als Forschungsschwerpunkt (Giessmann 2014), Mona Kirsch interessieren Strategien der Selbstsetzung zwischen Tradition und Innovation (vgl. Kirsch 2016, 31).

127 Vgl. Esser 2019, 24.

128 Vgl. Dümling 2017, 13.

zeigen, dass die Frage nach der Intention eines Textes immer auch eine Frage nach seiner Form ist.[129]

Leicht variiert sollen die drei Hauptbereiche dieser Arbeit die von Helmrath skizzierten fünf Untersuchungsfelder aufgreifen. Dem Themenbereich der Kommunikationspartner enstpricht das erste Analysekapitel (II), das Autor(en) und Rezeptionskollektiv der unterschiedlichen Fassungen textimmanent konturiert. In einem ersten Schritt soll das Autor- und Adressatenprofil der N-Fassung im Zentrum stehen: Welche Sprecherrolle(n) nimmt die Vermittlungsinstanz ein und welches Autorprofil suggeriert die Fassung dadurch? Welche Adressaten(gruppen) apostrophiert der Text? Erstmals sollen dabei alle Belegstellen nach Personalpronomina getrennt gesammelt und kritisch ausgewertet werden. Der Zuschnitt erlaubt, auf die bisher unbeantworteten Fragen zu Autor und Rezipienten differenzierte Antworten aus dem Text selbst heraus zu entwickeln, wobei ein Vergleich mit den lateinischen ›Avisamenta‹ die Beobachtungen stützen soll. Die in der germanistischen Mediävistik geführte Autordebatte soll der Analyse als Grundlage dienen, haben die jüngeren mediävistischen Arbeiten doch dafür sensibilisiert, wie ein vormoderner Text inmitten einer Kultur von parallel überlieferten Handschriften, mündlicher Rezeption und konzeptueller Anonymität den Eindruck von Autorschaft erzeugen kann. Vor dem Hintergrund der von Helmrath gestellten Frage nach unterschiedlichen konziliaren Textformen im Spannungsfeld von Mündlichkeit und Schriftlichkeit gilt es dabei, die für die N-Fassung charakteristische Mischform von Predigt, Rede und Traktat als intentionales Spiel mit wechselnden Sprecher- und Adressatenrollen zu fassen. Anschließend sollen die jüngeren Fassungen der ›Reformatio Sigismundi‹ interessieren, um mit Michel Foucault nach den Autorfunktionen des Diskurses zu fragen. Der poststrukturalistische Ansatz legt die Dynamiken des Diskurses frei, lässt den Autor als Produkt der Überlieferungsgeschichte transparent werden und erlaubt, die späteren Handschriften und Frühdrucke ihrer Wirkabsicht nach zu differenzieren.

Das nächste Schwerpunktkapitel (III) wird mit Helmrath gesprochen die Argumentationsformen und Leitvorstellungen der ›Reformatio Sigismundi‹ und damit jene Textteile zentrieren, die von der Forschung bisher weitestgehend

129 Den Formbegriff wähle ich denkbar offen, um nach Personalpronomina, Narrativen, Metaphern etc., aber auch nach dem Aufbau und nicht zuletzt nach der Sprache selbst zu fragen. Zum Formbegriff vgl. einführend Annette Simonis, Form, in: Metzler Lexikon Literatur- und Kulturtheorie (5. Aufl. 2013), 226f. Auch Florian Eßer fokussiert in seiner Studie zum Pisaner Konzil das Konzil in seiner Vielfalt und Formbarkeit, ihn interessiert dabei das »Formen als […] Vorgang« (Esser 2019, 37) – wenngleich er als Historiker damit auch nicht die (literarische) Formung eines Textes meint, sondern die Interaktion der Konzilsteilnehmer im Spannungsfeld von Norm und Praxis, von Motivation und Legitimation.

ignoriert worden sind. Dabei handelt es sich zum einen um die historischen Exempel sowie die Schlussvision Kaiser Siegmunds. In den fünf zur Diskussion stehenden Abschnitten unterbrechen kurze Erzählungen die gebotenen Reformforderungen. Die Forschung hat diese Erzähleinheiten bisher als dekoratives Beiwerk abgetan und ihnen deshalb keine Bedeutung beigemessen. Dass sie jedoch das Reformprogramm wesentlich mittragen und mehr noch, das Selbstverständnis der ›Reformatio Sigismundi‹ aufzudecken versprechen, soll die Analyse aufzeigen. Die jüngsten Arbeiten zum faktualen Erzählen haben auf die unterschiedlichen Erscheinungsformen und Wirkweisen nicht-fiktionalen Erzählens aufmerksam gemacht und erlauben, die Exempel der ›Reformatio Sigismundi‹ nach ihrer paradigmatischen Funktion zu befragen. Der Vergleich der Exempel wird dabei veranschaulichen, wie sich der Text als kritische Instanz durchsetzt (Wie begründet die ›Reformatio Sigismundi‹ ihr Recht, zu kritisieren?). In einem zweiten Schritt wird mit den Metaphern dagegen diskutiert, wie der Text mithilfe von Kollektivbildern Kritik übt (Wie begründet die ›Reformatio Sigismundi‹ ihre Kritikpunkte?). Die (Historische) Metaphorologie soll der Analyse das methodische Fundament bereiten, hat sie doch aufgezeigt, in welchen Formen Gemeinschaften sich selbst beschreiben und welche Sprengkraft die geteilten Kollektivbilder im politischen Diskurs freisetzen können.[130] Zur Sprache kommt, mit welchen Metaphern die ›Reformatio Sigismundi‹ Gesellschaft als funktional organisierte Einheit in der Krise beschreibt, welche Einblicke dies in den fundierenden Gesellschaftsentwurf bietet und wie die Metaphern als politisches Argument Einsatz finden.

Um schließlich den Stellenwert der ›Reformatio Sigismundi‹ als erste volkssprachige Reformvorlage zu fassen, wird das letzte Analysekapitel (IV) den Text im Spannungsfeld von offiziellem lateinischem Konzilsdiskurs und volkssprachiger politischer Publizistik verorten. Inwiefern sich die ›Reformatio Sigismundi‹ die unterschiedlichen Entwicklungen im Bereich von Konzilspolitik und -publizistik zu Nutze macht, soll das Kapitel unter Rückgriff auf die Feldtheorie Pierre Bourdieus aufzeigen. Als heuristisches Instrument angewandt, erlaubt Bourdieus Theorie, die beiden Wirkäume über den Feldbegriff miteinander in Bezug zu setzen. Das erste thematische Unterkapitel wird zunächst darstellen, wie die bewegte Konzilsepoche von Pisa bis Basel und damit die Konzilssituation

130 Die jüngere Konzilsforschung hat diesem Themenbereich einige Aufmerksamkeit gewidmet: Rathmann hat am Beispiel des Konstanzer Konzils untersucht, »wie über politische Probleme nachgedacht worden ist, welche Wahrnehmungs- und Beschreibungsformen den nicht gelehrten Zeitgenossen zur Verfügung standen, ob und wenn ja, welche Möglichkeiten der Einflußnahme sie besaßen« (Rathmann 2000, 15). Er berührt damit ähnliche Problemfelder wie Decaluwé, der nach den individuellen, kulturellen und historischen Parametern des »Denkrahmens« in Konstanz und dabei insbesondere nach dem »wie [sic] des Denkens« fragt (Decaluwé 2009, 340).

als form- und normgebende Institution der Kommunikation (Helmrath) auf die ›Reformatio Sigismundi‹ rückwirkt. Daran anschließend soll die Reformvorlage mit der volkssprachigen politischen Publizistik in Bezug gebracht werden: Seit der Mitte des 14. Jahrhunderts drängen volkssprachige Publizisten auf Mitsprache im politischen Diskurs und entwickeln dabei eigene Vertextungsstrategien, die sich von den Ausdrucksformen fiktionaler Literatur zunehmend entfernen. Die Frage nach dem Stellenwert dieser neuen volkssprachigen Publizistik im Spätmittelalter nimmt dabei die von Helmrath eingeführten Themenfelder um Volkssprache, Öffentlichkeit und Propaganda ebenso auf wie die von ihm skizzierten Sekundärfunktionen des Konzils, insofern die Konzilien als städtische Großereignisse eine eigene Konzilspublizistik inspirieren. Zur Sprache kommt, ob, wie und weshalb die ›Reformatio Sigismundi‹ auf die volkssprachige politische Publizistik zurückgreift. Im Zuge dessen sollen die Ergebnisse der vorangehenden Kapitel vor dem Hintergrund der volkssprachigen Publizistik betrachtet, das heißt das Kommunikationsprofil der ›Reformatio Sigismundi‹ ebenso wie die Argumentationstechniken auf ihre publizistischen Anteile hin untersucht werden. Dabei interessieren insbesondere auch das Verhältnis von Latein und Volkssprachen (Helmrath) und somit nicht zuletzt der Charakter der Schrift als revolutionärer oder reaktionärer Text.

Die drei Kapitel bauen thematisch aufeinander auf, greifen jedoch auf unterschiedliche Methoden – entlehnt aus Theorien zu vormoderner Autorschaft (II), aus Historischer Narratologie und Metaphorologie (III) sowie aus Pierre Bourdieus Feldtheorie (IV) – zurück. Erprobt werden soll damit die Tauglichkeit unterschiedlicher interdisziplinärer Methoden für die Arbeit mit historischen Quellen. Angesichts der zum Teil sehr unterschiedlichen Zugänge habe ich mich bewusst gegen eine ausführliche theoretische Einführung entschieden, zumal diese grob vereinfachend ausfallen müsste, um alle methodischen Vorüberlegungen sinnvoll zu vereinen. Ich werde also stattdessen jeweils zu Beginn der Kapitel kurz die Begrifflichkeiten vorstellen, um zwar theoretisch fundiert, aber pragmatisch ausgerichtet die Textarbeit vorzubereiten.

Die vorliegende Arbeit fokussiert einen klassisch historischen Untersuchungsgegenstand mit literaturwissenschaftlichen Standards und ist in diesem Sinne genuin interdisziplinär ausgerichtet.[131] Dass ein solcher Ansatz von beiden Seiten Einfallstore für Kritik bietet, liegt in der Natur der Sache: Ich kann als Germanistin keine geschichtswissenschaftliche Arbeit schreiben, möchte aber ebenso wenig Historiker·innen mit literaturtheoretischen Detaildiskussionen

131 Während Rathmann in seiner Arbeit zum Konstanzer Konzil mit historiographischen und fiktionalen Textformen disziplinär getrennte Untersuchungsgegenstände mischt (vgl. Rathmann 2000, 267), versuche ich mich durch meine Methodenauswahl an dem Projekt interdisziplinären Arbeitens.

von vorneherein ausgrenzen; die Historikerin wird also die breite Quellenbasis vermissen, der Germanist den vereinfachenden Methodenzuschnitt bemängeln. Diese Leerstellen nehme ich bewusst in Kauf, um mein primäres Erkenntnisinteresse, die literarischen Legitimationsstrategien der ›Reformatio Sigismundi‹, in den Vordergrund zu stellen, die erst durch die literaturwissenschaftliche Linse sichtbar werden. Das Ergebnis bleibt ein Experiment – um es mit den Herausgebern der zum 600. Jubiläum des Konstanzer Konzils aufgelegten Festschrift zu sagen: »Ob das vielstimmige Konzept […] aufging, werden nun die Leser des Bandes entscheiden.«[132]

132 Karl-Heinz BRAUN et al., Vorwort der Herausgeber, in: DIES. (edd.), Das Konstanzer Konzil 1414–1418. Weltereignis des Mittelalters. Essays, Darmstadt 2013b, 5.

# II Kommunikationsformen. Die textimmanenten Dialogpartner der ›Reformatio Sigismundi‹

## 1 *Wer hat's erfunden?* Zu Vermittlungsinstanzen und Autorkonzepten in einer spätmittelalterlichen Reformvorlage

*Das aber Kayser Sigmund die Reformation/ (die ihm die ketzer fålschlich zůschreyben) nicht gemacht habe/ Sonnder Fridericus de Lancitonijs/ wil ich Ewer fürstlichen Genaden auß nachuolgenden ursachen anzaygenn/ mit disem geding/ wa mich Ewer fürstlich Genad/ oder sonst yemand/ an ders berichten mag/ will ich von meiner mainung gantz geren und willigklich abtretten/ sofern/ das besser grund und ursach da sey/ dann ich fürbringe.*
JC 7r[133]

»Dass aber Kaiser Siegmund die ›Reformatio‹ (die ihm die Ketzer fälschlicherweise zuschreiben) nicht verfasst hat, sondern Friedrich von Lancitonii, werde ich Euer fürstlichen Gnaden im Folgenden darlegen. Unter der Bedingung, dass mich Euer fürstliche Gnaden oder sonst jemand berichtigen kann, werde ich meine Meinung sehr gern und freiwillig revidieren, solange derjenige bessere Argumente anführt, als ich das nun tue.«

Mit diesen Worten hebt Johannes Cochläus 1533 seine an Joachim Fürst von Anhalt adressierte Schmährede gegen die ›Reformatio Sigismundi‹ an. Cochläus, seines Zeichens erbitterter Kontrahent Luthers, wundert sich über die weitläufige Meinung, der legendenumwobene Kaiser Siegmund habe die volkssprachige Reformvorlage verfasst; in textnaher, kritischer Auseinandersetzung plant er stattdessen, jenen *Fridericus de Lancitonijs* aufzuspüren, der sich selbst unter der Überschrift *nomen poete* als Verfasser der ›Reformatio Sigismundi‹ vorstellt. Knapp 600 Jahre später möchte Sebastian Dümling in seinem Eintrag im Handbuch ›Quellenanalyse‹ der Frage nachgehen, »wer eigentlich Verfasser,

133 Zitiert nach: Johannes Cochläus, Was von Kayser Sigmunds Reformation zů halten sey, Was auch von der newen Chroniken Sebastiani Franck zů halten sey, [Augsburg] 1533 (Übersetzung S. Q.). Zu Cochläus' Polemik gegen die ›Reformatio Sigismundi‹ vgl. Dohna 1960, 11; Buyken 1957, 103; Irsigler 1976, 248.

Autor, Erzähler der RS ist.«[134] Hier die Polemik eines frühneuzeitlichen Humanisten, dort der Handbucheintrag eines Historikers des 21. Jahrhunderts – als Anfangs- und Endpunkt rahmen die beiden so unterschiedlichen Textformen eindrücklich eben jene Aufgabe, die sich jede·r textinteressierte Leser·in der ›Reformatio Sigismundi‹ zu stellen hat: Die Suche nach ihrem Autor.

## 1.1 Der Autor und die Literaturwissenschaften

Der Autor[135] hat in den Philologien seit jeher Konjunktur. Als Rechtskategorie in Fragen der Urheberschaft, als Ordnungsinstanz der Literaturgeschichte oder als Interpretationsinstrument der Literaturwissenschaft – der Autor beeinflusst die wissenschaftliche, feuilletonistische und alltägliche Auseinandersetzung mit (literarischen) Texten. Neue Informationen zum Autor, das kann auch die Rezeptionsgeschichte der ›Reformatio Sigismundi‹ bestätigen,[136] verändern die Wahrnehmung des Textes, können ihm seine Relevanz absprechen oder erst zuschreiben, ohne dass die Textgestalt als solche sich verändert hat.[137] So entscheidend der Autor das Feld literarischer Produktion und Rezeption auch strukturiert, die Literaturtheorie des 20. Jahrhunderts hat seine Relevanz zum Teil kritisch hinterfragt.[138] Während etwa biographistische, psychoanalytische, feministische oder auch postkolonialistische Literaturwissenschaft den Autor als Analysekategorie zentrieren, fordern werkimmanente Ansätze in der Tradition von Semiotik und Strukturalismus das Primat des Textes. Epoche macht die Entscheidung, den Autor als »geistigen Urheber«[139] von einem Erzähler als »(textinterne[r]) Vermittlungsinstanz von Erzählungen«[140] zu trennen.[141] Inspi-

134 Dümling 2020, 214.

135 Das generische Maskulinum verwende ich, wenn ich von ›Autor‹, ›Rezipient‹ etc. als literaturwissenschaftlichen Analysekategorien spreche.

136 Dem Kaiser Siegmund von Luxemburg zugeschrieben, wurde die ›Reformatio Sigismundi‹ lange Zeit als authentisches Reichsgesetz überliefert (vgl. hierzu Kap. I 3.1).

137 Vgl. Fotis Jannidis et al., Einleitung. Autor und Interpretation, in: Dies. (edd.), Texte zur Theorie der Autorschaft (RUB 18058), Stuttgart 2000b, 7–29, hier 7.

138 Einen ausführlichen Rückblick der Forschungspositionen nach dem Dreischritt Autor – Text – Leser bieten Jannidis et al. 2000b; vgl. auch Ansgar Nünning, Autor, historischer, in: Metzler Lexikon Literatur- und Kulturtheorie (5. Aufl. 2013a), 45f.

139 Nünning 2013a, 45.

140 Werner Wolf, Erzähler, in: Metzler Lexikon Literatur- und Kulturtheorie (5. Aufl. 2013a), 184f., hier 184. Nachdem Käte Friedemann mit ihren Arbeiten zur epischen Erzählinstanz entscheidende Impulse gesetzt hat (vgl. Käte Friedemann, Die Rolle des Erzählers in der Epik [Untersuchungen zur neueren Sprach- und Literaturgeschichte 7], Leipzig 1910), gelingt es vor allem Käte Hamburger und Wolfgang Kayser, die Diskussion um den ›Erzähler‹ voranzubringen (vgl. Käte Hamburger, Die Logik der Dichtung, 2., stark veränd. Aufl., Stuttgart 1968; Wolfgang Kayser, Wer erzählt den Roman?, in: Ders., Die Vortragsreise. Studien zur Literatur, Bern 1958, 82–101). Eine übersichtliche Zusammenfassung der rele-

riert durch die Arbeiten Gérard Genettes[142] entwickelt die Erzähltheorie ein terminologisches Instrumentarium, das die Erzählinstanz fiktionaler Literatur nach Präsenz, Wissensstand, Zuverlässigkeit, Fokalisierung, Erzählhaltung und Position im Erzählgefüge typologisiert. Zu den Grundfunktionen der Erzählinstanz gehören unter anderem, die erzählte Welt darzustellen, mit dem Publikum

vanten Forschungspositionen zum Erzählerbegriff bieten Fotis JANNIDIS et al., Rede über den Autor an die Gebildeten unter seinen Verächtern. Historische Modelle und systematische Perspektiven, in: DIES. (edd.), Rückkehr des Autors. Zur Erneuerung eines umstrittenen Begriffs (Studien und Texte zur Sozialgeschichte der Literatur 71), Tübingen 1999b, 3–35, hier 12. Dass die Literaturwissenschaft mit dem ›Erzähler‹ sowohl den (wahrgenommenen) Ursprung des Textes, die Anwesenheit einer ›Stimme‹, die Rollen und Haltungen der Stimme als auch eine fiktive Figur als Erzähler bezeichnet und der Begriff insofern uneinheitlich zur Anwendung kommt, hat Sonja Glauch angemahnt (vgl. Sonja GLAUCH, An der Schwelle zur Literatur. Elemente einer Poetik des höfischen Erzählens [Studien zur historischen Poetik 1], Heidelberg 2009, 78f.). Es handelt sich also eher um »ein[en] simplifizierende[n] Hilfsbegriff, der eine Rolle bzw. Position im Rahmen der jeweils entworfenen Fiktion, nicht aber notwendig eine bestimmte männliche oder weibliche Person bezeichnet (insofern ist ein schwerfälliger Begriff wie ›narrative Instanz‹ oder ›Aussageinstanz‹ in der Sache treffender)« (Michael SCHEFFEL, Wer spricht? Überlegungen zur ›Stimme‹ in fiktionalen und faktualen Erzählungen, in: Andreas BLÖDORN/Daniela LANGER/Michael SCHEFFEL [edd.], Stimme(n) im Text. Narratologische Positionsbestimmungen [Narratologia 10], Berlin/New York 2006, 83–99, hier 94f.). Den begrifflichen und konzeptuellen Unschärfen zum Trotz, zählt die Erzählinstanz mittlerweile zum festen Inventar literaturwissenschaftlicher Praxis. Kritik an dieser Dominanz des Erzählerbegriffs übt u. a. Ursula KOCHER, »Schreib nie einen Roman aus der Perspektive einer Türklinke!« Möglichkeiten und Grenzen einer historischen Narratologie, in: Harald HAFERLAND/Matthias MEYER (edd.), Historische Narratologie – Mediävistische Perspektiven, unter Mitarbeit von Carmen STANDE und Markus GREULICH (Trends in Medieval Philology 19), Berlin/New York 2010, 415–427, hier 421.

141 Kritisch zu dieser berühmten »Binsenwahrheit[] der Literaturwissenschaft« äußert sich Jannidis: Die Narratologie begnüge sich damit, Autor und Erzähler apodiktisch zu trennen, frage jedoch nicht nach den kulturellen und historischen Bedingungen dieser Differenz (Fotis JANNIDIS, Zwischen Autor und Erzähler, in: Heinrich DETERING [ed.], Autorschaft. Positionen und Revisionen. DFG-Symposion 2001 [Germanistische Symposien. Berichtsbände 24], Stuttgart 2002, 540–556, hier 540). Andreas Kablitz geht so weit, »diese im 20. Jahrhundert definierte Unterscheidung im 21. Jahrhundert wieder abzuschaffen und eine Differenzierung, um nicht zu sagen Opposition zwischen Autor und Erzähler für jene Fälle zu reservieren, in denen der Erzähler auch *de facto*, angefangen bei einem eigenen Namen, eine eigenständige, vom Autor markiert verschiedene Identität ausbildet« (Andreas KABLITZ, Literatur, Fiktion und Erzählung – nebst einem Nachruf auf den Erzähler, in: Irina O. RAJEWSKY/Ulrike SCHNEIDER [edd.], Im Zeichen der Fiktion. Aspekte fiktionaler Rede aus historischer und systematischer Sicht, Festschrift für Klaus W. Hempfer zum 65. Geburtstag, Stuttgart 2008, 13–44, hier 37).

142 Vgl. Gérard GENETTE, Diskurs der Erzählung. Ein methodologischer Versuch, übersetzt von Andreas KNOP (frz. Originalausg. Paris 1972), in: Jochen VOGT (ed.), Die Erzählung, mit einem Nachwort von DEMS., überprüft und berichtigt von Isabel KRANZ, 3., durchges. und korr. Aufl., Paderborn 2010a, 7–174; Gérard GENETTE, Neuer Diskurs der Erzählung, übersetzt von Andreas KNOP (frz. Originalausg. Paris 1983), in: ebd. 2010b, 177–272.

Kontakt aufzunehmen, die Handlung zu kommentieren, die Sympathien zu lenken sowie Normen und Werte zu vermitteln.[143]

Rezeptionsästhetik, empirische Literaturwissenschaft und Poststrukturalismus schließlich fokussieren den Leser als Interpretationszugang – heißt doch Roland Barthes' namensgebendes Postulat: »Die Geburt des Lesers ist zu bezahlen mit dem Tod des *Autors*.«[144] In seinem mittlerweile kanonischen Vortrag vor der Société français de philosophie (1969) hat anschließend Michel Foucault versucht, den Autor als Ergebnis komplizierter Diskursoperationen zu fassen. In Rekurs auf die »Leerstellen«,[145] die der von Barthes für tot erklärte Autor geöffnet hat, interessieren ihn vornehmlich Charakter und Stellenwert des (modernen) Autorbegriffs. Der Autor, so Foucault, erhalte nur in jenen Diskursen[146] Relevanz,

---

143 Zu Typologie und Funktionen der Erzählinstanz in fiktionaler Literatur vgl. Wolf 2013a, 185.

144 Roland Barthes, Der Tod des Autors, übersetzt von Matías Martínez (frz. Originalausg. Paris 1994, 491–495), in: Fotis Jannidis et al. (edd.), Texte zur Theorie der Autorschaft (RUB 18058), Stuttgart 2000, 185–193, hier 193 (Kursivierung im Original). Den ›Tod des Autors‹ fassen Jannidis et al. als eine der vier autorkritischen Positionen, die die Forschungsdiskussion des 20. Jahrhunderts bestimmt haben (vgl. Jannidis et al. 1999b, 11–15). Zu erwähnen sind neben Barthes' Diktum die bereits beschriebene Unterscheidung von Autor und Erzähler, die von Wayne C. Booth angestellten Überlegungen zum ›implied author‹ (vgl. Wayne C. Booth, The Rhetoric of Fiction, 1. brit. und 9. amerik. Aufl. [A phoenix book 267], Chicago 1969) sowie die Differenz von Autorintention und Textbedeutung.

145 Michel Foucault, Was ist ein Autor?, übersetzt von Karin Hofer (frz. Originalausg. Bulletin de la Societe français de Philosophie [Juli–September 1969]), ergänzt durch einen Abschnitt der amerik. Version, übersetzt von Fotis Jannidis (engl. Originalausg. London 1980, 158–160), in: Fotis Jannidis et al. (edd.), Texte zur Theorie der Autorschaft (RUB 18058), Stuttgart 2000, 198–229, hier 198.

146 Grob vereinfacht, bezeichnet Foucault mit Diskurs jene unhintergehbaren, intersubjektiven Ordnungen, die soziales Handeln organisieren und sozialen Sinn produzieren. Der Diskurs ist wesentlich »strukturierte[] und strukturierende[] Praxis«: Diskurse steuern, wie soziale Akteure in einem Bereich denken, sprechen und handeln, und liegen damit als Ordnung zweiter Potenz zwischen den normierenden Regeln (von Sprache, Wahrnehmung, Handlung etc.) und ihrer konkreten Umsetzung (Rainer Diaz-Bone, Kulturwelt, Diskurs und Lebensstil. Eine diskurstheoretische Erweiterung der Bourdieuschen Distinktionstheorie, 2., erw. Aufl. [Theorie und Praxis der Diskursforschung], Wiesbaden 2010, 71). Interessiert an der Konstitution und Reproduktion von sozialem Wissen, legt Foucault das Augenmerk insbesondere auf die spezifische Wirkweise von Diskursen: Jeder Diskurs entwickelt eine eigene Ordnung, die menschliches Denken strukturiert, aber keinem reproduzierbaren und kontrollierbaren Schema folgt – der Diskurs ist also nicht regellos, kann aber nicht reguliert werden (vgl. Manfred Frank, Zum Diskursbegriff bei Foucault, in: Jürgen Fohrmann/ Harro Müller [edd.], Diskurstheorien und Literaturwissenschaft, Frankfurt a. Main 1988, 25–44, hier 26). Dass dieser inhärente Wesenszug des Diskurses in Konflikt gerät mit seiner theoretischen Bewältigung, hat Manfred Frank erkannt: »Die (wenn auch noch so undeutliche) Definition des Diskurses als eines singulären, systematisch unbeherrschbaren und multiplen Rede-Zusammenhangs tritt in extreme Spannung mit der Methode der Diskursanalytik als einer (nichthermeneutischen, sondern strengen) Wissenschaft. Diskurse könnten so, wie Foucault selbst es tut, nur beschrieben und analysiert werden, wenn sie nach

in denen er eine »klassifikatorische Funktion«[147] erfüllt, Texte also über das Prinzip Autor gebündelt, abgegrenzt und miteinander in Bezug gesetzt werden können.

Ein praktisches Beispiel: Wir vergleichen die Anleitungen von Billy- und Kallax-Regal nicht auf ihre stilistische Kohärenz, fragen nicht nach der Einheit des ›Werks‹ und den biographischen Hintergründen des Verfassers. Rezepte, Beipackzettel oder Gebrauchsanweisungen besitzen also zwar durchaus einen geistigen Urheber, haben aber keinen Autor; der Diskurs entwickelt keine Autorfunktion. Anders zeigt sich das Bild etwa im literarischen Diskurs – kaum vorstellbar, dass Editionen den/ die Autor·in nicht an prominenter Stelle auf dem Deckblatt erwähnen, dass Lexika ihre Überblicksdarstellungen nicht nach Autor·innen gliedern,[148] dass Anthologien nicht das Werk einzelner Autor·innen versammeln. Dass es sich bei dem Namen nicht immer zwingend um eine konkrete Person handeln muss, zeigen die Fälle anonymer oder fraglicher Autorschaft – denn »wenn infolge eines Mißgeschicks oder des ausdrücklichen Autorwillens uns der Text anonym erreicht, spielt man sofort das Spiel der Autorsuche. Literarische Anonymität ist uns unerträglich; wir akzeptieren sie nur als Rätsel.«[149] Foucaults poststrukturalistische Diskurstheorie fasst das Subjekt deshalb auch nicht als Ursprung, sondern als Resultat des Diskurses, letztlich ist der Autor ein »ideologisches Produkt«.[150]

Nachdem die poststrukturalistische Theorie der 70er Jahre den Autor zunächst aus der literaturwissenschaftlichen Diskussion verabschiedet hat, haben

Formationsprinzipien aufgebaut wären, die ihrer Definition widersprechen« (Frank 1988, 41).

147 Foucault 2000, 210; vgl. einführend Fotis Jannidis, Autorfunktion, in: Metzler Lexikon Literatur- und Kulturtheorie (5. Aufl. 2013), 47f.

148 Auch das siebenbändige ›Deutsche Literatur-Lexikon. Das Mittelalter‹, das chronologisch nach Themenkreisen und Gattungen strukturiert, kann nicht auf Lemmata zu einzelnen Autor·innen verzichten – vgl. z. B. Mike Malm, Heinrich von Veldeke, in: Deutsches Literatur-Lexikon. Das Mittelalter 4 (2012), 97–100.

149 Foucault 2000, 213.

150 Foucault 2000, 228. Foucault versteht den Autor demnach als Referenzsystem, das die Rezeption des Textes steuert und in gewisser Weise allegorisch die wahre Bedeutung hinter dem Gesagten aufzeigen möchte (vgl. Joachim Harst, Diskursanalyse, in: Christiane Ackermann/Michael Egerding [edd.], Literatur- und Kulturtheorien in der Germanistischen Mediävistik. Ein Handbuch, Berlin/Boston 2015, 7–33, hier 9). Foucault unterstellt im Übrigen eine historische Genese des Autorbegriffs, die in ihrer verkürzenden Setzung nicht haltbar ist: Wie Jannidis et al. zurecht anmerken, gewinnt der Autor nicht erst in der Moderne klassifikatorische Funktion; vielmehr müssen unterschiedliche Autorkonzepte in ihrer historischen Bedingtheit miteinander in Bezug und Kontrast gesetzt werden (vgl. Jannidis et al. 1999b, 11; vgl. auch Norbert C. Wolf, Wie viele Leben hat der Autor? Zur Wiederkehr des empirischen Autor- und des Werkbegriffs in der neueren Literaturtheorie, in: Heinrich Detering [ed.], Autorschaft. Positionen und Revisionen. DFG-Symposion 2001 [Germanistische Symposien. Berichtsbände 24], Stuttgart 2002, 390–405, hier 404).

sich unter anderem Fotis Jannidis, Gerhard Lauer, Matías Martínez und Simone Winko mit ihrem Sammelband ›Rückkehr des Autors‹ und ihren ›Texte[n] zur Theorie der Autorschaft‹ um eine erneute Aufwertung des Autorbegriffs verdient gemacht.[151] Der Konflikt zwischen Theorie und literaturwissenschaftlicher Praxis habe gezeigt, »daß die Literaturwissenschaft zwar auf den Begriff ›Autor‹ verzichten kann, kaum aber auf die Funktion, die er in ihren Argumentationen innehat.«[152] Mit ihrem Plädoyer für einen differenzierten, theoriekritischen und methodisch fundierten Umgang haben die Herausgeber·innen wesentliche Impulse gesetzt, den Autor als Interpretationsinstrument in die Philologien zu reintegrieren. So weist Jannidis in seinem Beitrag in ›Rückkehr des Autors‹ darauf hin, dass Foucaults Ansatz den Autor nicht etwa negiert, sondern in seiner Konstruiertheit erst greifbar werden lässt; mit Foucault fasst Jannidis den Autor als Produkt eines Zuschreibungsprozesses, schränkt jedoch ein, dass sich Autor·innen diesem Prozess durchaus bewusst sein und ihn für sich einsetzen können – nicht nur der Rezipient produziert den Autor, der Autor produziert sich selbst.[153] Um einen allzu offenen, historisch unspezifischen Begriff zu vermeiden, schlägt Jannidis schließlich vor, nicht von der Autorfunktion, sondern von unterschiedlichen Autorfigurationen zu sprechen.[154]

## 1.2 Autor und Erzähler in faktualer Literatur

Ihre wesentlichen Impulse verdankt die Erzählforschung der Auseinandersetzung mit literarischen Texten: Die Differenz von Autor und Werk, Autor und Erzähler, Autor und Person tritt am deutlichsten im Raum der Fiktion zu Tage. Es

---

151 Vgl. Jannidis et al. (edd.), Rückkehr des Autors. Zur Erneuerung eines umstrittenen Begriffs (Studien und Texte zur Sozialgeschichte der Literatur 71), Tübingen 1999a; Ders. et al. (edd.), Texte zur Theorie der Autorschaft (RUB 18058), Stuttgart 2000a.

152 Jannidis et al. 1999b, 18. Ähnlich argumentiert auch Heinrich Detering, Vorbemerkung, in: Ders. (ed.), Autorschaft. Positionen und Revisionen. DFG-Symposion 2001 (Germanistische Symposien. Berichtsbände 24), Stuttgart 2002, IX–XVI, hier IX. Dass sich die jüngere Literaturwissenschaft in Folge des problematisierten Autorbegriffs gern in Widersprüchen verheddert, hat Simone Winko mit ihrer qualitativen Auswertung einschlägiger Fachbeiträge aufgezeigt; so tendieren neuere Interpretationsansätze z. B. dazu, Autor und Text synonym setzen (»Wolfram erzählt«; »der ›Parzival‹ erzählt«). Angesichts der auffallenden Inkonsistenzen mahnt Winko eine selbstkritischere Terminologie an (vgl. Simone Winko, Autor-Funktionen. Zur argumentativen Verwendung von Autorkonzepten in der gegenwärtigen literaturwissenschaftlichen Interpretationspraxis, in: ebd., 334–354).

153 Vgl. Fotis Jannidis, Der nützliche Autor. Möglichkeiten eines Begriffs zwischen Text und historischem Kontext, in: Ders. et al. (edd.), Rückkehr des Autors. Zur Erneuerung eines umstrittenen Begriffs (Studien und Texte zur Sozialgeschichte der Literatur 71), Tübingen 1999, 353–389, hier 358.

154 Vgl. Jannidis 1999, 359.

überrascht also nicht, dass die Erzählforschung den Autor zunächst für den Bereich fiktionaler Literatur zu konturieren bemüht war. Mittlerweile hat aber auch das steigende Interesse an den vielfältigen Erscheinungsformen faktualen Erzählens Eingang in die Autordebatte gefunden.

Unter der Leitfrage ›Wer spricht? Überlegungen zur ›Stimme‹ in fiktionalen und faktualen Erzählungen‹ hat Michael Scheffel unterschiedliche Typen von Vermittlungsinstanzen nach ihrem jeweiligen Geltungsanspruch unterschieden.[155] Mit ihrem Sammelband ›Wirklichkeitserzählungen‹ haben anschließend Christian Klein und Matías Martínez die Vermittlungsinstanzen faktualer Erzählungen als Forschungsgegenstand etabliert.[156] Genettes Kategorie des Modus folgend, unterscheiden die Herausgeber zwischen Distanz und Fokalisierung der Vermittlungsinstanz; zur Diskussion stehe, wie mittelbar und aus welcher Perspektive erzählt wird.[157] Die Beiträge des interdisziplinären Bandes kommen zu sehr unterschiedlichen Ergebnissen: So arbeitet Andreas von Arnauld für den juristischen Diskurs heraus, dass Rechtsnormen ihre Kommunikationspartner generalisieren; eine entindividualisierte Vermittlungsinstanz adressiere eine abstrakte Allgemeinheit.[158] Im moralisch-ethischen Diskurs dagegen thematisiere sich die Vermittlungsinstanz in der ersten Person Singular bewusst; selbstreflexive Einleitungen erklären, wieso gerade der Sprechende den geeigneten Rat zu formulieren weiß.[159] Christian Klein differenziert in diesem Kontext drei Strategien der Selbstlegitimation, die den Anspruch, Rat zu formulieren, stabilisieren sollen: Die Vermittlungsinstanz rekurriere erstens auf Erfahrenswissen; ihr Bildungsstand und ihre besondere Eignung erlauben ihr zweitens, die Vielzahl unterschiedlicher Handlungsmöglichkeiten zu überblicken; oder sie könne drittens »als außenstehender Beobachter objektiv urteilen.«[160] Im historiographischen Diskurs wiederum, so diskutiert Stephan Jaeger, trete die Ver-

155 Vgl. Scheffel 2006.

156 Vgl. Christian Klein/Matías Martínez (edd.), Wirklichkeitserzählungen. Felder, Formen und Funktionen nicht-literarischen Erzählens, Stuttgart/Weimar 2009a.

157 Vgl. Christian Klein/Matías Martínez, Wirklichkeitserzählungen. Felder, Formen und Funktionen nicht-literarischen Erzählens, in: Dies. (edd.), Wirklichkeitserzählungen. Felder, Formen und Funktionen nicht-literarischen Erzählens, Stuttgart/Weimar 2009b, 1–13, hier 13.

158 Vgl. Andreas von Arnauld, Was war, was ist – und was sein soll. Erzählen im juristischen Diskurs, in: Christian Klein/Matías Martínez (edd.), Wirklichkeitserzählungen. Felder, Formen und Funktionen nicht-literarischen Erzählens, Stuttgart/Weimar 2009, 14–50, hier 15.

159 Vgl. Christian Klein, Von rechter Sittlichkeit und richtigem Betragen. Erzählen im moralisch-ethischen Diskurs, in: Ders./Matías Martínez (edd.), Wirklichkeitserzählungen. Felder, Formen und Funktionen nicht-literarischen Erzählens, Stuttgart/Weimar 2009, 160–178, hier 169.

160 Klein 2009, 169.

mittlungsinstanz umso deutlicher hervor, je stärker ihr Autor institutionell abgesichert ist.[161]

Die Konvention, »dass textinterne Stimme und lebensweltlicher Verfasser im faktualen Text zusammenfallen, während sie im fiktionalen auseinandertreten«,[162] wird also zunehmend durch die Einschränkung ergänzt, dass auch die Vermittlungsinstanzen faktualer Literatur Ergebnis eines sie allererst konstruierenden, intentionalen, strukturierenden Schreibprozesses sind. Die oben skizzierten Grundfunktionen der Erzählinstanz fiktionaler Literatur (Kontaktaufnahme mit dem Rezipienten, Sympathielenkung, Vermittlung von Normen und Werten, Darstellung und Kommentierung der beschriebenen Welt) bieten erste Anknüpfungspunkte – schließlich wenden auch die Vermittlungsinstanzen von Rechtstexten, Reportagen und Reformschriften Persuasionsstrategien und Publikumsapostrophen vor dem Hintergrund eines gemeinsamen Norm- und Werthorizonts an.[163]

Weiterführende Beobachtungen stellt Anita Traninger im Kontext der antiken Rhetorik an, für die sie ein Spiel mit divergenten Rollenprofilen ausmacht: Teils im Zuge ihrer Ausbildung, teils als Form der Unterhaltung und Selbstdarstellung übten sich antike Oratoren ein Leben lang in unterschiedlichen Rollen; in fiktiven Rechtsstreitigkeiten mussten sie etwa die unterschiedlichen Positionen von Anwalt, Kläger oder politischem Berater einnehmen, um auf Grundlage fiktiver Gesetze glaubwürdige Plädoyers zu verfassen.[164] In dem für die römische Kultur

161 Vgl. Stephan JAEGER, Erzählen im historiographischen Diskurs, in: Christian KLEIN/Matías MARTÍNEZ (edd.), Wirklichkeitserzählungen. Felder, Formen und Funktionen nicht-literarischen Erzählens, Stuttgart/Weimar 2009, 110–135, hier 124f.

162 Anita TRANINGER, Erzähler und ›persona‹. Rhetorik und Narratologie zwischen Mündlichkeit und Schriftlichkeit, in: Gert UEDING/Gregor KALIVODA (edd.), Wege moderner Rhetorikforschung. Klassische Fundamente und interdisziplinäre Entwicklung (Rhetorik-Forschungen 21), Berlin/Boston 2014, 185–210, hier 205. So hat schon Genette argumentiert: In seinem Versuch, faktuale und fiktionale Texte voneinander zu trennen, wählt er die (Nicht-)Identität von Autor und Erzähler als entscheidendes Differenzkriterium (vgl. Gérard GENETTE, Fictional Narrative, Factual Narrative, in: Poetics Today 11/4. Narratology Revisited 2 [1990], 755–774, hier 764). Monika Fludernik folgt dieser Unterscheidung prinzipiell, gibt jedoch zu bedenken, dass ein Autor im Namen einer Gruppe, Tradition etc. sprechen kann; sie unterscheidet »factual author figure« und »exclusive narrator persona« für den Bereich fiktionaler Literatur (vgl. FLUDERNIK 2013, 130).

163 Vgl. Monika FLUDERNIK/Nicole FALKENHAYNER/Julia STEINER, Einleitung, in: DIES. (edd.), Faktuales und fiktionales Erzählen. Interdisziplinäre Perspektiven (Faktuales und fiktionales Erzählen 1), Würzburg 2015, 7–22, hier 10; ähnlich auch Reinhold WINKLER, Über Deixis und Wirklichkeitsbezug in fiktionalen und nicht-fiktionalen Texten (anhand von Texten Hemingways und des ›Daily Express‹), in: Wolfgang HAUBRICHS (ed.), Erzählforschung 1. Theorien, Modelle und Methoden der Narrativik. Mit einer Auswahlbibliographie zur Erzählforschung (Zeitschrift für Literaturwissenschaft und Linguistik. Beiheft 4), Göttingen 1976, 156–174, hier 168.

164 Vgl. TRANINGER 2014, 200–202.

konstitutiven »Konzept der rhetorischen *persona*«[165] erkennt Traninger Parallelen zu den variantenreichen Erzählinstanzen fiktionaler Literatur: Ebenso wie eine unzuverlässige Erzählinstanz keine naiven Rückschlüsse auf den Kenntnisstand des Autors erlaube, mag auch die politische Aussage einer ›persona‹ nicht gleichzusetzen sein mit den Überzeugungen ihres außertextlichen Urhebers. In diachroner Perspektive weist Traninger nach, wie Erasmus von Rotterdam in seinen ›Declamationes‹ unterschiedliche Positionen verhandelt und Kritik mit dem Argument zurückweist, dass er eine Sprecherrolle eingenommen habe: »Doch auch wenn man dies allein für kalkulierte strategische Entlastungsmanöver halten mag, so belegen diese Debatten doch, dass das pragmatische Modell der Disjunktion zur Verfügung stand und genutzt wurde.«[166]

## 1.3 Die Autordebatte in der germanistischen Mediävistik

Wie Traninger anschaulich vor Augen führt, versprechen vormoderne Schriftzeugnisse bereichernde Einblicke in Formen und Funktionen von Autorschaft. Dabei gilt es allerdings, die grundverschiedenen Produktions- und Rezeptionsbedingungen des Literaturbetriebs zu berücksichtigen: Fehlende Paratexte, handschriftliche Überlieferung, Fehlzuschreibungen wie auch die bewusste Anonymität in Heldenepik oder Lyrik verbieten, moderne Konzepte von Autorschaft unreflektiert auf historische Textzeugnisse zu übertragen.[167] Oft genug kennen wir den Autor eines Werkes nicht, zumal der Werkbegriff mit seinen Implikationen von Einheit und Geschlossenheit angesichts divergierender Fas-

165 Traninger 2014, 200. Vergleichbar spricht auch Glauch in ihrer Analyse vormoderner Ich-Erzähler von einer ›persona‹, die »etwas Gestaltetes und nichts Gestaltendes« darstelle (Glauch 2009, 97), und auch Timo Felber fordert im Kontext fiktionaler Literatur, scheinbar autobiografische Aussagen nicht per se als historische Tatsachen zu akzeptieren, sondern diese auf ihren Konstruktionscharakter hin zu befragen (vgl. Timo Reuvekamp-Felber, Experten und Expertenwissen am Fürstenhof des 12. und 13. Jahrhunderts, in: Marian Füssel/Antje Kuhle/Michael Stolz [edd.], Höfe und Experten. Relationen von Macht und Wissen in Mittelalter und Früher Neuzeit, Göttingen 2018, 19–38, hier 26; ähnlich bereits in Ders., Autorschaft als Textfunktion. Zur Interdependenz von Erzählerstilisierung, Stoff und Gattung in der Epik des 12. und 13. Jhs., in: Zeitschrift für deutsche Philologie 120/1 [2001], 1–23, hier 3).

166 Traninger 2014, 205.

167 Zu den Koordinaten mittelalterlicher Autorschaft vgl. u. a. Burghart Wachinger, Autorschaft und Überlieferung, in: Walter Haug/Burghart Wachinger (edd.), Autorentypen (Fortuna Vitrea 6), Tübingen 1991, 1–28, hier 1; Dorothea Klein, Inspiration und Autorschaft. Ein Beitrag zur mediävistischen Autordebatte, in: Deutsche Vierteljahrschrift für Literaturwissenschaft und Geistesgeschichte 80/1 (2006), 55–96, hier 57f.; Monika Unzeitig, Autorname und Autorschaft. Bezeichnung und Konstruktion in der deutschen und französischen Erzählliteratur des 12. und 13. Jahrhunderts (Münchener Texte und Untersuchungen zur deutschen Literatur des Mittelalters 139), Berlin/New York 2010, 10.

sungen, fragmentarischer Überlieferung und mündlicher Erzähltradition wie Rezeption in sich schon problematisch scheint.[168] Und wenn ein Autorname wie im Falle Hartmanns, Wolframs oder Gottfrieds doch bekannt ist, gewinnen wir einen Eindruck von Autorschaft primär durch Selbst- und Fremdzuschreibungen, durch jene Aussagen also, die Texte über sich selbst oder über andere Texte machen. Das, was Foucault mit Blick auf die Moderne fordert – den Autor als Produkt eines Diskurses zu fassen – legen mittelalterliche Quellen aufgrund ihrer Konzeption, Medialität und Überlieferungsgeschichte mithin ganz von allein nahe: »Wir kennen im Mittelalter in der Regel nicht den Autor, der den Text hervorgebracht hat, sondern nur den Text, der den Autor hervorbringt.«[169] Autor- wie Werkbegriff der Moderne können also für die mittelalterliche Literatur nicht einfach übernommen, müssen in ihrer Diversität und Komplexität vielmehr historisiert werden.[170] Trotz oder gerade dank der obligatorisch heraufbeschworenen Alterität mittelalterlichen Erzählens hat die Diskussion um den Autor- und Erzählerbegriff in der Mediävistik wie üblich mit einiger Verzögerung eingesetzt; mittlerweile jedoch liegt eine Vielzahl theoretischer und beispielorientierter Einzel- und Sammelstudien vor, die in das Bedeutungsspektrum mittelalterlicher Autorkonzepte einführen.[171] Die folgende Übersicht möchte einige analyserelevante Ergebnisse bündeln.

Am Beispiel der Donaueschinger Parzivalhandschrift $G^{\delta}$ hat Joachim Bumke den Autor- und Werkbegriff für die höfische Epik des 13. Jahrhunderts per-

---

168 Vgl. hierzu Rüdiger SCHNELL, ›Autor‹ und ›Werk‹ im deutschen Mittelalter. Forschungskritik und Forschungsperspektiven, in: Wolfram Studien 15 (1998), 12–73, hier 61 und 71.

169 Horst WENZEL, Autorenbilder. Zur Ausdifferenzierung von Autorenfunktionen in mittelalterlichen Miniaturen, in: Elizabeth ANDERSEN et al. (edd.), Autor und Autorschaft im Mittelalter. Kolloquium Meißen 1995, Tübingen 1998, 1–28, hier 5.

170 Die Historisierung des Autorbegriffs mahnen u. a. an Jan-Dirk MÜLLER, Auctor – Actor – Author. Einige Anmerkungen zum Verständnis vom Autor in lateinischen Schriften des frühen und hohen Mittelalters, in: Felix P. INGOLD/Werner WUNDERLICH (edd.), Der Autor im Dialog. Beiträge zu Autorität und Autorschaft, St. Gallen 1995, 17–31, hier 17; SCHNELL 1998, 72; UNZEITIG 2010, 4. Für den grundverschiedenen Werkbegriff mag das Basler Parzival-Projekt Pate stehen, das eine digitale Ausgabe von Wolframs Text auf Grundlage der vier Fassungen *D, *m, *G und *T verfolgt und dabei alle Textzeugen in Form von Volltranskriptionen nebeneinander versammelt (einführend zum Projekt vgl. Michael STOLZ, Autor – Schreiber – Editor. Versuch einer Feldabmessung, in: editio 9 [2005], 23–42).

171 Die folgenden Sammelbände zeugen von dem seit den 90er Jahren gestiegenen mediävistischen Interesse am Autor: Walter HAUG/Burghart WACHINGER (edd.), Autorentypen (Fortuna Vitrea 6), Tübingen 1991; Elizabeth ANDERSEN et al. (edd.), Autor und Autorschaft im Mittelalter. Kolloquium Meißen 1995, Tübingen 1998. Kragl kommt zu einer überraschend anderen Einschätzung: Von Teilstudien zur Lyrik, zur Anonymität in der Heldenepik und zu einzelnen Autoren einmal abgesehen, gebe es bisher nur »spärliche[] Vorarbeiten« zu mittelalterlichen Autorkonzepten (Florian KRAGL, Autor und Erzähler – Mittelalter, in: Eva VON CONTZEN/Stefan TILG [edd.], Handbuch Historische Narratologie, Stuttgart 2019, 82–93, hier 84). Sein Handbucheintrag listet die einschlägige mediävistische Forschungsliteratur (vgl. ebd., 91–93).

spektiviert. Die Vielzahl unterschiedlicher, zum Teil nachträglich bearbeiteter Überlieferungsträger verlange, ›Autor‹ und ›Werk‹ für das Mittelalter neu zu fassen: So bezeichne der Werkbegriff sowohl den Stoff (Tristanstoff), die jeweilige Bearbeitung (Gottfrieds ›Tristan‹) als auch die einzelne Handschrift; Autorschaft wiederum konzeptualisieren die Texte in der Regel als graduelle »Teilhabe an *auctoritas*«,[172] wenn sie sich in legitimierenden Bezug zu ihrer Quelle, zu antiken Autoren oder etablierten Kirchenvätern setzen. Um 1200 jedoch zeichnet sich im Bereich volkssprachiger Literatur ein neues Autorbewusstsein ab, das unter anderem die Namensnennung in Prologen und Epilogen möglich werden lässt. Der Autorname folge dabei weniger einer Autorbiografie, als vielmehr einer inhärenten Textpoetik: Im Autornamen materialisiere sich die neue, fiktive Erzählerrolle, die den Stoff an ihre Rezipienten vermittle.[173] In kondensierter Form führt Bumkes Beitrag in die Schwerpunktthemen der germanistisch-mediävistischen Autordebatte und ihrer Deutungshorizonte ein: So benennt er den Zusammenhang von Autorschaft und Überlieferung, die Bedeutungsdimensionen des Autoritätsbegriffs, die textimmanenten wie intertextuellen Strategien der Autorkonstruktion und die Bedeutsamkeit von Autornamen.

Die Wechselwirkung von Autorschaft und Überlieferung hat Burghart Wachinger diskutiert. Interessiert an den sozioökonomischen Voraussetzungen des Autors, der Literatursprache und der Gattungstradition einerseits, den Überlieferungszusammenhängen andererseits erkennt Wachinger ein zunehmendes Interesse an Autorkonzepten vom 12. hin zum 15. Jahrhundert.[174] In seiner Auseinandersetzung mit hoch- und spätmittelalterlichen Liedsammelhandschriften arbeitet er heraus, dass der Autor häufig genug »erst durch die Überlieferung konstituiert«[175] werde. Die Bedeutsamkeit des Überlieferungszusammenhangs zeige, dass der Autor nicht als individueller Urheber des Textes an Relevanz gewinnt, sondern der Nutzen von Autorschaft,[176] mit Foucault gesprochen: die Funktion des Autors für den Diskurs.

Den verschiedenen Bedeutungsdimensionen von Autorität, die den Dichter selbst, die ihn inspirierende Instanz (Gott, Muse etc.) oder die von ihm ange-

172 Joachim Bumke, Autor und Werk. Beobachtungen und Überlegungen zur höfischen Epik (ausgehend von der Donaueschinger Parzivalhandschrift $G^{\delta}$), in: Helmut Tervooren/Horst Wenzel (edd.), Philologie als Textwissenschaft. Alte und neue Horizonte (Zeitschrift für deutsche Philologie 116. Sonderheft), Berlin 1997, 87–114, hier 102. Zum Werkbegriff vgl. ebd., 111f.

173 Vgl. Bumke 1997, 104.

174 Vgl. Wachinger 1991, 22f. Relativierend schränkt er ein, dass die Schriftlichkeit generell zunimmt und diese Entwicklung das Bild verzerren mag (vgl. ebd., 14).

175 Wachinger 1991, 1.

176 Wachinger 1991, 23.

rufene Deutungshoheit meinen kann,[177] ist Jan-Dirk Müller am Beispiel lateinischer Schriftquellen nachgegangen. Autorität besitze zuerst und zuletzt die Bibel als Wort Gottes, die sekundär auf ihre Exegeten strahle. Diese konzeptuelle Überlegenheit des Textes wirke wesentlich auf den Bereich weltlicher Literatur ein: Autorität beziehe sich »primär auf eine Qualität, die einem Text zugeschrieben wird, und erst über ihn auf den Menschen, der den Text verfaßte.«[178] Nur allzu leicht fühlt man sich versucht, hier eine Analogie zu postmoderner Theoriebildung zu unterstellen – fordern doch Strukturalisten wie Poststrukturalisten, den Autor nicht vor den Text zu lagern. Den postulierten Tod des Autors hat man deshalb auch wiederholt für die mediävistische Diskussion vereinnahmt und damit, so Rüdiger Schnell, einen Kurzschluss provoziert: Während die Editionsgeschichte den Autor und sein Werk nach wie vor zu rekonstruieren suche, verabschieden theorieaffine Interpretationsangebote den Autor aus jeder mediävistischen Diskussion.[179] Dabei meinen Mediävistin und Poststrukturalist nicht unbedingt dasselbe, wenn sie von einem ›offenen Text‹ sprechen: Versteht der eine das Fragmentarische als konzeptuelles Phänomen postmoderner Literatur, sieht sich die andere oft genug mit einem tatsächlichen Fragment konfrontiert.[180] Statt also postmoderne Theorien blind auf historische Untersuchungsgegenstände zu übertragen, mahnt Schnell zunächst eine kritische, am historischen Material ausgerichtete Theoriereflexion an. Sein Beitrag bietet einen differenzierten Rückblick zu den wissenschaftstheoretischen Paradigmen des 20. Jahrhunderts und ihrer Rezeption in der germanistischen Mediävistik bis 1998.

Schnells berechtigter Kritik zum Trotz, bereichern die durch (Post-)Strukturalismus und Diskurstheorie angeregten Fragestellungen die mediävistische Forschung insofern, als dass sie nicht nur jene für die Vormoderne konstitutive Vielzahl anonym überlieferter Texte aufwerten, sondern vor allem Autorschaft als Konstruktion durchsichtig werden lassen.[181] Mittelalterliche Texte inszenieren Autorschaft, so führen Müllers Beobachtungen zu den Bedeutungsdimensionen des Autoritätsbegriffs vor Augen, um sich zu behaupten – Autorschaft verleiht Autorität. Die germanistische Mediävistik hat Autorschaft deshalb pri-

177 Vgl. hierzu Jean Starobinski, Der Autor und die Autorität (Aus einem Notizbuch über die Beständigkeit und die Metamorphosen der Autorität), in: Felix P. Ingold/Werner Wunderlich (edd.), Der Autor im Dialog. Beiträge zu Autorität und Autorschaft, St. Gallen 1995, 11–14, hier 11.

178 Müller 1995, 20; ähnlich bereits Bumke 1997, 102.

179 Vgl. Schnell 1998, 14f.

180 Vgl. Schnell 1998, 45.

181 Zu den vielversprechenden Impulsen der postmodernen Theorieangebote für die germanistische Mediävistik vgl. Bumke 1997, 114; Wenzel 1998, 1; Unzeitig 2010, 4.

mär als Strategie der Selbstlegitimation gefasst und nach ihren spezifischen Erscheinungsformen und Wirkweisen gefragt.

In seinem Beitrag in ›Rückkehr des Autors‹ differenziert Thomas Bein zwischen kollektiver Anonymität in mündlicher Erzähltradition sowie konzeptueller Anonymität und verschrifteter Autorschaft in der Schriftkultur.[182] Die von ihm herangezogenen Beispiele bezeugen, dass das Mittelalter durchaus ein, wenn auch von der Moderne geschiedenes, Autorbewusstsein entwickelt.[183]

Mit ihren Überlegungen zu Autorschaft und Inspiration in der Vormoderne identifiziert daran anschließend Dorothea Klein drei Formen der Autorkonstruktion: Zu unterscheiden seien 1. die textinternen Strategien, mit denen ein Text Autorschaft ausstelle, 2. die Selbstinszenierungen in Form von Eigensignaturen oder Selbstreflexionen, die auf das bisherige Schaffen oder etwa die eigene Rolle als Berufsdichter Bezug nehmen; und 3. die textexternen Zuschreibungen durch Sammelhandschriften, spätere Redaktionen etc.[184] Für die literaturwissenschaftliche Praxis leitet sie deshalb die Aufgabe ab, »die Konzepte, die Autorschaft im Text konstituieren, aber auch die dem Text eigenen Autorfunktionen, welche im Akt des Lesens ermittelt werden, als historische Variablen zu beschreiben.«[185] Indem sie gleichermaßen nach den textimmanenten und intertextuellen Autorkonzepten sowie den diskursbedingten Autorfunktionen fragt, gelingt es Klein, intrinsische und extrinsische Literaturanalyse zu vereinen.

Eine der möglichen textimmanenten Strategien der Autorkonstruktion fokussieren Silvia Schmitz und Beate Kellner mit ihren Arbeiten zu Quellenberufungen: Im Spannungsfeld von Tradition und Innovation beziehen sich mittelalterliche Autoren auf ein intertextuelles Referenzsystem, stellen jedoch ihre Bearbeitung des Materials als eigenständige Leistung aus.[186] Seraina Plotke hat diese Überlegungen weitergeführt, indem sie Strategien der (Re-)Textualisierung aufgezeigt hat. Plotke fasst »Autorschaft als Autorisierungsverfahren«,[187] an dem

182 Vgl. Thomas Bein, Zum ›Autor‹ im mittelalterlichen Literaturbetrieb und im Diskurs der germanistischen Mediävistik, in: Fotis Jannidis et al. (edd.), Rückkehr des Autors. Zur Erneuerung eines umstrittenen Begriffs (Studien und Texte zur Sozialgeschichte der Literatur 71), Tübingen 1999, 303–320, hier 303–315.

183 Vgl. Bein 1999, 311; vgl. auch Schnell 1998, 58.

184 Vgl. Klein 2006, 59–61.

185 Klein 2006, 62.

186 Vgl. Silvia Schmitz, Die ›Autorität‹ des mittelalterlichen Autors im Spannungsfeld von Literatur und Überlieferung, in: Jürgen Fohrmann/Ingrid Kasten/Eva Neuland (edd.), Autorität der/in Sprache, Literatur, Neuen Medien. Vorträge des Bonner Germanistentages 1997, 2 Bde., Bd. 2, Bielefeld 1999, 465–483, hier 478f.; Beate Kellner, Autorität und Gedächtnis. Strategien der Legitimierung volkssprachlichen Erzählens im Mittelalter am Beispiel von Gottfrieds von Straßburg ›Tristan‹, in: ebd., 484–508, hier 508.

187 Seraina Plotke, Autorschaft durch Autorisierung. Bearbeitungen des Alexanderstoffs als Modellfall differenter Verfasserkonzeptionen, in: Beiträge zur Geschichte der deutschen Sprache und Literatur 134/3 (2012), 344–364, hier 364.

unterschiedliche Instanzen zusammenwirken: Der Auftraggeber verantworte den Text ebenso wie der Urheber, der zwischengeschaltete Übersetzer ebenso wie der spätere Bearbeiter, die Erzählinstanz ebenso wie die im Vortrag präsente Stimme.[188] Die textinterne Namensnennung biete dem Autor dabei die »einzige halbwegs zuverlässige Möglichkeit [...], um seine Urheberschaft kundzutun und seinen Namen mit dem Werk zu verbinden.«[189]

Den Autornamen als Strategie der Autorkonstruktion zu fassen, hat vor allem Monika Unzeitig in ihrer Habilitationsschrift zu den Autorkonzepten der deutschsprachigen Erzählliteratur des Hochmittelalters unternommen: »Autorschaft wird als solche insbesondere dann erkennbar, wenn eine namentliche Nennung des Autors erfolgt. Durch die Nennung des Autornamens verändert sich der Status des Textes. Er wird damit aus einer Anonymität gelöst, die zwar einen Verfasser als Vorstellung zulässt, aber keine weitere konkrete Zuschreibung von Autorschaft ermöglicht. Dementsprechend hat der Autorname eine besondere Markierungsfunktion.«[190] Klein vergleichbar trennt Unzeitig außertextliche und innertextliche Markierungen von Autorschaft durch Autornamen.[191] Bereits Foucault hat zwischen jenen Aussagen, mit denen die Vermittlungsinstanz eines Textes auf sich selbst verweist, und den Diskursoperationen, die einen Autor produzieren, unterschieden. Die vielfältigen Formen der Selbst- und Fremdsetzung in mittelalterlichen Texten allerdings – Autoren nennen sich namentlich in Prolog oder Epilog, andere Autoren loben das Werk ihrer Vorgänger, Schreiber fügen den Autornamen nachträglich ein, Sammler bündeln bestimmte Texte unter einer Autorsignatur – fordern in besonderem Maße, die textimmanenten, intertextuellen und textexternen Wege hin zu mittelalterlicher Autorschaft gerade in ihrer überlieferungsgeschichtlichen Vielfalt im Blick zu behalten.

Inwiefern dabei auch für die fiktionale Literatur des Mittelalters Autor und Erzähler als Textkategorien voneinander zu trennen sind, wie von der Narrato-

188 Vgl. Plotke 2012, 364.

189 Seraina Plotke, Die Stimme des Erzählens. Mittelalterliche Buchkultur und moderne Narratologie, Göttingen 2017, 92.

190 Unzeitig 2010, 50.

191 Vgl. Unzeitig 2010, 50f. Bereits Wachinger hat in seinem Beitrag drei Formen der Autorreferenz unterschieden: Der Autorname falle in Prolog, Exkursen oder Epilog (textintern), werde in Fortsetzungen oder Literaturexkursen anderer genannt (intertextuell), ergebe sich aus dem Überlieferungszusammenhang, den Rubriken oder dem Autorbild (textextern) (vgl. Wachinger 1991, 2–8). Auch Bein identifiziert Eigen- und Fremdsignatur als Formen der Autorschaftskonstruktion (vgl. Bein 1999, 307–315). In beiden Fällen zeige der Autorname, »daß ein Namenprinzip integrativer Bestandteil der mittelalterlichen Literaturkultur ist« (ebd., 315; vgl. auch Bumke 1997, 104).

logie gefordert, stand wiederholt auf dem Prüfstein.[192] Monika Unzeitig zufolge tritt in mittelalterlichen Quellen neben den Autor und den Erzähler noch ein ›Autor im Text‹; damit meint sie nicht etwa rezeptionsästhetisch den Eindruck eines schaffenden Subjekts, wie ihn Wayne C. Booth mit seinem Konzept des ›implied authors‹ skizziert hat, sondern die in Form von Namen, Pronomen und Prädikaten getroffenen Selbstaussagen, die Autorschaft inszenieren.[193] In ihren Arbeiten zu mittelalterlichen Ich-Erzählungen hat Sonja Glauch allerdings dafür sensibilisiert, dass die Ich-Erzähler häufig zu schematisch und unpersönlich bleiben, »um als Person erkennbar und identifizierbar zu sein.«[194] Statt von einer Binäropposition spricht Glauch deshalb von einer »g r a d u e l l e [ n ] Nicht-Identität«[195] von Autor und Erzähler und binnendifferenziert zwischen ›empirischem Autor‹ und ›im Text manifestierter Autorrolle‹ auf der einen Seite, sowie zwischen Erzählerhaltung, Erzählerrollen und Erzählerfiguren auf der anderen Seite. Auch Florian Kragl scheint sich von einem allzu strikten narratologischen Überbau loszusprechen, wenn er Konzeptionen mittelalterlicher Autorschaft vor dem Hintergrund sekundärer Mündlichkeit verhandelt. Brüche in der Erzählhaltung, die nicht mit narratologischen Kategorien vereinbar scheinen, mögen oft genug auf rhetorische Strategien zurückgehen und also der Vortragssituation geschuldet sein; Autorschaft sei demnach »weniger eine Instanz denn eine Funktion der poetischen Kommunikation«,[196] die innerhalb desselben Texts zu

192 Vgl. z. B. Matthias MEYER, *So dûnke ich mich ein werltgot.* Überlegungen zum Verhältnis Autor-Erzähler-Fiktion im späten Artusroman, in: Volker MERTENS/Friedrich WOLFZETTEL (edd.), Fiktionalität im Artusroman. Dritte Tagung der Deutschen Sektion der Internationalen Artusgesellschaft in Berlin vom 13.–15. Februar 1992, unter Mitarbeit von Matthias MEYER und Hans-Joachim SCHIEWER, Tübingen 1993, 185–202. Einen wesentlichen Impuls in der Diskussion um die Erzählinstanz hat Gert Hübner mit seinen Arbeiten zur Fokalisierung gesetzt (vgl. Gert HÜBNER, Erzählform im höfischen Roman. Studien zur Fokalisierung im ›Eneas‹, im ›Iwein‹ und im ›Tristan‹, Tübingen 2003; gebündelt in DERS., Fokalisierung im höfischen Roman, in: Wolframstudien 18 [2004], 127–150).

193 Vgl. Monika UNZEITIG, Von der Schwierigkeit, zwischen Autor und Erzähler zu unterscheiden. Eine historisch vergleichende Analyse zu Chrétien und Hartmann, in: Wolfgang HAUBRICHS/Eckart C. LUTZ/Klaus RIDDER (edd.), Erzähltechnik und Erzählstrategien in der deutschen Literatur des Mittelalters. Saarbrücker Kolloquium 2002 (Wolfram-Studien 18), Berlin 2004, 59–81, hier 60f.

194 Sonja GLAUCH, Ich-Erzähler ohne Stimme. Zur Andersartigkeit mittelalterlichen Erzählens zwischen Narratologie und Mediengeschichte, in: Harald HAFERLAND/Matthias MEYER (edd.), Historische Narratologie – Mediävistische Perspektiven, unter Mitarbeit von Carmen STANDE und Markus GREULICH (Trends in Medieval Philology 19), Berlin/New York 2010, 149–185, hier 173; ihr folgt Eva VON CONTZEN, Narrative and Experience in Medieval Literature. Author, Narrator, and Character Revisited, in: DIES./Florian KRAGL (edd.), Narratologie und mittelalterliches Erzählen. Autor, Erzähler, Perspektive, Zeit und Raum (Das Mittelalter. Beihefte 7), Berlin/Boston 2018, 61–79.

195 GLAUCH 2009, 102 (Hervorhebung im Original). Zu den von ihr skizzierten Autor- und Erzählerrolle(n) vgl. ebd., 96 und 105.

196 KRAGL 2019, 89.

scheinbaren Widersprüchen führen könne.[197] Wie Timo Felber indes gezeigt hat, folgen die Selbstaussagen höfischer Autoren in Prologen und Epilogen häufig dem Textprogramm. Am Beispiel Hartmanns von Aue, Wolframs von Eschenbach und Rudolfs von Ems kann er verdeutlichen, dass die Selbstreferenzen, mit denen die Autoren in ihren unterschiedlichen Texten auf sich verweisen wollen, kein außertextliches Subjekt konstruieren, sondern je nach Erzählabsicht variieren. Selbstaussagen seien »als Erzählerfigurationen oder Autorstilisierungen funktionale Größen, die nur als Teil einer Legitimationsstrategie volkssprachlichen Erzählens aufzufassen sind und sich in ihrer Gattungs- und Kontextgebundenheit als Möglichkeit erweisen, die Ebenen der *histoire*, der erzählten Geschichte, und des *discours*, der Erzählinstanz, in einem raffinierten literarischen Spiel zu verschränken.«[198] Selbstreferenzen dienen also keiner Autorbiografie, sondern der Autorisierung und Legitimation der Erzählerfigur. Überzeugend kann Felber damit nachweisen, dass es auch für mittelalterliche Quellen lohnt, zwischen Autor und Erzähler zu unterscheiden.[199]

Die bisherigen Studien zum mittelalterlichen Autorbegriff beziehen sich in großen Teilen auf die fiktionale Erzählliteratur des Hochmittelalters. Eine narratologisch informierte Auseinandersetzung mit einem Reformtext des 15. Jahrhunderts muss sich also der doppelten Aufgabe stellen, die gewonnenen Ergebnisse auf einen faktualen Text zu übertragen und mit dessen historischen Produktions- und Rezeptionskoordinaten abzugleichen. Mit Beate Kellner stehen dabei jene Strategien zur Diskussion, »durch die volkssprachliche Literatur Autorität allererst zu gewinnen und ihre Geltung zu legitimieren versucht.«[200]

## 1.4 Die ›Reformatio Sigismundi‹ – Verfasser, Autor, Erzähler?

Mit dem Titel seines Handbuchartikels ›Verfasser, Autoren, Erzähler‹ greift der Historiker Sebastian Dümling in seiner Auseinandersetzung mit der ›Reformatio Sigismundi‹ jene Leitkategorien auf, die in den Philologien unter dem Gegen-

197 Zu den narrativen Inkohärenzen mittelalterlicher Epik am Übergang von konzeptionell mündlicher zu konzeptionell schriftlicher Erzählkultur vgl. Christian Schneider, Logiken des Erzählens. Kohärenz und Kognition in früher mittelhochdeutscher Epik (Hermaea. Neue Folge 148), Berlin/Boston 2021.

198 Reuvekamp-Felber 2001, 22. In gewisser Weise bestätigt Felber damit Jannidis' Beobachtung, dass Autor·innen sich dem Konstruktionscharakter ihrer Autorschaft bewusst sein und diese für ihre Zwecke einsetzen können (vgl. Jannidis 1999, 358).

199 Meyer hat die Differenz für mittelalterliche Texte zurückgewiesen (vgl. Meyer 1993, 186), kurz darauf jedoch eingeräumt, dass Autor und Erzähler in Distanz zueinander treten können, um den Raum des Sag- und Erzählbaren zu erweitern (vgl. ebd., 201f.).

200 Kellner 1999, 484f.

satzpaar Autor/Erzähler firmieren.[201] Während er mit Verfasser auf den außertextlichen Urheber verweist, liest er den Autor mit Foucault als jenen rezeptionsästhetischen Referenzpunkt, der scheinbar für den Textinhalt verantwortlich zeichnet.[202] Weniger an Fragen der tatsächlichen Urheberschaft interessiert, möchte Dümling jenen Textstrategien nachgehen, die einen Eindruck von Autorschaft in den unterschiedlichen Fassungen der ›Reformatio Sigismundi‹ erzeugen. Er macht unterschiedliche Akzente aus: Während die N-Fassung durch den Titel und die Quellenberufung Kaiser Siegmund als Autor impliziert, stellt die Schlussvision, die in der P-Fassung an den Anfang des Textes gerückt ist, die ›Reformatio Sigismundi‹ letztlich als Wort Gottes aus. Zwischen den beiden Autorfunktionen ›Kaiser‹ und ›Gott‹ vermittle laut Dümling ein nicht näher zu fassender ›Erzähler‹.[203] Umfang und Charakter des Handbucheintrags ist es geschuldet, dass Dümlings Beobachtungen an der Textoberfläche bleiben. Insbesondere seine Anmerkungen zu dem Erzähler als »nicht weiter bestimmte[r] Instanz«[204] fallen zu kurz aus. Sein Beitrag überzeugt dennoch – vor allem, weil er die richtigen Fragen stellt. Denn so sehr die Geschichtswissenschaft auch den Autor der ›Reformatio Sigismundi‹ zu suchen gewillt war, hat doch bisher niemand nach dem textinhärenten Verständnis von Autorschaft gefragt. Dümling nun lenkt den Blick auf jene Strategien der Selbstinszenierung, die Aufschluss über das von den unterschiedlichen Fassungen propagierte Autorkonzept geben mögen, und setzt damit gewinnbringend literaturwissenschaftliche Methoden für geschichtswissenschaftliche Erkenntnisziele ein. Inwiefern seine Beobachtungen zu den einzelnen Fassungen so stehen bleiben können, wird an gegebener Stelle besprochen; in jedem Fall sollen diese weiterentwickelt und die Textstrategien der Autorkonstruktion in der ›Reformatio Sigismundi‹ vorgestellt werden.

Mit ›Vermittlungsinstanz‹ sei im Folgenden jene textimmanente ›Stimme‹ bezeichnet,[205] die die Reformforderungen der ›Reformatio Sigismundi‹ formuliert. Den ›Autor‹ fasse ich dagegen mit Dorothea Klein als »Chiffre für ein empirisch-biographisches Individuum, das als Literaturproduzent auf ein Werk oder einen Werkkomplex bezogen, als Person aber nicht oder kaum zu fassen ist. Der Name ist, so gesehen, eine Werkreferenz: eine Ordnungskategorie, die einen

201 Vgl. Dümling 2020.
202 Vgl. Dümling 2020, 216.
203 Vgl. Dümling 2020, 216f. Bereits in seiner Dissertation hat er zwischen den ›Sprecherinstanzen‹ und den ›Autoren‹ der ›Reformschriften‹ unterschieden (vgl. Ders. 2017, 144, Anm. 72).
204 Dümling 2020, 217. Es bleibt ohnehin zu fragen, ob man im Falle eines Reformtexts von einem ›Erzähler‹ sprechen kann.
205 Mit Blödorn, Langer und Scheffel fasse ich ›Stimme‹ denkbar weit als »grundlegende Vermittlungsinstanz« (Andreas Blödorn/Daniela Langer/Michael Scheffel, Einleitung: Stimmen – *im Text?*, in: Dies. [edd.], Stimme[n] im Text. Narratologische Positionsbestimmungen [Narratologia 10], Berlin/New York 2006, 1–8, hier 6).

Text identifizierbar und von anderen abgrenzbar macht.«[206] Der Autor ist also nicht gleichzusetzen mit dem unbekannten Verfasser der ›Reformatio Sigismundi‹, sondern muss auf seine spezifische Diskursfunktion hin befragt werden. Mit Diskurs meine ich schließlich eine unhintergehbare, intersubjektive Ordnung, die Wahrnehmung lenkt, sich in Denken, Sprache oder Handlung manifestiert und sozialen Sinn organisiert. Deshalb wähle ich den Begriff ›Reformdiskurs‹ anstelle etwa von ›Reformdiskussion‹, ›Reformdebatte‹ etc., um neben der Ebene sprachlicher Handlung auch kollektive und kollektivierende Denkstrukturen im Blick zu behalten. Wenn in dieser Arbeit von ›Reformdiskurs‹ oder ›Herrschaftsdiskurs‹ die Rede ist, interessieren also die mentalen Konzepte, auf deren Grundlage ›Reform‹ oder ›Herrschaft‹ im Mittelalter gedacht und versprachlicht werden können.[207] Als Teilbereiche der Diskurslogik sollen insbesondere Stereotype (Kap. II 2.2, 2.4 und 2.6) und Metaphern (Kap. III 2) auf ihre ordnungs- und sinnstiftende Funktion hin untersucht werden.

Mit der Entscheidung, in der folgenden Analyse zwischen Verfasser, Autor und Vermittlungsinstanz zu differenzieren, soll nicht die prinzipielle Identität von Verfasser/Autor und Erzähler für den Bereich faktualer Literatur in Frage gestellt werden.[208] Die Begrifflichkeiten sollen vielmehr helfen, unterschiedliche Analyseebenen zu trennen: Mit der Frage nach der Vermittlungsinstanz ziele ich auf die Persuasionsstrategien (wie wird textimmanent gefordert?), an die sich die Frage nach dem Eindruck von Autorschaft (wer scheint außertextlich hinter den Forderungen zu stehen?) anschließt. Autor und Verfasser trenne ich, weil die unterschiedlichen Fassungen der ›Reformatio Sigismundi‹ ein je eigenes Autorkonzept nahelegen, das nicht auf den Urheber (des Originals/ der späteren Bearbeitung) abzielt, sondern – wie sich zeigen wird – der Selbstlegitimation qua Autoritätsverweis dient.

Der Unterscheidung von Bein, Klein und Unzeitig folgend, wird die Analyse in einem ersten Schritt textinterne Strategien fokussieren und dabei den Blick auf

206 Klein 2006, 63f.

207 Vergleichbares stellt Rathmann in Aussicht, wenn er mit Foucault das Konzil als »diskursives Ereignis« zu beschreiben sucht (Rathmann 2000, 48). Zum Diskursbegriff in der Tradition Foucaults vgl. oben Kap. II 1.1.

208 Ich werde deshalb auch im Falle der lateinischen ›Avisamenta‹ nicht zwischen Vermittlungsinstanz und Autor (so dieser bekannt ist) unterscheiden. Für die ›Reformatio Sigismundi‹ scheint mir die Binnendifferenzierung insofern nützlich, als dass es den Autor erst noch zu identifizieren gilt und eine allzu leichtfertige Ineinssetzung von Person und rhetorischer *persona* zu voreiligen Schlüssen führen kann. Besonders eindrücklich führt der Streit zwischen Werner und Koehne die Probleme eines solchen Interpretationsansatzes vor Augen: Da sich der Verfasser für die Pfarrer einsetze, so argumentiert Koehne, müsse er selbst Pfarrer sein (vgl. Koehne 1903, 740; ihm folgt Joachimsen 1921, 36). Im Gegenteil, weiß Werner: Der Verfasser sei Laie, weil er schließlich gegen die Orden polemisiere (vgl. Werner 1904, 496). Kritisch zu diesen Argumentationsmustern, die unreflektiert von den Textaussagen auf eine außertextliche Biografie schließen, äußert sich Koller 1959a, 148.

die Vermittlungsinstanz lenken. Weil die N-Fassung dem verlorenen Archetyp am nächsten kommt, wird ihre Vermittlungsinstanz – kondensiert in der grammatischen Person der ersten (2.1) und dritten Person Singular (2.5) – im Mittelpunkt stehen. Dabei interessiert weniger, welche außertextliche Persönlichkeit aus den getroffenen Aussagen rekonstruiert werden kann, als vielmehr welche rhetorischen Funktionen die grammatische Person erfüllt und ob diese Funktionen Rückschlüsse auf ein dahinterliegendes Autorkonzept erlauben.

Genettes berühmte Frage, wer denn eigentlich in einem Text spricht,[209] hat den Fokus gewinnbringend auf die Perspektive der Vermittlungsinstanz gelegt, damit aber die Adressaten der jeweiligen Aussage ausgeklammert. Gerade mit Blick auf persuasiv angelegte Texte ist allerdings nicht nur entscheidend, wer jeweils überzeugen möchte, sondern vor allem, wen der/diejenige zu überzeugen sucht. Genettes Leitfrage soll deshalb mit Blick auf die ›Reformatio Sigismundi‹ erweitert werden: Wer spricht zu wem? Von hier ausgehend, wird das zweite Unterkapitel also neben der Vermittlungsinstanz das intendierte Rezeptionskollektiv der N-Fassung thematisieren.[210] Auch das stellt bisher ein Forschungsdesiderat dar – denn obgleich die vorliegenden Studien zur ›Reformatio Sigismundi‹ die Adressatenfrage ähnlich kontrovers diskutiert und hieraus Thesen über Intention und Wirkung der volkssprachigen Reformvorlage abgeleitet haben, fehlen auch für das Rezipientenprofil gründliche textimmanente Studien. Wieder soll die grammatische Person als Auswahl- und Differenzkriterium dienen: Zur Diskussion steht, welche Personen(gruppen) die N-Fassung in der ersten (2.2) und zweiten Person (2.3–2.4) als Adressaten apostrophiert und welche sie in der dritten Person Plural (2.6) aus der Gesprächssituation ausgrenzt.

Um die addressierten Gruppen nicht einfach nur zu listen, sondern als Teil einer Argumentationsstrategie zu deuten, sollen die Beobachtungen mit der sprachwissenschaftlich ausgerichteten Stereotypenforschung zusammengebracht werden. In ihrer Habilitationsschrift hat Maria Pümpel-Mader das interdisziplinäre Untersuchungsfeld der Stereotypenforschung aus sprachstruktureller Perspektive aufgearbeitet. Mit Hilfe sogenannter Stereotypenindikatoren sucht Pümpel-Mader, Prozesse der Stereotypisierung auf sprachlich grammatischer Ebene nachzuvollziehen. So diskutiert sie unter anderem den Stellenwert von Artikeln und Pronomina: »Pronomina und Artikel führen soziale Kategorien (soziale Gruppen bzw. stereotype Eigenschaften) ein, die als gegeben und be-

209 Mit den Fragen »Wer sieht?« und »Wer spricht?« unterscheidet Genette in seinem ›Diskurs der Erzählung‹ die terminologischen Kategorien von ›Modus‹ und ›Stimme‹ (Genette 2010a, 119).

210 Es geht also um die im Text apostrophierten Adressaten als Analysekategorie, nicht um die historischen Rezipient·innen (zu dieser Differenz mit Blick auf die ›Reformatio Sigismundi‹ vgl. Boockmann 1979, 521f.).

kannt vorausgesetzt werden. Sie sind [...] schema-beziehbare Indikatoren, die Verstehen postulieren und auf gemeinsames, evidentes Vorwissen verweisen, das als stereotypes Wissen gedeutet werden kann.«[211]

Anhand der grammatischen Person unterscheidet Pümpel-Mader drei Typen der Kategorisierung: Während die wir-Kategorisierung (erste Person Plural) ein Gefühl von Gemeinschaft über den Kreis der tatsächlich Anwesenden hinaus evoziert (›wir Deutschen‹), verweist die Partner- beziehungsweise Adressatenkategorisierung (zweite Person Plural) auf eine Gruppe, die zwar von der ersten geschieden ist, als Kommunikationspartner jedoch präsent bleibt (›ihr Italiener‹). Die Fremdkategorisierung (dritte Person Plural) schließlich bezieht sich auf Abwesende (›die Amerikaner‹). Die Pronomina rekurrieren auf existente Gruppen oder konstituieren diese erst in der Referenz; der Rezipient soll glauben, dass die mit einem Artikel beziehungsweise Pronomen angesprochene Gruppe tatsächlich als solche existiert (›die Reptiloiden‹).[212] Als Träger sozialen Wissens erlauben Stereotype somit, komplexe Sachverhalte zu verständlichen Kategorien zu reduzieren, die Wirklichkeit emotional zu bewältigen, eine Gruppe als Gemeinschaft zu integrieren und das gebotene Weltbild zu legitimieren.[213]

Der hier skizzierte sprachstrukturelle Ansatz soll helfen, die intendierten Adressaten der N-Fassung näher zu fassen. Die linguistische Perspektive eignet sich deshalb, weil auch die ›Reformatio Sigismundi‹ den sozialen Raum in differenten Gruppen typisiert: Die Gegensatzpaare von *häuptern* und *kleinen*, von ›Heiden‹[214] und Christen, von *wir* und *ir* tragen die Argumentation des Textes wesentlich mit. Versteht man Stereotype als »Wissensstrukturen«,[215] die helfen, die Vielzahl kontingenter Wirklichkeiten vereinfachend zu beschreiben, zu bewerten und damit zu bewältigen, lassen sich auch die von der N-Fassung apostrophierten Gruppen als stereotypisierende Argumentationsmuster beschreiben. Es soll also interessieren, wie der Text über Personalpronomina den sozialen Raum in Kate-

211 Maria Pümpel-Mader, Personenstereotype. Eine linguistische Untersuchung zu Form und Funktion von Stereotypen (Sprache – Literatur und Geschichte. Studien zur Linguistik/Germanistik 36), Heidelberg 2010, 93.

212 Vgl. Pümpel-Mader 2010, 94–98.

213 Grzybek isoliert drei Funktionsbereiche des Stereotyps: Stereotype dienen der Orientierung im sozialen Raum (Orientierungsfunktion), der Integration in eine bestimmte soziale Gruppe (adaptive/ sozialintegrative Funktion) und der Legitimation sozialer Unterschiede (utilitaristische Funktion). Das Stereotyp soll dabei zeitgleich integrieren und isolieren: Selbst- und Fremdzuschreibung bedingen sich gegenseitig (vgl. Peter Grzybek, Kulturelle Stereotype und stereotype Texte, in: Walter A. Koch [ed.], Natürlichkeit der Sprache und der Kultur. Acta Colloquii [Bochumer Beiträge zur Semiotik 18], Bochum 1990, 300–327, hier 308f.). Zur forschungsgeschichtlichen Entwicklung des Stereotypenbegriffs vgl. ebd., 301–305.

214 Die einfachen Anführungszeichen markieren, dass es sich bei dem Attribut ›heidnisch‹ um eine Setzung auf Textebene handelt.

215 Pümpel-Mader 2010, 12.

gorien der Selbst- und Fremdzuschreibung unterteilt. Pümpel-Maders Typologie entsprechend, untersuche ich die N-Fassung auf die wir-Kategorisierung in der ersten Person Plural (2.2), die Partner-/ Adressatenkategorisierung in der zweiten Person Plural (2.4) und die Fremdkategorisierung in der dritten Person Plural (2.6). Die Ergebnisse sollen dabei jeweils mit dem Autor- und Adressatenprofil der lateinischen ›Avisamenta‹ verglichen werden, um das spezifisch Eigene der ›Reformatio Sigismundi‹ intertextuell zu erarbeiten.

In einem zweiten Schritt sollen die textexternen Strategien der Rezeptionsgeschichte, mit Jannidis gesprochen: die Autorfigurationen, im Zentrum stehen (3). Dank ihrer Parallelüberlieferung in Handschrift und Druck verspricht die ›Reformatio Sigismundi‹ spannende Einblicke in die spezifische Medialität (vormoderner) Autorschaft. Am Beispiel der P-Fassung (3.1), der Vulgata (3.2) und der frühen Drucke (3.3) gilt es nachzuvollziehen, wie spätere Bearbeiter den Eindruck von Autorschaft modulieren und welche Funktion das evozierte Autorkonzept jeweils erfüllen soll. Wie sich zeigen wird, schreibt die ›Reformatio Sigismundi‹ eine Geschichte des Autors *par excellence.*

## 2 Text ohne Autor: Vermittlungsinstanz(en) und Adressat(en) der N-Fassung

### 2.1 Die erste Person Singular: Die Vermittlungsinstanz

Zum ersten Mal ergreift die Vermittlungsinstanz der N-Fassung in der ersten Person Singular das Wort, nachdem sie die Konzilsereignisse um Konstanz und Basel hat Revue passieren lassen. Unter Rekurs auf die drei in Basel formulierten Ziele *fides, pax* und *reformatio* (vgl. RS N 56)[216] fragt die Vermittlungsinstanz in der Einleitung nach den relevanten Reformakteuren:

> *Also ist es angeslagen und sein decreta gemacht; sehe man an, wer yrret es? wo komen dye heupter? wo sein dye churfursten? wo sein dye cardinåle und ertzbischove? dye fliehen. Mich duncket, es rur sye, sye stunden gernn ab; man kan dye reformatz nit außgeben dann mit gewalt und pene/ zu verorden, daz sye bestee. Ich hab eins gedacht: do Cristus Ihesus gemartet wart, do stund im wenig volckes pey in sein grossenn gerechtigkeyten und uberwantz doch; also aller gerechtigkeyt hanget wenig volcks an und überwintz doch am letzten; der schatz aller gerechtigkeyt ist villeicht den kleinen behalten.*
> RS N 56/58

216 Zitiert nach KOLLERS Edition (1964). Ich gebe im Folgenden Übersetzungen als Hilfsmittel bei, in denen ich so nah wie möglich an der z. T. sperrigen Syntax des Frühneuhochdeutschen zu bleiben, vor allem aber den Sinn zu erfassen suche. Unklarheiten kommentiere ich an gegebener Stelle.

»So ist es beschlossen und sind die Dekrete erlassen worden. Nun bedenke man, wer verhindert es? Von wo kommen die Häupter? Wo sind die Kurfürsten? Wo sind die Kardinäle und Erzbischöfe? Die fliehen. Mir scheint, es betreffe sie, aber sie haben nur allzu bereitwillig verzichtet. Man kann die Reform nicht angehen, außer man ordnet mit Vollmacht und unter Androhung von Strafe an, dass sie Bestand habe. Ich habe eines gedacht: Als Jesus Christus gemartert wurde, da standen ihm und seinen vielen rechtmäßigen Forderungen nur wenige bei und er siegte doch; jede Gerechtigkeit hat also nur eine kleine Anhängerschaft und siegt letzten Endes dennoch. Der Schatz aller Gerechtigkeit ist vielleicht den Kleinen vorbehalten.«

Die argumentative Abfolge aus Konzilsgeschichte, Konzilsaufgaben und Konzilsakteuren mündet zwingend in die Frage nach jenen *heuptern, churfursten, cardinaͤlen* und *ertzbischoven*, die in Zeiten der Krise entscheidungs- und handlungsberechtigt sind. Die Antwort, die der Text auf die Fragekette bietet, fällt nüchtern aus: *dye fliehen.* Ihr Versagen jedoch bereitet der Vermittlungsinstanz das performative Parkett. Die rhetorischen Fragen provozieren eine Leerstelle, in die diese hineintreten kann. Zunächst nur im Akkusativ präsent (*Mich duncket),* wechselt mit dem Übergang in die Nominativform (*Ich hab eins gedacht*) auch die Argumentation: Statt weiterhin die Abwesenheit der Entscheidungseliten durch die Abfolge rhetorischer Fragen *ex negativo* zu inszenieren, bietet die Vermittlungsinstanz mit *Cristus Ihesus* und den *kleinen* nun ein positives Handlungsvorbild. *ich bekenne, ich enpfinde,* ruft die Vermittlungsinstanz kurz darauf aus, *das dye cleinenn dye grossen weysen müßenn durch das ewangelium Cristi* (RS N 84; »ich erkenne, ich empfinde, dass die Kleinen mithilfe des Evangeliums die Großen weisen müssen«). Geschickt inszeniert der Verfasser der ›Reformatio Sigismundi‹ somit einen Figurenantagonismus, in dem *churfursten, cardinaͤle* und *ertzbischove* der Trias aus Vermittlungsinstanz, *kleinen* und Christus gegenüberstehen. Die ausgestellten Sympathien mit anderen kritikübenden Autoritäten verhärten den Antagonismus zusätzlich – im Kapitel zu den Bischöfen etwa bemerkt die Vermittlungsinstanz: *Ich lob hertzog Friderich, der sprach zu Basel dem keyser unter augenn: ›Dye byschoff sein plint, wir müssen sye gesehen machenn!‹* (RS N 126/128; »Ich lobe Herzog Friedrich, der im Angesicht unseres Kaisers in Basel sagte: ›Die Bischöfe sind blind, wir müssen sie dazu bringen, zu sehen!‹«).[217]

Die übrigen Aussagen in der ersten Person Singular halten sich dagegen auffallend bedeckt: Zu Beginn und Ende einer Kapiteleinheit finden sich vereinzelt floskelhafte Einwürfe (*Nu heb ich an* [RS N 90, N 186; »Nun beginne ich«], *darumb lass ichs hye besteen* [RS N 184; »deshalb lasse ich es damit bewenden«]), in denen die Vermittlungsinstanz auf den folgenden oder zurückliegenden Punkt

217 Dass die Vermittlungsinstanz Herzog Friedrich zitiert, um ihren eigenen Standpunkt zu legitimieren, hat bereits Koller betont (vgl. Koller 1959a, 151).

ihres Berichts hinweist und also nicht inhaltlich argumentiert, sondern lediglich Textabschnitte strukturiert. Mit dem emphatischen Bekenntnis *Ich sage das/ es lauter* (»Ich sage das/ es deutlich«) kritisiert die Vermittlungsinstanz die Leibeigenschaft (RS N 278) und den spekulativen An- und Weiterverkauf von Waren (RS N 316), belehrend weist sie mit der formelhaften Wendung *als ich euch sage* (»wie ich euch sage«) auf die tragischen Konsequenzen von Simonie (RS N 60)[218] und Geiz (RS N 66) sowie auf die Konflikte zwischen Priesterschaft und Bischöfen (RS N 148) hin. Doch Ritterschaft und Reichsstädte werden die rechtmäßige Ordnung schließlich umsetzen, *als ich euch sage* (RS N 244; »wie ich euch sage«). In mahnendem Gestus ruft die Vermittlungsinstanz deshalb gerade diese zur Pflicht (*ich mane euch* [RS N 312; »ich fordere euch auf«]). Das ausgestellte Selbstbewusstsein legt die Vermittlungsinstanz auch an den Tag, wenn sie ihre Vorstellungen von einer neuen Ordnung propagiert: Mit dem Satz *Ich gedecht das reich zü offenne* (RS N 242; »Ich denke darüber nach, [euch] das Reich zu verkünden«)[219] leitet sie ihre Überlegungen zur weltlichen Reform ein. Dass sie berechtigt sei, Überlegungen dieser Art anzustellen, bestätigt die Vermittlungsinstanz über Rekurse auf persönliches Erfahrenswissen[220] und eine lateinische Gelehrtentradition.[221] Laut Foucault dienen Autoritätsverweise, wie sie die ›Reformatio Sigismundi‹ immer wieder bringt,[222] der Selbstsetzung: Indem ein Diskursteilnehmer eine als legitim anerkannte Autorität zitiert, sichert er die Aussage im eigenen Diskurs – die Autorität stabilisiert den Sprecher, das Zitat autorisiert den Zitierenden.[223]

Die in den Belegstellen zum Einsatz kommenden Verben *anheben*, *besteen lassen*, *sagen*, *sprechen* und *reden* vermitteln den Eindruck von Mündlichkeit und

218 Zur floskelhaften Kritik am Pfründenkauf und –verkauf (Simonie) sowie der Pfründenhäufung in der ›Reformatio Sigismundi‹ vgl. Bauer 1975, 112; Struve 1978, 82; Schuler 1993, 303.

219 Die Bedeutung dieses Satzes ist schwer zu erfassen – die späteren Fassungen streichen ihn deshalb wohl auch. Zu der von mir vorgeschlagenen Übersetzung vgl. Sophie Quander, Der Kaiser beklagt das kranke Reich. Die ›Reformatio Sigismundi‹ zwischen Personalität und Transpersonalität, in: Elke Brüggen (ed.), Macht und Herrschaft als transkulturelle Phänomene. Texte – Bilder – Artefakte, unter Mitarbeit von Anna Katharina Bücken, Ann-Kathrin Deininger und Jasmin Leuchtenberg, mit 33 Abbildungen (Macht und Herrschaft 13), Göttingen 2021, 117–131, hier 121, Anm. 9.

220 *Ich müß eins mit urlaub reden: ich weyß ein closter sant Bernhartz ordens, ich gedenck, das XXXIIII priester darinnen waren* (RS N 164; »Mit Verlaub: Ich kenne ein Kloster des Zisterzienserordens, ich glaube, dass 34 Priester dazugehörten«).

221 *Aristoteles spricht* [...] *darum sprich ich* (RS N 82; »Aristoteles spricht [...] deshalb spreche ich«).

222 So beruft sich die N-Fassung auf Augustinus (vgl. RS N 84, N 314, N 324), Jesaja (vgl. N 84), Paulus (vgl. RS N 124, N 326), Franz von Assisi (vgl. RS N 216) und Esra (vgl. RS N 326).

223 Vgl. Foucault 2000, 218. Für das Mittelalter vgl. Michael Ruoff, Autor, in: Ders., Foucault-Lexikon. Entwicklung – Kernbegriffe – Zusammenhänge (4., aktual. und erw. Aufl. 2018), 96–98, hier 97.

erlauben somit Rückschlüsse auf die vom Text suggerierte Rezeptionssituation. Hinzu treten Verben des Fühlens, Glaubens und Meinens: *Ich furcht* (»Ich befürchte«), so konstatiert die Vermittlungsinstanz in der Einleitung, dass man den in der Taufe abgelegten Eid Gott gegenüber breche (RS N 72), dass Christus von der Kurie enttäuscht sei (RS N 112), dass Domherren und Klosterfrauen sich nicht an ihre Ordensregel halten (RS N 212). *Ich glaube nit* (»Ich glaube nicht«), dass sich die Orden an ihr gegebenes Recht halten (RS N 120) und *mich duncket* (»mir scheint«), dass nur ein Bischof und nicht wie dieser Tage üblich ein Domherr Pfründe vergeben sollte (RS N 180), dass aber die Entscheidungseliten auf dem Konzil eine Reform umgehen und nur ihre Privilegien bewahren wollen (RS N 56). *Ich mein* (»Ich meine«), dass das Zölibats-Gebot nur eine meineidige Kirche provoziere (RS N 150), dass Beerdigungen auf Klostergelände gegen das Recht verstoßen (RS N 160), dass der Heilige Franziskus die Beginen nicht unterstützt hätte (RS N 216); aber *ich mein* ebenso, dass der Konvent noch den Abt zurechtweisen (RS N 80), rechtschaffene Christen den Machtmissbrauch noch verhindern (RS N 214) und die rechtmäßige Ordnung schon noch ihren Gang nehmen werde (RS N 330). Mögliche Kritik an ihren Forderungen weist die Vermittlungsinstanz mit dem Zugeständnis zurück, dass sie sich im (unwahrscheinlichen) Zweifelsfall gern eines Besseren belehren lasse: *ist es aber recht, da laß ich es fallen, das bekent yederman woll* (RS N 106; »hat es damit aber seine Richtigkeit, dann lasse ich davon ab, das würde schließlich jeder zugestehen«).

Auch die Konstanzer ›Avisamenta‹ kennen Einwürfe in der ersten Person Singular, setzen die subjektive Perspektive jedoch anders ein. So enden die 1414 in Konstanz vorgestellten ›Avisamenta‹ des Dietrich von Nieheim mit den Worten:

> *Ideo ego tantillus vera caritate motus hoc describere volui, ex quibus elicere plures poterunt, que expedientur in eodem sacro concilio et ea efficaciter sequi et exequi, ut tenentur, ne a tanto bono, quod ibi dante domino perficietur, tacendo et dissimulando remanerem prorsus exclusus et que quilibet bonus corrigat et emendet, prout placebit eidem, salva semper veritate.*
> DN 292[224]

---

224 Im Folgenden zitiert nach: Dietrich von Nieheim, Avisamenta Pulcherrima de Unione et Reformacione Membrorum et Capitis fienda (Nr. 4), in: Quellen zur Kirchenreform im Zeitalter der großen Konzilien des 15. Jahrhunderts, Erster Teil: Die Konzilien von Pisa (1409) und Konstanz (1414–1418), ausgewählt und übersetzt von Jürgen MIETHKE und Lorenz WEINRICH (Ausgewählte Quellen zur Deutschen Geschichte des Mittelalters. Freiherr-vom-Stein-Gedächtnisausgabe 38a), Darmstadt 1995, 246–293. Im Sinne des interdisziplinären Anspruchs der vorliegenden Arbeit werde ich mit der Edition von Miethke/Weinrich arbeiten, weil diese deutschsprachige Übersetzungen der lateinischen ›Avisamenta‹ bietet. Die zweibändige Ausgabe besprechen Walter BRANDMÜLLER, [Rezension] Quellen zur Kirchenreform im Zeitalter der großen Konzilien des 15. Jahrhunderts. Erster Teil: …, in: Annuarium Historiae Conciliorum 29/1 (1997b), 259–262; Ansgar FRENKEN,

»Deswegen wollte ich, ein kleiner Mann, von der wahren Liebe gerührt, das aufschreiben, woraus viele entnehmen können, was förderlich sein wird auf diesem heiligen Konzil und was sie wirksam befolgen und ausführen können, wie sie gehalten sind; so möge ich von dem großen und guten Werk, welches dort – das gebe Gott – verwirklicht werden wird, nicht durch Schweigen und Vertuschen gänzlich ausgeschlossen bleiben und von dem, was jeder beliebige gute Mensch ändern und verbessern soll, wie es ihm gefällt, stets unbeschadet der Wahrheit.«

Dietrich von Nieheim benennt Motivation (*vera caritate*), Anlass (*in eodem sacro concilio*)[225] und Intention der ›Avisamenta‹: Er hoffe, durch seine formulierten Ratschläge einen kleinen (*tantillus*) Teil zu dem großen, auf dem Konzil verfolgten Reformprogramm (*a tanto bono*) beizutragen. Auch das anonyme ›Avisamentum‹ (1415) argumentiert: *Et quoniam nichil intendo diffinere, quia non mea etc. est, sed dumtaxat aliorum mentes movere ad omnia illa, que potui congregare* (A 312; »Ja, ich beabsichtige, nichts zu entscheiden – denn das ist nicht meine Aufgabe –, sondern trachte nur, die Herzen der anderen zu all den Dingen zu bewegen, die ich anführen konnte«).[226] Mit seinem ›Avisamentum‹ möchte der Anonymus nicht kritisieren, sondern nur Empfehlungen für *hoc concilium sacrum* (A 334; »dieses heilige Konzil«) aussprechen. Vergleichbar bekennt auch Job Vener in seinem ›Avisamentum‹ zwei Jahre darauf: *advisatur humillime et devotissime sacrosanctum generale Constanciense concilium per modum sollicitacionis, non per modum informacionis hoc modo* (JV 378; »[es wird] hiermit demütigst und ergebenst dem hochheiligen Konzil von Konstanz in Form einer Ermunterung, nicht in Form einer Unterweisung folgendes vorgeschlagen«).[227] Dietrichs ›Avisamenta‹ ähnlich kontextualisiert Job Vener seine angebrachten Ratschläge (*sacrosanctum generale Constanciense concilium*),[228] dem anonymen ›Avisamentum‹ analog stellt auch er in einer Demutsgeste das

[Rezension] Quellen zur Kirchenreform im Zeitalter der großen Konzilien des 15. Jahrhunderts. Zweiter Teil: …, in: Annuarium Historiae Conciliorum 36/2 (2004), 453–455.

225 Vgl. auch DN 248, 254, 272, 290. Um den Lesefluss zu erleichtern, werden im Folgenden Belegstellen aus der Primärliteratur ab vier Nachweisen in die Fußnoten ausgelagert.

226 Im Folgenden zitiert nach: Avisamentum (Nr. 7), in: Quellen zur Kirchenreform im Zeitalter der großen Konzilien des 15. Jahrhunderts, Erster Teil: Die Konzilien von Pisa (1409) und Konstanz (1414–1418), ausgewählt und übersetzt von Jürgen Miethke und Lorenz Weinrich (Ausgewählte Quellen zur Deutschen Geschichte des Mittelalters. Freiherr-vom-Stein-Gedächtnisausgabe 38a), Darmstadt 1995, 312–335.

227 Im Folgenden zitiert nach: Job Vener, Avisamentum sacrorum canonum et doctorum ecclesie catholice… (Nr. 9), in: Quellen zur Kirchenreform im Zeitalter der großen Konzilien des 15. Jahrhunderts, Erster Teil: Die Konzilien von Pisa (1409) und Konstanz (1414–1418), ausgewählt und übersetzt von Jürgen Miethke und Lorenz Weinrich (Ausgewählte Quellen zur Deutschen Geschichte des Mittelalters. Freiherr-vom-Stein-Gedächtnisausgabe 38a), Darmstadt 1995, 378–415.

228 Vgl. auch JV 382, 384, 386/388, 396, 402, 404, 410, 412.

Folgende als versöhnlichen Vorschlag aus. Bewusst reiht er die gebrachten Vorschläge dabei in den übergeordneten Konzilszusammenhang ein:

> *Avisamentum sacrorum canonum et doctorum ecclesie catholice de eleccione pape et cardinalium secundum exigenciam status ecclesie moderne, et quomodo huius sacri Constanciensis concilii habeatur in brevi finis salutaris.*
> JV 378
>
> »Vorschlag der heiligen Kanones und Doktoren der katholischen Kirche über die Wahl des Papstes und der Kardinäle nach den Erfordernissen der Verfassung der heutigen Kirche; ferner Vorschlag, wie dieses heilige Konzil von Konstanz in Kürze einen heilsamen Abschluß finden kann.«

Mit der Beschreibung als *avisamentum* der *doctorum ecclesie*[229] gibt Job Vener den vorliegenden Text als Kollektivleistung aus, hinter der er selbst zurücktritt.[230] Schließlich bleiben auch die ›Avisamenta‹ des Johannes Schele, die die ›Reformatio Sigismundi‹ wesentlich beeinflusst haben, auffallend unpersönlich; nur einmal fällt mit dem Teilsatz *puto* (JS 202; »wie ich meine«)[231] ganz zu Beginn eine Aussage in der ersten Person Singular. Die grammatische Person dient den lateinischen ›Avisamenta‹ also vor allem dazu, über konjunktivische Verben des Glaubens, Zweifelns und Wissens den fordernden Charakter ihrer Reformvorschläge zu relativieren.[232]

---

229 Vgl. auch JV 384, 388, 398, 402, 410, 412, 414.

230 So bereits Miethke 1995, 40.

231 Im Folgenden zitiert nach: Johannes Schele, Sequuntur Avisamenta Reformacionis in Curia et extra... (Nr. 10), in: Quellen zur Kirchenreform im Zeitalter der großen Konzilien des 15. Jahrhunderts, Zweiter Teil: Die Konzilien von Pavia/Siena (1423/24), Basel (1431–1449) und Ferrara/Florenz (1438–1445), ausgewählt und übersetzt von Jürgen Miethke und Lorenz Weinrich (Ausgewählte Quellen zur deutschen Geschichte des Mittelalters. Freiherr-vom-Stein-Gedächtnisausgabe 38b), Darmstadt 2002, 202–237.

232 Vgl. *Causas vero* [...] *nolui presentibus recitare.* (DN 248/250; »Die Gründe [...] möchte ich [...] hier nicht aufzählen.«), *O me felicem* (DN 250; »Ach wäre ich glücklich«), *Crederem* (DN 248; »Ich müsste glauben«), *non dubitarem* (DN 250; »ich hätte keine Zweifel«), *Scio enim scriptum esse in evangelio* (DN 290; »Ich weiß nämlich, daß im Evangelium steht«), *nescio ad quid vel quare* (DN 264; »ich weiß nicht wozu und warum«), *non video* (DN 274, 290; »das sehe ich nicht«). Besonders häufig wählt das anonyme ›Avisamentum‹ die erste Person Singular: *puto* (A 314; »ich glaube«), *Quero* (A 312; »Ich frage«), *supplico* (A 322; »das bitte ich demütig«), *scienter dico* (A 318; »das sage ich ganz bewusst«), *michi videtur* (A 326; »mir scheint«), *michi apparet* (A 314, 318; »mir scheint«), *michi constat* (A 326; »das steht für mich fest«), *pro dubio magno teneo* (A 314; »daher hege ich den großen Zweifel«), *quorum nomina ignoro* (A 324; »deren Namen ich nicht kenne«), *De aliis dicerem, si ita certus essem* (A 326; »Ich würde von anderem sprechen, wenn ich sicher wäre«). Selten setzt Job Vener den subjektiven Standpunkt ein: *Respondeo* (JV 394; »Ich antworte«), *voco* (JV 400; »ich nenne«), *intelligo* (JV 406; »ich verstehe es so«), *Quod quia habere non potui, ideo ipsum presenti scripto non imposui* (JV 390; »Weil ich diese Vorlage nicht erhalten konnte, habe ich sie dieser Schrift nicht eingefügt«).

Souverän formuliert im Gegensatz dazu die Vermittlungsinstanz der N-Fassung ihre Vorstellungen: Leidenschaftlich verurteilt sie die Kurie, fordert ihre Rezipienten zur Zustimmung auf, ruft die Reichsstände in die Pflicht. In Abgrenzung zu den eigentlichen Reformakteuren präsentiert sie sich als gut informierter Kommentator, der von außen auf das Geschehen blickt und selbstbewusst seine Kritik anbringt. Harsch sitzt die Vermittlungsinstanz über die bisherigen Entscheidungen zu Gericht, deutlich distanziert sie sich von den Konzilsteilnehmern in Basel. Die Allianzen mit Christus, den *kleinen* und weiteren Kritikern auf dem Konzil legitimieren diesen Standpunkt. Indem sie darüber hinaus ihr Erfahrenswissen einbringt, ihren Bildungsstand durch Übersetzungen aus dem Lateinischen ausstellt und sich als außenstehender Beobachter inszeniert, greift die N-Fassung auf alle drei Strategien der Selbstlegitimation zurück, die Christian Klein mit Blick auf den moralisch-ethischen Diskurs identifiziert hat.[233]

Die der N-Fassung entnommenen Textstellen in der ersten Person Singular emotionalisieren den Aussagewert der Reformforderungen, wirken insofern also persuasiv im Sinne rhetorischer Überzeugungsarbeit. Doch auch wenn die Vermittlungsinstanz in diesen Momenten selbstbewusst hervortritt, bleiben ihre Aussagen letztlich unmarkiert: Es fallen weder Autorname noch biografische Informationen, die erste Person Singular kommt lediglich als rhetorisches Mittel zum Einsatz. Diese charakteristische Leerstelle hat bereits Dümling erkannt: »Lässt man einen Moment den Visionsbericht Sigismunds außer Acht, sieht man eine distanzierte und formalisierte Positionierung, die ein auktoriales Ich an nur wenigen Stellen setzt. [...] Die Argumentation selbst bezieht sich auch nur selten auf das eigene Erleben des Autors, und wenn, dann ist es ein schwaches ›Ich‹, das erzählt«.[234] Angesichts des blassen Autorkonzepts kommt Dümling schließlich zu dem Fazit, dass die N-Fassung Kaiser Siegmund als Autor der ›Reformatio Sigismundi‹ nahelege, hinter dem der Übersetzer als Mittler verschwinde.[235] Doch ist dem tatsächlich so? Die N-Fassung bekennt zwar durch Titel und Quellenfiktion ihre Nähe zum Reformkaiser,[236] aber dieser kommt in der Schlussvision im *pluralis maiestatis* zu Wort: Mit dem Satz *Wir Sigmundt* [...] *thün zü wyssen,*

233 Vgl. Klein 2009, 169.

234 Dümling 2017, 136. Es gilt dasselbe, was Glauch mit Blick auf die autobiografische Erzählung des Freiherrn Johann Werner von Zimmern in der Zimmerischen Familienchronik beobachtet: »Das erzählte Ich hat kein Alter, keinen Namen, keine Familie, keine Herkunft, keinen Beruf, keine Geschichte« (Glauch 2010, 152).

235 Vgl. Dümling 2020, 216. Bereits in seiner Dissertation hat er mit Blick auf die ›Reformatio Sigismundi‹ zwischen den Autorfigurationen von Übersetzer und Ur-Autor unterschieden (vgl. Ders. 2017, 136).

236 Zur Selbstlegitimation der ›Reformatio Sigismundi‹ über den Kaiserbezug in Titel, Quelle und Prophetie vgl. Beer 1955, 24; Franz 1958, 962; Struve 1978, 126; Boockmann 1979, 540; Pfaff 1999, 193f.; Marosi 2006, 24; Schmolinsky 2010, 469; Dümling 2020, 215.

*was unns geoffenet ist worden* (RS N 332; »Wir Siegmund [...] verkünden, was uns offenbart worden ist«) markiert der Text den Wechsel von Reformkatalog hin zum Erzählerbericht,[237] unterscheidet somit über die grammatische Person eindeutig zwischen Vermittlungsinstanz in der ersten Person Singular und der intradiegetischen Erzählerfigur Siegmund.[238] Um die beiden kontrastiven Autorkonzepte miteinander zu vereinen, soll deshalb eine andere Lesart angeboten werden: Die N-Fassung nennt zwar den Kaiser, stellt ihm jedoch eine präsente, wenn auch vage Vermittlungsinstanz an die Seite; als angerufene Autorität soll der Kaiser die Autorität der Vermittlungsinstanz garantieren.[239] Diese wirkt im intratextuellen Vergleich weniger »schwach«, wie Dümling behauptet, als vielmehr flexibel: Das *Ich* kritisiert, provoziert, dramatisiert, bleibt als Subjekt im Sinne eines Individuums jedoch konturlos – hier gibt sich keine Person, wohl aber eine rhetorische ›persona‹ zu erkennen (oder, mit Glauch gesprochen: nichts Gestaltendes, sondern etwas Gestaltetes). Die grammatische Person bietet also weniger Einblicke in eine mögliche Verfasseridentität als vielmehr in die Persuasionstechniken,[240] dient keiner Autorbiografie, sondern der Textlogik: Es scheint Programm, dass die N-Fassung ›autorlos‹ bleibt.

---

237 Das hat bereits Koehne erkannt: »Es tritt uns [...] nicht nur bei jenem Traum, sondern auch bei der Erläuterung ein im *pluralis maiestatis* von sich sprechender entgegen, während Priester Friedrich selbst von sich im Singular redet« (KOEHNE 1903, 748f.). Besonders eindrücklich kommt der *pluralis maiestatis* in der anaphorisch aufgebauten Schilderung zum Einsatz, wie Siegmund den prophezeiten Friedrich von Lantnaw aufgesucht habe: *Wir haben auch den priester endelich gesucht, wir haben in auch funden; wir haben in auch zü Basel gehabt; wir haben im ere gethan, als billich was; wir haben ym ein kleydt geben; wir haben im entpfolhen dye ordenung der heyligen cristenheyt* (RS N 338; »Wir haben den Priester schließlich gesucht, wir haben ihn auch gefunden; wir haben ihn in Basel empfangen; wir haben ihm Ehre zuteil werden lassen, wie es sich ziemt; wir haben ihm ein Gewand gegeben; wir haben ihm die Ordnung der heiligen Christenheit anempfohlen«). Zum Visionsteil vgl. ausführlich Kap. III 1.4.

238 Zur terminologischen Differenz von Vermittlungsinstanz und intradiegetischem Erzähler vgl. Matías MARTÍNEZ/Michael SCHEFFEL, Einführung in die Erzähltheorie, 10. überarb. Aufl., München 2016, 80. In seltenen Fällen wechselt die Vermittlungsinstanz in die erste Person Plural: Dreimal stellt sie Forderungen mit der Formel *das/ so gebieten wir* (RS N 270, N 274, N 296; »das/ so gebieten wir«), einmal markiert sie das Gesagte als *unnser lauter meynung* (RS N 350; »unsere klare Meinung«). Mit dem Einleitungssatz *Wir haben einen jungen herrn gehabt in hoff zu Basel* (RS N 124; »Wir haben am Hof in Basel einen jungen Adligen gehabt«) beginnt sie eine kurze Erzählung, die sich in Breisach am Rhein zugetragen haben soll. Auf die unklare Vermittlungsinstanz in dieser Episode hat bereits Dümling hingewiesen (vgl. DÜMLING 2017, 136).

239 Zu den Bedeutungsdimensionen von ›Autorität‹ zwischen Selbstsetzung und Legitimation durch andere vgl. STAROBINSKI 1995, 11.

240 Es gilt dasselbe, was Felber für die höfische Epik beobachtet hat (vgl. REUVEKAMP-FELBER 2001, 3).

## 2.2 Die erste Person Plural: Die wir-Kategorisierung

Über die erste Person Plural sucht die Vermittlungsinstanz der N-Fassung, ihre Rezipienten normativ an ihr Reformprogramm zu binden. Reminiszenzen an *unnser[e] vorfarn* (RS N 270, ähnlich auch N 114, N 228; »unsere Vorfahren«) begründen den Normhorizont historisch. Christi Tod dient der Argumentation als transzendenter Referenzpunkt: Die N-Fassung ermahnt ihre Rezipienten *pey got unnserem vatter Ihesu Christi, pey seinem roßenfarben plüt, das er durch unns vergossenn hat* (RS N 52; »im Namen des Vaters, unseres Gotts, und im Namen Jesu Christi und seines rosenfarbenen Bluts, das er um unseretwillen vergossen hat«) und *pey seinem plutvergiessen, seinem menschlichen tod, den er geliten hat durch unnsernn willen* (RS N 78; »im Namen seines vergossenen Blutes, seines menschlichen Todes, den er um unseretwillen erlitten hat«). Possessivpronomen und genealogische Apostrophe (*unnser vatter*) binden das Kollektiv an Gott, der mit seinem Tod *unns im selber gebrudert* habe (RS N 342; »uns ihm selbst zum Bruder gemacht hat«).[241] Im Kontext der Heilsgeschichte markiert der Opfertod Christi den entscheidenden Wendepunkt: Durch seinen Tod habe Jesus Christus *unns mit der warheyt gezeichent und erlost* (RS N 102; »uns mit der Wahrheit gezeichnet und erlöst«), er *hat unns erlediget von allen banden* (RS N 276; »aller Fesseln entledigt«), so dass *wir gefreyt sein im glauben* (RS N 52; »im Glauben befreit sind«) und *ein zükunfft haben ewiges lebens* (RS N 340; »uns künftig das ewige Leben erwartet«), das nun *vor unns* (RS N 344; »vor uns«) liege. Christi Opfer integriert das Kollektiv historisch und weist den Weg in die Zukunft, formiert die Gemeinschaft gleichsam, die ihrerseits sein Gedächtnis normativ wahren soll. Den Grundstein für diese in Christus gründende Memorialkultur legt die heilige Ordnung, *die unns got der her trostlich in dye welt geordnet hat* (RS N 90/92; »die Gott der Herr für uns zum Trost auf Erden eingerichtet hat«), in Form der sieben Sakramente, *als sy Cristus Ihesus unß gebenn hatt* (RS N 92; »wie sie Jesus Christus uns gegeben hat«). Die Taufe, *dye uns gereiniget hat von sunden* (RS N 72; »die uns von den Sünden reingewaschen hat«), und die letzte Ölung, *unnser wegeweyse zü dem himel* (RS N 74; »unser Wegweiser zum Himmel«), rahmen ein Leben mit und in Gott. Mit der Taufe haben *wir got gesworen* (RS N 72, N 214; »wir Gott versprochen«), ein christliches Leben zu führen, und *den eyt sollen wir halten* (RS N 214; »den Eid müssen wir halten«).

Leider jedoch, so diagnostiziert die Vermittlungsinstanz der N-Fassung in anklagendem Ton, haben die meisten ihren Gott gegebenen Eid vergessen: *wir werden*, so fürchtet sie, *dick meyneydig* (RS N 72; »wir begehen oft Meineid«). *Wir*

241 Vgl. auch. *unnser herr* Jesus Christus bzw. Gott (RS N 58, N 120, N 230; »unser Herr«), *unnser schopffer und got* (RS N 344; »unser Schöpfer und Gott«), *unserr aller meyster* (RS N 214; »unser aller Meister«).

*werden dick ermant und wir keren unns dannoch nit* (RS N 326; »Wir werden oft ermahnt und bekehren uns dennoch nicht«), vielmehr schlage man aus, *das unns got so trostlich gegeben hat* (RS N 244; »was Gott uns zum Trost gegeben hat«). Deshalb entziehe *unns got sein genad und pillich, wan wir ubersehen sein gepot* (RS N 52; »uns Gott zurecht seine Gnade, weil wir sein Gebot nicht einhalten«), und so treffe sein Zorn *uns* (RS N 66; »uns«). Die Strafe habe man letztlich selbst zu verantworten, denn Gott behandle die Menschen nur, wie sie es untereinander tun.[242] Die Erzählerfigur der Schlussvision, Kaiser Siegmund selbst, scheint dieser Einschätzung der Vermittlungsinstanz zuzustimmen:

> *Gots marter Ihesu Christi ist unns so tröstlich gewesen, unnser freyheyt ist also groß, unnser mynn und liebe, dye wir züsamen sollen haben, ist unns gegeben in dem gebot, unnser glaube stet als in rechten punckten; wann wir es recht bedencken und recht für unns fassen, so finden wir nit, das an allen rechten an unns nichtz nit vergessen sey*[.] RS N 342
>
> »Christi Leid hat uns so viel Trost gespendet. Unsere Freiheit ist so groß, unsere Hingabe und Liebe, die wir füreinander empfinden sollen, ist uns in dem Gebot der Nächstenliebe gegeben, wir scheinen unseren Glauben richtig zu leben. Wenn wir es aber recht bedenken und richtig für uns erfassen, so müssen wir erkennen, dass wir alles Rechtmäßige vergessen haben.«

Auch hier dient der Opfertod Christi als argumentativer Ausgangspunkt und auch hier korrelieren integrativer Werthorizont (*unnser mynn und liebe*) und normativer Moralcodex (*gebot*).[243] Der Glaube – so führt die dreifache Verneinung eindrücklich vor Augen – stehe nur scheinbar *als in rechten punckten*, tatsächlich grassiere aller Orten die Sünde.

Den wiederholt formulierten Gedanken der Kollektivschuld in Form der um sich greifenden Sünde[244] nutzt die Vermittlungsinstanz im Haupttext, um eine Endzeitstimmung heraufzubeschwören: Tiere klagen *uber unns* (RS N 284; »über

---

242 Vgl. etwa *verleyhe unns unnser teglich prot! Wye vergeben wir unnserm schuldnere? als wir es messen, als mist man unns es herwider* (RS N 316; »Unser tägliches Brot gib uns heute! Und wie verzeihen wir selbst unseren Gläubigern? Wie wir es anrechnen, so wird man es auch uns anrechnen«), *das komet als von unnser untrewe, dye wir gegen einander haben und vergeit unns got gleich, als wir einander vergeben* (RS N 316; »Das kommt davon, dass wir uns alle treulos verhalten, und so wird Gott uns auf die gleiche Weise vergeben, wie wir uns untereinander vergeben«).

243 Zu den inhaltlichen und z. T. sprachlichen Übereinstimmungen zwischen Reformprogramm und Schlussvision vgl. ausführlich Kap. III 1.4.1.

244 So allein viermal auf einer Seite: *wir verschülden es umb got mit den sunden* [...] *ungewonlich tode, mißhellung wirt von unnsernn schülden wegen* [...] *leuten wir mit unnserr vernunfft und erkennten dye swere unnser sunde, das wer ein gut geleut!* [...] *Daz ist alles gemein worden, das menglich in tötsunde slaffet* (RS N 314; »wir versündigen uns an Gott [...] wir verschulden ungewöhnliche Tode und Zerwürfnisse [...] würden wir die Glocken unserer Vernunft läuten und die Schwere unserer Sünde erkennen, das wäre ein gutes Glockengeläut! [...] Es ist üblich geworden, dass viele in Todsünde erschlaffen.«).

uns«) und die Elemente sitzen *uber unns* (RS N 314) zu Gericht, denn *so wir warm sollen han, so komen kelten* (RS N 314; »wo es warm sein soll, bricht Kälte über uns herein«). Das apokalyptische Szenario, das in scharfem Kontrast zu der im Heilsversprechen wurzelnden Zukunftshoffnung steht, soll Ängste freisetzen und den Ernst der Lage verdeutlichen – emotionalisiert und dramatisiert also den Aussagewert. Außerdem laden die gegensätzlichen Zukunftsperspektiven dazu ein, die Reformnotwendigkeit herzuleiten:

> *Nü thüt unns got ein vermanung und heysset wol ein warnung und wil uns versuchen; gedenck yederman der vermanung zü thunn und gee in das recht oder wir geen in gots zornn, das wir sele und leypp verdammen; das haben wir vor unns als sicher, als got im himel ist in wesen*[.]
> RS N 214

> »Nun warnt uns Gott mit seiner Aufforderung und will uns damit prüfen: Jedermann sollte der Aufforderung folgen und sich auf die Seite des Rechts stellen oder uns droht Gottes Zorn, wodurch wir Körper und Seele der Verdammnis anheimgeben. Das steht uns so sicher bevor, wie Gott im Himmel ist.«

Die konditional exklusive Argumentation spitzt die Situation zu; die Vermittlungsinstanz entwirft Kausalitätsketten, die ihre Forderungen als zwingend ausstellen. Die Pole von Verdammnis und ewigem Leben stilisieren die Reform zu einer heilsgeschichtlichen Notwendigkeit: Es ist an der Zeit, *ee es got swerlich an uns reche* (RS N 284; »bevor es Gott schwer an uns rächt«). Gott stelle seine *forderung zü unns* (RS N 328; »Forderung an uns«) und folge man dieser, so würde sein Zorn gemildert und *wurden unnser gute werck fruchtbar* (RS N 74; »unsere guten Taten würden Früchte tragen«). Die imperativischen Aufforderungen *lassent unns unnsers nutzes warnemen und unnserrm gewissen leben* (RS N 280; »lasst uns zu etwas Nütze sein und gewissenhaft leben«), *lasset unns helffen dem, den alles unrecht leit ist* (RS N 336; »lasst uns dem helfen, den alles Unrecht betrübt«) und *hirumb lassent uns suchen unnser heyl* (RS N 244; »lasst uns deshalb unser Heil suchen«) mahnen zur Umkehr. Die Gelehrten und der Kaiser wissen Rat, *sye thünn unns gut vermanung* (RS N 212; »sie tun gut daran, uns zu ermahnen«). *wir sein tieff gnüg ermant*, ruft die Vermittlungsinstanz aus, *reich und arm, jung und alt, nyemant außgenomen* (RS N 212; »Wir alle werden zutiefst ermahnt – reich und arm, jung und alt, niemand ausgenommen«), und fordert deshalb emotionale Anteilnahme: *O lieben cristen, lassent euch zü hertzen geen, bedencke yederman, was unns got vertreyt, dem wir alle tag so großlich widerig sein; wir bekeren unns! es ist/ zeyt und raten es auch! wan bekerten wir unns, alle werlt dye kert unns nach* (RS N 86; »Oh liebe Christen, lasst es euch zu Herzen gehen und bedenkt, was Gott sich von uns gefallen lassen muss, die wir uns jeden Tag ihm widersetzen. Lasst uns zur Einsicht kommen und uns bekehren! Es ist an der Zeit und auch ratsam! Denn wenn wir uns bekehren, so folgt uns die ganze Welt«).

Die Aussagen in der ersten Person Plural wollen primär ein Gruppengefühl erzeugen, das den sozialen Raum über Integration und Abgrenzung organisiert; mit Pümpel-Mader gesprochen, besitzen sie einen »positiven emotiven Wert« und transportieren die »Vorstellung von Gemeinsamkeit«.[245] Die grammatische Person leistet damit für die N-Fassung dasselbe, was Roy Sommer für Kollektiverzählungen im Allgemeinen herausgearbeitet hat: »Im Vordergrund stehen, was den am Erzählvorgang Beteiligten in der Regel nicht bewusst ist, die Selbstversicherung, das Gemeinschaftserlebnis, der normierende Charakter des Erzählten und der Orientierungseffekt, der aus einer Gruppe eine Wertegemeinschaft macht.«[246] Auf Breitenwirkung angelegt, bleibt die apostrophierte Gemeinschaft dabei denkbar abstrakt. Am besten lässt sich das *wir* in der N-Fassung mit ›christlicher Gemeinschaft‹ übersetzen – dazu passt auch, dass es in Kontrast zum ›Heidentum‹ steht: *wan wir ein lant in dye gehorsam bringenn, wir haben gewonnen in der heydenschafft* (RS N 344; »Wenn wir nur ein Land zum Gehorsam bringen, haben wir die gesamte Heidenschaft für uns gewonnen.«). Liest man die Aussagen in der ersten Person Plural als Ansprachen an die Christenheit im Allgemeinen, wird verständlich, weshalb die Forschung zur ›Reformatio Sigismundi‹ dem Text wiederholt ein sozialrevolutionäres Potenzial attestiert hat. Es stimmt, dass seine Vermittlungsinstanz ein breites Kollektiv apostrophiert; es wird aber noch zu prüfen sein, was genau sie von diesem erwartet.

Fasst die N-Fassung mit den bisher zitierten Stellen in der ersten Person Plural ein (abstraktes) Kollektiv zunächst als adressierten Gegenüber des Reformprogramms, ziehen die eingelagerten Gebete das Kollektiv in den Sprechakt selbst hinein:

> *Almechtiger got, schöpffer himels und ertrichs, gib krafft und thü genad, gib weyßheyt zü einem erkennen und zü volbringen nach dem allerseligistenn statten und ein ordenung zu haben geystlichs und weltlichs stats, in der dein heyliger name und gotheyt bekennet werde; wan dein zorn ist offen, dein ungenade hat unns begriffen; wir geen als dye schoff on hirten, wir gen an dye weyde an urlaub.*
>
> *Gehorsamkeyt ist tod,*
> *gerechtigkeyt leyt not,*
> *nichts stet in rechter ordenung.*
> RS N 50

245 Pümpel-Mader 2010, 95.

246 Roy Sommer, Kollektiverzählungen. Definition, Fallbeispiele und Erklärungsansätze, in: Christian Klein/Matías Martínez (edd.), Wirklichkeitserzählungen. Felder, Formen und Funktionen nicht-literarischen Erzählens, Stuttgart/Weimar 2009, 229–244, hier 232. Zum Stellenwert von wir-Erzählungen im Raum faktualer Literatur vgl. auch Fludernik 2013, 131.

»Allmächtiger Gott, Schöpfer des Himmels und der Erde, gib Kraft und spende Gnade, verleihe Weisheit, damit [wir] zur Einsicht kommen und auf die denkbar heilsamste Weise ans Ziel gelangen und eine Ordnung des geistlichen und weltlichen Bereichs erlangen, in der man sich zu Deinem heiligen Namen und Deiner Gottheit bekennt. Denn Dein Zorn ist bekannt, wir sind bei Dir in Ungnade gefallen. Wir gehen wie Schafe ohne Hirten, wir gehen auf die Weide ohne Erlaubnis.

Gehorsamkeit ist Tod,
Gerechtigkeit leidet Not,
nichts steht in rechter Ordnung.«

Mit diesem hingebungsvollen Gebet nimmt die Vermittlungsinstanz ihre Reformabsicht auf: Bekannt sei weithin, dass Gottes Zorn und Strafe das Reich ergriffen habe und also eine fundamentale (Neu-)Ordnung des weltlichen und kirchlichen Herrschaftsbereichs eile; Gott solle dafür Einsicht und Stärke schenken. Der Ausruf vertraut die heraufbeschworene *ordenung* Gott an und exponiert sie durch die Wiederholung in Versform als das begriffliche Leitthema, schließt das Substantiv *ordenung* die metrisch abgesetzte Passage doch ohne vorangehenden Endreim ab und sticht damit allein schon akustisch hervor. Kurz darauf setzt die Vermittlungsinstanz diese Stilvariation noch einmal ein:

*Hilff, rat und rechte trewe ist tot*
*Und leidet gerechtigkeyt not.*
[…]
*Almechtiger got, gib krafft und hilff, das wir zü recht kommen, daz wir nit also von deinen gnaden verscheyden und verhaltenn werden; wann sollen wir komen zü recht, daß müß durch gotlich hilff und krafft zügen und durch das swert, daz man brauchen sol durch gots willen und des glauben und der gerechtigkeyt.*
RS N 68

»Beistand, Fürsorge und wahrhaftige Treue sind gestorben
und die Gerechtigkeit leidet Not.
[…]
Allmächtiger Gott, gib Kraft und hilf, dass wir zum Recht zurückfinden, damit wir Deine Gnade nicht verlieren und nicht von ihr ausgeschlossen werden. Wenn wir wieder zum Recht zurückfinden wollen, kann es nur durch göttliche Hilfe und Kraft geschehen und durch das Schwert, das man für Gott, den Glauben und die Gerechtigkeit ergreifen soll.«

Deutlich reaktualisiert das zweite Gebet den Textanfang. Es wiederholen sich sowohl das Reimpaar *tot/ not* als auch die Invokation *Almechtiger got, gib krafft.*[247] Erneut kombiniert der Text die Stilvarianten von Reim[248] und Gebet,[249]

247 Koller weist zwar darauf hin, dass sich das Eingangsgebet an späterer Stelle wiederholt, deutet diesen Befund jedoch nicht aus (vgl. Heinrich Koller, Stellenkommentar, in: Reformation Kaiser Siegmunds, ed. Ders. (Monumenta Germaniae Historica. Staatsschriften

bringt sie hier jedoch in umgekehrter Reihenfolge. Ohne diese Beobachtung überstrapazieren zu wollen, markiert das folgende Bittgebet doch einen thematischen Wendepunkt: Nachdem die Vermittlungsinstanz zunächst die historischen Voraussetzungen der akuten Reform vor Augen geführt hat, bietet sie im Folgenden konkrete Handlungsanweisungen – so kündigt sie in den folgenden Zeilen *einen antragk und verkundung der rechtenn ordenung* (RS N 68; »einen Vorschlag für und eine Ankündigung der rechtmäßigen Ordnung«) an und deutet zum ersten Mal auf die folgende Prophezeiung hin (RS N 70). Thematisch dienen die beiden Eingangsgebete als Scharnierstellen, um über die *repetitio* relevanter Schlüsselbegriffe die folgende Reform zu entwickeln. Während das erste nach den historischen Gründen einer akuten Reform fragt, öffnet das zweite den Blick für mögliche Zukunftsperspektiven. Der eigentliche Reformkatalog bietet sich schließlich als Lösung für die diagnostizierten Probleme an – schließlich wird die folgende Handlungsanleitung auf die artikulierte Reformfrage eine Antwort finden. Geschickt macht sich die Vermittlungsinstanz die unterschiedlichen Stilregister dabei zu Nutze, um über die Klangeffekte von Reim, Ausruf und Predigtstil die Bilder der Gebete zu Leitthemen zu verdichten. Auf konzentriertem Raum schaffen die Gebete somit eine Grundlage, um unmittelbar in das Programm des Textes einzuführen.

Doch das Gebet leistet mehr, als thematische Schwerpunkte akustisch zu markieren, setzt es doch vor allem eine performative Sprengkraft frei: »[D]as Gebetshandeln [stellt] einen Vollzug dar, getragen von der Annahme oder Hoffnung, die Welt mit Hilfe der Sprache (zumindest im Kleinen) verändern zu können. Aber dieser Akt ist nicht wie bei einem Segen oder einer Weihe mit dem Sprechen selbst schon abgeschlossen. Er ist vorläufig und unvollkommen, angewiesen auf die konstituierende Instanz, an die der Betende sich richtet und der die eigentliche Macht der Veränderung zugeschrieben wird.«[250] Das Gebet steht als Ausdruck einer Gott überantworteten Hoffnung, durch die Wirkmacht der

---

des späteren Mittelalters 6), Hannover 1964b, 50–353, hier 50, Anm. 1 und 68, Anm. 2). Im Übrigen beginnt auch die Erzählerfigur Siegmund ihren Visionsbericht mit einer Gebetsformel: *In dem namen gots, des herrn Ihesu Christi* (RS N 332; »Im Namen Jesu Christi«).

248 Hühns und Kamnitzer deuten den Reim als Ausdruck der Breitenwirkung im Sinne der revolutionären Reformabsicht (vgl. Hühns 1951/52, 19; Kamnitzer 1953, 53).

249 Dass der Predigtstil charakteristisch für die ›Reformatio Sigismundi‹ ist, hat die Forschung wiederholt konstatiert (vgl. zuletzt Jörg 2017, 35).

250 Christian Kiening, Gebete und Benediktionen von Muri (um 1150/1180), in: Cornelia Herberichs/Christian Kiening (edd.), Literarische Performativität. Lektüren vormoderner Texte (Medienwandel – Medienwechsel – Medienwissen 3), Zürich 2008, 101–118, hier 102; vgl. auch Volker Mertens, Sprechen mit Gott – Sprechen über Gott. Predigt und Legendendichtung im frühen 13. Jahrhundert (Rudolf von Ems, ›Barlaam und Josaphat‹), in: Nine Miedema/Angela Schrott/Monika Unzeitig (edd.), Sprechen mit Gott. Redeszenen in mittelalterlicher Bibeldichtung und Legende (Historische Dialogforschung 2), Berlin 2012, 269–283, hier 269.

eigenen Worte eine außersprachliche Veränderung herbeizuführen. Auch die ›Reformatio Sigismundi‹ versteht sich als sprachgeborene Handlungsabsicht, als ein Impuls für Veränderung der Wirklichkeit, die in der Sprache ihren Ursprung, nicht jedoch ihre Vollendung findet. Die Spannung aus göttlicher Hilfe und Selbstsetzung in und durch Sprache, die das Gebet so wesentlich kennzeichnet, macht sich auch die Reformvorlage zu Nutze: Die vorgestellten Forderungen wollen über Sprache Veränderung bewirken und damit (außersprachliche) Wirklichkeit beeinflussen. Und so endet die N-Fassung denn auch, wie sie begonnen hat – mit einer Akklamationsformel, die das Reformprogramm Gott überschreibt: *daz verleyhe unns got allen, amen* (RS N 352; »das schenke uns Gott allen, Amen«).

Wenn man nun, wie hier, nach den Gesprächspartnern eines Textes fragt, interessiert im Kontext (literarisch) inszenierter Gebetsszenen vor allem die im Gebet entworfene Dialogdynamik: Es mag der einzelne im stillen Stoßgebet spontan *vrou minne* lobpreisen oder die Ordensgemeinschaft in formalisierten Gebetsrufen im Namen eines Kollektivs Fürbitte leisten. Sprecher, Adressat, Intention, Situation, Inhalt, Form und Performanz des Gebets differieren in einem Ausmaß, das die systematische Auseinandersetzung mit dem Phänomen bisher nicht kategorial erfasst hat.[251] Als ersten Orientierungspunkt wählt Andreas Krass in seiner literaturwissenschaftlich orientierten Definition Struktur und Anliegen des Gebets für eine terminologische Annäherung und unterscheidet anschließend pragmatischen und poetischen Gebetstyp.[252] Im Blickwinkel der Historischen Dialogforschung haben des Weiteren Maryvonne Hagby und Dagmar Hüpper das Definitionsangebot gemacht, das Gebet als eine funktional dialogische und formal monologische Sprechhandlung zu klassifizieren: »Funktional dialogisch insofern, als außer einem Sprecher in der Rolle des Senders auch ein Hörer in der Rolle des Empfängers an der Sprechhandlung teilhat; formal monologisch, weil es – zumindest vordergründig – zu keinem

251 In seiner 1989 erschienenen Dissertation führt Christian Thelen in die z. T. stark differierenden Definitionsmodelle der mittelalterlichen Autoren ein: Hugo von St. Viktor etwa entwickle Unterkategorien nach dem Grad der Explizität, Bernhard von Clairvaux verweise auf das Ausmaß der inneren Hingabe, Wilhelm von St. Thierry ordne die Gebete den Anliegen von Bedürfnisbefriedigung, Erkenntnis und Gottesnähe zu, während Thomas von Aquin das Einzel- vom Gemeindegebet scheide; der Varianz der mittelalterlichen Deutungsangebote entsprechend, bleiben auch moderne Handbucheinträge auffallend schemenhaft (vgl. Christian Thelen, Das Dichtergebet in der deutschen Literatur des Mittelalters [Arbeiten zur Frühmittelalterforschung 18], Berlin/New York 1989, 1–3). Vergleichbar resümiert 20 Jahre später auch Andreas Krass: »Als literaturwissenschaftlicher Terminus ist der Begriff, obwohl es den Sachverhalt des poetischen Gebets zweifellos gibt, kaum eingeführt.« (Andreas Krass, Gebet, in: Reallexikon der deutschen Literaturwissenschaft 1 [2007], 662–664, hier 662).

252 Vgl. Krass 2007, 662.

Sprecherwechsel kommt.«[253] Mit dieser konzeptuellen Doppelausrichtung einher geht das Wechselspiel von Selbst- und Fremdbezug, so wendet sich der Betende zwar an einen Rezipienten, rekurriert dabei jedoch stets auf sich selbst: »Die Erzählinstanz von Gebetstexten lässt sich eindeutig benennen: Es ist ein Ich oder ein Wir, das spricht – das von *sich* spricht (wobei das bekannteste Kollektivgebet wohl das Vaterunser ist).«[254] Dieser Kollektivierungseffekt führt im Falle des poetischen Gebetstyps dazu, dass die Kommunikationspartner des Textes aufeinandertreffen; im *wir* knüpft das Kollektivgebet eine emotionale Gesinnungsgemeinschaft zwischen Vermittlungsinstanz und Rezipient(en).[255] Die erste Person Plural dient dabei der Sympathielenkung – das *wir*, das einen gruppenspezifischen Standpunkt nahelegt, steckt nicht etwa einen konkreten Adressatenkreis ab, sondern lädt vielmehr zur breiten Identifikation ein. Christian Kiening hat das in seiner Analyse eines lateinisch-deutschen Gebetbuchs aus der zweiten Hälfte des 12. Jahrhunderts als »bewegliche[] Subjektpositionen«[256] bezeichnet, die gerade nicht einer Exklusivität, sondern einer konzeptuellen Offenheit Rechnung tragen. Bewusst setze die Kompilatorin der Handschrift Leerstellen in den stark subjektiv entworfenen Segen, die jede·r Rezipient·in situativ neu füllen könne: »Die Subjektivierung zielt nicht auf ein singuläres Individuum. Sie schafft vielmehr eine elastische Position, durch verschiedene situative Subjekte besetzbar«.[257]

Obgleich die ›Reformatio Sigismundi‹ nicht zu den literarisch poetischen Texten des Mittelalters gehört, repräsentieren die Eingangsgebete als Ergebnis eines intentionalen Schreibprozesses den poetischen Gebetstyp im Sinne der von Krass gebotenen Unterscheidung. Modus und Personaldeixis schaffen eine

---

253 Maryvonne Hagby/Dagmar Hüpper, Gebete als dialogische Reden. Die ›Königstochter von Frankreich‹ (1400) und die ›Belle Hélène de Constantinople‹ (14. Jahrhundert), in: Nine Miedema/Angela Schrott/Monika Unzeitig (edd.), Sprechen mit Gott. Redeszenen in mittelalterlicher Bibeldichtung und Legende (Historische Dialogforschung 2), Berlin 2012, 191–214, hier 191; vgl. auch Nine Miedema/Angela Schrott/Monika Unzeitig, Einleitung, in: ebd., 1–12, hier 3–7. Bereits Thelen spricht von der »kommunikativen Situation Beten« und deutet somit auf die dialogische Struktur des Gebets hin (Thelen 1989, 6).

254 Andreas Mauz, In Gottesgeschichten verstrickt. Erzählen im christlich-religiösen Diskurs, in: Christian Klein/Matías Martínez (edd.), Wirklichkeitserzählungen. Felder, Formen und Funktionen nicht-literarischen Erzählens, Stuttgart/Weimar 2009, 192–216, hier 203. Laut Miedema, Schrott und Unzeitig sind Gebete als Sprechhandlung zwar konzeptuell auf ein Gegenüber ausgerichtet, bringen jedoch als Folge einer empfundenen Krise, Rückbesinnung, Dankbarkeit etc. vor allem einen Selbstbezug zum Ausdruck (vgl. Miedema/Schrott/Unzeitig 2012, 6f.).

255 Vgl. Monika Unzeitig, Göttlich autorisiertes Sprechen. Sprechen mit Gott, in: Nine Miedema/Angela Schrott/Monika Unzeitig (edd.), Sprechen mit Gott. Redeszenen in mittelalterlicher Bibeldichtung und Legende (Historische Dialogforschung 2), Berlin 2012, 217–228, hier 225.

256 Kiening 2008, 105.

257 Kiening 2008, 105.

präsentische und unmittelbare Kommunikationssituation, die anderen Redeszenen vergleichbar den Text mit Leben füllen[258] und unmittelbar in dessen Leitthemen einführen. Vor dem Hintergrund von Autor- und Adressatenkonzepten interessieren die Eingangsgebete jedoch weniger, weil sie Thematik und Programmatik der Reformvorlage mottoartig und emotionalisierend verdichten, sondern vor allem, weil sie die Sprechpositionen pluralisieren – denn wer spricht hier eigentlich? Bleibt doch das Eingangsgebet der N-Fassung zunächst unmarkiert. Erst im letzten Teilsatz zeichnet sich ab, dass hier kein Einzelner, sondern ein Kollektiv seinen Schöpfer anruft. Die N-Fassung beginnt also mit einer Kollektivformel, die ihre Kommunikationspartner – das sprechende Ich und das adressierte Wir – unmittelbar zusammenbringt. Im Lichte von Kienings Konzept der beweglichen Subjektpositionen dynamisieren die Eingangsgebete somit die Sprechpositionen der N-Fassung: Auch hier suggeriert das Gebet über die Personalpronomen zunächst einen subjektiven Standpunkt. Die Elastizität dieses *wir* jedoch öffnet den Text hin zu einer Multiperspektivität: Jede·r, der/die die Eingangszeilen liest oder hört, stimmt in das *wir* des Bittgebets mit ein, wird gleichsam selbst Sprecher·in der Reformhoffnung und der sich anschließenden Reformvorschläge. Im kollektiven *wir* fallen Vermittlungsinstanz und Rezeptionskollektiv der N-Fassung letztlich zusammen.

Auch die ›Avisamenta‹ von Job Vener und Johannes Schele ebenso wie das anonyme ›Avisamentum‹ ziehen ihren Adressatenkreis in den Sprechakt hinein, wenn sie ihre Reformvorschläge mit der Gebetsformel *Amen* beenden.[259] Hier jedoch betet ein wesentlich kleinerer Kreis um Gottes Beistand – in der Regel verweisen die ›Avisamenta‹ nämlich auf die in Konstanz und Basel anwesenden Konzilsteilnehmer (vgl. Kap. II 2.4). Die erste Person Plural kommt dabei nur selten zum Einsatz: Scheles ›Avisamenta‹ verweisen auf *nost[rum] papa[m]* (JS 234; »unseren Papst«), Job Vener beklagt mit der Formel *omnes sumus peccatores* (JV 394; »wir sind allzumal Sünder«) die um sich greifende Sünde, Dietrichs ›Avisamenta‹ steigen mit einer Kollektivformel ein: *Ut frequenter in ecclesia oramus deum* (DN 246; »Häufig beten wir in der Kirche zu Gott«).

Die lateinischen ›Avisamenta‹ kennen das breite Kollektiv nicht, das die ›Reformatio Sigismundi‹ einbezieht: Die Kollektivformeln der N-Fassung verweisen auf Christi Opfer als normativen Referenzpunkt, vergegenwärtigen die Gebote christlicher Gemeinschaft, stellen das ewige Leben in Aussicht und warnen vor Verdammnis angesichts der um sich greifenden Sünde. Die geteilte Vergangenheit formiert das Kollektiv historisch, Normen und Werte binden im

258 Vgl. Monika Unzeitig/Nine Miedema/Franz Hundsnurscher, Einleitung, in: Dies. (edd.), Redeszenen in der mittelalterlichen Großepik. Komparatistische Perspektiven (Historische Dialogforschung 1), Berlin 2011, 1–14, hier 12.

259 Vgl. A 334; JV 384, 414; JS 236.

Hier und Jetzt, Erlösung und Verdammnis schließlich weisen den Weg in die Zukunft. Letztlich appelliert die N-Fassung damit an jeden Christen, sich dem Programm einer Kirchen- und ›Reichsreform‹ zu verpflichten.[260] Über die Gebetsformeln gelingt es der Vermittlungsinstanz, diesen Appell auch sprachlich umzusetzen: Die Eingangsgebete ziehen den Rezipienten in den Sprechakt hinein, lassen ihn selbst die Reform fordern. Dadurch ensteht der Eindruck, dass hier letzten Endes kein einzelner, sondern ein Kollektiv spricht. Wenn Miethke mit Blick auf die vielzähligen Texte des Reformdiskurses einen Unterschied darin beobachtet, »ob wir es in einem Text mit einer vereinzelten Stimme zu tun haben, oder ob wir einem vielstimmigen Chor begegnen, ob die Reformforderung sich zur Mächtigkeit einer Zeitströmung zu erheben vermag, oder ob sie nur vereinzelt als Kassandraruf ertönt«[261] – lässt sich dieser Unterschied gleichsam intratextuell nachweisen: In der N-Fassung verschafft sich der Reformchor in seiner Polyphonie Gehör. Gibt die erste Person Singular die N-Fassung als ›autorlos‹ im Sinne eines historisch individuellen Subjekts aus, bestätigen die Aussagen in der ersten Person Plural den Befund unter umgekehrtem Vorzeichen: Die N-Fassung inszeniert sich, um das Ergebnis zu präzisieren, nicht per se ›autorlos‹, sondern als Ergebnis kollektiver anonymer Autorschaft (mit Bein gesprochen: als Produkt kollektiver Anonymität).[262]

## 2.3 Die zweite Person Singular: Der Adressat

Im Gebet wendet sich der Sprechende unmittelbar an Gott, der als Gesprächspartner zumindest konzeptuell im Sprechakt präsent ist.[263] Das Gebet setzt die beiden Kommunikationspartner in spannungsvollen Bezug, produziert gleichermaßen Nähe und Distanz zwischen Betendem und angebeteter Gottheit.[264]

---

260 Bereits Dohna hat herausgearbeitet, dass die ›Reformatio Sigismundi‹ nicht »über«, sondern »zu Menschen« spreche und also im Gegensatz zu den lateinischen ›Avisamenta‹ ihre Rezipienten über die erste Person Plural einbeziehe (DOHNA 1960, 31f. [Hervorhebung im Original]).

261 MIETHKE 1995, 14.

262 Vgl. BEIN 1999, 304.

263 Vgl. KLEIN 2006, 75; MAUZ 2009, 202; HAGBY/HÜPPER 2012, 191. Bereits Dohna hat mit Blick auf die ›Reformatio Sigismundi‹ bemerkt: »Eigentlich immer, wenn von Gott die Rede ist – und es ist sehr oft von ihm die Rede – tritt er dem Menschen unmittelbar gegenüber« (DOHNA 1960, 25).

264 Hagby/Hüpper kommen zu dieser Einschätzung auf Grundlage der sprachwissenschaftlichen Differenz von Nähe- und Distanzsprache (vgl. HAGBY/HÜPPER 2012, 192). Kiening spannt für den Situationscharakter des Gebets eine analoge Opposition in den pragmatischen Gegensatzpolen institutionalisierter Objektivität und Subjektivität auf (vgl. KIENING 2008, 102f.), während MAUZ produktionsorientiert auf das Zusammenspiel formalisierter und spontaner Faktoren verweist (vgl. MAUZ 2009, 202f.).

Diese für das Gebet charakteristische Dynamik gegenläufiger Bewegungen lässt sich unter anderem an lexikalischen Merkmalen nachvollziehen: So markiert die für das Christentum typische Apostrophe *herr* (»Herr«) eine Hierarchie, während die Possessivpronomen (»mein«), die »emotionsbezeichnenden« Epitheta (etwa »lieb«) und die »emotionsausdrückende[n]«[265] Interjektionen (»oh«, »ach«) den Eindruck persönlicher Verbundenheit vermitteln. Adressatenansprachen in der zweiten Person Singular und bittende Ausrufe im Imperativ Präsens (»Lieber Gott, steh uns bei!«) suggerieren Intimität, Unmittelbarkeit und Dringlichkeit.[266]

Die beiden Eingangsgebete der N-Fassung emotionalisieren den Textanfang und bringen eine Bescheidenheitsgeste zum Ausdruck, die unterschwellig Kritik übt – nur Gott könne die dringende Reform noch initiieren, da eine Bitte an die Obrigkeit zwangsläufig scheitern muss.[267] Deshalb dediziert die Vermittlungsinstanz ihr Reformprogramm auch Gott: Funktional dialogisch weisen das Possessivpronomen *dein* (RS N 50, N 68; »Dein«) ebenso wie der wiederkehrende Imperativ *Almechtiger got,* [...] *gib krafft* (RS N 50, N 68; »Allmächtiger Gott [...] spende Kraft«) den christlichen Gott als ersten textinternen Adressaten aus.

Auch der weitere Textverlauf hält Gott als abstrakten Rezipienten präsent. So zitiert die Vermittlungsinstanz im Kapitel zu den Kardinälen einen *buchdichter* (»Buchautor«), der zu Gott ruft:

> *Surge, surge vigila pro clero,*
> *si non surgis cicius, surgis nimis sero!*
> *Ste auff, herr, und wach der armen priesterschafft,*
> *stestu nit palde auff, du kummest in zü spat.*
> RS N 108
>
> »*Surge, surge vigila pro clero,*
> *si non surgis cicius, surgis nimis sero!*
> Erhebe Dich, Herr, und bewache die bedürftigen Priester.
> Erhebst Du Dich nicht bald, kommt Deine Hilfe für sie zu spät.«

Den beiden Eingangsgebeten vergleichbar, erzeugen auch hier Reim und Gebet einen Klangeffekt, der durch die Zweisprachigkeit noch intensiviert wird. Die Invokationen an Gott erhalten durch diese Stilvarianzen zusätzliches Gewicht, fallen gleichsam akustisch aus dem Reformprogramm heraus. Reim, Gebet und Imperativ erregen Aufmerksamkeit und schwören den Rezipienten auf das Textprogramm ein, hinter dem Gott als legitimierende Instanz steht. Und so ist es

265 Hagby/Hüpper 2012, 197.
266 Thelen unterscheidet Gebetstypen nach Modus (Imperativ, Konjunktiv) und Personalpronomen (zweite/dritte Person Singular) (vgl. Thelen 1989, 179).
267 Hagby/Hüpper weisen für die ›Königin von Frankreich‹ nach, dass nur noch Gott dem Betenden helfen kann und der Betende darin Begründung und Legitimation findet (vgl. Hagby/Hüpper 2012, 201f.).

denn auch Gott, der mahnend an das Rezeptionskollektiv herantritt: *Kein konig noch keyser manet dich dan unnser schopffer und got* (RS N 344; »Kein König oder Kaiser ermahnt Dich außer unser Schöpfer und Gott«).[268] Bereits an früherer Stelle hat der Text seinen Adressatenkreis in der zweiten Person Singular angesprochen: Mit den Worten *Hab dein nebencristen als liep als dich selbst* (RS N 66; »Liebe Deinen Nächsten so wie Dich selbst«) erinnert die Vermittlungsinstanz der N-Fassung an das christliche Gebot der Nächstenliebe und verurteilt an anderer Stelle den auf Gewinn spekulierenden Fürkauf mit dem Ausspruch, *was du deinem ebenmenschen mit kauffen und verkauffen mit untrewen abnympst und wider recht oder stilst oder raubest, das mag nit naturlich verzert werden, es müß entwar verbrynnen oder verstolen werden* (RS N 316; »was Du Deinen Mitmenschen durch Kauf und Verkauf treulos und widerrechtlich wegnimmst, stiehlst oder raubst, das soll nicht rechtmäßig konsumiert, sondern verbrannt oder weggenommen werden«). Da die drei zitierten Aussagen jedoch nicht auf eine konkrete Person verweisen, sondern im Kollektivsingular zwischenmenschliche Interaktion verhandeln, stellen sie streng genommen keine Adressatenapostrophen dar. So bleibt Gott der einzige Rezipient, an den die Vermittlungsinstanz der N-Fassung in der zweiten Person Singular herantritt: *Sihe an, lieber got, wye geet es nü?* (RS N 198; »Bedenke, lieber Gott, wie es nun zugeht?«). Nur einmal spricht der Text tatsächlich einen anderen Adressaten mit der zweiten Person Singular an: *O edels reich! von deinem adel so sein alle reichstet geadelt* (RS N 240/242; »Oh edles Reich! Durch Deinen Adel sind alle Reichsstädte geadelt«). Wieder fordert die Vermittlungsinstanz über Interjektion und Imperativ Aufmerksamkeit ein, wieder verpflichtet sie ihre Rezipienten über den Verweis auf eine höhere Macht zur Reform. Wie die hier diskutierten Textstellen belegen, lassen die Appelle in der zweiten Person Singular zwar keine Schlüsse auf die tatsächlichen Adressaten der N-Fassung zu, bieten aber durchaus Einblicke in die Legitimationsstrategien des Textes: Als direkte Rezipienten inszeniert, stecken Gott und Reich den normativen Rahmen ab, vor deren Hintergrund die volkssprachige Reformvorlage Forderungen stellt.[269]

Die lateinischen ›Avisamenta‹ nutzen die zweite Person Singular nicht; nur Job Vener wendet sich zweimal an das Konzil:

> *o sacrosancta Constanciensis generalis syode* [sic] *in spiritu sancto legitime congregata, sponsa omnipotentis dei, specie tua et pulchritudine tua intende, prospere procede et regna!* […] *Statuas ergo, declara et decerne super tam salutari advisamento tantorum doctorum et sacrorum canonum superhabundanti cautela et pro declaracione et di-*

268 Diese Worte spricht die Erzählerfigur Siegmund in der Schlussvision.

269 Auch Scheles ›Avisamenta‹ nennen Gott und Reich als Bezugsrahmen: *ad laudem omnipotentis dei, pro honore imperii sacratissimi* (JS 230; »zum Lobe des allmächtigen Gottes und zur Ehre des hochheiligen Reiches«).

*vulgacione eorundem doctorum et canonum solempnia decretal, et propria tua diligentissima execucione et practica confirma, habendo deum et salutem omnium et XI motiva inferius descripta pre oculis tuis.*
JV 382–384

»O hochheiliges Allgemeines Konzil von Konstanz, im Heiligen Geist rechtens versammelt, du Braut des allmächtigen Gottes, erhebe dich in deiner Hoheit und Pracht, selig ziehe dahin und besitze das Reich! [...] Stell also fest, erkläre und entscheide auf der Grundlage eines so heilsamen Vorschlags so bedeutender Doktoren und der heiligen Kanones zur an sich überflüssigen Sicherheit und zur Erklärung und Verbreitung dieser Doktoren und Kanones über die feierlichen Dekrete und bekräftige sie mit deiner höchst eigenen sorgfältigen Befolgung und Handhabung, indem du dir Gott und das Heil aller sowie die unten beschriebenen 11 Gründe vor Augen hältst.«

Über die Personifikation imaginiert Job Vener die Kirchenversammlung als unmittelbaren Kommunikationspartner. Interjektion (*o sacrosancta Constanciensis generalis syode*) und Imperativ (*intende,* [...] *procede et regna!*) erwecken auch hier einen intimen Eindruck, stecken den Gesprächsrahmen aber deutlicher ab – während die N-Fassung mit ihren Apostrophen an Gott und das Reich jeden Christen einbezieht, adressiert Job Vener über die Personifikation die Mitglieder des Konzils. Die Emphase erhöht das emotionale Potenzial, soll das Rezeptionskollektiv also im Sinne der Reformabsicht beeinflussen. Natürlich wollen auch die Gebete der N-Fassung überzeugen; sie leisten jedoch mehr, wenn sie mit Gott und Reich den Normhorizont aufzeigen, vor deren Hintergrund der Text argumentiert. Die Vermittlungsinstanz spricht nämlich nicht nur zu den beiden herangezogenen Autoritäten, sondern auch in deren Namen. Unter diesem Blickwinkel scheint durch, dass die Gebete der N-Fassung weniger als Demutsgeste denn als Selbstsetzung zu lesen sind: Die Vermittlungsinstanz betet eben nicht nur zu Gott, sondern auch durch Gott inspiriert.[270] Monika Unzeitig fasst diesen doppelten Adressatenbezug unter dem Schlagwort »Sprechen mit Gott«: Der Einzelne adressiert sowohl Gott wie durch Gott ein Rezeptionskollektiv.[271] Neben den Kaiser tritt also in der N-Fassung eine weitere Legitimationsinstanz: Als erste und letzte Autorität sichert der christliche Gott die präsentierten Reformforderungen. Und so bewegt sich das Autoritätskonzept der N-Fassung zwischen jenen Bedeutungsdimensionen, die Müller skizziert hat: Autorität ist

270 Ähnlich argumentiert bereits Dohna: »Mit einem Gebet hebt er an, mit einem Gebet und einem Amen schließt er. Hier ist die Unmittelbarkeit ebenfalls mehr als ein direktes Gegenüberstehen, also ein im Statischen bleibendes Verhältnis, vielmehr erweist sie sich dynamisch als Hinwendung zu Gott, als ein Anruf, der weiß, daß er vernommen wird« (Dohna 1960, 32).

271 Unzeitig 2012, 219.

primär eine göttlich bedingte Texteigenschaft, die sich sekundär auf die Vermittlungsinstanz überträgt.[272]

## 2.4 Die zweite Person Plural: Die Partner-/Adressatenkategorisierung

*als ich euch sage* (»wie ich euch sage«) – mit diesem formelhaft auftretenden Einschub wendet sich die Vermittlungsinstanz der N-Fassung wiederholt an ihren Adressatenkreis. In belehrendem Ton stellt sie den eigenen Kenntnisstand aus, fordert Achtsamkeit und Einverständnis ein. Die Verben *mercken*, *horen*, *vernemen* und *sehen* setzen Rezeptionssignale: *Merckent* (RS N 80; »Bedenkt«), fordert die Vermittlungsinstanz auf, wie sehr sich Kaiser Siegmund für die Reform eingesetzt habe. Mit den Einschüben *als yr gehort habt* (RS N 96; »wie ihr gehört habt«)[273] und *als yr wol werdent horen* (RS N 168; »wie ihr noch hören werdet«)[274] weist sie auf ihre eigenen Aussagen zurück beziehungsweise voraus, während sie mit der Frage *wolt yr horen* (RS N 124, N 270; »möchtet ihr hören«) ihren Rezipientenkreis unmittelbar einbezieht. In der Einleitung verspricht sie, *das yr horen werdet einen antragk und verkundung der rechtenn ordenung* (RS N 68; »dass ihr einen Vorschlag für und eine Ankündigung der rechtmäßigen Ordnung hören werdet«) und sobald die Zeit naht, *das yr vernement solch offenung* (RS N 336; »dass ihr die Eröffnung vernehmt«), hofft sie auf den Beistand aller gutgläubigen Christen. Der wiederkehrende Appell *Sehent an* (RS N 128, N 152; »Bedenkt«) dagegen weist auf den diagnostizierten Verfall hin. *Darumb, alle getrewe cristen,* [...] *ir sehet woll* (RS N 108; »Deshalb, alle treuen Christen, [...] seht ihr wohl ein«),[275] dass eine Reform angesichts der prekären Situation eile, und *Ir werdent sehen* (RS N 178; »Ihr werdet sehen«), wie diese Reform alle Missstände korrigieren werde. Identifiziert sich die Vermittlungsinstanz in den Kollektivformeln der ersten Person Plural mit ihrem Adressatenkreis, tritt sie mit den imperativischen und indikativischen Aussagen in der zweiten Person Plural belehrend an ihr Rezeptionskollektiv heran, wenn sie aufmerksames Zuhören einfordert und auf Zuspruch hofft. Hier wie dort meinen die Aussagen dasselbe abstrakte Kollektiv, jenen diffusen Adressatenkreis, der wohl in der Formel von der ›christlichen Gemeinschaft‹ seine geeignetste Entsprechung findet.

Diesen Befund belegen auch die zahlreichen Verweise auf die Bibel – Christus, so informiert die N-Fassung, habe gefordert: *Gratis accepistis, gratis date etc. ir*

272 Vgl. Müller 1995, 20.

273 Vgl. auch RS N 236, N 252, N 318; vgl. auch *als man gehort hat* (RS N 100, N 224, N 284, N 322; »wie man gehört hat«).

274 Vgl. auch N 252, N 266, N 326, N 332.

275 Vgl. auch *man sicht woll* (N 58, N 284; »man sieht ein«) und *wir sehen woll* (N 68/70, N 308; »wir sehen ein«).

*habent es umbsunst genomen, so gebents auch umbsunst* (RS N 62; »*Gratis accepistis, gratis date etc.* – ihr habt es umsonst empfangen, also gebt es auch umsonst«). Aus Paulus' Brief an die Epheser zitiert die Vermittlungsinstanz: *Irascimini et nolite peccare – ir sollent zürnen und nit sunden* (RS N 172/174; »*Irascimini et nolite peccare* – Ihr sollt euch erzürnen und nicht sündigen«) und aus seinem Brief an die Thessalonicher übernimmt sie: *Nolite extingwere* [sic] *spiritum, prophecias nolite spernere etc. – nicht lassent den geist in euch verleschenn werden, prophecien sollent yr nit verschmehen* (RS N 326; »*Nolite extingwere* [sic] *spiritum, prophecias nolite spernere etc.* – lasst den Geist in euch nicht erlischen, Prophezeiungen sollt ihr nicht verschmähen«). In den zitierten Belegstellen präsentiert sich die Vermittlungsinstanz als schriftkundiger Gelehrter, der für die christliche Gemeinschaft Handlungsappelle auf Grundlage des Neuen Testaments formuliert. Dasselbe gilt zunächst auch für jenes lateinische Zitat, das die Schlussvision vorbereiten soll:

> *Man hat auch ein ander prophetie uberslagen, dye do auch stet in der Deutronomy: In diebus illis, si custodieritis mandata, que ego precipio vobis et feceritis ea, ut diligatis dominum deum vestrum et ambuletis in viis eius adherentes ei, disperdet dominus omnes gentes ante faciem vestram et possidebitis eos, qui maiores et forciores vobis sunt. Omnis enim locus, quem calcabit pes vester, vester erit, a deserto et Libano et flumine magno Eufrate usque ad mare occidentale erunt termini vestri. Nullus enim stabit contra vos; terrorem et formidinem dabit dominus super omnem terram, quam calcaturi estis, sicut locutus est deus vester etc. – zü teutsch: in disen tagen behaltet yr gots gebot, das er geboten hat, und habent got lieb und wandelt allen seinen wegk und got und der gerechtigkeyt beystendig seyt, so verstort got vor ewrem angesicht alles folck und yr besitzet sye, dye vil grosser und stercker seind. Alles ertrich, daz da tryt ewerr fuß, das wirt ewer, von dem berg Libano und dem grossen wasser Eufrats biß an das mer, da dye sunne auffget, das wirt alles ewerr. Nyemant stet wider euch; got geit euch forchtsamkeyt in allem ertrich, das yr berurent, diß hat got selber gesprochen.*
>
> *Ich main, es soll ytzundt haben seinen ganck, es wirt auch also geen, wann got lat dye gerechten nymmer, er ist der gerechtigkeyt herre und meyster; darumb yr lieben getrewen, ir fursten und herrn, dye lehen niessen von dem reich, ir hant euch in langer zeyt nit geubt in des reichs namen, seind nü vermant bey vermanung ewer eyde und gots, und yr ritterschafft bey ewren ritterlichen eren und eyden und yr werden reichstet desselben gleichen, wenn yr horent auffsten, trettet herzü / und helffet züstorenn alle ungleich sachen, dadurch dye gantz welt in kummer leyt und ye mer sich einer in dinst lest finden, ye hoher er und sein geschlecht erhohet sollen werden; ir edeln thüt darzü und thüt ewer adelschafft gnück! gerechtigkeyt soll dem adel pey wonen. Wenn yr innen werdent des, das wirdig verkunt zeichen von got, das mit des reiches zeichen auffgestossen wirt, reyttet nü zü got und der gerechtigkeyt!*
>
> RS N 328/330

»Man hat auch eine andere Prophetie zu bedenken, die im Deuteronomium steht: *In diebus illis, si custodieritis mandata, que ego precipio vobis et feceritis ea, ut diligatis dominum deum vestrum et ambuletis in viis eius adherentes ei, disperdet dominus omnes gentes ante faciem vestram et possidebitis eos, qui maiores et forciores vobis sunt. Omnis enim locus, quem calcabit pes vester, vester erit, a deserto et Libano et flumine magno Eufrate usque ad mare occidentale erunt termini vestri. Nullus enim stabit contra vos; terrorem et formidinem dabit dominus super omnem terram, quam calcaturi estis, sicut locutus est deus vester etc.* – auf Deutsch: Wenn ihr die Gebote Gottes, die er geboten hat, dieser Tage einhaltet und Gott liebt und in allen seinen Wegen wandelt und ihm und seiner Gerechtigkeit beisteht, so wird Gott vor eurem Angesicht alle Völker zerstören und ihr nehmt jene in Besitz, die größer und stärker als ihr seid. Alles Land, worauf eure Fußsohle tritt, soll euer sein: Von dem Berg Libanon und dem großen Strom Euphrat bis ans Meer, wo die Sonne aufgeht, soll euer Gebiet sein. Niemand wird euch Widerstand leisten können. Gott wird Furcht und Schrecken vor euch über alles Land, das ihr betretet, kommen lassen, wie Gott es zugesagt hat.

Ich denke, dass es jetzt seinen Lauf nehmen und sich so zutragen wird, denn Gott verlässt die Gerechten niemals, er ist Herr und Meister der Gerechtigkeit. Deshalb ihr lieben Getreuen, ihr Fürsten und Herren, die vom Reich Lehen empfangen, ihr habt euch schon seit langem nicht mehr im Sinne des Reichs hervorgetan; seid deshalb jetzt an euren Eid und Gott erinnert und also ermahnt! Dasselbe gilt auch für euch, Ritterschaft (denkt nur an euer Ansehen und euren Eid als Ritter) und für euch, werte Reichsstädte. Wenn ihr die Aufforderung hört, euch zu erheben, dann tretet hinzu und helft, alle Zustände der Ungleichheit zu zerstören, durch die die ganze Welt Kummer erleidet. Und je mehr sich einer dazu berufen fühlt, desto mehr sollen er und die Seinigen erhöht werden. Ihr Adligen tragt dazu bei und tut eurem Adel Genüge! Der Adel soll gerecht sein. Wenn ihr das würdevoll verkündete Zeichen von Gott wahrnehmt, das gemeinsam mit dem Reichsbanner aufgepflanzt wird, macht euch auf zu Gott und der Gerechtigkeit!«

Die Prophezeiung aus dem 5. Buch Mose nimmt die N-Fassung zum Anlass, einen bemerkenswerten Perspektivwechsel zu vollziehen: Zunächst apostrophiert die Vermittlungsinstanz mit der zweiten Person Plural wieder einen abstrakten Adressatenkreis (*in disen tagen behaltet yr gots gebot* [...] *und habent got lieb*). Dann jedoch ruft sie in imperativischen Wendungen Fürsten und Lehnsherren, Ritterschaft und Reichsstädte, schließlich den gesamten Adelsstand in die Pflicht: Sie signalisiert, dass ihr Fehlverhalten aufgefallen sei (*ir hant euch in langer zeyt nit geubt in des reichs namen*), erinnert an ihre Aufgaben – zweimal erwähnt die Vermittlungsinstanz den geleisteten *eyd*, jeweils dreimal binden *got* und *reich* als diskursiver Bezugsrahmen die Akteure – und stellt *ere* und *gerechtigkeyt* für die geleisteten Reichspflichten in Aussicht. Ihre *adelschafft* verpflichte sie in besonderem Maße dazu, *alle ungleich sachen* zu beenden und der *gerechtigkeyt* zu ihrem Recht zu verhelfen.

Mit den emphatischen Appellen an die Reichsstädte, den Fürsten- und den Ritterstand benennt der Text nun tatsächlich einen konkreten Adressatenkreis.[276]

276 So bereits Irsigler 1976, 253; Thomas 1983, 322. Laut Koehne sollen die Apostrophen an die Reichsstädte nur die Wirkung der Schrift steigern (vgl. Koehne 1906, 233f.) und auch

Auch an früheren Stellen wendet sich die Vermittlungsinstanz der N-Fassung gerade an diese politische Trias: *alle fursten und herren, alle ritterscheffí und yr werden reichstet gemeinglich* (RS N 52; »alle Fürsten und Herren, alle Ritterschaft und ihr würdigen Reichsstädte gemeinsam«) sollen handeln; später ruft sie im Reformpunkt zur Friedenswahrung aus: *Ir herren, ir fursten, wie ir genennet seit, und ir reichstett, ich mane euch bey des reiches hülden und bey der heyligen cristenlichen vermanung, daz yr behütet alle clage, kriege zü wenden, frid zü halten* (RS N 312; »Ihr Herren, ihr Fürsten, wie ihr [zuvor] genannt worden seid, und ihr Reichsstädte, ich ermahne euch mit Erlaubnis des Reichs und im Namen der heiligen christlichen Aufforderung, dass ihr – um alle Klagen zu verhindern – Kriege abwendet und Frieden haltet«). Ritterschaft und Reichsstädte sieht die Vermittlungsinstanz in der Pflicht: *es ist dye ritterschafft und dye reichstet sunderlich hirzu* [d. i. *zü einer rechten ordenung*, S. Q.] *verbunden, als ich euch sage* (RS N 244; »es sind die Ritterschaft und die Reichsstädte hierzu insbesondere verpflichtet, wie ich euch sage«) und gerade den Reichsstädten schreibt sie eine Schlüsselfunktion zu: *Es ist ytzunt nyemands höher zü ermanen dann dye reichstet.* [...] *darumb yr ersamen reichstet seyt ermant* (RS N 52; »Niemand muss jetzt mehr dazu aufgefordert werden als die Reichsstädte. [...] Deshalb seid hiermit aufgefordert, ihr ehrenwerten Reichsstädte«). Die Reichsstädte sollen eine Weisungsfunktion übernehmen:

> *Wer aber yemant, der sich darwider setzen würde, sy werenn geistlich oder weltlich, so sollen dye reichstet und alle ander in der gemein bey der hochsten vermanung, so vormals vermant ist, verbunden sein, dye ungehorsamen zü weysen an yr leyb und gut, das auch menglich erlaupt ist*[.]
> RS N 234

> »Sollte es aber jemanden geben, der sich dagegenstellt, er sei geistlich oder weltlich, so sollen die Reichsstädte und alle anderen in der Gemeinschaft im Namen der höchsten Aufforderung, wie sie vorangehend formuliert worden ist [gemeint ist die ›Reformatio Sigismundi‹, S. Q.], dazu verpflichtet und berechtigt sein, die Ungehorsamen mit Leib und Leben zurechtzuweisen.«

An späterer Stelle postuliert die Vermittlungsinstanz noch einmal: *O edels reich! von deinem adel so sein alle reichstet geadelt. ir werden reichstet bekennet yr ewer werden, hohen eren und wirdigkeyt* (RS N 240/242; »Oh edles Reich! Durch Deinen Adel sind alle Reichsstädte geadelt; werte Reichsstädte, erkennt euren Wert, eure hohe Ehre und euer würdevolles Ansehen«). Über das Homonym *adel* (»edel«/ »adlig«) verbindet der Text das personalisierte Reich metaphorisch mit den Reichsstädten als Gliedern des Gesamtorganismus; auch hier ruft vor allem ihr *adel* zu Aktion.

---

Hühns versteht den »Appell an die herrschenden Mächte der Zeit« als rhetorischen Schachzug, der lediglich den Ernst der Lage ausstellen solle (vgl. HÜHNS 1951/52, 19).

In ihren Appellen in der zweiten Person Plural unterscheidet sich die N-Fassung wohl am meisten von den lateinischen Reformvorlagen: Dietrichs ›Avisamenta‹ wenden sich an *vos patres in isto sacro concilio congregati* (DN 246; »ihr auf diesem heiligen Konzil versammelten Väter«) beziehungsweise an *vos patres optim*[*os*] *in predicto concilio spiritus sancti gracia insimul convocat*[*os*] (DN 292; »Ihr besten Väter, die Ihr auf diesem Konzil durch die Gnade des Heiligen Geistes zusammengerufen seid«). Ihnen gelten die Handlungsappelle: *Ne forsan eciam ob hoc vicium simonie in aliquibus vestrum latitans hos avaros curiales in illo propterea in dispendium tocius christianitatis ulterius foveatis* (DN 292; »helft also künftig nicht etwa wegen dieser Sünde der Simonie, die in einigen von Euch verborgen steckt, diesen habgierigen Kurialen in dieser Sünde, zum Schaden der ganzen Christenheit«). Das anonyme ›Avisamentum‹ apostrophiert die *naciones Germanorum, Ytalicorum, Anglicorum et Francorum* (A 312; »Nationen der Deutschen, Italiener, Engländer und Franzosen«) und benennt darüber hinaus die wahlberechtigen Gremien und Teilnehmer des Konzils: *patres sanctissimi, principes illustrissimi, magistri et doctores piissimi ac fratres in Christo karissimi* (A 334; »heilige Väter, erlauchte Fürsten, fromme Magister und Doktoren und hochgeliebte Brüder in Christus«). Die letzteren fordert der Anonymus auf: *ad supradicta attendite, supplico, ad intencionem meam et non ad vindictam. Respicite sic, que dei sunt, querite, que male stant, corrigite et penitus erradicate* (A 334; »habt acht auf das Zuvorgesagte, ich bitte für meine Absichten und nicht um Rache. Nehmt Rücksicht, sucht das, was Gottes ist, bessert und beseitigt gänzlich, was schlecht steht«). Auch Job Vener bezieht sich vor allem auf die unterschiedlichen Konzilsgruppen: *Quia presens est ecclesia* (JV 396; »Die Kirche ist hier gegenwärtig«), konstatiert er, und listet den Anteil der *prelatorum earundem duarum nacionum et a quibusdam cardinalibus* (JV 388; »der Prälaten dieser beiden Nationen und von gewissen Kardinälen«). Erwähnung finden im Folgenden *multi prelati huius sacri concilii* (JV 390; »viele Prälaten dieses heiligen Konzils«) und *Persone iurate presentes in hoc sacro concilio* (JV 406; »die auf diesem heiligen Konzil anwesenden vereidigten Personen«).

Verfasst von einzelnen, universitär gebildeten Teilnehmern des Konzils, setzen die ›Avisamenta‹ detaillierte Kenntnisse des Konzilsgeschehens voraus. Die Texte adressieren die gelehrten Autoritäten der Versammlung und bieten Lösungsvorschläge für interne Reformdiskussionen. Als entscheidungsstützende Konzilsschrift konzipiert, suchen die lateinischen ›Avisamenta‹ also primär auf die stimmberechtigten Gremien der Synode Einfluss zu nehmen, indem sie auf eine symmetrische Kommunikation unter Fachleuten abzielen.[277] Die N-Fassung dagegen referiert in der zweiten Person Plural auf zwei unterschiedliche Gruppen: Zum einen appelliert die Vermittlungsinstanz an ein abstraktes Rezepti-

277 Vgl. DÜMLING 2017, 57f.

onskollektiv, den präsentierten Forderungen Gehör zu schenken. Hier wie in den Momenten der wir-Kategorisierung zielen die Aussagen darauf ab, ein Gefühl von Gemeinschaft vor dem Hintergrund eines geteilten christlichen Norm- und Werthorizonts zu erzeugen. In Kontrast hierzu stehen jene Appelle, die konkrete Reformakteure in die Pflicht nehmen: In der zweiten Person Plural wendet sich die Vermittlungsinstanz der N-Fassung an die Reichsstände, allen voran an die Ritterschaft und Reichsstädte. Indem sie die unterschiedlichen Reichsstände dabei im Kollektiv anruft, homogenisiert sie die Akteure im Sinne der Partner-/Adressatenkategorisierung zu einer sozialen Gruppe, die für die Reform verantwortlich zeichnet.[278] Wenn Gott als inspirierende Autorität die Reform trägt, sollen sie als angesprochene Autorität diese umsetzen.[279]

## 2.5 Die dritte Person Singular: Der Handlungsappell

In hingebungsvollem Ton richtet sich ein Kollektiv im Eingangsgebet der N-Fassung an seinen Gott. Im folgenden Fließtext wechselt die pronominale Anrede von der zweiten in die dritte Person Singular: *Hierumb underzeucht unns got sein genad und pillich, wan wir ubersehen sein gepot* (RS N 52; »Deshalb entzieht uns Gott zurecht seine Gnade, weil wir sein Gebot nicht einhalten«). Bleibt das gemeinschaftliche *wir* erst noch erhalten, findet im nächsten Satz schließlich das charakteristische *man* Eingang in den Text: *Aber eins sol man wißen, das es nit mer woll gen mag, man hab dan ein rechte ordenung deß geistlichen und weltlichen standes, wann dye stend ploß on alle lidmaße* (RS N 52; »Man soll aber eines wissen: Es wird nicht mehr mit guten Dingen zugehen, außer man lasse den geistlichen und weltlichen Bereich wieder in Ordnung bringen, da diese nicht mehr rechtmäßig gegliedert sind«). In dem Moment, in dem die Sprache von dem kollektiven Reforminteresse auf die konkreten Handlungsabsichten fällt, verschwindet die vergemeinschaftende Stimme hinter einer anonymen Maske, der emotionale und subjektive Blickwinkel des Gebets neutralisiert sich hin zum unmarkierten *man.* Die ersten Zeilen der N-Fassung sensibilisieren damit bereits für die Eigenart des Textes, unterschiedliche Sprechpositionen miteinander zu kombinieren.

Den Rezeptionsaufforderungen in der zweiten Person Plural analog spricht die Vermittlungsinstanz der N-Fassung mit dem generalisierenden Pronomen *man* zunächst ihre Rezipienten an: Die Ausrufe *merck man* (RS 120, N 328; »man beachte«), *gedenck* (RS N 88, N 214; »bedenke«) und *Nem man sein war* (RS N

278 Pümpel-Mader hat darauf hingewiesen, dass soziale Gruppen häufig erst durch die Apostrophe entstehen (vgl. Pümpel-Mader 2010, 97f.).
279 Zu dieser weiteren Dimension des Autoritätsbegriffs vgl. Starobinski 1995, 11.

314; »Man nehme wahr«) binden das Publikum an die gestellten Forderungen. Die Appelle *Nu sehe man an, wye woll Ihesus sein hauß versorget hat und nu so ubel stet* (RS N 112; »Nun bedenke man, wie gut Jesus sein Haus versorgt hat und in welch üblem Zustand es sich nun befindet«), *Nü sehe man, wye es ytzundt get* (RS N 122; »Nun bedenke man, wie es jetzt zugeht«), *nü sehe mann, wye es gee* (RS N 124; »nun bedenke man, wie es zugeht«), *nü sehe man aber zü, was nutz davon kummet* (RS N 160; »nun bedenke man, welcher Nutzen daraus erwächst«) und *Nün sehe man, wye man es halt* (RS N 244; »Und nun bedenkt, ob man es einhält«) lenken die Aufmerksamkeit auf den diagnostizierten Verfall, indem sie eine ideale Vergangenheit in Kontrast zur eigenen Wirklichkeit setzen. *Man sihet/ sicht wol* (»Man sieht ja«), wie Papst und Bischof sich an die christliche Ordnung halten (RS N 168), dass viele Gelehrte nicht das Pfarramt ausüben, sondern eine Dompfründe erwerben wollen (RS N 170), dass sie also alle blind geworden sind (RS N 138) und dass nur die Gemeinde den Weg zurück in die Ordnung weisen kann (RS N 58). Im Folgenden *sol man horen* (»soll man hören«), wie Simonie und Geiz aufgekommen sind (RS N 60), wo das Recht herkommt (RS N 120), wie man das Kirchengut verwalten soll (RS N 202). Die Verweise *als man gehort hat* (RS N 100; »wie man gehört hat«)[280] und *wirt man horen* (RS N 66, N 332; »wie man noch hören wird«) weisen auf einzelne Reformpunkte zurück oder voraus. Die zitierten Stellen fordern Aufmerksamkeit ein, bereiten das folgende Argument vor und strukturieren den Text. Häufig leiten Sätze wie *Man soll auch gedencken* (RS N 104, N 308; »Man soll außerdem bedenken«), *Nu sol man mercken* (RS N 110; »Als nächstes soll man beachten«),[281] *Nu soll man horen* (RS N 116; »Man soll hören«) und *Nu sol man wyßen* beziehungsweise *Es ist auch zü wyssen* (RS N 182; »Als nächstes soll man wissen«)[282] den jeweils nächsten Abschnitt ein oder setzen innerhalb eines Reformpunkts Akzente: Wenn man eine gute Ordnung anstrebt, *so müß man mercken* (RS N 70; »so muss man verstehen«), wie die sieben Sakramente einzuhalten sind. *Man sol mercken* (»Man soll darauf achten«), ob sich die Kurie an Christi Gebot halte (RS N 120), wie der geistliche Stand geordnet (RS N 74) und der Frieden im Reich gewahrt werden solle (RS N 344). *Man wirt woll mercken* (RS N 112; »Man wird schon merken«), ob sich jeder an sein Gebot halte und *Darumb sey yederman ermant, zü gedencken* (RS N 252; »Deshalb sei jedermann dazu aufgefordert, zu bedenken«), wo sein rechtmäßiger Platz sei. *Es ist yederman woll zü wissen* (»Jedermann soll wissen«), dass im Münzwesen viel Missbrauch geschehe (RS N 344) und *es ist auch zü wyssen* (»man soll außerdem wissen«), dass Kaufleute nur zu ihrem Vorteil handeln (RS N 272) und wie das Wappen des prophezeiten

280 Vgl. auch RS N 224, N 288, N 322.
281 Vgl. auch RS N 168, N 276, N 300, N 330, N 344, N 348.
282 Vgl. auch N 216, N 224, N 230, N 256, N 266, N 270, N 294, N 312, N 322.

Priesterkönigs aussehen solle (RS N 338). Außerdem *sol man wißen* (»soll man wissen«), wie die Simonie aufgekommen sei (RS N 64), weshalb man den Papst heilig nenne (RS N 90), warum die Orden keine Bischöfe stellen (RS N 116) und nur rechtschaffene Männer das Richteramt ausüben sollen (RS N 294) und dass die rechtmäßige Ordnung nicht ohne Reform zu erreichen sei (RS N 52). *Man sol wissen* (»Man soll wissen«), dass dem Unrecht Einhalt geboten werden müsse (RS N 168), dass die Kardinäle den zwölf Aposteln gleich den christlichen Glauben in der Welt festigen sollen (RS N 112), dass ein Bischof keinen weltlichen Besitz haben solle (RS N 128), dass die Bischöfe keine Dispensen mehr verteilen (RS N 118/120) und wie viele Mönche Klöster aufnehmen sollen (RS N 202), dass in allen Reichsstädten zwei Beauftragte das Zollwesen kontrollieren (RS N 262) und dass Wald, Weide und Feld nicht mehr mit Bann belegt werden sollen (RS N 282).

Wie die zitierten Stellen belegen, wählt die N-Fassung Pronomen und Modalverb (*man sol*) nicht nur als Strukturelement am Absatzanfang, sondern formuliert gerade mit dieser Wendung ihre konkreten Forderungen: *man sol verordiniren* (RS N 308; »man soll verordnen«), dass vier Vikare das Reich verwalten, darüber hinaus *sol man* [...] *verorden* (»man soll anordnen«), dass alle Pfarrkirchen in Stand gesetzt werden (RS N 148), dass der weltliche Bereich reformiert (RS N 238) und der Fürkauf verboten werde (RS N 316). *Man sol verhuten* (»Man soll verhindern«), dass Kardinäle, Bischöfe oder gar Päpste aus den Orden kommen (RS N 96/98), dass die Geistlichen mehr als eine Pfründe haben (RS N 138), dass die Pfarrkirchen anderen als ihren ureigenen Aufgaben nachgehen (RS N 228) und dass Missbrauch mit Urkunden betrieben werde (RS N 302). *man soll* die Armen nicht vergessen (RS N 352), das Unrecht aufdecken (RS N 192), Gott und der Welt Ehre entgegenbringen (RS N 268), die Leibeigenschaft abschaffen (RS N 278) und die ursprüngliche Ordnung reinstallieren (RS N 294). Außerdem *sol man* eine einheitliche Ordnung in allen Pfarrkirchen durchsetzen (RS N 144) und dem Priester die Ehe erlauben (RS N 152). Falls er das Sakrament der Ehe nicht wahre, *solt man* ihm seine Pfründe wegnehmen (RS N 154), seine Frau aber *sol man*, falls sie Ehebruch begehe, lebenslang ins Gefängnis sperren (RS N 156). *in dye ordenung setzen* (»ordnen«) soll man die Ritterorden (RS N 184), die Prämonstratenser (RS N 202), die anderen Orden (RS N 208) und den König (RS N 238); die Priester (RS N 288) und die Klöster (RS N 190) sollen die *ordenung halten* (»sich an die vorgegebene Ordnung halten«). Häufig gliedert das lateinische Adverb *item* (»ebenso«) den Argumentationsfluss: *Item* die Klöster sollen eine Schule haben (RS N 210), *item* keine Begräbnisse abhalten (RS N 192), *item* sie sollen keine Beichte abnehmen oder predigen (RS N 206), *item* sie sollen vor der Außenwelt verschlossen werden (RS N 190). *Item* ein Bischoff solle einmal im Jahr jede Kirche seines Bistums besuchen (RS N 144), keinen Weihbischof haben (RS N 146), keine Geldschuld verhängen (RS N 300) und sich keiner weltlichen Angelegenheiten annehmen (RS N 148). *Item* alle

Domherren sollen Priester sein und jährlich 80 Gulden als Pfründe beziehen (RS N 174) und *item* alle Priester sollen rein sein (RS 228).

Besonders häufig treten Adverb, Pronomen und Modalverb in Kombination auf: *Item es sol* (»Ebenso soll«) jeder Bischoff einmal im Jahr eine Synode abhalten (RS N 142), jeder Erzbischoff seinen Suffragan selbst einsetzen (RS N 132), außerdem zwei Kapläne, zwei Schildknechte, einen Notar, einen Koch und einen Marschall (RS N 130), aber keinen weltlichen Besitz haben (RS 146). *Item es soll* jeder Hauptvogt eines Klosters eine Jahresrechnung vorlegen (RS N 202), kein Priester Zehnt oder Zins einnehmen (RS N 166) und kein sündiger Mensch ein Kirchenamt bekleiden (RS N 228). *Item es sol* jeder Priester jährlich 80 Gulden (RS N 158) und jeder Mönch 40 Gulden (RS N 194) beziehen. *Item es soll* jede Reichsstadt einen Schreiber haben (RS N 304), jedoch kein Priester Stadtschreiber oder Notar sein (RS N 308). *Item es soll* jeder Landesherr die in der ›Reformatio Sigismundi‹ geforderten Reformvorschläge abschreiben lassen (RS N 78). *Item man sol* in allen Kirchen am Tag und einmal des Nachts (RS N 230) zum Gebet läuten. *Item man sol* das Einkommen jeder Kirche berechnen (RS N 164), die Klöster vor der Außenwelt verschließen (RS N 190), Begräbnisse auf Klostergelände verbieten (RS N 160), weltliche und geistliche Gerichtsbarkeit voneinander trennen (RS N 298) und alle Gerichte neu besetzen (RS N 298). *Item man soll* den Kirchenzins (RS N 164) und das Zollwesen ordnen (RS N 260) und keine Immunitäten gewähren (RS N 252).[283] Die iterativ wiederkehrende Wendung *item man/ es sol* strukturiert den Argumentationsgang und präsentiert die Forderungen in sachlich nüchternem Ton.

Der Verfasser der ›Reformatio Sigismundi‹ übernimmt diese Formel aus Scheles Reformtraktat: Seine ›Avisamenta‹ setzen auf eine klare Syntax in Kombination mit Passivkonstruktionen und anaphorisch gegliederten Sinneinheiten. 109 der insgesamt 114 Abschnitte leitet das Adverb *item* ein,[284] gut die Hälfte der Abschnitte beginnen mit der Formel *item provideatur* (»ebenso soll dafür gesorgt werden«).[285] Bereits in Dietrichs ›Avisamenta‹ markiert das Adverb *item* den Beginn eines neuen Reformpunkts,[286] mediatisiert die Passivkonstruktion die konkreten Forderungen.[287] Hier, in dieser Kombination aus

283 Zur Übersetzung von *freyheit* als »Immunitäten« vgl. Struve 1978, 81. Arentzen und Ruberg übersetzen an dieser Stelle mit »Privilegien« (Jörg Arentzen/Uwe Ruberg [edd.], Die Ritteridee in der deutschen Literatur des Mittelalters. Eine kommentierte Anthologie, mit 3 Abbildungen, Darmstadt 1987, 48).

284 Nur die Abschnitte, die auf eine Überschrift folgen und damit einen Themenwechsel markieren (JS Kap. 1, 30, 43, 51, 100), beginnen ohne das einleitende Adverb.

285 So etwa allein sieben Mal auf einer Seite (JS 226).

286 Vgl. etwa DN 268, Reformpunkte 13–16.

287 Vgl. z. B. *Item ut firmiter observentur* (DN 252; »Es sollte streng befolgt werden«), *Item ordinetur* (DN 252; »Es sollte verordnet werden«), *Item disponatur* (DN 272; »Es sollte verfügt werden«).

strukturierendem Adverb und Passivkonstruktion, leiht die ›Reformatio Sigismundi‹ am deutlichsten von ihren Vorgängertexten.[288]

Die Forschung zur ›Reformatio Sigismundi‹ hat, da sie keinen außertextlichen Urheber identifizieren konnte, sich schließlich darauf geeinigt, die Anonymität als Selbstschutz zu lesen.[289] Beachtet man jedoch die Anlage des Textes, so scheint die Anonymität einem inhärenten Programm zu folgen: Die erste Person Singular nutzt die Vermittlungsinstanz in Momenten des Appells oder der Besinnung, um die Kommunikationspartner der Reform abzustecken. Mit der dritten Person Singular dagegen leitet die Vermittlungsinstanz einen neuen Reformpunkt ein, bindet den Rezipienten durch emphatische Ausrufe an den Text oder hebt einzelne Argumente hervor. Vor allem jedoch stellt sie ihre konkreten Reformforderungen mit der aus den lateinischen ›Avisamenta‹ übernommenen Formel *item man/ es sol* vor. Die neutrale Perspektive unterstreicht den Eindruck konzeptueller Anonymität; die gestellten Reformforderungen *gepeut man* (RS N 78, N 236, N 306; »gebietet man«) im Namen des Reichs oder des Glaubens, nicht auf Geheiß einer einzelnen Person. Es gilt dasselbe, was Arnauld für den juristischen Diskurs beobachtet hat: »Das ›ich‹ ist unter Juristen verpönt, und auch das in manchen Disziplinen verbreitete ›wir‹ ist ungebräuchlich. Stattdessen formuliert der Rechtswissenschaftler entsubjektiviert: Das Gesetz entfaltet sich quasi von selbst [...]; Passivkonstruktionen deuten einen im Dunkeln bleibenden Akteur an [...]; die Stimme des Autors wird allenfalls in der dritten Person vernehmlich«.[290]

Es zeichnet sich ab, dass die unterschiedlichen grammatischen Personen bewusst zum Einsatz kommen, um verschiedene Argumentationsebenen zu bedienen: Legitimiert die erste Person Singular den Standpunkt des Fordernden in Abgrenzung zur Kurie, objektiviert die dritte Person Singular die Inhaltsebene der konkreten Forderungen. In diesen Momenten spricht kein moralisierendes Ich, sondern ein entindividualisiertes Recht.

## 2.6 Die dritte Person Plural: Die Fremdkategorisierung

Zum ersten Mal tritt die Vermittlungsinstanz der N-Fassung in der ersten Person Singular an ihre Rezipienten heran, nachdem eine anaphorisch strukturierte Abfolge rhetorischer Fragen die Abwesenheit der eigentlichen Entscheidungsträger vor Augen geführt hat: *wo komen dye heupter? wo sein dye churfursten? wo sein dye cardinåle und ertzbischove? dye fliehen* (RS N 56; »Von wo kommen die

288 Diesen stilistischen Zusammenhang betont bereits Dümling 2017, 136.
289 Vgl. etwa Koehne 1898a, 723; Beer 1951, 77; Koller 2001, 156.
290 Arnauld 2009, 19.

Häupter? Wo sind die Kurfürsten? Wo sind die Kardinäle und Erzbischöfe? Die fliehen«). Wiederholt erwähnt die Vermittlungsinstanz die *heupter* (»Häupter«) als Gegenstand der Kritik: Eine Reform scheinen *dye großen heupter* (RS N 52; »die großen Häupter«) nicht zu verfolgen. *unnsernn heupternn* (RS N 138; »unseren Häuptern«) fehle Weisheit und Einsicht, die Sünde zeige sich *allermeyst an unnsernn heuptern* (RS N 172; »vor allem bei unseren Häuptern«) und so sei es nun so weit gekommen, *daz man dye heupter besetzen müß* (RS N 128; »dass man die Häupter belehren muss«). Man habe *keynen rechten satz noch ordenung* [...] *von den heupternn* (RS N 114; »aufgrund der Häupter [...] weder rechtmäßige Gesetze noch eine Ordnung«) und deshalb sollen *alle heupt der cristenheit* (RS N 76; »alle Häupter der Christenheit«) ermahnt werden. Dass die Vermittlungsinstanz dabei vor allem die Kurie im Blick hat, belegen die erklärenden Einschübe:

> *mann hat reformiret in dem heyligen concilio, was mann reformiren soll, geystlich und weltlich, vom heupt byß an den mynsten: so das dye heupter sehen, wye mann sy weysen wolt von yren unrechten, das sye lassen solten von handen, was unrecht ist, so keren sye - mit urlaup - den hindernn dar und begeren keiner reformacion und nyessen dye geystlichen heupter alle symoney mit gewalt und der geytz hat gewaltiglichen seinen ganck an weltlichen und an geystlichen.*
> RS N 54

> »Man hat in dem heiligen Konzil reformiert, was man reformieren muss, geistlich und weltlich, vom Haupt bis zu den Kleinsten. Sobald nun aber die Häupter bemerken, wie man sie von ihren unrechten Verhaltensweisen wegführen will, damit sie unterlassen, was unrecht ist, kehren sie [der Reform] - mit Verlaub - den Hintern und verlangen plötzlich keine Reform mehr. Gerade die geistlichen Häupter missbrauchen ihre Macht, wenn sie Gebühren für kirchliche Ämter bezahlen oder annehmen, und der Geiz geht gewaltig im Weltlichen und Geistlichen um.«

In beleidigendem Ton greift die Vermittlungsinstanz all jene an, die sich der Reform verweigern, und richtet ihre Kritik dabei vor allem gegen die Geistlichen: *alle geistliche heupter sein aller gotlicher ordenung wider* (RS N 334; »alle geistlichen Häupter widersetzen sich der gesamten göttlichen Ordnung«).[291] Diese haben ihrer Vorbildfunktion zum Trotz nur ihren eigenen Vorteil im Blick und weiten ihr Einflussgebiet dabei widerrechtlich aus:

> *Dye closter und dye heupter, dye geistlichen heissen, solten geistlicher sach warnemen. Nü nemen sye sich der weltlichen sach an; sye wissen vor reichtum nit, was sye thünn sollen; sye halten yr regel nit; sye sein tag und nacht vol und in allem ungefür.*
> RS N 278/280

> »Die Klöster und die geistlichen Häupter sollten sich eigentlich nur geistlichen Aufgaben zuwenden. Nun nehmen sie sich aber immer häufiger auch weltlichen Belangen

291 Zur harten Kritik der ›Reformatio Sigismundi‹ an den auf dem Konzil versammelten Geistlichen vgl. Beer 1937, 172; Pfaff 1999, 205.

an. Sie wissen vor lauter Reichtum nicht mehr, wohin. Sie halten ihre Ordensregel nicht ein. Sie sind Tag und Nacht betrunken und führen ein ausschweifendes Leben.«

*dye geystlichen heupter* (»die geistlichen Häupter«) hätten Siegmunds Forderung nach Reformen in Konstanz ignoriert (RS N 54) und mit ihren zahlreichen, auf den eigenen Vorteil bedachten Auseinandersetzungen Chaos und Krieg riskiert (RS N 232). *dye edeln und reichen haben*, so klagt die Vermittlungsinstanz, *dye clöster geoffent und haben sich yr pfarkyrchen enpfremdet, darumb get es alles ubel* (RS N 192; »die Adligen und Reichen haben die Klöster geöffnet und sich von ihren Pfarrkirchen abgewandt, so dass es nun allerorten übel zugeht«). Deshalb solle man *den bischoffen und epten und den geistlichen heupten* (RS N 230; »den Bischöfen und Äbten und geistlichen Häuptern«) ihren weltlichen Besitz nehmen. Wenn *sich dye geistlichen nun fast stellen* (»sich die Geistlichen nun standhaft dagegen stellen«) und ihr Eigentum darüber begründen, dass sie sich versorgen müssen, so *nem man war, in zü antwurtten* (»so soll man ihnen antworten«): Es sei nicht Aufgabe der Kirche, für sich selbst aufzukommen, dafür trage das Reich Sorge (RS N 232). Topisch beklagt die Vermittlungsinstanz die Blindheit der *prelaten* (RS N 108; »Prälaten«), der *thumherren* (RS N 170; »Domherren«), der *weysen* (RS N 58; »Weisen«), der *gelerten* (RS N 138; »Gelehrten«) und der *prelaten, cardinal, bischoff* (RS N 324; »Prälaten, Kardinäle, Bischöfe«). Man solle bedenken, ob es nicht ein Wunder sei, dass *alle geystliche heupter, es sey babst, cardinal, bischoff und alle orden und iren stat, daz man dye von dem mynsten byß an dye meysten verorden müß* (RS N 80; »man alle geistlichen Häupter – sei es der Papst, seien es die Kardinäle, Bischöfe und alle Orden mitsamt ihrem jeweiligen Geltungsraum – vom Kleinsten bis zum Größten neu ordnen muss«). Deshalb fordert die N-Fassung auch: *Hierumb man zwingt dye gelerten, das sye recht ordenung haben oder wir geen mit in in dye helle* (RS N 172; »Deshalb sollte man die Gelehrten bedrängen, sich an die rechte Ordnung zu halten, oder wir gehen mit ihnen in die Hölle.«). Denn leider müsse man erkennen, dass *unnser heyliger vatter, der babst, und alle fursten sweygen und lassen fallen, was in von got enpfolhen ist* (RS N 70; »unser heiliger Vater, der Papst, und alle Fürsten schweigen und das fallen lassen, was ihnen von Gott anempfohlen ist«).

Das Possessivpronomen *unser* grenzt den Papst aus dem in der ersten Person Plural angesprochenen Kollektiv aus, zu dem auch der Kaiser nicht zu zählen scheint: *Dye meyster und unser herre der keysere zü wyssen thünd, was zü thunn und zü / lassen sey, sye thünn unns gut vermanung, ob wir irgent got forchtig wellen sein oder ob wir dye sachen zü recht welten bringen* (RS N 212; »Die Meister und unser Herr der Kaiser geben bekannt, was zu tun und zu lassen sei, sie tun gut daran, uns zu ermahnen, wenn wir irgendwie Gott Ehrfurcht entgegen bringen und die Angelegenheiten wieder zu Recht und Ordnung bringen wollen«). Die

Verbindung von Possessivpronomen und dritter Person Singular (*Hyerumb unnserr herr der keyser Sigmund stege und wege sucht* [RS N 54; »Deshalb hat unser Kaiser Siegmund einen Weg gesucht«)[292] bezieht den Kaiser als abwesenden Kommunikationspartner ein, er kann damit weder Autor noch unmittelbarer Adressat der N-Fassung sein. Auch an späterer Stelle isoliert die Fassung Kaiser und Papst als die *hohen heupter* (RS N 300; »hohen Häupter«). Das Gegensatzpaar von *sye* und *wir* steckt das in der ersten Person Plural angesprochene Adressatenkollektiv sowohl gegen die kritisierten *gelerten* als auch gegen die lobend erwähnte Allianz von *keyser* und *meystern* ab.

Die zitierten Belegstellen helfen somit, das Rezipientenprofil noch näher zu konturieren: Die christliche Gemeinschaft, die die N-Fassung in der ersten Person Plural als Gegenüber imaginiert, bezieht trotz aller konzeptuellen Vagheit und Offenheit die herrschenden *heupter*, insbesondere die geistlichen Autoritäten, nicht ein; somit grenzt die ›Reformatio Sigismundi‹ ebene jene Personengruppe, die die lateinischen ›Avisamenta‹ noch in der zweiten Person Plural adressieren, über die Fremdkategorisierung aus dem Gesprächsakt aus. In »Klage- bzw. Abwertungsgesten«[293] besetzt sie die zu einer Gruppe homogenisierten geistlichen *heupter* dabei pejorativ als jene, die ihre Reformverantwortung negieren und deshalb neue Akteure in die Pflicht rufen.

## 3 *Vom Text, der auszog, seinen Autor zu suchen*: Die Überlieferungsgeschichte der ›Reformatio Sigismundi‹

### 3.1 Die P-Fassung: *Wir, Sigmundt*

> *Hie offenet keyser Sigmund, was im fürkummen ist in dem geiste zů Presburg uff dem uffarttage, als der tagstern uftrang, des jores, also man zalt von Christus gebürtte tusent vierhundert und XIIII jor etc., wye das got ein ordenunge haben wolte, die dem cristenlichen stat zůgehorte, wan nüt ein unordenunge stot etc.*
> RS P 331
>
> »Hier offenbart Kaiser Siegmund, was ihm am Morgen von Christi Himmelfahrt im Jahr 1414 in Preßburg im Traum prophezeit worden ist: dass Gott eine Ordnung haben wollte, die dem Christentum gebührte, damit die Unordnung nicht bestehen bliebe etc.«

Mit diesem Einleitungssatz setzt die P-Fassung die Schlussvision Kaiser Siegmunds an den Textanfang. Siegmund selbst ist es deshalb auch, der im *pluralis maiestatis* als erster zu Wort kommt: *In dem nammen gottes, des herren Ihesu Christi. Wir Sygmunt* [...] *tůnd zů wissen, was uns geoffent ist worden in dem geist*

292 Vgl. auch RS N 88, N 212, N 238, N 296, N 322, N 326.
293 Pümpel-Mader 2010, 100.

(RS P 333; »Im Namen Gottes, des Herrn Jesus Christus. Wir Siegmund geben bekannt, was uns im Traum verkündet worden ist«). Mehr als nur die Textstruktur umzustellen, wirkt der Eingriff wesentlich auf Charakter, Argumentation und Intention des Gesamttextes zurück, stellt er die folgenden Reformforderungen doch mottoartig unter den Eindruck der Prophetie: Indem die P-Fassung diesen Texteinstieg wählt, scheinen die folgenden Reformpunkte unmittelbar aus der Vision zu folgen, stehen als Antwort auf die von Gott geforderte Reform – Gott habe Siegmund die Reform prophezeit, dieser habe daraufhin die ›Reformatio Sigismundi‹ in Auftrag gegeben.[294] Ein kurzer Abschnitt, der von der an den Anfang gerückten Visionsschilderung in den eigentlichen Reformteil überleitet, soll diese Lesart sichern:

> *Hie vohet an des hohen durchlüchtigen herren und fürsten bůch keyser Sygemunt, ein ordenunge geistliches und weltliches states, also es geordent was von im mit hohen cardinelen und meistern, und nempt man das bůch zů latin avisamenta concilii Basiliensis, das ist nů von latin zů tütsche gezogen zů einem bekennen eines rehten states cristenliches glöben und keyserlichen rehtungen.*
> RS P 51

> »Hier beginnt das Buch des hocherhabenen Herrn und Fürsten Kaiser Siegmund: [Es beinhaltet] eine Ordnung des geistlichen und weltlichen Bereichs, so wie sie von ihm gemeinsam mit den hohen Kardinälen und Meistern verordnet worden ist. Auf Latein heißt das Buch *avisamenta concilii Basiliensis*; dieses Buch ist nun ins Deutsche übertragen worden, um das Richtige über den christlichen Glauben und den kaiserlichen Rechtsspruch bekanntzugeben.«

Die Übersetzungsleistung, die bereits die N-Fassung für sich in Anspruch nimmt, stellt die P-Fassung noch prominenter aus, indem sie auf eine lateinische Vorlage hinweist und für diese einen Titel in Anlehnung an die lateinischen ›Avisamenta‹ fingiert. Die der P-Fassung nahestehende G-Fassung erwähnt die Vorlage kurz darauf noch einmal: Es handle sich um das *buch*[], *daß da genempt wart avisamentum concily Basiliensis von Latein zu Teütsch* (RS G 89; »Buch, das *avisamentum concily Basiliensis* heißt und von Latein ins Deutsche übertragen worden ist«). Die durch ihren Titel als offizielle Konzilsschrift ausgegebene fingierte Vorlage soll Siegmunds Einfluss auf die gebotenen Reformforderungen wahrscheinlicher machen. Wie Schmitz und Kellner betont haben, legitimiert die Quellenberufung den Text gleich auf zweifache Weise: Sie ordnet ihn in ein etabliertes Referenzsystem ein, in das sich der Autor durch seine eigenständige Übersetzungsleistung selbstbewusst einschreibt, und verleiht diesem somit Autorität.[295]

294 So argumentiert bereits Dümling 2017, 138.
295 Vgl. Schmitz 1999, 479; Kellner 1999, 508.

Dümling behauptet, dass die P-Fassung Gott wenn auch nicht als konkreten Verfasser, so doch als geistigen Urheber der ›Reformatio Sigismundi‹ vorstelle.[296] Doch auch wenn die P-Fassung mit der durch eine göttliche Stimme prophezeiten Traumvision beginnt, geben die Adressatenapostrophen Gott als dialogischen Gegenüber des Haupttextes zu erkennen: Auch die P-Fassung richtet sich in Gebetsform, Invokation und Appell an Gott als abstrakten Kommunikationspartner.[297] Dümling behält jedoch Recht, wenn er der P-Fassung ein Autorinteresse unterstellt: In ihren Ergänzungen und Umstellungen legt die Fassung nahe, Kaiser Siegmund wenn auch nicht als Schreiber, so doch als geistigen Urheber der ›Reformatio Sigismundi‹ ernst zu nehmen. Diejenigen Legitimationsstrategien, mit denen die N-Fassung ihre Reformforderungen in die Nähe des Kaisers rückt – die Quellenberufung, die ausgestellte Nähe zu kaiserlichen Reformbestrebungen, die Schlussvision – finden potenziert Eingang in die spätere Bearbeitung: Die Vermittlungsinstanz der P-Fassung gibt eine namentlich genannte Quelle an, bezeichnet ihr Werk als *des hohen durchlüchtigen herren und fürsten bůch keyser Sygemunt* (RS P 51; »Buch des hocherhabenen Herrn und Fürsten Kaiser Siegmund«) und stellt den Visionsteil an den Textanfang, um die Stimmhoheit zunächst dem Kaiser zu überlassen (vgl. auch den Eingangssatz: *Hie offenet keyser Sigmund* [RS P 51; »Hier verkündet Kaiser Siegmund«]). Quellenberufung, einleitender Absatz und Vision statten den Text mit kaiserlicher Autorität aus. Produziert sie damit auch noch keinen Autor im Sinne eines biografischen Subjekts, intensiviert die P-Fassung doch den Eindruck von Autorschaft.

## 3.2 Die Vulgata: *ich Fridrich von Lantnaw*

Während die ›Reformatio Sigismundi‹ in ihrer ursprünglichen Anlage, so wie sie aus der N-Fassung zu rekonstruieren ist, auf einen namentlich genannten Urheber verzichtet, ergänzt die Vulgata in den Eingangszeilen einen Autornamen:

> *Man sol wissen, das alles, das in disem puch geschriben stet, ich Fridrich von Lantnaw, ain diner und knecht der gemainen cristenhait und rat unsers dürchleuchtigen hern des kayser Sigmunds und höher maister weisüng, gunst und wille und lere dise ordnung*

296 Vgl. Dümling 2020, 217.

297 Eher noch trifft Dümlings Beobachtung für die G-Fassung zu, die Gott deutlich als Ursprung der Reformforderung inszeniert: *diß hat gott verkünt durch sein botten, dem kayser Sigmundt* (RS G 215; »dies hat Gott durch seinen Boten, Kaiser Siegmund, verkündet«). Es gilt jedoch, für vormoderne Literatur zwischen Autorität und Autor zu unterscheiden: Ein Autor kann sich durchaus auf eine inspirierende Instanz berufen, ohne damit seine Autorschaft abzutreten – im Gegenteil: Das Inspirationsmoment setzt den Autor gerade in sein Recht.

*gemacht hab und von latein zü teutzsch gepracht han, zü ainem pekennen allen gemainen cristen in der cristenhait*[.]
RS V 89/91

»Ihr sollt wissen, dass alles, was in diesem Buch geschrieben steht, ich Friedrich von Lantnaw, ein Diener der gesamten Christenheit und Rat unseres erlauchten Herrn Kaiser Siegmund, geschrieben und der Anleitung, Gunst, Absicht und Lehre hoher Gelehrter entsprechend umgesetzt und diese Verordnung aus dem Lateinischen ins Deutsche übertragen habe, um sie allen Christen der Christenheit gemeinsam mitzuteilen.«

Die N-Fassung bringt an dieser Stelle lediglich den Hinweis auf eine lateinische Quelle, stellt also ihre Übertragungsleistung aus, und zieht den Kaiser als legitimierende Referenzperson heran (vgl. RS N 88). Die Vulgata nun führt einen königlichen Rat namens *Fridrich von Lantnaw*[298] ein, der in der ersten Person Singular als Autor auftritt.[299] Mit Namensnennung (*Fridrich*) und Funktionsbeschreibung (*rat unsers dürchleuchtigen hern des kayser*) greift die Vulgata dabei gleich auf zwei jener Verfahren zurück, die Dorothea Klein als Selbstinzenierungen von Autorschaft vorgestellt hat.[300]

Inspiriert hat den Redaktor der Vulgata offenkundig der in der Schlussvision prophezeite Priesterkönig, den die Fassung als *Fridrich von Lantnaü* (RS V 333) einführt.[301] Der von Siegmund angekündigte glanzvolle Reformer bietet sich als Namenspatron durchaus an, ist der Name *Friderich von Lantnaw* – der Friedensbringende, der Landerneuerer – doch ebenso vage wie bedeutungsschwer.[302] Außerdem verleiht er der Vision einen realistischen Einschlag: Jener in der Traumvision prophezeite Priesterkönig, so die von der Vulgata nahegelegte Deutung, existiert tatsächlich und hat mit der ›Reformatio Sigismundi‹ seine Vorstellungen zur nahenden Reform zu Papier gebracht.

Die nachträglich hinzugefügten Überschriften in den Vulgata-Handschriften zeigen, wie erfolgreich die Fassung mit ihrer Namenssetzung die Rezeption der ›Reformatio Sigismundi‹ über Jahrhunderte hinweg getäuscht hat: So ergänzt ein

298 Die Schreibweise variiert in den unterschiedlichen Vulgata-Handschriften: *Lantznaw/ Lantzenaw/ Lantironii* (vgl. den Stellenkommentar zur Vulgata bei Koller 1964b, 88).

299 Die Forschung hat die Namensnennung zum Anlass für zahlreiche Verfasserspekulationen genommen: Boehm versieht seine Ausgabe der ›Reformatio Sigismundi‹ mit dem Titel ›Friedrich Reisers Reformation des K. Sigmund‹ (vgl. Boehm 1876), während Koehne und Beer im prophezeiten Priesterkönig *Fridrich* den Urheber des Textes erkennen (vgl. Koehne 1898a, 723; Beer 1937, 175).

300 Vgl. Klein 2006, 60f.

301 So argumentiert auch Koller 1964b, 88, Anm. 3.

302 Das bemerkt bereits Beer, der im Priesterkönig den Verfasser der ›Reformatio Sigismundi‹ zu erkennen meint, dabei allerdings einräumt: »Gewiß ist zuzugeben, daß die Hereinnahme des Namens Friedrich als Träger großer Hoffnungen an sich schon verständlich wäre« (Beer 1951, 77).

Schreiber des 16./ 17. Jahrhunderts in der Handschrift $A_1$ *Friderichs von Lantwonj Reformation des Bapstumbs zu Basel Anno 1442 bey Kayser Sigmundes zeitten berathschlagt* (»Die Reform des Papsttums von Friedrich von Lantwoni, angeordnet in Basel zur Zeit unserer Kaisers Siegmund 1442«), ähnlich überschreibt eine spätere Hand die Handschrift B mit dem lateinischen Ausspruch *Autor huius operis est Fridericus de Lant Sigismundi cesaris a consiliis* (»Der Verfasser dieses Werkes ist Friedrich von Lant, einer der Räte Kaiser Siegmunds«), in der Handschrift E ergänzt eine Hand des 18./19. Jahrhunderts: *Vorschlag zu einer gewaltsamen kirchlichen Reformation während dem Kirchenrathe zu Basel den Reichstädten gemacht von Friedrich von Lantirony dem Rathe Kaisers Sigmund* (»Vorschlag zu einer gewaltsamen Kirchenreform, den Friedrich von Lantironi, ein Rat Kaiser Siegmunds, den Reichsstädten auf dem Basler Konzil vorgelegt hat«).[303] Zu den textimmanenten Strategien der Autorkonstruktion nach Klein tritt hier also die textexterne Zuschreibung von Autorschaft durch die späteren Handschriften.

Dass die Vulgata eine Autorsignatur im Text selbst ergänzt, ist schon ohne den Seitenblick auf die Erfolgsgeschichte dieser Namensnennung bemerkenswert. Natürlich finden sich zahlreiche andere Beispiele für nachträglich ergänzte Autorsignaturen; in der Regel jedoch greifen die Bearbeiter nicht in den Text selbst ein, sondern weichen auf den paratextuellen Raum aus. Es scheint ein Bewusstsein für die unterschiedlichen Strategien der Selbst- und Fremdzuschreibung zu geben: Dient der im Text genannte Autorname als Selbstreferenz, soll die Autorsignatur das Werk von außen klassifizieren.[304] Der Redaktor der Vulgata weiß um diese unterschiedlichen Markierungsstrategien und manipuliert sie bewusst. Während die P-Fassung Siegmund als geistigen Urheber lediglich nahelegt, macht die Vulgata mit dem Projekt ›Autorschaft‹ ernst: Gott habe Siegmund inspiriert, dieser habe Friedrich gesucht, Friedrich wiederum die ›Reformatio Sigismundi‹ im Dienst des Kaisers verfasst.[305]

Die Namensnennung veranschaulicht im Übrigen nicht nur die Autorisierungsstrategien späterer Bearbeiter, sondern bezeugt darüber hinaus einen zunehmenden Prozess der ›Legalisierung‹; denn auch wenn die ›Reformatio Sigismundi‹ ursprünglich als schriftlich ausgearbeiteter Vortrag konzipiert worden ist, geben die in den Text eingearbeiteten paratextuellen Informationen und nicht zuletzt das steigende Interesse an einem Autor Aufschluss über eine Rezeption als schiftliches Reformtraktat.

303 Die Überschriften finden sich bei Koller 1964a, 34–36.

304 Vgl. Unzeitig 2010, 53.

305 Dass an einem Text so unterschiedliche Autorinstanzen wie Gott, Auftraggeber, Übersetzer und Schreiber zusammenwirken, hat Plotke für die mittelalterliche Literatur als konstitutiv identifiziert (vgl. Plotke 2012, 364).

## 3.3 Die Drucke

In seiner Ausgabe von 1476 lässt der Augsburger Drucker Johannes Bämler die Vulgata-Version der ›Reformatio Sigismundi‹ neben dem als ›Reformatio Friderici‹ bezeichneten Landfrieden Friedrichs III. (1442) sowie einer Königs- und einer Papstchronik abdrucken. Die Textauswahl bietet bereits erste Einblicke in das von der Ausgabe nahegelegte Autorkonzept: Die anonyme ›Reformatio Sigismundi‹ und die offizielle ›Reformatio Friderici‹ werden als kaiserliche Reformdekrete analogisiert, Siegmund demnach als Urheber der Reformvorschläge unterstellt.[306]

Abb. 3: Kaiser Siegmund empfängt im Schlaf eine Vision (Druck Johann Bämler, Augsburg 1476)

306 So bereits DÜMLING 2020, 215.

Der Holzschnitt (Abbildung 3), den Bämler vor den eigentlichen Text der Vulgata setzt,[307] bestätigt diesen Befund: Der hochrechteckige, mit einer schlichten Leiste gerahmte Holzschnitt füllt den Großteil der ansonsten freibelassenen Seite aus. Schlafend liegt ein älterer Mann in einem Baldachin überwölbten Bett. Die nur bis zu seiner Brust reichende Decke entblößt seinen unbekleideten Oberkörper, sein Haupt ziert die Kaiserkrone. Zu seiner Linken gibt ein großes Rundbogenfenster den Blick frei auf einen mit wenigen Bäumen bewaldeten Hügel, hinter dem ein Stern am Horizont aufgeht. Darüber erscheint von einem Wolkenkranz umfasst das Gotteshaupt. Dünne Strahlenlinien verbinden den Mund Gottes mit der Stirn des Träumenden und visualisieren den Moment gottgegebener Inspiration. Die Unmittelbarkeit der Szenerie zieht den Betrachter dabei direkt in das Geschehen hinein: Der Fensterrahmen verschmilzt an der rechten Seite mit der Rahmung des Bildfeldes, wodurch der Holzschnitt selbst wie ein Fenster wirkt, durch das man den träumenden Kaiser erblickt. Die Vision wird damit gleichsam mit- und nacherlebbar.

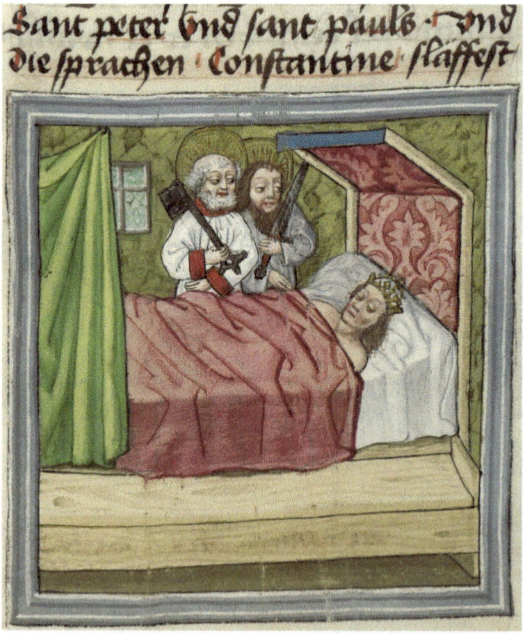


Abb. 4: Petrus und Paulus erscheinen Konstantin im Traum (Weltchronik bzw. Historienbibel von der Erschaffung der Welt bis zu Leo, Konstantins Sohn, Wien 1400–1499)

307 Zu den Holzschnitten der Drucke vgl. Hildegard Zimmermann, Einige Titelholzschnitte Lukas Cranachs d. Ä. und ihre Druckausgaben, in: Zentralblatt für Bibliothekswesen 44 (1927), 153–159, hier 154; Koller 1964a, 4f.

Der sich anschließende Text der ›Reformatio Sigismundi‹ mit der Traumvision Siegmunds legt nahe, im Schlafenden den Kaiser selbst zu erkennen, dessen Haltung an Darstellungen des träumenden Kaisers Konstantin I. erinnert (vgl. Abbildung 4).[308] Dass der Holzschnitt die Herrscherfiguren bildlich nebeneinanderstellt, entspricht durchaus der Argumentationslogik des Textes: Die ›Reformatio Sigismundi‹ setzt Konstantin als Repräsentanten und Siegmund als Wegbereiter einer verloren geglaubten Idealordnung wiederholt parallel.

Mit ihrem suggestiven visuellen Einstieg verfolgt die Druckausgabe von 1476 ein ähnliches Programm wie die P-Fassung, die den Visionsteil an den Textanfang stellt und dadurch Siegmund das erste Wort überlässt: Durch den vorgelagerten Holzschnitt entsteht der Eindruck, Siegmund habe, inspiriert durch die morgendliche Traumvision, die ›Reformatio Sigismundi‹ verfasst.[309] Der einleitende Abschnitt, den Bämler dem eigentlichen Text voranstellt, bestätigt diesen Eindruck:

> *Hienach volget die Reformacion/ So d'aller durchleüchtigist großmechtigist fürst uñ herr/ herr Sigmūd Rômischer keÿser zů allē zeitē merer des reÿchs zů Ungern uñ Beheim ac. Künig/ In dē nâchstē Cocilien zů Basel/ die heilig cristēlich kirchē in beståndige ordnung zů bringē fürgenomē hett/ darūb dān dz ūmelt cōciliū d' zeÿt angesehē/ Uñ darzů Babst/ Keyser all geistlich uñ weltlich/ Kürfürstē/ fürstē Grafen/ freÿē/ herrē/ Ritt uñ Stett berůfft wurdē ac. wie die selb reformaciō vō wort zů wortē eigēlicher hienach volget. Anfahende.*
> JB RS 84r[310]
>
> »Im Anschluss folgt die Reform, die der hocherhabene und allmächtige Fürst und Herr Siegmund, Römisch-deutscher Kaiser, steter Vergrößerer des Reichs, König zu Böhmen und Ungarn, auf dem jüngstvergangenen Konzil von Basel in Angriff genommen hat, um die heilige christliche Kirche in eine dauerhafte Ordnung zu bringen, wofür das genannte Konzil damals angesetzt worden war und wozu Papst, Kaiser und alle geistlichen und weltlichen Kurfürsten, Fürsten, Grafen sowie alle freien Edelmänner, Herren, Ritter und Städte einberufen worden waren. Eben jene Reform folgt im Anschluss nachdrücklich wortgenau. Sie hebt nun an.«

Es folgt der Text der Vulgata, die durch den Druck einige Bekanntheit erlangt. Die Vorrede soll den durch das Autorbild evozierten Eindruck von Autorschaft unterstreichen: »Der Text wird dadurch [d. i. durch die Vorrede, S. Q.] gleichsam autorisiert, ist zumindest an eine Autorperson gebunden und sperrt sich somit

308 Ich danke meiner Schwester, Friederike Quander, für diesen wertvollen Hinweis.

309 Zum Stellenwert von Autorbildern im Kontext von Autorschaftskonzepten vgl. Wachinger 1991, 7f. Zu den unterschiedlichen Strategien der Interpretationslenkung – Positionierung des Bildes im Überlieferungsträger, Titelsetzung, Kommentierung des Bildes etc. – vgl. Ursula Peters, Autorbilder in volkssprachigen Handschriften des Mittelalters. Eine Problemskizze, in: Zeitschrift für deutsche Philologie 119/3 (2000), 321–368, hier 339.

310 Zitiert nach: Johann Bämler (ed.), Hienach volget die Reformacion So … Sigmūd Rômischer keyser … In dē nâchstē Cōcilien zů Basel… fürgenomē hett, in: Ders. (ed.), Ein Cronica von allen kaysern vnd künigen. Von allen Bäbsten, Augsburg 1476, 83v–138r.

gegen eine textuelle Diffusion.«[311] Die Kompilation der Ausgabe, die Illustration und der einleitende Absatz verfolgen eindeutig die Absicht, Siegmund als Autor der volkssprachigen Reformvorlage auszugeben. Der von der Vulgata eingeführte *Friderich* wird zwar auch in Bämlers Druck erwähnt, tritt jedoch in seiner Funktion als Schreiber hinter den Kaiser zurück.

Die späteren Drucke schließen sich diesem Autorkonzept an. Lukas Zeissenmair, der die ›Reformatio Sigismundi‹ in seiner Augsburger Ausgabe von 1497 als Einzeltext bietet,[312] übernimmt Bämlers Holzschnitt von Siegmunds Traumvision, verlegt die Ereignisse jedoch auf die Konstanzer Konzilszeit:

> *Die Reformacion So d' aller durchleüchtigest. Großmechtigist fürst und herr. herr. Sigmund. Rốmischer. Keyser zů allen zeyten merer des reichs ac. Inn de nechsten. Concilien zů. Costenitz die Cristenlich kirchen In bestetige ordnung zů pringen für genomen hett. Darumb dann das vermelt. Concilium derzeit angesehen. wie hernach von wort zů worten aygenlichen volget.*
> LZ RS 1r[313]
>
> »Hier folgt nachdrücklich wortgenau die Reform, die der hocherhabene und allmächtige Fürst und Herr Siegmund, Römisch-deutscher Kaiser, steter Vergrößerer des Reichs, auf dem jüngstvergangenen Konzil von Konstanz in Angriff genommen hat, um die christliche Kirche in eine dauerhafte Ordnung zu bringen, wofür das genannte Konzil damals einberufen worden ist.«

Man kann nur vermuten, weshalb Zeissenmair die ›Reformatio Sigismundi‹ vordatiert. In jedem Fall fügt sich Konstanz besser ins Gesamtbild: Das 15. Jahrhundert behält Siegmund als *defensior ecclesiae* und großen Reformkaiser in Erinnerung, weil er das Konstanzer Konzil in die Wege geleitet und die Konflikte um das Abendländische Schisma erfolgreich moderiert hat. Den Ausgang des Basiliense hat er dagegen nicht mehr miterlebt; die in Basel abgefasste ›Reformatio Sigismundi‹ entsteht aller Vorrausicht nach erst nach seinem Tod. Dass Zeissenmair Konstanz als Schauplatz wählt, trägt wahrscheinlich dem Anspruch Rechnung, Siegmunds ausgestellte Autorschaft mit den historischen Ereignissen zu vereinen.[314]

---

311 Schnell 1998, 67. Auch Altmann liest den einleitenden Absatz als Legitimationsstrategie: »Die Berufung auf ein geplantes Vorhaben des inzwischen verstorbenen Kaisers und auf das Baseler Konzil sollte der Schrift zweifellos Gewicht und Autorität verleihen. Zur Verstärkung der Wirkung wurde die Formulierung sinngemäß Intitulatio und Inscriptio einer Urkunde angeglichen« (Altmann 1984, 3).

312 Vgl. hierzu Altmann 1984, 5.

313 Zitiert nach: Reformatio Sigismundi (Augsburg: Lukas Zeissenmair 1497), mit einem Nachwort von Ursula Altmann (Bibliothek seltener Bücher. Neudrucke 1), Leipzig 1984.

314 Altmann vermutet, dass Zeissenmair aufgrund der Prophezeiung vordatiert: »[G]erechnet von der Vision des Jahres 1403 war das ›nächste Konzil‹, von dem im Titel die Rede ist, das zu Konstanz (1414–1418)« (Altmann 1984, 5) – was allerdings nicht stimmt, denn vorher findet noch das Konzil von Pisa (1409) statt. Es scheint mir ohnehin plausibler, *nechst* hier mit

Wie überzeugend diese Umdatierung auf das Publikum der Reformationszeit gewirkt hat, belegen die Frühdrucke des 16. Jahrhunderts: Die beiden anonym überlieferten Augsburger Ausgaben von 1521 ([G/W], RS 1r)[315] und 1522 ([Ö], RS 1r)[316], die Leipziger Ausgabe von 1521 ([S], RS 1r)[317] sowie Thomas Wolffs Basler Edition von 1521 (TW RS 1r)[318] nennen in ihrem dem Haupttext vorangehenden Einstieg ebenfalls Konstanz als Entstehungskontext, auf den je ein Holzschnitt folgt.

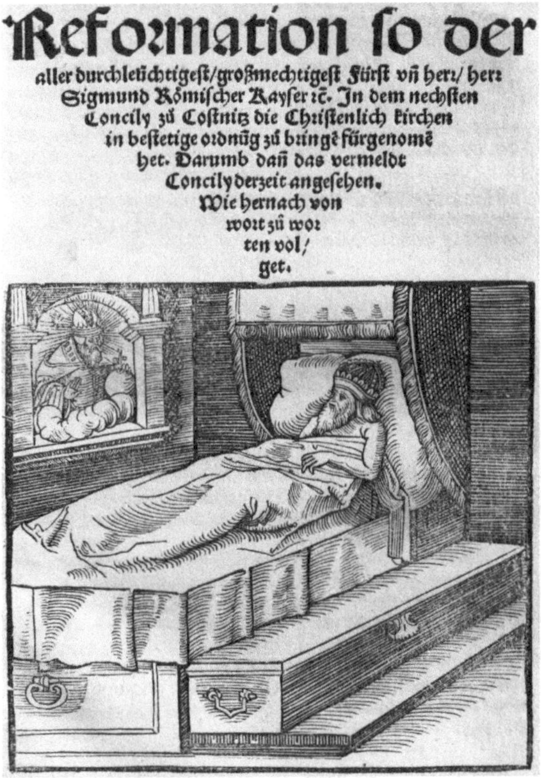


Abb. 5: Kaiser Siegmund empfängt im Schlaf eine Vision (Druck [Öglin?], Augsburg 1522)

›jüngstvergangen‹ zu übersetzen (zur Wortbedeutung vgl. Alfred GÖTZE, Frühneuhochdeutsches Glossar, 7. Aufl. [Kleine Texte für Vorlesungen und Übungen 101], Berlin 1967, 166).

315 Zitiert nach: [Siegmund Grimm/Marcus Wirsung] (edd.), Reformation so … Sigmund weylant Rômischer Keiser … in dē nehsten Concilio zu Costentz … furgenhommen hette, Augsburg 1521.

316 Zitiert nach: [Erhard Öglin?] (ed.), Reformation so der … herr Sigmund Rômischer Kayser … fürgenomē hat …, Augsburg 1522.

317 Vgl. [Mathes Stöckel] (ed.), Reformacion so … Sigmund weylant Rômischer Keiser… Jn dē nehsten Concilio zu Costentz… furgenhommen hette, [Leipzig] 1521.

318 Zitiert nach: Thomas Wolff (ed.), Die Reformation: so … Sigmund Rômischer Keiser … fürgenummen het, Basel 1521.

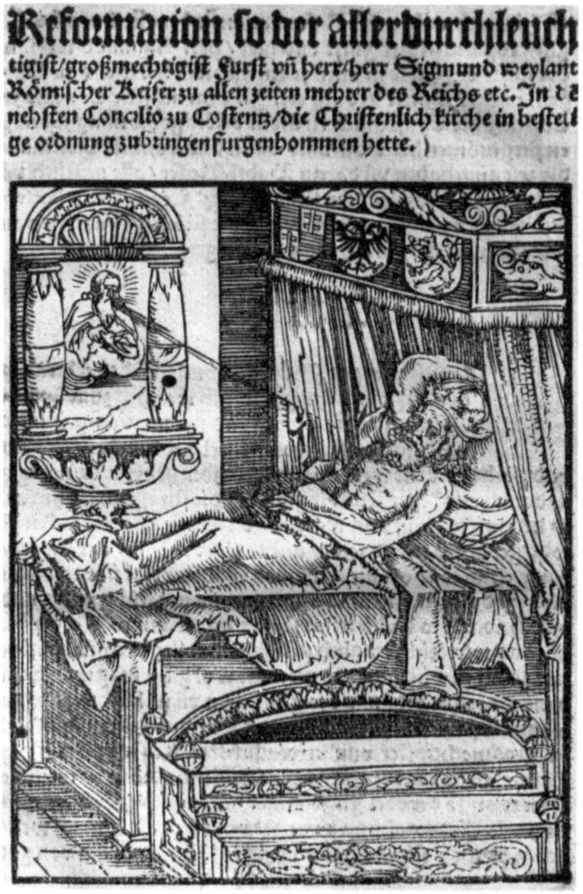


Abb. 6: Kaiser Siegmund empfängt im Schlaf eine Vision (Druck [Grimm und Wirsung], Augsburg 1521)

Die Parallelen zum Holzschnitt des Bämler-Drucks in den beiden Augsburger Ausgaben sind deutlich: Beide Darstellungen zeigen einen schlafenden Mann mit Krone, der eine Vision empfängt (Abbildungen 5 und 6). Dass es sich hierbei um Siegmund handelt, legt der jeweils vorangehende Text nahe. In dem auf Grimm und Wirsung zurückgehenden Druck von 1521 (Abbildung 6) schmücken überdies drei Wappen den Baldachin des dargestellten Betts, die auf Siegmunds drei Königreiche verweisen: Rechts das Wappen Böhmens mit dem Löwen, links das ungarische Wappen aus Doppelkreuz und Querstreifen sowie mittig der Doppeladler, der seit der Regierungszeit Siegmunds das Römisch-deutsche Reichswappen zierte.[319]

Abb. 7: Kaiser Siegmund mit den Herrscherinsignien (Druck Thomas Wolff, Basel 1521)

Bei Thomas Wolff schließt sich dagegen ein Holzschnitt an, der Siegmund mit den Herrscherinsignien und einem Heiligenschein zeigt (Abbildung 7). Während der Holzschnitt des Bämler-Drucks das Moment göttlicher Inspiration in den Vordergrund stellt, tritt Siegmund hier als christlicher Herrscher auf. Dem Autorbild in mittelalterlichen Liedhandschriften vergleichbar, visualisieren die Holzschnitte der Druckausgaben den Versuch, einen Eindruck von Autorschaft zu erzeugen – einmal betonen sie die Autorität durch göttliche Vision, einmal die Autorität kraft Herrschaft.

319 Vgl. Walter Leonhard, Das große Buch der Wappenkunst. Entwicklung, Elemente, Bildmotive, Gestaltung, München 1976, 195.

Dass der ›Reformatio Sigismundi‹ überhaupt ein Autorbild vorangestellt wird, erlaubt Rückschlüsse auf die Rezeption, soll das Autorbild doch in der Regel die »rechtliche Verbindlichkeit des Textes«[320] unterstreichen. Analog zu den späteren handschriftlichen Überarbeitungen suchen die Drucker, den Text als authentische Reformvorlage des Kaisers zu ›legalisieren‹. Mit ihren diffizilen Strategien der Autorsetzung durch Paratext, Illustration und Kompilation haben die Druckausgaben somit dazu beigetragen, dass die ›Reformatio Sigismundi‹ lange Zeit als kaiserliche Reformvorlage gehandelt worden ist.

## 4 Zwischenfazit

Leidenschaftlich empört sich Johannes Cochläus in seiner Schmährede gegen die ›Reformatio Sigismundi‹ über das hartnäckige Gerücht, Kaiser Siegmund selbst habe den Text verfasst. Um diesen Irrtum endgültig aufzuklären und den wirklichen Verfasser zu identifizieren, habe er zahlreiche Konzilsakten und überlieferten Schriftzeugnisse nach einem Mann dieses Namens durchsucht. Doch

> *Wie wol ich aber von disem Fridrich von Lancitoni inn historijs und Chronicis nichts finde/ So dunnckt mich doch/ ich rieche seine meuse auß seinem werck/ unnd erkenne etlicher maß den baum auß seinen früchten/ dan wes das hertz vol ist/ gehet der mund über.*
> JC 8v

> »Obgleich ich von diesem Friedrich von Lancitonii in Geschichten und Chroniken nichts finde, scheint es mir doch, als komme ich dahinter[321] und erkenne an seinen Früchten den Baum, denn womit das Herz voll ist, davon quillt der Mund über.«

Von den Früchten auf den Baum zu schließen, hinter den Worten ein Subjekt zu erkennen, erinnert auffallend an Handwerk und Erkenntnisinteresse der Literaturwissenschaften. Eine eingehende Studie jener Früchte, die die ›Reformatio Sigismundi‹ trägt, hat dabei folgendes zu Tage gebracht:

Wie die Aussagen in der ersten Person Singular belegen, bleibt die N-Fassung zunächst ›autorlos‹; denn auch wenn die Vermittlungsinstanz immer wieder das Wort ergreift und insofern sehr präsent scheint, erlauben ihre Äußerungen keine Rückschlüsse auf ein dem Text vorangehendes und ihn hervorbringendes Subjekt. Dem Text ein Autorkonzept einzuschreiben, interessiert die N-Fassung nicht; die Personaldeixis steht vielmehr im Dienst rhetorischer Überzeugungsarbeit: Unnachgiebig sitzt die Vermittlungsinstanz über die Entscheidungsträger

320 WACHINGER 1991, 8.

321 *meuse riechen* scheint eine feststehende Wendung zu sein; Luther kennt sie auch (vgl. Lutz RÖHRICH, Lexikon der sprichwörtlichen Redensarten, 5 Bde, Bd. 3, Freiburg/Basel/Wien 1991, 1015).

auf dem Konzil zu Gericht, fordert selbstbewusst Reformen, appelliert an ihr Rezeptionskollektiv und mahnt zu Einsicht und Zustimmung. Gerade darin unterscheidet sie sich von den lateinischen ›Avisamenta‹: Präsentieren diese ihre Ratschläge als bescheidene Empfehlungen für die Konzilsversammlung und stellen damit ihre Konzilsnähe aus, distanziert sich die Vermittlungsinstanz der N-Fassung, wie die Angriffe auf die in der dritten Person Plural attackierten *heupter* zeigen, von den konziliaren Entscheidungsträgern.

Während die schematischen Aussagen in der dritten Person Singular (*Item man/ es sol*) den sachlichen Ton der vorangehenden ›Avisamenta‹ aufgreifen, beschreitet die N-Fassung vor allen in den Adressatenapostrophen auffallend neue Wege: In der zweiten Person Singular beruft sie sich auf Gott als die inspirierende Autorität, die eine Reform einfordert, und nimmt mit der zweiten Person Plural die Reichsstände als jene Autoritäten des Reichs in die Pflicht, die diese Reform umsetzen sollen. Mit der ersten Person Plural schließlich integriert die N-Fassung die gesamte christliche Gemeinschaft. Die stereotypisierenden Gruppenbilder tragen die unterschiedlichen Argumentationsebenen dabei mit: Stellt die Fremdkategorisierung das Fehlverhalten der *heupter* auf dem Konzil aus und ruft die Adressatenkategorisierung die relevanten Reformakteure in Form der Reichsstände in die Pflicht, schafft die Wir-Kategorisierung über Kollektivformeln eine vergemeinschaftende Identifikationsbasis. Durch das rahmende Gebet zieht die Vermittlungsinstanz das Kollektiv überdies in den Sprechakt hinein. Während die erste Person Singular den Standpunkt der Vermittlungsinstanz in Abgrenzung zur Kurie plausibilisiert und die dritte Person Singular die präsentierten Reformpunkte verallgemeinert, erweckt die N-Fassung über die erste Person Plural somit letztlich den Eindruck kollektiver anonymer Autorschaft.

Thea Buyken hat in dem »bunten, stilistisch ganz und gar uneinheitlichen Gewebe der uns erhaltenen Textform« einen »Schlüssel zur Lösung der Autorfrage«[322] erkannt – und argumentiert, dass verschiedene Autoren an dem Text beteiligt gewesen sein müssen. Dass die Stilregister aber im Gegenteil bewusst ge- und vermischt werden, legen die hier gebotenen Ergebnisse zu den zum Einsatz kommenden Personalpronomina offen. Deutlich zeichnet sich dabei ein Wechselspiel subjektivierender und objektivierender Vertextungsstrategien ab, die sich mit Jan Assmann als normative und formative Textebenen beschreiben lassen: »*Normative Texte* antworten auf die Frage: ›Was sollen wir tun?‹ Sie dienen der Urteilsbildung, Rechtsfindung und Entscheidung. Sie vermitteln Orientierungswissen, weisen den Weg zum rechten Handeln. [...] Die anderen Funktionen des identitätssichernden Wissens fassen wir unter dem Begriff des *Formativen* zusammen. *Formative Texte* – z.B. Stammesmythen, Heldenlieder,

322 Buyken 1957, 97.

Genealogien – antworten auf die Frage: ›Wer sind wir?‹ Sie dienen der Selbstdefinition und Identitätsvergewisserung. Sie vermitteln identitätssicherndes Wissen und motivieren gemeinschaftliches Handeln durch Erzählen gemeinsam bewohnter Geschichten.«[323]

In ihren ausführlichen Handlungsanweisungen arbeitet die ›Reformatio Sigismundi‹ zunächst normativ: Sie bietet imperativische Lösungsvorschläge, etabliert einen abstrakten Normhorizont unter Rekurs auf Gott und Reich und stellt die von ihr propagierte Ordnung über konditional exklusive Argumentation als zwingend aus. Mit Fürsten, Lehnsherren, Ritterschaft und Reichsstädten benennt sie konkrete Reformakteure, die das elastische ›man‹ jeweils für ihren eigenen Wirkungsbereich füllen und also den Forderungen folgen sollen. Die Aussagen in der dritten Person Singular und zweiten Person Plural zeigen auf, wer was tun soll. Um diesen Handlungsempfehlungen aber das nötige Gewicht zu verleihen, reichert die N-Fassung den normativen Horizont ihrer Forderungen mit formativen Textbausteinen an: Die Aussagen in der ersten Person Plural und zweiten Person Singular entwerfen ein Bild von Gemeinschaft, die in Gott ihren Anfangs- und Endpunkt nimmt. Sie antworten damit auf die Frage, wer wir sind – oder besser: wer wir denn eigentlich sein möchten.

Zunächst vermutlich als Vortragstext konzipiert, wird die volkssprachige Reformvorlage durch die unterschiedlichen Autorisierungsstrategien der späteren Bearbeitungen zum Reichsgesetz legalisiert. Dabei zeichnet sich eine Tendenz hin zu konzeptueller Schriftlichkeit ab: Während die G-Fassung den begrenzten Wortschatz variiert und neue Episoden einpflegt,[324] streicht die Vulgata die meisten Elemente sekundärer Mündlichkeit.[325] Vor allem jedoch bekunden die späteren Bearbeitungen das Interesse, dem Text eine Autorfiguration (Jannidis) einzuschreiben, indem sie die Autor-Leerstelle ihrer Vorlage kompensieren: Dadurch, dass sie den Text umstellt, paratextuelle Informationen ergänzt und eine lateinische Quelle fingiert, legt die P-Fassung eine Autorschaft durch den bereits 1437 verstorbenen Kaiser Siegmund von Luxemburg nahe. Auch die unterschiedlichen Druckfassungen stellen die ›Reformatio Sigismundi‹ durch Illustration, Paratext und Sammelüberlieferung in die Nähe des Kaisers. Die Vulgata ihrerseits erfindet mit *Friderich von Lantnaw* einen Autor auf Grundlage einer textimmanenten Figur.[326]

323 Jan ASSMANN, Das kulturelle Gedächtnis. Schrift, Erinnerung und politische Identität in frühen Hochkulturen, 5. Aufl., München 2005, 142 (Kursivierung im Original).

324 Vgl. BEER 1925, 229; KOLLER 1957, 494, Anm. 80.

325 Vgl. BEER 1925, 229; KOLLER 1952, 152; DERS. 1964a, 9.

326 Die Vielzahl der unterschiedlichen Redaktionen und ihrer Verfasser habe laut Koller zu den widersprüchlichen Diskussionen um einen Ur-Autor der ›Reformatio Sigismundi‹ geführt (vgl. KOLLER 1959a, 158).

In der Regel weichen spätere Bearbeiter auf den Raum des Paratextes aus, um einen Eindruck von Autorschaft zu erzeugen: Der Codex Manesse bietet 138 Autorbilder, die Münchner Handschrift Cgm 19 sucht, mit dem ›Parzival‹, dem ›Titurel‹ und zwei Tageliedern unterschiedliche Werke Wolframs von Eschenbach zu versammeln. Nachträgliche Zuschreibungen von Autorschaft durch Fremdsignatur sind der Mediävistik nur allzu vertraut.[327] Autorbilder, paratextuelle Informationen und Intertexte erzeugen den Eindruck von Autorschaft, ohne unmittelbar in den Text selbst einzugreifen. Die Vulgata aber tut genau das: Sie nennt mit der Formel *ich Fridrich von Lantnaw* einen Autor und produziert ihn damit im wahrsten, Foucaultschen Sinne des Wortes – fragt doch noch Cochläus in seiner Bewertung der ›Reformatio Sigismundi‹ knapp 100 Jahre nach ihrer Niederschrift, ob nun Siegmund oder jener namentlich genannte Friedrich den Text verfasst habe. Paradoxerweise führt also gerade der blinde Fleck der N-Fassung die Wirkkraft der Autorfunktion in diesem konkreten Beispiel vor Augen: Der unbekannte Autor, das zeigen Überlieferungs- und Forschungsgeschichte der ›Reformatio Sigismundi‹, legt den Autor als entscheidende Diskursfunktion frei; wo er fehlt, muss der Diskurs ihn hervorbringen. Letztlich vollzieht die ›Reformatio Sigismundi‹ eine Bewegung von konzeptueller Anonymität hin zu verschrifteter Autorschaft[328] und erzählt damit eine Geschichte, die Roland Barthes Kopfschmerzen bereiten würde: Die Geburt des Autors.[329]

327 Zu den unterschiedlichen Formen der Fremdsignatur vgl. Bein 1999, 311–315.

328 Zu den Begriffen ›konzeptuelle Anonymität‹ und ›verschriftete Autorschaft‹ vgl. Bein 1999, 304–315.

329 Zu einem ganz ähnlichen Fazit kommen Altrock und Ziegeler mit Blick auf das ›Exemplar‹ des Dominikanermönchs Heinrich Seuse: »Im Laufe der Überlieferung des ›Exemplars‹ hat sich somit offenbar ein fortschreitendes Interesse daran entwickelt, den Text mit einem Autornamen zu verknüpfen und die Person des Autors immer stärker zu konturieren. Diese ›Geburt‹ des Autors […] ist auch am Bildprogramm der ›Vita‹ in den einzelnen Handschriften und Drucken und an dem sich verändernden Verhältnis der Medien Text und Bild ablesbar« (Stephanie Altrock/Hans-Joachim Ziegeler, Die Geburt des Autors im späten Mittelalter. Vom *diener der ewigen wisheit* zum Autor Heinrich Seuse, in: Peter Wiesinger [ed.], »Zeitenwende – die Germanistik auf dem Weg vom 20. ins 21. Jahrhundert«, Akten des 10. Internationalen Germanistenkongresses Wien 2000, unter Mitarbeit von Hans Derkits, 15 Bde., Bd. 5: Mediävistik und Kulturwissenschaft u. a. [Jahrbuch für Internationale Germanistik. Reihe A: Kongreßberichte 57], Bern et al. 2002, 323–332, hier 325).

# III *form follows function.* Strategien politischer (Selbst-) Legitimation über Narrativ und Metapher

## 1 Die Narrative[330]

Eine Untersuchung, die den unterschiedlichen Kommunikationspartnern der ›Reformatio Sigismundi‹ nachspüren möchte, bleibt zwangsläufig unvollständig, sucht sie nur die Vermittlungsinstanz und das (intendierte) Rezeptionskollektiv zu konturieren – schließlich zeichnet den Text eine bemerkenswerte Vielstimmigkeit aus: Legendarische Helden und typisierte Konzilsteilnehmer kommen in kurzen eingebetteten Erzählungen ebenso zu Wort wie Siegmund von Luxemburg selbst, dessen ausführliche Traumvision den Reformkatalog beschließt. Seltsam muten diese Momente fiktionalisierender Narration in einem faktualen, nicht-narrativen Text an; die historisch ausgerichtete Forschung hat diese deshalb als dekoratives Beiwerk abgetan und Form und Funktion der Erzählsequenzen bisher weitestgehend ignoriert.[331] Dass die eingelagerten Episoden aber durchaus ein genuin politisches Programm enthalten und wesentlich zur

330 Die in diesem Unterkapitel vorgestellten Thesen sind in gekürzter und für den Sammelband zugeschnittener Form vorab erschienen in: Sophie Quander, Guter Rat kommt von außen. Belehrung durch Figur und Text anhand einer politischen Reformschrift des 15. Jahrhunderts, in: Dominik Büschken/Alheydis Plassmann (edd.), Die Figur des Ratgebers in transkultureller Perspektive, mit 2 Abbildungen (Studien zu Macht und Herrschaft 6), Göttingen 2020, 217–239.

331 Koehne übergeht die eingelagerten Erzählungen der ›Reformatio Sigismundi‹ als typisch mittelalterliche »Werthschätzung alter Prophezeiungen sowie […] Vorliebe für Anekdoten über historische Personen der Vergangenheit oder fremde Länder« (Koehne 1903, 744, Anm. 6). Joachimsen sieht in dem Zusammenspiel prophetischer und juristischer Textteile ein zeittypisches Charakteristikum, das auch die Flugschriften der Reformationszeit auszeichne (vgl. Joachimsen 1921, 42). Die Relevanz der narrativen Passagen hat immerhin Koller kommentiert, laut dem die ›Reformatio Sigismundi‹ gerade in den narrativen Erweiterungen ihre Eigenständigkeit gegenüber den lateinischen ›Avisamenta‹ beweise (vgl. Koller 1984, 118). Zu nennen ist außerdem Lothar Graf zu Dohnas textnah argumentierende Arbeit, die erste Ansätze einer literaturwissenschaftlichen Perspektive bietet. Seine Beobachtungen werden im Kontext der jeweiligen Erzähleinheit diskutiert.

Selbstlegitimation und -inszenierung der ›Reformatio Sigismundi‹ beitragen, soll die folgende, narratologisch gestützte Analyse aufzeigen.

## 1.1 *do sprach sant Siluester.* Zu Wirklichkeitsanspruch und Figurenrede in vormoderner faktualer Literatur

### 1.1.1 Faktuales Erzählen

Narratologische Studien zum faktualen Erzählen haben Konjunktur. Dafür zeugen das Freiburger Graduiertenkolleg ›Faktuales und Fiktionales Erzählen‹ mit seiner mittlerweile 11-bändigen Reihe, die bis dato immerhin 332 Einträge zum Begriff ›factuality‹ in der International Bibliography of Books and Articles on the modern Languages und der 2020 erschienene Sammelband ›Narrative Factuality‹ mit seinen stolzen 51 Beiträgen aus 26 unterschiedlichen Disziplinen.[332] William Labovs textlinguistische ›narrative analysis‹, Hayden Whites ›Metahistory‹ und nicht zuletzt die den Einzelphilologien entwachsene allgemeine Narratologie[333] haben der Diskussion um Formen und Funktionen faktualen Erzählens den Weg bereitet.[334]

In ihrer kanonischen ›Einführung in die Erzähltheorie‹ kategorisieren Matías Martínez und Michael Scheffel unterschiedliche Typen mündlicher und schriftlicher Rede nach »Realitätscharakter« und »Redesituation«; aus ihrer Differenzierung ergeben sich ontologisch das Oppositionspaar ›real‹ vs. ›fiktiv‹, pragmatisch die Pole ›fiktional‹ vs. ›faktual‹.[335] Ein Text kann also ihrer Definition nach fiktiv-fiktional sein (zu denken wäre hier an den Artusroman, der fiktive Inhalte in einer fiktionalen Kommunikationssituation verhandelt) oder

332 Monika Fludernik/Marie-Laure Ryan (edd.), Narrative Factuality. A Handbook, in cooperation with Hanna Specker (Revisionen 6), Berlin/Boston 2020a.

333 Seit ihren prästrukturalistischen Anfängen sucht die Allgemeine Narratologie heterogene Modelle zu entwickeln, um Formen und Funktionen narrativer Erscheinungen systematisch beschreiben und erforschen zu können. In der Unterscheidung zwischen historischem Autor und fiktiver Erzählinstanz wurzelnd, hat sich die Narratologie mittlerweile als interdisziplinäres Analyse- und Erkenntnisorgan etabliert, das jenseits der Philologien auch Anwendung in Psychoanalyse, Philosophie, Medien- und Kulturwissenschaften findet. Das ›Narrativ‹ ist dabei nicht nur »zu einem der Schlüsselbegriffe der Kulturwissenschaften avanciert« (Ansgar Nünning, Erzähltheorien, in: Metzler Lexikon Literatur- und Kulturtheorie [5. Aufl. 2013b], 187–191, hier 190), sondern dominiert zunehmend auch die populärwissenschaftliche, journalistische und alltagssprachliche Kommunikation.

334 Zur Genese des Forschungsfelds vgl. Monika Fludernik/Marie-Laure Ryan, Factual Narrative: An Introduction, in: Dies. (edd.), Narrative Factuality. A Handbook, in cooperation with Hanna Specker (Revisionen 6), Berlin/Boston 2020b, 1–26, hier 12.

335 Martínez/ Scheffel 2016, 12. Kablitz differenziert »zwischen dem Fiktiven als einer Eigenschaft des Dargestellten und dem Fiktionalen als einer Eigenschaft der Darstellung« (Kablitz 2008, 15).

auch fiktiv-faktual, das heißt ein fiktiver Inhalt wird als real ausgegeben (wie es etwa die Konstantinische Schenkung tut). Umgekehrt kann ein Text real-faktual sein (was in der Regel für die Historiographie zutrifft) oder real-fiktional, womit jene Texte bezeichnet sind, die reale Ereignisse literarisieren (die Karlsepik bietet dafür ein Beispiel). Die eingeführten Begriffe helfen, Texte nach Inhalt und Wirkabsicht zu differenzieren, suggerieren dabei jedoch eine scheinbar stabile Binärlogik – ein Text sei entweder faktual oder fiktional, falle also entweder in das Aufgabenfeld der Geschichts- oder der Literaturwissenschaften –, die denkbaren Mischformen und Grenzphänomenen nicht gerecht zu werden vermag und deshalb in den letzten Jahren zurecht auf dem Prüfstein stand. Die Karlsepik stilisiert den historischen Karl zur Idealgestalt und die Kaiserchronik bedient sich eindeutig literarischer Verfahren, wenn sie den Dialog zwischen Kaiser Karl und Papst Leo dramatisch in Szene setzt. Karlsepik und Kaiserchronik rekurrieren auf eine außertextliche Wirklichkeit mit rhetorischen Mitteln – was unterscheidet die beiden Erzählformen dann aber eigentlich?

In dem Versuch, seine eigene, an Beispielen fiktionaler Literatur entwickelte Erzähltheorie zu erweitern, hat Gérard Genette bereits in den 1990er Jahren seine Kategorien der Zeit, des Modus und der Stimme gewinnbringend auf den Bereich faktualer Literatur übertragen und dabei beobachtet, dass faktuale und fiktionale Texte dieselben Gestaltungsstrategien einsetzen – wenn sie etwa das Erzähltempo variieren oder die Handlung ordnen, indem sie Ereignisse vorwegnehmen, nachliefern oder wiederholen.[336] Statt nun unter dem Schlagwort eines ›Panfiktionalismus‹ die kategorialen Grenzen zwischen fiktionalem und faktualem Erzählen vollends aufzuheben, fordern in seiner Nachfolge Christian Klein und Matías Martínez, faktuale und fiktionale Texte nach ihrem Grad an Referenzialität zu unterscheiden – das heißt, wie sich die Texte zur außersprachlichen Wirklichkeit positionieren.[337] Die Referenzialisierbarkeit zeige sich dabei weniger in literarischen Darstellungsmodi als vielmehr in der spezifischen Kommunikationssituation[338] – während nämlich der Autor faktualer Erzählungen seine(n)

336 Vgl. Genette 1990, 760f.

337 Vgl. Klein/Martínez 2009b, 4. Damit entwickeln die Autoren Thesen weiter, die Martínez bereits an früherer Stelle skizziert hat: In ihrer ›Einführung in die Erzähltheorie‹ scheiden Martínez und Scheffel faktuale und fiktionale Erzählungen nach ihrem »Anspruch auf unmittelbare Referenzialisierbarkeit« (Martínez/Scheffel 2016, 16; ebenso in Matías Martínez, Gewissheiten. Über Wahrheitsansprüche in faktualer, fiktionaler und prophetischer Rede, in: Christel Meier/Martina Wagner-Egelhaaf [edd.], Prophetie und Autorschaft. Charisma, Heilsversprechen und Gefährdung, Berlin 2014, 325–333, hier 328). Analog wählt Armin Barsch das Gegensatzpaar referentielle und fiktionale Texte (vgl. Armin Barsch, Fiktion/Fiktionalität, in: Metzler Lexikon Literatur- und Kulturtheorie [5. Aufl. 2013], 214f.).

338 Das bedeutet, dass der Status eines Textes als faktual oder fiktional oft genug nicht Ergebnis literarischer Gestaltung, sondern pragmatischer Zuschreibungen ist: »Ob ein Text als fak-

Rezipienten unmittelbar adressiere, trete in Texten fiktionaler Literatur der Erzähler hinzu.[339] Weil der Wirklichkeitsbezug für faktuale Texte konstitutiv ist, wählen die Herausgeber für ihren interdisziplinären Sammelband den Begriff der ›Wirklichkeitserzählung‹, um all jene Texte zu bündeln, die mit dem Geltungsanspruch der Faktizität auf einen außertextlichen Bezugspunkt verweisen. Wirklichkeitserzählungen seien dabei sowohl »konstruktiv« wie »referentiell«[340] – das heißt sie produzieren und rezipieren gleichermaßen Wirklichkeit. Auf Grundlage rezeptionsorientierter Binäroppositionen differenzieren Klein und Martínez drei idealtypische Formen der Wirklichkeitserzählung: Berichten deskriptive Wirklichkeitserzählungen von zurückliegenden und voraussagende Wirklichkeitserzählungen von künftigen Ereignissen, so artikulieren normative Wirklichkeitserzählungen Handlungsanweisungen. Die drei Erzähltypen antworten damit auf die Fragen, was war (›wahr vs. falsch‹), was sein soll (›richtig handeln vs. falsch handeln‹) und was sein wird (›plausibel vs. unplausibel‹).[341]

Die Überlegungen von Klein und Martínez aufgreifend, fordern auch Monika Fludernik, Nicole Falkenhayner und Julia Steiner, »dass man Faktualität nicht mit Begriffen wie Authentizität, Realismus oder Mimesis gleichsetzt.«[342] Sie wählen als Differenzkriterium zwischen faktualem und fiktionalem Erzählen neben der Kommunikationssituation vor allem die Intention der literarischen Formung. Denn auch wenn fiktionale und faktuale Texte zum Teil dieselben literarischen Strategien einsetzen, folgen sie damit entgegengesetzten Motivationen: Während fiktionale Erzählungen ihren Konstruktionscharakter dezidiert inszenieren, setzen faktuale Texte auf »Authentifizierungs- und Legitimations-

---

tualer oder fiktionaler zirkuliert, darüber bestimmen letztlich nicht textinterne Eigenschaften, sondern ein komplexes Bündel von Relevanzfaktoren, das bestimmte Textmerkmale, aber auch kommunikative Absichten des Autors, paratextuelle Signale, situative und institutionelle Kontexte, mediale Voraussetzungen und Zuschreibungen durch die Leser umfasst« (Martínez 2014, 327). Über den pragmatischen Status eines Textes entscheidet also weniger die tatsächliche als vielmehr die (von Autor und Rezipient) attribuierte Faktizität des Beschriebenen. Das bedeutet indes auch, dass sich der Status eines Textes im Laufe seiner Rezeptionsgeschichte ändern kann (vgl. Kablitz 2008, 14).

339 Vgl. Klein/Martínez 2009b, 2; so bereits Genette 1990, 764. Während Autor und Rezipient faktualer Texte einen »Wahrhaftigkeitspakt« eingehen (Jaeger 2009, 110), können die Aussagen literarischer Texte nicht auf den Autor zurückgeführt werden, »weil er diese zwar produziert, aber nicht behauptet – vielmehr ist es der imaginäre Erzähler, der diese Sätze mit Wahrheitsanspruch behauptet« (Klein/ Martínez 2009, 2; vgl. auch Scheffel 2006, 93). Problematisch an dieser Trennung ist allerdings die wiederholt daraus abgeleitete Überlegenheit fiktionalen Erzählens als die »komplexer[e]« Kommunikationssituation (Martínez/Scheffel 2016, 19; vgl. ebenso Winkler 1976, 164; Martínez 2014, 328). Zur Beziehung von Autor und Erzähler in faktualer Literatur vgl. ausführlich Kap. II 1.2.

340 Klein/Martínez 2009b, 1.

341 Vgl. Klein/Martínez 2009b, 6f.

342 Fludernik/Falkenhauer/Steiner 2015, 10.

strategien, die lebensweltlichen Sinn herstellen«.[343] Die literarische Gestaltung stellt also im Gegensatz zu fiktionalen Texten nicht die eigene Gemachtheit aus, sondern möchte im Gegenteil den Wirklichkeitsanspruch intensivieren, steht nicht im Widerspruch zur proklamierten Authentizität, sondern sucht diese gerade zu erzeugen.[344]

Unter dem Schlagwort der ›Fiktionssignale‹[345] diskutiert die Fiktionalitätsforschung dabei jene kulturell kodierten kontextuellen, paratextuellen, textuellen und ästhetischen Eigenschaften, mit denen ein Werk seine eigene Fiktionalität thematisiert und denen Reinhart Koselleck den Oppositionsbegriff der ›Wirklichkeitssignale‹[346] entgegengesetzt hat. Wie und ob die beiden Signaltypen eindeutig voneinander zu trennen sind, stellt bisher nicht zuletzt aufgrund fehlender Definitionsangebote zu den Faktizität erzeugenden ›Wirklichkeitssignalen‹ ein Forschungsdesiderat dar.[347] Vor dem Hintergrund der jüngsten Diskussionen zum faktualen Erzählen bleibt eine starre Kategorisierung aber ohnehin fragwürdig. Eindeutigen pragmatischen Signalen wie Rezeptionskontext (Theaterbesuch vs. Tagung) und Gattungsbezeichnung (Drama vs. Vortrag) stehen jene ästhetischen Verfahren gegenüber, die je nach Textzusam-

343 Fludernik/Falkenhauer/Steiner 2015, 10. So argumentiert bereits Genette: Faktuale Texte streben nach »verisimilitude or ›legitimacy‹« (Génette 1990, 773).

344 Wobei die literarische Gestaltung, wie Gert Melville betont hat, sich nicht als solche zu erkennen geben darf: »Das Fiktionale war hier [im Kontext faktualer Literatur, S. Q.] also deshalb erfolgreich, weil es seinen fiktionalen Charakter zu verbergen vermochte« (Gert Melville, Durch Fiktionen von der Wirklichkeit zur Wahrheit. Zum mittelalterlichen Umgang mit Widersprüchen zwischen Empirie und kultureller Axiomatik, in: Ursula Peters/Rainer Warning [edd.], Fiktion und Fiktionalität in den Literaturen des Mittelalters. Jan-Dirk Müller zum 65. Geburtstag, München 2009, 83–104, hier 84).

345 Vgl. Ansgar Nünning, Fiktionssignale, in: Metzler Lexikon Literatur- und Kulturtheorie (5. Aufl. 2013c), 215f.

346 Vgl. Reinhart Koselleck, Vergangene Zukunft. Zur Semantik geschichtlicher Zeiten (Theorie), Frankfurt a. Main 1979, 285. Wohlgemerkt konkretisiert Koselleck nicht, was genau er unter ›Wirklichkeitssignalen‹ versteht.

347 Die Erscheinungsformen der Wirklichkeitssignale zu ermitteln, sei »eine noch nicht gelöste Aufgabe der Texttheorie« (Nünning 2013c, 215; vgl. auch Christina Brandt, Wissenschaftserzählungen. Narrative Strukturen im naturwissenschaftlichen Diskurs, in: Christian Klein/Matías Martínez [edd.], Wirklichkeitserzählungen. Felder, Formen und Funktionen nicht-literarischen Erzählens, Stuttgart/Weimar 2009, 81–109, hier 103f.). Einen ersten Ansatz bietet Reinhold Winkler mit Blick auf Deixis und Wirklichkeitsbezug in fiktionaler und faktualer Literatur: Laut Winkler leisten faktuale Texte ihren Wirklichkeitsbezug über deiktische, definite und denotative Elemente, fiktionale Texte greifen umgekehrt auf indefinite und konnotative Elemente zurück (vgl. Winkler 1976, 171). Nicht zu verwechseln sind die ›Wirklichkeitssignale‹ mit jenen Strategien, durch die literarische Texte den Eindruck von Wirklichkeit erzeugen: Natürlich können auch fiktionale Texte referenzialisierbare Elemente – Roland Barthes nennt das ›Wirklichkeitseffekte‹ (Roland Barthes, Das Rauschen der Sprache, übersetzt von Dieter Hornig [frz. Originialausg. Paris 1984] [Kritische Essays IV], Frankfurt a. Main 2005, 164–172) – enthalten, ohne deshalb Anspruch auf Referenzialisierbarkeit zu erheben.

menhang sowohl Fiktionalität evozieren als auch Faktizität beanspruchen können. So mag wörtliche Rede im historischen Roman die literarische Gemachtheit aufzeigen, im Interview dagegen gerade den Wirklichkeitsanspruch der Textsorte unterstreichen.

### 1.1.2 Faktuales Erzählen in der mediävistischen Literaturwissenschaft

Die germanistisch-mediävistische Literaturwissenschaft hat Fragen der Faktualität vor allem unter dem Schlagwort des ›historischen Erzählens‹ verhandelt und dabei überzeugende Ergebnisse zur Narrativierung von Vergangenheit an heterogenem Material entwickelt.[348] Wie Eva von Contzen jedoch jüngst angemahnt hat, fehlt nach wie vor eine methodisch kritische Terminologie: »While the concept of fictionality has received considerable attention by scholars in recent years, in particular within German medieval studies, the factual has not, or only marginally, been treated.«[349] Hier – wie generell im Kontext einer ›Historischen Narratologie‹ – steht die Mediävistik zuallererst vor dem Problem, die gewonnenen Erkenntnisse an ihren Quellen überprüfen und gegebenfalls perspektivieren zu müssen.[350] So kommt die kategoriale Differenz von Faktualität und

348 Vgl. Fritz Peter Knapp/Manuela Niesner (edd.), Historisches und fiktionales Erzählen im Mittelalter (Schriften zur Literaturwissenschaft 19), Berlin 2002; Johannes Laudage (ed.), Von Fakten und Fiktionen. Mittelalterliche Geschichtsdarstellungen und ihre kritische Aufarbeitung (Europäische Geschichtsdarstellungen 1), Köln et al. 2003; Merle Marie Schütte/Kristina Rzehak/Daniel Lizius (edd.), Zwischen Fakten und Fiktionen. Literatur und Geschichtsschreibung in der Vormoderne (Religion und Politik 10), Würzburg 2014; Sarah Bowden et al. (edd.), Geschichte erzählen. Strategien der Narrativierung von Vergangenheit im Mittelalter, 80. Anglo-German Colloquium Manchester 2017, Tübingen 2020a.

349 Eva von Contzen, Diachrony: The Factual in the Middle Ages, in: Monika Fludernik/Marie-Laure Ryan (edd.), Narrative Factuality. A Handbook, in cooperation with Hanna Specker (Revisionen 6), Berlin/Boston 2020a, 625–633, hier 625. Zu einer anderen Einschätzung kommen die Herausgeber des Bandes ›Geschichte erzählen‹ (vgl. Sarah Bowden et al., Einleitung. Geschichte erzählen und Narrativierung von Vergangenheit, in: Dies. [edd.], Geschichte erzählen. Strategien der Narrativierung von Vergangenheit im Mittelalter, 80. Anglo-German Colloquium Manchester 2017, Tübingen 2020b, 11–23, hier 13).

350 Das Projekt der ›Historischen Narratologie‹ – wie sie u. a. Monika Fludernik eingefordert hat (vgl. Monika Fludernik, The Diachronization of Narratology, in: Narrative 11/3 [2003], 331–348) – diskutiert die germanistisch-mediävistische Literaturwissenschaft seit Gert Hübners Studien zur Fokalisierung (Hübner 2003) z. T. kritisch distanziert – stehe doch die proklamierte Universalität des Analyseapparats im Widerspruch zur Notwendigkeit, die Begriffe erst historisieren zu müssen (vgl. Hartmut Bleumer, ›Historische Narratologie‹? Metalegendarisches Erzählen im ›Silvester‹ Konrads von Würzburg, in: Harald Haferland/Matthias Meyer [edd.], Historische Narratologie – Mediävistische Perspektiven, unter Mitarbeit von Carmen Stande und Markus Greulich [Trends in Medieval Philology 19], Berlin/New York 2010, 231–261, hier 232 f.; noch einmal in Ders., Historische Narratologie, in: Christiane Ackermann/Michael Egerding [edd.], Literatur- und Kulturtheorien in der Germanistischen Mediävistik. Ein Handbuch, Berlin/Boston 2015, 213–274, hier 214). In

Fiktionalität allein schon deshalb an ihre Grenzen, weil die Texte einen von der Moderne verschiedenen Wirklichkeitsbegriff nahelegen – mittelalterliche Legenden, Historiographien oder historisch politische Ereignislieder reihen ihre Herrscher in eine Ahnenfolge mit mythischen Figuren der Vorzeit, stellen tagesaktuelle Ereignisse neben Wundererscheinungen, lesen politische Zukunft aus Naturphänomenen.[351] Für historisch arbeitende Disziplinen bringt die Diskussion um Faktualität also zunächst die Aufgabe mit sich, das ihren Quellen inhärente Verständnis von Wirklichkeit zu klären.[352] Es gilt dabei auch zu bedenken, dass durchaus verschiedene Konzeptionen nebeneinanderstehen und zum Teil sogar innerhalb eines Textes aufeinander treffen können.[353]

Henrike Manuwald, die auch für das Mittelalter an den Kategorien von Faktualität und Fiktionalität festhalten möchte, unterscheidet die drei Konzepte Historizität, Faktizität und Faktualität – ob also 1. die geschilderten Ereignisse in eine Geschichte eingeordnet werden (wie im Falle von Silvesters Drachenkampf in der Silvesterlegende) – das meint Historizität; ob die geschilderten Phänomene

---

jedem Fall gilt es, die Konzepte nicht unreflektiert zu übernehmen, um vormoderne Texte nicht mit modernen Erwartungshaltungen zu messen und dabei die ›Vormoderne‹ als vermeintlich defizitär gegenüber den avancierteren Erzähltechniken der ›Moderne‹ zu konzeptualisieren (vgl. u.a. Kocher 2010, 419). In ihrer Einleitung zum Band ›Historische Narratologie – Mediävistische Perspektiven‹ sensibilisieren die Herausgeber Harald Haferland und Matthias Meyer für Chancen und Risiken einer ›Historischen Narratologie‹, halten jedoch an dem Begriff fest (vgl. Harald Haferland/Matthias Meyer, Einleitung, in: Dies. [edd.], Historische Narratologie – Mediävistische Perspektiven, unter Mitarbeit von Carmen Stande und Markus Greulich [Trends in Medieval Philology 19], Berlin/New York 2010, 3–15, hier 7).

351 Dass die Unterscheidung von fiktionalen und faktualen Textformen für das Mittelalter angesichts des grundverschiedenen Wirklichkeitsbegriffs zu historisieren sei, fordert bereits Glauch 2009, 98f.; vgl. auch Ralf-Henning Steinmetz, Fiktionalitätstypen in der mittelalterlichen Epik. Überlegungen am Beispiel der Werke des Strickers, in: Emilio Gonzáles/Victor Millet (edd.), Die Kleinepik des Strickers. Texte, Gattungstraditionen und Interpretationsprobleme (Philologische Studien und Quellen 199), Berlin 2006, 79–101, hier 79f.; Contzen 2020, 625. Von historischer Seite hat u.a. Karoline Döring Kritik an der starren kategorialen Trennung geübt (vgl. Karoline Dominika Döring, Sultansbriefe. Textfassungen, Überlieferung und Einordnung [Monumenta Germaniae Historica. Studien und Texte 62], Wiesbaden 2017, 92f.).

352 Vgl. Johannes Franzen et al., Geschichte der Fiktionalität. Zur Einleitung, in: Dies. (edd.), Geschichte der Fiktionalität. Diachrone Perspektiven auf ein kulturelles Konzept (Faktuales und Fiktionales Erzählen 4), Baden-Baden 2018, 7–18, hier 12.

353 Etwas ganz ähnliches hat Herweg beobachtet, wenn er für die ›Kaiserchronik‹ »perspektivische Teilwahrheiten« ausmacht: »so eine historisch-referenzielle (die aber erst qua *narratio* Sinn erhält), eine didaktisch-exemplarische (die jene der Fakten wiederum selten ungeschönt verträgt), eine teleologisch-spirituale (die gegen die Kontingenz der Fakten geradezu anschreiben muss), und andere mehr.« (Mathias Herweg, Geschichte erzählen. Die ›Kaiserchronik‹ im Kontext [nebst Fragen an eine historische Narratologie historischen Erzählens], in: Zeitschrift für deutsches Altertum und deutsche Literatur 146 [2017a], 413–443, hier 419).

2. als Fakten präsentiert werden (wie etwa die prinzipielle Existenz von Drachen) – das versteht sie als Faktizität; und ob schließlich 3. ein Wirklichkeitsanspruch unterstellt wird – damit verweist sie auf die Faktualität eines Textes.[354] Manuwald konzeptualisiert Faktualität dabei nicht pragmatisch (schließlich lässt sich die konkrete Kommunikationssituation vormoderner Quellen oft genug nicht rekonstruieren), sondern bindet diese an die Inszenierungsstrategien des jeweiligen Textes zurück.[355] Die Chance ihres Ansatzes liegt darin, Faktizität und Faktualität zu trennen, wodurch auch jene Texte als faktual zu bewerten sind, die sich auf eine Wirklichkeit beziehen – das heißt Referenzialität für sich beanspruchen –, auch wenn sie nicht im eigentlichen Sinne von wirklichen Ereignissen berichten.[356]

Als Grenzgänger zwischen fiktionalem und faktualem Erzählen mag das Exempel insbesondere für mögliche Mischformem und graduelle Abstufungen im Bereich vormoderner Erzählformen des Faktualen sensibilisieren. Eingebettet in einen deskriptiven, didaktischen oder pragmatisch ausgerichteten Rahmentext, veranschaulicht das Exempel in Form einer fiktionalisierten Erzählung eine allgemeine Regel.[357] Rahmentext wie Exempel erheben Anspruch auf Referenzialisierbarkeit, beziehen sich also auf eine außertextliche Wirklichkeit, auch wenn vor allem das Exempel eindeutige Fiktionalisierungstendenzen aufweist.

In seiner Analyse der Erscheinungsformen und Wirkweisen exemplarischen Erzählens sucht Michael Schwarzbach-Dobson nachzuzeichnen, »an welchen Stellen nicht-narrative Texte des Mittelalters exemplarische Kurzerzählungen anführen, um eine Erkenntnis zu vermitteln, präskriptiv eine Regel zu illustrieren oder durch den narrativen Einzelfall reflexiv auf sich selbst zu verweisen, kurz: den breiten Wirkungsraum rhetorischer Argumentation auszuspielen. Exemplarische Kurzerzählungen werden damit jenseits streng logischer Beweisführung als Kleinstformen einer ›narrativen Argumentation‹ verstanden, deren

---

354 Henrike Manuwald, Der Drache als Herausforderung für Fiktionaltitätstheorien. Mediävistische Überlegungen zur Historisierung von ›Faktualität‹, in: Johannes Franzen et al. (edd.), Geschichte der Fiktionalität. Diachrone Perspektiven auf ein kulturelles Konzept (Faktuales und Fiktionales Erzählen 4), Baden-Baden 2018, 65–87, hier 72f; ähnlich auch Mathias Herweg, Kohärenzstiftung auf vielen Ebenen: Narratologie und Genrefragen in der ›Kaiserchronik‹, in: Zeitschrift für Literaturwissenschaft und Linguistik 47 (2017b), 281–302, hier 301.

355 Vgl. Manuwald 2018, 78f. Die Historische Narratologie steht also vor der Herausforderung, in Fragen der Faktualität nicht nur vom Kontext ausgehen zu können.

356 In diesen Bereich zählt etwa das legendarische Erzählen: In der Legende kann der Heilige Silvester gegen einen Drachen kämpfen, ohne dadurch den Wirklichkeitsanspruch der Legende zu unterlaufen.

357 Zu den häufigsten Einsatzgebieten exemplarischen Erzählens vgl. Michael Schwarzbach-Dobson, Exemplarisches Erzählen im Kontext. Mittelalterliche Fabeln, Gleichnisse und historische Exempel in narrativer Argumentation (Literatur Theorie Geschichte 13), Berlin/Boston 2018, 17.

rhetorische Leistung je nach Kontext und Funktion neu zu bestimmen ist.«[358] Mit den drei Typen des illustrativen, präskriptiven und reflexiven Exempels benennt Schwarzbach-Dobson unterschiedliche Funktionen exemplarischen Erzählens: Das Exempel veranschauliche eine Regel (illustrative Funktion), schreibe eine Regel induktiv vor (präskriptive Funktion) oder rekurriere gleichermaßen auf das Besondere wie das Allgemeine und erzeuge damit Mehrdeutigkeit (reflexive Funktion).[359] An der Schnittstelle von Rhetorik und Hermeneutik leistet das Exempel im rhetorischen Kontext somit etwas, was das Argument allein nicht kann: Es konkretisiert durch Erfahrung, veranschaulicht durch Narration und lässt das im Argument vermittelte Wissen intelligibel werden – kurzum, es erfüllt eine argumentative Funktion im Prozess rhetorischer Überzeugungsarbeit und trägt mit seinen Evidenz- und Fiktionalisierungstendenzen dabei wesentlich zur Wirkabsicht des (faktualen) Rahmentextes bei.[360] Mit Fiktionalisierungstendenzen bezeichne ich jene literarischen Verfahren, die den Wirklichkeitsanspruch eines faktualen Textes unterlaufen; hierzu kann unter anderem die Wiedergabe wörtlicher Rede zählen, wenn diese nicht über Zitate, Augenzeugenbericht etc. beglaubigt wird.

### 1.1.3 Historische Dialogforschung

Bedenkt man, wie häufig Exempel, Legende und Historiographie Figurenrede einsetzen, die in vermeintlichem Widerspruch zum faktualen Geltungsanspruch des Textes steht (woher soll ein Historiograph schließlich wissen, was der Heilige Silvester genau gesagt haben soll?), scheint es vielversprechend, den Formen und Funktionen von Figurenrede in unterschiedlichen Erzählzusammenhängen

358 Schwarzbach-Dobson 2018, 1. Zu der grundlegenden Unterscheidung von narrativen und nicht-narrativen/deskriptiven Texten vgl. Wolf Schmid, Elemente der Narratologie, 3., erw. und überarb. Aufl., Berlin/Boston 2014, 6f. Dabei entscheiden weniger Texteigenschaften *per se* über den Status als narrativ oder deskiptiv, sondern ihre »Gesamtfunktion im Zusammenhang des Werks« (ebd., 6).

359 Zu den Funktionen des Exempels vgl. Schwarzbach-Dobson 2018, 26; Steinmetz 2006, 94. Über die jeweilige Funktion entscheidet der Kontext, auf den das Exempel wiederum rückwirkt (vgl. Schwarzbach-Dobson 2018, 15; ähnlich auch Glauch 2009, 89, Anm. 193).

360 Vgl. Udo Friedrich, Historische Metaphorologie, in: Christiane Ackermann/Michael Egerding (edd.), Literatur- und Kulturtheorie in der Germanistischen Mediävistik. Ein Handbuch, Berlin/Boston 2015, 169–211, hier 184; Schwarzbach-Dobson 2018, 4 und 21. Die gängige Meinung, dass Exempel ›eindimensional‹ erzählen, hat Gert Hübner mit seinem Konzept der praxeologischen Narratologie widerlegt. Laut Hübner zirkuliert das Exempel ein kulturelles Praxiswissen, das Handlungsanweisungen formuliert: »Erzählungen sind derjenige Ort, an dem eine Kultur ihr praktisches Wissen zur Sprache bringen kann, weil Erzählungen (zumindest in der Vormoderne) vom Handeln handeln« (Gert Hübner, Erzählung und praktischer Sinn. Heinrich Wittenwilers ›Ring‹ als Gegenstand einer praxeologischen Narratologie, in: Poetica 42/3–4 [2010], 215–242, hier 237; zusammengefasst in Schwarzbach-Dobson 2018, 35).

nachzugehen und dabei nach text- und gattungsspezifischen Gestaltungsabsichten zu fragen. Während die Wiedergabe wörtlicher Rede im Raum faktualer Literatur bisher nicht eingehender untersucht worden ist,[361] hat die Historische Dialogforschung einen wesentlichen Beitrag geleistet, um für die literarischen Spielformen und Wirkabsichten wörtlicher Rede im Kontext vormodernen fiktionalen Erzählens zu sensibilisieren. An der Schnittstelle von Literatur-, Kommunikations-, Kultur- und Sprachwissenschaften exponiert die Historische Dialogforschung Szenen schriftlich inszenierter Mündlichkeit und wirft somit wesentliche Fragen nach der Medialität literarischer Kommunikation auf. Als primären Untersuchungsgegenstand des neuen interdisziplinären Felds führen Monika Unzeitig, Nine Miedema und Franz Hundsnurscher den Begriff der literarisierten Rede ein: »Eine Redeszene ist jeder Abschnitt in einem narrativen Text, in dem eine oder mehrere Figuren sprechend (ggf. auch verbal denkend) in Erscheinung tritt (treten), wobei ihre sprachlichen Handlungen sowohl durch Redebericht als auch durch direkte oder indirekte Rede wiedergegeben werden können.«[362]

Szenen literarisch gestalteter Rede, so ein erster Befund, verleihen einer Erzählung Lebendigkeit und Unmittelbarkeit. Wie unterschiedlich stilisierte Mündlichkeit im Raum der Schrift zum Einsatz kommen kann, um kommunikative Nähe zu erzeugen, legen die polymorphen Gestaltungsmöglichkeiten offen: Erzähler integrieren Figurenaussagen vollständig oder summarisch, in berichtender oder transponierter Rede, präsentisch oder retrospektiv. Die Analyse funktionalisierter Figurenrede mag dabei nicht nur den Blick auf konkrete Einzelszenen, sondern auf das Textganze schärfen. So bietet die Figurenrede Einblicke in Medialität und Performativität der Texte; sie demonstriert Kommunikationsstrategien, die affirmativ oder auch kritisch die Wirkkraft mündlicher Rede ausstellen, und illustriert auf diese Weise die zunehmende Sprachgewandtheit und -reflexivität vormoderner Literatur; sie mag Produktions- und Rezeptionsbedingungen des jeweiligen Textes reflektieren sowie die textimmanente Poetik nuancieren, um somit zu Binnendifferenzierungen in Gattungen

361 Als einer von wenigen hat Winkler gefragt, inwiefern faktuale Texte ihren Wirklichkeitsbezug über »Stellungnahmen in direkter Rede« sichern (Winkler 1976, 164).

362 Unzeitig/Miedema/Hundsnurscher 2011, 3. Die Autor·innen favorisieren den Begriff der Rede (in Abgrenzung etwa zu Dialog oder Gespräch), um terminologisch auch den Erzählerbericht vor (fingiertem) Publikum einzufangen (vgl. ebd., 4). Dass die Begriffe ›Erzählerbericht‹ und ›Figurenrede‹ in der mediävistischen Germanistik »uneinheitlich« zum Einsatz kommen, mahnen die Herausgeberinnen im dritten Band der Reihe an (Monika Unzeitig/Angela Schrott/Nine Miedema, Einleitung, in: Dies. [edd.], Stimme und Performanz in der mittelalterlichen Literatur [Historische Dialogforschung 3], Berlin/Boston 2017, 1–12, hier 10, Anm. 14).

oder zwischen Autoren beizutragen.[363] Anschlussfähig für die Arbeit mit faktualer Literatur ist aber vor allem die Beobachtung, dass wörtliche Rede Figur wie Erzähler charakterisiert und dabei das Profil der Erzählinstanz in Einklang mit und Differenz zu anderen ›Stimmen‹ im Text schärfer zu konturieren erlaubt.[364]

### 1.1.4 Die Narrative der ›Reformatio Sigismundi‹

Wie geht man damit um, wenn ein nicht-erzählender Text auf einmal doch zu erzählen anfängt? Wenn eine Reformvorlage, die eigentlich pragmatische Lösungsvorschläge für eine politische Krise formuliert, Legenden und Prophetien einschiebt? Wenn die ausdrücklich nicht fiktive Vermittlungsinstanz ihre Stimmhoheit an fiktive Figuren und körperlose Stimmen abtritt, die detailliert von längst vergangenen oder künftigen Ereignissen berichten? Die folgende Analyse nimmt eben diese Textabschnitte der ›Reformatio Sigismundi‹ erstmals in den Blick: Neben der Schlussvision des Kaisers handelt es sich dabei um insgesamt vier längere Erzähleinheiten mit narrativierten Dialogpartien. Als Beispiel faktualer, pragmatischer Literatur erhebt die ›Reformatio Sigismundi‹ Anspruch auf unmittelbare Referenzialisierbarkeit, der trotz der Fiktionalisierungstendenzen auch für die eingelagerten Erzähleinheiten gilt.[365] Zeitkritik und Reformappell, Exempel und Schlussvision rekurrieren gleichermaßen auf eine außertextliche Wirklichkeit. ›Wirklichkeit‹ fasse ich im Sinne des Konstruktivismus als Ergebnis eines kollektiven Verstehensprozesses, der ein normatives Verständnis von Welt stabilisiert.[366] Es interessiert also weniger, ob die ›Reformatio Sigismundi‹ historische Tatsachen abbildet, als vielmehr welches ›Wirklichkeitsmodell‹ der Text (re-)produziert.[367] Die methodischen Erkenntnisse zum faktualen Erzählen versprechen dabei, Komposition und Intention der Textbausteine offenzulegen.

---

363 Zu den Funktionen literarisierter Rede vgl. UNZEITIG/MIEDEMA/HUNDSNURSCHER 2011, 11–13.

364 Zu den unterschiedlichen ›Stimmen‹ im (literarischen) Text vgl. BLÖDORN/LANGER/SCHEFFEL 2006, 4.

365 Zum Begriff der pragmatischen Literatur vgl. Jan-Dirk MÜLLER, Gebrauchsliteratur, in: Historisches Wörterbuch der Rhetorik (2013), 588–604, hier 589.

366 Vgl. hierzu einführend Siegfried J. SCHMIDT, Wirklichkeitsbegriff, in: Metzler Lexikon Literatur- und Kulturtheorie (5. Aufl. 2013a), 804. Zum Prozess der selbstlegitimierenden Wirklichkeitskonstruktion und dem Begriff des Wirklichkeitsmodells als »operativer Fiktion[]« einer Gemeinschaft, die gemeinsames Wissen stabilisiert, Handlungsweisen organisiert und Verbindlichkeit beansprucht vgl. DERS., Wirklichkeitskonstruktion, in: Metzler Lexikon Literatur- und Kulturtheorie (5. Aufl. 2013b), 805 und DERS. Wirklichkeitsmodell, in: ebd., 2013c, 805f. (Zitat ebd., 806).

367 Dümling verfolgt dasselbe Interesse, wenn er sich mit den wirklichkeitsbeschreibenden Beobachtungen der ›Reformschriften‹ beschäftigt (vgl. DÜMLING 2017, 172). Bereits Dohna hat gefordert, nicht nach dem »Umfang von Geschichtskenntnissen oder deren Exaktheit«, sondern nach dem spezifischen »Geschichtsbewußtsein« der ›Reformatio Sigismundi‹ zu

Im Sinne der antiken Rhetorik werden die vier Exempel (Silvesterlegende, Barlaamlegende, ›Türkengespräch‹ und ›Klosterdisput‹) als *historiae* gefasst.[368] Dem Selbstverständnis nach schildert das historische Exempel tatsächliche, sich ereignete Begebenheiten und verweist also auf einen außertextlichen Bezugspunkt. Indem das historische Exempel in Momenten unsicherer Entscheidungsfindung eine Lösung anführt, bietet es im Sinne der präskriptiven Funktion Orientierung durch historisch verbürgte und kollektiv bestätigte Rollen- und Handlungsmuster.[369] Die Schlussvision steht hierzu als Komplement und Kontrastpunkt, schildert sie doch keinen Präzedenzfall, sondern reichert den Text mit einer von Kaiser Siegmund erzählten Prophezeiung an. Mit Genette gesprochen, müsste die ›Reformatio Sigismundi‹ mit diesem Schluss eigentlich ihren Wirklichkeitsanspruch unterlaufen: »it is hard to imagine a historian or memorialist permitting one of his ›characters‹ to narrate an important part of his narrative [...] The presence of a metadiegetic narrative is thus a quite plausible indication of fictionality«.[370] Dass aber im Gegenteil auch die Vision zum Selbstverständnis des Rahmentexts beiträgt, »insofern sie beansprucht, Aussagen über empirische Sachverhalte zu treffen«,[371] wird die Analyse aufzeigen. Ihr Stellenwert im Kontext der narrativen Argumentationstechniken der ›Reformatio Sigismundi‹ soll im Laufe der Analyse herausgearbeitet werden.

Die drei von Klein und Martínez skizzierten Typen der Wirklichkeitserzählung sollen der Analyse als Binnendifferenzierung dienen: Die beiden Legendenerzählungen stellen als deskriptive Wirklichkeitserzählungen vor, was einmal war (1.2); als normative Wirklichkeitserzählungen

---

fragen (Dohna 1960, 33), und auch Rathmann hat mit Blick auf das Konstanzer Konzil kritisch angemerkt, dass die Konzilsliteratur bisher nur ihrem »Grad an Authentizität« nach bewertet worden sei (Rathmann 2000, 267); er möchte dagegen in seiner Auseinandersetzung mit Richentals Konzilschronik nicht diskutieren, ob das Geschilderte der Wahrheit entspricht, sondern weshalb es erzählenswert scheint (vgl. Ders. 2007, 104).

368 Die antike Rhetorik klassifiziert *historia, argumentum* und *fabula* als drei unterschiedliche Formen exemplarischen Erzählens: *historia* als Faktizität beanspruchendes Ereignis, *argumentum* als erfundene, aber wahrscheinliche Erzählung und *fabula* als Dichtung jenseits von Wirklichkeit und Wahrscheinlichkeit (vgl. Steinmetz 2006, 90, Anm. 35; Schwarzbach-Dobson 2018, 54). Idealtypen der drei Exempelformen sind für die *fabula* die Tierfabel, für das *argumentum* das Gleichnis und für die *historia* das historische Exempel (vgl. Schwarzbach-Dobson 2018, 59). Dümling sieht den Anteil an ›Historie‹ in der ›Reformatio Sigismundi‹ im Übrigen eher gering, weil der Text seine Zeitkritik nicht über historische Rückblicke legitimiere (vgl. Dümling 2017, 161); ›Historie‹ versteht er mit Reinhart Koselleck als Bericht von Geschehenem (ebd., 150, Anm. 102). Dass die exemplarischen *historiae* dennoch eine entscheidende Rolle für das Textganze spielen, soll im Folgenden aufgezeigt werden.

369 Vgl. Schwarzbach-Dobson 2018, 22; ähnlich auch Steinmetz 2006, 101.

370 Genette 1990, 764.

371 Martínez 2014, 333. Auch Prophetien gelten somit als Wirklichkeitserzählungen (vgl. Mauz 2009, 195).

bieten ›Türkengespräch‹ und ›Klosterdisput‹ Einblicke in eine Wirklichkeit, wie sie (nicht) sein soll (1.3); die Schlussvision des Kaisers Siegmund schließlich antwortet als voraussagende Wirklichkeitserzählung narrativ auf die Frage, was sein wird (1.4).[372] Mit ihren narrativen, appellativen und prospektiven Textabschnitten bietet die ›Reformatio Sigismundi‹ Beispiele für alle drei Typen der Wirklichkeitserzählung und mag somit deren Interdependenzen veranschaulichen. Dabei gilt es mit der Historischen Dialogforschung aufzuzeigen, welche Funktionen narrativierte Dialogsequenzen in einem nicht-narrativen Text wie der ›Reformatio Sigismundi‹ erfüllen. Es interessieren vornehmlich Figurenkonstellation, Dialogstruktur und Erzählschemata mit Blick auf die Selbstlegitimation des Rahmentextes. Eine vergleichende Analyse der unterschiedlichen Fassungen soll die Beobachtungen stützen.

## 1.2 Deskriptive Wirklichkeitserzählungen: Die Beratungsgespräche

### 1.2.1 Die Barlaamlegende

Zum ersten Mal unterbricht die Vermittlungsinstanz der N-Fassung ihren Argumentationsfluss in den Schlusszeilen der Einleitung, um eine kurze Erzählsequenz einzuflechten:

> *Wir lesen, das ein keyser von Indea nit ein cristen was, der gewann ein sun, dem bauet er ein pallast und gab im diener und vorgenner, das er woll behut wart, do er wuchs woll auf vierzehen jar; der vatter wolt in ziehen nach der welt; er volget dem vatter nit und wart der jüngling so weysilich reden, das im der vatter nit antwurden kunde; er schicket meyster zü im, dye in underweyßen solten, das er des vatters weyß an sich solt nemen und sein erste opffer thette und sich gehorsamlich den abgotten erbütte; der jungling sprach: »Was hab ich verschult, das mich mein vatter bißhere eynig hat innen gehalten? Ich han gewonet also, ich kan nit hinauß!« dye meyster schüffen nichts nit; sye gaben woll dem vatter rat, er solt außsuchen zwölff der schonsten junckfrawen und mit den reden; welche den süne uberkeme, daz er mit yr zü schicken gewynne, dye wolt er woll begabenn; do was eine unter in, dye was gar schone, dye gab sich im so sere under, das er yr holt wart; sy kunde aber nit also vill, das er mit yr zu schicken haben wolt, sye fordert es an in so offt; er antwort yr und sprach: »Ich pin von hertzen zü dir geneyget, aber ich getar mich des von natur nit understan; ich pin byßhere gesunt gewesen und wol mogende, finge ich ein anders an, so viele ich villeicht in ungesuntheyt, des ich absein will.« Also kunt nyemant den jüngling uberkömen. Do der vatter sach, das in nyemant uberkummen mocht mit seiner weyßheyt, do machtt er einen hoff mit aller klugheyt, mit herren und mit frawenn*

372 Dohna unterscheidet drei ganz ähnliche Erzähltypen: Die legendarische Gründungsgeschichte, die auf die Gegenwart blickende Anekdote und den historischen Längsschnitt (vgl. Dohna 1960, 40). Er vergisst allerdings, die Schlussvision im Sinne des teleologisch ausgerichteten Geschichtsverständnisses des Texts als weitere Erzählform mitzudenken.

*und fordert den sun zü hoff herauß; im was bereyt alle klugheyt mit gezierten pferden; er saß auff, das volck was groß, alles volck frewet sich, zü sehen den jungen kunig; er sahe hin, er sahe here; do sach er einen, der was plint; er rufft seinen meyster und sprach: »Wye ist der mensch? Er hat nit augen, er gesicht nit.« Der meyster sprach: »Er hat sein augen verloren und gesicht nichts.« Er sach furbas und er sach einen lamen, er sprach: »Wye kumpt das?« der meyster sprach: »Es ist gots gewalt, das er lam ist, wer kan im gethan?« Der jungling kert wider ein und sprach: »Wirt man hie aussen plint und lam, so will ich naturlichen leben und den got erkennen, der solch dinck wurcken kan und thüt.« Der jungling mit rechten naturlichen sachen bekant er got und libet in wol; liset man, das in der ritter einmal underweyset, der jungling macht seinen vatter und das gantz kunigreich zu cristen.*
*Zü gleicher weyß naturlichen leben ist got erkennen in allen sachen und sein gebot.* RS N 80/82

»Wir können nachlesen, dass einst ein Kaiser von Indien, der kein Christ war, einen Sohn bekam, dem er einen Palast bauen ließ und ihm Diener und Vorsteher gab, damit er völlig behütet aufwuchs. Dort lebte der junge Prinz bis zu seinem fünfzehnten Lebensjahr, bis der Vater wünschte, dass er in die Welt hinauszog. Der junge Mann jedoch folgte den Anweisungen seines Vaters nicht, sondern verstand es vielmehr, so weise zu sprechen, dass der Vater nichts auf seine Worte erwidern konnte. Dieser schickte stattdessen Meister zu seinem Sohn, die ihn darin unterweisen sollten, die Lebensweise seines Vaters anzunehmen, seine ersten Opfer darzubringen und sich gehorsam den Abgöttern gegenüber zu zeigen. Der junge Mann sprach: ›Was habe ich verschuldet, dass mich mein Vater bisher ausschließlich drinnen gehalten hat? Ich habe bisher so gewohnt, ich kann nicht hinaus!‹ Die Meister erreichten also nichts. Sie gaben dem Vater stattdessen den Rat, er solle zwölf der schönsten Jungfrauen aussuchen und ihnen in Aussicht stellen, dass er diejenige unter ihnen, die seinen Sohn dazu überreden könnte, sich mit ihr einzulassen, reich beschenken würde. Unter den Mädchen gab es eine, die wunderschön war und sich so viel in der Nähe des Sohnes aufhielt, dass er sie ins Herz schloss. Dennoch erreichte auch sie es nicht, dass er sich mit ihr einließ, so oft sie ihn auch dazu aufforderte. Er antwortete ihr: ›Ich bin Dir von Herzen zugetan, aber ich traue es mich von Natur aus nicht. Ich bin bisher gesund und stark gewesen, verhielte ich mich nun anders, so könnte ich möglicherweise krank werden, was ich lieber vermeiden will.‹ So konnte also niemand den jungen Prinzen überreden. Als der Vater einsah, dass niemand seinen Sohn und dessen weise Reden überlisten konnte, ließ er einen Hoftag mit Tand und großem Hofstaat ausrichten und forderte den Sohn auf, daran teilzunehmen. Man bereitete zierlich geschmückte Pferde für ihn vor, von denen der junge Mann eines bestieg. Die versammelte Menge war groß und alle freuten sich, den jungen Prinzen zu sehen. Dieser schaute sich um und sah schließlich einen, der blind war. Er rief seinen Meister zu sich und sprach: ›Was hat dieser Mensch? Er hat scheinbar keine Augen, denn er sieht nichts.‹ Der Meister sprach: ›Er hat sein Augenlicht verloren und kann nicht mehr sehen.‹ Der Prinz blickte sich weiter um und sah einen Lahmen, woraufhin er fragte: ›Wie kommt das?‹ Sein Meister erwiderte: ›Gottes Allmacht hat verfügt, dass er lahm ist; und wer kommt schon gegen Gott an?‹ Nachdem der Prinz in den Palast zurückgekehrt war, sprach er: ›Wird man hier draußen blind und lahm, so will ich der Natur gemäß leben und den Gott anerkennen, der solche Dinge bewirkt.‹ Aus den richtigen, der Natur entsprechenden Gründen heraus bekannte sich der Jüngling zu Gott und liebte ihn sehr. Man kann nachlesen, dass er, nachdem der Streiter Gottes [gemeint ist der zuvor genannte Meister, S. Q.] ihn einmal im Glauben unterwiesen hatte, seinen Vater und das gesamte Königreich zum Christentum bekehrte.

Auf diese Weise natürlich zu leben bedeutet, Gott und seine Gebote in allem anzuerkennen.«

Eigentlich leitet die Einleitung in polemischen Vorwürfen den aktuellen Verfall her, um argumentativ die Reformforderungen vorzubereiten – eine zurückliegende, mit Figurendialogen angereicherte Erzählung fällt auffallend aus dem bisherigen Sprechduktus heraus.[373]

Mit der eingelagerten Erzählung rekurriert der Text auf populäres Erzählgut: In stark verkürzter und anonymisierter Form berichtet die Vermittlungsinstanz von dem indischen Prinzen Josaphat, der sich nach ausführlichen Lehrgesprächen mit seinem Lehrmeister Barlaam zu Christus bekennt und das indische Herrschaftsgebiet schließlich christianisiert. Weithin bekannt ist die auf Buddhas Leben zurückgehende Legende, die über das Mittelpersische, Arabische und Griechische nach Europa gelangt und, christlich umgeprägt, in allen europäischen Volkssprachen erzählt wird.[374] Obgleich allerdings einleitende (*wir lesen*) und abschließende Formel (*leset man*) als indirekte Quellenberufung eine Rezeptionsleistung fingieren,[375] weicht die in der N-Fassung präsentierte Geschichte von der Ursprungslegende auffallend ab. Diese erzählt, wie der indische Herrscher Avenier seinen Sohn vor den Augen der Welt in einem Palast verbirgt und auf diese Weise die Prophezeiung zu verhindern sucht, dass sein Sohn eines Tages zum Christentum konvertieren werde. Den wiederholten Bitten Josaphats nachgebend, willigt der Vater jedoch schließlich ein, diesen in Begleitung aus-

373 Als bisher einziger hat Dohna gefragt, weshalb die Legende nacherzählt wird: Sie bereite den prophezeiten Priesterkönig vor und beweise Gottes Wirken auch bei Ungläubigen (vgl. Dohna 1960, 42).

374 Allein 200 Handschriften konservieren den griechisch byzantinischen Roman des Johannes Damascenus, auf dessen Grundlage die drei lateinischen Bearbeitungen entstehen, die den Stoff an die europäischen Volkssprachen vermitteln. Die Legende gehört zu den beliebtesten und produktivsten ihrer Zeit – so nehmen sich allein im deutschen Sprachraum drei verschiedene Autoren diesem »regelrechte[n] Bestseller des europäischen Mittelalters« an (Constanza Cordoni, *O favole o parole o istorie*. Zum Parabelkorbus in der Barlaam-Legende, in: Fabula 52/3–4 [2011], 207–227, hier 208, Anm. 3). Zur Stoffgenese vgl. Albrecht Classen, Kulturelle und religiöse Kontakte zwischen dem christlichen Europa und dem buddhistischen Indien im Mittelalter: Rudolfs von Ems ›Barlaam und Josaphat‹ im europäischen Kontext, in: Fabula 41/3–4 (2000), 203–228, hier 209–214. Es lässt sich nicht identifizieren, auf welcher Vorlage die Version der ›Reformatio Sigismundi‹ beruht (vgl. Koller 1958, 423 und Ders. 1964b, 80, Anm. 8).

375 Laut Genette zählt die Quellenberufung zu den typischen Strategien faktualer Literatur, die darüber den Einsatz fiktionalisierender Modi wie wörtliche/indirekte Rede, innerer Monolog etc. plausibilisiert (vgl. Genette 1990, 762f.; vgl. auch Contzen 2020, 627).

reiten zu lassen. Die Begegnungen mit einem Aussätzigen, einem Blinden und einem Alten sensibilisieren den Prinzen für Krankheit und Tod und provozieren derart eine Reihe existenzieller Fragen, die ihm nur der christliche Eremit Barlaam in einem weitschweifigen Lehrdialog beantworten kann. Die N-Fassung der ›Reformatio Sigismundi‹ schildert dagegen die Geschichte eines namenlosen indischen Prinzen, den es gegen den Willen des Vaters gerade nicht in die Welt hinauszieht; so sehr fürchtet er sich vor möglichen Krankheiten, dass er auch den wiederholten Annäherungsversuchen einer Hofdame erfolgreich widersteht. In der ursprünglichen Legende entsagt Josaphat den Frauen eigentlich, weil er sich bereits zum Christentum bekannt und Gott seine Keuschheit versprochen hat. Die episodenintensive Ursprungsgeschichte wird in der N-Fassung so zu einem linearen Erzählstrang verdichtet, in dem konsekutive Handlungseinheiten in einer Szene zusammenfallen.

Während die Vermittlungsinstanz der N-Fassung die Reden der königlichen Berater lediglich nacherzählt und somit durch Konjunktiv und Paraphrase Distanz produziert, spricht der junge Prinz gleich fünfmal in direkter Rede. Auf diese Weise evoziert das historische Exempel einen akustischen Kontrast zwischen den *weysilich*[*en*] Reden des *jüngling*[*s*] und den Aussagen des etablierten Beraterkollektivs: *dye meyster schüffen nichts nit*, suchen vergeblich, den Prinzen für die Opferzeremonie aus seinem Palast zu führen. Die doppelte Verneinung markiert, dass auch die Berater an der Redegewandtheit des jungen Mannes seinem Vater vergleichbar scheitern. Stattdessen empfehlen sie ihrem Herrscher in transponierter Rede, den Prinzen von einer hübschen Jungfrau verführen zu lassen. Diesen bestimmen allerdings so große Ängste vor einer möglichen Krankheit, dass er die Avancen der Hofdamen erfolgreich abwehrt: Bisher sei er *gesunt gewesen* und falle durch sie *villeicht in ungesuntheyt*, weshalb er *von natur* aus lieber verzichte. Weil Josaphat trotz aller weiblichen Verführungskünste standhaft bleibt, kommt die Vermittlungsinstanz zu dem Schluss: *Also kunt nyemant den jüngling uberkömen.* Auch sein Vater muss einsehen, *das in nyemant uberkummen mocht mit seiner weyßheyt.*[376] *mit aller klugheyt* lässt dieser schließlich einen Hoftag ausrichten, um seinen Sohn durch die Freuden und

376 Insgesamt dreimal bezeichnet die Vermittlungsinstanz die Versuche der Berater als *überkomen* (zuvor hatten dieselben dem Herrscher geraten, eine junge Frau zu finden, welche *den süne überkeme*). Das Verb *überkomen* changiert in seinen Bedeutungsspektren zwischen ›übereinkommen/überzeugen‹ und ›in die Gewalt bekommen/bezwingen‹, liest sich also in dieser Doppeldeutigkeit als subtiler kritischer Kommentar (zu den Bedeutungsdimensionen im Frühneuhochdeutschen vgl. Christa Baufeld, Kleines frühneuhochdeutsches Wörterbuch. Lexik aus Dichtung und Fachliteratur des Frühneuhochdeutschen, Tübingen 1996, 232). Auf wen sich die Zuschreibung der *weyßheyt* bezieht, bleibt aufgrund der offenen Syntax unklar: Kann niemand trotz seiner Weisheit den Prinzen überzeugen oder niemand den Prinzen aufgrund seiner (d. i. des Prinzen) Weisheit überreden? Da der Prinz eingangs als *weyse* eingeführt wird, scheint die zweite Lesart wahrscheinlicher.

Festlichkeiten für das irdische Leben zu gewinnen. Die *klugheit* des Herrschers, seine Verständigkeit und Geschicklichkeit in Fragen höfischer Prachtentfaltung, vermag die *weyßheyt* des Prinzen jedoch nicht zu überbieten. Dieser nämlich zeigt sich unempfänglich für die rein äußere Zierde,[377] bemerkt stattdessen die Erkrankten am Wegesrand und erkennt erschrocken die Folgen körperlicher Gebrechlichkeit und Sterblichkeit. Ratsuchend wendet sich der junge Thronfolger mit seinen Fragen an einen *meyster.* Im Gegensatz zur transponierten Vermittlung in der vorangehenden Szene bindet die Vermittlungsinstanz diesen Figurenaustausch mimetisch ein, Prinz und Ratgeber sprechen unmittelbar miteinander. Hat das Beraterkollektiv den Prinzen noch zu manipulieren versucht, so weist dieser einzelne *meyster* seinem Schüler den Weg christlicher Erkenntnis: Der *meyster* führt, die *meyster* verführen den Prinzen. *naturlichen* möchte der Jüngling seiner Selbstaussage nach künftig sein Leben führen, *naturlich* bekennt er sich im Erzählerbericht zu Gott und seinem Beispiel folgend *naturlich* zu leben sieht die Vermittlungsinstanz als christliche Pflicht an. Das Adverb *naturlich* führt somit aus der Figurenrede zurück zum Rahmentext, der gleiche Wortlaut parallelisiert positiv besetzte Figur und Vermittlungsinstanz des Haupttextes.

Gleicht man die Version der ›Reformatio Sigismundi‹ mit den anderen lateinischen und volkssprachigen Bearbeitungen der Barlaamlegende ab, so fällt auf, wie sehr gerade die N-Fassung die Handlung auf zwei wesentliche Erzählmomente kondensiert: Die Verführungsversuche und die Begegnung des Prinzen mit Versehrtheit und Krankheit in der Welt. Die eigentlichen Handlungsfixpunkte – die ausufernde Belehrung des Prinzen durch den Einsiedler, die Auseinandersetzungen zwischen Prinz und Vater sowie Josaphats neue, christlich fundierte Herrschaft – treten zurück zugunsten dieser beiden, im Ursprungssyntagma kurzen Szenen. Dass die Vermittlungsinstanz die Handlung falsch wiedergibt, überrascht nicht weiter; es entspricht der Gesamttendenz der N-Fassung, weniger korrekt als vielmehr persuasiv zu narrativieren. In diesem Fall modelliert und konzentriert sie die bekannte Legende, um den Akzent auf den unversehrten Körper des Herrschers zu setzen – eint die beiden Sequenzen doch, dass sie das Krankheitsmotiv (entgegen der Vorlage) zentralisieren und Josaphat als klugen jungen Mann vorstellen, der sich von den Verlockungen der Welt fernzuhalten versteht. Dass die Fassung damit letztlich ein Narrativ von Wachstum und Entwicklung erzählt, deuten Anfangs- und Schlusssatz an: Zu Beginn berichtet die Vermittlungsinstanz von einem *keyser von Indea,* der *nit ein cristen was,* den der Sohn jedoch im Schlusssatz zum *cristen* macht. Die Konsekutivfolge *nit crist – crist* legt die entscheidende Handlungsdynamik offen,

377 Kurz darauf heißt es: *im was bereyt alle klugheyt mit gezierten pferden* (RS N 82). Auch hier bezieht sich die *klugheyt* auf äußere Charakteristika.

ebenso wie die Negationsformel des Nicht-Christen (ähnlich auch die doppelte Verneinung in: *dye meyster schüffen nichts nit*) das Gegenüber rein sprachlich als Antonym konzeptualisieren: Der Christ erreicht, woran der Nicht-Christ scheitert. Die dialogischen Gegenüber erhalten nur in ihrer Funktion als Negativfolie Relevanz, als namen- und konturlose Spiegelfiguren erlauben sie, vom Triumph einer (gesunden) Herrscherfigur zu erzählen.

Während die P-Fassung die gesamte Episode um Prinz und Eremit streicht, berichtet die K-Fassung, *daß Barlam der ritter yn eyn mole heymlich underwyst hat* (RS K 83; »dass Barlaam, der Streiter Gottes, ihn einmal heimlich unterwiesen hat«). Auch die Vulgata modelliert die Erzählung hin zu einem kondensierten Verweis:

> *Diß sol nü villeicht sein, als es got wol orden mag durch die clainen, als er tet, da er Josephat, ains kaysers sün von India in seinen jungen tagen weißhait gab, das er seinen vater und all maister in allen künigreichen in India überkom; er machet seinen vater cristen und alle reich in India in seiner jugent.*
> RS V 81/83
>
> »Es wird nun vielleicht dazu kommen, dass es Gott durch die Kleinen in Ordnung bringen wird – wie er es tat, als er Josaphat, den Sohn eines indischen Kaisers, in seiner Jugend die Weisheit gab, seinen Vater und alle Meister der indischen Königreiche zu überzeugen und damit seinen Vater und das gesamte indische Reich zum Christentum zu bekehren.«

Die Vulgata verzichtet auf Figurenrede und erzählerisches Beiwerk, nennt allerdings den Heiligen mit Namen und stellt aus, welche argumentative Funktion der Exkurs erfüllt – Gott handle durch die *clainen*, wie er es einst im Falle Josaphats getan habe. Statt über eine dramatisierte Erzählung emotional zu wirken, reduziert sie die Legende auf ein sachlich pragmatisches Argument, verstärkt durch die Namensnennung den Bezug zur außertextlichen Wirklichkeit und legt das Beispielhafte der Episode offen.

### 1.2.2 Die Silvesterlegende

Den römischen Kaiser Konstantin und seinen christlichen Heils- und Ratgeber Silvester funktionalisiert die ›Reformatio Sigismundi‹ zu Repräsentanten einer zurückliegenden, idealisierten Ordnung:

> *Es ist pey zweyhundert jar, das der hoff eines babsts wol bestunt in gutter ordenung, als er des ersten geordent wart under dem babst Siluestro und dem keyser Constantino; do wart das patrimonium sant Peters der heyligen kyrchen woll außgezeichenet, da der hoff und alle cardinale erlich bestunden und noch heutbetage wol erlich besteen mügen*[.]
> RS N 60

»Vor zweihundert Jahren war der päpstliche Hof noch so gut geordnet, wie es ursprünglich von Papst Silvester und Kaiser Konstantin angelegt worden war: Das heißt, der Besitz des Kirchenstaates war klar festgehalten, damit der Zustand von Hof und Kardinalskollegium aufrichtig sei und bis zum heutigen Tage auch so bestehen bleiben würde.«

Herrscher und Heiliger markieren in allen Fassungen den Beginn der rechtmäßigen Ordnung, die Schlüsselbegriffe *gut, ordenung, orden, woll* und *erlich* füllen den Idealzustand mit Inhalt.[378] Im Sinne Gottes setzen *Constantinus der keyser [...] und der heylig babst Siluester* (RS N 100; »Kaiser Konstantin [...] und der heilige Papst Silvester«) die Kirche in ihr Recht und stabilisieren das Papsttum. Auch dem Reich habe die richtige Struktur gefehlt,

*bis das Constantinus, sant Helenen sün, der aussetzig wardt, keyser wart, den da sant Siluester der babst rein machet und tauffet; do wardt erst dye heylige kyrch woll besetzet, das der babst, dye cardinal und der gantz hoff woll bestunde, und wart außgezeygent, was sant Peters erb solt sein; das wart woll vorordnet, das der gantz hoff keinen mangel mee haben solt, als yr gehort habt in prohemio davor. Daz stund lang nach sant Siluester, das kein orden auffstundt noch von keinem orden bebst worden.*
RS N 94/96

»bis Konstantin, Sohn der Heiligen Helena, Kaiser wurde. Nachdem der Aussatz ihn befallen hatte, heilte und taufte ihn der heilige Papst Silvester. Damals wurde die heilige Kirche erst richtig mit Papst, Kardinalskollegium und Hofstaat besetzt und es wurde festgehalten, was der genaue Besitz des Kirchenstaates sei. Das wurde sorgfältig verordnet, damit es dem Hof an nichts fehle, wie ihr in der Einleitung bereits gehört habt. Noch lange nach dem Heiligen Silvester gab es deshalb keine Orden, geschweige denn Päpste aus einem Orden.«

Im Anschluss diagnostiziert die Vermittlungsinstanz der N-Fassung eine Fehlentwicklung: *pey zweihundert jaren und nü* (RS N 96; »in den letzten zweihundert Jahren«) hätten die Orden ihren Machtbereich widerrechtlich vergrößert und ihren Einfluss auf den Papsthof ausgeweitet. Stellen die Verben *woll besetzen, woll besten* und *woll vororden* die Leistung der Gründungsväter aus, demaskiert die Gegenwartsdiagnose das Fehlverhalten der aktuellen Herrschaftsträger.

In der Regel verweist die N-Fassung eher beiläufig auf die Referenzfiguren als normkonstituierendes Vorbild. Im Kapitel zum Kaisertum jedoch lässt sie die beiden ausführlich zu Wort kommen:

*Dye keyser, einer nach dem andernn, regirten mit der ritterschaft biß das Constantinus keyser wart. Der wart aussetzig und sucht sich also, das er alle meyster beschickt, im zü raten, ob er gesunt mocht werden, als in einer nacht erschein ym sant Peter und sprach:*

378 Dass der Text Konstantin und Silvester wiederholt als Repräsentanten der idealen Ordnung heranzieht, wurde zwar kommentiert, jedoch nicht weiter ausgedeutet (vgl. Koller 1964b, 96, Anm. 1; Struve 1978, 82; Pfaff 1999, 206).

*»Constantine, wiltu gesunt werden, so gang zu sant Siluester, dem babst, der macht dir ein bat, so wirstu gesunt!« Do der morgen kam, do wart im gach und schicket boten züm babst Siluester, der was in einer höl, wan es was groß durchechtigüng der heyligen cristenheyt; man sucht den babst und fand in und sichert in und kam Constantinus mit grosser begir zü Siluestro; er bat yn umb hilff und trost und sagt im dye verkundigung, als im sant Peter het gethan; do sprach sant Siluester: »Du magst woll gesunt werden, wiltu gelauben an Ihesum Cristum, den einigen gots sun?« Er sprach, was er in hieß, wolt er gehorsam sein. Er / satzt im sechs tag zü fasten, an den sibenden tag wolt er im ein bad bereyten; also wart Constantinus getaufft und wart rein. Do viel er uff seine knye und riefft got an und ergab sich seins keyserthumß und gab allen gewalt sant Siluestro, er wer nit wirdig, zü heyssen ein keyser; als enpfing sant Siluester allen gewalt geystlich und weltlich und satzt Constantinum zü einem vicarien des weltlichen states und bot im das swert, als noch heutbetage geschicht, wan man einen keyser macht.*
*Da saß sant Siluester und Constantinus züsamen und verordenten dy heyligen kyrchen und satzten XXIIII stuck der kyrchen, dye man halten solt pey der pene des todes; und als ein groß durchechter er was wider dye cristen, noch grosser was er wider dye, dye Cristum nit verjehen wolten. Do sprach Constantinus zü sant Siluester: »Nu muß man schirmen setzen, das dye heyligen kyrchen schirmen habe und der glaübe.« Da wart erst recht dye ritterschafft verordent. Constantinus sprach: »Mein vorfordernn haben gereiset woll mit der ritterschafft und sein woll bestanden; man sol es aber woll verorden.«*
RS N 246/248

»Die Kaiser, einer nach dem anderen, herrschten mit der Ritterschaft, bis Konstantin Kaiser wurde. Diesen befiel der Aussatz und so ließ er an alle Meister um Rat schicken, wie er genesen könne, als ihm in einer Nacht der Heilige Petrus erschien und sprach: ›Konstantin, wenn Du genesen willst, so gehe zu dem Heiligen Silvester, dem Papst, der wird Dir ein Bad bereiten, so wirst Du gesund!‹ Als der Tag anbrach, beeilte er sich, Boten zum Papst Silvester zu schicken, der sich in einer Höhle versteckte, da die heilige Christenheit zu dieser Zeit schwer verfolgt wurde. Man suchte den Papst und fand ihn und gewährte ihm Schutz und Konstantin kam begierig zu Silvester. Er bat ihn um Hilfe und Trost und erzählte ihm von der Prophezeiung, die der Heilige Petrus ihm offenbart hatte. Darauf sprach der Heilige Silvester: ›Du wirst genesen, wenn Du an Jesus Christus, den eingeborenen Sohn Gottes, glauben willst?‹ [Konstantin] versicherte, dass er dem, was er ihn zu tun hieß, Folge leisten wolle. [Silvester] ließ ihn daraufhin sechs Tage fasten, am siebten Tage wollte er ihm ein Bad bereiten. Und so wurde Konstantin getauft und geheilt. Daraufhin fiel er auf die Knie und rief Gott an und ergab sich seiner Herrschaft und übergab alle Macht dem Heiligen Silvester, da er nicht würdig sei, Kaiser genannt zu werden. Und so empfing der Heilige Silvester alle geistliche und weltliche Macht und setzte Konstantin als weltlichen Stellvertreter ein und reichte ihm das Schwert, wie es noch heutzutage geschieht, wenn man einen Kaiser krönt.
Daraufhin setzten sich der Heilige Silvester und Konstantin zusammen und ordneten die heilige Kirche und richteten 24 Kirchen ein, die man unter Androhung der Todesstrafe bewahren sollte. Und hatte er auch die Christen zuvor verfolgen lassen, so war er nun noch strenger gegen diejenigen, die sich nicht zu Christus bekennen wollten. Konstantin sprach zu dem Heiligen Silvester: ›Nun soll man Schutzmaßnahmen einrichten, um die heilige Kirche und den Glauben zu schützen.‹ Die Ritterschaft wurde

daraufhin zum ersten Mal rechtmäßig in Stand gesetzt. Konstantin sprach: ›Auch wenn meine Vorgänger mit der Ritterschaft bisher gute Kriege geführt haben und sie also gut bestand, soll man sie nun richtig in Stand setzen.‹«

Der vom Aussatz befallene Kaiser Konstantin wendet sich hilfesuchend an ein namenloses Kollektiv von Meistern mit der Bitte um Beistand; wie sie ihm auf seine Verzweiflung antworten, erfahren wir nicht. Den entscheidenden Ratschlag erhält Konstantin schließlich in Form einer nächtlichen Vision: In direkter Rede offenbart sich ihm der Heilige Petrus, dessen Stimme somit als erste in der kurzen Episode erklingt. Konstantin folgt dem göttlichen Gebot und lässt gleich am nächsten Morgen nach Silvester suchen, der sich angesichts der Christenverfolgung in einer Höhle versteckt hat. Der kranke Kaiser begibt sich zu der ihm gewiesenen Stelle und bittet den *babst* um Hilfe, indem er die Worte der Visionsstimme – in transponierter Rede – wiederholt. Silvester erwidert hierauf in direkter Rede, dass Konstantin durchaus geheilt werden könne, solange er nur den christlichen Glauben annehme. Dieser versichert, den Geboten Silvesters Folge leisten zu wollen, fastet auf dessen Aufforderung hin sechs Tage lang und lässt sich – dem Schöpfungsakt in seiner Zeitstruktur von sieben Tagen gleichgesetzt – am siebten Tag taufen. Das christliche Sakrament der Reinigung heilt den Herrscher von seinem körperlichen Leid. Konstantins folgende Demutsgeste sichert das Hierarchieverhältnis zwischen den beiden Sphären weltlicher und geistlicher Macht: Ausdrücklich betont die Vermittlungsinstanz, dass Konstantin Silvester alle Herrschaftsgewalt überantworte, der Kaiser also als *vicarius*, als Vertreter des weltlichen Herrschaftsbereichs, seine Legitimation durch die Kirche empfange.

Bis zu diesem Zeitpunkt präsentiert der Text Konstantins Aussagen nur in Form indirekter Rede, nach seiner Taufe aber spricht der Herrscher unmittelbar: Seine Vorgänger haben zwar bisher ausreichend mit der Ritterschaft gekämpft, aber er wolle sie nun richtig in Stand setzen, verkündet der Geheilte. Mit ihren sich anschließenden Reformmaßnahmen erfüllen die beiden legendarischen Figuren Vorbildfunktion: Wenn sich Konstantin als weltlicher Herrschaftsträger und Silvester als Repräsentant geistlicher Ordnung *züsamen* [*setzen*] *und* […] *dy heyligen kyrchen* [*verorden*], verkörpern sie eben jene beiden Gruppen, die die ›Reformatio Sigismundi‹ mit ihren Reformappellen wiederholt in die Pflicht ruft.[379] Darüber hinaus legitimieren sie die im Haupttext angebrachten Forderungen: Konstantins Aussagen *Nu muß man schirmen setzen* und *man sol es* […] *woll verorden* gleichen in Wortwahl, Syntax, Modus und unpersönlicher

379 Diese Analogie hat bereits Dohna betont (vgl. Dohna 1960, 152).

Sprechhaltung den zahlreichen Handlungsanleitungen der ›Reformatio Sigismundi‹.[380]

Die Vulgata, die keine weltliche Reform und also auch kein Kapitel zum Kaisertum bietet, verlagert die Episode in den Abschnitt *Von ritterlichem stant* (»Zum Rittertum«). Sie streicht das dialogische Moment, rafft die Handlung zu einem neutralen Erzählerbericht und de- beziehungsweise rekontextualisiert die Silvesterlegende, um unter der Leitfrage *wie des ersten ritterschaft auffgestanden sey* (RS V 285; »wie das Rittertum entstanden ist«) den Beginn der Ritterorden zu narrativieren. Den erzählerischen Schwerpunkt legt sie dabei auf das Hierarchieverhältnis von geistlicher und weltlicher Macht: *in lehens weiß* (»als Lehen«) empfange Konstantin *als ain stathalter und schirmer des heiligen cristenlichen glaübens* [...] *das weltlich swert* (RS V 287; »in seiner Funktion als Stellvertreter und Beschützer des heiligen christlichen Glaubens [...] die Reichsinsignien«), ordne sich also der kirchlichen Autorität unter.

Auch die P-Fassung kürzt und modifiziert ihre Vorlage, wenn sie unter Verweis auf einen *prologum sant Siluesters* (RS P 249; »Prolog des Heiligen Silvesters«)[381] die Legende zum Anlass nimmt, von der Gründung der Stadt Trier zu berichten.[382] Niemand solle *endern* (»ändern«), was durch den *heiligen seligen bebest Siuestro* (»den heiligen seligen Papst Silvester«) und durch *den hohen keyser Constantino* (RS P 101/103; »den erhabenen Kaiser Konstantin«) rechtmäßig angeordnet worden sei. *Das man das endren sülle, das kan ich im rehten nit wol finden* (RS P 103; »Dass man das verändern darf, kann ich mit Recht nicht gut heißen«), insistiert die Vermittlungsinstanz der P-Fassung noch einmal.

Die G-Fassung, die in ihrer Auseinandersetzung mit der P-Fassung häufig Elemente des Originals in den Text zurück integriert, thematisiert die Silvesterlegende gleich zweimal ausführlich und reichert sie darüber hinaus mit Informationen aus der Stoffgeschichte an – so raten etwa die *weysen maister* (RS G 246; »weisen Meister«) ihrem Herrscher, in Kinderblut zu baden. Ihre beiden Nacherzählungen zentriert sie vornehmlich um das bestimmende Krankheitsmotiv:

---

380 So etwa die von der Vermittlungsinstanz wiederholt gebrachte Wendung (*Item*) *man sol* (vgl. Kap. II 2.5). Besonders ähnlich klingt: *Man sol halten und beschirmen, was Cristus geordent hat, mit leyb und mit leben* (RS N 192; »Man soll mit Leib und Leben einhalten und bewahren, was Christus geordnet hat«).

381 Auf welche Quelle sich die P-Fassung hier bezieht, ist unklar; denkbar ist die ›Legenda Aurea‹ (vgl. Koller 1964b, 248, Anm. 11).

382 Nachdem sich die Reichsstadt Trier im 30. Jahr ihrer Stadtgeschichte den Geboten des Kaisers Ninus widersetzt habe, sei dieser mit Hilfe der neu gegründeten Stadt Solotern gegen die Trierer gezogen, habe ihre Stadt zerstört und die kaiserliche Schatzkammer nach Solotern verlegt (vgl. RS P 249/251). Woher die P-Fassung diese »Gründungssage« nimmt, ist unklar (Koller 1964b, 248, Anm. 14). Arentzen und Ruberg weisen zumindest darauf hin, dass die Trierer Gründungssagen in der Regel auf Ninus verweisen (vgl. Arentzen/Ruberg 1987, 48). Koller beobachtet, dass sich die späteren Bearbeitungen »immer mehr in das Gebiet der Sage entfernen« (Ders. 1957, 493).

Im Kapitel zum Papsttum erzählt die G-Fassung, wie Silvester den vom Aussatz befallenen Kaiser Konstantin *gesund* (RS G 94; »gesund«) machte. *Da er nun gesund wart* (RS G 94; »Sobald er genesen war«), begründete der Herrscher gemeinsam mit seinem christlichen Ratgeber die gottgefällige Ordnung. Auch im Analogabschnitt zum Kaisertum hält die Vermittlungsinstanz noch einmal inne, um von Konstantins Erkrankung und Genesung durch das *bad* [...] *der gesundhait* (RS G 247; »Bad [...] der Genesung«) im Detail zu berichten. Insgesamt sechs Mal wiederholt die Vermittlungsinstanz in ihrer Schilderung den Schlüsselbegriff *gesund(hait)* (RS G 246f.; »Gesund[heit]«). Auffallend verschränken sich gerade in den Episoden der G-Fassung Herrscher und Reich über das Krankheitsmotiv: Als der Kaiser vom Aussatz befallen wurde, *stund es* [...] *krank* (RS G 94; »stand es schlecht«) um das Reich; sobald er geheilt wurde, *stund* [*es*] *wol* (RS G 95; »war alles gut«). Der synoptische Vergleich legt damit offen, wie die ›Reformatio Sigismundi‹ mit der Silvesterlegende vom Triumph einer (genesenen) Herrscherfigur erzählt.[383]

Ähnlich dem Barlaamstoff ist auch die Silvesterlegende gemeinhin bekannt.[384] Über den Krankheitsdiskurs gelingt es der ›Reformatio Sigismundi‹, die beiden populären *historiae* thematisch miteinander zu verschränken: Während Josaphat eine Erkrankung erfolgreich abwehrt, sieht sich der römische Kaiser Konstantin tatsächlich vom Aussatz befallen. Aus Sorge angesichts drohender beziehungsweise tatsächlicher Erkrankung wenden sich die Herrscher Josaphat und Konstantin schließlich an einen Ratgeber. Diese nun weisen dem jeweiligen Herrscher den Weg zu Gesundheit und rechter Lebensführung; Silvester heilt Konstantin, Barlaam ebnet Josaphat den Weg zum *naturlichen* Lebenswandel. Als Thronfolger setzen Konstantin und Josaphat dabei eine genealogische Herrschaftsfolge fort, die mit ihrer antizipierten beziehungsweise tatsächlichen Erkrankung einen Höhe- und Wendepunkt erreicht.[385] Vor dem idealen Kaisertum steht der er-

383 Zu den Variationen der späteren Bearbeitungen vgl. auch KOLLER 1957, 507f.

384 In Silvesterlegende und Konstantinische Schenkung führt ein Rolf QUEDNAU, Silvesterlegende und Konstantinische Schenkung, in: Alexander DEMANDT/Josef ENGELMANN (edd.), Konstantin der Große. Ausstellungskatalog (Rheinisches Landesmuseum Trier: Herrscher des Römischen Imperiums. Bischöfliches Dom- und Diözesanmuseum Trier: Der Kaiser und die Christen. Stadtmuseum Simeonstift Trier: Tradition und Mythos), Mainz 2007, 434–444, hier 434. Vermutlich indirekt durch andere Quellen vermittelt (z. B. durch den Schwabenspiegel), kennt die ›Reformatio Sigismundi‹ die Silvesterlegende aus der Konstantinischen Schenkung, weiß jedoch noch nicht um deren Status als Fälschung (vgl. KOLLER 1958, 423).

385 Konstantin gleich verkörpert auch Josaphat nach seiner Taufe das »Idealbild des mittelalterlichen Herrschers« (Wilfried SCHOUWINK, *Bî wem sol ich senden dar / mîn guot, swenne ich hinnan var.* Barlaams Jahreskönig bei Rudolf von Ems und in Jakob Bidermans ›Cosmarchia‹, in: Gisela VOLLMANN-PROFE et al. [edd.], Impulse und Resonanzen. Tübinger mediävistische Beiträge zum 80. Geburtstag von Walter Haug, Tübingen 2007, 245–264, hier

krankte (personale) Körper – mit dessen Genesung gesundet auch das Reich. Die Konsekutivfolge aus Erkrankung und Rehabilitierung setzt die entscheidende Dynamik in Gang: Während der gesunde Herrscher die Geschichte einfach nur fortsetzt, schreibt der genesene Herrscher sie neu.[386] Als wesentliche Handlungsimpulse bedingen Krankheit und Heilung die folgende Reform, werden semiotisch aufgeladen.

Die überzeitliche Relevanz der beiden weit zurückliegenden Legenden stellt die ›Reformatio Sigismundi‹ über Analogieverweise aus: Wie Silvester den geheilten Konstantin zum Herrscher gekrönt habe, so küre man auch heute noch den Kaiser; so wie Josaphat in Gottes Gebot gelebt habe, solle auch jeder Christ den Geboten Gottes Folge leisten.[387] Die *historiae* legen somit den Grundstein für die eigene gesellschaftliche Gegenwart: »Geschichte erklärt, begründet, legitimiert Aktuelles, indem dieses immer schon sich historisch geworden und eingebettet versteht.«[388] Wie wenig jedoch die aktuelle Gegenwart der ›Reformatio Sigismundi‹ diesem historischen Erbe gerecht zu werden vermag, wie sehr sich im Gegenteil die Zustände verkehrt haben – das führen die normativen Wirklichkeitserzählungen über ein Inversionsnarrativ vor Augen.

## 1.3 Normative Wirklichkeitserzählungen: Die Streitgespräche

### 1.3.1 Das ›Türkengespräch‹

Nachdem die N-Fassung die Einleitung bereits mit der Barlaamlegende angereichert hat, arbeitet sie unmittelbar darauf den folgenden narrativierten Dialog ein:

> *Es ist war: kurtzlich pey unnserem herren des keyser zeytten im concilio zü Basel disputiert ein cristen ritter mit dem hertzog von Durcken und sprach der ritter zü dem hertzogen: »Herr, yr seyt ein weyßerr herr, yr sollent euch lassen tauffen und cristen werden; unnser glaub ist edel und geordent mit allen rechten puncktenn, das nyemand kein args im glauben vinden mag.« Der hertzog antwort und sprach: »Ich merck dich woll,*

256). Die beiden Legenden eignen sich deshalb in besonderem Maße, Fragen der rechtmäßigen Herrschaft zu verhandeln.

386 Im Sinne der von Detering, Franzen und Meid gebotenen Definition lassen sich die beiden *historiae* somit auch als faktuale ›Herrschaftserzählungen‹ lesen: Herrschaftserzählungen können Herrschaften gleichermaßen stabilisieren wie hinterfragen und werden dabei entscheidendes Medium subversiver Kritik (vgl. Nicolas Detering/Johannes Franzen/Christopher Meid, Herrschaftserzählungen um Wilhelm II. Zur Einleitung, in: Dies. [edd.], Herrschaftserzählungen. Wilhelm II. in der Kulturgeschichte [1888–1933] [Faktuales und Fiktionales Erzählen 3], Würzburg 2016, 7–17, hier 7; zum Begriff der ›Herrschaftserzählung‹ vgl. ebd., 11).

387 Die Tendenz zur Aktualisierung kommentiert bereits Dohna 1960, 41.

388 Herweg 2017a, 440.

*es ist war, was sagestu nach der gschriefft läuterung, so hat euch Cristus mit seinem tode gekaufft und gefreyet zü dem ewigen leben, des bekenne ich durch ewer gschrifft; aber ich bekenne, das yr sein nit begerent noch ym lebent; ir verswerent in; einer nympt dem anndernn sein ere und sein gut ab; einer spricht den andernn an fur eygen; das ist ewrs gots und herrn meynung nye gewesen; nü wert yr faren wyder unns uber mer und fechtent wider unns und meynet gut merfart zü thünn; wann yr unns erschlagen mogent, so meynet yr, das ewig leben dadurch zu haben; do betriegent yr euch selber; blibent yr doheym und fechtent mit den falschen cristen und weyßet dye zümm rechtenn, das wer ein gute merfart.«*
*Nu gedenck, was man horen müß von den ungeleubigenn. Er sprach auch mer: »Wann yr euch bekertent und ewer recht hieltent, so hettent yr unns gewönen,« daz wer sicher; es züge alle welt here zü unns und wirt ein hirt und ein stall.*
RS N 86/88

»Es ist wahr: Vor kurzem, zu Lebzeiten unseres Kaisers [gemeint ist Siegmund von Luxemburg, S. Q.], disputierte auf dem Konzil von Basel ein christlicher Ritter mit einem Herzog aus der Türkei. Der Ritter sprach zu dem Herzog: ›Herr, ihr seid doch verständig, ihr solltet euch taufen lassen und Christ werden. Unser Glaube ist edel und rechtmäßig eingerichtet, so dass niemand etwas Übles daran finden kann.‹ Der Herzog antwortete: ›Ich verstehe Dich durchaus und in der Tat stimmt es, was Du der Heiligen Schrift entnimmst: dass Christus nämlich für euch mit seinem Tode bezahlt und euch damit zum ewigem Leben befreit hat, und das sehe ich dank eurer Heiligen Schrift auch ein. Aber ich muss auch beobachten, dass ihr weder nach ihm verlangt noch nach seinen Vorschriften lebt, sondern euch von ihm lossagt. Der eine nimmt dem anderen Ansehen und Besitz, wenn er sein Gegenüber zum Leibeigenen macht. Das kann niemals die Absicht eures Gottes gewesen sein. Wenn ihr dieser Tage übers Meer zu uns fahrt und gegen uns kämpft, so glaubt ihr, einen guten Kreuzzug zu begehen. Wenn ihr es schafft, uns zu töten, glaubt ihr, dadurch das ewige Leben zu gewinnen. Damit betrügt ihr euch selbst! Wenn ihr doch nur daheimbleiben und gegen die falschen Christen ankämpfen und diese zu Recht und Ordnung weisen würdet, das wäre ein guter Kreuzzug!‹
Bedenkt, was man sich von den Ungläubigen anhören muss. Er sprach noch mehr: ›Wenn ihr euch doch nur bekehren und euer Recht einhalten würdet, so hättet ihr uns schon für euch gewonnen.‹ Das steht fest: Dann käme alle Welt hierher zu uns und der einzig wahre Hirte hätte einen Stall.«

Dass die Vermittlungsinstanz das Ereignis raumzeitlich konkretisiert[389] und den Wahrheitsgehalt der geschilderten Begebenheit expliziert, erhöht den Grad an Referenzialität. Indem sie außerdem den Dialog in wörtlicher Rede wiedergibt,

389 Im faktualen Text suchen realdeiktische Elemente, »bestimmte Vorinformationen des Lesers rasch zu mobilisieren« (Winkler 1976, 163) und ihn dadurch in das Beschriebene einzubinden. Bereits Dohna hat erkannt: »Man könnte sich dieselbe, im legendarisch-sagenhaften Erzählton gehaltene Fabel gut ohne Beziehung auf Zeit und Ort vorstellen. Und doch ist ihre Historisierung, oder besser: die Betonung ihrer – vom Autor doch wohl für authentisch gehaltenen – Historizität nicht etwa bloß schmückendes Beiwerk, sondern durchaus notwendig« (Dohna 1960, 42f.).

unterstreicht sie den Wirklichkeitsanspruch durch die vermeintliche Objektivität der mimetischen Vermittlung.

Die Erzählung beginnt mit den Worten des christlichen Ritters, der sich mit einer Aufforderung an den fremdländischen Gast wendet. Seine Aussage karikiert dabei die vorangehenden Kritikpunkte des Haupttextes, in dessen Einleitung die Unordnung in Glaubensfragen verurteilt worden ist. Der Ritter erfüllt damit das in der Einleitung heraufbeschworene Bild eben desjenigen Konzilsteilnehmers, der sich aus Bequemlichkeit und falscher Überzeugung heraus blind für die dringenden Reformen zeigt. Die Vermittlungsinstanz kommentiert diesen offenkundigen Widerspruch zwischen Figurenrede und ihren eigenen Aussagen nicht, sondern bietet unmittelbar über eine neutrale *inquit*-Formel die Gegenrede des Gesprächspartners. Versiert argumentiert der türkische Herzog vor dem Horizont christlichen Wissens: Gleich zweimal beruft er sich auf die heilige *gschrifft*, verarbeitet darüber hinaus im Bild des Freikaufs ein Paulus-Zitat (Gal 3,14). Harsch prangert er in seinem Kommentar den Meineid der Christen an und ruft aus, dass er sich ja zur Wahrheit des christlichen Gottes bekennte, folgten die Christen nur ihrem eigenen Gebot. Mit seiner neutestamentlich inspirierten Sprache erweist sich der türkische Herzog somit tatsächlich als der *weyße*[] *herr*, als den ihn sein Dialogpartner vorausgehend bezeichnet hat. Eine Rezeptionsaufforderung, die über das Schlagwort des *ungeleubigenn* den eigentlich unerhörten Charakter der Episode markiert – hier belehrt schließlich ein Ungläubiger in Glaubensfragen – schließt die Schilderung des Disputs.

Während die Aussagen des christlichen Ritters denjenigen des Haupttextes widersprechen, klingen in den Vorwürfen des türkischen Herzogs deutlich die Kritikpunkte der ›Reformatio Sigismundi‹ an. In vergleichbar emotionalisierten Bekenntnissen beklagt die Vermittlungsinstanz der N-Fassung etwa die Leibeigenschaft:

> *Es ist ein ungeherte sach, das man es offen müß in der cristenheyt, das groß unrecht ist, das vorget, daz einer vor got also durstig ist, das er sprechen tar zü einem menschen: »Du bist mein eygen!«, den got hertiglich erloßet hat und gefreyet; es ist heydenisch gethan.* RS N 276
>
> »Es ist unerhört, dass man den Christen das große Unrecht, das vor sich geht, ernsthaft erklären muss: dass einer nämlich im Angesicht Gottes so gierig ist und sich traut, zu einem Mitmenschen (den Gott schließlich mühevoll erlöst und befreit hat) zu sagen: ›Du bist mein Leibeigener!‹ Das ist Ketzerei.«

Dass die Vermittlungsinstanz die Leibeigenschaft als *heydenisch* verurteilt,[390] legt die drastische Inversionsstruktur des vorangehenden ›Türkengesprächs‹ offen:

390 Vgl. auch *sol man es nit underston, es würde b°oser den in der heydenschaft* (RS P 107; »wenn man es nicht verhindert, wird es übler als unter den Heiden zugehen«), *Solt man nit ein andern stat haben, so wer cristener gl°ob böser und valscher denn heyden* (RS P 251; »Wenn

Hier kritisiert schließlich nicht der Christ die Leibeigenschaft als ›heidnisch‹, sondern der ›Heide‹ die Leibeigenschaft als ›nicht-christlich‹. Noch deutlicher entsprechen sich die Kritikpunkte von Vermittlungsinstanz und Figur im Kontext der Kreuzzüge: *Man fert / uber mer, fechtenn durch des gelaben willen; vichtet man hie wider dye, dye alle ungerechtigkeyt, symoney, wucher, böße werck uben, so tete man gute merferte, und wider dye, dye aller ordenung wider sein* (RS N 68; »Man fährt über das Meer, um für den Glauben zu kämpfen. Würde man doch besser hier gegen jene kämpfen, die alles Unrecht, Simonie, Wucher und böse Taten begehen und sich jeder Ordnung widersetzen – das wäre ein guter Kreuzzug.«).[391]

Wie nah sich Vermittlungsinstanz und Figur in ihren Aussagen kommen, zeigt schließlich der Schlusssatz: »*Wann yr euch bekertent und ewer recht hieltent, so hettent yr unns gewönen,*« *daz wer sicher; es züge alle welt here zü unns und wirt ein hirt und ein stall.* Koller ergänzt in seiner Edition Anführungszeichen, um die Rede des türkischen Herzogs von jener der Vermittlungsinstanz zu unterscheiden. In der Handschrift ergibt sich der Sprecherwechsel von *euch* zu *uns* allerdings nur aus dem Kontext, was irritiert haben dürfte, vor allem wenn man für die ›Reformatio Sigismundi‹ eine akustische Rezeption annimmt. Die späteren Bearbeiter vereinheitlichen jedenfalls, indem sie den Satz *es züge alle welt here zü unns und wirt ein hirt und ein stall* in die Figurenrede ziehen: In der P-Fassung endet der türkische Herzog seinen Beitrag mit den Worten *es kerte sich alle die welte zů üch und würde ein glŏbe* (RS P 89; »alle Welt käme zu euch und es gäbe nur noch einen Glauben«), die G-Fassung konstatiert: *werent ir gerecht, so möcht eüch nieman nichtzit tun* (RS G 89; »wäret ihr doch nur gerecht, so könnte euch niemand etwas antun«), die Vulgata formuliert: *so hett ir uns gewünnen und slug alle welt zü euch und würden ains mit got und got mit uns* (RS V 89; »so hättet ihr uns schon für euch gewonnen und alle Welt würde sich auf eure Seite schlagen und eins mit Gott werden und Gott mit uns«). Die Vulgata gibt die Aussagen des christlichen Ritters im Übrigen in transponierter Rede wieder, wodurch die Darstellung analog zu jener der Barlaam- und Silvesterlegende in der N-Fassung positiv und negativ gezeichnete Figuren über die mimetische Vermittlung in Kontrast setzt.

---

man nicht andere Zustände schafft, wird der christliche Glauben schlimmer und falscher als der heidnische sein«).

391 Koller weist zwar darauf hin, dass sich die Kritik der Vermittlungsinstanz an den Kreuzzügen hier wiederholt, stellt die Wiederholung jedoch lediglich fest und markiert dabei auch nicht eindeutig, dass die zweite Aussage durch eine Figur artikuliert wird (vgl. KOLLER 1964b, 68, Anm. 3).

Ob das Geschilderte nun tatsächlich *war* ist, wie die Vermittlungsinstanz eingangs behauptet,[392] oder nur den Anschein erwecken möchte, interessiert letztlich weniger als der Umstand, dass die Erzählung sinnstiftend Einsatz findet. Im Gegensatz zu den deskriptiven Wirklichkeitserzählungen, in denen die beiden Herrscherfiguren Josaphat und Konstantin erst bei einem Christen Rat finden, dient im ›Türkengespräch‹ der Christ als Negativfolie, vor deren Hintergrund der ›Heide‹ als überlegener Gesprächspartner hervortritt. Die Inversionsstruktur markiert den Bruch zwischen idealisierter Vergangenheit und kritikwürdiger Gegenwart. Im ›Türkengespräch‹ wird kein Herrscher bekehrt, sondern eine Autorität eines Besseren belehrt. Deskriptive und normative Wirklichkeitserzählung schreiben somit die Geschichte eines Verfalls. Normativ ist das ›Türkengespräch‹ zunächst einmal auf Handlungsebene – schließlich spricht der türkische Gesandte zahlreiche Handlungsappelle aus. In seiner Rekurrenz auf das Konzilsgeschehen wirkt das ›Türkengespräch‹ jedoch auch auf Rezeptionsebene normativ, insofern es exemplarisch vorstellt, wie sich die von der ›Reformatio Sigismundi‹ adressierten Konzilsteilnehmer in Basel (nicht) verhalten sollen.

### 1.3.2 Der ›Klosterdisput‹

Nach Papst und Kardinälen widmet sich die ›Reformatio Sigismundi‹ ihrem hierarchisierenden Strukturprinzip folgend dem Stand der Bischöfe im dritten Kapitel der geistlichen Reform. Ihrer Argumentationslogik entsprechend, übt sie auch hier vehemente Zeitkritik, wenn sie ihre Zeitgenossen für deren Eidbrüche

392 Koehne und Beer leiten ihre Hypothesen zum Entstehungszeitraum der ›Reformatio Sigismundi‹ aus dem Umstand ab, dass eine türkische Gesandtschaft im November 1433 in Basel eingetroffen sei; der Dialog entspreche also historischen Tatsachen (vgl. Koehne 1898a, 721; Beer 1937, 176). Struve erkennt in der dialogischen »Gegenüberstellung eines Christen und eines Heiden [...] ein beliebtes Stilmittel mittelalterlicher Zeit- und Sittenkritik« (Struve 1978, 115f., Anm. 246). Ähnlich argumentiert auch Koller: »Der fingierte Dialog als Ausdrucksform ist damals sehr weit verbreitet und fand oft Anwendung. An diese Schriftgattung erinnert der Disput sehr stark. Es ist außerdem weitaus wahrscheinlicher, daß in Basel ein Glaubensgespräch von einem Kleriker geführt worden wäre. Der Ritter paßt sehr gut in die romantische Gedankenwelt des beginnenden 15. Jahrhunderts mit seiner Unmasse von Bünden und Orden und mit seinem ausgeprägten Symbolismus, in dem diese Gestalt bereits eine ganz genau fixierte Rolle spielt, doch ist sie am Konzil als Verteidiger des christlichen Glaubens und seiner Lehren fehl am Platz. Ich vermute daher, daß dieses Gespräch glatt erfunden ist. Der Autor der RS sah offenbar selbst, daß seine Erzählung nicht ganz glaubwürdig sei und angezweifelt werden könne; es sah sich deshalb genötigt, den Vermerk *es ist war* voranzustellen. Der Bericht erinnert daher an eine Anekdote, von der man mit Recht sagen kann, daß sie zwar wohl gut erfunden ist, aber nicht der Wirklichkeit entspricht« (Koller 1959a, 140f.; vgl. auch Ders. 1964b, 86, Anm. 4). Weshalb die ›Reformatio Sigismundi‹ die Episode erzählt, wenn sie doch eindeutig erfunden ist, interessiert Koller nicht weiter.

anklagt – zahlreiche Ehen würden unrechtmäßig geschieden, ebenso halte niemand die Ordensregel: *sehet an, wer in einen orden will komen, der muß herntlich sweren und globen drew dinck: reynigkeyt, das ist keusch leben, armüt und gehorsamkeyt; nü sehe mann, wye es gee; wolt yr horen eins, das do geschach?* (RS N 124; »Bedenkt, wer in einen Orden eintreten möchte, der muss drei Dinge fest versprechen und geloben: Reinheit, das heißt keusch zu leben, Armut und Gehorsam. Nun bedenke man, wie es heutzutage zugeht. Wollt ihr von etwas hören, das vor einiger Zeit geschehen ist?«). Niemand wahre die drei im Matthäusevangelium erwähnten Mönchsgelübde, namentlich Armut, Gehorsam und Keuschheit. Über den Appell *nü sehe mann* scheint die Vermittlungsinstanz den Blick auf aktuelle Zustände richten zu wollen, leitet über die rhetorische Frage dann jedoch in die Erzählung eines zurückliegenden Ereignisses ein. Den Beweis für die artikulierte Unterstellung bietet sie demnach nicht in Form einer verifizierbaren Information, sondern in Gestalt einer eingelagerten Erzählung.[393] Dass die narrativierte Schilderung eines Einzelfalls dennoch als Indiz für die allgemeine Situation dienen soll, bestätigt die abschließende Moral: *Do sehend an, wye dye orden regel halten* (RS N 126; »Und daran merkt ihr, wie die Orden heutzutage ihre Regel einhalten«).

Die kurze Erzählung berichtet von einem jungen Adligen, der in ein Kloster der Cluniazenser eintreten möchte:

> *Wir haben einen jungen herrn gehabt in hoff zu Basel, den bat man in ein orden, heyst Gluniaxer, umb das der in den orden gieng, so verhieß man im ein brobstey zü Preusach vor der stat. Er sprach: »Ich wolt gernn wyssen, was ewer orden wer, beweyset mich dye regeln, was zü thünn oder zü lassen sey und was ewer gepot sey!« sye gaben im dye regel, darinne fand er yr regel gepot und yr thunn und lassen, das hert und swer ist. Er versucht es einen monet; er kam zumm brobst zü Basel / und sprach: »Ich konde ewer gepet eins tags in vier stunden nit außgerichtenn, ich wurde täupp; darzü habt yr swere gehorsamkeyt, ich mocht es nit volbringen!« der brobst antwurt im, er wer es nit alles verpunden zü halten und zü thünn als dye regel innehelt, man dispensirt mit im, das er es woll leichtiglichen hielt; der junge herr sprach: »Ob ich nü in orden ginge, must ich nit sweren, in eweren orden zü halten?« do sprach der brobst: »Ja!« do sprach der jung herre als ein weyserr man: »Yr habt alle gesworenn in dye helle; solt ich ewer regel sweren zü got und das brechen, wye keme ich so erlich als ein rechter meyneydiger an got! ir nyessent alle gotsgabe zu ewiger verdampnuße und were ich herre uber euch, ich wolt euch ewerr regel leren halten oder yr mustent alle sterben und nit got also betriegen!«*
> RS N 124/126

»Am Hof in Basel war einst ein junger Adliger, dem man eine Propstei in Biesheim bei Breisach versprach, wenn er in den Orden der Cluniazenser eintrete. Er sprach: ›Zunächst möchte ich Euren Orden gern kennen lernen, unterweist mich also bitte in Eurer

393 Koller hat angemahnt, dass die Erzähleinheit »von der Forschung schon mehrmals behandelt, jedoch nie zufriedenstellend interpretiert« worden sei (Koller 1957, 497).

> Ordensregel, was genau zu tun und was zu lassen und was Euer Gebot sei!‹ Sie gaben ihm die Ordensregel, worin er ihre Vorschriften fand, die schwer und mühsam einzuhalten sind. Er versuchte es einen Monat lang und wandte sich schließlich an den Propst in Basel: ›Ich konnte das vierstündige Gebet nicht innerhalb eines Tages beten, mir sind die Glieder taub geworden. Ihr verlangt da einiges an Gehorsam, ich jedenfalls kann das nicht leisten!‹ Der Probst antwortete ihm, er sei nicht verpflichtet dazu, alles genauso einzuhalten, wie es die Regel vorschreibt, man dispensiere ihn, so dass er die Regeln leicht einhalten könne. Der junge Adlige sprach: ›Wenn ich nun in Euren Orden eintrete, müsste ich nicht geloben, Eure Ordensregel einzuhalten?‹ Darauf erwiderte der Probst: ›Ja!‹ Der junge Adlige sprach wie ein Gelehrter: ›Ihr habt euch mit eurem Eidbruch alle zur Hölle verdammt; wenn ich Eurer Gelübde Gott gegenüber ablege und es dann breche, wie meineidig stünde ich dann vor Gott! Ihr habt den Nutzen aller Gaben Gottes und riskiert damit ewige Verdammnis; wäre ich Euer Herr, ich würde euch schon lehren, Euer Gelübde einzuhalten oder aber ihr müsstet sterben und Gott dadurch nicht mehr betrügen!‹«[394]

Auch hier erzeugen die Sprechhaltung (*Wir haben einen jungen herrn gehabt*) und die räumliche Einbindung (*hoff zu Basel*, *brobstey zü Preusach*) einen Wirklichkeitseffekt, den die mimetische Vermittlung des Dialogs noch steigert. Die Geschichte erzählt, wie ein Novize, nachdem er ergebnislos einen Monat lang die strengen Ordensregeln einzuhalten versucht hat, sich hilfesuchend an den Propst seines Klosters wendet. Mit seiner Nachfrage erfüllt der Protagonist der eingeschobenen Erzählung somit eben jene Erwartungshaltung, die die Vermittlungsinstanz wiederholt den Geistlichen gegenüber formuliert: *ordenpriester solten halten yr regeln* (RS N 352; »Ordenspriester sollten ihre Ordensregel einhalten«). In ihrer markanten Stimmverteilung verkehrt die folgende Erzähleinheit die Hierarchie zwischen den beiden Dialogpartnern auffallend: Der Propst, dessen Antwort zunächst nur in indirekter Rede Eingang in den Text findet, begegnet den Bedenken des jungen Klosteranwärters mit Sorglosigkeit. In seinem aufscheinenden Leichtsinn bestätigt der Geistliche so den vom Haupttext unterstellten Eindruck, Ordensbrüder nähmen ihre Regeln allzu leichtfertig: *sye halten yr regeln nit* (RS N 280; »sie halten ihre Ordensregel nicht ein«).[395] Überrascht ob der Nachlässigkeit möchte sich der junge Klosteranwärter seinerseits mit einer Nachfrage vergewissern. Das einsilbige *ja* des Propstes steht in scharfem Kontrast zu den empörten Ausrufen des jungen Adligen, die über die Hälfte der gesamten Textstelle einnehmen (122 zu 240 Worten). Der Laie, der an den Geboten scheitert und eigentlich Rat sucht, erweist sich bereits quantitativ als überlegen. Und so spricht er denn auch vergleichbar dem ›heidnischen‹ Gesandten im ›Türkengespräch‹ tatsächlich als *ein weyserr man*, der die Kritik-

394 Zu dem in der Episode erwähnten Hof sowie dem Kloster und der dazugehörigen Propstei vgl. Koller 1957, 497–499; Ders. 1959a, 150.

395 Vgl. auch N 98, N 178, N 186.

punkte des Haupttextes reaktualisiert: Den Vorwurf des Meineids etwa bringt die Vermittlungsinstanz im Haupttext selbst gern (RS N 72, N 172, N 312). Somit weist sich der junge Adlige letzten Endes als derjenige aus, der den notwendigen Ratschlag nicht sucht, sondern formuliert.

Kurz bevor die Vermittlungsinstanz der N-Fassung den ›Klosterdisput‹ einbettet, fingiert sie einen Dialog mit einem Ordensbruder:

> *hyevor woren dye closter fast beschlossen, man hielt dye regeln; nü ist es alles geandert, das hat der babst verhenget; er mocht es woll thünn; ist es aber recht, da laß ich es fallen, das bekent yederman woll. Fraget man ein münich: »Warumb haltet yr / ewer regeln nit?«, was kan er anders antwurten wan: »Man hatt mit unss dispensirt.« O des dispensirens! der babst, cardinal, der orden dispensir alle in dye helle. Wer mag brechen oder abthünn dye glubde, dye dye orden thünn, das ein sacrament ist unnd sunderlich sich einet zü got.*
> RS N 106

> »Früher waren die Klöster fest verschlossen und man hielt die Ordensregel ein. Nun hat sich alles geändert, das hat der Papst veranlasst; die Macht dazu hat er schließlich. Hat es damit aber seine Richtigkeit, dann lasse ich davon ab, das würde schließlich jeder zugestehen. Fragt man einen Mönch: ›Warum haltet ihr Eure Ordensregel nicht ein?‹, was kann er anderes antworten als: ›Man hat uns dispensiert.‹ Oh dieses Dispensieren! Der Papst, die Kardinäle, die Orden, sie alle dispensieren und gelangen so in die Hölle. Wer darf schon die Gelübde, die die Orden aufstellen, brechen oder gar ignorieren, wenn sie doch ein Sakrament sind und in besonderem Maße zu Gott führen.«

In diesem Fall kleidet die Vermittlungsinstanz den präsentierten Dialog in Anonymität. Die beiden Gesprächspartner erhalten keine differenzierenden Zuschreibungen (Kloster, Stand, Alter, Status), das fragende *man* wie der antwortende *münich* werden lediglich als abstrakte Leerstellen imaginiert. Die Wiederaufnahmen laden jedoch ein, die Begebenheit um den jungen Adligen als erzählerische Ausgestaltung der hier entworfenen Gesprächsschablone zu deuten: Wörtlich entsprechen sich die Aussagen des Mönches (*Man hatt mit unss dispensirt* [RS N 106]) und des Propstes (*man dispensirt mit im* [RS N 126]) sowie die Heilsdimensionen aufspannende Klage von Vermittlungsinstanz (*der babst, cardinal, der orden dispensir alle in dye helle* [RS N 106]) und Klosteranwärter (*Yr habt alle gesworenn in dye helle* [RS N 126]). Hier zeichnet sich eine charakteristische Argumentationsstrategie der ›Reformatio Sigismundi‹ ab: Im Haupttext formuliert die Vermittlungsinstanz ihre Kritik in der Regel aus einer anonymisierten, somit aber auch generalisierenden Perspektive, in den Erzählsequenzen konkretisieren sich diese Folien hin zu emotionalisierten Exempla.[396]

396 Dümling spricht davon, dass die »Erzählung […] die allgemeingültige *conclusio*« belege (Dümling 2017, 136).

Die Vulgata verzichtet auf den ›Klosterdisput‹, während die K-Fassung den Kleriker mit dem *prabist von sant Alben zu Baßel* (RS K 124; »Propst von St. Alban in Basel«) identifiziert. Auch die P-Fassung reichert die Episode mit Hintergrundinformationen an:

> *Wir haben zů Basel einen jungen priester gehebt in der kantzly by hertzog Wilhelm von Beyren, der was ein subtiler junger man mit schriben, singen, pfiffen, seitenspil, der ward ye dick angereichet von dem probst von sant Alban, das er wolte in iren orden gon;* [...] *der junge here hieß Friderich*[.]
> RS P 125
>
> »In der Kanzlei des Herzogs Wilhelm von Bayern in Basel gab es einen jungen Priester, der feinfühlig schreiben, singen, Blas- und Saiteninstrumente spielen konnte. Dieser wurde vom Propst von St. Alban oft dazu angeregt, in seinen Orden einzutreten. [...] Der junge Adlige hieß Friedrich.«

Die sich anschließende Figureninteraktion entspricht im Ganzen der Vorlage, auch wenn der junge Adlige in der P-Fassung zunächst eine Reihe von Nachfragen stellt und die Szene somit stärker dialogisch abläuft. Neben den realdeiktischen Informationen – es handle sich um das Cluniazenserkloster St. Alban, der junge Mann stamme aus der Kanzlei Wilhelms von Bayern[397] – überrascht vor allem die Namensgebung: Die P-Fassung legt nahe, *her*[*n*] *Friderich* mit eben jenem prophezeiten Priesterkönig *Friderich* (RS P 333) zu analogisieren, den die Schlussvision als wesentlichen Reformakteur vorstellt.

Auch die G-Fassung erweitert die in der N-Fassung angelegte Vorlage, indem sie einen Ausspruch des jungen Adligen ergänzt: *ir seint mechtiger denn der bapst, der nem mir meinen aid nit ab;* [...] *wer ich herr als unser herr, der kayser, ich ließ ewer ain nit leben* (RS G 125; »Ihr scheint mir mächtiger als der Papst zu sein, denn der kann mir meinen Eid nicht abnehmen. [...] Wäre ich weisungsberechtigt wie unser Herr, der Kaiser, ich ließe euch nicht am Leben«). Mit dieser Aussage evoziert die G-Fassung eine Figurenallianz zwischen Propst und kirchlichen Autoritäten einerseits, Klosteranwärter, Kaiser (Siegmund) und Priesterkönig Friedrich andererseits.

397 Koller erkennt die Absicht, über realdeiktische Elemente die Erzählung »lebendiger« zu gestalten, wirft den Fassungen G und P damit jedoch »Täuschung« vor (Koller 1957, 497; vgl. auch Ders. 1964a, 6). Mehr an Fragen der Authentizität als der Wirkabsicht interessiert, versucht er, das beschriebene Kloster sowie mit Ulrich von Bisel, Friedrich IV. von Österreich-Tirol und Wilhelm III. von Bayern-München historische Personen als Vorlage für die Erzählung zu identifizieren (vgl. Koller 1957, 497–500; Ders. 1959a, 150–152).

### 1.3.3 Exkurs: Lehrer und Laie in der G-Fassung

Ihre Vorlage frei variierend, fügt die G-Fassung in das Kapitel zu den Bischöfen eine weitere Dialogsequenz ein.[398] Auf dem Basler Konzil habe sich ein Priester ratsuchend an einen Meister gewendet:

> *Es ist beschehen im concily zu Basel, da kam ain ainfältiger priester mit ainem hohen maister an zu reden; je der priester spricht zu im: »wirdiger herr« – in latein – »ir hand wol gestudiert, ir verstant nun wol das recht und unrecht; nun sich ich, das ir heüt ain sach verhandlet hant, das mich dunkt, das kain geschriben recht verhenget, und waiß ewer weißhait wol dasselb und nimpt mich wunder, das ir das endrent, das in der schul im rechten verboten wird.« Der maister antwurt und spricht, ob er nit bekannt, das der buchdichter redt: »bistu zu Rom, so leb, als man zu Rom lebt, bistu anderstwa, so leb, als man da lebt!« der priester spricht: »das ist den sitten nach geredt, nüt dem rechten; also versten ich euch recht, kem ich an ain fremde stat, da kain recht fürging, so solt ich auch also leben! was hilt mich denn, das ich zu schul lege und gut verstudiert und künsten gnug künt und ir nit leben wöllt? man het euch in der schul zway ding fürgelait: honig ung gift! man hat euch honig fürgelait, das ist die süsse weißhait, der ir leben sollent an laib und an der seel; was das recht, ergreifen man; so hat man eüch fürgelait das gift, das ir das wol bekennen sollent, das ist alles unrecht; nun wissent ir wol, honig tödet niemant, darump neüst mans, aber gift das bekennet ir, das es tötlich ist, das niesent ir nit; also ist es umb ewer studieren gesein; das unrecht hat man euch gehaissen mindern und das recht triben; wer dem nit nachgahn wil, was hilft dem das studieren? man studiert jetzt dem teifel, nit gott; das sicht man an allen gelerten wol, die me simoney niesent denn jeman anders!« Der kayser Sigmundt hat noch recht, da er vor offnem concily spricht: »der glaub und die hailige kilch hanget allain an den ainfaltigen priestern, die nüt graduiert sünt.« Es ist war, die maister machent unrecht zu recht, übertretent sy im rechten, so glosierentz, wie sy wend; nun nement war, der ainvaltig priester sait dem maister die warhait.*
> RS G 119

»Es hat sich auf dem Basler Konzil zugetragen, dass ein schlichter Priester mit einem hohen Schulmeister ins Gespräch kam. Der Priester sagt jedenfalls zu ihm: ›Verehrter Herr‹ – er spricht auf Latein – ›ihr habt doch studiert, ihr kennt also den Unterschied zwischen Recht und Unrecht. Nun beobachte ich, dass ihr heute einen Sachverhalt ausgehandelt habt, der mir nicht rechtens scheint. Ihr wisst das mit Sicherheit selbst, schließlich seid ihr gebildet, und so wundert es mich, dass ihr ausgerechnet das ändern wollt, was einem im Studium rechtmäßig verboten wird.‹ Der Meister antwortet ihm, ob er nicht zustimme, dass geschrieben steht: ›Bist Du in Rom, so lebe, wie man in Rom lebt, und bist zu anderswo, so lebe, wie man dort zu leben pflegt!‹ Der Priester erwidert: ›Das ist nur den Gebräuchen nachgeplappert, nicht den Gesetzen. Verstehe ich euch demnach recht: Wenn ich an einen fremden Ort käme, wo kein Recht herrscht, sollte ich auch so leben?! Was hält mich dann noch, weiter die Schulbank zu drücken und fleißig zu studieren und mir umfangreiches Wissen anzueignen, wenn ich nicht danach leben werde? Man hat euch im Studium zwei Dinge gegeben: Honig und Gift! Man hat euch

398 Zu dieser Variation der G-Fassung vgl. Koller 1957, 504.

Honig gegeben, das ist die süße Wahrheit, nach der ihr mit Leib und Seele leben sollt. Man soll das verfolgen, was rechtens ist. Man hat euch aber auch das Gift gegeben, womit das Unrecht gemeint ist, wie ihr eigentlich selbst erkennen solltet. Nun wisst ihr natürlich, dass Honig niemanden tötet, deshalb verzehrt man ihn, aber Gift – das versteht ihr doch auch – ist tödlich und deshalb solltet ihr es nicht zu euch nehmen. Es ist also um euer Studium geschehen. Man hat euch aufgetragen, das Unrecht zu mindern und das Recht umzusetzen. Wer dem nicht folgen will, was hilft dem sein Studium? Man studiert dieser Tage für den Teufel, nicht für Gott. Das beobachtet man besonders unter allen Gelehrten, die mehr Simonie als alle anderen betreiben!‹
Kaiser Siegmund hat immer noch recht mit dem, was er vor dem versammelten Konzil gesagt hat: ›Der Glaube und die Heilige Kirche hängt allein von den schlichten Priestern ab, die keine akademischen Titel haben.‹ Es stimmt: Die Meister machen Unrecht zu Recht und wenn sie das Recht übertreten, so deuten sie dieses nach ihrem Dafürhalten aus. Und nun bedenkt, wie dieser schlichte Priester dem Schulmeister die Wahrheit ins Gesicht gesagt hat.«

Auch wenn die G-Fassung hier frei ergänzt, folgt die Erzählung dem im Original angelegten Schema: Wieder stecken deiktische Elemente den Erzählrahmen ab (*concily zu Basel*),[399] wieder wendet sich ein Außenstehender (*ain ainfältiger priester*) hilfesuchend an eine hierarchisch übergeordnete Autorität (*aine[n] hohen maister*), wieder antwortet diese ihrerseits mit Leichtsinn und Unwissenheit, wieder endet die Interaktion mit einem Klage- und Kritikmonolog desjenigen, der ursprünglich um Rat gebeten hat. Erneut variieren die Redeanteile drastisch, erneut spricht der *hohe maister* nur in transponierter Rede, ja weicht sogar in Form von Sprichwörtern auf Allgemeinwissen aus. Man streitet über *reht* und *unreht*, über *warhait* und Gewohnheit – und intensiviert in den Gegensatzpaaren die Figurenfronten und -allianzen, wenn Kaiser Siegmund gegen die eigentlichen Entscheidungseliten auf dem Konzil für den *ainvaltig priester* Partei ergreift.[400]

Fordert die Vulgata im ›Türkengespräch‹ auf, die Wahrheit in den Aussagen des ›Heiden‹ zu erkennen: *Nun merkt, was wir von den ungelaübigen hören müssen, das sie mit uns die warhait reden* (RS V 89; »Und nun bedenkt, was wir uns von den Ungläubigen anhören müssen und dass sie uns ernsthaft die Wahrheit sagen«), so zwingt auch die G-Fassung ihrem Rezipienten nach dem

399 Dass die Vermittlungsinstanz in ihrer Nacherzählung ins Präsens wechselt, trägt gemeinsam mit der Ortsangabe zum Wirklichkeitsanspruch des Textes bei: Laut Winkler suchen faktuale Texte »mit Hilfe deiktisch fungierender Sprachelemente (bestimmter Artikel, Temporaladverbien, Präsensformen, Orts- und Personennamen) die Welt des Textes [...] und die Welt des Lesers [...] – indem beide als derselben Wirklichkeit zugehörig identifiziert werden – in so unmittelbaren Bezug zueinander zu bringen, daß auf diese Weise die Identität beider Welten (diese Welt, in der dies geschieht, ist auch Deine Welt) suggeriert und dadurch ein direktes Betroffensein des Lesers hervorgerufen wird« (Winkler 1976, 164).

400 Koller erkennt hier die Legitimationsstrategie, Autoritäten für die eigenen Behauptungen heranzuziehen (vgl. Koller 1964b, 118, Anm. 9).

Dialog von Lehrer und Laie eine abschließende Moral auf: *nun nement war, der ainvaltig priester sait dem maister die warhait.* Wieder einmal erweist sich also der Ratsuchende am Ende als der Klügere: Der *ainfältige priester* kennt die Studieninhalte und internen Konzilsverhandlungen, spricht selbst die Gelehrtensprache Latein. Analog zu dem türkischen Gesandten, der die christlichen Glaubenssätze besser als sein Gegenüber kennt, vergleichbar dem jungen Adligen, der im Gegensatz zum Abt des Cluniazenserklosters die Ordensregel gelesen hat, beherrscht also auch dieser Priester die Sprachcodes, distanziert sich jedoch von ihrem Missbrauch.

Karl Beer hat auf die Strukturähnlichkeit der drei normativen Wirklichkeitserzählungen hingewiesen: »Der Verfasser versichert übrigens ausdrücklich, ›das es war sei, das die orden wunder treibent, das soll man hören…‹ d. h. also, für die ausgesprochene Behauptung soll eine wahre Begebenheit Zeugnis ablegen. Es leitet der Verfasser diesen einen Dialog ähnlich ein, wie die Disputation des christlichen Ritters mit einem Türken. Dort hebt er an: ›es ist war …‹ und an der Spitze eines anderen Dialoges, den ein ›einfältiger priester mit einem hohen meister führte‹, stehen die Worte: ›es ist beschechen im concili zu Basel‹«.[401] Was Beer vermuten lässt, dass es sich um wahre Begebenheiten handelt – Wahrheitsbeteuerungen und deiktische Elemente wie Orts- und Zeitangaben – sind narratologisch argumentiert Wirklichkeitssignale, mit denen faktuale Texte Authentizität zu evozieren und ihre (literarische) Gemachtheit zu verdecken suchen.[402] Eben jene Gemachtheit führt indes ein Vergleich der drei *historiae* vor Augen: Dass die G-Fassung eigenständig eine Szene modelliert, die in Figurenkonstellation, mimetischer Vermittlung und Gesprächsverlauf die narrativen Einschübe der Vorlage so auffallend imitiert, stellt das Wirkungspotenzial derselben gerade in ihrer Schematik aus. Die normativen Wirklichkeitserzählungen der N-Fassung bieten eine so eindeutige Schablone, dass die G-Fassung diese leicht kopieren und argumentativ einsetzen kann.

401 Beer 1951, 76.

402 Es gilt dasselbe, was Klein mit Blick auf den moralisch-ethischen Diskurs beobachtet hat: »[H]ier geht es vermutlich auch weniger um die Vermittlung relevanter Informationen, als vielmehr darum, durch viele Kleinigkeiten die Referentialität des Geschehens zu untermauern und den Kenntnisreichtum des Autors/Erzählers zu manifestieren. Der pragmatische Sinn der Rede ist also: ›Ihr könnt mir glauben, ich kenn mich aus und genau so ist es gewesen.‹ Durch die Vielzahl funktional überschüssiger Details wird der Anspruch untermauert, dass sich die Begebenheit wie geschildert zugetragen hat – unabhängig davon, ob es von dieser Begebenheit […] auch allgemein zugängliche Aufzeichnungen gibt oder nicht« (Klein 2009, 173f.).

## 1.4 Voraussagende Wirklichkeitserzählungen: Die Traumvisionen

### 1.4.1 Die Schlussvision der handschriftlichen Überlieferung

Zahlreich ist die Visionsliteratur des Mittelalters, die gerade »in Krisen- und Umbruchszeiten mit kritischer Wirklichkeitsanalyse, Zukunftsdeutung und Heilsversprechen im öffentlichen Raum Aufmerksamkeit erlangt.«[403] Im Sinne eines politischen Kommentars bieten Prophetien die Gelegenheit, das tagesaktuelle Geschehen in die Heilsgeschichte zu integrieren und damit scheinbar unabhängig von politischen Eigeninteressen ›vom Ende her‹ zu bewerten.[404] Sie stellen Bewältigungsstrategien für aktuelle Krisen vor, spenden aber vor allem den Trost, dass die alte Ordnung weiterhin Bestand haben werde.[405] Als real ausgegebene Fiktionen unterstehen Prophetien dabei einem besonderen Legitimationsdruck, dem unter anderem die Wiedergabe wörtlicher Rede gerecht zu werden versucht: Der Prophet bietet sich als Sprachrohr an, durch den eine höhere Instanz unmittelbar spricht.[406] Die Schlussvision der ›Reformatio Sigismundi‹ pluralisiert diese kommunikative Ausgangssituation, indem sie die Prophezeiung zusätzlich durch den Kaiser mediatisiert: Siegmund von Luxemburg berichtet, wie ihm am Morgen des 24. Mai 1403 eine göttliche Stimme die Ankunft eines Priesterkönigs namens *Friderich von Lantnewen* (RS N 332) prophezeit habe, dem er, Siegmund, den Weg bereiten solle.[407] Kontrastiv komplementär zu den *historiae* tritt hier also ein homo- beziehungsweise autodiegetischer Figuren-Erzähler hervor; Kaiser Siegmund selbst kommt im *pluralis maiestatis* ausführlich zu Wort.[408]

---

403 Christel Meier/Martina Wagner-Engelhaaf, Vorwort, in: Dies. (edd.), Prophetie und Autorschaft. Charisma, Heilsversprechen und Gefährdung, Berlin 2014a, 9f., hier 9.

404 Vgl. Jan-Dirk Müller, Poet, Prophet, Politiker: Sebastian Brant als Publizist und die Rolle der laikalen Intelligenz um 1500, in: Wolfgang Haubrichs (ed.), Politik und Dichtung vom Mittelalter bis zur Neuzeit (Zeitschrift für Literaturwissenschaft und Linguistik 37), Göttingen 1980, 102–127, hier 102.

405 Vgl. Müller 1980, 105.

406 Vgl. Meier/Wagner-Engelhaaf 2014a, 9 sowie Dies., Einführung, in: Dies. (edd.), Prophetie und Autorschaft. Charisma, Heilsversprechen und Gefährdung, Berlin 2014b, 11–38, hier 11.

407 Zu Christi Himmelfahrt als topischem Datum der Visionsliteratur vgl. Koller 1964b, 332, Anm. 3. Es lässt sich keine eindeutige Vorlage für den Visionsteil identizieren (vgl. ebd., 332, Anm. 1).

408 Bevor der Text die Stimmhoheit an den bekannten Reformkaiser abtritt, markiert er den Registerwechsel durch die Überschrift *Offenbarung eins neuen stats* (»Offenbarung eines neuen Zustands«) und den Einführungssatz *Nu ist zü mercken, wye es auffgestanden sey zum aller erstenn, das es gots manung sey, zü habenn einen ander stat und ein ordenung, dye dem cristenlichen stat zügehort* (RS N 330; »Nun gilt es zu hören, wie es zuallerst dazu gekommen ist, dass Gott dazu auffordert, einen anderen Zustand und eine Ordnung zu haben, die dem Christentum entspricht«). Die Vulgata konkretisiert die Überschrift durch die Namensnennung *Die offenbarung Fridrichs des Römischen künigs* (RS V 331; »Die Offenbarung von

Dass die ›Reformatio Sigismundi‹ einen Priesterkönig Friedrich imaginiert, überrascht vor dem Hintergrund der Visionsliteratur nicht: Die zahlreichen Wiederkehrmythen des Hoch- und Spätmittelalters hoffen auf Zeiten des Friedens unter der Herrschaft eines endzeitlichen Kaisers, für den gewöhnlich Friedrich Barbarossa oder sein Enkel Friedrich II. Pate stehen.[409] Mit der Schlusspartie eignet sich die volkssprachige Reformvorlage also eine literarische Spielart an, die sich im politischen Diskurs seit langem großer Beliebtheit erfreut, und beweist gerade damit ihre Eigenständigkeit gegenüber den lateinischen ›Avisamenta‹ – fällt die Prophezeiung doch auffallend aus dem bisherigen Argumentationsfluss des Textes heraus und hebt diesen somit von seinen Vorgängern ab.[410]

Man kann nur spekulieren, was den Verfasser der ›Reformatio Sigismundi‹ zu diesem Stilexperiment bewegt haben mag.[411] Sehr wahrscheinlich gibt der Schluss die Absicht zu erkennen, den Reformdiskurs über die breitenwirksame Tradition der Visionsliteratur für einen größeren Adressatenkreis zu öffnen. Darüber

Friedrich, dem Römischen König«), die g-Gruppe verschiebt die Vision gar an den Anfang des Textes und kontextualisiert sie durch Orts- und Zeitangabe in der Überschrift (vgl. RS P 331). Die späteren Bearbeitungen haben diesem letzten Erzählteil also zusätzliches Gewicht verliehen: In der Vulgata wird Friedrich als Römischer König benannt, in der g-Gruppe wird seine Ankunft dem eigentlichen Reformplan vorangestellt. Die vorgenommenen Veränderungen zeugen vom hohen Wirkpotenzial der letzten Erzählsequenz.

409 Vgl. Karina Kellermann, *Kaiser Friderich ist komen!* Der Wiederkehrmythos und die frühe Vision eines 1000jährigen deutschen Reiches, in: Michael Bernsen/Matthias Becher/Elke Brüggen (edd.), Gründungsmythen Europas im Mittelalter (Gründungsmythen Europas 6), Göttingen 2013, 177–199, hier 184–187. Dümling liest den in der ›Reformatio Sigismundi‹ prophezeiten Priesterkönig Friedrich als Mischfigur aus dem sagenumwobenen Priesterkönig Johannes und dem Endzeitkaiser Friedrich (vgl. Dümling 2017, 97).

410 So bereits Dümling 2017, 97. Die kirchenrechtlich geschulten, lateinkundigen Gelehrten (so auch die Verfasser der Konstanzer ›Avisamenta‹) begegnen der Vielzahl von Prophezeiungen mit Zweifel und entsprechen damit der kritischen Haltung der Amtskirche, die eine Auslegungstradition untersagen muss, die ihre eigene Autorität hinterfragt (vgl. Pfaff 1999, 191).

411 Die Bedeutung des Schlussteils für den Gesamttext ist umstritten (vgl. Koller 1989, 1073; Zapf 2012, 626). Beer liest die geschilderte Begegnung zwischen Siegmund und Friedrich in der Traumvision als (literarisierte) Tatsache (vgl. Beer 1951, 72f., Anm. 110) und nimmt deshalb an, dass es sich bei dem prophezeiten Priesterkönig um den Verfasser handle – denn wie ließe sich sonst jemand finden, »der in Monatsfrist nach Bekanntmachung des Reformprogramms die gefährliche Rolle des rex spielen würde« (Ders. 1937, 175; ähnlich auch Koehne 1906, 218)? Koller fragt hingegen, inwiefern die ›Reformatio Sigismundi‹ auf Kaiser Friedrich III. anspielt, der als Nachfolger auf den im Oktober 1439 verstorbenen König Albrecht II. vermutlich schon zur Diskussion stand (vgl. Koller 1984, 119f.). Den in der ›Reformatio Sigismundi‹ prophezeiten Priesterkönig mit Jeanne d'Arc in Bezug zu bringen, wie es Thomas unternommen hat, scheint dagegen etwas weit hergeholt; er behält aber mit der Beobachtung Recht, dass sich in dieser Zeit Eschatologisches und Politisches eigentümlich mischen (vgl. Thomas 1983, 323; zu Jeanne d'Arc vgl. ebd., 336). Zuzustimmen ist außerdem Dümlings Beobachtung, dass die Schlussvision den Text gleichermaßen autorisiere wie dramatisiere (vgl. Dümling 2017, 160).

hinaus unterstreicht die Prophetie Dringlichkeit und Legitimität der vorgestellten Forderungen, indem sie diese über Gott und Kaiser herleitet, und trägt der Quellenfiktion Rechnung – schließlich gibt sich die ›Reformatio Sigismundi‹ als Übersetzung einer von Siegmund autorisierten lateinischen Vorlage aus (vgl. RS N 88). Die g-Gruppe stellt die Vision deshalb auch an den Textanfang: Unter dem Eindruck der einleitenden Vision liest sich die folgende Reformvorlage als Siegmunds unmittelbare Reaktion auf den von der Visionsstimme ausgesprochenen Handlungsappell.[412] Vor allem jedoch bindet die Vision das Textprogramm in eine anschauliche Form, indem sie einerseits als Kommentar auf die aktuellen Zustände und andererseits als Appell im Sinne der anstehenden Veränderung gleichermaßen in Gegenwart wie Zukunft der Adressaten weist.[413] Alle Fassungen intensivieren diesen die Zeitebenen synchronisierenden Effekt, indem sie die Voraussage in die unmittelbare Gegenwart des Rezipienten rücken: Unter Rekurs auf eine Prophezeiung Esras prognostiziert die N-Fassung, dass der Priester die Reform einleiten werde, *als man zelen ist XIIII*ᶜ *XXX und IX jare* (RS N 326, ähnlich auch P 327; »im Jahr 1439«). Auch die G-Fassung setzt die Reform an, *wenn man zellet vierzig und neün jar* (R G 336; »im Jahr 1449«), und die Vulgata stellt in Aussicht, dass *in ainem manat frist* (RS V 331; »nach Ablauf eines Monats«) nach der hier geschilderten Prophezeiung Friedrich die Reform erreichen werde. Dass die Fassungen einen konkreten Zeitpunkt angeben, unterstützt den normativen Anspruch der ›Reformatio Sigismundi‹; der Text gleitet also nicht etwa ins Utopische ab, sondern macht sich umgekehrt die Utopie für das eigene, an der politischen Gegenwart interessierte Reformprogramm zu Nutze.[414] Knotenpunkt der Reformidee wird dabei der Name *Friderich*, der den Text in seinen unterschiedlichen Fassungen auch schon vor der Vision durchzieht – so hebt die N-Fassung einen Friedrich lobend hervor: *Ich lob hertzog Friderich, der sprach zu Basel dem keyser unter augenn: ›Dye byschoff sein plint, wir müssen sye gesehen machenn!‹* (RS N 126/128; »Ich lobe Herzog Friedrich, der im Angesicht unseres Kaisers in Basel sagte: ›Die Bischöfe sind blind, wir müssen sie dazu bringen, zu sehen!‹«)[415] Die P-Fassung gibt dem jungen Novizen aus der

412 Vgl. hierzu ausführlich Kap. II 3.1.

413 So auch Koller 1964a, 5.

414 Koehne hat ausgestellt, dass die Prophezeiung durch ihre konkrete Jahreszahl für die Reform mobilisieren wolle (vgl. Koehne 1906, 220).

415 Koller weist darauf hin, dass man die Quelle für diesen Ausspruch nicht eindeutig identifizieren kann: Handelt es sich hier um Friedrich IV. von Österreich-Tirol, der allerdings nicht am Basler Konzil teilgenommen hat (vgl. Koller 1964b, 126, Anm. 2)? Der Ausspruch hat vor allem deshalb Relevanz, weil er wieder einmal die Kritik der ›Reformatio Sigismundi‹ durch eine vermeintlich andere ›Stimme‹ bestätigt; so fordert auch die Vermittlungsinstanz kurz darauf: *Man sihet woll, dye gelerten sein alle plint worden; man soll sye gesehen machen* (RS N 138; »Man muss leider zugeben: Die Gelehrten sind alle blind geworden; man muss sie wieder dazu bringen, zu sehen«). Wie oben angemerkt, konkretisiert sich auch hier das

Klostererzählung den Namen *Friderich* (R P 125), die Vulgata benennt mit *Fridrich von Lantnaw* (RS V 89) sogar einen Verfasser.[416] Friedrich: ein vermeintlicher Konzilsteilnehmer, der Kaiser Siegmund gegenüber die Bischöfe kritisiert; eine exemplarische Figur, die einen Abt für seine Regelwidrigkeit angeht; ein messianischer Priesterkönig, der die Reform mithilfe des Kaisers Siegmund durchsetzen wird; zu guter Letzt ein *rat unsers dürchleuchtigen hern des kayser Sigmunds* (RS V 89; »ein Rat unseres erlauchten Kaisers Siegmund«), der die ›Reformatio Sigismundi‹ verfasst haben soll – programmatisch tritt der Name in allen Fassungen auf, verleiht der Kritik eine Stimme und bündelt die Hoffnungen auf Frieden und Neuanfang.

Dass die Vision den Exempeln vergleichbar also nicht einfach nur unterhalten möchte, sondern wesentlich zu den Legitimationsstrategien des Textes gehört, sollte klar geworden sein. Der Schluss setzt Ängste und Hoffnungen frei, gibt dem Reformprogramm einen Namen, integriert ein breiteres Publikum und zieht den Kaiser als Autorität heran, der das Reformanliegen unterstützt. Wörtliche Wiederaufnahmen zwischen Vermittlungsinstanz und Erzähler-Figur verstärken die vermeintliche Nähe zum Kaiser: Den Eingangszeilen des Haupttextes vergleichbar hebt auch der Kaiser mit einer Gebetsformel (*In dem namen gots, des herrn Ihesu Christi* [RS N 332; »Im Namen Gottes, des Herrn Jesus Christus«]) an; *mit kurtzen wortenn* (RS N 332; »in aller Kürze«) wolle er seine Traumvision schildern, wie auch bereits die Vermittlungsinstanz angekündigt hat, *zum kurtzsten den weltlichen statten* [*zu*] *verorden und* [*zu*] *verhandeln* (RS N 238; »kurz den weltlichen Bereich zu ordnen und zu behandeln«). Einleitung wie Traumvision bieten jeweils einen detaillierten, sich zum Teil wörtlich entsprechenden Bericht der historischen Ereignisse:

---

anonyme – aber auch: allgemeinere – *man* des Haupttextes in den Figurenaussagen zu einer subjektiven, stärker emotionalisierenden Sprechhaltung.

416 Vgl. hierzu ausführlich Kap. II 3.2. Koller sieht in dem Priesterkönig und dem Klosteranwärter mit Namen Friedrich den Schlüssel zum Verfasser der ›Reformatio Sigismundi‹ (vgl. Koller 1959a, 153).

Einleitung (RS N 54/56)

*Hyerumb unnserr herr der keyser Sigmund stege und wege sucht, zu verkumen dye sachen, dye da swer anleyt der cristenheyt, und bracht züsamen das concilium zü Costenitz, da ein vereinigung der babste bethon wart; do bat er, do zu machen ein reformatz; aber dye geistlichen heupter slugen es ab und wart dem keyser abgeret uff das concilium zu Paueye; do wart nit auß und wart da dannen hingeslagen zü der Hohen Synn; do wart do mit babstlichem gewalt und den cardinalen, den universiteten, allen hohen schülen und wer ein concilie verorden soll, wart eygentlich verordent und betracht und pey hohen glubden, daz zü volbringen zü Basel, da außzutragen dye drew punckten und zu verorden, dye da anligen sein swerlich der heyligen cristenheyt:*

*Der erst punckt ist, zu verkumen ketzerlichen glauben, als es an manchen steten auffstet, der es nit fürkeme.*

*Der ander punckt, frid zu bestellen und zü machenn.*

*Der dryt ein recht reformath geystlichs und weltlichs stats.*

Traumvision (RS N 334/336)

*Von den tagen, als wir des reichs knecht und diener würden, stelten wir mit allen synnen darnach, das ein recht ordenung würde und dye bebst verordent*[417] *worden, darnach wir ein concilie verordenn solten und verorden den stat der heyligen kyrchen, dadurch wir erbeiten und alle unsere vermogen in sichtagen und in suntheyt kost und leyden williglichen leyden und trügen, und gedachten, das concilie zü Costentzt wolte ein ordenung thünn, darumb es eins teyls angesetzt was. Aber alle geistliche heupter sein aller gotlicher ordenung wider. Das ist nü villeicht gut, man kumpt dester ee in ordenüng; ir gelympff wirt clein, got kan es woll orden.*

*Also das es zü Costenitz nit sein mocht, da wart gen Pauey ein concilie gemacht; da wart aber nichtz nit verordent und wart da dannen geschlagen hin zü der Hohen Syn; dar komen da dye heupter universitas der schüler mit unnser botschafft, cardinal und bischoff mit bebstlicher gewalt; da wart aber nichtz nit reformirt; da wart aber als vil angetragen dazümal, das mit gantzer einhellung ein concily gesworen und geordent wart gen Basel, das nemlich drew punckten gesetzt worden, das außzütragen bey hoher glubde.*

*Nü mag es villeicht nit volendet werden, dann der stee dann ee auff, den got herein gemant hat. Der erst punckt, darumb das concilium geordent ist, das man den ketzerlichen glauben verstoren solt und underweysen, der ander umb frid zü ordenen in der welt, der trit umb gut ordenung der geystlichen und weltlichen*[.]

417 Koller weist darauf hin, dass es ursprünglich wahrscheinlich *vereinigt* geheißen hat, schließlich geht es um die Beilegung des Schismas (vgl. Koller 1964b, 334, Anm. 5).

»Deshalb hat unser Kaiser Siegmund einen Weg gesucht, diejenigen Umstände abzuwehren, die die Christenheit schwer belasten, weshalb er das Konzil von Konstanz in die Wege geleitet hat, wo die Päpste wieder vereint wurden. In Konstanz bat er, das Projekt einer Reform anzugehen. Aber die geistlichen Häupter verweigerten es und vertrösteten den Kaiser auf das Konzil von Pavia, woraus auch nichts wurde. Das Problem wurde auf Siena vertagt, wo Papst, Kardinäle, Universitäten, alle hohen Schulen und wer sonst noch ein Konzil einberufen darf, gemeinsam unter wiederholten Versprechungen nachdrücklich festlegten, die Reformaufgabe in Basel umzusetzen und dort die drei Punkte anzugehen, die ernstzunehmende Anliegen der Christenheit sind:
Der erste Punkt ist, ketzerischen Glauben zu unterbinden, wie er an einigen Orten aufkommt, die es nicht verhindern.
Der zweite Punkt ist, Frieden herzustellen und zu wahren.
Der dritte Punkt ist, eine ordnungsgemäße Reform des geistlichen und weltlichen Bereichs umzusetzen.«

»Seitdem wir dem Reich dienen, trachteten wir mit allen Sinnen danach, eine rechtmäßige Ordnung durchzusetzen und die Päpste wieder zu vereinigen, weshalb wir ein Konzil angeordnet haben, um den Zustand der Heiligen Kirche wieder in Ordnung zu bringen. Deshalb bemühten wir uns und ertrugen jeden Aufwand und jedes Leid bereitwillig in Krankheit wie Gesundheit, weil wir dachten, dass das Konstanzer Konzil eine Ordnung durchsetzen wolle, weshalb es schließlich unter anderem angesetzt worden war. Aber alle geistlichen Häupter widersetzen sich jeder göttlichen Ordnung. Das ist aber vielleicht am Ende sogar gut so, dann kommt es umso schneller in Ordnung. [Die Geistlichen] werden ihr Ansehen verlieren, das wird Gott bestimmen.
Da in Konstanz also nichts passierte, wurde in Pavia ein Konzil abgehalten, wo aber auch nichts verordnet, sondern das Problem auf Siena vertagt wurde. Dorthin kamen die Universitäten mit unserer Vollmacht, Kardinäle und Bischöfe mit päpstlicher Vollmacht. Dort wurde wieder nichts reformiert, aber es wurde einstimmig vereinbart und gelobt, ein erneutes Konzil in Basel einzuberufen, für welches drei Punkte festgelegt wurden.
Nun wird es vielleicht niemals durchgesetzt werden, es sei denn derjenige erhebe sich, den Gott dazu aufgefordert hat. Der erste Punkt, dessenthalben das Konzil angesetzt worden ist, ist es, den ketzerischen Glauben zu vernichten und zurechtzuweisen, der andere, Frieden in der Welt einzurichten, der dritte, eine gute Ordnung des geistlichen und weltlichen Bereichs in Stand zu setzen.«

Siegmund habe das Konzil von Konstanz einberufen, sei mit seinen Reformabsichten jedoch auf das Konzil von Pavia/Siena verwiesen worden; dort habe man ihn auf das Konzil von Basel vertröstet, für das man die drei Aufgaben *fides, pax* und *reformatio* formuliert habe.[418] Doch auch das Konzil von Basel sei hinter die gewünschten Erwartungen zurückgefallen, da sich die Konzilsväter gegen die notwendigen Entscheidungen gestellt hätten. Vermittlungsinstanz wie Erzähler-Figur finden für die Widerständigkeit der Kurie sehr deutliche Worte: Sobald die geistlichen Autoritäten, so klagt die Vermittlungsinstanz in der Einleitung, die Konsequenzen der Reform sehen, *so keren sye – mit urlaup – den hindernn dar* (RS N 54; »so kehren sie ihr [d. i. die Reform, S. Q.] – mit Verlaub – den Hintern zu«). Ähnlich konstatiert der autodiegetische Erzähler Siegmund: *so sy nu horen, wye man reformiren will, so hencken sye yr eyde uff und yr glubde und kerent dem concilio den ars* (RS N 336; »Sobald sie nun hören, wie man reformieren möchte, brechen sie ihren Eid und ihr Gelübde und kehren dem Konzil den Arsch«). Die Kritik verleitet den Kaiser im Bericht seiner Traumvision schlussendlich dazu, sein Rezeptionskollektiv zu eigenen Taten aufzufordern:

> *Darumb wann dye zeyt kömen, das yr vernement solch offenung, slag iglichen zü, lasset unns helffen dem, den alles unrecht leit ist, und lasset euch funden werden an dem rechten; wolt got, das wir den tag sehen solten, wir welten auch funden werden getrew cristen und mit dem priester tretten biß in den tot, als auch cristen billich thünn solten.* RS N 336
>
> »Sobald nun also die Zeit gekommen ist, dass ihr die Prophezeiung vernehmt, so schlage jedermann zu, lasst uns demjenigen helfen, den alles Unrecht bekümmert, und stellt euch auf die Seite des Rechts. Füge es Gott, dass wir diesen Tag erleben, so werden wir als treue Christen gelten und mit dem Priester bis in den Tod gehen (wie es Christen rechtmäßig tun sollten).«

In Inhalt und Wortwahl nimmt der Erzähler Siegmund damit erneut einen Ausruf der Vermittlungsinstanz auf: *Allen getrewen cristen kumpt dye stunt, das yr horen werdet einen antragk und verkundung der rechtenn ordenung. Slah yderman zü!* (RS N 68; »Allen treuen Christen naht die Stunde, in der ihr einen Vorschlag für und eine Ankündigung der rechtmäßigen Ordnung hören werdet. Schlage jedermann zu!«). Beide rufen die christliche Gemeinschaft mit der Formel *getrew cristen* an, schwören sie auf die folgende Reform ein und fordern Beteiligung.

Der Erzähler Siegmund gleicht in seinen Aussagen im Übrigen nicht nur der Vermittlungsinstanz des Haupttextes, sondern auch den fiktiven Figuren der eingelagerten Exempel: Der Novize im Cluniazenserkloster und der Römisch-deutsche Kaiser beklagen gleichermaßen den Meineid der Christen (RS N 126

418 Zu den Aufgaben des Basiliense vgl. Meuthen 1985, 9.

beziehungsweise N 340), der türkische Herzog auf dem Basler Konzil und Siegmund argumentieren beide mit dem Bild des Freikaufs aus dem Paulus-Brief an die Galater (RS N 86 beziehungsweise N 340). Hier wie dort muss letztlich ein Laie das Fehlverhalten der geistlichen Autoritäten erkennen und beheben:

> *Merckent, alle getrewen cristen, ob es nit ein wunder von got sey, das ein weltlicher furst und herre* [d. i. Siegmund von Luxemburg, S. Q.] *mit seinem rat alle ding uberslagen hat, allen gepresten ersucht hat, alle kunfftige gernn an das liecht precht, als es got will haben, und alle geystliche heupter, es sey babst, cardinal, bischoff und alle orden und iren stat, daz man dye von dem mynsten byß an dye meysten verorden müß dem gewalt ist geben von got, alle welt zu verorden und außzürichten, und davon dyselben alle gebresten ein anfang haben; des nympt man billich von got / ein urlaup, den in ein ordenung zü setzen, der es selber zü gebietten hat, wann ein babst vermag alle ding in gerechtigkeyt. Aber ich mein, der covent wert den apt drucken, das soll billich sein.*
> RS N 80

> »Bedenkt, all ihr treuen Christen, ob es nicht ein Wunder Gottes sei, dass ein weltlicher Fürst und Herr mit seinen Ratgebern alle Angelegenheiten überdacht hat, alle derzeitigen Gebrechen gesammelt und alle künftigen ans Licht gebracht hat, ganz wie Gott es haben will; und dass [dagegen] alle geistlichen Häupter, es sei der Papst, es seien Kardinäle, Bischöfe und alle Orden mit ihrem jeweiligen Hofstaat, und das heißt diejenigen, denen eigentlich von Gott die Macht überantwortet worden ist, alle Welt zu verordnen und zu versorgen, vom Kleinsten bis zum Größten nun selbst verordnet werden müssen, worin die genannten Gebrechen ihren Anfang nehmen. Zurecht erhält man von Gott die Erlaubnis, den zur Ordnung zu rufen, der eigentlich selbst zu befehlen hat – wie im Falle des Papstes, der nach dem Gesetz eigentlich alles selbst verfügen kann. Aber ich denke, dass diesmal der Konvent mit Recht Druck auf den Abt ausüben wird.«

Während die Vermittlungsinstanz die religiösen Entscheidungseliten wiederholt scharf angeht, erklärt sie Siegmund zum entscheidenden Hoffnungsträger: Es sei ein *wunder*, dass ein *weltlicher furst* die *geystliche*[*n*] *heupter* zu Ordnung und Recht gerufen habe.[419] Weil die eigentlichen Reformakteure versagen, muss Siegmund – als weltlicher Herrscher zumindest konzeptuell ein Außenstehender in Kirchenfragen– intervenieren und so *bracht* [*er*] *züsamen das concilium zü Costenitz, da ein vereinigung der babste bethon wart* (RS N 54; »hat [er] das Konzil von Konstanz in die Wege geleitet, wo die Päpste wieder vereinigt wurden«). Auffällig erinnert das Argumentationsmuster an die normativen Wirklichkeitserzählungen, in denen ebenfalls ein außenstehender Laie einen geistlichen Würdenträger kritisiert und Handlungsappelle formuliert. Die inhaltlich so

419 Auch die ›Avisamenta‹ loben Siegmunds schlichtenden Einfluss auf das Abendländische Schisma, so nennt Job Vener den Kaiser den *gloriosissimum Romanorum et Ungarie etc. regem Sigismundum* (JV 404; »den ruhmreichsten Römischen König und König von Ungarn, Sigismund«).

divergierenden Erzähleinheiten entsprechen bei genauerer Betrachtung derselben strukturgebenden Figurenkonstellation.

Mit den normativen Wirklichkeitserzählungen teilt die Schlussvision, so lassen sich die vorangehenden Beobachtungen bündeln, die Vorstellung, dass der wesentliche Rat von außen kommen muss. Sie weist darüber hinaus über wörtliche Entsprechungen auf die deskriptiven Wirklichkeitserzählungen zurück: *mit hohen weyßen* (RS N 338; »mit viel Verständigkeit«) schildert Siegmund die Vision und erkennt die Reformnotwendigkeit, ganz wie Josaphat *mit seiner weyßheyt* (RS N 82; »dank seiner Verständigkeit«) den Verführungsangeboten der königlichen Berater widersteht. *in sichtagen und in suntheyt* (RS N 334; »in Krankheit und Gesundheit«) opfert sich Siegmund den Angelegenheiten seines Herrschaftsgebiets und zielt damit auf *ein recht ordenung* (RS N 334; »eine rechtmäßige Ordnung«), ganz wie Konstantin nach Krankheit und Genesung wünscht, sein Reich *woll [zu] verorden* (RS N 248; »gut [zu] ordnen«). Dabei zeigt eine göttliche Stimme beiden Herrschern den Weg zu einem außenstehenden Ratgeber, dem sie sich beide überantworten: In einer Demutsgeste kniet Konstantin vor dem Papst Silvester, denn *er wer nit wirdig, zü heyssen ein keyser* (RS N 248; »er sei nicht würdig, Kaiser genannt zu werden«); ähnlich sieht sich auch Siegmund *unwirdig genant ein diener gots und ein merer des heyligen reiches* (RS N 332; »nicht würdig, ein Diener Gottes und ein Vergrößerer des Heiligen Reichs genannt zu werden«). Die Bescheidenheitstopoi verschränken die beiden Herrscherfiguren miteinander; Konstantin präfiguriert den idealen Herrscher, Siegmund reaktualisiert das gezeichnete Muster. Die Genealogie führt von dem antiken Kaiser über den zeitgenössischen Herrscher – und mündet schließlich in dem Siegmund prophezeiten Heilsbringer. Mit dem Friedenskönig Friedrich findet das entworfene Herrscherideal seine endgültige Vervollkommnung.

Das Bild des Priesterkönigs konkretisiert, was die N-Fassung bereits unter Rückgriff auf Deut 11,22[420] vorausgesagt hat:

> *Es soll auffsten ein cleiner geweichter, das merck man also: es soll auffsten ein demütiger gerechter, der geweicht ist zü priester. Es soll nyemant wonner nemen. Cristus / ist priester gewesen und Melchisedech was ein konig und ein priester; der keyser von India der ist priester, do macht man auch kein keyser, er sey dann priester. Unnser keyser müst doch zum mynsten ewangelier sein; ist er dann priester, so wirdiger; got der will villeicht nü offene durch priesterliche wirdigkeyt, was sein forderung zü unns wirt.*
> RS N 328
>
> »Es wird sich ein kleiner Geweihter erheben, was man daran merken wird, dass sich ein bescheidener Gerechter erheben wird, der ordiniert worden ist. Darüber soll sich niemand wundern, schließlich ist Christus ein Priester gewesen und Melchisedek war

420 Dümling arbeitet heraus, wie in der N-Fassung die Vision argumentativ eingeleitet wird (vgl. Dümling 2017, 137; vgl. auch Struve 1978, 117, Anm. 254).

König und Priester. Der Kaiser von Indien ist auch Priester, denn dort können nur Priester Kaiser werden. Unser Kaiser sollte doch wenigstens das Evangelium lesen können;[421] ist er ein Priester, umso besser. Gott möchte uns vielleicht durch das Ansehen eines Priesters verkünden, was seine Forderung an uns sein wird.«

Die Analogie zu Christus identifiziert den Heilsbringer mit dem Heiland selbst, während die Rückverweise auf Melchisedech und den Kaiser von Indien die beiden *historiae* um Josaphat und Konstantin reaktualisieren (der Priesterkönig von Indien weist auf Josaphat, den ersten indischen Priesterkönig, König Melchisedech erwähnt die N-Fassung unmittelbar vor der Silvesterlegende [vgl. RS N 242/244]). Die genealogische Folge Christus - Melchisedech/ Konstantin - indischer Herrscher - Priesterkönig Friedrich verbindet den letzteren mit den in den *historiae* skizzierten Idealkaisern.[422] Über die Darstellungsmodi von Vergangenheit, Gegenwart und Zukunft entwirft der Text somit eine Figurentypologie, die den gesamten Reformkatalog umspannt, die drei Typen der Wirklichkeitserzählung intratextuell miteinander in Bezug bringt und an deren Ziel- und Endpunkt *Friderich von Lantnewen* - der Friedensbringer, der Landerneuerer - steht.[423]

### 1.4.2 Exkurs: Die Druckausgabe von 1497

In seiner Ausgabe der ›Reformatio Sigismundi‹ von 1497 ergänzt Lucas Zeissenmair eine weitere, nicht der handschriftlichen Überlieferung entnommene Prophetie.[424] Im Anschluss an den Text der Vulgata bringt die Druckausgabe noch eine Traumvision des Kaisers Siegmund. Da Koller diese zweite Schlussvision nicht abgedruckt hat, soll sie hier im Ganzen wiedergegeben werden:

*In dem namen gottes Jhesu Cristi Amen. An dē auffart abent nach mettin zeit do ich lag an meine gebet, und die wort die David im psalter gemacht hat sprach, do gedacht ich in meinem hertzen an die kleglichen rach die do geschehen ist enhalb des meers zů Jherusalē das ich dz gebet nit mocht volbringen von ir eines wegen, und sprach. Herr mein got biß*

421 Die Stelle ist nicht ganz eindeutig; ich folge der Lesart der Vulgata, die abändert zu: *Unser herre der kayser müß das ewangelium lesen* (RS V 329; »Unser Herr der Kaiser muss das Evangelium lesen können«).

422 Dohna hat diese Kontinuititätslinie ebenfalls betont (vgl. Dohna 1960, 191). Boockmann deutet das typologische Darstellungsmuster ebenfalls an, wenn er »ein Priesterkönigtum in der Tradition des Alten Testaments und Konstantins I.« erkennt (Boockmann 1997, 385). Laut Beer analogisiert der Text Siegmund mit Johannes dem Täufer und Friedrich mit Christus (vgl. Beer 1951, 81), während Franz die Parallelität von Siegmund und prophezeitem Friedrich betont (vgl. Franz 1958, 962).

423 Die N-Fassung legt den Namen selbst aus: *Er soll heyssen Friderich, er soll auch alle reich zü fride bringen zü lande und zu auen* (RS N 342; »Er soll Friedrich heißen, denn er wird allen Ländern Frieden bringen«). Zur Bedeutung des Namens vgl. Beer 1925, 216.

424 Vgl. hierzu Altmann 1984, 5.

*nit zornig ewigklich über das volk, sund erbarm dich über sy, wañ du sy erlöst hast mit deine blůt. und gib die eer deins namens nit dē unglaubhafftige volk das deinen heiligē namē uneret. Do ich nun fürbas vast weinete, do erschin mir ein erber herr in bischoff gewand uñ het ein creütz in seiner hant. do ich yn ersach erschrack ich gar seer, uñ was mir zůgleicher weiß als ob ich vō sinnen kumen were. uñ mocht auch nit reden. Derselbig man sprach zů mir. Vörcht dir nit, und wein fürbas nimmer vō des schlages wegen d'do geschehen ist von dē unglaubigē volck wan das geschehen ist von ir sünde wegen, und von dē gerechten gerichte gottes. sunder hör auff und merck vil böser ding uñ trůbsal die do künftig werdent der cristenheit. Die ungerechten und auch die heiden, von dem gericht gottes werdent widerstreben und grosse ding thon wider die cristenheit. und die kirchen die enhalb deß mer sind die werdent sy zerstören. und die leichnam der cristenmenschen werden sy verwerffen für die wldein thier. und aus den kirchen werdent sy frauwenheüzer machen und stell deß viechs, uñ andere unwirdigkeit werden sy treiben vor dē altar gottes zů einer uneerung. und vil cristenmenschen werdent kumen under iren gwalt. denselben werden sy vil böser ding ertzeigen, und darnach werdent sy kummen über das meer. und vil cristenmenschen werdent yn übel vörchten und sy fliehen ir werdent auch vil gefangen wann sy yn nit widerstreben mögent von irer sünd wegen, die auff gegangen sind für got, und besunder die sünde des wůchers und der geitzigkeit, die nun so groß sind das sy müglich die gantzen welt übergangen haben uñ von desselben wegen pennisch sind worden offenlich mit dē bann. Auch sind gar vil cristen die die gotzgaben böslich besitzente, und aller meiste in welschenlanden, wann do ist vil falscheit und ketzerey, und vil unkeüsch und wůcherey, und darumb die vorgenannten bösen dinge werdent kumen gegen welschenlanden. Wee eüch darumb welsche lande wann vil trůbsal und böser ding wert ir leide můssen von dem gerechten gerichte gottes, wann Rom wirt mit krieg umgeben, und dasselbe wirt zůgeen durch etlich cardinel. wee dir Rom, wañ du wirst bald gedemůtiget vō deinen veinden, und underweilen so wirt ein frid gemacht uñ doch kein steter frid nit ist. und das reich des pebstlichen stůls das wirt vil angst grosse not und auch gar vil trůbsel d angen und zůsteen, und dem land zů Franckreich wirt vil eer uñ gwalts Hyspani wirt betrůbt. Ungern uñ Behem wirt zerstört, und die lannd werdē vil trůbsal machen in d'welt. uñ etlich teil teütscher lant werdē bestriten vō den unglaubigē, und der kleinst künig wirt kumen mit etlichē künigen die do nahent sitzen dē selbē land die selben künig werden durchziehen mit eim grossen her uñ werden über niemant kein erbarmūg haben, aber zům letstē werden sy vertriben vo eim fürsten mit hilff d' fürsten aus teütschenlanden uñ auch deß künigs vō Franckreich, uñ gotes dienste wirt zerstörte uñ auch grosser geprest an priesterschafft, und vil leüt d' cristenmenschen werdē sich kören vō der gerechtigkeit. d römischen kirchē vil geistlich mēschen werden abtrungen vō boßheit wegē ir obersten die als ist das sy die gantz welt übergangen hat uñ selten wirt volgen dē gebot seins bischoffs. Und auch etlich cardinel werden gefangen, uñ etlich werten getötte, uñ also vō den wirt genomen all ir hoffart uñ eer. wann die ist so groß das sy sich nit alleine wöllen got zůgeleichen sy wöllen selber sein als die götter. und wöllen auch das mā yn undertenig sey als got uñ wöllen den mēschen nit gelich sei. darumb werden sy vō got gestossen in abrgundt d'helle. In wirt auch genomen all ir zier und eere, uñ werdent auch fürbas nimermer geheissen cardinel sunder nur römisch priester uñ dyaken uñ wirt geschehen das man selten ein wirt vinden der gern wölt sein ein pabst oder ein cardinal. darumbe wān ir name wirt har schnöd vor allen leüten darum̄ das in yn ist alle hoffart uñ kein demůtigkeit auch alle falschheit uñ mindert kein warheit, wañ was sy mit dēmunt*

*reden das meinen sy nit mit dē hertzen uñ auch als groß ist ir geitzigkeit das sy in keinerley weiß erfüllt mögen werden. und alle gerechtigkeit ist bei yn entwicht und volgent keiner wann sie allweg lieber habent gelt uñ auch die die yn gebē, uñ die armen bistum̄ uñ ander gotz gab verkauffen sy uñ also von unsers herren leiden uñ vō seinem rosenfarbē blůt das sy nun also verkauffent ire kinder uñ ander ir freünd machen sy dar mit reich, und kleident auch sichselb mit kostlichem gewand, uñ auch teglich unmessigklich hoffertigklich leben, wann von der zeit eins pabsts der was Nicolaus genannt d' drit desselben namens. kein prelat seid der selben zeit gewesen ist on die sünde die do heist symoney. und darumb das sy nit volgent den wercken der heiligen zwelfpoten der stat sy vertrettent das sy nit wöllent sich demütigen uñ arm sein wöllent uñ das sy die unglaubigen verkören zů dem gelauben. und das sy ir leben auch nit geben umb die liebe gottes. als dann ir vordern habent gethon. darumb so wirt yn gnommen silber und gold und dartzů all ir hab, also das yn wirt gegeben eysen für gold. und glas für edelstein und stecken für roß. und anders vil deß gleichen die künig werden sich sameln wid' sy uñ werdent sy berauben. uñ ir freüd wirt zerstört uñ zerprochen und ir gedehtnuß wirt vergessen mit einand'. Und auch noch etlich priester werdent nit sehen lassen ir blatten, uñ auch in etlichen landen wirt das volck sein wid' die fürsten uñ werdent auch etlich erschlagē uñ also wirt trübsal in aller diser welte. Do sprach ich mit grossen vorchten. Lieber herr es will vielleicht got den glauben lassen under gan uñ zerstören, wañ wie leicht die unglaubigen den pabst und die priesterschafft also zerstört so werden sy vast herrschen uñ die gerechtē werden und getruckt. Nach dē antwurt mir d' bischoff. Die ungerechten werden etlich zeit herrschen über den pabst, aber an dem ende werden sy zerstört von eim fürsten mit hilffs teütschen fürsten, uñ von den francken uñ von irē keiser, und die römisch kirch wirt widerbracht uñ dann all ir aufrichter die werden schlecht uñ gerecht, uñ werdē auch nymer nach folgen dem gelt, uñ all recht prelaten werden wid' kumen zů d' undertenigkeit. uñ wirt dañ auch verneüt die einigung d' cristenheit, uñ wirt dann auch selige zeit untz das d sun d verdamnuß kumbt. und wirt alles geschehen weñ man zelt nach Cristi geburt viertzehenhundert jar. und darnach in dē erstē jar so wirt es sich anheben. Uñ so er mir das alle gesagte do verschwand er vor mir.*
LZ RS 27r–28r

»Im Namen Jesu Christi, Amen. Am Vorabend von Christi Himmelfahrt, morgens nach der Frühmesse, als ich betete und die Worte Davids aus den Psalmen las, dachte ich mit schwerem Herzen an die beklagenswerte Rache, die jenseits des Meeres in Jerusalem verübt worden war, so dass ich beim Gedanken daran das Gebet nicht beenden konnte, und stattdessen sprach: ›Herr mein Gott, zürne Deinem Volk nicht bis in alle Ewigkeit, sondern erbarme Dich seiner, denn Du hast es mit Deinem Blut erlöst. Und verschwende den Ruhm Deines Namens nicht an das ungläubige Volk, das Deinen heiligen Namen entehrt.‹ Ich fing sehr zu weinen an, als mir ein ehrbarer Herr in Bischofsgewändern erschien, der ein Kreuz in seiner Hand hielt. Als ich ihn erblickte, erschrak ich heftig und dachte, dass ich den Verstand verloren hätte, so dass ich nicht sprechen konnte. Derselbe Mann sprach zu mir: ›Fürchte Dich nicht, und weine auch nicht mehr über die Anschläge, die das ungläubige Volk verübt hat, denn [die Christen] haben es selbst durch ihre Sünde verschuldet und damit Gottes gerechte Strafe auf sich gezogen. Höre nun stattdessen zu und erfahre, welche schlimmen betrüblichen Ereignisse der Christenheit in Zukunft drohen. Die Ungerechten und die Heiden werden sich dem

Richtspruch Gottes widersetzen und an der Christenheit schwere Verbrechen begehen: Sie werden die Kirchen, die jenseits des Meeres liegen, zerstören und die leblosen Körper toter Christen den wilden Tieren zum Fraß vorwerfen und aus den Kirchen Bordelle und Viehställe machen und noch allerlei anderes Unwürdiges vor dem Altar Gottes treiben, um diesen zu entehren. Sie werden viele Christen in ihre Gewalt bringen, an denen sie ihre Grausamkeit demonstrieren werden. Als nächstes werden sie über das Meer kommen und viele Christen in Angst und Schrecken versetzen, die vergeblich zu fliehen versuchen, schließlich jedoch gefangen werden – denn sie können sich nicht widersetzen, weil sie so viele Sünden vor Gott angesammelt haben, insbesondere jene des Wuchers und des Geizes, die mittlerweile so groß sind, dass sie sich wahrscheinlich in der ganzen Welt ausgebreitet haben und deshalb öffentlich mit dem Bann belegt worden sind. Außerdem gibt es viele Christen, die die Gaben Gottes unrechtmäßig in Besitz genommen haben, vor allem in den romanischen Ländern, denn dort gibt es besonders viel Falschheit, Ketzerei, Unzucht und Wucher, weshalb die zuvor genannten Übel vor allem diesen drohen. Weh euch, romanische Länder, denn euch wird durch göttlichen Richterspruch viel Übel und Betrübnis zustoßen, weil Rom auf Bestreben zahlreicher Kardinäle vom Krieg umzingelt wird. Weh dir, Rom, denn Du wirst bald durch Deine Feinde gedemütigt werden, und obgleich zwischenzeitlich ein Friede geschlossen wird, wird doch kein dauerhafter Friede herrschen. Der Vatikan wird viel Angst, große Not und viel Trübsal durchstehen müssen, während Frankreich die Ehre zuteilwerden und das mächtige Spanien betrübt werden wird. Ungarn und Böhmen werden zerstört und die Länder werden viel Trübsal in der Welt verursachen. Und große Teile der deutschen Lande werden von den Ungläubigen bekämpft werden und der kleinste König wird gemeinsam mit zahlreichen anderen Königen aus den Nachbarländern mit einem großen Heer einfallen und kein Erbarmen zeigen. Aber zuletzt werden sie doch von einem Fürsten mithilfe der deutschen Fürsten und auch des Königs von Frankreich vertrieben werden. Außerdem wird es keine Ergebenheit Gott gegenüber mehr geben und die Priesterschaft wird geschwächt und viele Christen werden sich von der Gerechtigkeit abwenden. Aufgrund der Schlechtigkeit ihrer Obersten, die derart ist, dass sie die ganze Welt überschwemmt hat, wird die Römische Kirche viele Gläubige verlieren, die nie den Geboten ihres Bischofs folgen. Und zahlreiche Kardinäle werden gefangen gesetzt und getötet werden, ihnen wird all ihr Ruhm und ihr Hochmut genommen werden. Denn dieser ist so groß, dass es ihnen nicht genügt, nach Gottes Ebenbild erschaffen zu sein, nein sie wollen vielmehr selbst Götter sein. Sie wollen nicht ihren Mitmenschen gleichen, sie fordern vielmehr, dass man sich ihnen gegenüber genauso gehorsam zeigt wie gegenüber Gott. Dafür werden sie von Gott in den Abgrund der Hölle gestoßen werden. Ihnen wird all ihre Pracht und ihr Ruhm genommen werden und sie sollen künftig nie wieder Kardinäle, sondern nur noch Römische Priester und Diakone heißen. Es wird schließlich dazu kommen, dass man nur selten jemanden finden wird, der gern Papst oder Kardinal sein möchte, weil ihr Name von allen für ihren Hochmut, ihre fehlende Demut, ihre Falschheit und ihre Heuchelei verachtet werden wird – denn was sie scheinbar demütig sagen, meinen sie nicht aufrichtig. Außerdem sind sie so geizig, dass sie sich nie zufriedengeben. Sie kennen und achten keine Gerechtigkeit mehr, weil sie das Geld mehr schätzen und jene, die es ihnen geben, und die armen Bistümer und andere Gaben Gottes geben sie weg und verkaufen damit auch die Leiden unseres Herrn und seines rosenfarbenen Bluts. Es kommt dahin, dass sie ihre

Gemeinde verkaufen und stattdessen ihresgleichen reich machen. Sie kleiden sich in teure Gewänder und leben seit den Tagen Papst Nikolaus III. in Saus und Braus. Seither ist kein Prälat mehr frei von der Sünde der Simonie gewesen. Und weil sie den Taten der heiligen zwölf Apostel – deren Stellvertreter sie eigentlich sind – nicht folgen und nicht in Armut und Demut leben und nicht die Ungläubigen bekehren und ihr Leben nicht der Liebe Gottes widmen wollen, wie es ihre Vorgänger einst getan haben, wird ihnen ihr Silber und ihr Gold und all ihr Hab und Gut genommen werden. Man wird ihnen Eisen anstelle von Gold, Glas anstelle von Edelsteinen und Schläge anstelle von Rosen geben. Außerdem werden sich die Könige gegen sie verbünden und sie ausrauben. Und ihre Hochstimmung wird zu Fall gebracht werden und man wird ihrer nicht mehr gedenken. Zahlreiche Priester werden ihre Tonsur verstecken [was so viel heißen könnte wie: sie werden ihren Stand verleugnen] und das Volk wird sich allerorten gegen die Fürsten erheben und es werden viele erschlagen werden und überall auf der Erde wird Trübsal herrschen.‹ Auf seine Worte erwiderte ich sehr besorgt: ›Lieber Herr, vielleicht möchte Gott am Ende gar den Glauben untergehen sehen – denn sobald die Ungläubigen den Papst und die Priesterschaft wie von Dir geschildert zerstört haben, werden sie schnell die Vorherrschaft erlangen und die Gerechten unterdrücken.‹ Darauf antwortete mir der Bischof: ›Die Ungerechten werden lange Zeit über den Papstsitz bestimmen, aber am Ende wird sie ein Fürst mithilfe der deutschen Fürsten, der Franzosen und ihres Königs besiegen. Dann wird auch die Römische Kirche wiederhergestellt werden und all jene, die sie wiederaufgerichtet haben, werden schlicht und gerecht sein und nicht mehr dem Geld nachjagen und alle rechtmäßigen Prälaten werden wieder gehorsam sein. Und dann wird die Einigung der Christenheit erneuert werden und es wird eine selige Zeit anbrechen, bis schließlich der Antichrist kommt. Und all das wird im Jahr 1401 geschehen.‹ Und nachdem er mir dies prophezeit hatte, verschwand er vor meinen Augen.«

In ihrer Ausgangsszenerie imitiert die hier präsentierte Figureninteraktion die Vision der handschriftlichen Überlieferung. Wieder beginnt der Textabschnitt mit einem Gebet (*In dem namen gottes Jhesu Cristi Amen*), wieder klagt Siegmund über die Unordnung in der Welt, wieder hört er eine göttliche Stimme. Erneut bietet die Szene einen intimen Einblick, spricht Siegmund doch in der ersten Person Singular und zeigt sich persönlich betroffen von den Zuständen der Welt. Der göttliche Bote, der diesmal in Gestalt eines *bischoffs* mit *creütz* auftritt, beschwört einen endzeitlichen Zustand herauf, der das Reich zwischen Kriegen und Glaubenskonflikten zerrissen zeigt. Im Gegensatz zu der Traumvision in den Handschriften, die ihre Hoffnung auf den detailliert beschriebenen Priesterkönig Friedrich setzt, zeichnet die hier gebotene Schlussvision ein apokalyptisches Bild. Deutlich thematisiert die Zeitklage dabei jene Konflikte, die sich seit der Niederschrift der ›Reformatio Sigismundi‹ zugespitzt haben: Die Spannungen zwischen Papst und Konzil, die Folgewirkungen der Hussitenkriege sowie die als Drohung empfundene Osmanische Expansion, die mit der Eroberung Konstantinopels 1453 einen Höhepunkt erreicht, halten das Reich im 15. Jahrhundert in Atem.[425] Die Rückschau wird als Vorausschau inszeniert: Der *bischoff* prophezeit dem Kaiser Ereignisse, *die do künftig werdent der cristenheit*, die zum Zeitpunkt der Drucklegung aber natürlich bereits eingetreten sind. Mit Blick auf die politischen Unruhen des zurückliegenden Jahrhunderts kann der Druck keine optimistische Zukunftshoffnung mehr bieten, kann auch der versöhnliche Schluss die davor geschilderten Schrecken nicht mehr einfangen. Die Vision erlangt ihre Brisanz und Aktualität vielmehr, indem sie sich als Kassandraruf inszeniert. Hätte man auf die ›Reformatio Sigismundi‹ gehört, so ließe sich diese zweite Schlussvision deuten, wären die Ereignisse nicht eingetreten.[426] Hier zeigt sich eine neue literarische Spielform der Selbstlegitimation – die Geschichte bestätigt die in die Vergangenheit projizierte Prophetie und rechtfertigt somit Klage und Forderung des Kaisers, aktualisiert und legitimiert die Forderungen der ›Reformatio Sigismundi‹ gerade durch die historische Perspektive. Die Druckversion von 1497 bietet somit Einblicke in die Arbeit mit und am Text und bestätigt darüber hinaus den Wirkungsanteil narrativer Argumentation in nicht-narrativer Literatur – ergänzt Zeissenmair seine faktuale, nicht-narrative Vorlage doch gerade um eine fiktionalisierende Narration.

## 1.5 Der Rat von außen

Im Angesicht körperlicher Leiden wenden sich die beiden ›Heiden‹ Konstantin und Josaphat an Christen mit der Bitte um Rat. Entsetzt erinnern Laie und ›Heide‹ zur Zeit des Basler Konzils die meineidigen Christen an ihr eigenes Gebot. An Christi Himmelfahrt prophezeit eine göttliche Stimme dem Römisch-deutschen Kaiser Siegmund von Luxemburg die Ankunft eines nahenden Priesterkönigs namens Friedrich, der auch gegen den Widerstand der internen Entscheidungsgremien den Reformplan durchsetzen werde. Zwei fiktionalisierende Legenden um heldenhafte Herrscher, zwei dramatisierte Dialoge zwischen typisierten Zeitgenossen und ein innerer Monolog einer historischen Herrscherpersönlichkeit – kontrastreicher könnten die Episoden in Inhalt, Darstellung und Figurenpersonal kaum sein, kontrastreicher könnten sie auch dem rahmenden Haupttext in seiner sachlichen Argumentationsstruktur nicht gegenüberstehen. Der Blick auf das Textganze hat jedoch erhellt, was diese so

425 Vgl. hierzu Meuthen 2012, 47–49.

426 Vgl. Jaegers an historiographischen Beispielen entwickelte Konzept der ›Möglichkeitserzählung‹: Die ›Möglichkeitserzählung‹ gebe keine Tatsachen wieder, sondern diskutiere im Modus des Konjunktiv Wahrscheinlichkeiten (›so hätte es sein können‹); dennoch handle es sich auch hier um eine deskriptive Wirklichkeitserzählung, insofern sie Anspruch auf Referenzialisierbarkeit erhebt (vgl. Jaeger 2009, 113).

unterschiedlichen Erzählsequenzen in einem faktualen, auf pragmatische Argumente ausgerichteten Text leisten. Folgende drei Funktionen zeichnen sich ab:

(1) Entsprechend der persuasiven Wirkabsicht des Gesamttextes dienen die Exempel im Sinne der antiken Rhetorik zunächst einmal als Beleg. Illustrieren die beiden *historiae* um zurückliegende Herrscher den wünschenswerten Idealzustand, führen die Exempel zur Zeit des Basler Konzils die aktuellen Missstände vor Augen. Die beiden letzteren wirken dabei gerade durch ihre Schematik und Anonymität: Obgleich die Vermittlungsinstanz den Wirklichkeitsgehalt aller Erzähleinheiten beteuert und diese mit deiktischen Elementen (Jahres-, Orts- und Personenangaben) anreichert, zeichnen sich ›Türkengespräch‹ und ›Klosterdisput‹ vor allem durch ihre typisierten Protagonisten und schematischen Gesprächsverläufe aus.[427] Als Grenzgänger zwischen *historia* und *argumentum*[428] exemplifizieren die beiden Erzählsequenzen die als universell empfundene Kritik an den reformverantwortlichen Geistlichen und bieten durch die positiv besetzten Figuren alternative Handlungsmuster an. Mit dem Türkendisput, der Konstantinlegende und dem Barlaamstoff verarbeitet der Text dabei populäres Erzählgut, auch wenn er dieses zum Teil kürzt, auf ein Thema hin kondensiert oder sogar falsch nacherzählt. Auf beliebte Erzählstoffe setzt auch die Schlussvision, die den Text als von Gott gesandten und durch den Kaiser vermittelten Auftrag ausgibt. Zeissenmairs Druck intensiviert diesen Effekt noch durch eine zweite Traumvision, die die historische Rückschau als Vorausschau inszeniert und dadurch den Wirklichkeitseffekt steigert. Die drei Typen der Wirklichkeitserzählung leisten also viel mehr, als nur »belebend« zu wirken und damit einer möglichen »Eintönigkeit«[429] des Reformkatalogs vorzubeugen. Gerade in ihren Stilexperimenten im Bereich narrativer Argumentation beweist die ›Reformatio Sigismundi‹ ihre Eigenständigkeit gegenüber den lateinischen ›Avisamenta‹: »Das Narrative bildet im Nicht-Narrativen […] keine Fremdeinheit, sondern ergänzt die Postulate normativen Expertenwissens durch eine mehrheitlich-kollektiv rückversicherte Form von Wirklichkeitsbewältigung.«[430] Des-

---

427 Zu den unterschiedlichen Protagonisten in *historia* (historische Personen) und *argumentum* (schematisierte Typen der Gesellschaft) vgl. Schwarzbach-Dobson 2018, 65.

428 Auch die Gleichnisse aus dem Leben Jesu, die die ›Reformatio Sigismundi‹ gern als Argument anführt, stehen an dieser Schnittstelle, erzählen sie doch ihrem Selbstanspruch nach eine historische Wahrheit, sollen aber als universelles und nicht historisches Beispiel gelesen werden (vgl. Schwarzbach-Dobson 2018, 57). Sowieso sind die Grenzen zwischen den unterschiedlichen Exempeltypen fließend; sie sollen hier helfen, die Erzählformen terminologisch zu bewältigen, nicht jedoch im Sinne einer Produktionsästhetik als starre Kategorisierung dienen. Inwiefern die lateinische Klassifizierung in der Volkssprache rezipiert wurde, kann hier ohnehin nicht beantwortet werden.

429 Koller 1952, 152.

430 Schwarzbach-Dobson 2018, 18. Vergleichbares konstatiert Müller mit Blick auf Exempla in der politischen Publizistik (vgl. Müller 1980, 113).

halb streichen die späteren Bearbeiter die Erzähleinheiten auch nicht, obgleich sie gelegentlich Hintergrundinformationen ergänzen, Fehler korrigieren oder die Darstellung auffallend variieren. Während die unterschiedlichen Fassungen die *historiae* zur Zeit des Basler Konzils in der Regel übernehmen, ja mit Blick auf die G-Fassung sogar noch ausbauen, pragmatisieren sie die beiden Bekennerlegenden, indem sie die Handlung kürzen, die dramatische Inszenierung streichen und durch Quellenberufung, Namensnennung und realitätsstiftende Hintergrundinformationen Authentizität beanspruchen. Da Introspektion oder die Wiedergabe wörtlicher Rede bereits Verstorbener als Fiktionssignale wahrgenommen werden und so den Wirklichkeitsanspruch einer vermeintlich faktischen Erzählung unterlaufen können,[431] korrigieren die späteren Bearbeiter an jenen Stellen, die die Fiktivität der gebotenen Erzählungen offenzulegen drohen. Wörtliche Rede kommt in den späteren Bearbeitungen primär in jenen Narrativen zum Einsatz, die in der Gegenwart spielen, für die die Vermittlungsinstanz also Augenzeugenschaft beanspruchen kann. Die Legenden der Vergangenheit präsentieren sich dagegen stärker vermittelt – Performanz weicht Stringenz.[432]

(2) Oberflächlich betrachtet nimmt sich die Vermittlungsinstanz in den gebotenen Erzähleinheiten zurück; wenige *inquit*-Formeln strukturieren die Dialogpartien, es fehlen wertende Kommentare. Wiedergabe in direkter Rede, raumzeitliche Kontextualisierung und Quellenberufung intensivieren den Eindruck von Neutralität, evozieren scheinbare Distanz und verbergen hinter Objektivierungsmasken geschickt, wie die Vermittlungsinstanz die einzelnen Geschichten instrumentalisiert. Erst die Verteilung der Sprechsequenzen, mediatisiert in direkter und indirekter Rede, legt die tendenziöse Inszenierung offen: Im Gespräch zwischen christlichem Ritter und türkischem Herzog erhält der ausländische Beobachter den fünffachen Wortanteil (159 zu 32 Worten), im Klosterdialog verklingt das einsilbige *Ja* des Propstes angesichts der Wortgewalt des jungen Protagonisten. Während die Vermittlungsinstanz der N-Fassung die Reden der hilflosen Ratgeber entweder gar nicht (Silvesterlegende) oder in transponierter Rede verkürzt (Barlaamlegende) wiedergibt, kommen Silvester und Konstantin (allerdings erst nach der Taufe!), Barlaam und Josaphat selbst zu Wort.[433] Mitspracherecht erhalten dabei nur jene Figuren, die die Forderungen

431 Vgl. Fludernik/Falkenhayner/Steiner 2015, 12.

432 Es stimmt deshalb auch nicht, dass die Vulgata nur deshalb so breit rezipiert wurde, weil die Fassung alle narrativen Elemente gestrichen und den Text somit entschlackt habe (so Koller 1984, 119). Die Vulgata moduliert die Narrative vielmehr, um den Grad an Authentizität zu erhöhen.

433 Gerade das Schweigen bestimmter Figuren lässt die Autorität der Vermittlungsinstanz transparent werden (vgl. Nine Miedema, Zur historischen Narratologie am Beispiel der Dialoganalyse, in: Harald Haferland/Matthias Meyer [edd.], Historische Narratologie – Mediävistische Perspektiven [Trends in Medieval Philology 19], Berlin/New York 2010, 35–67, hier 38).

des Haupttexts vorweg- beziehungsweise wiederaufnehmen: Vermittlungsinstanz und türkischer Gesandter konzeptualisieren die Gemeinschaft als Schafsherde, Vermittlungsinstanz und Novize kritisieren den Meineid, Vermittlungsinstanz und Kaiser Siegmund fordern zur Reform auf. Über die wörtliche Rede entwirft der Text somit Allianzen zwischen der Vermittlungsinstanz des Reformkatalogs und den mit Sprech- und Deutungshoheit ausgestatteten Figuren der eingelagerten Erzähleinheiten, wobei die Nähe zur Vermittlungsinstanz die Figuren auratisiert: »Figurenrede kann narrative Funktionen übernehmen, so dass die Figuren die gleiche Funktion, Autorität und Redekompetenz wie der Erzähler erhalten.«[434] Umgekehrt bestärken die Figuren die Aussagen des Haupttextes, repliziert doch niemand anderes die präsentierten Forderungen als die berühmten Kaiser Konstantin und Siegmund, wird doch niemand anderes als der messianische Priesterkönig Friedrich diese umsetzen – Herrscher und Beherrschte, Christen und ›Heiden‹, Gründungsväter und Zukunftsbringer stimmen in den crescendoartigen Ruf nach Erneuerung ein. Die Wiederholungen produzieren einen Stimmenkanon, in dem dieselben ›Wahrheiten‹ zyklisch wiederkehren und sich diejenigen, die Forderungen stellen, reziprok legitimieren: Die Figuren plausibilisieren die Aussagen der Vermittlungsinstanz, die Vermittlungsinstanz wiederum autorisiert die Figuren.

Liest man die Exempla darüber hinaus in ihrer Abfolge,[435] eint die unterschiedlichen Erzähleinheiten eine wiederkehrende Figureninteraktion: Ein hierarchisch unterlegener Gesprächspartner tritt in Dialog mit einer etablierten Autorität. In den Streitgesprächen begegnet der Laie dem christlich Geschulte(re)n, in den Beratungsgesprächen der Eremit dem Herrscher. Der gebotene Rat entsteht somit abseits institutionalisierter Kommunikationskonventionen. Nicht die königlichen Ratgeber äußern ihn auf einem Hoftag, nicht der Abt spricht zu einer Synode, nicht der Konzilspräsident zur Kirchenversammlung – vielmehr treten Dritte hinzu, die jedoch erstaunlich blass bleiben. Auf dem Konzil zu Basel diskutieren die typisierten Figuren ›Türke‹ und ›christlicher Adliger‹ beziehungsweise ›Priester‹ und ›Meister‹; die N-Fassung gibt weder dem jungen Klosteranwärter in Breisach am Rhein noch den beiden Figuren der Barlaamlegende einen Namen. Die Ratgeber zeichnen sich gerade nicht durch einen berühmten Namen, durch ihren sozialen Status, ihr Amt, durch fachliche Kompetenz oder ihre Nähe zum Gesprächspartner für einen Ratschlag aus. Allen gemein ist lediglich, dass sie von außen herantreten und aus dieser Perspektive ihre Kritik anbringen, nachdem die eigentlichen Deutungshoheiten versagt haben. Dass sich die ›Reformatio Sigismundi‹ außerdem auf den (verstorbenen)

434 Unzeitig/Miedema/Hundsnurscher 2011, 12.

435 Die Exempelkette kann dazu dienen, eine Regel herzuleiten (vgl. Schwarzbach-Dobson 2018, 22).

Kaiser Siegmund beruft, passt wunderbar ins Bild – tritt doch auch der historische Siegmund als Außenstehender in Kirchenbelangen an den Papstprätendenten Johannes XXIII. heran, kritisiert die Folgen des Abendländischen Schismas und fordert eine Reform. Vielleicht hat sich der Verfasser der ›Reformatio Sigismundi‹ am großen Reformkaiser ein Beispiel genommen, um die Figurenkonstellation aus internem Entscheidungsträger und externem Ratgeber zu dynamisieren.

Was die Momente fiktionalisierender Ratgeberdialoge in einem Text leisten, der selbst als Ratgeber auftreten möchte, sollte klar sein: Mit Werner Wolfs Definition der ›mise en abyme‹ gesprochen, handelt es sich um »eine Form v. a. literar. Rekursivität bzw. Ähnlichkeit und damit Selbstreferenz, die sich in einem isolierbaren Segment auf einer ontologisch oder textlogisch untergeordneten Ebene eines Textes oder Kunstwerks manifestiert, so dass auf dieser mindestens ein in der Regel signifikantes Element (inhaltlicher oder formaler Natur) einer übergeordneten Ebene ›gespiegelt‹ erscheint«.[436] In diesem konkreten Fall bedeutet das, dass die textimmanenten Ratgeberfiguren den Text als Ratgeber legitimieren.[437] Der strukturelle Vergleich legt dabei ein bestimmendes Schema offen, das paradigmatisch auf den Haupttext zurückweist: Die Vermittlungsinstanz der ›Reformatio Sigismundi‹ scheint interessiert daran, sich über die Formel ›Rat von außen‹ selbst als außenstehender Ratgeber zu inszenieren.[438] Warum der unbekannt gebliebene Verfasser seine Vermittlungsinstanz so anlegt, soll vor dem Hintergrund der spätmittelalterlichen Konzilssituation in Kap. IV 2.3 diskutiert werden. Es gilt zunächst textimmanent festzuhalten, dass die Exempel den ›Rat von außen‹ zu rechtfertigen suchen.

(3) Unter den Leitfragen, was war, was ist und was (nicht) sein soll, verhandeln die drei Typen deskriptiver, normativer und voraussagender Wirklichkeitserzählung unterschiedliche Modi des Realen. In ihrer unmittelbaren Referenzialität zählen Reformtexte in den Bereich faktualer, nicht-narrativer Literatur; im Gegensatz aber etwa zu historiographischen Texten bilden Reformtexte nicht primär einen außertextlichen Bezugspunkt ab, beschreiben nicht einfach nur ›Wirklichkeit‹, sondern suchen diese dezidiert zu verändern, thematisieren gemeinhin, was eben (noch) nicht ist. Als Grenzgänger zwischen faktualem und fiktionalem Sprechen wurzeln Reformtexte in einer Fiktion, die es in die Wirk-

436 Werner Wolf, ›Mise en abyme‹, in: Metzler Lexikon Literatur- und Kulturtheorie (5. Aufl. 2013b), 528f.

437 Dass Haupttext und Exempel in legitimierender Wechselwirkung stehen, hat Dohna zumindest angedeutet. Er merkt an, dass sich im ›Türkendisput‹ die ›Reformatio Sigismundi‹ als Ganzes spiegle, konkretisiert jedoch nicht, was er damit meint (vgl. Dohna 1960, 22).

438 Im Sinne der von Schwarzbach-Dobson gebotenen Differenzierung erfüllen die Exempel damit nicht nur eine präskriptive und illustrative Funktion, sondern wirken reflexiv auf den Rahmentext zurück (vgl. Schwarzbach-Dobson 2018, 26).

lichkeit zu überführen gilt. Die Narrative helfen dabei wesentlich: Historisches Exemplum, zeitgenössische Begebenheit und Zukunftsvision spannen ein Zeitkontinuum über den Text, das Erzählräume freisetzt. Die *historiae* stilisieren ein zu erstrebendes Ideal, die tagesaktuellen Dekadenzerzählungen narrativieren den Verfall,[439] die Schlussvision bietet Perspektiven einer wünschenswerten Zukunft. Sie unterlegen den Text mit einem für die Reform entscheidenden Dreischritt aus stabiler Vergangenheit, instabiler Gegenwart und stabilerer Zukunft. Es ist dies dieselbe Struktur, die in Barlaam- und Silvesterlegende mit der Abfolge von Gesundheit, Krankheit und Genesung wiederkehrt – und die in den berühmten Sprachbildern vom erkrankten Reichskörper und dem Konzil als Heilmittel ihre metaphorische Entsprechung findet.

## 2 Die Metaphern

### 2.1 Vorüberlegungen zur Metapher

#### 2.1.1 Die Metapher zwischen Trope, Fokus und Konzept

Die Metapher in ihren unterschiedlichen Erscheinungsformen und Wirkweisen fasziniert den sprachphilosophischen Diskurs seit der Antike. Definitorisches Kernstück bildet dabei die Relation von Bildspender und Bildempfänger: In Tradition der antiken Rhetorik fasst die Substitutionstheorie die Metapher als klassische Sprungtrope, in der ein Begriff durch einen ihm ähnlichen, ›uneigentlichen‹ ersetzt wird (›Achill ist ein Löwe‹ statt ›Achill ist tapfer‹).[440] Zielen die innovativen Metaphern der Dichtkunst darauf ab, zu belehren (*docere*), zu un-

---

439 Zur Dekadenz-Topik der Reformliteratur vgl. Dümling 2017, 183.

440 Bildspender und Bildempfänger stehen nicht in einem semantischen Zusammenhang, erst die Metapher suggeriert deren Ähnlichkeit – bezeichnet man die Eiche einmal als Buchengewächs, einmal als getürmten Riesen, handelt es sich nur im letzteren Fall um eine Metapher. Dem Ansatz, dass Metaphern unidirektional wirken – man also die Nation als Familie, nicht aber die Familie als Nation metaphorisieren kann (vgl. Anjes Tjarks, Familienbilder gleich Weltbilder. Wie familiäre Metaphern unser politisches Denken und Handeln bestimmen, Wiesbaden 2011, 39) –, stehen jene Forschungsprämissen gegenüber, die gerade die Wechselwirkung der Bildbereiche betonen (so ist der Staat als Organismus und der Organismus als ›Zellenstaat‹ beschrieben worden, vgl. Dietmar Peil, Untersuchungen zur Staats- und Herrschaftsmetaphorik in literarischen Zeugnissen von der Antike bis zur Gegenwart [Münstersche Mittelalter-Schriften 50], München 1983, 880; Thomas Lemke, Gesellschaftskörper und Organismuskonzepte. Überlegungen zur Bedeutung von Metaphern in der soziologischen Theorie, in: Martin Endress/Thomas Matys [edd.], Die Ökonomie der Organisation – die Organisation der Ökonomie, Wiesbaden 2010, 201–223, hier 210).

terhalten (*delectare*) und den Rezipienten emotional einzubinden (*movere*),[441] sind die toten Metaphern der Alltagswelt (›Handschuh‹, ›Tischbein‹, ›Briefkopf‹ etc.) in der Regel nicht mehr als solche zu erkennen. Da gerade diese Metaphern nicht in einen ›eigentlichen‹ Ausdruck zurückübersetzt werden können, füllen sie »semantische Lücken im sprachlichen System«.[442] Hierin, so ein Allgemeinplatz der jüngeren Metaphernforschung, zeigt sich die Schwäche der Substitutionstheorie, die die Metapher auf eine einfache Austauschbewegung reduziert und die Funktion der Alltagsmetaphern nicht zu erklären vermag.

Die Theorieangebote des 20. Jahrhunderts haben deshalb versucht, die Metapher gleichermaßen aus dem poetischen Kontext zu lösen und ihre sprach- und erkenntnistheoretischen Dimensionen zu fokussieren.[443] Drei Problemstellungen haben die Diskussion dabei geleitet: Die Frage, wie und ob man wörtliche und metaphorische Rede voneinander unterscheiden kann, ob die Metapher eine Ähnlichkeit nur abbildet oder diese im Gegenteil erst produziert und schließlich, inwiefern Diskursbeteiligte die Metaphern oder umgekehrt die Metaphern den Diskurs steuern.[444] Das daraus resultierende interdisziplinäre Untersuchungsfeld der modernen Metapherntheorie eint in seinen philosophischen, erkenntnis-

441 Zu den klassischen Funktionen der Metapher vgl. Dietmar PEIL, Metapher, in: Metzler Lexikon Literatur- und Kulturtheorie (5. Aufl. 2013a), 517f., hier 517.

442 PEIL 2013a, 517; vgl. auch DERS., Metapherntheorien, in: Metzler Lexikon Literatur- und Kulturtheorie (5. Aufl. 2013b), 518–520, hier 519; ebenso FRIEDRICH 2015, 171 und DERS., Die Metapher als Figur der Ambiguität im Mittelalter, in: Oliver AUGE/Christian WITTHÖFT (edd.), Ambiguität im Mittelalter. Formen zeitgenössischer Reflexion und interdisziplinärer Rezeption, unter redaktioneller Mitarbeit von Steve RIEDL und Susanne KOCH (Trends in Medieval Philology 30), Berlin/Boston 2016, 83–109, hier 89.

443 In die wegweisenden Theorien führt ein Anselm HAVERKAMP, Einleitung in die Theorie der Metapher, in: DERS. (ed.), Theorie der Metapher (Wege der Forschung 389), Darmstadt 1983, 1–27, hier 7–27. Einen kurzen Überblick verschafft PEIL 2013a, 517f. Münkler identifiziert vier unterschiedliche Grundpositionen der Forschung: Auf die klassische Substitutions- und Interaktionstheorie folgen im Laufe des 20. Jahrhunderts der pragmatische und der kognitivistische Ansatz. Alle Definitionsangebote konzeptualisieren die Metapher als Übertragungsleistung, unterscheiden sich jedoch in ihren sprachtheoretischen Voraussetzungen (vgl. Laura MÜNKLER, Metaphern im Recht: Zur Bedeutung organischer Vorstellungen von Staat und Recht, in: Der Staat 55/2 [2016], 181–211, hier 199–202; ähnlich bereits HAVERKAMP 1983, 2). Zum Unterschied zwischen der wortsemantisch ausgerichteten Substitutionstheorie und der satzsemantisch orientierten Interaktionstheorie aus linguistischer Perspektive vgl. Werner KÜGLER, Zur Pragmatik der Metapher. Metaphernmodelle und historische Paradigmen (Europäische Hochschulschriften. Reihe 13: Französische Sprache und Literatur 89), Frankfurt a. Main/Bern/NewYork 1984, 1.

444 Zu den Leitfragen der jüngeren Metapherntheorien vgl. Susanne LÜDEMANN, Metaphern der Gesellschaft. Studien zum soziologischen und politischen Imaginären, München 2004, 32.

theoretischen und soziolinguistischen Implikationen Literaturwissenschaft und politische Ideengeschichte, Kognitions- und Kulturwissenschaften.[445]

Die auf Ivor A. Richards und Max Black zurückgehende Interaktionstheorie hat den Weg geebnet, das erkenntnistheoretische Potenzial der Metapher näher zu beschreiben.[446] Ihren Namen verdankt die Interaktionstheorie der Beobachtung, dass Metapher (*focus*) und Kontext (*frame*) miteinander interagieren: Achill als Löwen zu bezeichnen, wirft nicht nur ein bestimmtes Licht auf den semantischen Rahmen (›Achill ist tapfer‹), sondern projiziert umgekehrt auch Vorstellungen des Rahmens auf den metaphorischen Ausdruck zurück (›Der Löwe ist ein tapferes Tier‹).[447] Die Metapher bringt also bestimmte semantische Felder zusammen, die aufeinander einwirken.

Diesen Gedanken haben George Lakoff und Marc Johnson mit ihrem Begriff der konzeptuellen Metapher weiterentwickelt. Ihrem Ansatz nach ist die Metapher nicht nur ein Bild, sondern ein mentales Konzept.[448] Die Wahl einer Metapher aktiviert verwandte semantische Felder und begrenzt diese, favorisiert bestimmte Bildbereiche und schließt andere konzeptuell aus. Imaginiert sich ein Kollektiv etwa als Schiff, suggeriert der metaphorische Begriff die naheliegenden Bildbereiche ›Reise‹, ›Manöver‹ oder ›Gefahr durch äußere Einflüsse‹, lässt andere dagegen nicht zu – das ›Staatsschiff‹ kann ›Schiffbruch‹ erleiden, nicht jedoch von einer ›Krankheit‹ befallen sein. Indem Metaphern auf diese Weise unser Denken, Sprechen und Handeln strukturieren, wirken sie laut Lakoff und Johnson produktiv wie restriktiv: Sie steuern, was und wie wir über etwas denken beziehungsweise wie wir nicht darüber denken (können).[449] Der so skizzierte

445 Dementsprechend fehlt eine einheitliche Theorie (vgl. Haverkamp 1983, 2; Astrid Hönigsperger, »Das Boot ist voll« – Zur Metapher in der Politik. In: Folia Linguistica 25/1–2 [1991], 229–241, hier 231). Inwiefern diese angesichts der unterschiedlichen interdisziplinären Fragestellungen und Diskursgegenstände überhaupt notwendig ist, bleibt ohnehin zu klären (so argumentiert bereits Münkler 2016, 185, Anm. 30).

446 Vgl. Ivor A. Richards, Die Metapher, übersetzt von Margit Smuda (engl. Originalausg. Oxford 1936/1964), in: Anselm Haverkamp (ed.), Theorie der Metapher (Wege der Forschung 389), Darmstadt 1983, 31–52; Max Black, Die Metapher, übersetzt von Margit Smuda (engl. Originalausg. Proceedings of the Aristotelian Society 55 [1954]), in: ebd., 55–79. In die Interaktionstheorie nach Richards und Black führt ein Haverkamp 1983, 7–10.

447 Vgl. dazu einführend Friedrich 2015, 190f.; Schwarzbach-Dobson 2018, 43.

448 Vgl. George Lakoff/Mark Johnson, Leben in Metaphern. Konstruktion und Gebrauch von Sprachbildern, übersetzt von Astrid Hildenbrand (engl. Originalausg. Chicago 1980), Heidelberg 1998, 14.

449 Lakoff bringt das auf die Formel »beleuchten und verbergen« (Lakoff/Johnson 1998, 18; zur strukturgebenden Funktion der Metapher vgl. ebd., 14). Vergleichbares skizzieren auch Andreas Pečar und Kai Trampedach für politische Sprechakte im Allgemeinen: »Politische Sprachen liefern eine Disposition für politische Sprechakte. Innerhalb einer politischen Sprache ist eine bestimmte Bandbreite politischer Äußerungen möglich, bestimmte Aussagen schließt der Gebrauch einer Sprache jedoch jeweils aus« (Andreas Pečar/Kai Trampedach, Der ›Biblizismus‹ – eine politische Sprache der Vormoderne? in: Dies. [edd.],

Paradigmenwechsel erklärt die Metapher zum Medium menschlicher Erkenntnis: Weit davon entfernt, als rhetorisches Stilmittel nur poetische Aussagen zu schmücken, erlaubt die Metapher, abstrakte Sinnzusammenhänge zu versprachlichen.[450] Dabei schöpft sie Begriffe und Bedeutungen,[451] produziert also Wissen und hilft, dieses zu vermitteln.

### 2.1.2 Metaphern im Kontext soziopolitischer Diskurse

Die erkenntnistheoretisch interessierten Metapherntheorien des 20. Jahrhunderts haben aufgezeigt, welch entscheidenden Einfluss die Metapher auf unser Denken hat: Indem Metaphern abstrakte Sinnzusammenhänge in lebensweltlichen Bildern konkretisieren, machen sie dasjenige, was jenseits physischer Erfahrungswelt liegt, intelligibel.[452] Gerade darin liegt ihr großes Potenzial für den soziopolitischen Diskurs, der schließlich mit seiner Rede von dem ›Staat‹, der ›Gesellschaft‹ oder auch der ›Politik‹ in der Regel auf Abstrakta verweist: Wie anders könnten wir über Politik sprechen, wenn wir den/die Bundeskanzler·in nicht als Staats-›oberhaupt‹, die Bundesminister·innen nicht als Kabinetts-›mitglieder‹, den Bundestag nicht als Verfassungs-›organ‹ bezeichnen?[453] Eine soziale politische Gemeinschaft entsteht unter anderem dadurch, dass sie von sich als ›Körper‹, als ›Vertragsgemeinschaft‹ oder als ›Familie‹ spricht. Gerade diese vermeintlich ›toten‹ Metaphern besitzen einen besonders hohen Wirklichkeitseffekt: »Was Freud vom getöteten Vater sagt (›Der Tote wurde nun mächtiger, als der Lebende gewesen war‹), gilt auch für die Metapher – erst die

---

Die Bibel als politisches Argument. Voraussetzungen und Folgen biblizistischer Herrschaftslegitimation in der Vormoderne [Historische Zeitschrift. Beihefte 43], München 2007, 1–18, hier 4).

450 Die wiederkehrenden Personifikationen in der Forschungsdiskussion – man denke nur an Lakoffs Aussage »Metaphors can kill« (George LAKOFF, Metaphor and War: The Metaphor System used to justify War in the Gulf, Peace Research 23/2–3 [1991], 25–32, hier 32) – zeigen, wie häufig Metapherntheorien selbst auf metaphorische Beschreibungen zurückgreifen, um ihre Erkenntnisse zu vermitteln.

451 Die Metapher wurde lange Zeit in Opposition zum Begriff gesehen: das eine Erscheinungsform uneigentlichen Sprechens, das andere Instrument der Erkenntnis. Diese Trennung löst sich seit Kants ›Kritik der Urteilskraft‹ jedoch zunehmend auf, so dass Susanne Lüdemann zu dem Fazit kommt: »Auch Begriffe müssen daher als *Metaphern der Erfahrung*, können dagegen nicht als *Abbilder des Realen* verstanden werden« (LÜDEMANN 2004, 36 [Kursivierung im Original]).

452 In die erkenntnistheoretischen Prämissen der Metapher im politischen Diskurs führen ein George LAKOFF/Elisabeth WEHLING, Auf leisen Sohlen ins Gehirn. Politische Sprache und ihre heimliche Macht, 2., aktual. Aufl., Heidelberg 2009, 13. Zum Diskursbegriff vgl. ausführlich Kap. II 1.1 und 1.4.

453 Zu den organologischen Metaphern des politischen Diskurses vgl. PEIL 1983, 303. Laut Münkler handle es sich dabei um keine ›toten Metaphern‹, weil ihre Ursprungsbedeutung präsent bleibe (vgl. MÜNKLER 2016, 188).

›tote‹ Metapher ist die eigentlich wirkmächtige Metapher. Erst sie erzeugt jenen *effet de réel* (Roland Barthes), jene Illusion der Buchstäblichkeit, von der man sagen kann, daß sie zugleich Grund und Folge ihrer Unwahrnehmbarkeit als Metapher ist: Die Metapher ›stirbt‹ *als Metapher* in dem Augenblick, in dem die durch sie konstituierte sprachliche Realität für natürliche, materielle Realität gehalten wird.«[454] So mündete etwa die Dolchstoßlegende, mit der Nationalkonservative über die Metapher des Dolchstoßs die Verfassung der Weimarer Republik destabilisieren und ihre politischen Gegner zum Feind degradieren wollten, unter anderem mit dem Münchner Dolchstoßprozess tatsächlich in ein gerichtliches Verfahren.

Wie Rainer Hülsse in seinem Versuch, Metapherntheorie und Diskursanalyse engzuführen, dabei nachgewiesen hat, steht die Metapher in entscheidender Wechselwirkung mit dem jeweiligen Diskurs: Jeder Diskurs entwickelt seine eigenen Metaphern, die ihrerseits den Diskurs dadurch stabilisieren, dass sie die Aussagen desselben verbinden und ihn von innen zusammenhalten – was mit sich bringt, dass Diskursteilnehmende auf die jeweils etablierten Metaphern zurückgreifen müssen, um Gehör zu finden.[455] So hat die Europäische Union angesichts des drohenden griechischen Staatsbankrotts im Zuge der Finanzkrise 2010 beschlossen, einen ›Euro-Rettungsschirm‹ zu verabschieden; seither firmieren alle politischen Maßnahmen, mit denen die Zahlungsfähigkeit der EU-Mitgliedsstaaten garantiert und die Wirtschafts- und Währungsunion stabilisiert werden soll, unter der eingeführten Metapher des ›Rettungsschirms‹.

Im Sinne der von der antiken Rhetorik formulierten Aufgaben des *docere* und *movere* veranschaulicht die Metapher des ›Rettungsschirms‹ zunächst abstrakte Sinnzusammenhänge (1) und sucht dabei als »Überredungsmittel par excellence«,[456] den Rezipienten durch verständliche Bilder in den Diskurs einzubinden

454 LÜDEMANN 2004, 44. Blumenberg nennt das ›Hintergrundmetaphorik‹ (vgl. Hans BLUMENBERG, Paradigmen zu einer Metaphorologie. Kommentar von Anselm HAVERKAMP unter Mitarbeit von Dirk MENDE und Mariele NIENTIED, 2. Aufl. [Suhrkamp Studienbibliothek 10], Frankfurt a. Main 2013, 91). Ob eine Metapher als solche wahrgenommen oder als ›natürliche Realität‹ akzeptiert wird, hängt dabei nicht von der Metapher selbst, sondern vom Kontext der Diskursbeteiligten ab (vgl. LÜDEMANN 2004, 36f.).

455 Vgl. Rainer HÜLSSE, Sprache ist mehr als Argumentation. Zur wirklichkeitskonstituierenden Rolle von Metaphern, in: Zeitschrift für Internationale Beziehungen 10/2 (2003), 211–246, hier 220. Metaphern werden jedoch nicht unreflektiert übernommen, sondern können und müssen aktualisiert werden (vgl. Stefan SCHOLL, Politik als Krankheit. Organisch-medizinische Metaphern im Grenzziehungsdiskurs zwischen Wirtschaft und Politik im 20. Jahrhundert, in: Jahrbuch für Wirtschaftsgeschichte 57/2 [2016], 367–395, hier 373). Zur intertextuellen wie interdiskursiven Funktion der Metapher im politischen Diskurs vgl. HÜLSSE 2003, 222f.

456 Anton HÜGLI, Überzeugen und Überreden. Über das Verhältnis von Philosophie und Rhetorik, in: Gert UEDING/Gregor KALIVODA (edd.), Wege moderner Rhetorikforschung.

sowie von einem bestimmten Standpunkt zu überzeugen (2). Indem sie abstrakte Sachverhalte dabei zu Selbstverständlichkeiten naturalisiert (3), entpolitisiert sie den Diskursgegenstand (4) – schließlich scheint es nur natürlich und notwendig, dass ein ›Stürzender‹ einen ›Rettungsschirm‹ braucht. Darüber hinaus emotionalisiert sie den Diskurs (5), weckt ein ›Rettungsschirm‹ doch die Assoziation eines schnellen Falls mit sonst tödlichem Ausgang. Das konditional exklusive Argumentationsmuster – entweder man spannt den Schirm auf oder man verantwortet den Tod des Fallenden – bringt darüber hinaus eine Handlungsnotwendigkeit zum Ausdruck (6): Man müsse eingreifen, will man sich nicht der unterlassenen Hilfeleistung schuldig machen.[457] Gerade im politischen Diskurs geben Metaphern also Handlungsoptionen vor: »Das Denkmuster führt zu Handlungsmustern.«[458]

Das heißt indes nicht, dass Metaphern deshalb schon konkrete Handlungsanweisungen formulieren (dass ein Staat einen ›Rettungsschirm‹ braucht, sagt an sich noch nichts über die konkreten Akteure der Krise und die Art des Rettungspakets aus). Entscheidend wird die Metapher im Kontext politischer Kommunikation also vor allem durch ihre Flexibilität: Mit ihrer bildsprachlichen Unbestimmtheit lässt sie Raum für politische Aushandlungsprozesse, gibt zwar vor, wie etwas, nicht jedoch, was gesagt werden kann.[459] Im Dienst politischer Rhetorik hilft die Metapher somit, »Argumente zu finden, wenn wir auf neue Erkenntnisse aus sind«[460]. Die Hoffnung moderner, an politischen Sprachbildern interessierter Metapherntheorien liegt nun darin, über den Metapherngebrauch innerhalb eines Diskurses Zugang zu dahinterliegenden Diskursdynamiken zu erhalten, indem die Metaphern etwa Einblicke in politische Grundüberzeugun-

---

Klassische Fundamente und interdisziplinäre Entwicklung (Rhetorik-Forschungen 21), Berlin/Boston 2014, 11–30, hier 26.

457 Mit den sechs skizzierten Funktionen fasse ich unterschiedliche Ergebnisse zur Metapher im politischen Diskurs zusammen: Hönigsperger betont, dass die Metapher einprägsam sei, Wissen intelligibel mache und emotionalisiere (vgl. Hönigsperger 1991, 234). Rigotti identifiziert eine ornamentale, evokative und konstitutive Funktion: Die Metapher errege Aufmerksamkeit, beziehe den Rezipienten in die Aussage ein oder bringe das Beschriebene hervor, indem sie ihm eine sprachliche Form gebe (vgl. Francesca Rigotti, Die Macht und ihre Metaphern. Über die sprachlichen Bilder in der Politik, Frankfurt a. Main 1994, 19–22). Sie betont darüber hinaus, dass die Metapher belehren und überzeugen soll (vgl. ebd., 23). Laut Hülsse stellt die Metapher den Diskursgegenstand als Selbstverständlichkeit dar und entpolitisiert ihn dadurch, zeigt jedoch ebenso die unterschiedlichen Handlungsoptionen auf und bietet dadurch Orientierung (vgl. Hülsse 2003, 223–226; ihm folgt Scholl 2016, 373). Münkler schreibt der Metapher zu, abstrakte Phänomene mit anderen in Bezug zu setzen oder überhaupt erst beschreibbar zu machen (vgl. Münkler 2016, 202f.).

458 Lakoff/Wehling 2009, 56.

459 Mit ähnlichen Ergebnissen für politische Sprachen vgl. Pečar/Trampedach 2008, 5. Das bringt mit sich, dass unterschiedliche Parteien auf dieselbe Metapher zurückgreifen können, um gegensätzliche Positionen zu verhandeln (vgl. Peil 1983, 884).

460 Hügli 2014, 29; vgl. auch Friedrich 2015, 182.

gen einzelner Akteure oder auch in die zugrundeliegenden Vorstellungen von Gesellschaft erlauben.[461]

### 2.1.3 Soziopolitische Metaphern in diachroner Perspektive

Was vor allem pragmatische und kognitivistische Metapherntheorien in den letzten Jahren herausgearbeitet haben, hat Dietmar Peil 1983 aus literaturwissenschaftlicher Perspektive behandelt. In seiner beeindruckend materialintensiven Analyse der Staatsmetaphern[462] von der Antike bis zur Gegenwart fokussiert Peil Erscheinungsformen, Entwicklungen und Funktionen der sechs Bildfelder ›Hirte und Herde‹, ›Bienenstaat‹, ›Staatskörper‹, ›Staatsmaschine‹, ›Staatsgebäude‹ sowie ›Staatsschiff‹ und sucht damit das Projekt der Historischen Metaphorologie voranzubringen.[463] Seine Arbeit bietet instruktive Einblicke in die von den Metaphern suggerierten Vorstellungen von Herrschaft und Gesellschaft: So stellt die Metapher der Schafsherde Herrschaft als wechselseitige, symbiotische Beziehung aus; der Herrscher, durch seine Fachkompetenz qualitativ geschieden, trägt Sorge um Wohl und Sicherheit der Herde, die ihm

461 So argumentieren Rigotti 1994, 25; Hülsse 2003, 239.

462 Als Staatsmetaphern bezeichnet Peil alle »bildliche[n] Ausdrücke für politische, im wesentlichen [sic] durch Herrschaft konstituierte Gemeinschaften beliebiger Größenordnung und für ihre Konstituenten wie Volk und Herrscher, Regierung, Verwaltung und Verfassung« (Peil 1983, 12). Seine breit angelegte Studie folgt einem von ihm identifizierten Forschungsdesiderat im Bereich soziopolitischer Metaphorik (vgl. ebd., V). Jahre später kritisiert erneut Susanne Lüdemann, dass die Metaphern, mit denen Gesellschaften sich selbst beschreiben, bisher in der Forschung nicht genügend Aufmerksamkeit erhalten haben (vgl. Lüdemann 2004, 25).

463 Die Historische Metaphorologie untersucht in diachroner Perspektive epochen- und kulturspezifische Formen und Funktionen von Metaphern (vgl. Friedrich 2015, 177). Mit seinen ›Paradigmen zu einer Metaphorologie‹ hat vor allem Blumenberg wesentliche Impulse für die Historische Metaphorologie gesetzt, insofern er nach historischen und kulturellen Umcodierungsprozessen metaphorischer Operationen gefragt hat (vgl. Blumenberg 2013; zusammengefasst in Friedrich 2015, 176). Eine historisch fundierte Metaphorologie besitzt gerade für die Mediävistik einen hohen Stellenwert, schließlich erlaubt erst sie Zugang zu Konzepten wie ›Minne‹, ›Staat‹ oder ›Herrschaft‹ (vgl. Peil 1983, 3) und damit auch zum zugrundeliegenden ›Zeitgeist‹ einer Epoche (vgl. Benjamin Specht, Epoche und Metapher. Systematik und Geschichte kultureller Bildlichkeit. Eine Einleitung, in: Ders. [ed.], Epoche und Metapher. Systematik und Geschichte kultureller Bildlichkeit [spectrum Literaturwissenschaft/spectrum Literature 43], Berlin/Boston 2014, 1–20, hier 1). Den Vorwurf, moderne Metapherntheorien unreflektiert auf historische Untersuchungsgegenstände zu projizieren, wehrt die Historische Metaphorologie durch ihren universalistischen Anspruch ab: »Die Metapher als Thema einer Metaphorologie in dem uns hier beschäftigenden Sinne ist ein wesentlich *historischer* Gegenstand, so daß ihr Zeugniswert zur Voraussetzung hat, daß der Aussagende selbst *keine* Metaphorologie besaß, ja nicht einmal besitzen konnte« (Blumenberg 2013, 28 [Hervorhebung im Original]; ähnlich auch Schwarzbach-Dobson 2018, 46).

nachzufolgen hat.[464] Das Gebäudebild legitimiert dagegen die Vorstellung eines arbeitsteiligen, funktionalen Systems, in dem jeder Bestandteil seinen fest zugewiesenen Platz einnimmt.[465] Ähnliche Implikationen transportiert auch die berühmte organologische Metapher des Staatskörpers.[466]

»Es hat in Europa Tradition, dass Kollektive sich als Körper imaginieren«[467] – so konstatieren Albrecht Koschorke, Susanne Lüdemann, Thomas Frank und Ethel Matala de Mazza in ihrer richtungsweisenden Studie ›Der fiktive Staat: Konstruktionen des politischen Körpers in der Geschichte Europas‹.[468] In umfassenden Einzelanalysen untersuchen die Autor·innen europäische Körperdiskurse im Kontext politischer Aushandlungsprozesse. Dass in der Regel »das Abstraktere, Komplexere (politisches Handeln) über das Konkretere (physische Gewalt) konzeptualisiert und versprachlicht wird«,[469] gilt in der Sprachwissenschaft längst als Allgemeinplatz. Die historisch ausgerichtete Analyse zum ›fiktiven Staat‹ geht jedoch noch weiter, wenn sie das intrinsische Zusammenspiel von soziopolitischen Imaginationen und den sie beschreibenden Metaphern aufdeckt. Dass die Körper-Metapher den Staat nicht einfach nur abbildet, sondern in einem kontinuierlichen performativen Prozess überhaupt erst beschreibbar macht, ja gleichsam produziert, stellt die Kernerkenntnis des Bandes dar. Der Staat ist und ist wiederum nicht – *invenior ergo sum*, so ließe sich das

464 Zu den Implikationen der Hirtenmetapher im Kontext des Herrschaftsdiskurses vgl. Peil 1983, 29–165; vgl. auch Udo Friedrich, Grenzmetaphorik. Zur Interferenz von Natur und Kultur in mittelalterlichen Körperdiskursen, in: Deutsche Vierteljahrsschrift für Literaturwissenschaft und Geistesgeschichte 83 (2009), 26–52, hier 36. Zur Rezeptionsgeschichte der Hirtenmetapher vgl. Peil 1983, 888.

465 Zur Gebäudemetapher vgl. Peil 1983, 596–699. Besonders innovativ kommt die Metapher »in Zeiten der politischen Krisen und des Neubeginns« im bildsprachlichen Sinne des ›Umbruchs‹ zum Einsatz (ebd., 888).

466 Ausführlich zeichnet Peil die Kontinuitätslinien vom antiken *corpus rei publica* über das wirkmächtige Paulusbild des *corpus Christi* hin zur mittelalterlichen Vorstellung von Gemeinschaft als Körper nach (vgl. Peil 1983, 302f.; die organologische Metapher inklusive ausführlichem Rückblick auf die älteren Forschungsergebnisse stellt er vor ebd., 302–488). Zur organologischen Metapher in der politischen Theorie vgl. außerdem Krieger 2005, 37; Friedrich 2016, 94–97. Die Körpermetapher zählt zu den häufigsten Staatsmetaphern (vgl. Peil 1983, 302). Da Metaphern im Zusammenhang mit der sie umgebenden Kultur stehen, mahnt Lemke die Historisierung der organologischen Metapher vor dem Hintergrund gültiger Körperkonzepte an – so fasst das christlich geprägte Mittelalter (man denke nur an das sündige Fleisch, das Fleisch gewordene Wort Gottes etc.) den Körper anders als die Neuzeit (vgl. Lemke 2010, 210).

467 Albrecht Koschorke et al., Vorwort, in: Dies. (edd.), Der fiktive Staat. Konstruktionen des politischen Körpers in der Geschichte Europas, Frankfurt a. Main 2007b, 9–14, hier 11.

468 Albrecht Koschorke et al. (edd.), Der fiktive Staat. Konstruktionen des politischen Körpers in der Geschichte Europas, Frankfurt a. Main 2007a.

469 Andreas Blank, Einführung in die lexikalische Semantik für Romanisten (Romanistische Arbeitshefte 45), Tübingen 2001, 76.

dichotome Wechselspiel aus Wirklichkeit und wirklichkeitssproduzierender Fiktion vielleicht in eine Formel bringen.

Der untrennbare Zusammenhang zwischen organologischer Metapher und dahinterstehender Imagination etabliert im europäischen Diskursraum Vorstellungen von Einheit und Arbeitsteilung eines hierarchisch gedachten und funktionalen Systems, das in seiner Kreatürlichkeit Wachstum und Entwicklung impliziert. Indem sie den einzelnen in eine gottgewollte Ordnung einfügt, setzt die organologische Metapher eine »Integrationskraft«[470] frei, naturalisiert darüber hinaus die politischen Zustände und legitimiert das Recht des Haupts auf Alleinherrschaft, indem sie Widerstand als widernatürlich ausgibt.[471] Darüber hinaus lädt das semantische Feld ›Körper‹ zu Diskursen über Krankheit und Gesundheit, über Sterblichkeit und Wachstum ein.[472] In politischen Aushandlungsprozessen – etwa im Kontext eines Reformdiskurses – bietet die Krankheitsmetaphorik dabei drei argumentative Chancen: Das Bild des erkrankten Reichskörpers erlaubt erstens, fundamentale Kritik zu äußern, schließlich führt eine Fehlfunktion zum Versagen des gesamten Organismus; Haupt und Glieder, Herrscher und Beherrschte zeichnen somit gemeinsam verantwortlich für die aktuelle Situation. Das Bild emotionalisiert und dramatisiert zweitens die politische Lage, indem es den Tod des Gesamtorganismus in Aussicht stellt. Implizit weist die Metapher somit drittens in die Zukunft und fordert Entscheidung, wenn der Kollektivkörper nicht sterben soll.

Wie Peil zurecht beobachtet hat, erlauben soziopolitische Metaphern also nicht nur, ein abstraktes Kollektiv über ein Bild als Gemeinschaft zu konzeptualisieren, sondern können im politischen Diskurs vor allem als Argument Einsatz finden: »Staatsmetaphern können der rationalen Beweisführung dienen und bestehende Verhältnisse legitimieren oder das Verlangen nach ihrer Änderung rechtfertigen; sie können Emotionen vermitteln und den politischen Gegner als lebensbedrohende Krankheit diskriminieren und Abscheu vor ihm erregen oder die Regierung als einen zum brutalen Schlachter gewandelten Hirten und das politische System als einen seelenlosen Zwangsmechanismus attackieren und so den Widerstand auch emotional fördern.«[473] Staatsmetaphern dienen demnach als Argument, legitimieren Herrschaft oder plausibilisieren den Widerstand, ermöglichen Kritik und Polemik oder wirken emotiv. Sie integrieren das Kollektiv und appellieren an seine Aktionsbereitschaft. Meist treten Staatsmetaphern deshalb laut Peil in jenen Texten auf, die politische Prozesse kommen-

---

470 Münkler 2016, 192.
471 Vgl. Peil 1983, 482; Rigotti 1994, 21.
472 Zum Bildbereich der Krankheit im Kontext der organologischen Metapher vgl. Peil 1983, 484–487.
473 Peil 1983, 882f.

tieren, kritisieren oder einen Handlungsappell formulieren.[474] Eben ein solcher Text ist die ›Reformatio Sigismundi‹.

### 2.1.4 Die Metaphern der ›Reformatio Sigismundi‹

In seiner Dissertation zur ›Reformatio Sigismundi‹ hat Lothar Graf zu Dohna als ein entscheidendes Charakteristikum der Schrift die Unmittelbarkeit ihrer sprachlichen Ausdrücke herausgearbeitet: »Die ›Handgreiflichkeit‹ liegt doch eben darin, daß der Autor Dinge mit Händen greift, die wir nur noch im Denken oder im Glauben zu erfassen vermögen, weil wir ihnen nicht mehr unmittelbar gegenüberstehen.«[475] Damit beschreibt Dohna jene erkenntnistheoretische Leistung der Metapher, die die ›Reformatio Sigismundi‹ im Sinne rhetorischer Überzeugungsarbeit gezielt einsetzt. Eine eingehende Untersuchung der in der ›Reformatio Sigismundi‹ angewandten Metaphernbereiche, die Einblicke in die politischen Grundüberzeugungen, rhetorischen Argumentationsstrategien und nicht zuletzt in das Innovationspotenzial des Textes verspricht, sucht man bisher allerdings vergeblich.[476]

Das folgende Unterkapitel wird nachzeichnen, wie die volkssprachige Reformvorlage die Abstrakta ›Kollektiv‹, ›Krise‹ und ›Reform‹ metaphorisiert und welche rhetorischen Funktionen die Metaphern mit Blick auf das Textprogramm erfüllen. Im Sinne der von Dietmar Peil untersuchten Bildfelder[477] und der von Rainer Hülsse skizzierten diskurstheoretischen Metaphernanalyse[478] sollen die zur Diskussion stehenden Metaphern dabei zu Gruppen zusammengefasst werden. Gebündelt werden zum einen ähnliche Bildbereiche (Körper und Krankheit, Weg und Heilsziel), zum anderen Metaphern mit einer vergleichbaren Wirkabsicht (so zielen Familien- und Gebäudemetapher gleichermaßen auf die Integration des Einzelnen in eine übergeordnete, bindende Gemeinschaft). Ihren Funktionen entsprechend unterscheide ich Integrations-, Krisen- und Reformmetaphern, die zu drei Bildbereichen zusammengefasst werden: Die ›Reformatio

---

474 Vgl. Peil 1983, 886.

475 Dohna 1960, 28f. Bereits zuvor hat er betont, wie häufig in der ›Reformatio Sigismundi‹ »der abstrakte Begriff verdinglicht« wird (ebd., 24).

476 Dass die Metaphern der ›Reformatio Sigismundi‹ durchaus wahrgenommen worden sind, bezeugen jene Forschungsbeiträge, die z. T. unbewusst auf deren Bildbereiche zurückgreifen; so spricht Joachimsen von dem »Reichsbau« und einem »Wirtschaftskörper« (Joachimsen 1921, 40f.). Dohna scheint seinerseits die zahlreichen Krankheitsmetaphern aufzunehmen, wenn er über den Verfasser der ›Reformatio Sigismundi‹ bemerkt: »Doch wie ein guter Arzt ist er bestrebt, nicht nur die Symptome zu kurieren, vielmehr den Krankheitsherd zu suchen« (Dohna 1960, 34).

477 Mit Bildfeld bezeichnet Peil eine Struktur aus relationalen Bildelementen, die um eine Zentralmetapher herum angeordnet sind (vgl. Peil 1983, 24). In gewisser Weise nimmt Peil damit Lakoffs und Johnsons konzeptuelle Metapher vorweg.

478 Vgl. Hülsse 2003, 230f.

Sigismundi‹ konzeptualisiert das Kollektiv als Einheit (in den Ausprägungen ›Schafsherde‹, ›Familie‹ ›Gebäude‹ und ›Körper‹), die als Krise empfundene politische Situation als ›Krankheit‹ und die Reform als ›Heilsweg‹.[479]

## 2.2 Von Gründungsvätern, tragenden Säulen, guten Hirten und Reichsorganen: Die Integrationsmetaphern

Bevor ein politisch interessierter Text Handlungsbedarf diagnostizieren und Reformforderungen stellen kann, muss er zunächst einmal seinen Adressatenkreis als Gemeinschaft konstituieren – nur so kann die aktuelle Situation als gemeinsame Krise nachempfunden werden, die das Kollektiv als Ganzes betrifft und für die umgekehrt das Kollektiv verantwortlich zeichnet. Die ›Reformatio Sigismundi‹ greift dafür auf unterschiedliche, christlich geprägte Bildbereiche zurück.[480]

Bereits in den Eingangszeilen bemerkt die Vermittlungsinstanz der N-Fassung mit Blick auf die anstehende Reform: *sol ein hirt und ein schaffstal werden, so muß es ein anfang haben* (RS N 76; »soll es nur den einen wahren Hirten mit der einen Herde geben, so muss man es in Angriff nehmen«). Hielten sich die Christen an ihr eigenes Gebot, so folgten ihnen die ›Heiden‹ nach und die Gemeinschaft wachse zusammen, es werde *ein hirt und ein stall* (RS N 88; »nur ein wahrer Hirt mit einem Stall«). Christus sei *durch seine schefflein gestorben* (RS V 289; »um seiner Schäflein willen gestorben«) und ihm gleich sollen sich die geistlichen Ritter um ihre Schützlinge kümmern, *als recht gut hirten thünn sollen umb yr fihe* (RS N 252, vgl. auch P 287; »wie es anständige gute Hirten für ihr Vieh tun sollen«).

Noch häufiger macht die ›Reformatio Sigismundi‹ Gebrauch von der Vorstellung einer im Glauben gründenden Familie.[481] *auß vetterlicher weißhait* (RS V 345; »aus väterlicher Weisheit heraus«) habe Christus sich für die *kynder gottis* (RS K 70; »Kinder Gottes«) geopfert und damit diese *im selber gebrudert* (RS N 342; »ihm selbst zum Bruder gemacht«).[482] Als *vatter* (»Vater«) bezeichnen die

---

479 In seiner Analyse des politischen Diskurses zur EU-Erweiterung identifiziert Hülsse mit den Haus-, Weg-, Beziehungs- und organischen Metaphern im Übrigen dieselben Bildbereiche (vgl. HÜLSSE 2003, 231), was grobe Einblicke in die Kontinuität soziopolitischer Metaphern im europäischen Raum erlaubt.

480 Mit dem Begriff ›Biblizismus‹ fassen Andreas Pečar und Kai Trampedach vormoderne Argumentationsmuster, die im Diskurs um Herrschaftslegitimation auf die Bibel als fundierenden, mit Autorität ausgestatteten Normtext Bezug nehmen (vgl. PEČAR/TRAMPEDACH 2008, 1).

481 Zum Zusammenspiel von Hirten- und Familienmetapher vgl. PEIL 1983, 42, Anm. 58.

482 Verwandt mit der Familienmetapher ist auch das Bild des Stammbaums: Die Vulgata verweist auf Gott, *der von uns gescheppf ain rechter stam unsers leben ist; als der päum des*

unterschiedlichen Fassungen im Übrigen nicht nur Gott selbst (vgl. RS P 141, N 342, P 353), sondern ebenso den Papst (vgl. RS N 90, P 93, N 252), die Bischöfe (vgl. RS G 118), die Geistlichen (vgl. RS K 190) sowie verallgemeinernd die historischen Vorfahren.[483]

Ein drittes Bildprogramm imaginiert die christliche Gemeinschaft als Gebäude.[484] Die Kirche basiere auf den Aposteln als den *seül, auff die die cristenhait gepaüen ist* (RS V 325; »Säulen, auf denen die Christenheit gebaut ist«),[485] und auf den Kardinälen und Priestern als ihren tragenden *sewlen* (RS N 108; »Säulen«). Die N-Fassung erinnert im Kontext der Gebäudemetapher an ein Gleichnis Jesu:

> *Ihesus Cristus redt in dem ewangelio ein gleichnuß von einem haußvater, der wolt faren ferre in ein land und enpfalch sein schetz dem haüßgesinde; das haußgesinde ist der babst, cardinal und bischoff und priester dye sollen behuten, was in befolhen ist von Cristo Ihesu*[.]
> RS N 112
>
> »Jesus Christus bringt im Evangelium ein Gleichnis von einem Hausvater, der in ein fernes Land aufbrechen wollte und seinen Besitz dem Hausgesinde anempfahl. Das Hausgesinde sind der Papst, die Kardinäle, Bischöfe und Priester, die behüten sollen, was ihnen von Jesus Christus anempfohlen worden ist.«

Das Gleichnis vom Haus Gottes (vgl. auch RS P 115) stellt die christliche Gemeinschaft als Einheit vor, in der alle Teile ihren sinnvollen Platz finden und in der jede Abweichung von der Regel die *zurstorunge des glaubes* (RS K 120; »Zerstörung des Glaubens«) mit sich bringt. Die K-Fassung zitiert Paulus: *uns ist nit geben gewalt zu storen, sunder zu buwen!* (RS K 120; »uns wurde die Macht nicht gegeben, um zu zerstören, sondern um aufzubauen!«). Den christlichen Glauben zu *vesten* und zu *bauen* (RS N 112; »zu festigen und auszubauen«), sei Aufgabe der Jünger Christi und ihrer Nachfolger; die Bischöfe sollen sie darin unterstützen, *den glauben zü baüen* (RS N 112; »den Glauben zu bauen«). Christus habe *gefestent den rechten glauben* (RS V 305; »den richtigen Glauben befestigt«) und so *bawet man den cristengelauben* (RS N 164; »baut man den christlichen Glauben«) in den Pfarrkirchen.

---

*ertrichs lebet, also leben wir got und seiner rechten frücht* (RS V 85; »der für uns Geschöpfe ein wahrhaftiger Lebensstamm ist; so wie der Baum durch das Erdreich lebt, so leben wir dank Gott und seiner wahrhaftigen Früchte«).

483 Vgl. RS K 120, N 186, P 189, V 193, G 205, G 207, K 234, P 237, P 281.

484 Den engen Zusammenhang der Bildbereiche ›Familie‹ und ›Gebäude‹ belegt etwa der feststehende Begriff ›Gründungsväter‹, der sich aus zwei unterschiedlichen Metaphern zusammensetzt: »zum einen *Nation* ist *Familie*, […] zum anderen *Gesellschaft* ist *ein Gebäude* mit einem *Fundament*, das von den *Vätern* der Nation gelegt wurde« (Lakoff/Wehling 2009, 35 [Hervorhebungen im Original]).

485 Zur Säulenmetapher im Herrschaftsdiskurs vgl. Peil 1983, 875; Krieger 2005, 39.

Schließlich greift die ›Reformatio Sigismundi‹ auch auf die beliebte organologische Metapher des Reichskörpers zurück: Mit der Wendung *mann hat reformiret in dem heyligen concilio, was mann reformiren soll, geystlich und weltlich, vom heupt byß an den mynsten* (RS N 54; »man hat in dem Heiligen Konzil reformiert, was man reformieren soll, geistlich und weltlich, vom Haupt bis hinunter zum Niedrigsten«),[486] nimmt der Text die seit dem 13. Jahrhundert formelhaft auftretende Wendung von einer *reformatio in capite et membris* (»Reform an Haupt und Gliedern«)[487] auf. Die lateinischen ›Avisamenta‹ kennen diesen Ausdruck ebenfalls: Dietrich von Nieheim und Johannes Schele verwenden ihn prominent im Titel (vgl. DN 246, JS 202), in Dietrichs ›Avisamenta‹ fällt er außerdem wiederholt im Textverlauf (vgl. DN 250, 252, 284). Beide Texte fordern primär eine Reform des *capitis* (»Hauptes«), also des Papstes (DN 248, JS 230). Job Vener bedient das Paulusbild der Kirche als *Corpus Christi*, wenn er die Kardinäle als *pars corporis pape* (JV 382; »Teil des Leibes des Papstes«), die Kurie als *corpus mysticum* (JV 388, 392; »mystischen Leib«) und die Kleriker und Laien als Glieder des *corporis ecclesie dei* (JV 408; »Leibes der Kirche Gottes«) bezeichnet. In diesem Sinne findet das Körperbild auch Eingang in die ›Reformatio Sigismundi‹, die Gott als *haubt* [...] *aller gescheppf* (RS V 261; »Haupt [...] aller Geschöpfe«) und alle Getauften als *Cristo Ihesu glider* (RS V 279; »Glieder Jesu Christi«) vorstellt. Ebenso bilden aber auch der Kaiser als *haupt des reichs* (RS N 240, vgl. auch G 238, N 332; »Haupt des Reichs«) und die Reichsstände als *glider* (RS V 77, vgl. auch V 53; »Glieder«) einen gemeinsamen Körper. *O edels reich!* (RS N 240; »Oh edles Reich!«), ruft die Vermittlungsinstanz der N-Fassung an einer Stelle aus und apostrophiert damit das transpersonale Kollektiv als leiblich-kreatürlichen Adressaten des Reformkatalogs.[488] Als Reformverantwortliche benennt die Vermittlungsinstanz der N-Fassung deshalb nicht nur *die geystlichen heupter* (»die geistlichen Häupter«),[489] sondern alle *heupt der cristenheit* (RS N 76; »Häupter der Christenheit«).

Die zum Einsatz kommenden Integrationsmetaphern bauen das Kollektiv, das die ›Reformatio Sigismundi‹ apostrophiert, als funktionale Gemeinschaft auf: Evoziert die Gebäudemetapher den Eindruck von Zusammenhalt und Sinnhaftigkeit der einzelnen Teile, unterstreicht das Bild der Schafsherde die Abhängigkeitsverhältnisse zwischen Hirte und Herde; verpflichtet das Bild der

486 Vgl. auch K 74, N 80, V 81, G 196.

487 Zur Genese dieses Ausdrucks vgl. Dümling 2017, 49f.

488 Zum Reich als personifiziertem Adressaten vgl. Kap. II 2.3.

489 Vgl. RS G 173, N 232, N 278, G 256. Papst, Kardinäle und Bischöfe werden als *heupt* (RS N 80, N 116, Gw 189, K 234; »Häupter«) vorgestellt, an anderer Stelle heißt es: *von den bischoffen und epten und den geistlichen heupten* (RS N 230; »von den Bischöfen und Äpten und geistlichen Häuptern«). Die N-Fassung nennt auch die Pfarrkirchen als *haupt der cristenheyt* (RS N 204; »Haupt der Christenheit«).

›Familie‹ durch alte, genealogische Bindungen, semantisiert das Körperbild die Hoffnung auf gemeinsames Wachstum.[490] Die Integrationsmetaphern bieten damit Orientierung, vor allem jedoch emotionalisieren sie den Verbund, indem sie ein Wir-Gefühl erzeugen.[491] Im Vergleich mit den ›Avisamenta‹ zeichnet sich darüber hinaus ab, wie die ›Reformatio Sigismundi‹ die vorgegebenen Diskursbahnen für ihre Zwecke umzulenken versteht. Im Sinne der von Hülsse skizzierten intertextuell-interdiskursiven Funktion der Metapher muss der Text zwar auf die bestehenden Metaphernbereiche zurückgreifen, um im Diskurs Gehör zu finden,[492] deutet diese jedoch im Sinne seines Reformbegriffs um: Während Job Vener das Konzil noch als *sanctissima mater* (JV 402, 412; »hochheilige Mutter«) bezeichnet und damit die in Basel versammelten Eliten als Familie konzeptualisiert, integriert die ›Reformatio Sigismundi‹ in ihren Familienbund die gesamte christliche Gemeinschaft; ebenso nutzt sie die Gebäudemetapher nicht nur, um den Klerus als soziale Gruppe zu fassen, sondern versteht auch das Reich als ein Gebäude, das auf den Reichsständen ruht: *uff dem adel und richsteden stet daz riche und uff keynem alleyn* (RS K 242; »das Reich ruht auf dem Adel und den Reichsstädten gleichermaßen«). In ihren Körperentwurf holt sie deshalb auch den Kaiser als *haupt* und die Reichsstände als *glider* herein. Analog zu den Ergebnissen im Bereich der Adressatenapostrophen[493] lässt sich also auch mit Blick auf den Metapherneinsatz festhalten, dass die ›Reformatio Sigismundi‹ den Reformdiskurs über den Konzilskontext hinaus öffnet.

## 2.3 Der erkrankte Körper: Die Krisenmetapher

Das in den Integrationsmetaphern aufgespannte Bedeutungsspektrum entwickelt der Text weiter, indem er diese als Medium der Kritik einsetzt. So konstatiert die Vermittlungsinstanz bereits in der Einleitung: *wir geen als dye schoff on hirten, wir gen an dye weyde an urlaub* (RS N 50; »wir gehen wie Schafe ohne Hirten, wir gehen auf die Weide ohne Erlaubnis«). Dass die Herde so führerlos umherirre, verschulde der Klerus: Die Domherren *suchen die wolle und die milche, aber sie fragen wenig nach der weyde der schaffe* (RS K 136; »begehren

490 Die Metaphernbereiche basieren dabei auf durchaus verschiedenen Konzeptionen: Während die Bildfelder von Tierherde, Körper und Familie den Herrschaftsverbund naturalisieren, stellt jene des Herrschaftsgebäudes den Konstruktionscharakter von Herrschaft aus. Die Metaphernbereiche widersprechen sich damit jedoch nicht, sondern legitimieren vielmehr den holistischen Anspruch von Herrschaft, die sowohl als ›natürliche‹ wie auch als ›konstruierte‹ Macht wirkt.

491 Zur Integrationsfunktion soziologischer Metaphern über ein ›Wir-Gefühl‹ vgl. Hülsse 2003, 233f.

492 Vgl. Hülsse 2003, 220–222.

493 Vgl. hierzu Kap. II 2.2–2.4.

Wolle und Milch, aber sorgen sich kaum um die Weide ihrer Schafe«). Unter Rekurs auf Joh 10,13 warnt die K-Fassung vor Mönchen, die den *loynhirten* (»Mietlingen«) gleichen, *wan sie achten der schaff nyt* (RS K 120; »weil sie nicht auf die Schafe Acht geben«). Beginen und Lollarden *gehent in den scheffencleydern und sint,* wie die K-Fassung mit Mt 7,15 weiß, *invyndig rissen wolff* (RS K 224; »verkleiden sich als Schafe und sind innerlich doch zerfleischende Wölfe«).[494] Der gute Hirte scheint dabei immer mehr zum Schäferhund zu verkommen: Die Geistlichen beziehen ihre Pfründe unrechtmäßig und handeln dabei fast *als die unschammhafftigen hunde, die nit konnen bellen und haben liep den slaffe und den wollust, luten- und seytenspyel in iren wirtschaffen, aber daz werck des herren sehent sie nit an* (RS K 138; »wie die schamlosen Hunde, die nicht bellen können und zwar Schlaf, Wollust, Lauten- und Saitenspiel in den Wirtshäusern lieben, aber sich nicht für die Arbeit ihres Herrn interessieren«).

Die sich am Klerus entladende Enttäuschung bringt auch die Gebäudemetapher zum Ausdruck: *Nu sehe man an, wye woll Ihesus sein hauß versorget hat und nu so ubel stet* (RS N 112; »Nun bedenke man, wie gut Jesus sein Haus versorgt hat und in welch üblem Zustand es sich nun befindet«). Die Geistlichen nämlich, die eigentlich *den glaubenn bawen* (RS N 278, vgl. auch N 164, P 171; »den Glauben bauen«) sollten, überlassen diese ihnen ureigene Pflicht den Orden; dass aber die Orden dereinst *den glauben gestifft oder gepaüen möchten haben* (RS V 99; »den Glauben stiften oder ausbauen können«), sei sicherlich nicht im Sinne Christi.[495]

Dass auch die Familienmetapher als Medium der Kritik dient, zeigen die wiederholten Vorwürfe gegen die geistlichen *vetter* (»Konzilsväter«), die als *hell kint* (RS Gw 189; »Kinder der Hölle«) dem Teufel dienen und dadurch, dass sie die Pfarrkirchen unrechtmäßig untergeordnet haben, *die mutter* [...] *zu ainer dienerin* (RS G 161; »die Mutter [...] zu einer Dienerin«) machen. Ein Exempel soll das Unerhörte veranschaulichen:

494 Auch die Konstanzer ›Avisamenta‹ setzen die Hirtenmetapher gern als Medium der Kritik ein; so kritisiert das anonyme ›Avisamentum‹, dass Geistliche ihre amtsbezogenen Pflichten oft nicht ernst nehmen: *Ecce quomodo pascunt populum!* (A 328; »Seht, wie sie das Volk als Hirten führen!«). Die Gemeinde verliere deshalb jede Orientierung: *Et sic videtur comitit lupis ipsas devorandas* (A 322; »Es scheint: Er [d. i. der Papst, S. Q.] übergibt sie den Wölfen zum Fraß«). Dietrich von Nieheim beklagt analog, dass *oves* [...] *nesciunt pastorem* (DN 254; »die Schafe ihren Hirten nicht kennen«) und mahnt an: *Et ecce, qualiter stant oves illis commisse quoad consciencias eorundem* (DN 270; »Seht, wie es mit den Schafen steht, die ihrem Gewissen überantwortet sind!«). In der Kurie hasse man sich mittlerweile *sicut ovis naturaliter odit lupum* (DN 260; »wie das Schaf von Natur aus den Wolf haßt«).

495 Verwandt mit dem Bildbereich des schlecht geführten Hauses ist die Metapher des gestohlenen Besitzes; in beiden Fällen stehen die Geistlichen als schlechte Verwalter göttlichen Eigentums in der Kritik. Die Vermittlungsinstanz der P-Fassung moniert: *O unser got und unser vatter* [...] *dem stylet man sin gůt* (RS P 141; »Oh man stiehlt unserem Gott und Vater [...] seinen Besitz«). Zuvor hat sie bereits gefordert: *lossenst got sin eygen gůt werden zů nutz kummen* (RS P 117; »lasst Gott seinen eigenen Besitz zum Nutzen gereichen«).

*das verhenget nů got von billichem rehten, als der sůn det sime vatter, do er im die nase abeis, do er an den galgen gefűret wart; der vatter sprach: ›Warumb tůstu mir das?‹ – ›Darumb, daz du mich den rehten weg nie gewyset hast mit den stroffung, so ging ich yetz nit an den galgen!‹ also wurt es nů gang han; unser vetter wurt man slahen darumb, das sie nit lerent den rehten weg noch sime ingange.*
RS P 281

»Es ist nur recht und billig, dass Gott das verhängt – ganz wie es der Sohn mit seinem Vater tat, als er gehängt werden sollte und auf dem Weg zum Galgen seinem Vater die Nase abbiss. Der Vater fragte ihn: ›Warum hast Du mir das angetan?‹ – ›Ich werde gehängt, weil Du mich nie gezüchtigt und mir den rechten Weg gewiesen hast!‹ So wird es jetzt seinen Gang nehmen. Man wird unseren Vätern dafür Schläge versetzen, dass sie [uns] nicht zum richtigen Weg führen.«

Die in der Metapher aufgerufene Kritik konkretisiert der Text durch ein zusätzliches Exempel; narrative und metaphorische Argumentation greifen somit ineinander, um eine Behauptung eingängig herzuleiten: Dem schlechten Hirten gleich, dessentwegen die Schafsherde führerlos umherrirrt, verschulden die geistlichen Väter den Tod ihrer anempfohlenen Kinder.

Am häufigsten jedoch tritt in der ›Reformatio Sigismundi‹ die Metapher des erkrankten Körpers auf, um die Krise zu semantisieren und Kritik an den kirchlichen Entscheidungsträgern zu üben: So merke man die Missstände überall *und allermeyst an unnsernn heuptern* (RS N 172, vgl. auch Gw 189; »und am meisten bei unseren Häuptern«).[496] Und wenn diese versagen – so legt die Vorstellung des einen Körpers zwangsläufig nahe –, leidet der Gesamtorganismus: *darümb get es von dem haubt untz auff den mynsten übel und wirt nymant selig noch heilig und wird gotz gnad gantz unterzogen, wann was ain haubt verhengt, das tüt auch das glid* (RS V 101; »deshalb geht es vom Haupt bis hinunter zum Niedrigsten übel zu und niemand wird mehr selig oder gar heilig und Gottes Gnade wird völlig unterschlagen, denn was ein Haupt durchgehen lässt, das vernachlässigen auch die Glieder«).[497] Und so folgen die Laien den Geistlichen in ihrem Fehlverhalten (vgl. RS N 66, V 123, G 196), welches sich *von den heupternn byß an den mynsten* (RS N 62; »von den Häuptern bis hinunter zu den Niedrigsten«) übersetze.

Die metaphorischen Möglichkeiten des Körperdiskurses nutzend, semantisiert die ›Reformatio Sigismundi‹ ihre Kritik über unterschiedliche körperliche

496 Kritik übt die ›Reformatio Sigsimundi‹ an den *heupter*[*n*] (»Häuptern«) im Allgemeinen (vgl. RS N 52, N 56, P 59, N 114, V 123, P 129, N 138, N 160, V 213, P 351), insbesondere aber an den geistlichen (vgl. RS V 53, N 54, P 59, P 139, P 141, G 177, G 196, N 232, G 279, P 281, N 334, G 336) sowie gelegentlich an den weltlichen (vgl. RS V 53, P 59, G 196, G 336). Zu den *heuptern* vgl. außerdem Kap. II. 2.6 und IV 4.3.3.

497 Diese Korrelationslogik kennt auch Dietrich von Nieheim: *Et, si hoc vigeat in capite, per consequens quid in membris observetur?* (DN 256; »Wenn dies beim Haupte im Schwange ist, was wird dann entsprechend bei den Gliedern gelten?«).

Defizite: Die Orden *haben yr regel schlaffen geleyt* (RS N 98; »ihre Ordensregel schlafen gelegt«), die *gerechtigkeyt slefft* (RS N 124; »Gerechtigkeit erschlafft«) und so solle man handeln, *wann gerechtikait schlaft an den häuptern beden, an gaistlichen und weltlichen* (RS G 69; »denn die Gerechtigkeit schläft bei den geistlichen und weltlichen Häuptern gleichermaßen«). *Griffend zů*, so fordert die P-Fassung alle Christen auf, *wan die hŏbter sloffent zů aller gerehtikeit!* (RS P 69/71; »Greift zu, denn die Häupter verschlafen alle Gerechtigkeit!«). *Wenn die grossen schlaffen*, konstatiert die Vulgata, *so müssen die clainen wachen* (RS V 289; »Wenn die Großen schlafen, müssen die Kleinen wach bleiben«). In die Pflicht ruft die Fassung dabei primär die Reichsstädte; die gottgewollte Ordnung könne nicht greifen, wenn die Reichsstädte *schliffen und nit wachten* (RS V 53; »schliefen und nicht Wache hielten«). Resignierend verallgemeinert dagegen die N-Fassung: *Daz ist alles gemein worden, das menglich in tötsunde slaffet* (RS N 314; »Es ist allgemein üblich geworden, dass jeder in Todsünde erschlafft«).

Noch häufiger als die Schlafmetaphorik bedient die ›Reformatio Sigismundi‹ den Blindheitstopos als Sinnbild der Kritik.[498] In ihrem üblich generalisierenden Ton beklagt die Vermittlungsinstanz einen als absolut gesetzten Zustand: *Alle welt ist plint worden* (RS N 160; »Die gesamte Welt ist erblindet«). Der Teufel habe *menglichen plint gemacht* (RS N 172; »alle blind gemacht«) und so trauert die Vulgata darüber, *das man so plindlich lebt* (RS V 139; »dass man so blind lebt«). Der organologischen Metapher entsprechend habe die Blindheit das Haupt befallen: *Nü sein unnser prelaten, cardinal, bischoff mit dem heupt plint worden, als es stet geschriben. Excecavit eos malicia eorum etc. – dye eygen sunde hat sye geblendet* (RS N 324; »Heutzutage sind unsere Prälaten, Kardinäle und Bischöfe mit dem Haupt zusammen erblindet, ganz wie es geschrieben steht: *Excecavit eos malicia eorum etc.* – die eigene Sünde hat sie geblendet«). Die unterschiedlichen Fassungen berichten von der Blindheit der Weisen (vgl. RS N 58) und Gelehrten (vgl. RS N 138), der Bischöfe (vgl. RS G 118) und Domherren (vgl. RS N 170), der Klöster (vgl. RS G 118), der geistlichen Ritter (vgl. RS V 289) und der Prälaten, *die da blint sin und blenden die bischoff mit yn* (RS K 108; »die blind sind und mit sich auch die Bischöfe blenden«). Ungebildete Priester beschimpft die N-Fassung als *plindenfurer* (RS N 136; »blinde Führer«), die den Weg in den Untergang ebnen, schließlich *fürt ain plind den andern in ain grüb* (RS V 195; »führt ein Blinder einen anderen in eine Grube«). Auch den wiederholt aufgerufenen Gegensatz zwischen Priestern und kirchlichen Würdenträgern verhandelt die ›Reformatio Sigismundi‹ über den Antagonismus von Blindheit und Sehvermögen: Die

498 Da die Augen metaphorisch für die Kompetenz stehen, Probleme zu identifizieren (vgl. Tjarks 2011, 28), bieten sie sich als Sinnbild der Kritik insbesondere an. Zum neutestamentlich inspirierten Blindheitstopos der ›Reformatio Sigismundi‹ vgl. Struve 1978, 87, Anm. 75; Dümling 2017, 197.

Pfarrgeistlichen *gesehen etwas, dye prelaten dye sein plint* (RS N 108; »sehen etwas, während die Prälaten blind sind«), und so *gesehent* die Priester auch *bass dann di bischof* (RS G 125; »sehen mehr als die Bischöfe«). Ein Herzog Friedrich soll deshalb auf dem Basler Konzil dem Kaiser gegenüber geäußert haben: *Dye bischoff sein plint, wir müssen sye gesehen machenn!* (RS N 128; »Die Bischöfe sind blind, wir müssen sie dazu bringen, zu sehen!«). Man müsse die Gelehrten also wieder *gesehen machen* (RS N 138; »dazu bringen, zu sehen«) und selbst die Reformnotwendigkeit ›einsehen‹: *Lieben getruwen cristen, tůn uf die ŏgen und gesehent hie, daz wir dőrt nit eweklich blind műssent sin* (RS P 117; »Liebe treue Christen, macht die Augen auf und seht es hier und jetzt ein, damit wir dort nicht ewig blind sein werden«). Man solle *luge[n]* (»schauen«) und sich nicht *selbest eyn nebel vor den augen* machen (RS K 121; »selbst die Augen vernebeln«), denn das Unrecht *ligt uns nü alles vor den augen* (RS V 213, ähnlich auch RS V 215; »steht uns klar vor Augen«). Man sei in allen Belangen erblindet, *nü thü man die augen auff und gesech man* (RS V 351; »nun öffne man die Augen und schaue hin«).

Wie der Blindheitstopos bereits nahelegt, diagnostiziert die ›Reformatio Sigismundi‹ einen zunehmenden körperlichen Verfall: Die Reichsstädte sollten weiterhin Bürger aufnehmen dürfen und diese auf das Reich verpflichten, *das das reich sich nit swech* (RS N 322; »damit das Reich nicht schwach werde«). Für die Vulgata kommt dieser Rat indes zu spät, denn das Reich sei bereits *plod* (RS V 53; »gebrechlich«) und *swach* (»schwach«).[499] Niemand achte mehr Gottes Gebot und so habe *nymant kain rechte lidmaß mer* (RS V 173; »nichts mehr eine rechtmäßige Gliederung«); geistlicher und weltlicher Stand *stend ploß on alle lidmaße* (RS N 52; »sind nicht mehr rechtmäßig gegliedert«), Ordnung (RS V 53) und Gerechtigkeit (RS N 52) haben kein *(ge)lidmaß* (»Gliederung«) mehr und befinden sich *in kumber und gebrest* (RS P 53; »in Mühsal und Gebrechen«).

Immer wieder bezeichnen die unterschiedlichen Fassungen die aktuellen Missstände als *gebresten* (»Gebrechen«): Man müsse die sieben Sakramente (RS P 131) und die Kirche (RS P 159, P 167, N 226) vor *gepresten* schützen; beweise man nur seine Treue gegenüber Gott, so können alle *geprest* (RS N 60) leicht gewendet werden. Aber leider zeige sich der *gebrest* in Simonie und Geiz (RS N 60), liege an der Christenheit (RS V 61), im Kardinalskollegium (RS N 108), im Urkundenwesen (RS N 302), bei den Bischöfen (RS P 235) und beim Adel (RS N 252). Diejenigen, die eigentlich für die Reform verantwortlich zeichnen, seien *eyn aneffanck allez gebresten* (RS K 74, vgl. auch N 80, V 81; »der Anfang allen Gebrechens«). Kaiser Siegmund habe deshalb *allen gepresten ersucht* (RS N 80; »alle Gebrechen gesammelt«) und die Reform in die Wege geleitet, die gegen die

499 Vgl. RS V 53, N 70, N 238, P 239, P 241.

*gepresten* (RS N 78, G 79) angehen solle.[500] Offenbart die Visionsstimme Siegmund in der Traumvision der N-Fassung, dass das Recht *gebrechen an gerechtigkeyt* (RS N 332; »Gebrechen im Bereich der Gerechtigkeit«) habe, verändert die P-Fassung die Aussage zu: *alles geschriben reht ist kranck worden in gerehtikeit* (RS P 333; »alle schriftlich festgehaltenen Gesetze sind, was ihre Gerechtigkeit angeht, schwach geworden«).

Die durch den Redaktor der P-Fassung vorgenommene Ergänzung zeigt, wie gern die unterschiedlichen Fassungen der ›Reformatio Sigismundi‹ die Krise vor allem als Krankheit fassen: *Krank* (»krank«) geworden seien das Reich (RS N 52), das Haupt (RS V 53), die Ordnung (RS G 73), der Glaube (RS P 135, P 173) und das Kirchenrecht (RS V 289). Die *kranckhait* [...] *an den haubtern* (RS V 109; »Krankheit [...] der Häupter«) betreffe den gesamten Organismus, so dass Eid und Ehre (RS N 344), Gott und die Welt (RS V 139), die Christenheit (RS N 188) und das Reich (RS N 240) *gekrenckt* (»gekränkt«) werden. Die Domherren verwalten die Gaben Gottes *krengklich* (RS N 170; »schlecht«). Man müsse verhindern, dass die Klöster die Pfarrkirchen *bekrencke*[*n*] (RS K 206; »schwächen«) und dass irgendjemand Gottes Gebot (RS V 121/123), den Glauben (P 255) oder die von der ›Reformatio Sigismundi‹ geforderte Ordnung (RS N 212) *krencken* (»schwächen«) könne. Laut der G-Fassung sei es *krank* (»krank«) zu glauben, dass alles seine Richtigkeit habe (RS G 107), die Vulgata konstatiert resigniert: *es stet vil krencker umb die cristenhait, denn es yemant glauben kan* (RS V 107; »es steht viel besorgniserregender um die Christenheit, als irgendjemand glauben kann«), und die P-Fassung kommt zu dem Urteil: *also stat es so kranck* (RS P 135; »so besorgniserregend ist es also«).[501]

Als bildsprachliche Konsequenz der Krankheit drohe dem Gesamtorganismus schlussendlich der Tod: Die Simonie habe alle Lebensbereiche *vergifft* (RS N 60, N 66, G 116; »vergiftet«), ja die gesamte Christenheit sei *vergifft* (RS V 109), seitdem die Orden Kardinäle stellen. In den Stiften sei der Gehorsam *tot* (RS G 177; »tot«) und auch *Hilff, rat und rechte trewe ist tot* (RS N 68; »Beistand, Fürsorge und

500 Dass es sich bei den Substantiven *gepresten* und *glider* nicht um tote Metaphern handelt, die nur im politischen Kontext verwendet werden, zeigen die Ausführungen zum Arztwesen: *er* [d. i. der Arzt, S. Q.] *sol pekennen den leiblichen presten in drey weg: den gepresten des hertzen, das ist der stül des lebens, an dem alle glider krafft entpfahent; er sol pekennen die camen* [Koller vermutet *camern*, vgl. Koller 1964b, 290, Anm. o] *des haubst pey dem hirn; er sol pekennen die pegir der lebern, wann in der ligent verslossen all gepresten, die sol er hailen* (RS V 291; »Der Arzt soll drei Formen körperlichen Gebrechens unterscheiden: Die Mangel des Herzens, was der Sitz des Lebens ist, von dem alle Glieder ihre Kraft erhalten; des weiteren das Gehirn als Kammer des Haupts/ inneres Haupt [?] und schließlich das Verlangen der Leber, aus der alle Beschwerden entspringen, die er heilen soll«). Hier beschreibt die Vulgata körperliche Phänomene.

501 Die grassierende Unmoral als Krankheit zu metaphorisieren, ist ein im politischen Diskurs häufig auftretendes Argumentationsmuster (vgl. Lakoff/Wehling 2009, 33).

wahrhaftige Treue sind gestorben«). Ganz ähnlich argumentiert auch Dietrich von Nieheim, der unter Rekurs auf Marsilius von Padua konstatiert: *Quamobrem regimine sic infecto in capite, universum corpus Christi misticum egrotat nimirum* (DN 258, Anm. 28; »Wenn daher die Obrigkeit so am Haupt vergiftet ist, dann wird auch der ganze mystische Leib Christi ernsthaft krank«). Daraus leitet er die Reformnotwendigkeit ab:

> *Cum igitur in capite ita generaliter et publice infirmitas, error et excessus appareant, quod eciam per istos membra languescant, racio non permittit, quod talia anormalia in publicum detrimentum diu perseverent. Expedit igitur, quod ipsa curia in suis membris in ipso instanti concilio reformetur*[.]
> DN 282
>
> »Da also am Haupt allgemein und öffentlich Schwachheit, Irrtum und Vergehen sichtbar sind, so daß auch dadurch die Glieder schlaff werden, gestattet es die Vernunft nicht, daß solche Rechtswidrigkeiten zum allgemeinen Schaden lange andauern. Es ist also förderlich, daß diese Kurie an ihren Gliedern auf dem jetzigen Konzil reformiert werde.«

Dietrich bietet im Folgenden Reformpunkte, *Quia novi morbis nova convenit antidota preparari* (DN 252; »Weil es angemessen ist, für neue Krankheiten neue Heilmittel bereitzustellen«), setzt dafür auf eine *sanam doctrinam* (DN 258, Anm. 28; »gesunde Lehre«) und konstatiert, dass eine Reform *salubrius* (DN 256, 268; »heilsam«) sei. Auch Job Vener hofft auf *salutaria de reformacione ecclesie* (JV 380; »Heilsames zur Reform der Kirche«), auf die Veränderung dank eines *salutari advisamento* (JV 382; »eines heilsamen Vorschlags«) und dadurch auf ein *finis salutaris* (JV 378; »einen heilsamen Abschluß«). Seine Reformvorschläge beschreibt er als *remedium* (JV 388, 394, 410) und greift damit auf eine für den Reformdiskurs dieser Zeit gängige Metapher zurück.[502]

Man könnte erwarten, dass die ›Reformatio Sigismundi‹ die Reform ebenfalls als Heilmittel semantisiert, wo sie doch den Krankheitstopos so ausgiebig bedient. Man wird den Text indes umsonst nach einer Genesungsmetaphorik durchsuchen; nur die G-Fassung, die knapp 100 Jahre nach dem Urtext entsteht und am meisten von diesem abweicht, fordert an einer Stelle: *will das haupt nit weren zwar, so müesent die glider dem haupt widerstan und ain arzney tun, das der leib bestant* (RS G 182; »will das Haupt es [gemeint ist das um sich greifende Elend, S. Q.] nicht abwehren, so müssen sich die Glieder dem Haupt widersetzen und eine Arznei einnehmen, damit der Organismus am Leben bleibt«). Während der Text die Integrationsmetaphern für seine Kritik ausbaut und dabei vor allem auf Körperdefizite setzt (›Schlaf‹, ›Blindheit‹, ›Schwäche‹, ›Gebrechen‹, ›Krank-

502 Zu dieser Metapher vgl. Kirsch 2016, 49.

heit‹, ›Vergiftung‹, ›Tod‹), wählt er für die Reform überraschenderweise ein anderes Bild.

## 2.4 Zwischen Irrweg und Heilsweg: Die Reformmetapher

Um mögliche Handlungsperspektiven argumentativ in Kontrast zu setzen, bedient die ›Reformatio Sigismundi‹ eine polarisierende Wegmetaphorik. Mit den Rezeptionsaufforderungen *Gedencket, wye es ytzunt get* (RS N 54; »Bedenkt, wie es dieser Tage wirklich zugeht«), *Nün merck, wie es ge und gangen sey* (RS V 123; »Bedenke, wie es zugeht und zugegangen ist«), *O liber got, wie get es nü?* (RS V 199; »Oh lieber Gott, wie geht es dieser Tage nur zu?«), *wie iß aber nu gehe, sicht man wol* (RS K 242; »wie es dieser Tage zugeht, sieht man nur allzu deutlich«) oder *Man mocht gedencken, wye mocht es zü gen, wan es ist unmüglich, den gang zu haben?* (RS N 342; »Man könnte sich fragen, wie es passieren soll, wenn es scheinbar unmöglich ist, dass es seinen Gang nehmen wird?«) wecken die unterschiedlichen Fassungen zunächst Bewusstsein für die gegenwärtige Situation, die sie mit einem Irrweg gleichsetzen: Die weltlichen Priester seien *verirret* (RS V 109; »verirrt«), die Großen vom Konzil *geflohen* (RS G 58, ähnlich auch N 56; »geflohen«). Die Klöster haben Besitz und Einflussgebiet erweitert, sie gehen damit *kainen rechten weg* (RS Gw 197; »nicht den richtigen Weg«). Die Kardinäle bedrängen den Papst im Interesse ihrer Orden, bis ihr unrechtmäßiges Anliegen *einen gang hat* (RS N 106; »seinen Gang nimmt«). Als *müssiggenger* (»Müßiggänger«) beschimpfen die unterschiedlichen Fassungen die Domherren,[503] die Beginen (RS N 218) und Lollarden (RS N 220), die Handwerkszünfte (RS P 269) sowie die Christenheit im Allgemeinen (RS K 234). *seinen gang* (»Seinen Gang«) nehmen das Unrecht (RS N 148, vgl. auch G 196, P 241) und der Geiz (RS N 54), die Simonie *get* (RS V 99; »geht«) um und falsches Gewinnstreben *hat den lauff* (RS N 68; »nimmt seinen Lauf«). Solange *es so ganck hat*, wie es dieser Tage üblich sei, *so kan es nit mer woll gen* (RS N 98, vgl. auch N 66, G 99; »[solange] es so zugeht, wird es nicht mehr lang gut gehen«), im Gegenteil *get es alles ubel* (RS N 192, vgl. auch N 114, N 128; »geht es überall schlimm zu«) und sei *gegangen auß der ordenung* (RS N 62, vgl. auch N 104; »außer Kontrolle geraten«).

Schuld an dem empfundenen Fehlschritt seien vor allem die geistlichen Entscheidungsträger: *lerten sy den rechten weg und giengen in auch, so giengen wir inen nach* (RS G 279; »würden sie den richtigen Weg lehren und ihn auch selbst beschreiten, so gingen wir ihnen nach«). Das Gegenteil sei jedoch der Fall: *unser vetter wurt man slahen darumb, das sie nit lerent den rehten weg noch sime ingange* (RS P 281; »Man wird unseren Vätern dafür Schläge versetzen, dass sie

503 Vgl. RS K 136, G 137, N 170, P 171, V 171, V 173, N 176.

[uns] nicht zum richtigen Weg führen«). Die Mehrheit folge dem Irrweg der Oberen und kehre *alle wegen zü den sunden* (RS N 70; »alle Wege hin zu den Sünden«), sodass *wir geen als dye schoff on hirten, wir gen an dye weyde an urlaub* (RS N 50; »wir gehen wie Schafe ohne Hirten, wir gehen auf die Weide ohne Erlaubnis«), ja es sei *ein geen on gotlich forcht* (RS N 72; »man bewegt sich ohne Ehrfurcht vor Gott«). Niemand schreite den rechten Weg entlang und so falle man gemeinsam mit den Wegführern in die *gruobe* (RS P 67, V 101, N 136; »Grube«).[504]

Indem die ›Reformatio Sigismundi‹ die Grubenmetapher in einem weiteren Argumentationsschritt mit der Hölle analogisiert, lädt sie das Bild des Irrwegs zu einer heilsgeschichtlichen Katastrophe auf: Bischöfe, Orden und Priester gehen *zu dem teuffel* (RS V 139; »zum Teufel«), den Bischof *lont der tüfel* (RS P 119; »entlohnt der Teufel«), die Mächtigen hätten sich mit dem *tewffel* (RS N 214/216; »Teufel«) eingelassen und so sei die christliche Gemeinschaft *mit in und sie mit uns des teuffels* (RS V 225; »mit ihnen und sie mit uns des Teufels«). Eigentlich ebnen die Orden *den weg zuo dem hymmel* (RS P 109; »den Weg zum Himmel«), dieser Tage jedoch dienen sie dem *teüfel* (RS G 200; »Teufel«) und feiern *tiufelsdienst* (RS G 186; »Teufelsdienst«) in ihren Gotteshäusern. Auch der Domherr diene dem Teufel und folge ihm *in dye helle* (RS N 136; »in die Hölle«). Der Papst (RS P 281), die Gelehrten (RS N 84, N 172, N 324) und Geistlichen (RS G 125, N 324), die Prälaten und Priester (RS G 116), die Bischöfe (RS G 118), Domherren (G 137, G 182, N 212) und Klosterfrauen (RS N 212) sowie die Klöster (RS G 200) *gen in die helle* (»gehen in die Hölle«). *in die helle faren* (RS V 293; »zur Hölle fahren«) die Gelehrten und die Geistlichen *thunn dye helle uff, kein tewffel bedarff in nit auffthünn* (RS N 280; »sperren die Hölle auf, so dass kein Teufel sie extra öffnen muss«). Die *helle* (»Hölle«) stehe den Bischöfen offen (RS V 143), die einst heilig wurden und nun *hellig* (RS P 235; »der Hölle zugehörig«) seien. Der Papst und seine Kardinäle *dispensir alle in dye helle* (RS N 106; »dispensieren und gelangen so in die Hölle«), Geistliche hätten *gesworenn in dye helle* (RS N 126; »sich der Hölle verschworen«), Bischöfe, Päpste und Domherren *studiren in dye helle* (RS N 170; »bringen sich mit ihrem Studium in die Hölle«) und *bindent aber sich selb nüt denn in die hell* (RS G 170; »fesseln sich selbst an die Hölle«). Jederman tue, womit man *zu der hell dring* (RS G 235; »nach der Hölle strebt«), und so drohe der *abgrund der hell* (»Abgrund der Hölle«) nicht nur den Geistlichen,[505] sondern der gesamten christlichen Gemeinschaft: *wir geen mit in in dye helle* (RS N 172, vgl. auch G 311; »wir gehen mit ihnen in die Hölle«).[506] Die P-Fassung beobachtet: *die*

504 Auch das anonyme ›Avisamentum‹ klagt über die *spelunca latronum* (A 326; »Mördergrube«).

505 Vgl. RS G 116, G 123, P 137, N 150, N 280, G 292.

506 Vgl. auch RS V 123/125, K 172, V 175, P 279, V 281, G 292; verallgemeinernd G 177.

*selen ilent zů der hell* (RS P 267; »die Seelen eilen zur Hölle«). Seien es die Bischöfe, die es verordnen, die Mächtigen, die es schützen, oder die Gemeinschaft, die es duldet – sie alle werden *in die hell komen* (RS V 223; »in die Hölle kommen«). *darumb so hat die helle sich uffgesperret und ir mule uffgedan ane ende* (RS K 138; »deshalb hat sich die Hölle geöffnet und ihr Maul endlos aufgetan«), resümiert die K-Fassung, während die G-Fassung zu dem Fazit kommt: *es ist ain weg allweg in die hell* (RS G 196, vgl. auch G 259, P 261; »überall geht es hinab zur Hölle«).[507]

Die Kirchenväter haben mit ihrem Fehlverhalten einen solch großen Schaden verursacht, *das die selen und menschen umb verdampnet werden* (RS P 141; »dass die Menschenseelen dadurch verdammt werden«) und deshalb erwarte sie die *ewige[] verdamnuß* (RS G 182; »ewige Verdammnis«).[508] Den Klosterbrüdern, die einst *einen seligen gőtlichen weck zů himel* (RS P 189; »einen seelig göttlichen Weg zum Himmel«) suchten, drohe heutzutage die *ewige verdampnissz* (RS P 189; »ewige Verdammnis«). Denn verdammt seien all jene, die unverdientermaßen in den Genuss der Gaben Gottes kommen (RS G 114) oder die sich ordnungswidrige Freiheiten herausnehmen (RS P 121, vgl. auch G 219, N 220), wie es die Kaufleute tun, die mit ihren Waren auch *ir sel* (RS V 275; »ihre Seele«) verkaufen.

Der Text suggeriert mit seiner eschatologisch aufgeladenen Kritik eine Logik des Entweder-Oder, die argumentativ die Reform vorbereitet: *Sechent an, gott hat zu seinem reich ainen weg mit stucken deß glauben; der teufel hat auch ainen weg mit stucken deß unglauben und ungehorsamkait und der ungerechtigkait* (RS G 235; »Bedenkt, dass ein vom Glauben begrenzter Weg zum Reich Gottes führt; es gibt auch einen Weg, der zum Teufel führt und den Irrglauben, Ungehorsamkeit

507 Vergleichbar dem Krankheitsdiskurs steht auch der Irrweg häufig für Unmoral (vgl. LAKOFF/WEHLING 2009, 33). Dass es sich bei der heilsgeschichtlichen Skandalisierung um ein für den Reformdiskurs typisches Argumentationsmuster handelt, hat Dümling herausgearbeitet (vgl. DÜMLING 2017, 183). Die Konstanzer ›Avisamenta‹ etwa beklagen: Verliehene Dispensen *animarum pericula eciam indubitanter adducunt* (DN 274; »führen unzweifelhaft zur Gefahr für die Seelen«), ja *cum quibus malis eciam innumerabiles anime, quod super omnia horribilissimum est, ad perpetuam dampnacionem mittuntur* (JV 414; »mit diesen Übeln werden auch unzählige Seelen, was das Allerschrecklichste ist, in die ewige Verdammnis geschickt«). Deshalb solle man die Kurie sofort reformieren: *Multo enim eligibilius est ad modicum tempus scandalum pati quam infinita millia animarum in iehennam eternaliter mitti* (JS 222; »Eher nämlich ist ein Ärgernis für eine kleine Weile zu ertragen als unendlich viele tausend Seelen für alle Ewigkeit in die Hölle zu schicken«). Dietrichs ›Avisamenta‹ machen für die Missstände fehlgeleitete Geistliche verantwortlich: *Et huius erroris dant occasionem illi, qui presunt, qui deberent tamquam fideles et prudentes servi, quos constituit dominus super familiam suam prudenter et liberaliter omnia spiritualia et ecclesiastica dispensare et non dicere aut sequi illud, quod legitur de Iuda Scarioth* (DN 256; »Gelegenheit zu diesem Irrweg geben die Führer, die als getreue und kluge Knechte, die der Herr über sein Gesinde gesetzt hat, klug und freigebig alles Geistliche und Kirchliche verteilen müßten und nicht das sagen und dem folgen, was man von Judas Iskarioth liest«).

508 Vgl. auch RS N 126, G 170, P 173, P 255.

und Ungerechtigkeit begrenzen«). Die unterschiedlichen Handlungsoptionen bündelt die ›Reformatio Sigismundi‹ also im Bild einer Weggabelung: *Es sy dan, daß ir uch bekert und werdent als die cleynnen, so mogent yr nit ingang daß rich der hymmel* (RS K 58; »Ihr werdet nicht in das Himmelreich kommen, außer ihr bekehrt euch und werdet wie die Kleinen«). Während nämlich die meisten den *weg hinunter nach der verdampniß* (RS P 67; »Weg hinunter zur Verdammnis«) gehen, kennen die Kleinen den *einganck zü himel* (RS N 58; »Eingang zum Himmel«). Über die heilsgeschichtliche Dimension spielt der Text in seinen divergierenden Fassungen die unterschiedlichen Akteure so gegeneinander aus: *Den argen stet dye helle offen, aber den getrewen cristen der hymel* (RS N 344; »Die Bösen erwartet die Hölle, die treuen Christen dagegen der Himmel«).

Wer deshalb auch allen Widrigkeiten zum Trotz *den rechten weg sucht* (RS N 78; »den richtigen Weg sucht«), den lobt die ›Reformatio Sigismundi‹ in den höchsten Tönen – schließlich führe nur der rechte Weg zurück ins Recht. So habe Kaiser Siegmund *stege und wege sucht* (RS N 54; »einen Weg gesucht«), um das Abendländische Schisma zu beenden, und werde dem Priesterkönig Friedrich und seiner Reform den *wegk* [...] *bereiten* (RS N 334, vgl. auch N 332, V 339; »den Weg bereiten«). Die Priester sollen der christlichen Gemeinschaft *den rechten weck* (RS N 154, vgl. auch V 157, N 278; »den richtigen Weg«) mithilfe der Sakramente weisen, die *den wegk zü aller gerechtigkeyt* (RS N 74; »den Weg zu aller Gerechtigkeit«) versprechen. Wenn die Kirchenämter dann noch *in ein reht ordenunge keme[n]* (RS P 75; »in Ordnung kämen«) und die Orden keine Bischöfe und Kardinäle mehr stellten, *so kem es leichtiglichen zü rechter ordenung* (RS N 144; »käme es leicht in Ordnung«), ja dann *geet [es] leichtiglich* (RS N 76; »geht es unbeschwert«) und *woll* (RS N 232; »gut«) zu.[509] Unter Rückgriff auf das 5. Buch Mose prophezeit die N-Fassung, dass einst alle Gottes Gebot halten und *seinen wegk* (RS N 328; »seinen Weg«) wandeln werden, wenn nämlich *dye gerechten* [...] *den ganck [gewynnen]* (RS N 216, vgl. auch N 326, N 344; »die Gerechten die Oberhand gewinnen«). Denn sobald auch nur ein einzelner den *rechten weg zu himel und zu der gerechtikait* (RS V 87; »rechten Weg zum Himmel und zur Gerechtigkeit«) beschreite, folge die Welt ihm nach. Gott solle dabei helfen, die *tüfelschen lo̊iffen* (RS P 69; »teuflischen Vorgänge«) zu ver-

509 Ähnlich metaphorisieren auch die lateinischen ›Avisamenta‹: *viam domini dirigite constancius* (A 334; »geht beständig auf dem Wege des Herrn«), fordert das anonyme ›Avisamentum‹ die Konzilsväter auf. Dietrich verbindet die Vorstellungen von ›Weg‹ und ›Fortbewegung‹: *Et quia, dum currus catholice fidei per abrupta ducitur, expedit, quod omnes christiani, magni videlicet, mediocri et parvi, manus operarias apponant, quilibet videlicet iuxta posse et nosse divinitus sibi datum, ut ad viam subito rectam reducatur* (DN 292; »Und weil das Gefährt des katholischen Glaubens über Abgründe geführt wird, ist es förderlich, daß alle Christen, und zwar die großen, die mittleren und die kleinen, tätig Hand anlegen, jeder nach Kräften und Kenntnissen, die ihm von Gott gegeben sind, damit es rasch wieder auf den rechten Weg zurückgeführt wird«).

hindern, und den *weg* [...] *der ewigen selikait* (RS V 113; »Weg [...] der ewigen Seligkeit«) ebnen.

Was die ›Reformatio Sigismundi‹ hier als richtigen Weg in Aussicht stellt, sind natürlich ihre eigenen Forderungen: Will man den *weg der gerechtikeyt* (RS K 74, ähnlich auch N 52; »Weg der Gerechtigkeit«) gehen, braucht es eine Reform. Man *gee in das recht oder wir geen in gots zornn* (RS N 214; »schlage den Weg des Rechts ein oder wir provozieren Gottes Zorn«), *es mů̊s einen ganck han oder* – so dramatisiert die P-Fassung die Aussage – *man mů̊s sterben* (RS P 215; »es muss seinen Lauf nehmen oder man wird sterben«).[510] Jeder solle also der ›Reformatio Sigismundi‹ folgen, um nicht einst für die unterlassene Pflicht *verdampt* (RS V 91, P 105, N 172; »verdammt«) zu werden. Wer dennoch ungehorsam sei und sich der von der ›Reformatio Sigismundi‹ skizzierten Reform widersetze, den schicke man *zü dem tewffel in dye helle* (RS N 216; »zum Teufel in die Hölle«). Das konditional exklusive Argumentationsmuster setzt der Text immer wieder ein, um sein Reformprogramm als heilsgeschichtliche Notwendigkeit auszustellen. Die Wegmetapher überführt die Gegenwartskritik der ›Reformatio Sigismundi‹ somit in einen zukunftsorientierten Handlungsappell. Indem die Reformvorlage darüber hinaus »Weltgeschichte mit Heilsgeschichte verbindet und der Reform hierin die Funktion zuspricht, das von Jesus begonnene Werk weiterzuführen«,[511] erscheinen ihre Forderungen als göttlicher Auftrag letztlich alternativlos.[512]

Man kann nur vermuten, warum der Text für seine Reformvorstellungen nicht bei den Integrationsmetaphern bleibt, sondern mit der Wegmetapher einen neuen Bildbereich erschließt. Während die ›Reformatio Sigismundi‹ im Kontext ihrer Kritik auf bildsprachliche Vielfalt setzt, begrenzt sie sich im Bereich der Reformforderungen auf die Wegmetapher – was durchaus der Logik der Metapher selbst zu entsprechen scheint: So wie es nur den einen richtigen Weg geben kann, wählt der Text auch nur die eine richtige Metapher. Außerdem würde die Entscheidung, die Reform über eine der Integrationsmetaphern zu semantisieren, bildlogisch mit sich bringen, die Expertise eines Fachmanns einzufordern: Der Vater soll die Familie leiten, der Hirte die Herde hüten, der Architekt das Gebäude stabilisieren, der Arzt den erkrankten Körper heilen. In diesem Sinne

510 Vgl. auch P 117, P 319, N 320, N 330, P 345.

511 Dümling 2017, 97; vgl. auch Beer 1951, 71.

512 Duve formuliert einen ähnlichen Gedanken mit Blick auf die Metapher des Kriegs, die ebenfalls alternativlos scheint: Niemand wird einen Krieg riskieren wollen (vgl. Freimut Duve, Vorwort, in: George Lakoff/Elisabeth Wehling, Auf leisen Sohlen ins Gehirn. Politische Sprache und ihre heimliche Macht, 2., aktual. Aufl., Heidelberg 2009, 9–11, hier 10). Im Kontext politischer Aushandlungsprozesse gewinnen solche exklusiven Argumentationsmuster besondere Relevanz: »Dann nämlich handelt es sich nicht bloß um einen Machtkampf, sondern um einen Glaubenskrieg, dann ist der Streit kein Kampf um politische Alternativen, sondern einer um den rechten Weg« (Herfried Münkler, Politische Bilder, Politik der Metaphern [Fischer Wissenschaft 12384], Frankfurt a. Main 1994, 11).

versteht Job Vener die Wegmetapher: Nur unter *Christo duce* (JV 410; »Christus als Führer«) könne der rechte Weg eingeschlagen werden. Die ›Reformatio Sigismundi‹ dagegen mobilisiert das gesamte, in den Integrationsmetaphern apostrophierte Kollektiv: Alle sollen dem von der ›Reformatio Sigismundi‹ gewiesenen Weg folgen. Damit scheint sie die Reform nicht nur einzelnen anzuvertrauen, sondern diese über die Wegmetapher als Gemeinschaftsprojekt zu konzeptualisieren.

## 2.5 Heilung im Heil

Metaphern öffnen und begrenzen Assoziationsräume. Erlaubt der ›Staatskörper‹ Narrative zu Wachstum und Krankheit eines natürlichen Organismus, suggeriert das ›Staatsgebäude‹ Vorstellungen von Auf- und Abbau eines künstlich geschaffenen Systems. Parameter wie Adressatenkreis, Allgemeinwissen und kulturell kodierte Erzählschemata beeinflussen die Erscheinungsformen und Wirkweisen der jeweiligen Metapher; das vormoderne Europa etwa materialisiert, geprägt durch die Inkarnationsvorstellungen des Christentums, den transpersonalen Reichskörper im personalen Körper des Herrschers.[513] Dieselbe Metapher kann dabei dazu dienen, gegensätzliche Positionen zu verhandeln: Die ›Krankheit‹ kann als widernatürlicher Zustand eine äußere Krise oder als heilbringendes Fieber die Veränderung von innen heraus semantisieren.[514] Das heißt, dass die Metaphern eines Diskurses in der Regel feststehen, Unbestimmtheit und Flexibilität derselben aber Raum für Variation bieten – so ruft die G-Fassung der ›Reformatio Sigismundi‹ gerade über das Körperbild zum Widerstand der einzelnen Glieder auf.

Die untersuchten Bildbereiche der ›Reformatio Sigismundi‹ erfüllen die sechs in 2.1.2 skizzierten Funktionen: Alle Metaphern veranschaulichen den jeweiligen Diskursgegenstand, indem sie das Kollektiv (als Familie, Schafsherde, Gebäude, Körper), die Krise (als Krankheit) und die Reform (als Weg) ins Bild setzen. Sie tragen das jeweilige Argument dabei wesentlich mit, indem sie gesellschaftliche Phänomene als Naturzustand ausgeben und dadurch entpolitisieren – schließ-

513 Zum Zusammenhang von Kultur und Metapher vgl. LAKOFF/JOHNSON 1998, 17. Zu der Doppeldeutigkeit des Begriffs ›Reich‹ als Herrschaftsobjekt (Reichsgebiet, Reichsgut, Reichskleinodien) und personifiziertem Herrschaftssubjekt (synonym etwa für den König, das Reichsheer, die Reichsstände) vgl. KRIEGER 2005, 36. Verwiesen sei außerdem natürlich auf Kantorowicz' wirkmächtiges Modell der ›zwei Körper des Königs‹: Ernst H. KANTOROWICZ, Die zwei Körper des Königs. ›The King's Two Bodies‹. Eine Studie zur politischen Theologie des Mittelalters, übersetzt von Walter THEIMER und Brigitte HELLMANN (engl. Originalausg. Princeton 1966, 2., korr. Aufl.), 2. Aufl., München 1994.

514 Vgl. hierzu PEIL 1983, 874.

lich kann und soll ein Gebäude nur stabil, ein Körper nur gesund und ein Weg nur richtig sein. Darüber hinaus formulieren sie in ihren Bildvarianten eine Handlungsnotwendigkeit und rufen damit zur Aktion. Sie zielen schließlich auf emotionale Anteilnahme und binden den Rezipienten somit ein. Dass die ›Reformatio Sigismundi‹ auf affektive Wirkung setzt und durch starke Bilder Angst vor dem Tod des Kollektivkörpers oder der Verdammnis im Jenseits produzieren will, zählt zu den typischen Strategien rhetorischer Argumentation im Wettstreit unterschiedlicher (politischer) Meinungen.[515]

Mit aller Vorsicht hinsichtlich der Interdepenzen und Varianzen der Metaphern lassen sich überdies drei textspezifische Funktionen unterscheiden: Die Integrationsmetaphern stellen Gesellschaft als gemeinsames Projekt vor – die Familienbande gilt es zu bewahren, das Haus in Stand zu halten, die Herde zu hüten, den Körper zu pflegen. Die Bildbereiche emotionalisieren den Herrschaftsverbund und binden durch persönliche, in der Vergangenheit gründende Beziehungen. Über die Krankheitsmetapher sensibilisiert das Körperbild darüber hinaus für die aktuelle Krise und dramatisiert die Situation, indem sie den Tod des Gesamtorganismus in Aussicht stellt. Die Wegmetapher impliziert ihrerseits Handlungsnotwendigkeit, wenn sie die unterschiedlichen Handlungsoptionen als Weggabelung konzeptualisiert.[516] Die Metaphern wirken damit auf

515 Vgl. Hönigsperger 1991, 233.

516 Laut Peil erfüllen die von ihm untersuchten Bildfelder keine spezielle Funktion, sondern wirken vielmehr parallel. Er identifiziert verschiedene Strukturäquivalenzen zwischen den Metaphernbereichen: Alle Bildfelder implizieren Alleinherrschaft, Subordination, Arbeitsteilung, funktionale Differenzierung und Abhängigkeit der einzelnen Teile sowie Zweckgerichtetheit. Die Äquivalenzen erlauben Reihung und Vertauschung der Metaphernbereiche (vgl. Peil 1983, 879–882). Dass sich Metaphernbereiche überschneiden, gehört zu den diskurstypischen Kompilationsdynamiken. So verbindet Dietrich von Nieheim die semantischen Felder ›Körper‹ und ›Verdammnis‹, wenn er die Sorge äußert, dass *infinite anime christianorum miserabiliter condempnantur et fiunt per hoc membra diaboli, que prius membra Christi fuerunt* (DN 290; »unendlich viele Seelen von Christen erbärmlich verdammt werden und dadurch zu Gliedern des Teufels werden, während sie doch vorher Glieder Christi waren«). Es sei deshalb *salubrius*, den *templum domini* wiederherzustellen (DN 270, Anm. 47; »heilsam«, »Haus Gottes«). Job Vener mischt die Bildbereiche ›Körper‹ und ›Herde‹, wenn er *caput et pastorem sede vacante* (JV 398; »bei Vakanz Haupt und Hirten«) wählen möchte, und kombiniert mit den Bildbereichen ›Ehe/Familie‹, ›Krankheit‹ und ›Heilsweg‹ sogar drei Metaphernkomplexe: *O sacrosancta synode, sponsa Christi in terra post deum omnipotentem potentissima, iustissima et sanctissima, appone cum imploracione auxilii dilectissimi sponsi tui remedium contra predicta mala salutare, quia nunc pervenisti directe ad tempus et locum tue salvacionis vel perdicionis!* (JV 394; »O hochheilige Synode, auf Erden nach dem allmächtigen Gott mächtigste, gerechteste und heiligste Braut Christi! Wende du unter Anflehen der Hilfe deines hochgeliebten Bräutigams ein heilsames Mittel an gegen besagte Übel, denn jetzt bist du auf geradem Weg zu der Zeit und dem Ort gekommen, wo sich deine Rettung und dein Verderben scheiden«). Auch in der ›Reformatio Sigismundi‹ lassen sich Strukturäquivalenzen finden (z. B. transportieren ›Körper‹ und ›Familie‹ Vorstellungen von Einheit und Zweckgerichtetheit), gern treten auch hier die

unterschiedlichen Zeitebenen: Den Herrschaftsverbund als Familie zu imaginieren, integriert das Kollektiv historisch; man teilt eine genealogische Vergangenheit, die es zu bewahren gilt. Der erkrankte Reichskörper veranschaulicht dagegen die gegenwärtige Krise, während die Wegmetapher in die Zukunft weist; es gilt, künftig zwischen richtigem und falschem Weg zu wählen. Die Wahl weist dabei über das leiblich-kreatürliche Leben hinaus: Wenn man nicht handle – so führen die wiederholten Verweise auf Erlösung beziehungsweise Verdammnis eindringlich vor Augen – warte die Strafe im Jenseits. Die Reform wird damit nicht nur als mögliche Perspektive legitimiert, als gangbarer Weg, sondern als zwingende Pflicht. Die heilsgeschichtliche Dimension erklärt die Reform zur Grundbedingung christlichen Heils.

Gleicht man die Metaphern der ›Reformatio Sigismundi‹ überdies mit den lateinischen ›Avisamenta‹ ab, zeigt sich ein entscheidender Diskurswechsel: Während die lateinischen Reformvorlagen die Metaphern ›Familie‹, ›Körper‹ oder ›Herde‹ primär einsetzen, um die auf den Konzilien versammelten Geistlichen zu fassen, verweist die ›Reformatio Sigismundi‹ immer wieder auch auf das Reich. Damit apostrophiert der Text ein Kollektiv, das über den Konzilskontext hinausweist und das über die Wegmetaphorik mobilisiert werden soll.

## 3 Zwischenfazit

Fasst man die Summe kontingenter Wirklichkeiten als »Illusionen, von denen man vergessen hat, dass sie welche sind«,[517] kann auch die Grenze zwischen Wirklichkeit und Fiktion nicht in ihrer Binäropposition bestehen bleiben. Mit der Entscheidung, Wirklichkeit nicht mehr zu einer *a priori* gesetzten Grundbedingung menschlicher Wahrnehmung und Erkenntnis zu erklären, muss zugleich die Fiktion in ihrem wirklichkeitsproduzierenden Potenzial, muss umgekehrt die Wirklichkeit in ihrem intrinsischen Fiktionscharakter ernst ge-

Metaphern gekoppelt auf – etwa wenn die G-Fassung die metaphorischen Bereiche ›Familie‹ und ›Weg‹ mit der Forderung zusammenbringt, dass alle Orden den *vaterweg gan* (RS G 207; »den Vaterweg beschreiten«). Die Vulgata verbindet die Metapher der Eidgemeinschaft mit der Perspektive der Verdammnis: *da pekennt nü meniglichen wol, das es großlichen wider got und recht ist, und werdent die aid ubersehen und fürcht, das man damit köm sichtiglich und unpedechtlich zu der helle* (RS V 267; »das muss doch jeder zugeben, dass es [gemeint ist der grassierende Regelbruch, S. Q.] gegen Gott und das Recht verstößt und die Gelübde übersehen werden. Ich fürchte, dass man damit ebenso konsequent wie unbedacht in die Hölle kommt«). Dass den drei Bildbereichen eine Kernfunktion zugewiesen wird, soll also nicht deren Mischformen und Überschneidungen nivellieren, sondern lediglich Tendenzen in Aussicht stellen.

517 Friedrich Nietzsche, Über Wahrheit und Lüge im außermoralischen Sinne, ed., komm. und mit einem Nachwort versehen von Kai Sina (RUB 19308), Stuttgart 2015, 15.

nommen werden.[518] Damit aber verwischt auch die Trennlinie zwischen faktualen und fiktionalen Aussagemöglichkeiten, resultiert sie doch aus dieser klaren Differenz. Nimmt man dagegen an, dass Faktualität und Fiktionalität ein Kontinuum bilden, an dessen Endpunkten ein ausgestellter Bezug beziehungsweise ein bewusster Gegenentwurf zu einem normativen Wirklichkeitsmodell stehen, unterscheidet die Textformen weniger ihr tatsächlicher Wirklichkeitsgehalt als vielmehr ihr Grad an Referenzialität.[519] Was Fiktions- und Wirklichkeitssignale, die die Referenzialisierbarkeit eines Textes garantieren, allerdings voneinander unterscheidet, stellt angesichts der zahlreichen Mischformen und Überschneidungen bislang ein Forschungsdesiderat dar. Wie geht man etwa um mit einem fingierten Lexikonartikel wie jenem zu Otto Jägermeier, der im Riemann-Musiklexikon als deutscher Komponist der Jahrhundertwende geführt wird, jedoch nie existiert hat? Ob und inwiefern eine Texteigenschaft als Fiktions- oder Wirklichkeitssignal ausgelegt wird, entscheiden weniger paratextuelle, textuelle oder gar sprachlich stilistische Merkmale als vielmehr der Rezeptionskontext. Das stellt die historisch arbeitenden Disziplinen indes vor ein Problem, kennen sie den Rezeptionszusammenhang ihrer Quellen doch oft genug nicht. Anstatt nun aber auf die Unterscheidung von Fiktionalität und Faktualität für die Arbeit mit vormoderner Literatur vollends zu verzichten, scheint es vielversprechend, nach der (freilich attribuierten) Absicht der literarischen Gestaltung zu fragen: Sollen die angewandten Strategien den Wirklichkeitsanspruch des Textes stabilisieren oder im Gegenteil bestehende Wirklichkeitsdiskurse spielerisch unterlaufen?[520]

Vor dem Hintergrund dieser theoretischen Überlegungen war von Interesse, wie man den Wirkanteil fiktionalisierender Aussageformen in einem faktualen Text zu beurteilen hat. Im Zentrum der Überlegungen standen die Narrative und Metaphern einer politischen Reformvorlage des 15. Jahrhunderts, die als volkssprachiges Beispiel innerhalb einer lateinischen Texttradition Pionierarbeit leistet. Die untersuchten Textelemente zählen insofern in den Bereich fiktionalisierender Aussagemöglichkeiten, als dass sie keine Wirklichkeit abbilden, sondern als Formen narrativer und metaphorischer Argumentation Wahr-

518 Damit soll nicht die prinzipielle Differenz von Wirklichkeit und Fiktion geleugnet, sondern lediglich für deren Interdependenzen sensibilisiert werden (vgl. Schnell 1998, 40).

519 Winkler spricht von einer »gleitenden Skala« und sucht deren Endpunkte über Deiktika zu ermitteln (Winkler 1976, 158), Martínez analog von einer »vielfältigeren Typologie«, die sich nicht in Binäroppositionen erschöpfe (Martínez 2014, 332). Ganz anders argumentiert Kablitz, für den Fiktionalität und Faktualität streng zu trennen sind: »Hier gibt es kein Mehr oder Weniger« (Kablitz 2008, 17).

520 Winkler identifziert die beiden Idealtypen des faktualen Textes, der erzählt, wie die Welt sei, und des fiktionalen Textes, der erzählt, wie die Welt sein könnte (vgl. Winkler 1976, 174).

Scheinlichkeiten diskutieren.[521] Doch auch wenn Metapher und Narrativ für sich keine Wirklichkeit beanspruchen, wollen sie gerade im politischen Diskurs den faktualen Geltungsanspruch ihres jeweiligen Rahmentextes bestätigen. Im Sinne der von Martínez und Klein gebotenen Definition wirken die beiden dabei gleichermaßen konstruktiv wie referentiell – das heißt sie referieren auf eine außersprachliche Wirklichkeit, die sie in der Referenz miterschaffen. Dabei müssen Metapher wie Narrativ jedoch »als Fiktionen gerade unerkannt bleiben.«[522]

Wie Schwarzbach-Dobson betont hat, funktionieren Exempel und Metapher über Ähnlichkeitsrelationen – das Exempel, indem es abstrakte Regel und konkretes Beispiel narrativ vergleicht, die Metapher, indem sie differente Bildbereiche über Ähnlichkeitsstrukturen simultan miteinander in Bezug setzt. Durch ihre Übertragungsleistung vermitteln Metapher und Exempel Erkenntnis jenseits logischer Beweisführung.[523] Im Prozess der Wirklichkeitskonstruktion leisten die beiden gerade durch ihren Schwellenstatus also einen wesentlichen Dienst: Als Grenzgänger zwischen Wirklichkeit und Fiktion helfen sie, Argumente zu veranschaulichen, Abstrakta zu naturalisieren, Vorstellungen in Darstellungen zu wandeln und damit Wissen intelligibel zu machen. Als »Reservoir eines kollektiven Gedächtnisses, das gesellschaftliche Erfahrung nicht nur begrifflich, sondern auch bildlich, d. h. über Sentenzen, Exempel und Metaphern, archiviert«,[524] ermöglichen Metapher und Narrativ, bestehende Wirklichkeitsmodelle zu affirmieren oder zu hinterfragen, können Herrschaftsstrukturen legitimieren oder als Vehikel der Kritik dienen.

Mit Blick auf den konkreten Rahmentext der ›Reformatio Sigismundi‹ erlauben die untersuchten Textelemente überdies Rückschlüsse auf das Textprogramm. Während die Narrative den Standpunkt der ›Reformatio Sigismundi‹ legitimieren, plausibilisieren die Metaphern den zugrundeliegenden Gesellschaftsentwurf. Metaphern wie Narrative weisen dabei dieselbe Tiefenstruktur auf: Mit den drei Typen deskriptiver, normativer und voraussagender Wirklichkeitserzählung diskutiert die ›Reformatio Sigismundi‹, was war, was ist und was (nicht) sein soll. Ebenso zielen auch die Metaphern auf die drei Zeitebenen, wenn sie die Vergangenheit in den Integrationsmetaphern begründen, die Gegenwart über die Metapher des erkrankten Kollektivkörpers kritisieren und mit der Wegmetapher in die Zukunft weisen. Der argumentative Dreischritt findet in der Handlungslogik Gesundheit – Krankheit – Genesung eine anschauliche Form, die sich in der Metapher des erkrankten und zu heilenden Reichskörpers

521 Zu dem Gedanken, dass Metapher und Exempel darstellen, was ›wahr scheint‹, vgl. Friedrich 2015, 182; Schwarzbach-Dobson 2018, 64.

522 Melville 2009, 104.

523 Vgl. Schwarzbach-Dobson 2018, 5.

524 Friedrich 2015, 183; vgl. ebenso Schwarzbach-Dobson 2018, 66.

ebenso zu erkennen gibt wie in den *historiae* von potenziell (Josaphat) oder tatsächlich (Konstantin) erkrankten Herrschern. Über das Krankheitsbild verschränkt die ›Reformatio Sigismundi‹ imaginierten Kollektivkörper und faktischen Herrscherkörper. Es scheint, dass der Text in seinen unterschiedlichen Fassungen die metaphorische Diskussion um einen transpersonalen Reichskörper in der Volkssprache noch weiter konkretisiert, indem er den Bildbereich auf den (personalen) Körper einzelner Herrscher narrativ erweitert. In den Legenden etablieren die Geschichten einen anschaulichen Zusammenhang zwischen den Bildbereichen Körper, Krankheit und Heilmittel.

Die Analyse hat darüber hinaus zwei paradigmatische Tendenzen offengelegt: (1) Die Narrative propagieren die Formel ›Rat von außen‹; nur der Unbeteiligte, so scheint die ›Reformatio Sigismundi‹ zu argumentieren, kann aus der Krise herausführen, indem er den entscheidenden Rat gibt. Die Exempel weisen dabei auf den Rahmentext zurück, der sich über die Möglichkeiten narrativer Argumentation letztlich selbst als außenstehender Ratgeber inszeniert. (2) Die Metaphern setzen auf konventionelle Bilder einer funktional organisierten, hierarchisch gegliederten Gesellschaft, verkehren die Bildlogik jedoch gern (indem sie die Kinder gegen den Vater oder die Glieder gegen das Haupt mobilisieren) und appellieren darüber hinaus mit der Vorstellung einer Weggabelung an das gesamte Kollektiv. Die Reform scheint somit nicht nur in der Verantwortung einzelner zu liegen, sondern alle zu betreffen. Ob die ›Reformatio Sigismundi‹ deshalb ein revolutionärer Text ist, warum ihr Verfasser auf Deutsch schreibt und was das mit dem ›Rat von außen‹ zu tun hat, soll im Folgenden zur Diskussion stehen.

# IV Die »Arbeit an der Form«. Die ›Reformatio Sigismundi‹ zwischen Konzilspolitik und volkssprachiger Publizistik

Nachdem die beiden vorangehenden Analysekapitel die textimmanenten Kommunikationspartner (Kap. II) sowie die fiktionalisierenden Argumentations- und Legitimationsstrategien (Kap. III) der ›Reformatio Sigismundi‹ nachgezeichnet haben, wird der abschließende Untersuchungsteil den Blick weiten; Ziel soll es sein, die am Text gewonnenen Erkenntnisse der vorherigen Kapitel in dessen Entstehungskontext einzubetten. Enden wird die vorliegende Arbeit konkret mit der Frage, die am Anfang aller Fragen stand: Wieso schreibt jemand inmitten einer auf Latein geführten Debatte eigentlich auf Deutsch? Zur Diskussion stehen damit die (kirchen-)politischen und produktionsästhetischen Ausgangsbedingungen, die ich im Folgenden mit der literaturwissenschaftlichen Textanalyse engführen werde, indem ich die ›Reformatio Sigismundi‹ an der Schnittstelle von Konzilspolitik und volkssprachiger Publizistik verorte.

Die Feldtheorie Pierre Bourdieus (1)[525] soll helfen, diese beiden Bereiche in ihren Eigenlogiken zu fassen. Zunächst werde ich deshalb die Konzilszeit als Phase der Autoritäts- und Legitimitätskämpfe auf dem politischen Feld (2) beschreiben. Nach einem kurzen Einblick in die im Kontext der Reichsversammlungen entstandenen deutschsprachigen Schriften Kaiser Siegmunds (3) möchte ich die ›Reformatio Sigismundi‹ anschließend mit der politischen Publizistik zusammenbringen, die ich als neues Protofeld innerhalb der volkssprachigen Literatur des Spätmittelalters (4) abzustecken versuche. Als heuristisches Instrument angewandt, soll Bourdieus Theorie helfen, volkssprachige Publizistik und Konzilspolitik über den Feldbegriff in Bezug zu setzen. Meine These ist, dass die Strukturen beider Felder als Argumentationsmuster Eingang in die Textgestalt finden und also für die bemerkenswerte Faktur der ›Reformatio Sigismundi‹ verantwortlich zeichnen. Der Vergleich mit der volkssprachigen politischen Publizistik verspricht dabei, auf die von der historischen Forschung hitzig disku-

525 Die soziologischen Theorieangebote, die in diesem Kapitel diskutiert werden, sollen als Analyseinstrumentarium für die (literaturwissenschaftliche) Textarbeit Einsatz finden, der methodische Einstieg ist dementsprechend zugeschnitten.

tierten Thesen zu Autor, Rezipienten und Intention der ›Reformatio Sigismundi‹ neue Antworten zu geben. Deshalb werden noch einmal die Vermittlungsinstanz (4.3.1) und die Adressaten (4.3.2) zur Sprache kommen, womit die Beobachtungen des Kapitels II vor dem Hintergrund der politischen Publizistik wiederaufgenommen werden sollen. Der letzte Analyseabschnitt dieser Arbeit (4.3.4) wird unter Rückgriff auf die Ergebnisse des Kapitels III abschließend diskutieren, ob es sich bei der ›Reformatio Sigismundi‹ denn nun um einen revolutionären oder konservativen Text handelt.[526]

## 1 Pierre Bourdieus Feldbegriff

Pierre Bourdieu unterteilt den sozialen Raum in eigengesetzliche, voneinander abgegrenzte Felder,[527] die jeweils ein bestimmtes Feldinteresse eint.[528] Die Felder stehen in Wechselwirkung zueinander, sind jedoch relativ autonom; politisches und literarisches Feld können zwar interagieren, jedoch nicht die jeweils andere Feldlogik verändern. Jedes Feld entwickelt im Laufe seiner Geschichte eine eigene Struktur, die von den Positionen der am Feld partizipierenden Akteure bestimmt

526 Die in diesem Kapitel präsentierten Ergebnisse sind in leicht abgewandelter Form bereits erschienen in Sophie Quander, Die »Arbeit an der Form« – die ›Reformatio Sigismundi‹ (1439) zwischen Konzilskonflikten und publizistischer Meinungsmache, in: Karsten Schmidt/Haimo Stiemer (edd.), Bourdieu in der Germanistik, Berlin/Boston 2022, 81–104.

527 Laut Boike Rehbein trennt Bourdieu die Begriffe ›Feld‹ und ›Raum‹ nicht eindeutig (vgl. Boike Rehbein, Die Soziologie Pierre Bourdieus, 3., überarbeitete Aufl. [utb 2778], Konstanz/München 2016, 112). Rehbein plädiert dafür, den sozialen Raum »als Darstellung der momentanen Struktur von Feldern« zu fassen (ebd., 113; so auch Joseph Jurt, Text und Kontext. Zur Theorie des literarischen Feldes, in: Herbert Foltinek/Christoph Leitgeb [edd.], Literaturwissenschaft: intermedial – interdisziplinär [Österreichische Akademie der Wissenschaften. Philosophisch-Historische Klasse. Sitzungsberichte 697], Wien 2002, 97–119, hier 99). Bourdieu selbst scheint diese Lesart nahezulegen: »Erster Punkt also: es gibt einen Raum von Positionen [...]. Zweitens: innerhalb dieses Raumes findet man Unterräume, die Feldern entsprechen: Intellektuelles und künstlerisches Feld, Feld der hohen öffentlichen Verwaltung, Feld der ökonomischen Macht, religiöses Feld usf.« (Pierre Bourdieu/Loïc J. D. Wacquant, Das Feld der Macht und die technokratische Herrschaft. Loïc J. D. Wacquant im Gespräch mit Pierre Bourdieu anläßlich des Erscheinens von ›La Noblesse d'État‹, übersetzt von Jürgen Bolder unter Mitarbeit von Ulrike Nordmann und Margarete Steinrücke [engl. Originalausg. Cambridge/MA 1990], in: Pierre Bourdieu, Die Intellektuellen und die Macht, ed. Irene Dölling, Hamburg 1991, 67–100, hier 70; ähnlich auch in Ders., Rede und Antwort, übersetzt von Bernd Schwibs [frz. Originalausg. Paris 1987] [edition suhrkamp. Neue Folge 547], Frankfurt a. Main 1992, 139).

528 In Bourdieus Feldbegriff führt übersichtlich ein Rehbein 2016, 101–106; für das literarische Feld vgl. außerdem Joseph Jurt, Das literarische Feld. Das Konzept Pierre Bourdieus in Theorie und Praxis, Darmstadt 1995, 75–96 sowie Ders., Die Theorie des literarischen Feldes von Pierre Bourdieu, in: LiTheS. Zeitschrift für Literatur- und Theatersoziologie 1/1 (2008): Was weiß Literatur?, 5–14.

wird.[529] Die Feldposition eines Akteurs ergibt sich zum einen aus seinem Habitus, dem Zusammenspiel objektiver und subjektiver Denk- und Verhaltensmuster,[530] und zum anderen aus den zur Verfügung stehenden Kapitalsorten: Sichert das ökonomische Kapital über finanzielle Ressourcen und das soziale Kapital über die Zugehörigkeit zu einer bestimmten Gruppe die Position im Feld, so verspricht das kulturelle Kapital in Form von inkorporierter Bildung, objektivierten Kulturgütern oder institutionalisierten Titeln Aufstieg und Stellung eines Feldakteurs, der überdies symbolisches Kapital anhäufen kann, wenn er über die drei anderen Kapitalsorten Prestige und Anerkennung durch andere erwirbt.[531] Die Kapitalformen stehen in Wechselwirkung (so braucht es in der Regel ökonomisches Kapital, um kulturelles Kapital zu akkumulieren), erfüllen jedoch nicht für jedes Feld dieselbe Funktion; ein akademischer Titel wird im intellektuellen Feld einen anderen Stellenwert besitzen als im kulturellen Unterfeld des Sports. Ebenso steht auch der Habitus in Abhängigkeit zum jeweiligen Feld – ein bestimmter Kleidungsstil etwa mag die Tragenden je nach Feldkontext autorisieren oder diskreditieren.[532] Feld, Habitus und Kapital bedingen sich demnach gegenseitig: Jedes Feld bildet eine komplexe Struktur aus, die die Interaktions- und Kommunikationsregeln der Akteure organisiert. Die Feldstruktur bestimmt die Verteilung von Macht und Kapitalsorten innerhalb des Feldes und reguliert, wer in welcher Form und auf welche Weise (Habitus) partizipieren darf. Die Feldstruktur resultiert ihrerseits jedoch aus den Positionen, die auf das jeweils

529 Zum Akteursbegriff bei Bourdieu vgl. Rehbein 2016, 92.

530 Zum Begriff ›Habitus‹ vgl. Pierre Bourdieu, Die Regeln der Kunst. Genese und Struktur des literarischen Feldes, übersetzt von Bernd Schwibs und Achim Russer (frz. Originalsausg. Paris 1992), Frankfurt a. Main 1999, 153–155; übersichtlich dargestellt außerdem bei Rehbein 2016, 84–95.

531 Das ›Kapital‹ versteht Bourdieu also nicht ausschließlich als ökonomische Kategorie; der Begriff soll vielmehr Analogien zwischen den Feldern und damit eine »allgemeine Ökonomie der Praxis« zum Ausdruck bringen (Joseph Jurt, Bourdieus Analyse des literarischen Feldes oder der Universalitätsanspruch des sozialwissenschaftlichen Ansatzes, in: Internationales Archiv für Sozialgeschichte der deutschen Literatur 22/2 [1997], 152–180, hier 161). Zu den unterschiedlichen Arten ökonomischen, kulturellen, sozialen und symbolischen Kapitals vgl. Pierre Bourdieu, Sozialer Raum und ›Klassen‹, übersetzt von Bernd Schwibs (frz. Originalausg. Actes de la recherche en sciences sociales 52/53 [1984]), in: Pierre Bourdieu, Sozialer Raum und ›Klassen‹. Leçon sur la leçon. Zwei Vorlesungen, mit einer Bibliographie der Schriften Pierre Bourdieus, ed. von Iyette Delsaut (suhrkamp taschenbuch wissenschaft 500), Frankfurt a. Main 1985, 7–46, hier 10f. Zu den drei Untertypen des kulturellen Kapitals in inkorporierter, objektivierter und institutionalisierter Form vgl. Werner Fuchs-Heinritz/Alexandra König, Pierre Bourdieu. Eine Einführung, 2. überarbeitete Aufl. (utb 2649), Konstanz/München 2011, 164–166. Rehbein lobt die Entdeckung des kulturellen Kapitals als eine der größten Leistungen Bourdieus (vgl. Rehbein 2016, 108).

532 Zur Abhängigkeit von Feld und Habitus vgl. Pierre Bourdieu, Praktische Vernunft. Zur Theorie des Handelns, übersetzt von Hella Beister (frz. Originalausg. Paris 1994) (edition suhrkamp. Neue Folge 985), Frankfurt a. Main 1998, 20f.

vorherrschende Kapital zurückgehen. Das Kapital wird somit zugleich Instrument und Ziel der Feldinteraktion.[533]

Die Positionen der einzelnen Feldakteure versteht Bourdieu dabei nicht als unabhängige Fixpunkte, sondern entwirft sie in Relation zueinander; das heißt, das Feld existiert nicht per se, sondern als »ein Netz oder eine Konfiguration von objektiven Relationen zwischen Positionen«.[534] Magnetfeldern analog halten sich die unterschiedlichen Feldpositionen in spannungsvollem Gleichgewicht.[535] Maßgebend für diese relationale Felddynamik sind die beiden Pole der herrschenden und beherrschten Akteure, die im Feld aufeinandertreffen. Herrschende wie Beherrschte akzeptieren die Existenz und Rechtmäßigkeit des Feldes,[536] nehmen jedoch eine unterschiedliche Stellung ein: Während die herrschenden Feldakteure in der Regel am Erhalt der bestehenden Feldstruktur interessiert sind, suchen die beherrschten Akteure diese aufzubrechen.[537] Auf dem Feld entladen sich also kontinuierlich Autoritäts- und Legitimitätskämpfe, die Feldstruktur ist folglich dynamisches Produkt einer permanenten Aushandlung, das die nächste potenzielle Veränderung gleichsam in sich trägt.[538]

Die Konkurrenzbeziehungen, die jedes einzelne Feld kennzeichnen, setzen sich auf übergeordneter Ebene im Feld der Macht fort: Dieses ›Meta-Feld‹ bestimmen nämlich die »Kämpfe um das Monopol auf die Macht [...], zu deren wichtigsten Dimensionen die Kämpfe um die Definition der legitimen Form der Macht«[539] zählen. Mit anderen Worten: Hier wird ausgehandelt, welche Kapi-

533 Zur Relation von Feld und Kapital sowie der Doppelfunktion des Kapitals als Mittel und Zweck vgl. Pierre Bourdieu/Loïc J. D. Wacquant, Reflexive Anthropologie, übersetzt von Hella Beister (frz. Originalausg. Paris 1992) (suhrkamp taschenbuch wissenschaft 1793), Frankfurt a. Main 1996, 128.

534 Bourdieu/Wacquant 1996, 127. Bourdieus konstruktivistischer Feldbegriff soll dazu dienen, verborgene Strukturen, Relationen und Dynamiken freizulegen: »Das Feld ist ein Konstrukt, um die Macht- und Positionskämpfe von ko-präsenten Kräften sichtbar zu machen« (Jurt 1997, 170).

535 Die Magnetmetapher wählt Bourdieu selbst (vgl. Bourdieu/Wacquant 1996, 138).

536 Das ist es, was Bourdieu mit *doxa* und *illusio* meint: Die Akteure teilen den Glauben (*doxa*), dass es sich lohnt, in das gemeinsame ›Spiel‹ (*illusio*) zu investieren (vgl. Bourdieu/Wacquant 1996, 127f.). Auch an dieser Stelle hat Rehbein auf terminologische Unschärfen hingewiesen: »Bourdieu differenziert nicht immer präzise zwischen beiden Termini, doch bezeichnet er mit Doxa eher das allgemeine, gesellschaftliche Vorverständnis, während die Illusio immer mit dem Begriff des Feldes verknüpft zu sein scheint. Die Illusio bestimmt auch die Interessen und Strategien« (Rehbein 2016, 103).

537 Vgl. Bourdieu 1985, 27f.; Ders./Wacquant 1996, 132. Das bedeutet indes nicht, dass nicht auch beherrschte Feldakteure ein Interesse am Fortbestand der Feldstruktur haben können (vgl. Jurt 2008, 8).

538 Vgl. Bourdieu 1985, 27f.; Ders./Wacquant 1996, 132. Zur Geschichtlichkeit des Feldes vgl. außerdem Jurt 1997, 170.

539 Bourdieu/Wacquant 1996, 263. Mit dem ›Feld der Macht‹ möchte Bourdieu den Begriff der herrschenden Klasse ablösen, um »*Strukturen* von Macht« und nicht »*Populationen* von Akteuren« zu untersuchen (Bourdieu 1991, 70 [Kursivierung im Original]). Das Feld der

talsorten feldübergreifend im sozialen Raum Anerkennung finden, in welcher Beziehung die Felder zueinanderstehen und was die legitimen Prinzipien von Herrschaft sind. Die Akteure des literarisch-intellektuellen Feldes nehmen dabei eine entscheidende Mittlerposition ein, partizipieren sie doch nicht eigentlich an Macht, legen aber subversiv Ordnungsstrukturen offen und problematisieren Legitimitätsansprüche. Ohne eigentlich (politische) Macht innezuhaben, üben die Akteure des intellektuellen Felds somit über öffentlich zirkulierte Meinungen Einfluss aus, der auf bestehende Machtstrukturen rückwirkt.[540] Bourdieu spricht deshalb mit Blick auf die Akteure des intellektuellen Feldes auch von »beherrschten Herrschenden«.[541]

Mit seiner Feldtheorie hat sich Pierre Bourdieu sowohl gegen eine rein werkimmanente, kontextfreie Hermeneutik gewehrt als auch gegen jene Literatursoziologie, die jeden Text nur als Ausdruck einer sozialen Klasse liest; er versucht stattdessen, über die Konzepte von Feld und Kapital externe und interne Literaturanalyse zu integrieren.[542] Seine Theorie bietet somit die Möglichkeit, Positionen im Text mit Positionen im Feld engzuführen, ohne den Blick auf den konkreten Untersuchungsgegenstand zu verlieren.[543] Sein Feldbegriff soll deshalb im Folgenden Anwendung finden, um die ›Reformatio Sigismundi‹ als Reflex bestimmter Dynamiken im (konzils-)politischen und literarischen Bereich des Spätmittelalters zu lesen. Der Ansatz muss sich dabei natürlich der Frage stellen, ob und inwiefern soziologische Theorien überhaupt auf vormoderne Untersuchungsgegenstände übertragbar sind, denen schließlich ein grundlegend anderes Verständnis von ›Öffentlichkeit‹, ›Autonomie‹ oder auch ›Literatur‹ vorausgeht. Die hier gebotene Analyse versteht sich deshalb dezidiert als Versuch, Bourdieus Feldbegriff auf seine Tauglichkeit für die Analyse vor-

---

Macht ist dabei nicht gleichzusetzen mit dem politischen Feld: »Das politische Feld ist eine Arena, in der um die Macht über die Öffentlichkeit gekämpft wird. Auf dem Feld der Macht geht es nun um die Macht im Ganzen, um die Kriterien zur Ausübung von Herrschaft, auch um die Spielregeln des politischen Feldes« (Rehbein 2016, 196f.). Zu Bourdieus Machtbegriff sowie den Bedeutungsdimensionen des ›Felds der Macht‹ vgl. Christian Schneickert/Andreas Schmitz/Daniel Witte, Das Feld der Macht in der Soziologie Bourdieus, in: Dies. (edd.), Das Feld der Macht. Eliten – Differenzierung – Globalisierung, Wiesbaden 2020, 15–35.

540 Vgl. Bourdieu 1985, 19.

541 Bourdieu 1991, 73 (im Original kursiviert); vgl. auch Ders./Wacquant 1996, 136; Ders. 1999, 88.

542 Vgl. Karsten Schmidt/Haimo Stiemer, Das Bourdieusche Paradigma in der Germanistik. Eine Einleitung, in: Dies. (edd.), Bourdieu in der Germanistik, Berlin/Boston 2022b, 1–21, hier 5.

543 Bourdieu spricht von einer Strukturhomologie zwischen dem Raum der Stellungen (der Position eines Autors im Feld) und dem Raum der Werke (dem literarischen Text; vgl. Jurt 1995, 86; Ders. 2002, 100). Die vielschichtige Rezeption von Bourdieus Theorie in der Germanistik bezeugt der jüngst erschienene Sammelband von Karsten Schmidt/Haimo Stiemer (edd.), Bourdieu in der Germanistik, Berlin/Boston 2022a.

moderner Texte hin zu prüfen; die damit einhergehenden Schwierigkeiten sollen an gegebener Stelle zur Sprache kommen.

## 2 Die ›Reformatio Sigismundi‹ und die Allgemeinen Konzilien des Spätmittelalters

### 2.1 Von Pisa nach Basel

Kaum haben sich die Konzilsväter in Konstanz auf einen neuen Papst geeinigt und damit das Abendländische Schisma, die längste Kirchenspaltung des spätmittelalterlichen Christentums, nach 40 Jahren endlich beigelegt, da droht kurz darauf auf dem Basler Konzil die nächste Katastrophe: Statt Entscheidungen mit Blick auf die als eilend empfundene Kirchenreform zu treffen, streiten Konzil und Papst lieber darüber, wer überhaupt Entscheidungen treffen darf. So sehr verhärten sich die Fronten, dass beide eher ein neues Schisma riskieren, als eine friedliche Einigung zu finden. Wie konnte es so weit kommen?

Als Papst Gregor XI. 1377 den Papstsitz nach fast 70 Jahren avignonesischer Amtszeit wieder nach Rom verlegt und ein gutes Jahr darauf stirbt, hinterlässt er die Kirche in einem desolaten Zustand. Hektisch wählt das Kardinalskollegium, das zu großen Teilen aus französischen Mitgliedern besteht, am 8. April 1378 den Italiener Bartolomeo Prignano zum neuen Papst Urban VI., während sich Volksgruppen tumultartig vor dem Petersdom versammelt haben und lautstark einen italienischen Papst fordern. Zunächst erkennen auch die französischen Kardinäle den Neapolitaner als neues Kirchenoberhaupt an. Als dieser jedoch ihren Lebensstil kritisiert und beinahe ausschließlich italienische Geistliche ins Kardinalskollegium beruft, kommt es kurz darauf zum Zerwürfnis. Die französischen Kardinäle verlassen Rom und erklären die Wahl angeblich aufgrund der bewaffneten Proteste vor dem Konklave für ungültig. Stattdessen wählen sie am 20. September in Fondi den mit König Karl V. von Frankreich verwandten Robert von Genf zu Papst Clemens VII., der seinen Sitz zurück nach Avignon verlegen muss, weil es nicht gelingt, Urban VI. aus Rom zu vertreiben. Frankreich und seine Bundesgenossen Schottland, Kastilien, Aragón und Navarra erkennen den französischen Clemens VII. als rechtmäßigen Papst an, während England, Irland, Portugal und die italienischen Staaten Urban VI. die Treue halten. Da dieser Kaiser Karl IV. zusichert, seinen Sohn Wenzel als Römisch-deutschen Kaiser zu approbieren, schließt sich auch das Reich dem italienischen Obödienzbereich an. Von nun an beanspruchen also zwei Papstprätendenten für sich, der jeweils einzig legitime Nachfolger Christi zu sein. Das so provozierte Abendländische Schisma stellt die Amtskirche auf eine empfindliche Probe und entzündet die seit längerem glimmende Diskussion um eine Kirchenreform.[544] Nicht als Ursache, sondern als Symptom der Krisenhaftigkeit empfunden, legt die Kirchenspaltung offen, wie sehr eine grundlegende Reform eilt.[545] Hat man das Schisma nur einmal überwunden, so hoffen die Zeitgenossen, kann der herbeigesehnten Reform nichts mehr im Wege stehen. Alle Versuche jedoch, die Kirchenspaltung zu beenden – einen der beiden Prätendenten gewaltsam zu verdrängen (*via facti*), ihren Rücktritt zu erzwingen (*via cessionis*), sie zu Verhandlungen zu bewegen (*via conventionis*) oder ihnen den Gehorsam aufzukündigen (*via substractionis*) –, laufen ins Leere. Schließlich bleibt nur das Allgemeine Konzil (*via concilii*), das sich als höchstes kirchenpolitisches Versammlungs- und Entscheidungsorgan nicht nur für die Beilegung des Schismas, sondern auch für das Projekt einer Kirchenreform in besonderer Weise anbietet.[546] Verfahrensschwierigkeiten verlangsamen den Prozess um mehrere Jahre,[547] bis sich 22 Kardinäle beider Obödienzen schließlich darauf einigen, ein Konzil in Pisa abzuhalten.[548]

Fast 100 Jahre liegt die letzte Generalsynode, das Konzil von Vienne (1311/1312), zurück, als die Konzilsväter 1409 in Pisa zusammenfinden. Rom und Avignon haben in der Zwischenzeit neue Päpste gewählt, die eine Zusammenkunft in Pisa zu verhindern suchen. Die Konkurrenzveranstaltungen, die der avignonesische Papstprätendent Benedikt XIII. in Perpignan und der von der römischen Obödienz bestimmte Gregor XII. in Cividale ausrichten,[549] machen

544 Die Ereignisse rund um das Abendländische Schisma stellt übersichtlich dar Müller 2012, 6f. Einen kurzen Überblick verschafft Hermann Tüchle, Abendländisches Schisma, in: Lexikon des Mittelalters 1 (1980), 19–22. In seiner Auseinandersetzung mit den Protesten vor dem Konklave im Zuge der Papstwahl 1378 kommt Rollo-Koster zu dem Ergebnis, dass diese bei weitem nicht so gewaltintensiv gewesen sind, wie die französischen Kardinäle später behauptet haben (vgl. Joëlle Rollo-Koster, Civil Violence and the Initiation of the Schism, in: Ders./Thomas M. Izbicki [edd.], A Companion to the Great Western Schism [1378–1417] [Brill's Companions to the Christian Tradition 17], Leiden/Boston 2009, 9–65, hier 65).

545 Zum Zusammenhang von Schisma und Reformforderung vgl. Miethke 1995, 15.

546 Zu Form und Funktion des spätmittelalterlichen Konzils vgl. Kirsch 2016, 40. Mit den anderen *viae* sucht man zunächst, das Schisma zu beheben, ohne die beiden Obödienzbereiche mit ihren zugestandenen Privilegien zu delegitimieren (vgl. Florian Esser, Aus zwei mach eins. Der Pisaner Lösungsversuch des Großen Abendländischen Schismas 1408/1409: Schismatologie und Konzilsform, in: Harald Müller [ed.], Der Verlust der Eindeutigkeit. Zur Krise päpstlicher Autorität im Kampf um die Cathedra Petri [Schriften des Historischen Kollegs. Kolloquien 95], Berlin/Boston 2017, 37–54, hier 41f.). Zu den *viae* vgl. außerdem Tüchle 1980, 21; Müller 2012, 10f.

547 So Miethke 1995, 17.

548 Da beide Obödienzen zu einem Konzil in Pisa laden, finden streng genommen zwei parallel ablaufende Konzilien statt. Auf diese Weise sichern sich beide Seiten zu, ihren Legitimitätsanspruch gegenseitig anzuerkennen (vgl. Girgensohn 2007, 79).

549 Zu den Konkurrenzkonzilien in Perpignon und Cividale vgl. Klaus Herbers, Geschichte des Papsttums im Mittelalter, Darmstadt 2012, 259; außerdem Dieter Girgensohn, Perpignan,

auf die in Pisa versammelten Kardinäle allerdings keinen Eindruck: Das Konzil setzt die beiden Papstprätendenten als Häretiker ab und ernennt stattdessen Petros Philargis zu Papst Alexander V.[550] Das neu gewählte Kirchenoberhaupt findet in großen Teilen der Christenheit Zuspruch, doch weil die beiden anderen Prätendenten weiterhin Unterstützung durch weltliche Herrscher erhalten,[551] kann auch das Pisanum die innerkirchlichen Spannungen nicht lösen. Benedikt XIII. und Gregor XII. bleiben vielmehr im Amt und so sieht sich die Kirche auf einmal in drei Obödienzen zerfallen. Dennoch nimmt das Konzil von Pisa in der dichten Abfolge der Generalsynoden zu Beginn des 15. Jahrhunderts eine nicht zu unterschätzende Schlüsselfunktion ein: Das Pisanum eröffnet Handlungsräume und provoziert Fragen, die alle Folgekonzilien begleiten sollen. Letztlich hat das Konzil von Pisa, gerade weil es das Schisma zunächst vertieft, schließlich aus ihm herausgeführt.[552]

Auch das schlecht besuchte Folgekonzil in Rom, das Alexanders Nachfolger, der Pisaner Papst Johannes XXIII., 1412 einberuft, setzt keine entscheidenden Impulse für die Beilegung des Schismas.[553] Der frisch zum Römisch-deutschen König gekürte Siegmund von Luxemburg, der im Gegensatz zu seinem Vorgänger Ruprecht den Pisaner Papst Johannes XXIII. als rechtmäßig anerkannt hat, drängt ihn schließlich, ein weiteres Konzil für Konstanz anzusetzen.[554] Also

Konzil von (1408–1409), in: Lexikon des Mittelalters 6 (1993a), 1897; Ders. 2007, 73f.; Esser 2017, 46, insb. Anm. 38.

550 Um sich keinen Verfahrensfehler zuschulden kommen zu lassen, finden sich an mehreren Tagen je zwei Kardinaldiakone und drei Erzbischöfe vor den Toren des Pisaner Doms ein, um auf Latein, Französisch und Italienisch die Umstehenden nach den beiden Prätendenten zu befragen und ihre Abwesenheit öffentlichkeitswirksam festzustellen (vgl. Girgensohn 2007, 87f.; einführend auch in Ders., Pisa, Konzil von [1409], in: Lexikon des Mittelalters 6 [1993b], 2182f.).

551 So hält Aragón weiterhin zu Benedikt XIII. und der Römisch-deutsche König Ruprecht I. von der Pfalz zu Gregor XII. (vgl. Girgensohn 2007, 91; Herbers 2012, 260).

552 Zu dieser Einschätzung gelangt Eßer: »Pisa meinte also nicht nur einen dritten Papst, sondern auch einen dritten Weg, der letztlich zur Beseitigung der schismatischen Vervielfachung führte« (Esser 2019, 742; vorab bereits in Ders. 2017, 54; ähnlich auch Herbers 2012, 259). Die »Vorreiterrolle« des Pisanum betont auch Girgensohn 2007, 62; ihm folgt Werner Maleczek, Die Konzilien von Pisa (1409), Konstanz (1414–1418) und Basel (1431–1449). Institutionen und Personen: Zusammenfassung, in: Heribert Müller/Johannes Helmrath (edd.), Die Konzilien von Pisa (1409), Konstanz (1414–1418) und Basel (1431–1449). Institutionen und Personen (Vorträge und Forschungen 67), Ostfildern 2007, 371–392, hier 377.

553 Auf dem Pisanum hat man entschieden, dass nach drei Jahren das nächste Konzil stattfinden soll (vgl. Girgensohn 1993b, 2183; Ders. 2007, 90f.; Herbers 2012, 260). Zu dem Konzil in Rom vgl. Walter Brandmüller, Konstanzer, Konzil von (1414–1418), in: Lexikon des Mittelalters 5 (1991b), 1402–1405, hier 1402; Miethke 1995, 24f.; Hoensch 1996, 173.

554 Am 21. Juli 1411 wird Siegmund von Luxemburg im zweiten Wahlgang zum König gewählt, aber erst am 8. November 1414 in Aachen gekrönt (vgl. Sabine Wefers, Siegmund, Sigmund, römisch-deutscher Kaiser [1368–1437], in: Lexikon des Mittelalters 7 [1995], 1868–1871, hier

lädt Johannes auf Druck des Königs und wohl auch aus eigenem Interesse für 1414 nach Konstanz – erhofft er sich doch von einem Allgemeinen Konzil, seinen Anspruch auf den Papstsitz mithilfe der zahlenmäßig überlegenen italienischen Bischöfe geltend zu machen.[555] Dieser Plan wird nicht aufgehen, denn statt wie bisher üblich *per capita*, soll in Konstanz künftig *per nationes* gewählt werden: Eingeteilt in die vier Konzilsnationen *Germanica, Anglica, Gallicana* und *Italica*, 1417 um den Wahlbereich *Hispanica* ergänzt, entscheidet in Konstanz somit nicht mehr die personenstärkste Gruppe über den Wahlausgang.[556] Außerdem sprechen sich nicht nur der König, sondern auch theologisch geschulte Konzilsväter wie die Kardinäle Pierre d'Ailly und Guillaume Fillastre für den Rücktritt der drei Prätendenten und anschließende Neuwahlen aus.[557] Durch das geänderte Wahlverfahren und die königlichen Pläne in seiner Position entscheidend geschwächt, flieht Johannes XXIII. in der Nacht vom 20. auf den 21. März 1415 aus Konstanz.

Seine Flucht stellt das Konzil vor das unerwartete Problem, ob denn nun der Papst oder die Generalversammlung die Entscheidungshoheit in Kirchenbelangen innehat. Das Dekret ›Haec Sancta‹, das die Konzilsteilnehmer am 6. April 1415 verabschieden, entscheidet die Superioritätsfrage zugunsten des Konzils: Gegen die päpstliche Hoheit plädiert das Dekret für die Vollmacht der Kirchenversammlung als höchstes kirchenpolitisches Entscheidungsorgan, dessen Mitglieder unabhängig von Stand oder Amtswürde gleich- und also stimmbe-

---

1868). Ein Allgemeines Konzil liegt ganz in seinem Interesse, bietet es ihm doch die Möglichkeit, von einem rechtmäßig anerkannten Papst zum Kaiser gekrönt zu werden und seine Reformabsichten voranzubringen (vgl. Theresia BAUER, Geleitwort, in: Karl-Heinz BRAUN/Thomas M. BUCK [edd.], Über die ganze Erde erging der Name von Konstanz. Rahmenbedingungen und Rezeption des Konstanzer Konzils [Veröffentlichungen der Kommission für geschichtliche Landeskunde in Baden-Württemberg. Reihe B: Forschungen 212], Stuttgart 2017, IXf., hier IX). Erfolgreich setzt er deshalb durch, dass Johannes XXIII. zu einem Konzil auf Reichsboden einlädt (vgl. HOENSCH 1996, 174). Immer wieder hat die Forschung betont, welch entscheidende Rolle Siegmund für das Konstanzer Konzil gespielt hat: Laut Girgensohn gelingt dank Siegmund in Konstanz das, woran Pisa gescheitert ist (vgl. GIRGENSOHN 2007, 93f.), Schneider vergleicht Siegmund mit Friedrich Barbarossa (vgl. SCHNEIDER 2013, 41) und MEUTHEN erklärt ihn gar zum »bedeutendste[n] deutsche[n] König des 15. Jahrhunderts« (MEUTHEN 2012, 46). Zu Siegmunds Allianz mit Papst Johannes XXIII. vgl. HERBERS 2012, 260.

555 Vgl. BRANDMÜLLER 1991b, 1402; TÜCHLE 1991, 22.

556 Zum neuen Wahlverfahren in Konstanz vgl. Alexander RUSSELL, Voting at the Council of Constance (1414–18), in: Serena FERENTE/Lovro KUNČEVIĆ/Miles PATTENDEN (edd.), Cultures of Voting in Pre-Modern Europe, London/New York 2018, 77–93, hier 80; Henning OTTMANN, Geschichte des politischen Denkens. Von den Anfängen bei den Griechen bis auf unsere Zeit, 9 Bde., Bd. 2: Römer und Mittelalter, Teilbd. 2: Das Mittelalter, Stuttgart/Weimar 2004, 299.

557 Vgl. BRANDMÜLLER 1991b, 1402.

rechtigt sind.[558] Johannes wird am 20. Mai gefangengenommen und neun Tage später vom Konzilsgericht als Papst abgesetzt; er verbringt die nächsten Monate in königlichem Gewahrsam. Nachdem man dem römischen Prätendenten Gregor XII. zugestanden hat, das Konzil noch einmal offiziell zu eröffnen, dankt dieser zwei Monate darauf aus freien Stücken ab. Gegen Jahresende gelingt es Siegmund schließlich in Narbonne, mit König Ferdinand von Aragón und den Fürsten der avignonesischen Obödienz eine Einigung zu treffen, so dass das Konstanzer Konzil dem letzten Prätendenten, Benedikt XIII., am 26. Juli 1417 die Papstwürde entziehen kann.[559] Eigentlich erst jetzt ein rechtmäßiges Allgemeines Konzil verabschiedet die Generalsynode am 9. Oktober 1417 das Dekret ›Frequens‹, das regelmäßige Zusammenkünfte in Form eines Allgemeinen Konzils garantieren soll, wählt einen Monat später den italienischen Kardinal Oddo di Colonna zum neuen Papst Martin V. und endet schließlich im April des darauffolgenden Jahres.[560]

Das Dekret ›Frequens‹ soll den Papst verpflichten, alle zehn Jahre ein Allgemeines Konzil abzuhalten.[561] Angesichts der akuten Reform aber sollen auf Konstanz zunächst zwei Konzilien im dichten Abstand von fünf beziehungsweise sieben Jahren folgen. Fristgerecht lässt Martin V. am 23. April 1423 ein neues

558 Zu den in Konstanz verabschiedeten Dekreten ›Haec Sancta‹ und ›Frequens‹ vgl. Decaluwé 2009; Karl-Heinz Braun, Die Konstanzer Dekrete ›Haec Sancta‹ und ›Frequens‹, in: Ders. et al. (edd.), Das Konstanzer Konzil 1414–1418. Weltereignis des Mittelalters. Essays, Darmstadt 2013a, 82–86. Ob das Dekret ›Haec Sancta‹ nun die prinzipielle Überlegenheit des Konzils über den Papst oder nur die Gültigkeit des Konzils im Falle einer Sedisvakanz festhält (so argumentiert Brandmüller 1991b, 1403), soll hier nicht zur Diskussion stehen. In die Idee des ›Konziliarismus‹ führt ein Ottmann 2004, 298. Ladner plädiert angesichts der unterschiedlichen Deutungsangebote zu Vorsicht im Umgang mit dem Begriff (vgl. Pascal Ladner, Revolutionäre Kirchenkritik am Basler Konzil? Zum Konziliarismus des Heymericus de Campo [Vorträge der Aeneas-Silvius-Stiftung an der Universität Basel 19], Basel 1985, 5; vgl. auch Miethke 1981, 736; Dendorfer 2008, 6f.; Esser 2019, 717f.). Mit Blick auf die *viae* zur Beilegung des Schismas beobachtet Eßer, dass die Zeitgenossen das Konzil zunächst jedenfalls als »einen Lösungsversuch und weniger als eine konstitutionelle Alternative« verstehen (Esser 2017, 39).

559 Siegmunds diplomatisches Geschick besprechen Brandmüller 1991b, 1403; Hoensch 1996, 200–202; Girgensohn 2007, 93f. Benedikt zeigt sich von seiner Absetzung freilich unbeeindruckt, tatsächlich folgt auf ihn noch der ›Gegenpapst‹ Clemens VIII. (vgl. hierzu Tüchle 1980, 22).

560 Die einschlägige Forschungsliteratur zu den Konzilien von Konstanz und Basel stellt die Einleitung vor (Kap. I 1). Signori weist auf die innerkirchlichen und politischen Meinungsdifferenzen in Konstanz hin (vgl. Gabriela Signori, Das Konstanzer Konzil als europäisches Ereignis. Einleitung, in: Dies./Birgit Studt [edd.], Das Konstanzer Konzil als europäisches Ereignis. Begegnungen, Medien und Rituale [Vorträge und Forschungen 79], Ostfildern 2014, 9–18, hier 12). Zu Martins V. Reformbemühungen im Anschluss an das Konstanzer Konzil vgl. Studt 2004, 722.

561 Brandmüller will auch die Auslegung des Dekrets ›Frequens‹ entgegen der gängigen Deutung entschärfen: Das Dekret will nicht den Papst kontrollieren, sondern die Reform ermöglichen und künftigen Schismen vorbeugen (vgl. Brandmüller 1991b, 1404).

Konzil in Pavia eröffnen, das bereits zwei Monate darauf wegen der dort wütenden Pest nach Siena umzieht. Als sich auf dem schlecht besuchten Konzil eine antipäpstliche Opposition zu bilden beginnt, lässt der abwesende Papst die Versammlung in einer Nacht- und Nebelaktion auflösen: Am Morgen des 7. März 1424 finden die Konzilsväter die offizielle Auflösungsbulle an den Toren des Sieneser Doms angebracht, das päpstliche Konzilspräsidium hat die Stadt bereits heimlich verlassen.[562]

Nachdem Martin V. gestorben ist, wählt das Kardinalskollegium im März 1431 Gabriele Condulmer zum neuen Papst Eugen IV., der das von seinem Vorgänger für Basel angesetzte nächste Allgemeine Konzil im Sommer desselben Jahres durch Stellvertreter eröffnen lässt.[563] Angesichts geringer Teilnehmerzahlen unternimmt er gegen Ende des Jahres erstmals den Versuch, das Konzil aufzulösen und stattdessen mit der Einladung nach Bologna ein Konzil im Kirchenstaat auszurichten. Die Basler Konzilsväter zeigen sich jedoch von diesem päpstlichen Eingriff unbeeindruckt und setzen ihre Konzilstätigkeit unter Berufung auf ›Haec Sancta‹ fort. Siegmund von Luxemburg, am 31. Mai 1433 von Papst Eugen IV. zum Römisch-deutschen Kaiser gekrönt,[564] überzeugt diesen Ende des Jahres 1433 schließlich, das Basler Konzil wieder anzuerkennen.[565]

Um den Wahlgang von Nationalinteressen frei zu halten, entscheidet man sich in Basel dazu, künftig nicht mehr per *nationes*, sondern per *deputationes* zu wählen: Jedes inkorporierte Mitglied wird einer der den drei Konzilsaufgaben gewidmeten *deputatio de fide*, *de pace* beziehungsweise *de reformatorio* oder der allgemein ausgerichteten *deputatio pro communibus* zugeordnet; *idealiter* sollen die Deputationen gleichmäßig mit Mitgliedern aller Nationen und Standesstufen besetzt sein.[566] In den nächsten drei Jahren nimmt das Konzil seine Reformtätigkeit erst richtig auf: Man ratifiziert Reformpunkte zu den Bischofs- und Prälatenwahlen (12. Session am 13. Juli 1433), zu den Provinzial- und Diözesansynoden (15. Session am 26. November 1433), gegen das Konkubinat im Klerus

562 In das Konzil von Pavia/Siena führt ein Walter BRANDMÜLLER, Das Konzil von Pavia-Siena 1423–1424 (Konziliengeschichte. Reihe A: Darstellungen 21), Paderborn et al. 2002, 1–3. Eine Kurzvorstellung bietet Johannes GROHE, Pavia, Synoden von, in: Lexikon des Mittelalters 6 (1993), 1836 f., der sich für eine Einschätzung der Synode als Allgemeines Konzil ausspricht (vgl. ebd., 1837).

563 Der Konzilspräsident Giuliano Cesarini trifft selbst erst im September in Basel ein, weil er sich zu Konzilsbeginn noch auf dem fünften Kreuzzug gegen die Hussiten befindet (vgl. DECALUWÉ/CHRISTIANSON 2017, 13).

564 Vgl. WEFERS 1991, 1868.

565 Zu den Ausgangskonflikten zwischen Papst und Konzil in Basel vgl. Erich MEUTHEN, Basel, Konzil von, in: Lexikon des Mittelalters 1 (1980), 1517–1521, hier 1517; DECALUWÉ 2009, 313 f.; MÜLLER 2012, 40. Bis 1433 befindet sich das Konzil in einem Schwebezustand (vgl. LADNER 1985, 8). Siegmunds Einfluss auf das frühe Konzilsgeschehen in Basel betont HOENSCH 199, 400 f.

566 Zum geänderten Wahlsystem in Basel vgl. MÜLLER 2012, 43; OTTMANN 2004, 300.

(20. Session am 22. Januar 1435), gegen die Annaten, also die einmalig an den Papst zu entrichtenden Pfründenabgaben eines neu ins Amt gesetzten Geistlichen (21. Session am 9. Juni 1435), zu Papstwahl und Kardinalskollegium (23. Session am 24. März 1436) und beendet schließlich mit den Iglauer Kompaktaten am 5. Juli 1436 die Hussitenkriege in Böhmen.[567]

Sechs Jahre nach Konzilsbeginn lassen die Verhandlungen mit Byzanz die Konflikte zwischen Papst und Konzil wieder aufbranden: Die zunehmend als Bedrohung empfundene Osmanische Expansion zwingt den Osten, den Westen um militärische Unterstützung anzugehen. Rom nimmt die Bittgesuche aus Byzanz zum Anlass für ein mögliches Unionskonzil, das Römisch-katholische und Orthodoxe Kirche wieder vereinen soll. Über die Frage, wo ein solches stattfinden könnte, kommt es am 7. Mai 1437 zum unwiederbringlichen Zerwürfnis zwischen Papst und Konzil in Basel: Eugen IV. wünscht ein Konzil in seinem Einflussgebiet, die Mehrheit der Konzilsväter bevorzugt Basel oder Avignon als Tagungsort.[568] Die Griechen entscheiden sich schließlich für ein Konzil mit dem Papst, auch weil der von ihm gewählte Konzilsort Ferrara näher an Byzanz liegt – und so ziehen sie denn auch am 18. Oktober desselben Jahres gemeinsam mit der päpstlichen Flotte gegen die Osmanen, während die Schiffe des Basler Konzils, umsonst in Byzanz eingetroffen, wieder umkehren müssen.[569]

Die Allianz mit den Griechen und das Konkurrenzkonzil von Ferrara, das im Januar 1438 seine Arbeit aufnimmt und ein Jahr später aus finanziellen Gründen nach Florenz umzieht,[570] stärken die Position des Papstes und untergraben die Generalsynode in Basel. Autoritätskämpfe sollen die Folgejahre bestimmen. Auch wenn die meisten Konzilsteilnehmer zunächst in Basel bleiben, verliert das Konzil zunehmend an Ansehen. Nikolaus von Kues und andere haben die Seiten gewechselt und Basel bereits im Mai 1437 verlassen. Zum Jahresende folgt der Konzilspräsident Giuliano Cesarini.[571] Der französische König Karl VII. reagiert

567 Nachdem die Konflikte zwischen Papst und Konzil vorerst beigelegt sind, beginnt das Konzil 1433 seine Reformtätigkeit (vgl. Ladner 1985, 10). Zu den unterschiedlichen Reformpunkten vgl. Meuthen 1980, 1517f.; Müller 2012, 45–47.

568 Für welche Tumulte diese Frage sorgt, hat Dendorfer gezeigt: In der 25. Session vom 7. Mai 1437, in der eigentlich der offiziell verabschiedete Ort des Unionskonzils verkündet werden soll, erhebt sich ein der Papstpartei nahestehender Bischof und beginnt, von Umstehenden geschützt, ein Gegendekret zu verlesen (vgl. Dendorfer 2009, 38f.).

569 Zu den Diskussionen um ein mögliches Unionskonzil und das Konzil von Ferrara/Florenz vgl. einführend Jan Louis van Dieten, Ferrara-Florenz, Konzil von (eröffnet am 9. April 1438), in: Lexikon des Mittelalters 4 (1989), 390–393; Johannes Helmrath, Union, kirchliche. III. Konzil von Ferrara-Florenz, in: Lexikon des Mittelalters 8 (1997b), 1241f. sowie die Überblicksdarstellung bei Müller 2012, 48f. Der sog. Florentiner Union zum Trotz verhärten sich die Fronten zwischen Ost und West im Anschluss an die Diskussionen in Ferrara nur (vgl. van Dieten 1989, 392f.).

570 Vgl. van Dieten 1991, 391.

571 Vgl. Meuthen 1985, 44f.

auf den Konflikt zwischen Papst und Konzil, indem er mit der Pragmatischen Sanktion von Bourges (7. Juli 1438) die Basler Dekrete in seinem Sinne modifiziert, Eugen IV. aber weiterhin als legitimen Papst anerkennt. Die deutschen Kurfürsten halten sich in ihrer Neutralitätserklärung zu Frankfurt zunächst zurück, übernehmen jedoch mit der Mainzer Akzeptation (26. März 1439) die Basler Konzilsdekrete.[572] Weil die Basler seiner Auflösungsbulle nicht folgen, muss Eugen IV. die meisten Konzilsteilnehmer schließlich exkommunizieren. Das Konzil reagiert seinerseits, indem es das Dekret ›Haec Sancta‹ dogmatisiert, Eugen IV. kurzerhand als Häretiker absetzt und stattdessen den Herzog Amadeus VIII. von Savoyen am 5. November 1439 zum neuen Papst wählt, der sich dem Tagesheiligen entsprechend Felix V. nennt.[573] Die Reformaufgabe, derentwegen man sich eigentlich in Basel eingefunden hat, scheint im Kampf um Macht- und Deutungshoheit zwischen Papst und Konzil vergessen.[574] Und auch Siegmund von Luxemburg kann diesmal nicht schlichtend zur Seite springen – denn der große Reformkaiser, der das Konstanzer Konzil in die Wege geleitet, Johannes XXIII. gefangen gesetzt, mit der avignonesischen Obödienz verhandelt und zwischen Papst und Konzil in Basel vermittelt hat, ist mittlerweile gestorben.[575]

## 2.2 Aufbrechende Feldstrukturen

Nachdem das Papsttum des 14. Jahrhunderts das Konzil als Verfassungsorgan zunehmend zurückgedrängt hat, feiert die Versammlungsform zu Beginn des 15. Jahrhunderts ihre glänzende Rückkehr. Auf das Pisanum folgt mit den Konzilien von Konstanz, Rom, Pavia/Siena und Basel beziehungsweise Ferrara/ Florenz eine kirchengeschichtlich einzigartig dichte Abfolge von Generalkonzilien.[576] Die Kirchenversammlungen bieten dem politischen Dialog der Zeit eine ungeahnt neue Plattform: Hier begegnen sich geistliche und weltliche Elite, hier beginnt das »universaleuropäische Gespräch der politischen Mächte«.[577] Welche

572 Vgl. Meuthen 2012, 77.

573 Gießmann hat sich eingehend mit diesem »letzten Gegenpapst der mittelalterlichen Kirchengeschichte« beschäftigt (Giessmann 2012, 391). Zur Namensgebung vgl. ebd., 394.

574 Die Reformdiskussion wird in der zweiten Hälfte des 15. Jahrhunderts an der Kurie fortgesetzt (vgl. den Band von Dendorfer/Märtl 2008).

575 Einen Zusammenhang zwischen Siegmunds Tod und dem sich abzeichnenden Schisma legt bereits Helmrath nahe (vgl. Helmrath 2002, 507).

576 Vgl. Helmrath 2014, 20.

577 Meuthen 1985, 33; vgl. auch Brandmüller 1991b, 1402; Ders. 1997a, 434f.; Kirsch 2016, 18. Die Geschichtswissenschaft ist nicht müde geworden, für diese Funktion des Konzils als Diskussionsforum (ent-)sprechende Metaphern zu finden (vgl. Helmrath/Müller 2007, 25).

Strahlkraft die städtischen Großereignisse gehabt haben müssen, lässt allein ihre Teilnehmerzahl vermuten: Treffen in Konstanz bereits zahlreiche Gelehrte ein, so lassen sich in den 18 Jahren in Basel über 3000 Konzilsmitglieder inkorporieren.[578] Mit dem Basiliense, dem längsten, größten und zugleich letzten Allgemeinen Konzil des Mittelalters, findet diese Erfolgsgeschichte ihren Höhe- und Endpunkt.[579] Indem sich das Basler Konzil, eigentlich ein außerordentliches Verfassungsorgan, zu einer Dauerinstitution verstetigt, zersetzt es sich schließlich selbst; der durch das Konzil gewählte Papst Felix V. verzichtet am 7. April 1449 auf sein Amt, die Versammlung löst sich keine drei Wochen später auf.[580] Hartmann Schedel wird 1493 in seiner Weltchronik das Fazit ziehen: *Diss concili het einē schőnen anfang, aber einen ubeln außgang vō nochfolgender zwayung wegen* (HS CCXLIIIv; »Das Konzil hat zwar schön begonnen, aber aufgrund der späteren Entzweiung ein übles Ende genommen«).[581]

Bemerkenswert ist diese ›Konzilsepoche‹[582] am Vorabend der Reformation vor allem deshalb, weil das Konzil als Kirchenorgan kurzzeitig vergessen schien: Knapp 100 Jahre hat kein Allgemeines Konzil mehr stattgefunden, als die römischen und avignonesischen Kardinäle 1409 auf die Idee verfallen, mit einem Konzil auf das Abendländische Schisma zu reagieren.[583] Das bedeutet, dass die

578 Maurer fasst das Konstanzer Konzil als »städtische[s] (Gesamt-)Ereignis« (Helmut MAURER, Das Konstanzer Konzil als städtisches Ereignis, in: Heribert MÜLLER/Johannes HELMRATH [edd.], Die Konzilien von Pisa [1409], Konstanz [1414–1418] und Basel [1431–1449]. Institutionen und Personen [Vorträge und Forschungen 67], Ostfildern 2007, 149–172, hier 171). Zu den Teilnehmerzahlen in Basel vgl. MIETHKE 1981, 749; MEUTHEN 1985, 43; MÜLLER 2012, 42 sowie zu der Zusammensetzung der Konzilsteilnehmer Claudius SIEBER-LEHMANN, Basel und ›sein‹ Konzil, in: Heribert MÜLLER/Johannes HELMRATH (edd.), Die Konzilien von Pisa (1409), Konstanz (1414–1418) und Basel (1431–1449). Institutionen und Personen (Vorträge und Forschungen 67), Ostfildern 2007, 173–204, hier 176.

579 Vgl. MIETHKE 1995, 18. An keinem Konzil haben mehr Gelehrte und Entscheidungsberechtigte partizipiert, kein Konzil in der Geschichte hat länger gedauert als jenes in Basel (vgl. HELMRATH 2014, 22; Jürgen MIETHKE, Einleitung, in: Quellen zur Kirchenreform im Zeitalter der großen Konzilien des 15. Jahrhunderts. Zweiter Teil: Die Konzilien von Pavia/Siena [1423/1424], Basel [1431–1449] und Ferrara/Florenz [1438–1445], ausgewählt und übersetzt von DEMS. und Lorenz WEINRICH [Ausgewählte Quellen zur deutschen Geschichte des Mittelalters 38b], Darmstadt 2002, 15–82, hier 24).

580 Am 7. April 1449 resigniert Felix V. zugunsten des römischen Papstprätendenten Nikolaus V. (vgl. GIESSMANN 2012, 391). Felix. V. wird zum Kardinal und *legatus a latere* erhoben und darf in seinem Obödienzbereich, dem Herzogtum Savoyen, auch weiterhin die päpstlichen Gewänder tragen (vgl. GIESSMANN 2012, 391f.; DIES. 2014, 19).

581 Zitiert nach: Hartmann Schedel, Das Buch der Chroniken. Kolorierte und kommentierte Gesamtausgabe der Weltchronik von 1493. Nach dem Original der Herzogin Anna Amalia Bibliothek Weimar, ed. Stephan FÜSSEL, Köln 2018 [Übersetzung S. Q.].

582 Helmrath plädiert angesichts der dichten Reihe an Konzilien dafür, die 40 Jahre von Pisa bis Basel als eine Epoche zu fassen (vgl. HELMRATH 2014, 20).

583 Zwischen dem Konzil von Vienne (1311/12) und Pisa (1409) bzw. den Konkurrenzkonzilien in Perpignan und Cividale (1409) finden keine Generalkonzilien statt (vgl. MIETHKE 1995, 7; GIRGENSOHN 2007, 92; HELMRATH 2014, 25).

Teilnehmer in Pisa das Format ›Konzil‹ zwar in der Theorie kennen, aber nie selbst ein solches miterlebt haben. Im Spannungsfeld von Tradition und Innovation provoziert das Konzil von Pisa somit Fragen nach Form und Funktion des Versammlungsorgans als solchem. Die Folge sind eben jene konfliktgeladenen Aushandlungsprozesse, die alle Konzilien in Bann halten sollen: Welche Aufgaben übernimmt das Konzil eigentlich? Wer gehört zu dessen stimmberechtigten Teilnehmern? Wie trifft man kirchenpolitische Entscheidungen? Und, grundsätzlicher: Wer hat überhaupt das Recht, diese Entscheidungen zu treffen?[584] Stellt die Flucht von Johannes XXIII. die Konstanzer Konzilsväter doch vor das unerwartete Problem, ob ein Konzil ohne teilnehmenden Papst weiterhin weisungsberechtigt ist. Das Dekret ›Haec Sancta‹, das die Superioritätsfrage zugunsten des Konzils klärt, löst den Konflikt in Konstanz kurzzeitig, nur um ihn dann in Basel noch zu befeuern – erlaubt doch gerade ›Haec Sancta‹ den Basler Konzilsvätern, Papst Eugen IV. als Ketzer abzusetzen und mit Felix V. den bisher letzten Gegenpapst der Geschichte zu wählen.[585] Auf zum Teil abenteuerlichen Wegen streiten Papst und Konzil um die Entscheidungs- und Deutungshoheit: Konzilien werden über Nacht beendet oder an einen anderen Ort verlegt, Konkurrenzveranstaltungen eröffnet, auf Lebenszeit gewählte Päpste abgesetzt, Konzilsteilnehmer exkommuniziert. Während die Auseinandersetzungen mit dem Papst das Konzil nach außen destabilisieren, verlangsamt das gegenseitige Misstrauen die internen Entscheidungsprozesse. So sollen die in Basel eingeführten vier Wahldeputationen den Wahlgang eigentlich von Nationalinteressen freihalten. Da es für die abschließende *conclusio* in der Generalkongregation jedoch die Zustimmung von drei der vier Deputationen braucht, treffen die Konzilsnationen untereinander Vorabsprachen und bilden Allianzen, werfen sich deshalb aber auch gegenseitig Korruption vor und befristen Ämter.[586] Die weltlichen Autoritäten machen sich die kircheninternen Konflikte ihrerseits zu Nutze, um die Konzilsdekrete in ihrem Sinne zu modifizieren und ihren eigenen Machtanspruch auszubauen. Und so entladen sich gerade auf und um die Konzilien herum die Spannungen zwischen den päpstlichen Prätendenten, zwischen Papst und Konzil, zwischen Papst und Kaiser: »Mit Bourdieu gespro-

584 Kirsch weist darauf hin, welche grundlegenden Parameter vor dem Hintergrund einer auslegungsbedürftigen Tradition auf den Konzilien diskutiert werden (vgl. Kirsch 2016, 31; ebenso Signori 2014, 12). Zu den durch die Konzilien aufgeworfenen Fragen vgl. außerdem Helmrath 2002, 481; Dendorfer 2008, 2.

585 Das Dekret ›Haec Sancta‹ führt damit laut Brandmüller in Basel das herbei, was es in Konstanz beizulegen bemüht war (vgl. Brandmüller 1997a, 429).

586 Zu den Machtkämpfen auf den Konzilien vgl. Meuthen 1985, 37; vgl. auch Helmrath/Müller 2007, 14; Müller 2012, 43f.

chen, stellten diese Konflikte auch und besonders ein Ringen um symbolische Macht dar[.]«[587]

Liest man die Aushandlungsprozesse auf den Konzilien als Kampf um Vorherrschaft im politischen Feld, lassen sich die Entwicklungen als Folge der aufbrechenden Feldstrukturen deuten: Das Abendländische Schisma destabilisiert die Hegemonie des Papstes und ebnet damit dem Konzil, einem längt vergessenen Versammlungsorgan, den Weg; die Unfähigkeit desselben, das Schisma zu beenden, erlaubt wiederum Kaiser Siegmund, einem Außenstehenden in Kirchenfragen, einzugreifen. Der Konflikt der drei Päpste, der herrschenden Akteure im religiösen Feld, setzt damit eine Bewegung in Gang, die die relationalen Feldpositionen und damit die Feldstruktur als solche dynamisiert. Denn nur wenn sich die Positionen der herrschenden Feldakteure verschieben und eine Leerstelle bilden, in die bisher beherrschte Akteure hineintreten können, so argumentiert Bourdieu, wird Dynamik im Feld möglich. Erst die strukturelle Lücke schafft Raum für Innovation – deshalb setzen sich die neuen Feldakteure auch dezidiert von den etablierten Autoritäten ab, um ihre eigene Position zu legitimieren; sie brauchen die alte Ordnung jedoch als Kontrastfolie, um das genuin Neue ihrer eigenen Position zu begründen: ›Neues‹ kann nur in Abgrenzung zum ›Alten‹ entstehen.[588] Und gewinnt das Konzil des Spätmittelalters sein Selbst- und Sendungsbewusstsein nicht gerade aus der Diagnose, dass das Papsttum mit dem Abendländischen Schisma seine eigene Autorität untergräbt? Und kann nicht Kaiser Siegmund gerade deshalb zur Galionsfigur der Reform aufsteigen, weil das Konzil seiner Aufgabe nicht gerecht zu werden scheint?[589] Die geschilderten Konflikte resultieren, so die These, aus der subversiven Energie der beherrschten Feldakteure, die die Feldstruktur von innen heraus erneuern wollen.

Die Geschichtswissenschaft hat, wenn auch nicht unter Rückgriff auf Bourdieu, dieses den Konzilien eigene Innovationspotenzial immer wieder betont: In Pisa gilt es, »neue Formen zu finden«,[590] in Konstanz ergeben sich »auf einmal neue Möglichkeiten, (Kirchen-)Politik zu gestalten«,[591] in Basel wird schließlich

587 Esser 2019, 25. Konkurrieren in Konstanz noch die unterschiedlichen Päpste um Entscheidungshoheit, verhärten sich in Basel die Fronten zwischen Papst und Konzil. Die internen Rivalitäten führen laut Meuthen zu einer »institutionelle[n] Zerreißprobe« (Meuthen 1985, 8), Werner spricht gar von dem »erste[n] Verfassungskonflikt in der Kirche zwischen Papst und Konzil« (Werner 1907, 730).

588 Zu dieser Logik der Feldinteraktion herrschender und beherrschter Feldakteure vgl. einführend Jurt 1995, 94.

589 Kirsch beobachtet, dass sich die »internen Machtstrukturen« der Synode dadurch verändern, dass Siegmund in eine »Leitungsfunktion« aufsteige (Kirsch 2016, 31).

590 Girgensohn 2007, 62. Auch Eßer beobachtet, dass in Pisa etwas »strukturell Neues« eingesetzt habe (Esser 2019, 18).

591 Rathmann 2000, 15.

»verfassungsgeschichtlich wie theologisch an Grenzen gerührt, die zum Teil nie wieder erreicht, zum Teil erst in der Neuzeit überschritten wurden«.[592] Und so behält Erich Meuthen mit seiner Einschätzung auch Recht, dass das Basler Konzil »zu den großen Ereignissen der europäischen Geschichte gehört, obgleich – oder auch gerade: weil – es fatalen Schiffbruch erlitten hat.«[593] Die Konzilien des Spätmittelalters setzen eine neue Form der Kritik frei, der sie letztlich selbst zum Opfer fallen.

Eben jene Kritik, die die Legitimität der herrschenden Feldakteure problematisiert und von einem neuen Selbstbewusstsein der beherrschten Feldakteure zeugt, äußert sich nun nicht nur darin, dass das Konzil das geschwächte Papsttum aushebelt oder dass ein weltlicher Herrscher in Kirchenbelange eingreift;[594] sie tritt auch in dem Moment auf, als sich ein unbekannter Teilnehmer des Basler Konzils berufen fühlt, mit der ›Reformatio Sigismundi‹ einen volkssprachigen Reformplan in den lateinischen Diskurs einzuspielen.

## 2.3 Das Chaos im Feld. Die ›Reformatio Sigismundi‹ als kritischer Beobachter

Als ein Kanzlist von vielen auf dem Konzil partizipiert der Verfasser der ›Reformatio Sigismundi‹ zwar am politischen Feld, kann jedoch nicht einfach Einfluss auf das tagespolitische Geschäft nehmen.[595] Er muss sich also fragen, wie er als Außenstehender inmitten kontingenter Meinungen und bekannterer Deutungs- und Entscheidungshoheiten Gehör finden kann. Dafür gilt es zunächst, sich die eigene Position im Feld zu vergegenwärtigen: »[D]ie Strategien der Akteure sind abhängig von ihrer Position im Feld, das heißt in der Distribution des spezifischen Kapitals, und von ihrer Wahrnehmung des Feldes, das heißt von ihrer Sicht auf das Feld als der Sicht, die sie von einem bestimmten Punkt im Feld aus haben.«[596]

592 Helmrath 1987, 3.

593 Meuthen 1985, 47.

594 Der Begriff ›beherrschter Feldakteur‹ mag etwas irreführend sein, wenn es um die in Basel versammelten Eliten oder auch den Kaiser selbst geht. Bourdieu meint mit ›beherrschter Feldakteur‹ allerdings nicht die generelle Stellung im sozialen Raum, sondern jene innerhalb einer bestimmten Feldstruktur. Im Kontext des innerkirchlichen Konflikts rund um das Abendländische Schisma scheint mir die Einordnung deshalb sinnvoll, weil sich das Konzil erst gegen die Vorrangstellung des Papsttums behaupten muss; dasselbe gilt für Siegmund, der zwar am religiösen Feld partizipiert, aber als weltlicher Akteur zumindest konzeptuell zunächst kein Weisungs- und Handlungsrecht hat.

595 Zur Position des Verfassers der Ur-Reformatio, der zwar als gelehrter Jurist am Königshof, aber nicht als entscheidender königlicher Ratgeber tätig war, vgl. zuletzt Dümling 2020, 215, Anm. 9.

596 Bourdieu/Wacquant 1996, 132.

Man könnte nun meinen, dass der Verfasser der ›Reformatio Sigismundi‹ seinen Status als außenstehender Beobachter zu verschleiern sucht, schließlich möchte er auf das Konzilsgeschehen einwirken und muss deshalb als entscheidungsberechtigter Akteur auftreten. Doch das Gegenteil ist der Fall – er legt seine Vermittlungsinstanz so an,[597] dass sie die Ereignisse in Basel selbstbewusst aus der Linse des Unbeteiligten bewertet:

> *Also ist es angeslagen und sein decreta gemacht; sehe man an, wer yrret es? wo komen dye heupter? wo sein dye churfursten? wo sein dye cardinåle und ertzbischove? dye fliehen. Mich duncket, es rur sye, sye stunden gernn ab; man kan dye reformatz nit außgeben dann mit gewalt und pene / zu verorden, daz sye bestee. Ich hab eins gedacht: do Cristus Ihesus gemartet wart, do stund im wenig volckes pey in sein grossenn gerechtigkeyten und uberwantz doch; also aller gerechtigkeyt hanget wenig volcks an und überwintz doch am letzten; der schatz aller gerechtigkeyt ist villeicht den kleinen behalten.*
> RS N 56/58

> »So ist es beschlossen und sind die Dekrete erlassen worden. Nun bedenke man, wer verhindert es? Von wo kommen die Häupter? Wo sind die Kurfürsten? Wo sind die Kardinäle und Erzbischöfe? Die fliehen. Mir scheint, es betreffe sie, aber sie haben nur allzu bereitwillig verzichtet. Man kann die Reform nicht angehen, außer man ordnet mit Vollmacht und unter Androhung von Strafe an, dass sie Bestand habe. Ich habe eines gedacht: Als Jesus Christus gemartert wurde, da standen ihm und seinen vielen rechtmäßigen Forderungen nur wenige bei und er siegte doch; jede Gerechtigkeit hat also nur eine kleine Anhängerschaft und siegt letzten Endes dennoch. Der Schatz aller Gerechtigkeit ist vielleicht den Kleinen vorbehalten.«

Das erste Mal ergreift die Vermittlungsinstanz in der ersten Person Singular das Wort, nachdem eine Kette rhetorischer Fragen die Abwesenheit der eigentlichen Entscheidungseliten vor Augen geführt hat. Die Relevanz der gestellten Forderungen plausibilisiert sie, indem sie ein Machtvakuum konstruiert: Die eigene Stimme ersetzt die fehlenden Autoritäten, tritt mit Bourdieu gesprochen an die Position im Feld, die bisher von den herrschenden Feldakteuren besetzt worden ist. Dass die Vermittlungsinstanz argumentiert, wie sie argumentiert, gründet wesentlich in dieser Wechselwirkung von Position im und Sicht auf das Feld: Nur wer von außen auf das Feld blickt, kann das Chaos im Feld überblicken und notwendige Ratschläge formulieren.[598] Der Schachzug ist klug gewählt, verkehrt er doch die herrschenden Kapitalformen: Gilt die Nähe zum Konzil und den dort anwesenden politischen Entscheidungsträgern eigentlich als feldrelevantes

597 Mit den Kategorien ›Verfasser‹ und ›Vermittlungsinstanz‹ trenne ich unterschiedliche Analyseebenen: Die Position des Verfassers im Feld soll im Folgenden mit der Position der Vermittlungsinstanz im Text zusammengebracht werden. Zur Differenz von Verfasser, Autor und Erzähler vgl. ausführlich Kap. II 1.

598 Für Bourdieu nimmt der Intellektuelle im sozialen Raum häufig die Position »eines außenstehenden Beobachters« (Bourdieu 1991, 92) ein.

symbolisches Kapital, setzt der Verfasser der ›Reformatio Sigismundi‹ gerade auf seine neutrale Position. Diese Inversionslogik zählt laut Bourdieu zu den typischen Argumentationsstrategien beherrschter Feldakteure, die in einer Doppelbewegung die herrschenden Kapitalformen abzuwerten und ihr eigenes Kapital zu nobilitieren suchen.[599] Der Verfasser der ›Reformatio Sigismundi‹ verkehrt also den Nachteil, ein Außenseiter im Feld zu sein, in ein Alleinstellungsmerkmal, das er textimmanent als besonderes Potenzial inszeniert. Hier erhellt der Kontext nun endlich auch, weshalb der Text in seinen Exempeln die Formel ›Rat von außen‹ auffaltet: Über die eingelagerten *historiae* reflektiert und legitimiert die ›Reformatio Sigismundi‹ ihren eigenen Standpunkt; wie die exemplarischen Figuren bleibt die Vermittlungsinstanz deshalb auch namen- und konturlos, eben weil der beste Ratgeber – so die Argumentation – ein unbeteiligter Außenseiter ist.[600] Haben die Konzilsväter Dietrich von Nieheim oder Job Vener in ihren ›Avisamenta‹ ihre Nähe zum Konzil noch durch Publikumsapostrophen an die Kirchenversammlung und die Gelehrtensprache Latein auszustellen gesucht,[601] distanziert sich der Verfasser der ›Reformatio Sigismundi‹ – nicht zuletzt über die Volkssprache – von jenen politischen Entscheidungsträgern, die im Anblick der Krise versagen. Der Impetus wird klar: Er fordert nicht nur anderes, er spricht auch eine andere Sprache.

Dass der Verfasser für seinen Text die Volkssprache wählt, zielt also nicht einfach nur – wie von der historischen Forschung wiederholt behauptet – auf Breitenwirkung.[602] Die Verwendung der Volkssprache folgt vielmehr einer inhärenten Logik: Indem der Verfasser der ›Reformatio Sigismundi‹ die etablierten Kommunikationsweisen des Feldes bewusst negiert und stattdessen eigene Ausdrucksformen sucht, übersetzt er seine Kritik in den Raum der Sprache. Der Gebrauch der Volkssprache ist also mehr als rhetorisches Kalkül, er ist ein politisches Signal: »Die Sprache zu erneuern, sie vom Sprachgebrauch der alten Gesellschaft zu reinigen und, derart gereinigt, für verbindlich zu erklären, bedeutet, ein Denken für verbindlich zu erklären, das seinerseits geläutert und gereinigt ist. [...] Kurz, es geht nicht nur darum, zu kommunizieren, sondern auch darum, einer neuen Sprache der Macht mit neuem politischem Vokabular, neuen Verweis- und Bezugssystemen, Metaphern und Euphemismen Anerkennung zu verschaffen, und damit auch der Vorstellung von der sozialen Welt, die

599 Vgl. Bourdieu/Wacquant 1996, 129. Zu den typischen Strategien der Selbstlegitimation im Kampf um Deutungshoheit zählt auch, dass jene, die nicht ohnehin mit Autorität ausgestattet sind, die etablierten Akteure beleidigend angehen (vgl. Bourdieu 1985, 23f.).

600 Zu der paradigmatischen Funktion der Exempel vgl. außführlich III 1.5.

601 Vgl. hierzu Kap. II 2.4.

602 Hühns argumentiert, dass Stil, Volkssprache und die breitenwirksamen Register von Predigt und Prophetie diese Absicht ausstellen (vgl. Hühns 1951/52, 19; vgl. auch Struve 1978, 128f.).

mit ihnen vermittelt wird«.[603] Der Kampf um Kapitalformen und Machtpositionen im Feld wird zum Kampf um die sie beschreibenden und autorisierenden Ausdrucksformen. Um Machtstrukturen zu verändern, so ließe sich Bourdieu auf einen Punkt bringen, müssen sich erst die sprachlichen Codes verändern, mit denen diese be- und geschrieben werden. Und deshalb wählt der Verfasser der ›Reformatio Sigismundi‹ auch die Volkssprache, um die politische Vision der Erneuerung sprachlich zu implementieren: Die artikulierten Reformen fordern eine neue Sprache, ebenso wie nur die neue Sprache Vehikel der Reform sein kann.[604] Im Sprachwechsel zeichnet sich somit eine programmatische Formel ab: Reformen zu fordern, bringt mit sich, Sprachformen zu reformieren.

## 3 Die ›Reformatio Sigismundi‹ und der Reformkaiser Siegmund

Lädt die Konzilssituation auch dazu ein, über Entscheidungsprozesse kritisch nachzudenken und eigene Lösungsvorschläge in den Diskurs einzuspielen, muss sich ein volkssprachiger Autor doch der Frage stellen, wie sein Beitrag unter zahllosen lateinischen Traktaten wahr und ernst genommen wird. Die ›Reformatio Sigismundi‹ löst dieses Problem, indem sie sich durch ihre Quellenfiktion, die Schlussvision und nicht zuletzt durch den (nachträglich ergänzten) Titel auf Kaiser Siegmund beruft. Der Luxemburger bietet einem an Reformen interessierten Text die ideale Referenzfigur, gilt er dem 15. Jahrhundert doch als großer Reformkaiser: »Man nannte ihn den ›advocatus universalis‹ der Kirche und erhoffte von ihm allein die Rettung aus den Wirren der Zeit. Den Vätern erschien er wie ein Engel. Konzilsdichter verglichen ihn mit Karl dem Großen, mit den Helden der griechischen Vorzeit und den ruhmreichen Gestalten alttestamentlicher Väter, Propheten, Richter und Könige.«[605] Die ›Reformatio Sigismundi‹ setzt diesen Ruhm strategisch für sich ein, wenn sie den Kaiser zum Schirmherrn der eigenen Forderungen stilisiert. Hört nur auf den Kaiser, so könnte man das Textprogramm bündeln, er wird uns auch aus dieser neuen Krise herausführen.

Fragt man nun nach deutschsprachigen Vorlagen, die die ›Reformatio Sigismundi‹ beeinflusst haben könnten, liegt es nahe, den Text zuallererst mit den von Kaiser Siegmund selbst aufgesetzten deutschsprachigen Schreiben zusammen-

603 Bourdieu 1990, 24.

604 Wie Jonas Kolthoff anmerkt, wird das Deutsche im Laufe der Reformation selbst zur vorherrschenden Normsprache, die das Dialektale zunehmend verdrängt (vgl. Jonas Kolthoff, Die Vereinheitlichung des sprachlichen Marktes in Deutschland und deren Niederschlag in den Sprachbiographien niederdeutscher Alltagssprecher·innen. Pierre Bourdieu und die Dialektik der offiziellen Sprache, in: Karsten Schmidt/Haimo Stiemer [edd.], Bourdieu in der Germanistik, Berlin/ Boston 2022, 133–157, hier 137).

605 Buyken 1957, 113.

zubringen und hierbei insbesondere jene heranzuziehen, die im Kontext der parallel zu den Konzilien stattfindenden Reichsversammlungen verfasst worden sind.[606] Denn in der Tat findet im Reich bereits ein reger politischer Austausch in der Volkssprache statt, den es zu berücksichtigen gilt, wenn man nach den Vertextungsstrategien der ›Reformatio Sigismundi‹ fragt. Im Folgenden möchte ich die Reformvorlage deshalb mit einigen der von Kaiser Siegmund formulierten deutschsprachigen Texte zusammenbringen; der Übersichtlichkeit halber beschränke ich mich auf jene Briefe, Dekrete, Vorlagen etc., die zur Zeit des Basler Konzils entstanden sind.

Die Spannungen zwischen den Basler Konzilsvätern und Papst Eugen IV. mit Sorge beobachtend, lädt Siegmund von Luxemburg die Reichsstände am 25. Oktober 1433 zu einem auf den 30. November anberaumten ›Gemeinen Tag‹[607] in die Konzilsstadt. Mit seinem Ausschreiben (RTA 11 87, 200),[608] das er an die *kurfursten fursten steten und andern des heiligen richs undertanen und getrewen* (»Kurfürsten, Fürsten, Städte und die anderen Untertanen und Getreuen des Heiligen Reiches«) adressiert,[609] bringt er die Absicht zum Ausdruck, *in demselben concili ainikeit ze machen* ( »in dem genannten Konzil für Einigung zu sorgen«), wozu er sich als *haubt der Cristenheit* (»Haupt der Christenheit«)

606 Helmrath hat auf die unterschiedlichen Versammlungsformen hingewiesen (vgl. HELMRATH 2002, 482) und bemerkt, dass sich die Teilnehmergruppen z.T. überschneiden (vgl. ebd., 479f.) – so hält etwa der Theologieprofessor Juan de Segovia als Orator des Basler Konzils 1441 eine siebenstündige Rede auf der Reichsversammlung zu Mainz (vgl. DERS., Rhetorik und ›Akademisierung‹ auf den deutschen Reichstagen im 15. und 16. Jahrhundert, in: Heinz DUCHHARDT/Gert MELVILLE [edd.], Im Spannungsfeld von Recht und Ritual. Soziale Kommunikation in Mittelalter und Früher Neuzeit [Norm und Struktur 7], Köln/Weimar/Wien 1997a, 423–446, hier 423).

607 Zu dem seit der Regierungszeit Siegmunds üblichen Begriff ›Gemeiner Tag‹, »der auf Reichsebene zunächst – im Hinblick auf die zeitliche Dimensionierung – im Übergangsbereich zwischen dem hofrechtlich gebundenen königlichen Hoftag noch des 14. Jahrhunderts und dem institutionell ausgeformten, ständisch-korporativ organisierten Reichstag des 16. Jahrhunderts zu positionieren ist« vgl. Gabriele ANNAS, Hoftag – Gemeiner Tag – Reichstag. Studien zur strukturellen Entwicklung deutscher Reichsversammlungen des späten Mittelalters (1349–1471), mit einer CD-ROM: Verzeichnis der Besucher deutscher Reichsversammlungen des späten Mittelalters (1349 bis 1471) (Schriftenreihe der Historischen Kommission bei der Bayerischen Akademie der Wissenschaften 68), 2 Bde., Bd. 1, Göttingen 2004a, 121 (die semantische Genese leitet sie ausführlich her ebd., 98–122).

608 Zitiert nach: K. Sigmund an gen. Städte (Nr. 87), in: Deutsche Reichstagsakten unter Kaiser Sigmund. Fünfte Abteilung 1433–1435, ed. Gustav BECKMANN (Deutsche Reichstagsakten 11), Gotha 1898 (Neudruck Göttingen 1957), 200f. (hier wie im Folgenden Übersetzung S. Q.).

609 Zu den Adressaten des Ausschreibens vgl. Gabriele ANNAS, Hoftag – Gemeiner Tag – Reichstag. Studien zur strukturellen Entwicklung deutscher Reichsversammlungen des späten Mittelalters (1349–1471), mit einer CD-ROM: Verzeichnis der Besucher deutscher Reichsversammlungen des späten Mittelalters (1349 bis 1471) (Schriftenreihe der Historischen Kommission bei der Bayerischen Akademie der Wissenschaften 68), 2 Bde., Bd. 2, Göttingen 2004b, 315.

verpflichtet fühle. Ganz ähnlich wird später auch die ›Reformatio Sigismundi‹ argumentieren: Siegmund, als Kaiser das *haupt des reichs* (RS N 240; »Haupt des Reiches«), habe sich darum bemüht, *das ein recht ordenung würde und dye bebst verordent worden* (RS N 334; »dass es eine rechtmäßige Ordnung gebe und die Päpste wieder vereinigt werden«), weshalb er das Konzil von Konstanz initiiert habe. Den Kaiser in seinen Reformforderungen zu unterstützen, betreffe vor allem die Reichsstände, weshalb die ›Reformatio Sigismundi‹ *alle fursten und herren, alle ritterschefft und yr werden reichstet gemeinglich* (RS N 52; »alle Fürsten und Herren, alle Ritterschaft und ihr würdigen Reichsstädte gemeinsam«) in den Appell integriert.

Auf dem besagten Tag in Basel setzt Siegmund eine weitere Versammlung nach Kirchheim unter Teck an, um in den Konflikten zwischen Rittergesellschaft und Städtebund in Schwaben endlich eine Einigung zu finden. In seinem Entwurf eines Landfriedens für Schwaben, den er durch Abgesandte in Kirchheim am 7. März 1434 überreichen lässt, legt er nahe, dass sich die Reichsstände gegenseitig kontrollieren; sollte eine der Parteien die geforderten Artikel nicht einhalten, so sollten die anderen *mit macht dorzů tůn, das der oder dieselben ungehorsamen gehorsam werdent* (RTA 11 119 art. 9, 238f.; »mit ihrer jeweiligen Verfügungsgewalt dazu beitragen, dass der oder die Ungehorsamen wieder gehorsam werden«).[610] Auch er selbst plane, wie der Kaiser in einer Verlautbarung gut einen Monat später formuliert, *als ein Romischer keiser* [...] *die ungehorsamen zu billichen dingen und gehorsam zu bringen* (RTA 11 167, 309; »in der Funktion als Römischer Kaiser [...] die Ungehorsamen zu Anstand und Gehorsam [zurück-] zu bringen«).[611] Ganz ähnlich mahnt auch die ›Reformatio Sigismundi‹ immer wieder an, *dye ungehorsamen zü weysen* (RS N 234; »die Ungehorsamen zu führen«).

Mit der genannten Verlautbarung bevollmächtigt Siegmund den Reichserbkämmerer Konrad von Weinsberg, von den Juden eine Steuer anlässlich seiner Kaiserkrönung zu erheben; er handle damit *nach altem herkomen unserer vorfarn* (RTA 11 167, 309; »nach den alten Gewohnheiten unserer Vorfahren«): *es ist von alders loblich und redlich herkomen* (RTA 11 162, 297; »Es ist von Alters her eine löbliche und redliche Gewohnheit«),[612] dass die Juden im Falle einer Kai-

610 Zitiert nach: Entwurf eines kaiserlichen Landfriedens für Schwaben, von den Räten des Markgrafen von Baden auf dem Tage zu Kirchheim überreicht (Nr. 119), in: Deutsche Reichstagsakten unter Kaiser Sigmund. Fünfte Abteilung 1433–1435, ed. Gustav Beckmann (Deutsche Reichstagsakten 11), Gotha 1898 (Neudruck Göttingen 1957), 236–240.

611 Zitiert nach: K. Sigmund thut kund (Nr. 167), in: Deutsche Reichstagsakten unter Kaiser Sigmund. Fünfte Abteilung 1433–1435, ed. Gustav Beckmann (Deutsche Reichstagsakten 11), Gotha 1898 (Neudruck Göttingen 1957), 309f.

612 Zitiert nach: K. Sigmund fordert die im Gebiet gen. Fürsten etc. gesessenen Juden auf, zu Besprechungen wegen der herkömmlichen Krönungssteuer und wegen der Gebrechen der Judenschaft zum 2. Februar nach Basel zu schicken, und giebt ihnen Geleit und Zollfreiheit

serkrönung Abgaben zu leisten hätten. Eine vermeintliche Tradition als Legitimationsfolie für Forderungen in der Gegenwart heranzuziehen, erlaubt sich auch die ›Reformatio Sigismundi‹: Immer wieder leitet sie ihre Verbesserungsvorschläge aus (angeblich) authentischen Vorgaben der *vorfarn* (vgl. RS N 114, N 228, N 270; »Vorfahren«) ab.

Als die Frage, wo ein mögliches Unionskonzil mit den Griechen stattfinden könnte, Papst und Konzil 1436 wieder zu entzweien droht, wenden sich die deutschen Kurfürsten an den Kaiser mit der Bitte, in den Konflikt einzugreifen. In seinem Antwortschreiben Ende November bestätigt dieser, dass *dicz lant in geistlichin und wertlichin sachin in gros vorwerniß komen* (RTA 12 31, 54; »dieses Land in geistlichen und weltlichen Angelegenheiten sehr durcheinander geraten«)[613] sei – ganz wie auch die ›Reformatio Sigismundi‹ in ihren Eingangszeilen resignierend beobachtet: *Aber eins sol man wißen, das es nit mer woll gen mag, man hab dan ein rechte ordenung deß geistlichen und weltlichen standes, wann dye stend ploß on alle lidmaße* (RS N 52; »Man soll eines wissen: Es wird nicht mehr mit guten Dingen zugehen, außer man lasse den geistlichen und weltlichen Bereich wieder in Ordnung bringen, da diese nicht mehr rechtmäßig gegliedert sind«). Die Diagnose, dass das Reich *on alle lidmaße* – seiner Glieder entledigt, sehr gebrechlich sei – stellt Siegmund ebenfalls an: In zwei weiteren Schreiben an die Kurfürsten beklagt er die *gebrechin des heiligin richs* (RTA 12 62, 116; »Gebrechen des Heiligen Reichs«)[614] sowie die *gebrechin* (RTA 12 61, 115)[615] der Gerichtsbarkeit und bittet die Kurfürsten als die *glider*[] (RTA 12 61, 115/ RTA 12 62, 116; »Glieder«) des Reichs um Unterstützung. Und weil diese *gebrechen unser keyserliche gemute zuvor besunder beweget hant und noch bewegen* (RTA 12 66, 121; »Gebrechen unser kaiserliches Gemüt zuvor bereits besonders bewegt haben

(Nr. 162), in: Deutsche Reichstagsakten unter Kaiser Sigmund. Fünfte Abteilung 1433–1435, ed. Gustav Beckmann (Deutsche Reichstagsakten 11), Gotha 1898 (Neudruck Göttingen 1957), 296f.

613 Zitiert nach: Antwort K. Sigmunds auf das Anbringen der kurfürstlichen Gesandten (Nr. 31), in: Deutsche Reichstagsakten unter Kaiser Sigmund. Sechste Abteilung 1435–1437, ed. Gustav Beckmann (Deutsche Reichstagsakten 12), Gotha 1901 (Neudruck Göttingen 1957), 53–58.

614 Zitiert nach: K. Sigmund bevollmächtigt gen. sechs Kurfürsten, zur Abstellung der Gebrechen des Reichs eine Versammlung der Reichsstände zu berufen (Nr. 62), in: Deutsche Reichstagsakten unter Kaiser Sigmund. Sechste Abteilung 1435–1437, ed. Gustav Beckmann (Deutsche Reichstagsakten 12), Gotha 1901 (Neudruck Göttingen 1957), 116f.

615 Zitiert nach: K. Sigmund gebietet gen. sechs Kurfürsten eine Versammlung der Reichsstände zu veranstalten und dort über einen Tag zu Eger, den er persönlich besuchen will, übereinzukommen (Nr. 61), in: Deutsche Reichstagsakten unter Kaiser Sigmund. Sechste Abteilung 1435–1437, ed. Gustav Beckmann (Deutsche Reichstagsakten 12), Gotha 1901 (Neudruck Göttingen 1957), 115f.

und immer noch bewegen«),[616] lädt Siegmund drei Monate später mit einem Ausschreiben zu einer Reichsversammlung in Eger am 19. Mai 1437. Erschrocken äußert er sich im Juli desselben Jahres in zwei Schreiben an die Stadt Basel dazu, *wie die vetere czu Basel groß zweyung gegen einander gehebt haben von erwelung wegen der stat* (RTA 12 140, 227; »wie sich die Konzilsväter in Basel über der Frage nach einem Ort haben entzweien können«)[617] und wie diese alles daran setzen, *unsers heiligen vatters des babst legaten und presidenten in dem concilio abzusetzen* (RTA 12 141, 128; »die Legaten und Präsidenten unseres Heiligen Vaters des Papstes im Konzil abzusetzen«).[618] All die genannten Metaphern finden auch in der ›Reformatio Sigismundi‹ Einsatz: Die deutschsprachige Reformvorlage semantisiert das Kollektiv als Körper und die Krise als Gebrechen, adressiert die Reichsstände als *glider* (RS V 77, vgl. auch V 53; »Glieder«) und die Geistlichen als *vetter* (RS P 281).[619]

Die Entsprechungen setzen sich übrigens bis in den Mikrokosmos bestimmter Formulierungen fort: So gliedert Siegmund die Artikel in seinem Landfriedensentwurf für Schwaben ebenfalls mit dem einleitenden Adverb *Item* (RTA 11 119 art. 6, 8, 9, 10, 11, 238f.),[620] argumentiert mit dem Einschub *als billich ist* (RTA 11 163, 297)[621] über das Gewohnheitsrecht oder verweist auf zuvor Gesagtes mit der Formel *als vor geschriben stett* (RTA 11 119, 237/RTA 12 31, 55; »wie es zuvor aufgeschrieben wurde«).[622] Die Anfangsformel *Wir Sygmůnd von gots gnaden Romischer keiser etc. bekennen und tůn kůnd offenbar* (RTA 11 119, 236; »Wir Siegmund, Römischer Kaiser von Gottes Gnaden, geben kund«),[623] mit der Siegmund seine offiziellen Schreiben einleitet, wird mit Sicherheit Pate für den Visionseinstieg der ›Reformatio Sigismundi‹ gestanden haben: *Wir Sygmunt* [...] *tůnd zů wissen, was uns geoffent ist worden in dem geist* (RS P 333; »Wir Siegmund [...] geben bekannt, was uns im Traum offenbart worden ist«).

Vor dem Hintergrund der kaiserlichen Schreiben scheint es überdies auch verständlich, weshalb die Vermittlungsinstanz der N-Fassung gelegentlich in die

616 Zitiert nach: K. Sigmund an gen. Städte und Städtegruppen einzeln (Nr. 66), in: Deutsche Reichstagsakten unter Kaiser Sigmund. Sechste Abteilung 1435–1437, ed. Gustav Beckmann (Deutsche Reichstagsakten 12), Gotha 1901 (Neudruck Göttingen 1957), 120f.

617 Zitiert nach: K. Sigmund an Basel (Nr. 140), in: Deutsche Reichstagsakten unter Kaiser Sigmund. Sechste Abteilung 1435–1437, ed. Gustav Beckmann (Deutsche Reichstagsakten 12), Gotha 1901 (Neudruck Göttingen 1957), 227f.

618 Zitiert nach: K. Sigmund an Basel (Nr. 141), in: Deutsche Reichstagsakten unter Kaiser Sigmund. Sechste Abteilung 1435–1437, ed. Gustav Beckmann (Deutsche Reichstagsakten 12), Gotha 1901 (Neudruck Göttingen 1957), 228.

619 Zu den hier genannten Metaphernbereichen der ›Reformatio Sigismundi‹ vgl. ausführlich Kap III. 2.

620 Zu diesem Strukturmerkmal der ›Reformatio Sigismundi‹ vgl. II 2.5.

621 Vgl. *als billich ist* (RS N 192; »wie es sich ziemt«).

622 Ähnlich klingt etwa: *als man gehort hat* (RS N 100; »wie man gehört hat«).

623 Vgl. auch RTA 11 119, 236; RTA 11 167, 309; RTA 12 61, 115; RTA 12 62, 116; RTA 12 66, 121.

erste Person Plural wechselt: Dreimal stellt sie Forderungen mit der Formel *das/ so gebieten wir* (RS N 270, N 274, N 296; »das/ so gebieten wir«), einmal markiert sie das Gesagte als *unnser lauter meynung* (RS N 350; »unsere klare Meinung«), mit dem Einleitungssatz *Wir haben einen jungen herrn gehabt in hoff zu Basel* (RS N 124; »Wir haben am Hof in Basel einen jungen Adligen gehabt«) beginnt sie außerdem eine kurze Erzählung, die sich in Breisach am Rhein zugetragen haben soll.[624] Wie die vorangehenden Zitate gezeigt haben, formuliert der historische Siegmund stets im *pluralis maiestatis* – so wendet er sich in der ersten Person Plural mahnend an seine Adressaten: *wir gebieten* (RTA 11 163, 297; »wir fordern euch auf«), *dorumb bitten wir euch und ermanen euch* (RTA 11 87, 200; »deshalb bitten wir euch und fordern euch auf«), *darumb so begern wir und gebieten uch* (RTA 11 147, 282; »deshalb verlangen und gebieten wir«).[625] Den Kaiser im Ohr, hat der Verfasser der ›Reformatio Sigismundi‹ wohl unbewusst an einigen Stellen mit dem von ihm angelegten Sprechprofil gebrochen.

Es überrascht nicht weiter, dass die ›Reformatio Sigismundi‹ (die schließlich von sich behauptet, die Absichten des verstorbenen Reformkaisers zu konservieren) die Register Siegmunds kopiert – auch wenn einschränkend erwähnt werden muss, dass dieser seine an das Konzil adressierten Schreiben stets auf Latein verfasst hat.[626] Die volkssprachige Reformvorlage mit Siegmunds Briefen, Erlassen und Dekreten zusammenzubringen, vermag einige der mitunter überraschenden Eigenheiten der ›Reformatio Sigismundi‹ zu kontextualisieren. So erhellt der Vergleich, weshalb die Vermittlungsinstanz der N-Fassung manchmal in die erste Person Plural wechselt, woher sie ihren Befehlston nimmt, wem sie ihre Metaphern verdankt, warum sie immer wieder die Reichsstände adressiert. Gerade mit diesen Appellen scheint der Verfasser bemüht, Siegmunds Ton zu imitieren.

Ungeklärt bleibt indes, wieso der Verfasser seine Reformforderungen mit Exempeln anreichert; weshalb er diese mit einer Vision enden lässt; warum er neben den Reichsständen eine abstrakte Allgemeinheit in seinen Appell integriert. Vor allem aber liefern die intertextuellen Referenzstellen kein Argument für jene Aussagen, die doch von Anfang an für Dissens in der Forschung gesorgt haben – etwa, dass *dye gewaltigen nyder getrücket* (RS N 324; »dass die Mächtigen niedergedrückt«) werden und *der schatz aller gerechtigkeyt* […] *villeicht den kleinen behalten* (RS N 58; »der Schatz aller Gerechtigkeit vielleicht den Kleinen

624 Auf die unklare Vermittlungsinstanz in dieser Episode hat bereits Dümling hingewiesen (vgl. Dümling 2017, 136).

625 Zitiert nach: K. Sigmund an Straßburg (Nr. 147), in: Deutsche Reichstagsakten unter Kaiser Sigmund. Fünfte Abteilung 1433–1435, ed. Gustav Beckmann (Deutsche Reichstagsakten 11), Gotha 1898 (Neudruck Göttingen 1957), 281–283.

626 Die ›Reichstagsakten‹ versammeln Siegmunds an die Konzilien gerichtete lateinische Schriften (RTA 11, 12).

vorbehalten«) sei. Solche Töne hat der Reformkaiser mit Sicherheit nicht angeschlagen, auch wenn die ›Reformatio Sigismundi‹ dies gern von ihm behauptet.

Man wird also die offiziellen Diskurszusammenhänge verlassen und abseits von Konzil und Reichsversammlung nach möglichen Bezugspunkten suchen müssen. Dabei gilt es zu bedenken, dass die Konzilien einen Literaturbetrieb in Gang setzen, der die offiziell geführte Reformdebatte auf dem Konzil transzendiert: »Was hat man anderes getan als gepredigt, geredet, Geredetes aufgeschrieben, Aufgeschriebenes in Umlauf und Dekretiertes in Anschlag gebracht, gelesen und erneut wieder darüber geredet und es konserviert?«[627] Und so beginnen volkssprachige Autoren, – natürlich auch abseits der konziliaren Reformausschüsse – auf die städtischen Großereignisse zu reagieren. Ein Ulrich von Richental tut dies, indem er eine Chronik des Konstanzer Konzils verfasst.[628] In literarischen Kleinformen versuchen sich deutschsprachige Dichter außerdem darin, die Ereignisse in Konstanz nicht nur rückblickend festzuhalten, sondern tagesaktuell zu bewerten, Entscheidungen zu hinterfragen, Handlungsmöglichkeiten aufzuzeigen. Sie tragen damit eine literarische Form weiter, die streng genommen noch keine ist: Die neue politische Publizistik in der Volkssprache.

Ich werde die ›Reformatio Sigismundi‹ im Folgenden mit der volkssprachigen politischen Publizistik in Bezug bringen, weil diese neue Perspektiven auf die bisher als Irritationsmomente wahrgenommenen stilistischen Eigenheiten des Textes öffnet.[629] Die Forschung hat immer wieder betont, dass, jedoch nicht gefragt, weshalb die ›Reformatio Sigismundi‹ ästhetisch eigene Wege beschreitet. Ich möchte deshalb ein Interpretationsangebot machen, wie man auf die Frage nach der besonderen Faktur der ›Reformatio Sigismundi‹ mithilfe der politischen Publizistik in der Volkssprache eine Antwort formulieren kann. Dafür werde ich zunächst nach den möglichen Funktionen der volkssprachigen Publizistik für den politischen Diskurs ihrer Zeit fragen (4.1), um daran anschlie-

627 Rathmann 2000, 50. Rathmann geht so weit, das Konzil über diesen in Konstanz einsetzenden Zirkulationsprozess zu fassen: »All die Texte, Dialoge, Konferenzen, Nationssitzungen, die Zeremonien, Prozessionen, Predigten und Gesandtschaften, die Chroniken und Tagebücher, die geschrieben, die Lieder, die aufgeführt wurden, die Protokolle, offizielle wie ›private‹ Briefe, die nach außen berichten, die Teilnehmerlisten, das verschriftlichte, dokumentierte Wissen um andere Konzilien und deren Ablauf, die herrschenden – religiösen und politischen – Codes, die eine Versammlung wie das Konzil steuern, all diese signifikanten Praktiken sind es, die das Konzil konstituieren und es überhaupt erst erfahrbar machen, ihm also Konturen eines Ereignisses verleihen« (ebd.). Laut Helmrath handelt es sich dabei um eine »Sekundärfunktion« des Konzils (vgl. dazu Kap. I. 3.5). Zu dem in Konstanz und Basel einsetzenden Literaturbetrieb vgl. außerdem Kap. I 1.2.

628 Zu Richentals Chronik vgl. ausführlich Rathmann 2000, 209–267.

629 Bestätigt wird dieser Ansatz durch den Überlieferungsverbund: Immerhin zwei Handschriften überliefern die ›Reformatio Sigisismundi‹ im Verbund mit publizistischen Texten (Augsburg, Stadtarchiv, Reichsstadt – Selekt Chroniken Nr. 4d; München, Staatsbibl., Cgm 568).

ßend publizistische Argumentations- und Legitimationsstrategien vorzustellen (4.2). Nachdem der Weg so bereitet ist, werde ich zu meinem Untersuchungsgegenstand zurückkehren und die publizistischen Anteile der ›Reformatio Sigismundi‹ herausarbeiten (4.3).

# 4 Die ›Reformatio Sigismundi‹ und die neue politische Publizistik in der Volkssprache

## 4.1 Ein neues Feld? Die Handlungsmacht des Publizisten

Die volkssprachige politische Publizistik nimmt mit der Mitte des 14. Jahrhunderts ihren Anfang.[630] Immer häufiger beanspruchen volkssprachige Autoren für sich das Recht, ihren politischen Alltag in unterschiedlichen Textsorten zu kommentieren. Panegyrik und Schmähgedicht, Prognostik und Zeitklage, Ereignislied und Herrscherschelte zeugen von einer heterogenen Textgruppe,[631] die nicht ästhetisch stilistische Gattungsmerkmale, sondern eine spezifische Wirkabsicht eint: Die neuen volkssprachigen Publizisten berichten von tagesaktuellem Geschehen und suchen damit, Meinung in einem neuen Kommunikationsraum zu formen.[632] Zunehmend sondern sie sich dabei von der fiktionalen

630 Karina Kellermann datiert mit Lupold Hornburgs ›Des ryches klage‹ (1348) den Beginn der volkssprachigen politischen Publizistik (vgl. Karina KELLERMANN, *Der tiuvel schiez iu in den kragen!* Herrschaftskritik in der deutschsprachigen Publizistik, in: Matthias BECHER [ed.], Transkulturelle Annäherungen an Phänomene von Macht und Herrschaft. Spannungsfelder und Geschlechterdimensionen [Macht und Herrschaft 11], Göttingen 2019a, 191–212, hier 195, Anm. 7). Seine Reden weisen die typischen publizistischen Eigenschaften auf: »Öffentlichkeit, Meinungsbildung, Tagesaktualität – hier ist alles beisammen, was Publizistik ausmacht« (DIES., *Ein kurtze rede wore.* Die vier politischen Reimreden des Lupold Hornburg, in: Franz-Josef HOLZNAGEL/Jan CÖLLN [edd.], Die Kunst der *brevitas.* Kleine literarische Formen des deutschsprachigen Mittelalters. Rostocker Kolloquium 2014, in Verbindung mit Ricarda BAUSCHKE-HARTUNG und Susanne KÖBELE [Wolfram-Studien 24], Berlin 2017, 199–219, hier 209).

631 Zu den unterschiedlichen Textformen vgl. MÜLLER 2004, 96; KELLERMANN 2019a, 192; DIES., Politische Reden allegorischer Gestalten in der deutschsprachigen Publizistik des Spätmittelalters, in: Malena RATZKE/Christian SCHMIDT/Britta WITTCHOW (edd.), Oratorik und Literatur. Politische Rede in fiktionalen und historiographischen Texten des Mittelalters und der Frühen Neuzeit, Berlin 2019c, 323–344, hier 326.

632 Alle Definitionsangebote fassen die spätmittelalterliche Publizistik unter funktionalen Gesichtspunkten (vgl. Bernd THUM, Öffentlich-Machen, Öffentlichkeit, Recht. Zu den Grundlagen und Verfahren der politischen Publizistik im Spätmittelalter [mit Überlegungen zur sog. ›Rechtssprache‹], in: Wolfgang HAUBRICHS [ed.], Politik und Dichtung vom Mittelalter bis zur Neuzeit [Zeitschrift für Literaturwissenschaft und Linguistik 37], Göttingen 1980, 12–69, hier 12f.; MÜLLER 2004, 96; Karina KELLERMANN, Abschied vom ›historischen Volkslied‹. Studien zu Funktion, Ästhetik und Publizität der Gattung historisch-politische Ereignisdichtung [Hermaea 90], Tübingen 2000, 5 sowie DIES. 2019a, 192). Zum Aktuali-

Dichtung ab und folgen eigenen Produktionsregeln, die auf politische Stimmungsmache und Breitenwirkung abzielen. Innerhalb der volkssprachigen Literatur entsteht ein neuer Wirk- und Schaffensraum eigener Logik und Ästhetik[633] – man möchte mit Bourdieu sagen: ein neues Unterfeld innerhalb des literarischen Feldes.

Die Mediävistik wehrt sich gern gegen die Behauptung, ein Phänomen habe im Mittelalter noch nicht existiert – prominent hat sie das etwa im Falle von Jürgen Habermas' Diktum vom Strukturwandel der Öffentlichkeit getan (ein Konzept, das Habermas dem Mittelalter zu Unrecht abgesprochen hat; vgl. dazu weiter unten 4.2). Unbenommen bleibt aber der Einwand der Alterität mittelalterlicher Literatur, der Andersartigkeit des Erzählens also, gepaart mit den grundverschiedenen Produktions- und Rezeptionsbedingungen des Literaturbetriebs. Lässt sich Bourdieus Feldbegriff mit Vorsicht noch für den politischen Bereich des Mittelalters mit seinen Institutionen, Akteuren, Legitimitätskämpfen, Machtstrukturen und ritualisierten Praktiken heranziehen, so kommt er spätestens hier an seine Grenzen: Ein autonomes literarisches Feld im Sinne Bourdieus lässt sich für das Mittelalter nicht beobachten.[634] Dennoch kann man fragen, inwiefern es – wenn auch keine ausdifferenzierten eigengesetzlichen Felder – gleichwohl Feldeffekte gibt (etwa ein geteiltes Interaktionsinteresse, Konfigurationen objektiver Beziehungen, gruppenspezifische Handlungsmuster etc.).[635] Im Falle der volkssprachigen politischen Publizistik scheinen mir zwei Argumente für diesen

tätsbezug als Differenzkriterium der politischen Publizistik vgl. Günter Bentele, Journalismus, in: Reallexikon der deutschen Literaturwissenschaft 2 (2007), 203–206, hier 203 sowie Erich Kleinschmidt, Gelehrtentum und Volkssprache in der frühneuzeitlichen Stadt. Zur literaturgesellschaftlichen Funktion Johann Fischarts in Straßburg, in: Wolfgang Haubrichs (ed.), Politik und Dichtung vom Mittelalter bis zur Neuzeit (Zeitschrift für Literaturwissenschaft und Linguistik 37), Göttingen 1980, 128–151, hier 137f.

633 Vgl. Kellermann 2019a, 192f.; Dies., Meinungsmache in Braunschweig. Der Publizist Hermann Bote (ca. 1460–1520), in: Renate Stauf/Christian Wiebe (edd.), Märchenstadt und Parnass. Braunschweiger Literatur vom Mittelalter bis zur Gegenwart, Meine 2019b, 169–194, hier 172f.

634 So auch Stefan Rosmer, Von der Narratologie zur Praxeologie. Zu Entwicklung und Reichweite der praxeologischen Narratologie, in: Karsten Schmidt/Haimo Stiemer (edd.), Bourdieu in der Germanistik, Berlin/Boston 2022, 25–50, hier 27.

635 Ein Feldeffekt liegt laut Bourdieu vor, »wenn man ein Werk (und den *Wert*, das heißt den Glauben, den man ihm beimißt) nicht mehr verstehen kann, ohne die Geschichte des Produktionsfelds dieses Werks zu kennen – was dann die Existenz von Exegeten, Kommentatoren, Interpreten, Historikern, Semiologen und sonstigen Philologen insofern rechtfertigt, als sie als einzige imstande sind, das Werk und den Wert, der ihm zugeschrieben wird, zu erklären« (Pierre Bourdieu, Soziologische Fragen, übersetzt von Hella Beister und Bernd Schwibs [frz. Originalausg. Paris 1980] [edition suhrkamp. Neue Folge 872], Frankfurt a. Main 1993, 111 [Kursivierung im Original]). Für die politische Publizistik gilt dieser Umstand allemal, kann ihr Stellenwert doch selten aus den Texten und ihrer Literarizität, sondern vor allem aus ihrer Funktion für den politischen Diskurs ihrer Zeit heraus erklärt werden.

Ansatz zu sprechen: Wie die wiederkehrenden Begriffe *offenbarn, schreien, ausruefen, melden, kund tun, verkunden, bekannt tuon, offenlich sagen* ausstellen, eint die Publizisten das (Feld-)Interesse, Informationen zu veröffentlichen.[636] Im Laufe des Spätmittelalters stecken sie damit ihre Position (im sozialen Raum) ab: Publizisten werden – etwa im Falle Sebastian Brants – von Herrschaftsträgern mit der politisch ausgerichteten Deutung von Naturereignissen beauftragt oder – wenn ihre Stellungnahmen nicht herrschaftskonform scheinen – zensiert.[637] Die Möglichkeiten des neuen Mediums erkennend, beginnen schließlich auch Herrschaftsträger, die Vervielfältigungsmöglichkeiten des Drucks systematisch für ihre politische Propaganda einzusetzen.[638] Dass Publizisten als Experten angefragt, zensiert oder ihre Strategien der Meinungsbildung von Herrschaftsträgern kopiert werden, belegt ihre Interaktion mit und ihre graduelle Autonomie von dem politischen Feld.[639]

Bourdieus Autonomiebegriff lässt solche Nuancierungen freilich kaum zu – zurecht hat Joseph Jurt ihn dafür auch kritisiert und stattdessen vermutet, dass sich Tendenzen einer Autonomisierung der Literatur im Grunde immer dann abzeichnen, »wenn der Künstler/Schriftsteller beginnt, sein Werk zu signieren, es als Ausdruck seines eigenen Stil- und Formwillens mit seinem Namen bezeugt und somit aus der Determinierung durch religiöse und gesellschaftliche Zweckverbindungen löst.«[640] Die textinternen und textexternen Strategien der Autorisierung lotet die deutschsprachige fiktionale Literatur schon seit ihren Anfängen bei Heinrich von Veldeke und Hartmann von Aue aus;[641] Publizisten wie Peter Suchenwirt kopieren diese – etwa in Form von Autorsignaturen – und stecken damit ihre Autorität im politischen Diskurs ab.[642] Kann die politische Publizistik in der Volkssprache, wie gemeinhin die gesamte Literatur des Mittelalters, somit auch nicht als eigenständiges Feld im Sinne Bourdieus betrachtet werden, so möchte ich sie dennoch im Folgenden als neues Protofeld begreifen,

636 Vgl. Thum 1980, 15f.

637 Vgl. Müller 1980, 106.

638 Als erster Kaiser macht sich Maximilian die Möglichkeiten des Buchdrucks propagandistisch zu Nutze (vgl. Müller 2004, 96).

639 Wie Ralf Grüttemeier betont hat, gilt für das literarische Feld ohnehin nie eine absolute, stets nur eine relative Autonomie (vgl. Ralf Grüttemeier, Elitäre Allianzen – über Aspekte des Verhältnisses von juristischem und literarischem Feld, in: Karsten Schmidt/Haimo Stiemer (edd.), Bourdieu in der Germanistik, Berlin/Boston 2022, 375–389, hier 381).

640 Jurt 1997, 174. Kritisch zu Bourdieus simplifizierendem Geschichtsverständnis äußert sich auch Rehbein: »Es besteht bei Bourdieu eine Tendenz, die vollständige Geschichte des Gegenstands zu vernachlässigen und als bloße ›Vorgeschichte‹ aufzufassen« (Rehbein 2016, 79). Vgl. mit Blick auf das Mittelalter außerdem Robert Gisselbaek, Der Wert des Wertens: Zur Bedeutung literarischer Urteile in der höfischen Kultur, in: Karsten Schmidt/Haimo Stiemer (edd.), Bourdieu in der Germanistik, Berlin/Boston 2022, 51–79, hier 53.

641 Vgl. hierfür ausführlich Kap. II 1.3.

642 Vgl. Kellermann 2019a, 203.

um sie in Bezug zum politischen Feld setzen und nach ihren Funktionen im politischen Diskurs fragen zu können.[643]

Bourdieu selbst legt diesen Ansatz im Übrigen nahe, wenn er beobachtet, »daß der Gegensatz zwischen denen, die die weltliche Macht ausüben, und denen, die über sie sprechen, sie also legitimieren oder kritisieren können, sehr alt, quasi universell ist«.[644] Letztere üben zwar keine politische Macht aus, kommentieren aber Machtstrukturen und hinterfragen Geltungsansprüche von Herrschaftsträgern; bereits in archaischen Gesellschaften wachse ihnen somit »aufgrund ihrer Ausdrucksmächtigkeit und ihrer Rolle als Schöpfer des Symbolischen zumal in Krisenzeiten, in denen der Sinn der Welt sich verflüchtigt, eine eminente politische Funktion«[645] zu.

Noch konkreter lässt sich diese Funktion mit Georg Zenkerts Begriff der ›Handlungsmacht‹ fassen.[646] In seiner ›Konstitution der Macht‹ unternimmt Zenkert den Versuch, Meinungsbildung im öffentlichen Raum als spezifische Erscheinungsform der Macht zu beschreiben.[647] Macht bedeutet für Zenkert

---

643 Vergleichbares konstatiert Norbert Bachleitner für die österreichische Literatur des 18. Jahrhunderts und spricht deshalb von »[v]orautonome[n] literarische[n] Felder[n]« (Norbert Bachleitner, Literatur und Buchmarkt in Österreich im achtzehnten Jahrhundert: ein eigenständiges Feld?, in: Karsten Schmidt/Haimo Stiemer [edd.], Bourdieu in der Germanistik, Berlin/Boston 2022, 227–250, hier 230). Einschränkungen dieser Art, wie sie die Mediävistik im Kontext von Theorieimporten häufig vornehmen muss, stehen übrigens nicht zwingend im Widerspruch zu Bourdieus Arbeitsansatz – denn wie Schmidt und Stiemer betonen, »ist das Bourdieusche Denken im besten Sinn undogmatisch und damit offen für Weiterentwicklungen und Korrekturen« (Schmidt/Stiemer 2022b, 8).

644 Bourdieu 1991, 75.

645 Bourdieu 1985, 19.

646 Zenkert und Bourdieu meinen durchaus Verschiedenes, wenn sie im Allgemeinen von ›Macht‹ sprechen; in dem Versuch, die gesellschaftliche Leistung intellektueller Akteure als Erscheinungsform von Macht zu beschreiben, berühren sich ihre Konzeptionen allerdings, weshalb ich sie hier zusammenbringen möchte.

647 Zenkert lehnt gleichermaßen die Machtdefinition in der Tradition Max Webers wie den relationalen Machtbegriff von Diskursanalyse und Systemtheorie ab, die mit dem Postulat der Ubiquität von Macht keine differenzierten Analysen erlauben. Stattdessen betont er in Anlehnung an Hannah Arendts positiv konnotierten Machtbegriff die strukturierende Wirkung von Macht, die menschliche Handlung organisiere (vgl. Georg Zenkert, Die Macht der öffentlichen Meinung, in: Der Staat 31/3 [1992], 321–345, hier 329; zur Kritik an den pejorativen Machtkonzepten der Soziologie vgl. Ders., Macht, in: Historisches Wörterbuch der Rhetorik 10 [2012], 605–626, hier 607). Macht versteht Zenkert als fundamentale Form der Gestaltungskompetenz, während Politik individuelles soziales Handeln garantiere, einen normativen Handlungsraum über das positive Recht in Stand setze und das Kollektiv als Gemeinschaft konstituiere (vgl. Ders., Die Konstitution der Macht. Kompetenz, Ordnung und Integration in der politischen Verfassung [Philosophische Untersuchungen 12], Tübingen 2004, 15). Aus diesen drei Grundpositionen leitet Zenkert sein dreigliedriges Machtmodell ab: »Macht ist in einem elementaren Sinne Handlungsmacht, das Vermögen dessen, der etwas ins Werk zu setzen weiß. Macht ist in einer anderen Bedeutung Herrschaft, die sich in der Kontrolle oder Beeinflussung anderer äußert. Macht

Handlungsfähigkeit. Ihren Handlungsraum loten Akteure dabei vor dem Hintergrund kontingenter Meinungen aus, die Zenkert als entscheidungsbestimmenden Standpunkt des Handelnden versteht. Meinungen zeigen Handlungsalternativen auf, beeinflussen Entscheidungen und garantieren kohärentes Handeln.[648] Da Zenkert Macht als Ausdruck von Handlung und Handlung als Ergebnis von Meinungen fasst, korrelieren Macht und Meinung in seinem Modell in entscheidendem Maße.[649] Konsequenterweise spricht er den Meinungen und der sie vermittelnden Rhetorik gleich zwei Schlüsselfunktionen in seinem Machtmodell zu: Ein einzelner Akteur behaupte seine Handlungsmacht in Form seiner subjektiven Meinung, das Kollektiv wiederum stelle seine konstitutive Macht durch die öffentliche Meinung aus.[650] Stärke und Schwäche des ersten Typs liegt laut Zenkert in seiner Abhängigkeit von Person und Kontext: Handlungsmacht bezieht sich in Form subjektiver Meinungen situationsspezifisch auf bestehende Strukturen und zeichnet sich deshalb durch eine hohe Flexibilität aus. Sie ist nicht institutionalisiert, nicht durch einen rechtlichen Rahmen stabilisiert, sondern abhängig von demjenigen, der sie ausübt.[651]

Indem die spätmittelalterliche Publizistik unterschiedliche politische Meinungen diskutiert, übt sie eine spezifische Handlungsmacht im Sinne Zenkerts aus. Erst durch den Publizisten wird der jeweilige Missstand sichtbar und

---

ist schließlich Ausdruck einer fundamentalen Gemeinsamkeit, die als unhintergehbare Bedingung jeglicher politischen Organisation verstanden werden muß« (ebd., 321). Den drei Machttypen weist er wiederum jeweils eine normative Funktion und ein reflexives Medium zu: Die Handlungsmacht sichere den Akteuren Handlungskompetenz in Form von Meinungen, die Herrschaft stifte eine soziale Ordnung in Form des Rechts, die konstitutive Macht schließlich integriere den Herrschaftsverbund als Gemeinschaft in Form von Institutionen (vgl. ebd., 22f. und 337). Im Gegensatz zum Kampfparadigma, das Weber und in seiner Nachfolge Bourdieu jeder sozialen Interaktion zugrunde legen, strukturiert Zenkert den sozialen Raum also nach Organisation und Vernetzung, die sich dem Zusammenspiel seiner drei skizzierten Machtdynamiken verdanken (vgl. ebd., 45).

648 Vgl. Zenkert 1992, 333; Ders., Meinung, Meinungsfreiheit, in: Historisches Wörterbuch der Rhetorik 5 (2001), 1024–1037, hier 1024.

649 Vgl. Zenkert 1992, 330; Ders. 2004, 19.

650 Vgl. Zenkert 2004, 423. Die beiden Machttypen Handlungsmacht und konstitutive Macht bedingen sich über ihr jeweiliges Medium: Die Meinungen (Medium der Handlungsmacht) fundieren die Institutionen, die Institutionen (Medium der konstitutiven Macht) garantieren das Handlungsfeld der Meinungen (vgl. Zenkert 1992, 332).

651 Vgl. Zenkert 2004, 22. Zenkerts dreigliedriges Machtmodell erlaubt, den Weberschen Machtbegriff von der einseitigen Perspektive eines subjektiven Willens zu lösen, ohne deshalb den Handelnden als Akteur aus der Machtdiskussion zu verabschieden. Der Mehrwert seiner Überlegungen liegt vor allem darin, Macht nicht nur von einer Seite aus zu betrachten: Während Weber Macht und Herrschaft aus der Perspektive des Herrschenden denkt, sieht Zenkert in jeder Form basaler Gestaltungsfähigkeit eine Erscheinungsform von Macht. Dadurch kann der Einfluss, den beherrschte Akteure durch (literarische) Texte auf bestehende Herrschaftsstrukturen ausüben, mit Zenkert als Form der Handlungsmacht beschrieben werden.

Handlungsbedarf notwendig.[652] Die Publizistik bietet dem Kollektiv Orientierung im Dickicht kontingenter Alternativen, organisiert Handlung – für Zenkert basales Symptom jeder Machtdynamik. Fragil ist die Handlungsmacht des Publizisten jedoch, weil sie auf das zur Verfügung stehende Wissen und die rhetorische Versiertheit des einzelnen angewiesen ist. Die »labile Position und [...] gefährdete Autorität«[653] des Publizisten im ausgehenden Mittelalter korreliert mit der »hochriskante[n], ephemere[n] und labile[n] Form«[654] der Handlungsmacht, wie Zenkert sie konzeptualisiert. Je mehr Akteure allerdings ihre subjektive Meinung im Herrschaftsdiskurs einbringen, je mehr Handlungsoptionen sichtbar werden, desto mehr verdichtet sich die Handlungsmacht einzelner zu »kollektive[r] Handlungsmacht«.[655]

Mit Zenkert gesprochen, zeichnet sich an der Epochenschwelle vom Spätmittelalter zur Frühen Neuzeit ein entscheidender Umbruch ab: Weit entfernt davon, als politisches Organ im Sinne der von Zenkert skizzierten ›öffentlichen Meinung‹ bereits institutionalisiert zu sein, beweist die politische Publizistik des Spätmittelalters doch kollektive Handlungsmacht, indem sie als Fürsprecher eines Kollektivs auftritt. Im Namen eben jenes Kollektivs stellt der Publizist Forderungen an die Herrschaftsträger – nicht, um selbst Herrschaftsfunktionen zu übernehmen, sondern um Pflichterfüllung anzumahnen[656] – und zwingt diese dadurch, ihr Handeln zu rechtfertigen.[657] Wo politische Oppositionsorgane, institutionalisiertes Pressewesen und gesetzlich gesicherte Meinungsfreiheit fehlen, erfüllt die politische Publizistik somit eine entscheidende Funktion: Sie erlaubt, mit ihrer Lizenz zu Kommentar oder Kritik[658] Einfluss zu nehmen, und

652 Vgl. Müller 1980, 106.

653 Müller 1980, 121.

654 Zenkert 2004, 22.

655 Zenkert 2004, 22.

656 Dass der Publizist an Politik partizipiert, ohne selbst Politik auszuüben, hat Thum herausgearbeitet (vgl. Bernd Thum, Der Reimpublizist im deutschen Spätmittelalter. Selbstverständnis und Selbstgefühl im Lichte von Status, Funktion und historischen Verhaltensformen, in: Franz v. Spechtler [ed.], Lyrik des ausgehenden 14. und des 15. Jahrhunderts [Chloe. Beihefte zum Daphnis 1], Amsterdam 1984, 309–378, hier 356).

657 Das Differenzkriterium der Publizität als politisches Kritik- und Kontrollorgan, das Jürgen Habermas eigentlich erst der bürgerlichen Öffentlichkeit zuschreibt (vgl. Jürgen Habermas, Strukturwandel der Öffentlichkeit. Untersuchungen zu einer Kategorie der bürgerlichen Gesellschaft, mit einem Vorwort zur Neuaufl. 1990 [suhrkamp taschenbuch wissenschaft 891], Frankfurt a. Main 1990, 69), lässt sich also bereits für das Spätmittelalter nachweisen (vgl. Martin Kintzinger/Bernd Schneidmüller, Politische Öffentlichkeit im Spätmittelalter – Eine Einführung, in: Dies. [edd.], Politische Öffentlichkeit im Spätmittelalter [Vorträge und Forschungen 75], Ostfildern 2011, 7–20, hier 15). Nicht erst das Bürgertum tritt als Gegenpol im Herrschaftsdiskurs auf, bereits die Publizisten wirken mit ihrer Lizenz, zu kritisieren, als Gegengewicht.

658 Mit ›Lizenz zur Kritik‹ beschreibe ich analog zu Georg Braungart eine spezifische Kompetenz des Publizisten: In seiner Studie widmet sich Braungart den rhetorischen Vorausset-

wirkt auf diese Weise wesentlich an der Konstruktion gesellschaftlicher Ordnung mit.[659] Letztlich bezeugt die volkssprachige politische Publizistik des ausgehenden Mittelalters ein neues Selbstbewusstsein seitens der Beherrschten, das Herrschaft nicht als statisches System, sondern als bilateralen Aushandlungsprozess zwischen Herrschaftsträgern und Herrschaftsverbund zu erkennen gibt.[660]

## 4.2 Der Publizist und sein Publikum

Als Informationsquelle und Meinungsbildner unterliegt der Publizist einem spezifischen Authentizitätsanspruch. Seine Glaubwürdigkeit und sein Mitspracherecht muss der volkssprachige Dichter dabei gegen lateinkundige Macht- und Wissensinstanzen durchsetzen und stets aufs Neue verteidigen, seine Sprechposition ist dementsprechend labil: »Denn den ›politischen Publizisten‹ gab es im Spätmittelalter zwar als Funktion im Prozeß gesellschaftlicher Ordnungsarbeit, nicht aber als relativ fest umrissene Berufsrolle wie heute.«[661] Es bleibt dem Publizisten also selbst überlassen, sich als glaubwürdige Autorität zu setzen.[662] Deshalb inszeniert er sich als Augenzeuge historischer Ereignisse,[663] nennt

---

zungen spätmittelalterlicher Polemik und identifiziert in Analogie zur *licentia poetica* des Dichters die *licentia polemica* des Redners (vgl. Georg Braungart, Zur Rhetorik der Polemik in der Frühen Neuzeit, in: Franz Bosbach [ed.], Feindbilder. Die Darstellung des Gegners in der politischen Publizistik des Mittelalters und der Neuzeit [Bayreuther Historische Kolloquien 6], Köln/Weimar/Wien 1992, 1–21, hier 19).

659 Vgl. Bernd Thum, Die ›Wahrheit‹ der Publizisten und die ›Wahrheit‹ im Recht. Zum Aufbau gesellschaftlicher Wirklichkeit im späteren Mittelalter, in: Jürgen Kühnel/Hans-Dieter Mück/Ulrich Müller (edd.), De Poeticis Medii Aevi Quaestiones. Käte Hamburger zum 85. Geburtstag (Göppinger Arbeiten zur Germanistik 335), Göppingen 1981, 147–207, hier 161 f. Zum Konzept ›interner Herrscherkritik‹ in der Vormoderne vgl. Karina Kellermann/Alheydis Plassmann/Christian Schwermann, Kritik am Herrscher – Möglichkeiten, Chancen, Methoden. Einleitung, in: Dies. (edd.), Criticising the Ruler in Pre-Modern Societies – Possibilities, Chances, and Methods. Kritik am Herrscher in vormodernen Gesellschaften – Möglichkeiten, Chancen, Methoden, with 26 figures (Macht und Herrschaft 6), Göttingen 2019d, 33–53, hier 34.

660 Die neue Machtposition des Publizisten betont Wolfgang Haubrichs, Einleitung, in: Ders. (ed.), Politik und Dichtung vom Mittelalter bis zur Neuzeit (Zeitschrift für Literaturwissenschaft und Linguistik 37), Göttingen 1980, 7–11, hier 7.

661 Thum 1980, 26; vgl. auch Kellermann 2019a, 193. Mit Zenkert gesprochen gründet die Flexibilität und Fragilität des Rollenprofils in dem diesem Profil zugrundeliegenden Machttyp der Handlungsmacht.

662 Vgl. Thum 1984, 343.

663 Vgl. Kellermann 2019c, 326. In ihrem charakteristischen Rollenprofil zwischen Informationsquelle und Berichterstatter ebnen die Publizisten dem Journalismus den Weg: Laut Bentele zeichne die Anfänge des Journalismus die Personalunion des Sprechers aus, der das Ereignis zugleich erlebe und vermittle (vgl. Bentele 2007, 204).

konkrete Jahres-, Orts- und Personenangaben oder dramatisiert die Gefahr, unter der er Informationen veröffentlicht.[664]

Ausführlich berichtet Johannes Engelmar in seiner ›red vom concili zu Costniz‹ (»Rede vom Konstanzer Konzil«) von den Ereignissen in Konstanz: Wie das Abendländische Schisma die Kirche gespalten habe (LC 51 Vv. 23–32),[665] wie Kaiser Siegmund den Papstprätendenten Johannes XXIII. aufgesucht und zu einem Konzil bewegt habe (LC 51 Vv. 75–82), wie aus allen Landen Konzilsteilnehmer nach Konstanz geströmt seien (LC 51 Vv. 83–116), wie Johannes mit der Hilfe Friedrichs von Österreich aus Konstanz geflohen sei (LC 51 Vv. 124–133), wie Siegmund ihn gesucht und gefangen gesetzt habe (LC 51 Vv. 137–148), wie Jan Hus auf dem Konzil verbrannt worden sei (LC 51 Vv. 154–170) und wie man die drei Papstprätendenten schließlich abgesetzt und Martin V. zum neuen Papst gewählt habe (LC 51 Vv. 180–189). Orts- und Personenangaben bezeugen die

664 Als typisch publizistische Texteigenschaften listet Kellermann Aktualität, Gegenwartsbezug, deiktische Elemente wie Personen-, Orts- und Zeitangaben, Wahrheitsbehauptungen, Selbstreferenzen sowie die gelegentlich ausgestellte Gefahr für die eigene Person (vgl. KELLERMANN 2019a, 209; DIES. 2019c, 325f.). Michel Beheim etwa muss im Geheimen dichten (vgl. Karina KELLERMANN, Vom Spiel mit den Normen zur Normierung. Die narrative Konstruktion von Gegenwelten in Zeitklage und politischer Polemik des Spätmittelalters, in: Elke BRÜGGEN et al. [edd.], Text und Normativität im deutschen Mittelalter. 20. Anglo-German Colloquium, unter Mitarbeit von Reinhold KATERS, Berlin/Boston 2012, 353–367, hier 359; DIES., Poetische Heimlichkeit. Anspruch und Angst eines spätmittelalterlichen Publizisten, in: Artur D. KUBACKI/Isabel RÖSKAU-RYDEL [edd.], Literatur und Kultur zwischen West und Ost. Imagination, Kommunikation und Wahrnehmung in regionalen Kulturräumen. Festschrift für Paul Martin Langner zum 65. Geburtstag, Göttingen 2020a, 53–62, hier 61f.).

665 Zitiert nach: Johannes Engelmares, red vom concili zu Costniz (Nr. 51), in: Rochus von LILIENCRON (ed.), Die historischen Volkslieder der Deutschen vom 13. bis 16. Jahrhundert, 5 Bde., Bd. 1, Leipzig 1865–1869 (Neudruck Hildesheim 1966), 258–261 (hier wie im Folgenden Übersetzung S. Q.). Die folgenden publizistischen Beispiele dienen der Veranschaulichung; alle zitierten Texte beziehen sich auf das Konstanzer Konzil, stehen also in einem ähnlichen diskursiven Zusammenhang wie die ›Reformatio Sigismundi‹ 25 Jahre später. Zum Corpus der Konzilspublizistik vgl. Mathias HERWEG, Das Konstanzer Konzil. Ein Ereignisprofil in zeitgenössischer deutscher Dichtung, in: Janina FRANZKE/Horst BRUNNER/Freimut LÖSER (edd.), Sangspruchdichtung zwischen Reinmar von Zweter, Oswald von Wolkenstein und Michel Beheim. Beiträge der internationalen und interdisziplinären Tagung vom 30. September bis 3. Oktober 2015 in Brixen, veranstaltet von der Oswald-von-Wolkenstein-Gesellschaft in Verbindung mit dem Lehrstuhl für Deutsche Sprache und Literatur des Mittelalters der Universität Augsburg (Jahrbuch der Oswald von Wolkenstein-Gesellschaft 21), Wiesbaden 2017c, 427–442, hier 430f.; vgl. außerdem Alan ROBERTSHAW, Reimpublizistik und Lieddichtung am Konstanzer Konzil. Zum historisch-politischen Gedicht des Spätmittelalters, in: Cyril EDWARDS/Ernst HELLGARDT/Norbert H. OTT (edd.), Lied im deutschen Mittelalter. Überlieferung, Typen, Gebrauch, Chiemsee-Colloquium 1991, Tübingen 1996, 245–256.

Sachkenntnis des Dichters.[666] Mehrmals beteuert Johannes Engelmar, nur Wahres berichten zu wollen:

*Ich wils mit gotes hilfe wagen,*
*der gab mir in meim sinne steur,*
*wann maisterliche chunst die ist mir teur,*
*das ich die warhait ganz durchgrund*
*und diz lauf in die welt verkund*
*und das mit churzen worten beschlüß*
*den nachchomen zů ainer gedächtnüß.*
LC 51 Vv. 6–12

»Ich möchte es mit Gottes Beistand –
der mich und meinen Verstand, da es mir an
meisterhafter Kunstfertigkeit fehlt, unterstützt hat –
wagen, die Wahrheit vollständig zu ergründen
und das Ereignis der Welt kundzutun
und es mit wenigen Worten für die Nachkommen
zum Andenken zu beschreiben.«

Als Berichterstatter verbürgt sich der Publizist für die *warhait* seines Berichts, als von Gott inspirierter Dichter versteht er darüber hinaus, mit *maisterliche*[*r*] *chunst* das Geschilderte in eine angemessene Form zu binden. Gottes Beistand solle helfen, *ein chronic* (LC 51 V. 3; »eine Chronik«) für die Nachwelt zu dichten (vgl. auch LC 51 Vv. 13–15, 122f., 171f.).

Ein ähnliches Programm stellt auch Eberhart Windecke im Paratext zu einer seiner Reimreden in Aussicht: *Dis liedelin was gemachet zu Costentz, das han ich gemacht und tun schriben umb junger lüte willen zu merken und datz verston, was man sich zu den ziten in der geistlichkeit vil böses unschamptes begangen hat. Dar umb lis es und gang im nit noch, das ist min rat* (LC 54 Z. 2–5; »Dieses Lied ist in Konstanz verfasst worden; ich habe es um der jungen Leute willen geschrieben, damit sie erkennen, wie viel Übles und Schamloses sich die Geistlichen damals erlaubt haben. Deshalb lies das Lied und folge dem schlechten Beispiel nicht, das ist mein Rat«).[667] Der Publizist tritt hier nicht nur als Informationsquelle, sondern auch als Ratgeber auf; seine Schilderungen von der Sittenlosigkeit auf dem Konstanzer Konzil sollen der Jugend als Negativbeispiel dienen. Seine Äußerungen belegt Eberhart Windecke dabei durch den Erfahrungsbericht eines

666 Erwähnt werden etwa der Konzilsort (vgl. LC 51 V. 21) und die Konzilsdauer (vgl. LC 51 V. 175), König Siegmund (vgl. LC 51 V. 70), Papstprätendent Johannes (vgl. LC 51 V. 83), Friedrich IV. von Österreich (vgl. LC 51 Vv. 125f.), John Wyclif (vgl. LC 51 V. 163), Jan Hus (vgl. LC 51 V. 159) und Hieronymus von Prag (vgl. LC 51 V. 168).

667 Zitiert nach: Eberhart Windecke, Dis liedelin was gemachet zu Costentz… (Nr. 54), in: Rochus von Liliencron (ed.), Die historischen Volkslieder der Deutschen vom 13. bis 16. Jahrhundert, 5 Bde., Bd. 1, Leipzig 1865–1869 (Neudruck Hildesheim 1966), 264f.

Freundes: *Ich han einen gesellen, dem ist es ouch beschehen* (LC 54 V. 12; »Ich habe einen Freund, dem das Gleiche passiert ist«).

Einen noch diffizileren Legitimationseinstieg wählt Thomas Prischuch von Augsburg in seinem Gedicht ›Des conzilis grundveste‹ (»Das Fundament des Konzils«): Mit der Absicht, das Konstanzer Konzil wahrheitsgemäß darzustellen, habe er zunächst zahlreiche Bücher studiert (LC 50 Vv. 21–25),[668] bis ihn eines Tages ein gelehrter Meister aus Konstanz aufgesucht habe. Als Augenzeuge weiß dieser vom Konzil zu erzählen, *wann mir ist aigenlichen kund/ umb das conzili ganz von grund* (LC 50 Vv. 47f.; »denn ich kann sehr gründlich von dem Konzil berichten«). Die folgende Darstellung ist als Dialog zwischen Dichter und Meister inszeniert, in dem insbesondere die Teilnehmergruppen des Konzils detailintensiv rekapituliert werden.

Wie die Beispiele vor Augen führen, probieren sich die Publizisten gern in unterschiedlichen Rollen, geben sich zugleich als Dichter und Berichterstatter, als Kommentator und Prophet.[669] Gern schlüpft der Publizist außerdem in die Rolle des Juristen. Dass das richtige Sprechen in der Regel dazu autorisiere, Recht zu sprechen, leitet Bourdieu unter Rekurs auf Émile Benveniste aus der etymologischen Verwandtschaft von ›droit‹ (Recht) und ›dire‹ (sprechen) ab.[670] In der Sprachkompetenz manifestiere sich die »Kompetenz im Sinne eines Rechts auf das Wort und eines Rechts auf Macht durch das Wort.«[671] Die Rechtssprache legitimiert zur Rechtsprechung – weshalb die Publizisten auch gern den juristischen Sprachduktus imitieren, um ihren Aussagen das nötige Gewicht zu ver-

668 Zitiert nach: [Thomas Prischuch], Des conzilis grundveste (Nr. 50), in: Rochus von Liliencron (ed.), Die historischen Volkslieder der Deutschen vom 13. bis 16. Jahrhundert, 5 Bde., Bd. 1, Leipzig 1865–1869 (Neudruck Hildesheim 1966), 228–257. Mathias Herweg liest Thomas Prischuchs Gedicht weniger als publizistischen denn als enzyklopädischen Text: Das Konzil als enzyklopädisches Ereignis bedinge eine enzyklopädische Ästhetik, die sich in hierarchisch sortierten Listen und Katalogen sowie in der ordnenden Wiedergabe bekannten Wissens zu erkennen gebe (vgl. Mathias Herweg, Ein enzyklopädisches Ereignis: Thomas Prischuchs ›Grundvest‹ des Konstanzer Konzils [1417/18], in: Beiträge zur Geschichte der deutschen Sprache und Literatur 139/3 [2017d], 411–427, hier 423f.). Ich möchte das Textbeispiel dennoch aufnehmen, weil die ›Reformatio Sigismundi‹ in der Münchner Handschrift cgm 568 im Verbund mit Thomas Prischuchs Text überliefert wird (vgl. ebd., 416).

669 Müller benennt so divergente Rollenprofile wie ›Prophet‹, ›Poet‹, ›Historiker‹, ›Gelehrter‹, ›Orator‹, ›Philosoph‹, ›Wissenschaftler‹, ›Theologe‹, die er im Titel seines Beitrags in der Trias ›Poet, Prophet, Politiker‹ bündelt (vgl. Müller 1980, 118). Da die Rolle des ›Politikers‹ fälschlicherweise impliziert, dass der Publizist selbst Herrschaftsfunktionen übernehmen wolle, modifiziert Kellermann das publizistische Rollenprofil zu ›Dichter‹, ›Zeuge‹, ›Kommentator‹, ›Warner‹ und ›Prophet‹ (vgl. Kellermann 2019a, 193f.). Verwiesen sei außerdem auf Traningers Konzept der ›persona‹ (Traninger 2014, 205; vgl. dazu ausführlich Kap. II 1.2).

670 Vgl. Pierre Bourdieu, Was heißt sprechen? Die Ökonomie des sprachlichen Tausches, übersetzt von Hella Beister (frz. Originalausg. Paris 1982), Wien 1990, 16.

671 Bourdieu 1990, 55.

leihen.[672] Rechtssprache, Autoritätsnennung, Quellenberufung und Übersetzungsleistung weisen den Publizisten als lateinischen Gelehrten aus.[673] Thomas Prischuch und Johannes Engelmar etwa zitieren aus Altem (LC 50 Vv. 1811 f.) und Neuem Testament (LC 51 Vv. 47–58); Thomas Prischuch lässt seinen Gelehrten außerdem auf Latein antworten (*michi crede* [LC 50 V. 434; »mir scheint«]), um seine eigene Sprachkompetenz auszustellen. Das Gelehrtenwissen soll jedoch keinesfalls Distanz produzieren, vielmehr strebt der Publizist in der Regel eine symmetrische Kommunikation an: Die Volkssprache will in die Breite wirken, während unbestimmte, zur Identifikation einladende Deiktika das Publikum in den Sprechakt hineinziehen und auf das Textprogramm einschwören wollen. Gerade Sprichwörter, volkstümliche Floskeln, Allgemeinwissen und generalisierende Beobachtungen erlauben als spezifisch publizistische Zutat, Konsens zu inszenieren.[674] *alle die welt das verwundert* (LC 52 V. 4; »es überrascht die ganze Welt«),[675] dass König Wenzel Jan Hus so lange ungehindert habe gewähren lassen, weiß eine anonyme Reimrede aus dem Umfeld des Konstanzer Konzils zu berichten. Über diffiziles Rollenspiel und eklektische Verweistechniken sucht der Publizist so, Meinung zu formen und damit in den öffentlichen Raum zu wirken.

Über Öffentlichkeit zu sprechen, bereitet der Mediävistik in der Regel Kopfzerbrechen. Auch wenn Habermas' Diktum vom ›Strukturwandel der Öffentlichkeit‹ von mediävistischer Seite aus vielfach widerlegt worden ist,[676] stellt der Begriff die historisch arbeitenden Disziplinen vor ein terminologisches Problem: Welche Erscheinungsformen kann Öffentlichkeit einnehmen und welche Reichweite entfalten in Zeiten, in denen Bildung ein von der Kirche monopolisiertes Privileg und der handschriftlich (re-)produzierte Text ein unschätzbarer Wertgegenstand sind? Der häufig schwache Überlieferungsverbund und die

---

672 Vgl. Thum 1980, 26.

673 Zur Selbstlegitimation über Bildung, Sachkenntnis und Mehrsprachigkeit vgl. u. a. Müller 1980, 111; Ders. 2004, 105; Karina Kellermann, Sebastian Brant als Wunderzeichendeuter, Publizist und königlicher Ratgeber. Der Meteoritenfall von Ensisheim (7. 11. 1492) und was der Humanist daraus macht, in: Dominik Büschken/Alheydis Plassmann (edd.), Die Figur des Ratgebers in transkultureller Perspektive, mit 2 Abbildungen (Studien zu Macht und Herrschaft 6), Göttingen 2020b, 193–215, hier 193 f.

674 Behr hat das für die politische Spruchdichtung nachgewiesen (vgl. Hans-Joachim Behr, Der *ware meister* und der *schlechte lay*. Textlinguistische Beobachtungen zur Spruchdichtung Heinrichs von Mügeln und Heinrichs des Teichners, in: Wolfgang Haubrichs [ed.], Politik und Dichtung vom Mittelalter bis zur Neuzeit [Zeitschrift für Literaturwissenschaft und Linguistik 37], Göttingen 1980, 70–85, hier 76; ihm folgt Haubrichs 1980, 9). Zum Stellenwert von Alltagswissen für die spätmittelalterliche Publizistik vgl. Müller 2004, 108.

675 Zitiert nach: Vom Constanzer Concil (Nr. 52), in: Rochus von Liliencron (ed.), Die historischen Volkslieder der Deutschen vom 13. bis 16. Jahrhundert, 5 Bde., Bd. 1, Leipzig 1865–1869 (Neudruck Hildesheim 1966), 261–263.

676 Beispielhaft sei hier nur für das Spätmittelalter verwiesen auf Kintzinger/ Schneidmüller 2011, 10 f. sowie für die Publizistik auf Kellermann 2019b, 169 f.

letztlich spekulativen Annahmen zu vormodernen Rezeptionspraktiken erschweren die Antwort zusätzlich. Gilt es auch als gesichert, dass es »Öffentlichkeit bzw. einen ›öffentlichen Raum‹ und Öffentliche Meinung [...] auch im Mittelalter gab«,[677] muss man letztlich im Einzelfall entscheiden, ob und inwiefern bereits von Öffentlichkeit gesprochen werden kann. So hat Leidulf Melve in seiner Studie ›Creating the Public Sphere‹ untersucht, wie der Investiturstreit des beginnenden 12. Jahrhunderts einen neuen, öffentlichen Kommunikationsraum generiert.[678] Mit Blick auf die im Zuge des Investiturstreits aufkommende lateinische Publizistik mahnt Florian Hartmann jedoch an, den Begriff Öffentlichkeit an den einzelnen Texten zu prüfen und eher nach den Adressaten und einer durch den Text suggerierten Öffentlichkeit zu fragen.[679] So lassen sich Strategien einer ›Ver-Öffentlichung‹ vor allem in der Vielzahl literarischer Hybridformen und der damit im Zusammenhang stehenden unterschiedlichen Adressatenkreise identifizieren.[680] Die Frage nach Erscheinungsformen der Öffentlichkeit bringt für die historisch arbeitenden Geschichts- und Literaturwissenschaften also zunächst die Aufgabe mit sich, Textstrategien nachzuzeichnen, die textimmanent Öffentlichkeit produzieren.

Der politischen Publizistik dient die doppelte Adressatenausrichtung als entscheidendes Instrument der Öffentlichkeitsproduktion. In der Regel apostrophieren die publizistischen Texte Herrschaftsträger mit den Registern von Lob oder Kritik; sie wenden sich an namentlich genannte Könige, Fürsten oder Reichsstädte, preisen ihre Vorbildlichkeit oder prangern ihre Lasterhaftigkeit an.[681] So geht die bereits zitierte Reimrede ›Vom Constanzer Concil‹ zunächst den Papstprätendenten Johannes XXIII. (LC 52 Vv. 29–36) und den Erzbischof Johann von Mainz (LC 52 Vv. 41–59) in der zweiten Person Singular für ihre Flucht aus Konstanz an. Dann wendet sich der Anonymus lobend an den Pfalzgrafen

677 Karel Hruza, Propaganda, Kommunikation und Öffentlichkeit im Mittelalter, in: Ders. (ed.), Propaganda, Kommunikation und Öffentlichkeit (11.–16. Jahrhundert) (Österreichische Akademie der Wissenschaften. Philosophisch-Historische Klasse 307. Forschungen zur Geschichte des Mittelalters 6), Wien 2002, 9–25, hier 21.

678 Vgl. Leidulf Melve, Inventing the Public Sphere. The Public Debate during the Investiture Contest (c. 1030–1122) (Brill's Studies in Intellectual History 154), Leiden/Boston 2007.

679 Vgl. Florian Hartmann, Kommunikation im Wandel. Medien, Autoren und Kontexte in den Debatten des Investiturstreits. Eine Einführung, in: Ders. (ed.), Brief und Kommunikation im Wandel. Medien, Autoren und Kontexte in den Debatten des Investiturstreits, unter Mitarbeit von Anja-Lisa Scholl und Eugenio Riversi (Papsttum im mittelalterlichen Europa 5), Köln/Weimar/Wien 2016a, 9–21, hier 13.

680 Vgl. Florian Hartmann, Kommunikation im Wandel. Ergebnisse, Ausblick und Desiderate, in: Ders. (ed.), Brief und Kommunikation im Wandel. Medien, Autoren und Kontexte in den Debatten des Investiturstreits, unter Mitarbeit von Anja-Lisa Scholl und Eugenio Riversi (Papsttum im mittelalterlichen Europa 5), Köln/Weimar/Wien 2016b, 381–391, hier 381; vgl. auch Dümling 2017, 27.

681 Vgl. Kellermann 2020b 193f.

Ludwig III., der Siegmunds Reformabsichten stets unterstützt habe (LC 52 Vv. 73–88). Die anonyme ›klag Balthasar Cossa‹ (»Klage des Balthasar Cossa«) lässt den Papstprätendenten dagegen selbst die Kritik an seiner Flucht aussprechen: *ich babst so schier gevallen bin/ von hoher er in leid und pin* (LC 53 Vv. 19f.; »ich, der Papst, bin aus hohem Ansehen in Leid und Qual herabgestürzt«).[682] Das anonyme ›gedicht, zeigt an die notturft eins conciliums‹ (»Gedicht, das die Notwendigkeit eines Konzils verdeutlicht«) wiederum beginnt mit einem Herrscherlob in der ersten Person Plural: *Frölich so wölln wir heben an/ zů lob der keiserlichen kron* (LC 460 Str. 1,1f.; »Munter wollen wir mit einem Lob des Kaisers beginnen«).[683] Apostrophiert werden im Folgenden Gott, der dem Kaiser im Kampf gegen die Ketzerei beistehen solle (LC 460 Str. 6,9) und *ir gelerten* (LC 460 Str. 4,9; »ihr Gelehrten«) als Rat- und Wegweiser; gewidmet sei das Gedicht jedoch letztlich *frummen Christen alle* (LC 460 Str. 8,15; »allen frommen Christen«).

Diese Apostrophe an eine abstrakte Öffentlichkeit ist für die Publizistik sehr typisch: Am Beispiel des Humanisten Sebastian Brant hat Jan-Dirk Müller aufgezeigt, wie dieser in seinen Flugblättern über die feudalen Herrschaftsträger hinaus eine Öffentlichkeit anspricht, indem er entweder Ängste zu kompensieren oder aber propagandistisch zu polarisieren sucht.[684] Auch Hans-Joachim Behr und Karina Kellermann fassen den Publizisiten als Fürsprecher eines Kollektivs,[685] der dadurch, dass er sich an unterschiedliche Interessensgemeinschaften wendet, »Teilöffentlichkeiten«[686] produziert. In ihren kollektivierenden Aussagen impliziert die Publizistik ein breiteres Publikum, das den Standpunkt des Sprechers aufnimmt, teilt, ihm überindividuelle Gültigkeit verleiht.[687] So recht-

682 Zitiert nach: Ein klag Balthasar Cossa (Nr. 53), in: Rochus von Liliencron (ed.), Die historischen Volkslieder der Deutschen vom 13. bis 16. Jahrhundert, 5 Bde., Bd. 1, Leipzig 1865–1869 (Neudruck Hildesheim 1966), 263f.

683 Zitiert nach: Ein newes gedicht, zeigt an die notturft eins conciliums. Zů singen in Speten ton (Nr. 460), in. Rochus von Liliencron (ed.), Die historischen Volkslieder der Deutschen vom 13. bis 16. Jahrhundert, 5 Bde., Bd. 4, Leipzig 1865–1869 (Neudruck Hildesheim 1966), 124–126.

684 Vgl. Müller 1980, 107. Öffentlichkeit erkennt Müller, »soweit davon nach Maßgabe der technischen und institutionellen Möglichkeiten der Verbreitung und der bildungsmäßigen, ökonomischen und ständischen Voraussetzungen der Rezeption schon die Rede sein kann« (ebd., 104f.; vgl. auch Ders. 2004, 96).

685 Vgl. Behr 1980, 76.

686 Kellermann 2000, 335; vgl. auch Dies. 2019b, 170; Kintzinger/Schneidmüller 2011, 12f. Miethke spricht im Kontext der Konzilien von »geschlossene[n] Öffentlichkeiten« (Miethke 1981, 767). Kritisch zum Begriff ›Teilöffentlichkeit‹ äußert sich Nikolas Jaspert, Politische Öffentlichkeit im Spätmittelalter: Zusammenfassung, in: Martin Kintzinger/ Bernd Schneidmüller (edd.), Politische Öffentlichkeit im Spätmittelalter (Vorträge und Forschungen 75), Ostfildern 2011, 433–449, hier 435.

687 Vgl. Müller 1980, 103; Ders. 2004, 96; Kellermann/Plassmann/Schwermann 2019d, 44; Kellermann 2020b, 201.

gertigt gerade die oben zitierte Dedikation an die *frummen Christen alle*, dass der Anonymus sowohl den Kaiser als auch seine Ratgeber im Namen einer Öffentlichkeit mahnend adressieren darf. Es geht dabei weniger darum, ein Kollektiv zu mobilisieren, als vielmehr den eigenen Standpunkt zu markieren: Die im Text produzierte Öffentlichkeit rechtfertigt, dass ein einzelner als Sprecher des Kollektivs Herrschaftsträger an ihre Aufgaben erinnert. Die Adressatengruppe plausibilisiert und legitimiert das Mitsprache- und Kritikrecht, der Sprecher ist angewiesen auf die Gemeinschaft, für die er eintritt. Bourdieu bezeichnet das als »das Mysterium der performativen Magie [...], über die der Repräsentant die Gruppe, durch die er wird, was er ist, erst zu dem macht, was sie ist: Der Gruppensprecher, der die Vollmacht hat, im Namen der Gruppe zu sprechen und zu wirken, zuallererst – über die Magie des Losungswortes – auf die Gruppe selbst, ist der Stellvertreter der Gruppe, die nur durch diese Stellvertretung existiert.«[688]

Wohlgemerkt: Eigentlich adressieren die volkssprachigen Publizisten keine homogene Gruppe, sondern beziehen sich auf unterschiedliche, bereits vorhandene Gruppierungen. Sie sprechen die Herrscher an und ergreifen für die Stadt- und Landbevölkerung Partei, appellieren an den Adel oder kritisieren den Klerus. Streng genommen schaffen die Publizisten also keine Gruppe, bündeln in ihrem holistischen Anspruch aber gleichwohl historisch gewachsene Gesellschaftsschichten zu einer Kommunikationsgemeinschaft. Mit diesem Kumulationseffekt evoziert die Publizistik den Eindruck von Öffentlichkeit (oder genauer: den Eindruck einer Vielzahl heterogener Teilöffentlichkeiten).

## 4.3 *der schatz aller gerechtigkeyt ist villeicht den kleinen behalten.* Das publizistische Profil der ›Reformatio Sigismundi‹

Definiert man politische Publizistik unter dem funktionalen Gesichtspunkt der Meinungsbildung im öffentlichen Raum, lässt sich auch die ›Reformatio Sigismundi‹ als Teilbewegung derselben fassen – stellt sie doch mit der Wahl der Volkssprache ihre Reformentwürfe einer Öffentlichkeit vor, die über den internen Konzilskontext hinausreicht, und bildet damit Meinung in politischen Aushandlungsprozessen.[689] Es gilt im Folgenden aufzuzeigen, ob und inwiefern die ›Reformatio Sigismundi‹ die ästhetischen Spielformen und Wirkabsichten der politischen Publizistik aufnimmt, modifiziert und erweitert und welche

688 Bourdieu 1990, 72; vgl. auch Ders. 1985, 37f.

689 Bereits Struve setzt die ›Reformatio Sigismundi‹ in Bezug zur zeitgenössischen Spruchdichtung (vgl. Struve 1978, 102, Anm. 173; vgl. auch Koller 1984, 118; Marosi 2006, 24). Boockmann zählt die ›Reformatio Sigismundi‹ zu den »literarische[n] Texte[n]« (Boockmann 1998, 276). Zur Traktatliteratur auf den Konzilien im Allgemeinen vgl. Miethke 1981, 741.

Einsichten in den Text der Vergleich verspricht. Vor dem Hintergrund der politischen Publizistik sollen deshalb noch einmal Vermittlungsinstanz, intendierte Rezipienten und Argumentationsstrategien der ›Reformatio Sigismundi‹ zur Diskussion stehen.

### 4.3.1 Das Rollenprofil der Vermittlungsinstanz zwischen lateinischer Gelehrtentradition und volkssprachiger Publizistik

Die Vermittlungsinstanz sichert sich in den unterschiedlichen Fassungen[690] durch ein assoziatives Belegnetz ab: Sie zieht die Bibel[691] neben Sprichwörtern[692] heran, rekurriert auf angebliche Schriftquellen[693] und allseits bekannte Legenden,[694] zitiert etablierte Kirchenväter und Gelehrte[695] neben anonymen *buchtichtern* (RS N 108, N 148, N 202; »Buchautoren«). Die Formel *als* [...] *spricht/ schreybt* (»wie [...] spricht/ schreibt«) markiert die Rezeptionsleistung und stellt das Expertenwissen aus.[696] Die vielen lateinischen Einschübe sollen den Aussa-

690 Ich werde im Folgenden alle Fassungen parallel besprechen. Weil ich auf Gemeinsamkeiten zwischen den Fassungen abziele, spreche ich der Einfachheit halber nur von der e i n e n Vermittlungsinstanz. Unterschiede werde ich an gegebener Stelle kommentieren.

691 Die Vermittlungsinstanz beruft sich auf zahlreiche, wörtlich zitierte Christussprüche teils auf Latein (vgl. RS N 58, N 62, G 93, G 170, N 192, N 324), teils nur in Übersetzung (vgl. RS N 58, N 92, V 93/95, P 99, N 120, N 226, P 241, N 278).

692 Vgl. *dyeweyl dye katz slefft, so regiren dye meüße* (RS N 240; »solange die Katze schläft, regieren die Mäuße«), *ist ain gemain wort manig jare gesein, das man spricht: ›wa man tumbfrawen hat, es wer der huren spital!‹* (RS G 182; »seit einigen Jahren schon gibt es die Redensart: Mit dem Stift, in dem Kanonissinnen leben, hält man sich ein Bordell!‹«), *Es ist ain gesprichwart: wer sein selben in schwanz bist, der wil zergan!* (RS G 240; »Es gibt das Sprichwort: Wer seinesgleichen in den Schwanz beißt, wird untergehen!«). Zu den volkstümlichen Anteilen in der ›Reformatio Sigismundi‹ vgl. Struve 1978, 81.

693 Genannt werden das Deuteronomium (vgl. RS N 328), die Clementinen (vgl. RS N 62), ein Martyrologium (vgl. RS N 94), alte Chroniken (vgl. RS N 256), die ›De ecclesiastica hierarchia‹ (vgl. RS K 100) sowie der als *keyserrecht* (»Kaiserrecht«) bezeichnete Schwabenspiegel (vgl. RS N 270). Zu den Quellen der ›Reformatio Sigismundi‹ vgl. Koller 1958.

694 So etwa die Silvester- und Barlaamlegende; vgl. hierzu Kap. III 1.2.

695 Erwähnung finden Augustinus (vgl. RS N 84, N 314, N 324), Jesaja (vgl. RS K 72, N 84, K 138, P 237), Paulus (vgl. RS K 72, K 120, K 122, N 124, N 326), Franz von Assisi (vgl. RS N 216), Esra (vgl. RS N 326), Bernhard von Clairvaux (vgl. RS K 106), Bernhard von Chartres (vgl. RS G 153) und Johannes Mulberg (vgl. RS V 219). Selten bringen die Fassungen (lateinische) Zitate ohne Quellenangabe (vgl. RS P 153, N 172/174, V 175, N 324).

696 Vgl. *sanctus paulus spricht* (K 72, K 120, K 122, N 124, N 326; »der Heilige Paulus spricht«), *Sant Bernhart spricht* (RS K 106; »der Heilige Bernhard spricht«), *als Augustinus spricht* (RS N 324; »wie Augustinus spricht«), *der jung Esdra spricht* (RS N 326; »Esra spricht«), *also Ysaias spricht der prophete* (RS K 72, P 327; »so spricht der Prophet Jesaja«), *daz spricht der prophete* (RS K 172; »so spricht der Prophet«), *Beno, der groß phylosof, sprach* (RS G 153; »Bernhard von Chartres sagte einst«), *als Maulperg predigt* (RS V 219; »wie es Johannes Mulberg predigt«), *wye sprichet das ewangelium* (RS N 58; »wie uns das Evangelium lehrt«), *Sag man noch der geschrifft* (RS N 196; »Der Heiligen Schrift gemäß sagt man«), *wye sprach*

gen Gewicht verleihen.[697] Dass die Vermittlungsinstanz dabei nicht immer richtig zitiert,[698] tut der Wirkung keinen Abbruch; deshalb erweitern die späteren Bearbeiter ihre Vorlage auch immer wieder durch lateinische Einschübe.[699] Selten stehen die Zitate isoliert, denn in der Regel wiederholt die Vermittlungsinstanz den Inhalt noch einmal in der Volkssprache. So übersetzt sie die aus dem 5. Buch Mose übernommene Prophezeiung des nahenden Priesterkönigs mit der Überleitung *zü teutsch* (RS N 328; »auf Deutsch«) für ihr laikales Publikum.[700] In konsenssichernden Floskeln wie *Es ist yederman woll zü wissen* (RS N 344; »Jeder soll wissen«), *als es woll ofennbar ist* (RS N 104; »wie es deutlich ist«), *Es ist an zwifel* (RS K 106, K 234; »Es besteht kein Zweifel«) oder *das bekent (yeder)man woll* (RS N 106, N 338; »das gibt wohl jedermann zu«) rekurriert sie darüber hinaus auf Allgemeinwissen, während Einschübe wie *das ist bewert* (RS N 224; »es ist bewährt«), *als gewonlich ist* (RS N 230; »wie es üblich ist«) und *als billich ist* (RS N 192; »wie es sich ziemt«) über das Gewohnheitsrecht argumentieren.[701]

Episoden aus dem Konzilsgeschehen sollen bezeugen, dass der Fordernde das Geschilderte selbst erlebt hat: *Es ist gescheen zü Basel* (RS N 296; »In Basel hat sich

---

*Cristus* (RS N 192; »wie Christus einst sprach«), *als Cristus in dem ewangelio sagt* (RS N 324; »wie es Christus im Evangelium sagt«), *als Lucas schreybet der ewangelist* (RS N 92; »wie es der Evangelist Lukas schreibt«), *Es spricht der ewangelist* (RS V 83; »Der Evangelist sagt«), *das Marcus schreybet* (RS N 226; »wie Markus schreibt«).

697 Im Kontext mittelalterlicher Predigten beobachtet Kiening die auratische Wirkung des Lateinischen (vgl. Kiening 2008, 111), während Mertens eine »Zirkulation von Legitimierung« erkennt: Der Sprecher rechtfertige durch seine performative Autorität das gewählte Thema, das Thema autorisiere durch seinen Bezug zur Bibel und ihren etablierten Exegeten den Sprecher (Mertens 2012, 272).

698 So weist sie den Ausspruch *Quod deus coniunxit, homo non separet* fälschlicherweise Paulus zu (RS N 124; s. Koller 1964b, 124, Anm. 1), zitiert Aristoteles falsch (vgl. RS N 82; s. Koller 1964b, 83, Anm. 2), nennt den Schwabenspiegel an falscher Stelle als Quelle (vgl. RS N 270; s. Koller 1964b, 270, Anm. 1) und schreibt die göttliche Prophezeiung des Jubeljahrs irrtümlicherweise dem Priesterkönig Melchisedek zu (vgl. RS N 242; s. Koller 1964b, 243, Anm. 5 und 6).

699 Die P-Fassung bietet lateinische Zwischenüberschriften am Rand (vgl. RS P 153, P 169), in den anderen Bearbeitungen finden sich lateinische Erweiterungen im Fließtext (vgl. RS G 116, L/M 150, P 153, G 153, V 175, P 181, L/M 316). Die Fassungen V und P bringen vor dem Eingangsgebet außerdem einen lateinischen Einschub: *Deviat ab ordine totum, quod movetur,/ labitur, exoritur, viribus doletur* (RS V/P 51; »Alles Bewegte irrt außerhalb der Ordnung umher,/ fällt herab, geht unter, leidet an Kraft«). Im Sinngehalt entsprechen sich der lateinische und der sich anschließende deutsche Reim, so dass die ursprünglich volkssprachigen Verse als vermeintliche Übersetzung auf den lateinischen Ausspruch folgen (vgl. Koller 1964b, 50, Anm. 4).

700 Unmittelbar bieten die Fassungen auch Übersetzungen in N 58, N 62, V 83, N 92, G 93, G 170, N 172/174, V 175, N 192, N 324, N 326.

701 Dass die unterschiedlichen Wissensreservoirs zu den typisch publizistischen Kompilationstechniken gehören, belegt der Vergleich mit Lupold Hornburg: Wie Kellermann herausgearbeitet hat, zitiert der Dichter u. a. aus der Visionsliteratur, aus Kaiserchroniken, aus der Bibel und aus Predigten (vgl. Kellermann 2017, 217).

zugetragen«), dass ein Gericht dem Klagenden unrechtmäßig das väterliche Erbe aberkannt habe. Mit der Floskel *als yederman wol weyß* (RS N 244; »wie wohl jedermann weiß«) rekurriert die Vermittlungsinstanz auf Ereignisse des Konzilsgeschehens, gern zitieren die unterschiedlichen Fassungen außerdem (nicht belegte) Aussagen unterschiedlicher Konzilsteilnehmer.[702] Immer wieder sollen (vermeintlich) wahre Begebenheiten das Behauptete bestätigen – so rechtfertigt die Vermittlungsinstanz der N-Fassung ihre Kritik an den Klöstern mit dem Verweis auf eigene Erfahrung: *ich weyß ein closter sant Bernhartz ordens* (RS N 164; »ich kenne ein Kloster des Zisterzienserordens«), das unrechtmäßig Besitz angehäuft habe. Das besagte Kloster dient ihr im Folgenden als Beispiel einer um sich greifenden Entwicklung: *der closter findt man vil* (RS N 164; »Kloster dieser Art findet man viele«). Hier tritt die Vermittlunginstanz vor allem als gut informierter Berichterstatter und Augenzeuge auf. Sie impliziert darüber hinaus Dringlichkeit und Gefahr der Meinungsäußerung, indem sie die Reform gegen den Widerstand der Entscheidungsträger einfordert.

Ihre Appelle formuliert die Vermittlungsinstanz über die rationalisierenden Register der Jurisdiktion, indem sie dieselben überwiegend in unpersönliche Sprechhaltung (*man*), imperativische Wendungen (*suln*) und iterative Satzstrukturen (*item*) kleidet. Kontrastiv hierzu lädt sie in emotionalen Ausrufen, Kollektivformeln und flexiblen Sprechpositionen ihre Rezipienten zur Identifikation ein. Gebetsformeln, Exempel und Reime lockern den juristischen Ton der Forderungen auf und weisen in den Bereich der Predigt, während die Schlussvision die Aura des Propheten umgibt.[703] Der Visionsteil, der die ›Reformatio Sigismundi‹ am deutlichsten von den Konstanzer ›Avisamenta‹ unterscheidet, zeugt insbesondere für die Anverwandlung publizistischer Kompilationsstrategien – inszeniert sich der Publizist doch bevorzugt als Prophet.[704] Über die

702 Vgl. *Darumb sprach unser herre der keyser Sygemund zů Basel im concily* (RS P 99; »Unser Herr, Kaiser Siegmund, sprach auf dem Konzil von Basel«), *Ich lob hertzog Friderich, der sprach zu Basel dem keyser unter augenn* (RS N 126/128; »Ich lobe Herzog Friedrich, der im Angesicht unseres Kaisers in Basel sagte«). Hierzu zählen auch das ›Türkengespräch‹ und der in der G-Fassung geschilderte Dialog zwischen Lehrer und Laie (vgl. hierzu ausführlich Kap. III 1.3.1 und 1.3.3).

703 Zu den hier genannten Rollenprofilen der Vermittlungsinstanz vgl. ausführlich Kap. II 2. Zur Schlussvision vgl. außerdem Kap. III 1.4.

704 Kellermann hat das am Beispiel Sebastian Brants aufgezeigt (vgl. Kellermann 2020b, 213). Vor dem Hintergrund der politischen Publizistik fügt sich so auch die allegorische Auslegung des Wappens, das der Priesterkönig Friedrich der Prophezeiung nach führen soll, ins Bild: Ausführlich beschreibt die Vermittlungsinstanz der N-Fassung das Wappen des Heilsbringers, deutet die Farben und insbesondere die beiden Wappentiere Adler und Löwe im Sinne des eigenen Reformprogramms aus (vgl. RS N 338–342). Die Wappenallegorie, die in einer pragmatischen Reformvorlage zunächst etwas irritiert, kommt in der volkssprachigen Publizistik zum Einsatz, um Herrscherlob oder -kritik zu veranschaulichen und Handlungsappelle zu formulieren (vgl. Karina Kellermann, Gerupfte Adler und kämp-

Schlussvision legitimiert sich die Vermittlungsinstanz dabei gleich in dreifacher Hinsicht: Mit der Kompetenz, die Zukunft vorhersagen zu können, behauptet sie ihr Recht, Forderungen an die eigene Gegenwart zu stellen; mit dem Bericht von Siegmunds Traum unterstellt sie ihre Nähe zum berühmten Reformkaiser; mit der Vision schließlich suggeriert sie göttliche Inspiration. Hinzu treten antike und christliche Autoritäten, deren zitierte Aussagen die Forderungen plausibilisieren, vor allem jedoch die Vermittlunginstanz als lateinkundigen Gelehrten vorstellen sollen:

> *Aristotiles spricht: Het der mensch kein gepot von got, dannoch dye natur zeichet, was recht ist; darumb sprich ich: dye gelerten leben nicht naturlich, sye wyssen das unrecht und meyden des nit und sein gote widerig; ich bekenne, ich enpfinde, das dye cleinenn dye grossen weysen müßenn durch das ewangelium Cristi; nit an einer stat, an mancher stat man es woll findet.*
> *Augustinus spricht: Surgunt indocti et rapiunt celum et docti merguntur in infernum – es sten auff dye ungelerten und ergreyffent den hymel und dye gelerten gen untter in dye helle. Wer ist ytzundt gotlicher ordenung wyderiger dann dye prelaten und dye gelertenn? es get ytzunt geleich als Ysaias spricht: Dereliquerunt deum, plasphemaverunt nomen santum suum, alienati sunt, abierunt retrorsum - sye haben sich von got gescheyden, sye verschelten seinen heyligen namen, sye sein abgetretten; daz ist nü alles war; es ist fast abgetretten gesichtiglichen und lebet nyemant mee naturlichen.*
> RS N 82/84

> »Aristoteles spricht: Wenn der Mensch kein Gebot von Gott hat, zeigt ihm doch die Natur, was rechtmäßig ist. Darum spreche ich: Die Gelehrten leben nicht natürlich, sie kennen das Unrecht und meiden es nicht und handeln gotteswidrig. Ich bekenne, ich empfinde, dass die Kleinen mithilfe des Evangeliums Christi die Großen weisen müssen. Diesen Zustand findet man sehr häufig.
> Augustinus spricht: *Surgunt indocti et rapiunt celum et docti merguntur in infernum* – die Ungelehrten erheben sich und ergreifen den Himmel und die Gelehrten fahren in die Hölle. Wer verstößt derzeit mehr gegen die göttliche Ordnung als die Prälaten und Gelehrten? Es verhält sich derzeit genauso wie Jesaja spricht: *Dereliquerunt deum, plasphemaverunt nomen santum suum, alienati sunt, abierunt retrorsum* – sie haben Gott verlassen, sie verachten seinen heiligen Namen, sie haben sich von ihm abgewandt. Das ist alles wahr. Alle sind nur allzu sichtbar abgewandt, niemand lebt mehr natürlich.«

In syntaktischer Analogie zu Aristoteles (*Aristotiles spricht/ darumb sprich ich*) führt die Vermittlungsinstanz ihre eigene Stimme als Autorität ein: Sie demon-

---

fende Löwen. Wappenallegorien in der deutschsprachigen politischen Kleindichtung, in: Andrea Stieldorf [ed.], Macht und Herrschaft im Siegel- und Münzbild, mit 95 Abbildungen [Studien zu Macht und Herrschaft 14], Göttingen 2021, 243–280, hier 276). Das Gedicht ›Vom Constanzer Concil‹ etwa identifiziert Kaiser Siegmund mit den besagten Herrschertieren Adler und Löwe: *Sins richis lewe der griezet,/ sin adeler des zurnet* (LC 52 Vv. 17f.; »Sein Reichslöwe zermalmt, sein Adler erzürnt sich über [das Abendländische Schisma, S. Q.]«).

striert, dass sie den antiken Autor wortgenau kennt und dessen Aussagen einem Laien vermitteln kann. Auf die aristotelische Metaphysik folgen eigene Beobachtung (*dye gelerten leben nicht naturlich*) und Handlungsaufforderung (*dye cleinenn* [*müßenn*] *dye grossen weysen*), die wiederum die Bezüge auf die christlichen Autoritäten Augustinus und Jesaja argumentativ stützen. Dadurch entsteht eine Kausalkette, die antikes, kirchliches und laikales Wissen verschränkt und verständlich vermittelt.

In seiner komparatistischen Studie zu den ›Reformschriften‹ kommt Sebastian Dümling zu dem Fazit, dass sich deren Verfasser nicht als Experten ausgeben, sondern ihren Rezipienten auf Augenhöhe begegnen; statt Detailwissen zu präsentieren, greifen sie in der Regel auf unterschiedliche Wissensreservoirs zurück. Während die Konstanzer ›Avisamenta‹ dabei noch klassisch universitäre Wissensbestände miteinander verbinden, bedient die ›Reformatio Sigismundi‹ als erste Reformvorlage »ein Wissen, das Ganzheitlichkeit signalisiert: Alte, große Kaiser und über den Dingen schwebende Erzengel stehen für dieses holistische Wissen, das mehr Deutungsmacht haben soll als das differenzierte der Universitäten.«[705] Dümling schlägt deshalb den Begriff ›Expertenintellektueller‹ vor, um das Sprecherprofil zwischen Expertentum und Kommunikation unter Gleichgesinnten abzustecken. Mit Blick auf die politische Publizistik kommt Erich Kleinschmidt zu ganz ähnlichen Ergebnissen, wenn er den Publizisten als ›Präzeptor‹ vorstellt: »Der gelehrte Autor wird hier zum Präzeptor, der [...] auf die gesellschaftlich nutzlose Zurschaustellung eines repräsentativen Wissens bewußt verzichtet, ohne doch die faktische Überlegenheit des Gelehrten, der um die Zusammenhänge weiß, völlig zu verhüllen.«[706] Was Kleinschmidt als Präzeptor und Dümling als Expertenintellektueller bezeichnet, umschreibt in je unterschiedlichen Produktions- und Rezeptionskontexten dasselbe Phänomen, nämlich: wie sich ein Diskursteilnehmer als Vermittler produziert. Diese neue Rolle, die für den spätmittelalterlichen (Reform-)Diskurs zunehmend an Relevanz zu gewinnen scheint, dynamisiert das Verhältnis von Latein und Volkssprachen, schreibt sie doch Übersetzungen einen neuen Stellenwert zu: Weit entfernt davon, sich durch die Volkssprache zu erniedrigen, stellt die doppelte Sprachkompetenz eine besondere Eignung aus – nur der Übersetzer partizipiert an beiden Welten, nur er kann deren Inhalte synthetisieren.

Der Verfasser der ›Reformatio Sigismundi‹ verkennt also nicht etwa seinen Rezipientenkreis, wie Karl Beer einmal behauptet hat, wenn er lateinische Zitate in einem volkssprachigen Text bringt.[707] Man soll die Zitate gar nicht verstehen,

705 Dümling 2017, 170. Zum Begriff des ›Expertenintellektuellen‹ vgl. ebd., 135.

706 Kleinschmidt 1980, 138. Kellermann spricht analog vom Publizisten als »Vermittler« (Kellermann 2019c, 326).

707 Vgl. Beer 1937, 171.

schließlich übersetzt der Anonymus.[708] Das Publikum kennt diese Verweistechnik aus der zeitgenössischen Publizistik und akzeptiert sie als Vertextungsstrategie, die weniger der Aussage dienen als vielmehr den Sprechenden legitimieren soll. Vor diesem Hintergrund geben sich Gelehrtenreferenzen und Bilingualität ebenso wie Sprichwörter und Integrationsformeln als Argumentationsmuster zu erkennen, die den Zugang zu unterschiedlichen Wissenswelten zementieren. Deshalb kleidet der Verfasser der ›Reformatio Sigismundi‹ seine Vermittlungsinstanz auch in so unterschiedliche Rollen, lässt sie gleichermaßen als Augenzeuge, Berichterstatter, Prediger, Prophet, Gelehrter, Übersetzer und Gleichgesinnter auftreten. Was bisher an der ›Reformatio Sigismundi‹ irritiert hat – die assoziativen Zitate, das Vulgärlatein, die Selbststilisierung sowohl als kaiserlicher Rat wie auch als Vertrauter des ›kleinen Mannes‹ – erscheint vor dem Hintergrund der politischen Publizistik als typische Überzeugungsstrategie.[709] Die Synkrise ist ästhetisches, und mehr noch: Sie ist politisches Programm.

### 4.3.2 Die doppelte Adressatenausrichtung der ›Reformatio Sigismundi‹

Eine weitere, typisch publizistische Argumentationsstrategie bedient die ›Reformatio Sigismundi‹ in ihrer doppelten Adressatenausrichtung. In ihren Publikumsapostrophen mobilisiert die Vermittlungsinstanz zunächst *alle fursten und herren, alle ritterschefft und yr werden reichstet gemeinglich* (RS N 52; »alle Fürsten und Herren, alle Ritterschaft und ihr würdigen Reichsstädte gemeinsam«) als jene Kräfte des Reichs, die für die Reform verantwortlich zeichnen. Ebenso appelliert sie aber auch an ein abstraktes Kollektiv: *yderman* solle zuschlagen (RS N 68, N 336; »jedermann«), denn *In diser vermanung sollen sein jung und alt, alle gemein cristenheyt, nyemant außgenomen* (RS N 78; »Die Ermahnung richtet sich an Jung und Alt, an alle Christen, niemand ausgenommen«).[710] Die scheinbar widersprüchlichen Adressatenappelle der ›Reformatio Sigismundi‹ haben wiederholt zu Schwierigkeiten geführt, einen eindeutigen Rezipientenkreis zu benennen. Liest man die Apostrophen indes vor dem Hintergrund der politischen Publizistik, geben sich die unterschiedlichen Ansprachen nicht als Gegensatz, sondern als bewusstes Zusammenspiel zu erkennen: Mit ihren

708 Es stimmt also nicht, dass der Verfasser der ›Reformatio Sigismundi‹, wie Straube behauptet hat, »auf jede gelehrte Floskel verzichtet« (Straube 1961, 111); er versteht es allerdings, diese immer wieder durch erklärende Nachträge aufzulösen.

709 Ich möchte damit keinen unmittelbaren Rezeptionszusammenhang zwischen der ›Reformatio Sigismundi‹ und konkreten publizistischen Texten nachweisen, sondern argumentieren, dass bestimmte literarische Muster der Selbstlegitimation in der Volkssprache zur Verfügung standen.

710 Zu den unterschiedlichen Adressatengruppen der ›Reformatio Sigismundi‹ vgl. ausführlich Kap. II 2.2 und 2.4.

Apostrophen aktiviert die Vermittlungsinstanz eine Öffentlichkeit, als deren Stellvertreter sie auftreten kann. Hinter den konkreten Funktionseliten des Reichs – den eigentlichen, von ihr in die Pflicht gerufenen Reformakteuren – scheint somit ein Kollektiv durch, das die präsentierten Forderungen mitträgt.

Ihre Aufgabe als Gruppensprecher sieht die Vermittlungsinstanz vor allem darin, die Herrschaftsträger an ihre Pflichten zu erinnern. Selbstbewusst wendet sie sich an die Funktionseliten des Reichs: *ich mane euch bey des reiches hülden* (RS N 312; »ich ermahne euch mit Erlaubnis des Reichs«). *ermant* (»ermahnt«) werden die adligen Herren,[711] insbesondere die Fürsten (RS N 52, V 91, G 312), die Ritterschaft (RS N 52), die Reichsstädte,[712] schließlich auch *alle heupt der cristenheit* und *alle gemeind* (RS N 76; »alle Häupter der Christenheit«, »die gesamte Gemeinschaft«). Nachdem sie Fürsten, Herren und Ritterschaft schon einmal ermahnt hat, wiederholt die Vulgata: *wir ermanen* [...] *euch* (RS V 79; »wir ermahnen euch«). An späterer Stelle ergänzt sie eine Apostrophe der N-Fassung an die genannten Funktionseliten (RS N 330) durch den Zusatz: *ir all gemaincklich seit ermant alles des, so ir vor ermant seit* (RS V 331; »ihr alle seid gemeinsam zu all dem aufgefordert, wozu ihr bereits zuvor aufgefordert worden seid«). Immer wieder bezeichnen die unterschiedlichen Fassungen die gebotenen Reformforderungen als (*ver*)*manung* (RS N 70; »Aufforderung«),[713] die Gott autorisiert habe: *Kein konig noch keyser manet dich dan unnser schopffer und got* (RS N 344; »Kein König oder Kaiser ermahnt Dich außer unser Schöpfer und Gott«), ja *dise manung beruret got und den glauben und alle gerechtigkeyt* (RS N 70; »diese Aufforderung betrifft Gott und den Glauben und alle Gerechtigkeit«). Die ›Reformatio Sigismundi‹ bündle also lediglich *gots meynung* (RS P 105; »Gottes Ansicht«)[714] und seine *manung* (RS N 78; »Aufforderung«).[715] Gott habe die Christenheit seinerseits schon oft *ermant* (RS N 326; »ermahnt«), diese aber wolle ihm nicht Folge leisten. Deshalb müsse die Vermittlungsinstanz auch so beharrlich mahnen, *wan dye großen heupter thun gemach* (RS N 52; »weil die großen Häupter sich Zeit lassen«); schlussendlich müssen *wir die gemainen wol ermant* werden (RS V 327; »wir alle ermahnt werden«), wenn kein anderer zu handeln versteht. Wen aber meint die Vulgata hier genau mit *die gemainen?*

Mit der Wendung *das ist gemein worden* (RS N 66; »es ist üblich geworden«) beklagt die Vermittlungsinstanz um sich greifende Gewohnheiten.[716] Lässt sich das Adjektiv hier am besten mit ›üblich‹ übersetzen, tritt es auch in der Bedeutung ›ganz‹, ›allgemein‹ auf: Mit den Missbräuchen im Münzwesen werde *die*

711 RS N 52, N 70, V 91, P 271, G 312.
712 RS N 52, N 70, V 91, G 240, P 271, V 289.
713 Vgl. auch N 76, N 78, N 80, N 234, G 240, P 245, P 271, P 293, V 313, P 313, N 324.
714 Vgl. auch G 161, N 168, K 234, P 285, P 325.
715 Vgl. auch N 214, G 312, V 327, N 330.
716 Vgl. auch N 102, P 113, P 315; ähnlich auch RS K 158.

*gemain welt* betrogen (RS V 347, vgl. auch V 261; »die gesamte Welt«), so dass *in der gemainen cristenhait* (RS V 349, vgl. auch V 103, V 223; »in der gesamten Christenheit«) Unrecht herrsche. Das letzte Kapitel, das Fragen zum Münzwesen verallgemeinernd beantwortet, erhält ebenfalls den Zusatz *gemein* (RS N 202; »allgemein«). In einer dritten Bedeutungsdimension weist das Adjektiv im Sinne von ›gleich‹, ›gemeinsam‹, ›allen gehörig‹ auf geteilte Rechte und Pflichten der Glaubensgemeinschaft hin: *Ein gemeind ordnung* (RS N 144; »Eine einheitliche gemeinsame Ordnung«) solle für alle Pfarrkirchen gelten; die Leibeigenschaft verstoße gegen Gott, der *unns gemein* (RS N 278; »uns alle gleich«) erschaffen habe. Die Mönche sollen dasselbe Einkommen beziehen, *es soll in alles gemein sein* (RS N 194; »es soll ihnen allen gleichermaßen gehören«), denn *got wil uns gemeinlich halten* (RS P 279; »Gott möchte uns einander gleichstellen«).

Meist jedoch fällt das Adjektiv *gemein* nicht wie in den vorangehenden Zitaten als Integrations-, sondern als Oppositionsbegriff, um unterschiedliche Personengruppen zu unterscheiden.[717] In der Regel findet es dabei Einsatz, um die *gemein* von der geistlichen Obrigkeit abzugrenzen: Die vier Bettelorden dürfen das Almosen beziehen, *darumb sie für gemein lüte singen und bitten sullent* (RS P 219; »um für die Gemeinde zu singen und Fürbitte zu leisten«). Bischöfe *sollent nimmer zu der gemain wandeln* (RS V 181; »sich nicht unter dem allgemeinen Volk aufhalten«). Weil die *gelerten* versagen, liege die Reformverantwortung vor allem auf den *gemainen: Darümb sein wir die gemainen wol ermant, unser vernüfft und unser verstandtnüß zu güten wercken pringen* (RS V 327; »Deshalb werden wir alle ermahnt, unsere Vernunft und unseren Verstand für gute Taten einzusetzen«). *alle gemein cristen* (RS P 139; »alle Christen«) sollen den geistlichen Häuptern ihre Irrtümer aufzeigen, denn nur gemeinsam könne man gegen ihr Versagen angehen:

> *Sehent an, kein babst, kein cardinal noch bischoff wirt mer heylig, das kumpt, das das groß unrecht vor got ist, das lang gewert; solt es lang me bestan, so bedorfft man keins babsts me; sye geben ytzunden lutzel umb in; es mag nit zü recht kumen, man muß es mit einer gemein understen und auch krefftiglichen on ablan.*
> RS N 192/194

> »Bedenkt, weder Papst, Kardinal noch Bischof erwerben heutzutage noch das Heil. Das kommt daher, dass man schon viel zu lange duldet, dass sie Unrecht vor Gott tun. Wird es noch lange so weitergehen, braucht es in Zukunft keinen Papst mehr, denn sie [gemeint ist der Klerus, S. Q.] geben sowieso nichts mehr auf ihn. Es wird nicht von allein in Ordnung gebracht, man muss es mit Willensstärke und ohne Unterlass gemeinsam angehen.«

717 So differenziert die N-Fassung an einer Stelle zwischen *gemein* und *stat* (RS N 266) und rekurriert damit auf den Gegensatz zwischen Stadtrat und Stadtbevölkerung.

Konkretisiert die K-Fassung den Begriff *gemein* an dieser Stelle zu *samenunge der cristenheyt in eynem concilio* (RS K 194; »Versammlung der Christenheit in Form eines Konzils«) und legt *gemain* damit als ›Kirchenversammlung‹ aus,[718] identifiziert die P-Fassung die *gemein* mit dem *volck:* Man solle *uß allem gemeinem volck* (RS P 59; »aus dem gemeinen Volk heraus«) Beschwerde über die Häupter einreichen. Gott habe die Weisheit den Häuptern verborgen und sie stattdessen *geoffenet den cleinen, das ist dem gemeinen wolck* (RS P 59; »den Kleinen, das heißt dem gemeinen Volk offenbart«). Bemerkt die N-Fassung noch: *man sicht woll, sol es nit mit getrewer armer gemeind dar brocht werden, so wirt es ubel gen* (RS N 58; »man muss verstehen: Wird es nicht mit der treuen bescheidenen Gemeinde vollbracht werden, wird es übel zugehen«), kommt die P-Fassung zu dem Schluss: *man siht wol, sol es nit durch das gemein büffel zů recht kummen, so stat daz unreht und wurt menglich verdampnet* (RS P 59; »man muss verstehen: Wird das gemeine Volk es nicht richten, so hat das Unrecht weiterhin Bestand und so werden viele verdammt«). In allen drei Fassungen markiert der Begriff *gemein* einen Gegensatz zwischen Herrschaftsträger und Kollektiv. Wie genau man diesen Gegensatz nun aber auslegt – ob man mit der K-Fassung die *gemein* als die Versammlung der stimm- und entscheidungsberechtigten Synode auf dem Konzil versteht oder mit der P-Fassung vom *gemein büffel* spricht – darauf haben wohl bereits die Zeitgenossen der ›Reformatio Sigismundi‹ keine eindeutige Antwort gefunden.[719]

### 4.3.3 Der ›invertierte Herrschaftsanspruch‹: Die *häupter* und die *kleinen* in der ›Reformatio Sigismundi‹

Vergleichbare Rätsel hat die ›Reformatio Sigismundi‹ ihren späteren Bearbeitern auch mit den immer wieder apostrophierten *kleinen* mitgegeben. In der Forschung herrscht keine einhellige Meinung in Bezug auf die als *kleinen* adressierten Reformakteure: Deuten sie auf einen konkreten sozialen Stand, auf eine ideell utopische Gesinnungsgemeinschaft im Sinne der geistig Armen oder auf die unmittelbare Schicht unter den Herrschenden?[720] Dass den *kleinen* gerade in

718 Zu dieser Ergänzung der K-Fassung vgl. Struve 1978, 113.

719 Zu den unterschiedlichen Bedeutungsdimensionen des Begriffs *gemein* im Frühneuhochdeutschen vgl. Ulrich Goebel/Anja Lobenstein-Reichmann/Oskar Reichmann (edd.), Frühneuhochdeutsches Wörterbuch, 11 Bde., Bd. 6: *g* – *glutzen*, Berlin/New York 2003 et al., 823–837. Kurze Einträge finden sich in Götze 1967, 100f. und Baufeld 1996, 106.

720 Dohna hat die *kleinen* als programmatische Formel im Sinne der geistig Armen gelesen: Die Träger der Reform sollen diejenigen sein, die wie die Kleinen denken und also Buße tun (vgl. Dohna 1960, 156–158). Dohnas Lesart folgt Pfaff, auch wenn er stellenweise soziale Implikationen nicht ausschließt (vgl. Pfaff 1999, 196). Dagegen hat Irsigler argumentiert, dass die Dichotomie von *heuptern* und *kleinen* – bei aller begrifflichen Offenheit – Grenzziehungen vornimmt; er fasst die *kleinen* deshalb als »die zur stärkeren politisch-gesell-

ihrer möglicherweise bewusst gewählten Vieldeutigkeit »eine Schlüsselfunktion für das Verständnis der ganzen Schrift«[721] zukommt, hat jedenfalls Tilman Struve vermutet.

Zum ersten Mal erwähnt die Vermittlungsinstanz die *kleinen* in der Einleitung des Reformkatalogs: *der schatz aller gerechtigkeyt ist villeicht den kleinen behalten* (RS N 58; »der Schatz aller Gerechtigkeit ist vielleicht den Kleinen vorbehalten«). Im Anschluss verweist sie auf eine Episode aus Mt 18,1–4, in der Christus einen Knaben unter seine Jünger gestellt und erklärt habe, dass der *einganck zü himel pey den kleinen* (RS N 58; »der Zugang zum Himmel bei den Kleinen«) zu finden sei. Sie verschränkt den Bericht mit einem weiteren Christusausspruch aus dem Matthäus-Evangelium (Mt 11,25): *Vater, ich öffen dir, das du dye weyßheyt der werlt verporgen hast den grossen und hast dye geoffent den klainen* (RS N 58; »Vater, ich eröffne dir, dass Du die Weisheit der Welt den Großen verborgen und den Kleinen offenbart hast«). Die beiden Episoden aus dem Leben Christi (Streitigkeiten unter den Jüngern/ Apostrophe an Gott Vater) nutzt die Vermittlungsinstanz, um die ›Kleinen‹ gegenüber den ›Großen‹ argumentativ aufzubauen. Die P-Fassung intensiviert den Kontrast noch, indem sie die Stelle mit lateinischen Zitaten anreichert:

> *was geschicht? so schribet man uß allem gemeinen volck in klage wiß und leyt man für die hündrung der hőbter und kumpt darzů, das der convent den apt würt drücken und wurt man das swert bruchen an den hőbtern und werdent die kleinen den gewalt drucken;* […] *wie sprichet das ewangelium: unser herre eismales det er ein bicht zů sinem vatter und sprach: Confiteor tibi, pater, quod abscondisti hec a sapientibus et prudentibus et revelasti ea parvulis etc. – »vatter, ich offenen dir, das du dyne wisheit, das ist die weltliche wisheit, an hőubtern verborgen hast« – das beken an dem wort sapientibus – »und die list an geistlichen houbtern verborgen hast« – das beken an dem wort prudentibus – »und hast es geoffenet den cleinen«, das ist dem gemeinen wolck. Do wurt nů erfüllet, das man sprach: Deposuit potentes etc. – er stosset ab die gewaltigen und erhőbt die kleinen; man siht wol, sol es nit durch das gemein büffel zů reht kummen, so stat daz unreht und wurt menglich verdampnet.*
> RS P 59

schaftlichen Mitverantwortung aufgerufenen Kräfte des Reiches unterhalb der Adelsspitze der Fürsten und Landesherren, die Gemeinschaft der politisch und rechtlich handlungsfähigen Menschen in Stadt und Land, der gemeine Mann schlechthin, repräsentiert durch die ›kleinen‹ Obrigkeiten, die selbst wieder vielfach einer fürstlichen, landesherrlichen Obrigkeit gegenüberstanden« (Irsigler 1976, 253f.; ihm folgt Reich 2021, 460, Anm. 160). Ähnlich deutet auch Struve die *kleinen* als eine nicht klar zu begrenzende neue Herrscherelite (etwa in Form der Reichsstädte), die die *gemein* zwar repräsentieren, jedoch nicht mit ihr identisch sind (vgl. Struve 1978, 109). Dem widerspricht Thomas, der in den *kleinen* keine soziale Kategorie erkennt (vgl. Thomas 1983, 336). Die Vieldeutigkeit des Begriffs haben zuletzt noch einmal Schmolinsky 2010, 469 und Zapf 2012, 625 betont.

721 Struve 1978, 108.

»Was geschieht? Man wird aus dem gemeinen Volk heraus Klagen erheben und sie vorlegen, um das Fehlverhalten der Häupter zu verhindern, und so wird es schließlich dazu kommen, dass der Konvent Druck auf den Abt auswirkt und man das Schwert gegen die Häupter erhebt und der Machtmissbrauch durch die Kleinen verhindert wird; [...] Wie heißt es im Evangelium: Einmal beichtete unser Herr zu seinem Vater und sprach: *Confiteor tibi, pater, quod abscondisti hec a sapientibus et prudentibus et revelasti ea parvulis etc.* – ›Vater, ich eröffne Dir, dass Du Deine Weisheit, das ist die weltliche Weisheit, den Häuptern verborgen hast‹ – im Lateinischen steht: *sapientibus* – ›und die Klugheit den geistlichen Häuptern verborgen hast‹ – im Lateinischen steht: *prudentibus* – ›und es den Kleinen offenbart hast‹, das heißt dem gemeinen Volk. Es erfüllt sich nun, was prophezeit wurde: *Deposuit potentes etc.* – er verstößt die Gewaltigen und erhöht die Kleinen. Man muss einsehen: Wird das gemeine Volk es nicht richten, so hat das Unrecht weiterhin Bestand und so werden viele verdammt.«

Die lateinischen Einschübe dokumentieren das Wissen des Präzeptors (Kleinschmidt) beziehungsweise Experten-Intellektuellen (Dümling), der zwar bekannte Autoritäten zitiert, deren Aussagen jedoch übersetzt und interpretiert (wie die Formel *das beken an dem wort* belegt), damit auch ein Laie sie verstehen kann. Für alle Fassungen typisch bewegt sich die Argumentation dabei zwischen den antithetischen Dimensionen von *reht* und *unreht*, von Heil und Verdammnis. Die P-Fassung konfrontiert die *kleinen* dabei nicht wie die N-Fassung mit den *grossen*, sondern stellt ihnen die *gewaltigen* und *houbter* gegenüber. Die N-Fassung bringt diese Opposition an späterer Stelle:

*Es soll villeicht sein, dye cleinen sollen erhocht werden und dye gewaltigen nyder getrücket, als Cristus in dem ewangelio sagt, als vor woll gemeldet ist worden von dem jungen, den Cristus / widerr dye jungernn stalt und in dem ewangelio Marci: Confiteor etc.*
RS N 324

»Vielleicht soll es so sein, dass die Kleinen erhöht und die Mächtigen erniedrigt werden, wie es Christus im Evangelium sagt und wie es der Junge, den Christus einst unter seine Jünger gestellt hat, im Markus-Evangelium angekündigt hat: *Confiteor etc.*«

Die beschriebene Episode um Christus, seine Jünger und den Knaben findet sich zwar bei Markus, das Zitat *Confiteor etc.* stammt allerdings aus dem Matthäus-Evangelium (es entspricht der texteigenen, assoziativen Quellenberufung, dass Argument und Beleg nicht zusammenpassen).[722] Auch hier findet das lateinische Zitat Einsatz, um die *gewaltigen* und die *cleinen* gegeneinander auszuspielen. Die G-Fassung setzt für die Kontrastwirkung zusätzlich auf den Reim: *die grossen würdent klain,/ die klainen würdend rain./ Wer sich nidert, würt erhöcht, wer sich erhöcht, der würd genidert* (RS G 336f.; »die Großen werden klein,/ die Kleinen werden erlöst. Wer sich erniedrigt, wird erhöht, wer sich erhöht, der wird er-

722 Zu den falschen Zitaten vgl. Koller 1958, 441; Ders. 1964b, 324, Anm. 2.

niedrigt.«). An anderer Stelle vergleicht die Fassung die *klainen, gemainen priester*[] (RS G 69; »kleinen, niedrigen Priester«) und die *häupter*, während die Vulgata die *clainen* gegen die *gelertten und weisen und die gewaltigen* (RS V 85; »die Gelehrten und Weisen und Mächtigen«) einsetzt.

Wie die zitierten Belegstellen zeigen, stehen die *kleinen* vergleichbar dem Begriff der *gemain* zunächst einmal als Oppositionsbegriff zu einer (primär religiösen) Funktionselite, namentlich den *grossen, gewaltigen* und *heuptern.*[723] Wie genau man den Gegensatz auslegt, bleibt auch hier den späteren Bearbeitern überlassen: Spricht die N-Fassung lediglich unmarkiert von den *kleinen*, identifiziert die P-Fassung diese mit dem *gemeinen wolck* (RS P 59; »gemeines Volk«), während die P nahestehende G-Fassung darauf hofft, dass *die klainen und das gemein böfel* (RS G 58; »die Kleinen und das gemeine Volk«) eingreifen werden.[724] Unabhängig von einer konkreten sozialen Personengruppe zeichnet die zitierten Aussagen vor allem die Oppositionsstruktur von ›herrschender‹ und ›beherrschter‹ Partei aus, die *kleinen* und die *häupter* lesen sich damit weniger als soziale denn programmatische Formel, die von den späteren Bearbeitern im Sinne der Gesamtintention unterschiedlich ausgelegt werden kann.[725]

Um das spezifische Potenzial der mit *klein* apostrophierten Reformakteure zu verstehen, ist es indes unerlässlich, die konkreten Handlungsaufforderungen in den Blick zu nehmen. Die zitierten Aussagen fordern, dass *dye gewaltigen nyder getrücket* (RS N 324; »dass die Mächtigen erniedrigt«) werden und dass *der convent den apt würt drücken und wurt man das swert bruchen an den höbtern und werdent die kleinen den gewalt drucken* (RS P 59; »der Konvent Druck auf den Abt ausübt und man das Schwert gegen die Häupter erhebt und der Machtmissbrauch durch die Kleinen verhindert wird«). Repräsentant der *cleinen* wird schließlich ein *cleiner geweichter* (RS N 328; »kleiner Geweihter«), nämlich jener in der Schlussvision prophezeite Priesterkönig Friedrich, der die Sünde *underdrucken* (RS N 326; »unterdrücken«) und das Unrecht *zertrucken* (RS P 327; »zerstören«) werde.[726] Mit *gewalt*, so prophezeit die Vermittlungsinstanz, *durchbrichet* (RS N 168; »durchbricht«) Friedrich bestehende Strukturen, *mit zorn*

723 Den *kleinen* vergleichbar sind auch die *heupter* unterschiedlich interpretiert worden: Struve bringt Belegstellen, in denen der Begriff synonym für die Gelehrten, die Geistlichen und die Großen im Sinne der Herrschenden fällt (vgl. Struve 1978, 109, Anm. 208; vgl. auch Thomas 1983, 332).

724 Zu diesen Umdeutungen in der P- und G-Fassung vgl. Irsigler 1976, 25f.

725 Auch hier leiht die ›Reformatio Sigismundi‹ aus dem Angebot publizistischer Vertextungsstrategien: Mit Blick auf die politische Publizistik beobachtet Kleinschmidt, dass die Publikumsapostrophen häufig nicht etwa eine konkret umrissene Gruppe bezeichnen, sondern einen repräsentativen Adressatenkreis integrieren (vgl. Kleinschmidt 1980, 140, Anm. 48).

726 Dass die *kleinen* durch den Priesterkönig repräsentiert und dadurch aufgewertet werden, hat bereits Struve erkannt (vgl. Struve 1978, 111).

werde er *richten* (RS N 76; »zornig zu Gericht sitzen«). Man solle also *zürnen, durchbrechen, die gewalt drucken.* Was aber soll das eigentlich heißen?

Da die eigentlichen Reformakteure auf dem Basler Konzil versagen, ruft die Vermittlungsinstanz in der zweiten Person Plural zur Aktion auf:

> *Hierumb man zwingt dye gelerten, das sye recht ordenung haben oder wir geen mit in in dye helle; es ist weger hye ein zeytlicher zornn wann dort ein ewig verdampnüß. Irascimini et nolite peccare – ir sollent zürnen und nit sunden. Sicher man thut ein gotlich werck, der es krefftiglichen understet, durchbrichet mit zorne, ist nit sunde.*
> RS N 172/174
>
> »Deshalb sollte man die Gelehrten bedrängen, sich an die rechte Ordnung zu halten, oder wir gehen mit ihnen in die Hölle. Denn es ist besser, hier kurzzeitig zu zürnen als dort ewig verdammt zu sein. *Irascimini et nolite peccare* – Ihr sollt euch erzürnen und nicht sündigen. Derjenige begeht mit Sicherheit ein göttliches Werk, der es mit Stärke zustandebringt; sich mit Zorn durchzusetzen, ist keine Sünde.«

Wie genau auf das Fehlverhalten der gebildeten Entscheidungseliten zu reagieren sei, konkretisiert sie unter Rekurs auf Psalm 4,5: Ihr sollt *zornn* empfinden, *zürnen, mit zorne* gegen die Missstände angehen. Übersetzt man das frühneuhochdeutsche Verb *zürnen* mit ›aufgebracht sein‹, fordert die Vermittlungsinstanz zunächst eine affektive Reaktion. Die P-Fassung intensiviert den emotiven Effekt noch über die akustische Wirkung des Reims: *Es ist weger, einen zorn hie zů halten,/ den eweklich von got verschalten* (RS P 173; »Es ist besser, hier zu zürnen, als ewig von Gott verdammt zu sein«). Die Aussicht auf Heil beziehungsweise Verdammnis emotionalisiert den möglichen Ausgang und integriert das Rezeptionskollektiv in den Appell: Man solle mit Zorn auf die aktuellen Zustände blicken, um nicht die eigene Erlösung zu riskieren. Doch dem nicht genug: Man solle die Entscheidungsträger zur *recht[en] ordenung zwingen* und Missstände *durchbrechen.* Die Vulgata formuliert an derselben Stelle:

> *Darümb all getreü cristen, lasset uns sünderlich die gelerten pezwingen, das sie rechte ordnung halten; wann sicher, gescheh es nicht, so ging wir mitainander in die helle;* [...] *Sicher, man sundet nicht daran, man tüt ain götliches werck, der diese ordnung krefftiglich durchpricht.*
> RS V 175
>
> »Deshalb, all ihr treuen Christen, lasst uns jeder für sich die Gelehrten zwingen, dass sie die rechte Ordnung einhalten. Denn eines ist sicher: Wenn dies nicht geschieht, so gehen wir miteinander in die Hölle; [...] Es ist sicher, dass man sich dadurch nicht versündigt, sondern dass derjenige im Gegenteil ein göttliches Werk tut, der diese Ordnung kraftvoll durchsetzt.«

Gleich zweimal bezieht sich die Vulgata auf eine fundierende *rechte ordnung* als Normhorizont, während sie zeitgleich mit der Apostrophe an *all getreü cristen* ihren Adressatenkreis denkbar offen hält. Analog zu der N-Fassung folgen auch hier die Appelle, die Entscheidungsträger zu *pezwingen* und die Ordnung zu *durchbrechen.* Weitere Belegstellen führen in das Bedeutungsspektrum der beiden Verben ein: Früher musste man die Geistlichen auf ihr Bistum *zwynghen* (RS K 234; »zwingen«), nun verteidigen die Bischöfe eigennützig ihren Besitz. Kirche und Kaiserreich harren einer Reform und so müsse man *es mit krafft durchprechen* (RS V 289; »kraftvoll durchsetzen«), man solle und müsse *ein durchbruch důn* (RS P 105; »einen Durchbruch erreichen«). Impliziert das Verb *zwingen* vor allem einen mahnenden Appell in Richtung Führungselite, semantisiert das Wort *durchbrechen* die Notwendigkeit einer Reform. Die zitierten Aussagen fordern also, die Entscheidungsträger zu ›bedrängen‹ (*pezwingen*) und die Ordnung ›durchzusetzen‹ (*durchprechen*).[727] Vergleichbar dem oben zitierten Ausspruch mit dem Verb *zürnen* fordert die Vermittlungsinstanz an diesen Stellen also weniger eine konkrete Handlung, sondern ruft viel eher zu genereller Agitation. Ebenso lesen sich auch die Wendungen mit dem Verb *weysen:* Niemand traue sich, Bischöfe oder Klöster zu *geweysen* (RS N 168; »belehren«); man solle sich jedoch nicht fürchten, wenn man sie zu *weysen* (RS G 81; »belehren«) suche, man handle im Gegenteil in Gottes Sinne. Die Ritterorden sollen *woll geweyst werden* (RS N 184; »zurechtgewiesen werden«) und auch die Klöster *wist [man] zu ainer rechten ordnung* (RS Gw 189; »führt [man] zu einer rechten Ordnung«), denn dieser Tage müsse man leider jene *wisen,* [...] *den die welt enpfolhen ist* (RS P 81; »zurechtweisen, [...] denen die Welt eigentlich anempfohlen ist«). Gerade den Reichsstädten obliege es, *dye ungehorsamen zü weysen* (RS N 234; »die Ungehorsamen zurechtzuweisen«); schließlich werden *dye cleinenn dye grossen weysen müßenn* (RS N 84; »die Kleinen die Großen führen müssen«).

Bleiben noch die Formulierungen mit dem Verb *drucken/ drücken:* Man solle *das unrecht* (RS P 81; »die Ungerechtigkeit«) und *allen übermuot drucken* (RS G 342; »jeden Hochmut unterdrücken«), damit langfristig die *sündt untertrückt* (RS V 301; »die Sünde unterdrückt«) werde. Die *unterdrucken und hinderüng dieser seligen hailigen ordnung* (RS V 79; »Unterdrückung und Behinderung dieser seligen heiligen Ordnung«) solle man dagegen verhindern. Kann man *drucken* hier vor allem mit ›verhindern‹ wiedergeben, meint das Verb im Kontext zwischenmenschlicher Beziehungen eher ›zurechtweisen‹: Wer sich gegen das Recht auflehne, den gelte es *unterzutrücken* (RS V 311; »zurechtzuweisen«), die Ritterorden seien *billich zü trucken* (RS N 184; »mit Fug und Recht zu belehren«) und auch den Papst solle man an seine Pflichten erinnern: *des nympt man billich*

727 Zu *twingen/ zwingen* vgl. Baufeld 1996, 263. Zu *durchbrechen* vgl. Ulrich Goebel/Anja Lobenstein-Reichmann/Oskar Reichmann (edd.), Frühneuhochdeutsches Wörterbuch, 11 Bde., Bd 5.1: *d–dysentrie*, Berlin/Boston 2006 et al., 1836–1838. Zu den Bedeutungsdimensionen des Verbs *durchbrechen* in der ›Reformatio Sigismundi‹ vgl. auch Dohna 1960, 179f.

*von got / ein urlaup, den in ein ordenung zü setzen, der es selber zü gebietten hat, wann ein babst vermag alle ding in gerechtigkeyt. Aber ich mein, der covent wert den apt drucken, das soll billich sein* (RS N 80; »zurecht erhält man von Gott die Erlaubnis, den zur Ordnung zu rufen, der eigentlich selbst zu befehlen hat – wie im Falle des Papstes, der nach dem Gesetz eigentlich alles selbst verfügen kann. Aber ich denke, dass diesmal der Konvent mit Recht Druck auf den Abt ausüben wird.«). Wage auch aktuell niemand, den obersten Amtsinhaber (*babst/ apt*) zu kritisieren, so hofft die Vermittlungsinstanz doch auf den korrigierenden Einfluss der Glaubensgemeinde (*covent*). Vergleichbar appelliert sie an späterer Stelle:

> *gedenck yederman der vermanung zü thunn und gee in das recht oder wir geen in gots zornn, das wir sele und leypp verdammen; das haben wir vor unns als sicher, als got im himel ist in wesen; ich mein woll, man finde der getrewen cristen noch also vil, das der gewalt getruck werde*[.]
> RS N 214

> »Jedermann soll daran denken, der Aufforderung [gemeint sind die in der ›Reformatio Sigismundi‹ gestellten Appelle, S. Q.] nachzugehen und den Weg des Rechts einzuschlagen oder wir provozieren Gottes Zorn und riskieren damit, Leib und Seele zu verdammen. Das liegt so sicher vor uns, wie Gott im Himmel ist. Ich meine, man wird noch genügend treue Christen finden, um die *gewalt* zu verhindern.«

Erneut entfaltet die Vermittlungsinstanz Dramatik und Dringlichkeit der Situation über die heilsgeschichtliche Perspektive, indem sie ewige Verdammnis als Folgewirkung der fehlenden Reformbereitschaft in Aussicht stellt; verhindern könne man die göttliche Strafe nur, wenn *der gewalt getruck werde.* Die K-Fassung ergänzt: Noch gebe es genug Christen, damit *der gewalt der boßen und ungehorsame der heligen kirchen gedruckt werde* (RS K 214; »die *gewalt* der Bösen und der Ungehorsam der heiligen Kirche unterdrückt werde«).

Der Begriff *gewalt* taucht in den Fassungen in unterschiedlichen Bedeutungsdimensionen auf: Er verweist auf die Allmacht Gottes[728] und jene Teilmacht, die er seinen Stellvertretern auf Erden verleiht (RS K 74, N 80). Damit einher gehen die einzelnen Rechte und Pflichten der jeweiligen Amtsträger: Zur Sprache kommen die *gewalt* des Kaisers,[729] des Papstes,[730] der Kardinäle (RS V 117, V 123) und Bischöfe (RS V 123, N 168, P 237), der Orden (RS N 98, N 168, N 178), des Konzils (RS G 79, N 244), der Priester,[731] des Rittertums (RS N 246), der Reichsstädte (RS P 271), der Zünfte (RS P 269) sowie derjenigen, die den Handel kontrollieren (N 320). Fällt der *gewalt*-Begriff in der Regel im Kontext einzelner

728 Vgl. RS N 82, N 92, V 315; analog auch die *gewalt* des Teufels (RS G 85).
729 Vgl. RS G 249, N 294, V 311, P 337.
730 Vgl. RS N 56, N 92, G 93, V 117, N 120, V 123, G 236, G 249, N 336.
731 Vgl. RS K 72, G 119, P 157, P 159, V 351.

Amtsinhaber, propagiert die ›Reformatio Sigismundi‹ deshalb keineswegs ein personengebundenes Herrschaftsverständnis. Im Lichte des Abendländischen Schismas stellt die P-Fassung vielmehr fest, dass nur jener Papst sein solle, den das Kardinalskollegium rechtmäßig gewählt habe. Schließlich mache nicht die Person das Amt, sondern das Amt die Person: *sin gewalt ist uns nütze und sin person nit* (RS P 93; »seine Herrschaftskompetenz ist uns nützlich und nicht etwa seine Person«). Ähnlich zitiert auch die P nahestehende G-Fassung aus dem Matthäus-Evangelium: *tu es Petrus – du bist Petrus genannt, uf deinen namen setz ich mein kilchen! er satzt sy nit uf sein person* (RS G 93; »*tu es Petrus* – Du bist Petrus. Auf Deine Würde baue ich meine Kirche! Er baute sie nicht auf seine Person«). Hier scheint ein Herrschaftsverständnis durch, das zwischen personalem Herrschaftsträger und transpersonaler Herrschaftsfunktion zu trennen versteht.

Im Sinne des mittelalterlichen *ordo*-Denkens möchte die Vermittlungsinstanz die unterschiedlichen *gewalt*-Bereiche dabei getrennt wissen: Jedes Handwerk solle in einer Gesellschaft sein, *do einer nit me gewaltes hab den der ander* (RS P 269; »damit einer nicht mehr Macht als der andere habe«). Niemand solle sich *in keinen gewalt* (RS N 276; »indem er Macht ausübt«) über andere erheben, denn Gott habe uns durch sein Opfer von der Leibeigenschaft befreit, und so werde er helfen, *alle[m] unzichtlichen gewalt* (RS G 342; »jeder unrechtmäßigen Machtausübung«) Einhalt zu gebieten. Die Kirche sei der *andernn gewalt von dem reich* (RS N 248; »die andere Macht des Reiches«), weshalb die Bischöfe auch keinen *weltlichen gewalt* (RS V 127; »keine weltliche Macht«) ausüben sollen; leider jedoch *füren [sie] weltlichen gewalt und wissen wol, das es wider got ist* (RS V 127; »üben [sie] weltliche Macht in dem Wissen aus, dass es gotteswidrig ist«).

Hier wie an anderen Stellen verweist das Substantiv *gewalt* auf einen Machtmissbrauch: *mit gewalt* (RS N 52; »indem man seine Macht missbraucht«) begehe man allerorten Unrecht,[732] *der geytz hat gewaltiglichen seinen ganck* (RS N 54; »die Habsucht geht gewaltig um«) und *ubermüt und gewalt* (RS N 58; »Hochmut und Machtsucht«) greifen um sich. Kirchenpfründe werden *mit gewalt* verkauft (RS N 54) und verteidigt (RS N 234, G 234, G 235), die Zünfte seien *gewaltig worden* (RS N 266; »mächtig geworden«). Harsch kritisiert die Vermittlungsinstanz außerdem *dye gewaltigen* (RS V 85, N 214; »die Machtgierigen«), die sich mit dem Teufel eingelassen haben.

Nur in einer Bedeutungsdimension findet sich der Begriff *gewalt* in der ›Reformatio Sigismundi‹ tatsächlich nicht: Die unterschiedlichen Fassungen verwenden ihn nicht im Sinne körperlicher Aktion. Die Aussage: *man kan dye reformatz nit außgeben dann mit gewalt* (RS N 56; »man kann die Reform nur mit *gewalt* durchsetzen«), die Einblick zu bieten scheint in das gewaltpropagierende

732 Vgl. auch P 69, P 85, N 126, G 256, V 259; ähnlich auch RS K 232, G 236.

Potenzial des Textes, steht vor dem Hintergrund der angestellten Beobachtungen also neu zur Diskussion. Die Bedeutungsdimensionen der anderen Passagen legen nahe, *gewalt* hier nicht mit ›Körperkraft‹, sondern mit ›Vollmacht‹ zu übersetzen. Tatsächlich bestätigt der Kontext diese Vermutung, schließlich prangert die Vermittlungsinstanz unmittelbar davor an, dass die Entscheidungsträger eine Reform zu umgehen suchen: *wo komen dye heupter?* [...] *Mich duncket es rur sie, sie stunden gernn ab* (RS N 56; »Von wo kommen die Häupter? [...] Mir scheint, es betreffe sie, aber sie haben nur allzu bereitwillig verzichtet«). Der Ausspruch verabschiedet nicht etwa die eigentlichen Entscheidungsträger, sondern bedauert im Gegenteil deren Abwesenheit – könne die Reform doch nur durch jene mit *gewalt* erfolgreich umgesetzt werden.[733] Es spricht auch einiges dafür, mit Struve *gewalt* als ›Zwang‹ wiederzugeben – dann weist der Ausspruch ähnlich dem oben zitierten *Darümb all getreü cristen, lasset uns sünderlich die gelerten pezwingen* (RS V 175; »Deshalb, all ihr treuen Christen, lasst uns insbesondere die Gelehrten zwingen«) darauf hin, dass man die eigentlichen Entscheidungsträger an ihre Pflichten gemahnen solle.[734] Dass die *gewalt getruck werde,* lässt sich in Anbetracht der negativen Konnotationen des *gewalt*-Begriffs dagegen am besten sinngemäß übersetzen mit: den Machtmissbrauch künftig verhindern.[735] Wie polarisierend diese Aussagen zum Teil auf das zeitgenössische Publikum gewirkt haben müssen, zeigt eine Stelle der G-Fassung: Den Satz *gewalt wir dich drucken* (RS G 336f.; »wir werden Dich, Machtmissbrauch, nicht länger dulden«) verändert eine spätere Hand zu: *gewalt wirt dich drucken* (RS G 336f.; »die legitime Macht wird Dich zurechtweisen«).[736] Dass ein ›wir‹ hier selbstbewusst behauptet, die in der zweiten Person Singular adressierte *gewalt* anzugehen, hat den Bearbeiter wohl so irritiert, dass er die Aussage entschärfen wollte;

733 Mit ›Vollmacht‹ übersetzt bereits Dohna 1960, 180f.

734 Vgl. Struve 1978, 114, Anm. 240. Straube jedenfalls versteht die Stelle falsch, wenn er aus dem zitierten Satz schließt: »Die Unterdrückten sollten selbst mit Gewalt für ihr Programm eintreten« (Straube 1961, 115). Das bedeutet im Umkehrschluss nicht, dass die ›Reformatio Sigismundi‹ keine Gewaltbereitschaft zeigt. Struve listet die Stellen (vgl. Struve 1978, 115, Anm. 244), in denen die ›Reformatio Sigismundi‹ ›zum Schwert greift‹: Wolle man Reformen erreichen, *das müß durch gotlich hilff und krafft zügen und durch das swert* (RS N 68; »kann dies nur durch göttliche Hilfe und Stärke und durch das Schwert geschehen«); *und leste man das swert gebrauchen / gen den ungehorsamen personen* (RS N 76; »man soll das Schwert gegen die Ungehorsamen erheben«), *so / muß man dise ordenung behalten und das swert brauchen* (RS N 90; »so soll man diese Ordnung einhalten und das Schwert gebrauchen«), *dye* [d. i. *gewaltigen*, S. Q.] *wirt man weysen mit swerten* (RS N 216; »man muss die Mächtigen mit dem Schwert zurechtweisen«). Zur Gewaltbereitschaft der ›Reformatio Sigismundi‹ vgl. Irsigler 1976, 251; Pfaff 1999, 194f.

735 Zu den Bedeutungsdimensionen von *drucken* vgl. Goebel/Lobenstein-Reichmann/Reichmann 2006, 1836–1838. Zu den Bedeutungsebenen von *gewalt* vgl. ebd. 2003, 1784–1803.

736 Vgl. Koller 1964b, 336.

stattdessen ist es nun die personalisierte *gewalt*, die den einzelnen auf seinen Platz verweist.

Die *kleinen*, so lassen sich die Ergebnisse bündeln, sollen sich über das Chaos empören (*zürnen*), fehlgeleitete zur Ordnung rufen (*bezwingen*) und ihnen den rechten Weg zeigen (*weysen*), Druck ausüben auf die Verantwortlichen (*drücken/ drucken/ trucken*) und so die Reform einfordern (*durchbrechen*), sie indes nicht selbst umsetzen – richtet der Text seine mahnenden Handlungsappelle doch vor allem an die Funktionseliten des Reichs, namentlich an die Fürsten, Herren, Ritterschaft und Reichsstädte. Diese werden die Reform angehen, während die *kleinen* sie an ihre Pflichten erinnern sollen. Ihrer vermeintlich aggressiven Kernbedeutung zum Trotz verlangen die untersuchten Verben nicht, gegen die eigentlichen Herrschaftsträger aufzubegehren, sondern diese im Sinne der geltenden Ordnung zur Aktion zu rufen. Man soll die Herrschaftsträger nicht ersetzen, sondern zurück in Stand setzen.

Grund dafür sieht die ›Reformatio Sigismundi‹ in dem Umstand, dass die natürliche Ordnung aus dem Gleichgewicht geraten sei: Die Klöster haben ihre Ordensregel *verkert* (RS G 161; »verdreht«)[737] und so haben sich *alle ding verkert, alls uf das unrecht* (RS G 194; »alles hat sich zum Falschen hin verändert«). Einst sei die Welt wohl geordnet gewesen, *das hat sich nun alles verkert* (RS G 182, G 186, Gw 189; »das hat sich nun alles verkehrt«). Die um sich greifenden Regelbrüche haben schließlich den gesamten *ordo* durcheinandergebracht: *es solten schier unvernüfftig tier uber unns schreyen: ›Fromen getrewen cristen, nach aller manung, dye vor stet, lasset euch zü hertzen gan, alles groß unrecht werent und helffent weren!‹* (RS N 284; »es rufen uns schon beinahe die vernunftunbegabten Tiere zu: ›Fromme, treue Christen, lasst es euch angesichts der bevorstehenden Aufforderung [gemeint ist die ›Reformatio Sigismundi‹, S. Q.] zu Herzen gehen und helft, die große Ungerechtigkeit abzuwehren, ja wehrt sie selbst ab!‹«). Der vernunftbegabte Mensch erkenne nicht, was das *unvernüfftig tier* schon lange wisse, und so wende es sich schließlich vom Menschen ab (RS P 285). Und auch die Natur richte sich gegen ihn:

> *Dye element furen das gericht uber unns; wo zü guten fruchten gefallen soll, da wirt mißwachs auß, so wir warm sollen han, so komen kelten; das geben nü dye vier element zü einem gerechten gericht und stroffung; ungewonlich tode, mißhellung wirt von unnsernn schülden wegen.*
> RS N 314

> »Die Elemente sitzen über uns zu Gericht; wo Früchte reifen sollen, erleben wir Missernten, wo es warm sein soll, bricht Kälte über uns herein. Das verhängt das Gericht der vier Elemente als gerechte Strafe über uns. (All die) ungewöhnlichen Tode, (all die) Zerwürfnisse verschulden wir selbst.«

737 Vgl. auch RS N 188, P 191, P 195.

Der aktuelle Verfall verkehre die Naturverhältnisse: *unvernüfftig tier* sprechen, Früchte verderben am Baum, Wärme schlägt in Kälte um. Die Personifikationen aus der Tier- und Naturwelt wenden die bekannte Welt in ihr apokalyptisches Antonym.[738] Die Inversion ist entscheidend, verdankt die ›Reformatio Sigismundi‹ ihr doch ihr wesentliches Argumentationsmuster: Eben weil die ganze Welt *verkert* sei, sollen die *clainen* [...] *erhocht* und die *gewaltigen genidert* (RS V 325; »die Kleinen [...] erhöht« und die »Mächtigen erniedrigt«) werden.[739] Nur eine Inversion zweiter Potenz könne die gottgewollte Ordnung wiederherstellen, nur durch sie *flühe kein tier* (RS P 285; »fliehe kein Tier«) mehr und auch *die elementen dienen uns* (RS P 319; »die Elemente dienen uns«) wieder.

Die Vorstellung einer Inversion zweiter Potenz, wie sie die ›Reformatio Sigismundi‹ im Konzept der *kleinen* nahezulegen scheint, erinnert an ein Argumentationsmuster der politischen Publizistik, das Karina Kellermann als ›invertierten Herrschaftsanspruch‹ bezeichnet hat: »Im Unterschied zum Anspruch des Herrschers, der sich auf Länder, Menschen und Ressourcen erstreckt, beinhaltet dieser ›invertierte Herrschaftsanspruch‹ den Anspruch auf Herrschaftskontrolle.«[740] Streben Publizisten auch selbst nicht nach Herrschaft, üben sie doch Einfluss auf die herrschenden Zustände aus, wenn sie Herrschaftsträger beurteilen, Fehlentscheidungen beanstanden, Handlungsvorschläge formulieren. Angesichts fehlender politischer Organe füllen die Publizisten im politischen Diskurs so eine funktionale Lücke. Gerade hierin liegt ihre kollektive Handlungsmacht im Sinne Zenkerts, zeigt sich ihr Selbstverständnis als Kritik- und Kontrollinstanz im Prozess gesellschaftlicher Ordnungsarbeit.[741]

Eine ganz ähnliche argumentative Rolle nehmen die *kleinen* in der ›Reformatio Sigismundi‹ ein: Auch sie greifen korrigierend in herrschende Zustände ein, auch sie sollen über Kommentar und Kritik Kontrolle ausüben. Bringt man die ›Reformatio Sigismundi‹ mit dem publizistischen Selbstverständnis zusammen, erhellt der literarische Kontext das Textprogramm: Mit den *kleinen* ruft die

---

738 Jörg liest diese Passage vor dem Hintergrund der klimatischen Verschlechterungen und der Hungersnöte der 30er Jahre des 15. Jahrhunderts (vgl. Jörg 2008, 167f.; Ders. 2017, 45). Struve erkennt in dem Argumentationsmuster dagegen eine Parallele zur spätmittelalterlichen Chronistik (vgl. Struve 1978, 96, Anm. 136).

739 Die Bewegungsdynamik aus Erhöhen und Erniedrigen durchzieht alle Fassungen: *wer sich erhohet, der wird genydert* (RS N 178; »wer sich erhöht, wird erniedrigt«), *der minst mag wol der höchst werden* (RS G 278; »der Niedrigste wird der Höchste werden«), *kein adel, kein gewalt, kein gůt hilft zů einem erheben vor got, den der mynst mag werden der hôhest* (RS P 279; »keine Abstammung, keine Macht, kein Besitz erhöht Dich vor Gott, denn der Niedrigste kann der Höchste werden«), *Wer sich nidert, würt erhöcht, wer sich erhöcht, der würd genidert* (RS G 337; »Wer sich erniedrigt, wird erhöht, wer sich erhöht, wird erniedrigt«).

740 Kellermann 2019a, 193.

741 Zu der hier beschriebenen Funktion der Publizistik als Kontrollorgan vgl. das vorangehende Kap. IV 4.1.

›Reformatio Sigismundi‹ nicht das Volk zur Revolte,[742] sie bietet jedoch genauso wenig nur eine flexible Identifikationsfläche für Herrschaftsträger.[743] Der Text bündelt mit den *kleinen* vielmehr eine ihm inhärente Ausgleichslogik, die folgendes Zitat besonders deutlich vor Augen führt: *will das haupt nit weren zwar, so müesent die glider dem haupt widerstan und ain arzney tun, das der leib bestant* (RS G 182; »will das Haupt es [gemeint ist das um sich greifende Elend, S. Q.] nicht abwehren, so müssen sich die Glieder dem Haupt widersetzen und eine Arznei einnehmen, damit der Organismus am Leben bleibt«). In der Tat ruft die G-Fassung hier zum Widerstand, der jedoch zum Ziel hat, den Organismus – und das heißt in diesem Fall: die bestehende Ordnung – zu erhalten. Als Korrektiv sollen die *kleinen* also immer dann handeln, wenn die *heupter* ihrer eigentlichen Funktion nicht gerecht werden.[744] In diesem Sinne gilt es auch, die ›Reformatio Sigismundi‹ selbst zu lesen: Ihre Vermittlungsinstanz kritisiert die mangelnde Reformbereitschaft der eigentlichen Entscheidungsträger und zeigt Handlungsalternativen auf, blickt zornig auf das Konzilsgeschehen, appelliert an die Entscheidungsträger und weist ihnen selbstbewusst den Weg zur Reform. Der Text stilisiert sich somit zum Vorbild eben jener *kleinen*, die Widerstand gegen fehlgeleitete Herrschaftsträger leisten, um ihrer Gehorsamspflicht gegenüber der geltenden Herrschaftsform gerecht zu werden. Ihr Selbstverständnis als *kleiner* Kommentator stellt die ›Reformatio Sigismundi‹ dabei über den Topos der *verkerten welt* aus: Die metaphorischen Inversionen setzen den ›invertierten Herrschaftsanspruch‹ ins Bild.

### 4.3.4 *Viva la restauración?* Zwischen Vergangenheitssehnsucht und Zukunftshoffnung

Anhand unterschiedlicher Verben des ›Offenbar-Machens‹ (*offenbarn, schreien, melden, kund machen* etc.) hat Bernd Thum aufgezeigt, wie die spätmittelalterlichen Publizisten auf politische Teilhabe eines Kollektivs drängen. Politische

742 So hat Hühns argumentiert (vgl. Hühns 1951/52, 19).

743 Diese Lesart legt Dohna nahe (vgl. Dohna 1960, 158).

744 So argumentiert, wenngleich auch nicht auf sprachlicher Ebene, bereits Struve: Die ›Reformatio Sigismundi‹ wolle keinesfalls die gesellschaftliche Ordnung umstürzen oder die Herrschaftsträger entmachten, fordere aber zu Widerstand angesichts der um sich greifenden Regelverstöße und Eidverletzungen auf (vgl. Struve 1978, 99 und 114). In dieser Ausgleichslogik entspricht die ›Reformatio Sigismundi‹ übrigens dem konziliaren Selbstverständnis: Versage der Papst, so greifen nacheinander die Kardinäle, Patriarchen, Erzbischöfe, Bischöfe, Prälaten, die mächtigen Laien, der Kaiser, die Könige und Fürsten oder schlussendlich jeder gläubige Christ (vgl. Kirsch 2016, 46f.). Reich beobachtet übrigens ähnliches für die in der g-Gruppe erwähnten Herolde, die »als vom Kaiser installiertes und institutionalisiertes Korrektiv für den weltlichen Adel imaginiert werden«, und die ebenfalls in der g-Gruppe ergänzten Fahrenden Schüler, die mit ihren Gedichten gesellschaftliche Zustände kommentieren sollen (Reich 2021, 461).

Publizistik fasst er als sprachliche Handlung, die eine überindividuelle soziale Ordnung wahrnimmt und in der Wahrnehmung zu beeinflussen sucht.[745] Auch die groß angelegten ›Reformschriften‹ – laut Sebastian Dümling eine intertextuelle Gemeinsamkeit – beobachten soziale Ordnung und leiten aus eben jenen Beobachtungen ihre Reformforderungen ab. ›Beobachten‹ versteht Dümling als (sprachliche) Handlung, die zeitgleich beschreibt und zuschreibt: Ein Beobachter nimmt seine Wirklichkeit wahr, indem er Grenzen setzt, Unterschiede benennt und Muster erkennt; damit schöpft er sozialen Sinn, der auf seine Wahrnehmung rückwirkt und sein Verständnis von Wirklichkeit maßgeblich beeinflusst. Gebündelte und als Wissen akzeptierte Beobachtungen nennt Dümling »Imaginationen«.[746] Für die politische Publizistik wie die im Kontext der Konzilien entstandende Reformliteratur des Spätmittelalters gilt also gleichermaßen, dass ihre Kritik an bestehenden Umständen und ihre daraus abgeleiteten Forderungen ihren Anfang in einer beschreibenden, auf Ordnung abzielenden Beobachtung der eigenen Wirklichkeit nehmen.

Auch die ›Reformatio Sigismundi‹ verdankt ihre Reformprogrammatik ihren kritischen Wirklichkeitsbeobachtungen. Unmittelbar nach dem Gott apostrophierenden Eingangsgebet stimmt die Vermittlungsinstanz eine Zeitklage an, in der auf der Kontrastfolie einer *laudatio temporis acti* der aktuelle Verfall scharf konturiert wird:

> *Gedencket, do von erst dye reichstett vorordent waren, der heyligen kyrchen zü trost, dem reich zü schirm, aller gerechtigkeyt zü einem aufenthalten und allerr gemain zü trost, das alle reichstet / noch heut betag bey eyden und eren verbunden sein zü wenden, wo sye bekennen, das yemant wenden wolt rechte dinck, als ytzunt leyder geschicht. Gedencket, wye es ytzunt get*[.]
> RS N 54

> »Man stelle sich vor, dass die Reichsstädte auch heutzutage noch auf Eid und Ehre dem nachgingen, womit sie einst beauftragt worden sind – dass sie nämlich der heiligen Kirche und Gemeinschaft zum Trost, dem Reich und der Gerechtigkeit zum Schutz dort, wo sie erkennen, dass jemand Unrecht begehen will (wie es heutzutage leider nur allzu oft passiert), dieses zu verhindern suchen. Und nun bedenkt, wie es dieser Tage wirklich zugeht.«

In fatalistischem Ton vergegenwärtigt die Vermittlungsinstanz eine Entwicklung, die über starke Kontraste zwischen zurückliegendem Ideal und Wirklichkeit die Kausallogik von Notstand und Veränderung etabliert. Der anaphorische Parallelismus *Gedencket, do von erst dye reichstett vorodent waren* und *Gedencket, wye es ytzunt get* lenkt die Aufmerksamkeit auf die unterschiedlichen Zeitebenen, die

745 Vgl. Thum 1980, 14–21; Ders. 1984, 321. Er nennt die ›Reformatio Sigismundi‹ als Beispiel publizistischer Zeitkritik (vgl. Ders. 1980, 21).
746 Dümling 2017, 33f. Zum Begriff ›Wirklichkeit‹ vgl. Kap. III 1.1.4.

Zeitadverbien *von erst* und *ytzunt* sensibilisieren für eine empfundene Krise. Immer wieder verhandelt die Reformvorlage ihre Kritik gerade über die zeitliche Perspektive:

> *Vor zitten můste man vasten, betten und kumber han umb einen byschoff zů setzen; nů můs man sy alle erkriegen; hyevor wurdent sy alle heylig, nů werdent sy alle hellig; hiervor hatten sy kein slos noch vestinen und det inen got genod, daz sy keinen gebresten hatten und worent zů dem grossern teil under den ungloubygen; nů sint sy under den fründen und die do glôbent; nů haben sie selten fryd, das dûnt sy inen selber*[.]
> RS P 235
>
> »Damals musste man fasten, beten und Mühsal auf sich nehmen, um einen Bischofssitz zu erhalten; nun erkämpft man sich das Amt. Damals wurden sie alle heilig, nun gehen sie alle hinab in die Hölle; damals hatten sie weder Schloss noch Festung und erhielten Gottes Gnade, so dass es ihnen an nichts fehlte, auch wenn sie sich großteils unter Ungläubigen aufhielten; nun sind sie unter Freunden und jenen, die glauben, und haben dennoch selten Frieden, was sie selbst zu verschulden haben.«

Viermal stellt die P-Fassung den (vermeintlichen) Verfall aus, indem sie die Zeitadverbien *vor zitten/ hievor* und *nů* in Kontrast setzt.[747] *Vor zeyten* (RS N 254; »Damals«), so heißt es analog in der N-Fassung, habe man das Christentum gegen Ungläubige verteidigt, das sei jetzt aber beinahe komplett ausgestorben. *Vor zeyten* musste man händeringend einen Bischof suchen, *Nü* (RS N 234; »Jetzt«) verteidigen sie ihren Besitz und vergrößern ihren Machtbereich unrechtmäßig. *Vor ziten* herrschte eine Ordnung unter den Geistlichen, *nů* aber haben die Bischöfe diese zerstört (RS P 237). Man richte nicht nach kaiserlichem Recht, *als vor zeiten unser vordern teten* (RS V 115; »wie es dereinst unsere Vorfahren getan haben«). *von angend* (RS N 198; »Zu Beginn«) haben die Klöster alle aufgenommen, *aber nü* (RS N 198; »doch jetzt«) verschließen sie ihre Türen nur allzu oft vor den Armen. Ein Franziskanerkloster habe einst 34 Mönche und nur eine Pfarrpfründe gehabt, *Nu* (RS N 164; »Jetzt«) kommen auf zwölf Mönche zwölf Kirchen. Einst sei das Papsttum *woll vorodnet* (RS N 96; »gut geordnet«), seien auch Kirche und Reich *geordent* (RS P 251; »geordnet«) gewesen, *Nů* solle jedermann bedenken, wie nichts *in siner ordenunge stat* (RS P 251; ähnlich auch P 293; »nichts geordnet sei«), ja *Nü* sei alles *gegangen auß der ordenung* (RS N 62; »jetzt sei alles aus der Ordnung geraten«). Die P-Fassung bündelt prägnant in Reimform: *Der anevang ist gůt gewesen,/ am uszgang mag syn niemant genesen* (RS P 191; »Es hat gut angefangen,/ doch am Ende wird niemand heil davonkommen«).

---

747 Zu diesem Zeitebenen miteinander in Kontrast setzenden Argumentationsmuster vgl. bereits Struve 1978, 119, Anm. 267. Dohna stellt zurecht aus, dass die ›Reformatio Sigismundi‹ mit ihren unspezifischen Zeitangaben nicht etwa mangelnde historische Genauigkeit beweist, sondern einen Ganzheitsanspruch behauptet (vgl. Dohna 1960, 33).

Die ›Reformatio Sigismundi‹ diagnostiziert in ihrer Gegenwartsanalyse einen Verfall, den, das versteht sich von selbst, nur ihre Forderungen beheben können. Das Argumentationsmuster, Gegenwart und Vergangenheit in scharfen Kontrast zu setzen, bringt dabei mit sich, dass der Text seine Handlungsempfehlungen als Rückkehr in die vergangene Ordnung propagiert, ja propagieren muss. Immer wieder rekurriert die Vermittlungsinstanz deshalb auf die *recht ordenung* [...], *als sye angesetz und geordent worden* ist (RS N 170; »die richtige Ordnung [...], wie sie festgesetzt und verordnet worden ist«) und *dye so erlich gemacht und bestetiget solt sein und was* (RS N 62; »die so aufrichtig angelegt und bestätigt worden ist«). So *als es angeslagen was* (RS V 103; »wie es geplant worden ist«), so *wye es got geordent hat* (RS N 192, V 221, N 284; »wie es Gott verordnet hat«), soll es weiterhin Bestand haben. Man solle es also bei *der alten ordenung* (RS N 102, K 188; »der alten Ordnung«)[748] und der *alt regel* (RS N 190, G 207; »der alten Regel«) belassen, so *als von angenge verordnet was in der christenhait under dem kayser Constantino und bapst Siuestro* (RS G 310; »wie es ursprünglich von Kaiser Konstantin und Papst Silvester für die Christenheit verordnet worden ist«). Zeitadverbialen wie *von angend* oder *vor zeiten* rücken den als (*rehte*) *ordenung* entworfenen Idealzustand in mythische Ferne,[749] während Gründungsväter wie Konstantin und Silvester als Referenzpersonen für den stilisierten Idealzustand herhalten.[750] Als Grundstein und Kontrastfolie zur eigenen Gegenwart legen die Rekurse auf eine verlorene Vergangenheit den zunehmenden Verfall offen und erlauben zeitgleich, dem angestrebten Ziel eine Form zu geben.[751] Außerdem

748 Nur einmal spricht die P-Fassung im Kontext der Reichslehen von einer *nuwen ordenunge* (RS P 241; »neuen Ordnung«).

749 Vgl. auch *als es vor zeytten* [...] *geordent ist gewest* (RS N 102; »wie es einst [...] verordnet worden ist«), *als es von angend geordnet was* (RS N 110; »wie es ursprünglich verordnet worden ist«), *dorumb ist es von anegenge angesehen* (RS P 111; »deshalb ist es von Anbeginn an vorgesehen«), *als es des ersten von den zwelffpoten geördent was* (RS V 145; »wie es ursprünglich von den Aposteln festgelegt worden ist«), *das ist von angend recht gewesen* (RS N 162; »das ist schon immer rechtmäßig gewesen«), *ir statuten, als sye an dem anevange angesetzet wart* (RS P 171; »ihre [gemeint sind die Domherren, S. Q.] Satzung, wie sie ursprünglich verordnet worden ist«), *als es ir vetter von angend geordent hant* (RS V 193; »wie es ihre Väter ursprünglich angelegt haben«), *als es lauter was von angend von unsern vordern geordnet* (RS V 307; »wie es deutlich von unseren Vorfahren zu Beginn verordnet worden ist«), *das sol pestan von recht, wann es ist von angend angesechen von des heiligen reichs wegen* (RS V 323; »das soll rechtmäßig Bestand haben, denn es wird seit Anbeginn im Sinne des Heiligen Reichs so verordnet«).

750 Hierzu zählen auch die Verweise auf die *vorfarn* (vgl. RS N 114, N 228, N 270; »Vorfahren«). Zu Konstantin und Silvester als Referenzpersonen vgl. ausführlich Kap. III 1.2.2.

751 Sieht Buyken in der Spannung von historischem Bericht und apokalyptischer Vision ein Argument, verschiedene Verfasser anzunehmen (vgl. Buyken 1957, 99f.), erkennt Struve hierin gerade den charakteristischen Eigenwert der ›Reformatio Sigismundi‹: »Traditionsgebundenes und Zukunftsträchtiges, herkömmliche und neuartige Denkstrukturen und Anschauungsweisen überlagerten sich somit in der RS auf charakteristische Weise und

aktivieren die Reminiszenzen an *zeiten das vil leüten noch wol gedenkent* (RS G 182; »Zeiten, an die sich wohl noch viele erinnern können«) ein kollektives Gedächtnis, das das Rezeptionskollektiv als Gemeinschaft integriert.

Mit ihrer Vergangenheitssehnsucht spielt die ›Reformatio Sigismundi‹ nichts Neues in den Reformdiskurs ein, sondern nimmt vielmehr diskurstypische Argumentationsmuster auf. Immer wieder beklagen die Zeitgenossen den Verlust eines Goldenen Zeitalters, sehnen sich zurück in längst vergangene Zustände. Der Begriff ›Reform‹ steht im Spätmittelalter also nicht per se als Ausdruck eines progressiven Gestaltungswillens, sondern fordert zunächst einmal die Restitution des Vertrauten.[752] Dennoch drängt die Vorstellung von Reformen auf Veränderung und weist damit dezidiert in die Zukunft. In eben dieser Spannung aus traditionsbewusstem und zukunftsorientiertem Anspruch wurzelt die Dialektik des Reformbegriffs im Spätmittelalter.[753] Das Zeitkonzept differenziert dabei zwischen positiv besetzter mythischer Vorzeit und der eigenen, in der Regel kritisch bewerteten jüngeren Vergangenheit.[754] Primär bedienen sich die Verfasser der ›Reformschriften‹ deshalb der Historie, so Dümling, um die unterschiedlichen Zeitebenen produktiv zusammenzubringen – schließlich lässt der Vergleich mit zurückliegenden Zuständen die gegenwärtige Krise transparent werden und bietet zukunftsorientierte Handlungsalternativen in Form des Exempels.[755]

Das Argumentationsmuster, die Vergangenheit zu typisieren und daraus Deutungsmuster für die Zukunft abzuleiten, kennt auch die politische Publizistik: Die Historie »enthält ein Repertoire gelungener Zeichendeutungen, auf die man zur Bewältigung aktueller Probleme ebenso zurückgreifen kann wie auf die überlieferten Exempla nachahmenswerten oder abschreckenden Verhaltens«.[756]

---

verliehen ihr jenes Maß an Ambivalenz, welches sie als Zeugnis einer Epoche tiefgreifender Umbrüche und Wandlungen ausweist« (Struve 1978, 120; vgl. auch Dohna 1960, 62).

752 Wiesflecker bezeichnet *Reformatio* als »Modeschlagwort des 15. Jahrhunderts«, das eine konservative Rückbesinnung impliziere (Wiesflecker 1975, 201; vgl. auch Maleczek 2007, 391).

753 Ausführlich zum Reformbegriff vgl. Dümling 2017, 47–52. Heimpel beschreibt die Ambivalenz aus Fortschrittsdenken und Vergangenheitssehnsucht als zeittypisches Denkmuster (vgl. Heimpel 1953, 41).

754 Es gilt dasselbe, was die Geschichtswissenschaft für den Investiturstreit beobachtet hat: Die Akteure versuchen, mithilfe eines historischen Ideals die Fehltritte der jüngeren Geschichte zu überwinden (vgl. Hartmann 2016b, 386); folglich findet auch hier die ›Historie‹ vermehrt Einsatz (vgl. Ders. 2016a, 20). Mit demselben Argumentationsmuster setzt im Übrigen die Renaissance das Mittelalter unter Rekurs auf die Antike herab, begründen Populisten ihre Polemik gegen politische Vorgänger (man denke nur an Trumps Diktum ›Make America great again‹). Inwiefern es sich dabei um ein rhetorisches Grundmuster politischer Argumentation handelt, kann hier nicht interessieren.

755 Vgl. Dümling 2017, 171. Zur ›Historie‹ nach Koselleck vgl. ebd., 150, Anm. 102.

756 Müller 1980, 110; vgl. auch Ders. 2004, 97.

Es geht dabei weniger darum, politische Ereignisse in Exempelstrukturen zu entaktualisieren, sondern umgekehrt über den historischen Vergleich auf die eigene Gegenwart Einfluss zu nehmen.[757] Und so stimmt es in der Verkürzung schlichtweg nicht, was Habermas einst über die Publizistik des Spätmittelalters gesagt hat – dass diese politische Neuigkeiten lediglich vor dem Hintergrund althergebrachten Wissens diskutiere, historische Begebenheiten nur neben Naturereignissen verhandle und Wahrheiten zu Wundern mystifiziere.[758] Damit verkennt er, dass die publizistischen Texte zwar traditionsbewusste Deutungsmuster anbieten, jedoch genuin politisch wirken wollen.[759] Sie deuten politische Ereignisse gleichermaßen als Wiederholung vergangener und Vorausnahmen künftiger Muster, ordnen sie in einen übergeschichtlichen, teleologischen Kausalzusammenhang ein, der Vergangenheit und Zukunft synchronisiert. Somit erlaubt der Diskurs nicht einfach nur »bloße, einer selbständigen Interpretation unfähige Zustimmung«,[760] sondern bietet im Gegenteil unterschiedliche Auslegungsmuster: Publizisten können Herrschaftsträger an historischen Vorbildern messen, Handlungsalternativen durch das historische Exempel anbieten, mögliche Chancen oder Gefahren einer Entscheidung über den historischen Vergleich aufzeigen.

Die Mediävistik hat die Vergangenheitssehnsucht, wie sie Reformschriftliteratur und Publizistik etwa in Form des historischen Exempels ausstellen, überzeugend auf das grundverschiedene Zeitkonzept zurückgeführt und dabei aufgezeigt, welche Argumentationsmöglichkeiten der historische Vergleich bietet. Um den Stellenwert dieser Form der narrativen Argumentation für den (Reform-)Diskurs ihrer Zeit zu fassen, möchte ich den Blick aber noch etwas weiten und im Folgenden nach ihren spezifischen Funktionen im Kontext von Norm- und Legitimitätsdiskursen fragen. Dafür gilt es zunächst, das Wechselverhältnis von Herrschaft, Norm und Legitimation kurz zu skizzieren.

Welch entscheidenden Einfluss Normdiskurse auf die jeweils geltende Herrschaftsform nehmen, hat Max Weber als einer der ersten in seiner Herrschaftstypologie angedeutet. Weber, der in ›Wirtschaft und Gesellschaft‹ eigentlich das Individuum zum Ausgangspunkt soziologischer Konzeptbildung erklärt,[761] gibt am Rande zu bedenken, »daß jene dem Alltagsdenken oder dem

757 Vgl. KELLERMANN 2019a, 200.

758 Vgl. HABERMAS 1990, 69, Anm. 35.

759 Thum betont z. B. die politische Reichweite publizistischer Wunderdeutungen: »›Wunder‹, selbst im engsten Wortsinn des Einbruchs transzendenter Kräfte, waren Teil der politischen Realität« (THUM 1981, 175; vgl. auch KELLERMANN 2020b, 200).

760 HABERMAS 1990, 69, Anm. 35.

761 Die Soziologie, so konstatiert Max Weber in Paragraph 1 von ›Wirtschaft und Gesellschaft‹, untersuche im Kern dasjenige menschliche Handeln, das sozial und sinnhaft, das heißt intentional und damit nachvollziehbar sei (Max WEBER, Wirtschaft und Gesellschaft. Grundriss der verstehenden Soziologie, Studienausgabe ed. Johannes WINCKELMANN,

juristischen (oder anderem Fach-) Denken angehörigen Kollektivgebilde Vorstellungen von etwas teils Seiendem, teils Geltensollendem in den Köpfen realer Menschen (der Richter und Beamten nicht nur, sondern auch des ›Publikums‹) sind, an denen sich deren Handeln orientiert, und daß sie als solche eine ganz gewaltige, oft geradezu beherrschende, kausale Bedeutung für die Art des Ablaufs des Handelns der realen Menschen haben. Vor allem als Vorstellungen von etwas Gelten- (oder auch: Nicht-Gelten-) Sollendem. (Ein moderner ›Staat‹ besteht zum nicht unerheblichen Teil deshalb in dieser Art: – als Komplex eines spezifischen Zusammenhandelns von Menschen, – weil bestimmte Menschen ihr Handeln an der Vorstellung orientieren, daß er bestehe oder so bestehen solle: daß also Ordnungen von jener juristisch-orientierten Art gelten [...]).«[762] Kollektive entwickeln nach Weber also Vorstellungen von etwas ›Gelten-Sollendem‹, anders gesprochen: eine Norm, an denen sich das Handeln einzelner orientiert. Die Norm determiniert den Handlungsraum. Weder Norm noch Gesellschaft existieren *realiter*, sondern als Vorstellung einer gültigen Wirklichkeit. Was Weber hier mehr im Vorbeigehen festhält, ist für die Analyse von Herrschaftsdynamiken entscheidend: Der Herrschaftsverbund ist Produkt einer Imagination.[763]

Blickt man von hier aus auf seine viel zitierte Begriffsbestimmung von Macht als Chance der freien Willensausübung und Herrschaft als Aussicht auf Gehorsam,[764] ergibt sich ein wesentlicher Unterschied: Während Macht nach Weber keinem Normhorizont verpflichtet ist, sieht er Herrschaft als »Sonderfall von Macht«[765] in der iterativen Pflicht, ihren Anspruch zu legitimieren: »Jede [Herrschaft, S. Q.] sucht [...] den Glauben an ihre ›Legitimität‹ zu erwecken und zu pflegen.«[766] Die Legitimität einer Herrschaft steht dabei in entscheidender Wechselwirkung mit der zugrundeliegenden Norm: Die legale Herrschaft stützt sich auf die bindende Kraft gesetzlich fixierter Ordnungen, die traditionale Herrschaft beruft sich auf die Geltung des Vertrauten, die charismatische

2 Bde., Tübingen 1956 [Neudruck Köln/Berlin 1964], 3). Mit diesem einführenden Definitionsangebot legt Weber den analytischen Schwerpunkt auf das Handeln einzelner Personen beziehungsweise Personengruppen, während er Kollektivgebilde wie Staat, Nation oder Familie als abstrakte Handlungsabläufe nachordnet.

762 Weber 1964, 10.

763 Damit nimmt Weber vorweg, was die historischen Studien zur organologischen Metapher des ›Reichskörpers‹ konkretisiert haben (s. Kap. III 2.1.3).

764 Weber 1964, 38.

765 Weber 1964, 691. Als Unterform der Macht garantiert Herrschaft Machtausübung dank Gehorsam: Bedeutet Macht »jede Chance« auf freie Willensausübung, bietet Herrschaft »die Chance«, den Willen ohne Gegenwehr durchzusetzen (ebd., 38).

766 Weber 1964, 157. Ganz ähnlich argumentiert in seiner Nachfolge Bourdieu: »sie [gemeint ist die Macht, S.Q] muß sich tarnen, sich verbergen, sich dafür, daß sie existiert, wie sie es tut, rechtfertigen; es muß ihr gelingen, die Anerkennung ihrer Legitimität zu erwirken, indem sie die Verkennung der Willkür, die ihr zugrundeliegt, bewirkt« (Bourdieu 1991, 76).

Herrschaft schließlich setzt auf die verbindlichen Weisungen einer Führungspersönlichkeit.[767] Über die Norm bindet Herrschaft individuelle Macht in stabilisierende Ordnungsstrukturen, die Handlungsmuster vorgeben und für das Kollektiv Anreize schaffen, einem Herrschaftsträger gehorchen zu wollen.[768] Wenn ein einzelner seinen Willen auch gegen Widerstand durchsetzt, übt er laut Weber Macht aus; Herrschaft dagegen beginnt, wenn der Wille eines Herrschaftsträgers auf den Gehorsam der Beherrschten trifft. Den erfolgreichen Gehorsam garantiert die geltende Norm: Das ›Gelten-Sollen‹ bedingt das ›Gehorchen-Wollen‹.[769]

Mit seiner idealbasierten Herrschaftstypologie hat Weber den entscheidenden Zusammenhang von Herrschaft und dahinterstehender Legitimation etabliert. Er hat betont, dass es für eine gelungene Herrschaft weniger entscheidend ist, ob sie tatsächlich legitim ist, sondern ob ihre Legitimität geglaubt wird. Damit legt er nahe, dass Herrschaft auf eine erfolgreiche Selbstinszenierung (Repräsentation von Herrschaft) und auf den Glauben der Beherrschten (Reziprozität von Herrschaft) angewiesen ist. Es ist dies dasselbe, was Bourdieu – wenn auch in anderem Zusammenhang – mit *doxa* meint: der Glaube daran, dass die geltende Ordnung legitim sei.[770] Ihre Legitimität sichert eine Herrschaftform nach Weber, indem sie ihre ›Vorstellungen‹ von Wirklichkeit als Norm etabliert, auf die sie sich berufen kann. Die Norm konstituiert, steuert und organisiert menschliches Handeln, wodurch sie Herrschaft stabilisiert, aber auch Einfalltür für deren Veränderung sein kann. Laut Bourdieu kreist der Kampf um Vorherrschaft auf dem Feld der Macht deshalb auch grundlegend um die legitimierende Norm: Gegenstand des Kampfes sei »(in Abwandlung der berühmten Formulierung Max Webers) das *Monopol auf die legitime symbolische Gewalt* [...]; das heißt die Macht, ein gemeinsames Ensemble von zwingenden Normen zu schaffen und

767 Zu den drei Typen traditionaler, legaler und charismatischer Herrschaft vgl. Weber 1964, 159.

768 Heinrich Popitz hat diesen Gedanken aufgenommen und in seinen ›Phänomenen der Macht‹ weiterentwickelt: Indem sich Macht zunehmend von einem konkreten Machtinhaber löst (Entpersonalisierung), Regeln und Rituale entwickelt (Formalisierung) und eine übergreifende Ordnung ausbildet (Integration), verstetigt sie sich laut Popitz zu Herrschaft (Heinrich Popitz, Phänomene der Macht, 2., stark erw. Aufl., Tübingen 1992, 233 f.). Wesentlicher Schritt im Übergang von Macht zu Herrschaft stellt der Prozess der Normierung dar: Die Macht suche, den einzelnen über Normen in eine verbindliche soziale Ordnung zu integrieren, um Handlungsmuster zu stabilisieren (vgl. ebd., 243 f.).

769 Das ›Gehorchen-Wollen‹ fasst Weber als intrinsisches Moment jeder Herrschaftsdynamik: »Ein bestimmtes Minimum an Gehorchen*wollen*, also: *Interesse* (äußerem oder innerem) am Gehorchen, gehört zu jedem echten Herrschaftsverhältnis« (Weber 1964, 157).

770 Bei Bourdieu heißt es: »Die Herrschaft ist durch den Glauben, durch ein doxisches Verhältnis zu Welt vermittelt« (Bourdieu 1991, 90; im Original kursiviert).

[…] als *allgemeine* und *allgemeingültige* durchzusetzen.«[771] Um (politische) Wirklichkeit nachhaltig zu verändern, reicht es laut Bourdieu deshalb auch nicht, die politischen Zustände verändern zu wollen. Verändert werden müssen zuerst und zuletzt die sie legitimierenden Normen[772] – oder wie Weber sagen würde: die geltenden Vorstellungen davon, wie Wirklichkeit (nicht) zu sein hat.

Hier spätestens sollte deutlich werden, warum die politische Publizistik, warum auch der Reformdiskurs des Spätmittelalters immer wieder auf das Exempel als Argument zurückgreift. An Reformen interessierte Texte – das gilt für kommentierende Kleinformen ebenso wie für groß angelegte Reformprogramme – beginnen ihre Argumentation in der Regel mit einer kritischen Beobachtung ihrer eigenen Wirklichkeit: Seht, in welchen Missständen wir leben. Als Medium der Beobachtung dient ihnen der Vergleich mit der Vergangenheit, die über den Kontrast die Krise verdeutlicht: Seht, in welchen Missständen wir heutzutage leben und wie sehr die Welt in den letzten Jahren aus den Fugen geraten ist. Das historische Exempel, das an Idealkaiser und wohlgeordnete Herrschaftsgebiete zurückerinnert, veranschaulicht den Kontrast und setzt dem idealisierten Urzustand ein Denkmal. Damit aber leistet der historische Vergleich mehr, als nur die eigene Gegenwart zu kritisieren, gibt er doch das Finalziel zu erkennen: Seht, in welchen Missständen wir leben und wie sehr die Welt aus den Fugen geraten ist und wohin wir uns zurücksehnen sollten. Das Exempel erlaubt, den herbeigesehnten Idealzustand über die Erzählung aufzufalten, und suggeriert dabei eine Norm, auf deren Grundlage aktuelle Herrschaftsformen legitimiert oder kritisiert werden können. Als Grenzgänger zwischen Wirklichkeit und Fiktion hilft es somit, abstrakte Sachzusammenhänge in eingängige Bilder zu binden, Argumente verständlich herzuleiten und damit Wissen, mit Dümling gesprochen: Imaginationen von Gesellschaft intelligibel zu machen. Die große Chance liegt nun darin, eben jene Imaginationen als etwas vermeintlich Vertrautes auszugeben, ohne dies eigentlich nachweisen zu müssen – denn was Konstantin wirklich zu Silvester gesagt haben oder wie das Goldene Zeitalter tatsächlich gewesen sein soll, kann niemand belegen und interessiert in den meisten Fällen auch nicht. In ihrer Unbestimmtheit und Flexibilität erlauben narrative (wie im Übrigen auch metaphorische) Aussagemodi, nicht einfach nur Kollektivwissen zu aktivieren, sondern dieses im Sinne der eigenen Intention zu

771 Bourdieu/Wacquant 1996, 143 (Kursivierung im Original); zuvor bereits in Bourdieu 1991, 99. Da Bourdieu sich hier bewusst auf Weber bezieht, erlaube ich mir, die beiden hier trotz ihrer z. T. sehr verschiedenen Konzeptionen von ›Macht‹ und ›Herrschaft‹ zusammenzubringen.

772 Vgl. Bourdieu 1990, 105; vgl. auch Ders. 1985, 18f. Undenkbar, dass die Kategorie ›divers‹ 2018 in das Personenstandsgesetz aufgenommen worden wäre, wenn nicht zuvor die maßgeblich von den Gender Studies betriebene Diskussion die bestehende Geschlechter-›Norm‹ als soziohistorisch gewachsene ›Vorstellung von Wirklichkeit‹ offengelegt hätte.

modulieren; mit Martínez und Klein gesprochen wirken sie gleichermaßen konstruktiv wie referentiell, das heißt sie referieren auf eine außersprachliche Wirklichkeit, die sie in der Referenz mitkonstruieren.[773] Für den spätmittelalterlichen Reformdiskurs bringt diese Flexibilität die Chance mit sich, über den historischen Vergleich ein Ideal zu narrativieren, das in die Zukunft führt: So wie es einmal war – oder: gewesen sein könnte – so soll es (wieder) sein.[774] Letztlich tragen narrative und metaphorische Argumentationsmuster damit zu eben dem bei, was Max Weber mit den geltenden ›Vorstellungen‹ als Grundlage jeder erfolgreichen Herrschaft identifiziert hat.

Als Kind ihrer Zeit bewegt sich auch die ›Reformatio Sigismundi‹ in dem skizzierten Spannungsfeld aus Vergangenheitssehnsucht und Innovationswunsch: Der Text fordert keinen Bruch mit der Tradition im Dienst einer neuen Gesellschaftsordnung, sondern setzt vielmehr auf die Kontinuität des Vertrauten; dieses ›Vertraute‹ aber füllt er individuell mit Bedeutung, wenn er sich in eine Zeit zurücksehnt, in der starke Herrscherpersönlichkeiten die Geschicke des Reichs lenken, aber zeitgleich die unterschiedlichen Kompetenzbereiche im Sinne einer Gewaltenteilung beschränkt wissen möchte.[775] Und so kann der Text auch die Rückkehr in eine *alte ordenung* fordern, zu der dann eben auch so progressive Ideen wie die kostenfreie ärztliche Versorgung für alle, die einheitliche Besoldung für den Klerus oder die Priesterehe zählen, so kann er auch Herrschaftsträger in ihrer Vorrangstellung stabilisieren und zeitgleich in die Kritik nehmen. Den argumentativen Spagat leisten nicht zuletzt narrative und metaphorische Aussagemodi: Im historischen Exempel tritt der berühmte Kaiser Konstantin als selbstbewusster Reformer auf, der sich aber dennoch demütig der Kirche unterordnet. Ebenso dient die organologische Metapher des Reichskör-

773 Vgl. KLEIN/MARTÍNEZ 2009b, 1. Zu den hier in aller Kürze resümierten Überlegungen zu Metapher und Narrativ vgl. ausführlich Kap. III.

774 Krieger weist mit Blick auf den spätmittelalterlichen Reformdiskurs darauf hin, dass der Bezugsraum ›Vergangenheit‹ Ergebnis projizierter Erwartungshaltungen sei und also die Reformbewegung in ihrer Konstruktion der Vergangenheit genuin Neues erschaffen habe (vgl. KRIEGER 2005, 49). Für die politische Publizistik beobachtet wiederum Kellermann, dass der Publizist vor dem Hintergrund einer legitimierenden Norm argumentiere; die Herrschaftsform als solche werde dabei nicht in Frage gestellt, sondern durch die jeweils geltende Norm bestätigt (vgl. KELLERMANN 2019a, 210; DIES. 2019c, 326f.). Die invertierten Zeitklagen etwa stellen keine unglaubwürdige Verkehrung gleich der klassischen Lügendichtung dar, sondern präsentieren eine ideale Erfüllung oder sogar Über-Erfüllung von Normen und reflektieren somit aktuellen Bruch und herbeigesehnte Restitution alter Normen (vgl. KELLERMANN 2012, 367; ähnlich auch in DIES., *ach Musgapluot/ wie seer hastu gelogen!* Lügendichtung als Zeitkritik, in: Corinna LAUDE/Ellen SCHINDLER-HORST [edd.], List, Lüge, Täuschung [Mitteilungen des Deutschen Germanistenverbandes 52/3], Bielefeld 2005, 334–346, hier 335).

775 Bereits Beer hat vermutet, dass die ›Reformatio Sigismundi‹ vergangene Zustände idealisiere, um sie als Vorbild ihrer Forderungen nutzbar zu machen (vgl. BEER 1955, 31).

pers in der ›Reformatio Sigismundi‹ gleichermaßen dazu, die prinzipielle Vorherrschaft des Oberhaupts zu legitimieren wie die *glider* zum Kontrollorgan für die *heupter* zu erklären.

Dieser textinhärenten Logik muss man sich bewusst sein, wenn man nach dem Charakter der Reformvorlage fragt: Die ›Reformatio Sigismundi‹ ruft zum Widerstand, um eine alte Ordnung zu restituieren. Ebenso gilt aber auch: Der Text sehnt sich ins Vertraute zurück, um etwas Neues zu erreichen. Angesichts dieser dialektischen Bewegung scheint mir die Frage, ob es sich bei der ›Reformatio Sigismundi‹ um einen revolutionären oder konservativen Text handelt, in ihrer Binärlogik letztlich falsch gestellt. Ein Feldakteur kann durchaus auf Veränderung drängen – und tut dies im Falle der ›Reformatio Sigismundi‹ allein schon durch die Sprachwahl – ohne deshalb das Feld als solches abschaffen zu wollen. Im Gegenteil setzt die Bereitschaft, am Feld zu partizipieren, dieses überhaupt erst in sein Recht. Bourdieu hat einmal bemerkt: »Es gibt nichts Konservativeres als eine Revolution«.[776]

## 5 Zwischenfazit

1439 – in dem Moment, als sich das Basler Konzil nach sechs Jahren erfolgreicher Reformtätigkeit wieder mit dem Papst entzweit und ein neues Schisma riskiert[777] – setzt ein anonym gebliebener Konzilsteilnehmer einen deutschsprachigen Reformvorschlag auf, den spätere Bearbeiter kurz darauf dem verstorbenen Reformkaiser Siegmund von Luxemburg zuschreiben. Diese erste volkssprachige Reformvorlage entsteht in einem Klima, in dem 1. die politischen Entscheidungsträger auf dem Konzil ihre eigene Position kritisch diskutieren und 2. volkssprachige Autoren immer mehr auf ihr Mitspracherecht drängen. Der Verfasser der ›Reformatio Sigismundi‹, so die These, hat diese Entwicklungen erkannt und in produktive Synthese gebracht.

Als Randfigur des Konzilsgeschehens muss der unbekannte Verfasser sein Recht auf Mitsprache erst gegen die herrschenden Akteure des politischen Felds behaupten, bevor er Kritik üben und nachhaltig Forderungen stellen kann. Dies gelingt ihm, indem er über sprachliche Anleihen auf die Autorität des berühmten Reformkaisers setzt und sich zugleich von den korrumpierten Entscheidungseliten auf dem Konzil distanziert. In Zeiten politischer Krisen schlägt er somit aus seiner Außenseiterposition Kapital. Entscheidendes Medium wird für ihn dabei nicht zuletzt die Volkssprache: Die ›Reformatio Sigismundi‹ wendet sich von den

776 So erinnert sich Jurt 2008, 8.

777 Jörg bringt die Entstehung der ›Reformatio Sigismundi‹ mit dem überraschenden Tod Albrechts II. im Oktober 1439 zusammen (vgl. Jörg 2008, 164f.).

Kommunikationskonventionen des politischen Felds ab, verhandelt Kritik und Forderung somit sprachlich – nur eine neue Sprache kann Vehikel des Neuanfangs sein.

Das Selbstverständnis, politische Wirklichkeit als unbefangener Ratgeber beeinflussen zu wollen, teilt die ›Reformatio Sigismundi‹ mit der volkssprachigen politischen Publizistik des Spätmittelalters: Ohne selbst Macht ausüben zu wollen, nimmt die Publizistik doch Einfluss auf bestehende Herrschaftsstrukturen, indem sie Informationen veröffentlicht, Pflichterfüllung von Herrschenden einfordert, Handlungsalternativen diskutiert – mithin Meinung öffentlichkeitswirksam bildet und damit kollektive Handlungsmacht (Zenkert) ausübt. Die Norm, auf deren Grundlage sie ihre kritischen Gegenwartsanalysen anstellen kann, entwickelt die Publizistik dabei nicht zuletzt über die Möglichkeiten narrativer und metaphorischer Argumentation: In kleinen Alltagsgeschichten, historischen *exemplae* und anschaulichen Bildern kondensieren sich Vorstellungen davon, wie Wirklichkeit (nicht) zu sein hat und wie diese vor allem verändert werden kann. Gerade hier kann ein Reformer viel von ihr lernen, denn auch er will auf eines hinaus: Meinung bilden und Veränderung bewirken.

Liest man die ›Reformatio Sigismundi‹ als Teilbewegung der politischen Publizistik des Spätmittelalters, erklärt sich, warum die Vermittlungsinstanz so assoziativ zitiert, sich mal als Gelehrter, mal als Vertrauter ausgibt, warum sie zeitgleich die Reichsstände in die Pflicht nimmt und eine abstrakte Gemeinschaft adressiert, warum sie schließlich die *kleinen* als Kontrollorgan einführt – eben all das sind publizistische Argumentations- und Persuasionsstrategien, die der Verfasser der ›Reformatio Sigismundi‹ für sich einzusetzen versteht. Im Kampf um Deutungshoheit auf dem politischen Feld vertraut er auf den Selbstanspruch des Publizisten, nicht an politischer Macht, sondern an politischer Wahrheit interessiert zu sein.

Um sein Ziel zu erreichen, mischt der Verfasser der ›Reformatio Sigismundi‹ also die von den lateinischen ›Avisamenta‹ inspirierte Textform mit der Aura kaiserlicher Dekrete und dem Selbstbewusstsein des Publizisten – und so steht nüchterne Reformprosa neben herrscherlichem Befehlston, Autoritätssehnsucht neben Gruppenstolz, Gegenwartspragmatik neben Traumvision. Dadurch dass der Anonymus das Sendungsbewusstsein der politischen Publizistik dabei mit dem normativen Charakter der Reformliteratur zusammenbringt, erweitert er letztlich beide Diskursräume – trägt er die lateinischen ›Avisamenta‹ doch in eine breitere Öffentlichkeit und sucht zeitgleich, die Möglichkeiten publizistischer Einflussnahme mit seinem normativen Reformkatalog auszuweiten.

Das stilistische Experiment soll schließlich zum Erfolg führen. Nicht zuletzt dank ihrer scheinbar disparaten Form findet die Reformvorlage so viele Bearbeiter, erregt in der Reformationszeit einige Aufmerksamkeit und gibt noch der Geschichtswissenschaft des 20. Jahrhunderts das ein oder andere Rätsel auf.

Seinen Ruhm verdankt der Text also gerade nicht seiner erfolgreichen Nachahmung bestehender Feldstrukturen, sondern seiner subversiven Kraft, die im Spiel mit unterschiedlichen Rollenmustern und Publikumsapostrophen, mit den breitenwirksamen Registern von Predigt und Prophetie und nicht zuletzt in der Volkssprache ihre Wirkung entfaltet. Die von ihm propagierten Reformen hat der Verfasser der ›Reformatio Sigismundi‹ damit freilich nicht durchgesetzt, aber mit seiner Kompilationstechnik doch neue volkssprachige Formen der Kritik in den politischen Diskurs seiner Zeit eingespielt, die ihre Schatten bis in die Reformationszeit werfen. Und so gewinnt der Anonymus gerade mit seinen aus der Publizistik übernommenen Stilvarianzen letzten Endes doch seine Position im politischen Feld – denn, so behauptet jedenfalls Bourdieu: »[Z]ur Ausübung symbolischer Macht [gehört] eine Arbeit an der *Form*[.]«[778]

778 Bourdieu 1990, 56 (Kursivierung im Original).

# V Form vollendet? Ein Fazit

Ob ein historisches Ereignis als Krise in das kulturelle Gedächtnis eingeht, entscheidet die Nachwelt. Dass diese nicht immer zu einem eindeutigen Urteil kommt, zeigt die Forschungsgeschichte zum Spätmittelalter: Stehen Pestpandemie und Agrarkrise, Abendländisches Schisma und Osmanische Expansion, geschwächtes Königtum und Hundertjähriger Krieg nun als Ausdruck einer fundamentalen Krise am Vorabend der Reformation?[779] Oder leiten internationaler Handel und aufblühende Stadtkultur, neu gegründete Universitäten und innerkirchliche Reformbewegungen, Buchdruck und Frühhumanismus vielmehr eine Phase des Um- und Aufbruchs ein, die Raum für Veränderung und Wachstum bietet?[780] »[D]ie These von der Krise des Spätmittelalters« scheint

779 Klassischerweise hat die Mediävistik das Spätmittelalter als Krisenzeit bewertet (vgl. Hermann Heimpel, Das Wesen des deutschen Spätmittelalters, in: Archiv für Kulturgeschichte 35 [1953], 29–51; Ders., Das deutsche fünfzehnte Jahrhundert in Krise und Beharrung, in: Die Welt zur Zeit des Konstanzer Konzils. Reichenau-Vorträge im Herbst 1964 [Vorträge und Forschungen 9], Stuttgart 1965, 9–29). Erinnert sei an dieser Stelle an Johan Huizingas berühmte, Verfallsassoziationen weckende Jahreszeitenmetapher (vgl. Johan Huizinga, Herbst des Mittelalters. Studien über Lebens- und Geistesformen des 14. und 15. Jahrhunderts in Frankreich und in den Niederlanden, 11. Aufl. ed. Kurt Köster [Kröners Taschenausgabe 204], Stuttgart 1975; hierzu einführend Hans Gerhard Senger, Eine Schwalbe macht noch keinen Herbst. Zu Huizingas Metapher vom Herbst des Mittelalters, in: Jan A. Aertsen/Martin Pickavé [edd.], »Herbst des Mittelalters«? Fragen zur Bewertung des 14. und 15. Jahrhunderts [Miscellanea Mediaevalia 31], Berlin/New York 2004, 3–24). Einen wesentlichen Beitrag zu dieser Einschätzung hat außerdem die Sozial- und Wirtschaftsgeschichte mit ihren Studien zu den klimatischen Veränderungen und daraus resultierenden Naturkatastrophen sowie den Folgen der Pest geleistet – allen voran Wilhelm Abels wirkmächtige Studie, die den Krisenbegriff für das Spätmittelalter geprägt hat (vgl. Wilhelm Abel, Agrarkrisen und Agrarkonjunktur. Eine Geschichte der Land- und Ernährungswirtschaft Mitteleuropas seit dem hohen Mittelalter, 2. neubearb. und erw. Aufl., Hamburg 1966).

780 Die zunehmenden Regional- und Lokalstudien sowie die breitere Quellenbasis haben in der zweiten Hälfte des 20. Jahrhunderts zu einem differenzierteren Bild geführt, in dem die These von der Krise des Spätmittelalters zunehmend in die Kritik geraten ist (vgl. Peter Schuster, Die Krise des Spätmittelalters. Zur Evidenz eines sozial- und wirtschaftsgeschichtlichen Paradigmas in der Geschichtsschreibung des 20. Jahrhunderts, in: Historische

jedenfalls »seit längerem ihrerseits in der Krise«.[781] Und dennoch kommt Heribert Müller, der seine Darstellung des 15. Jahrhunderts mit dieser Beobachtung einleitet, schließlich zu dem Fazit: »Aller Differenzierung und Relativierung zum Trotz, mit welch anderem Begriff als dem der Krise, genauer: einer Bewusstseins-, Sinn- und Ordnungskrise, sollte man benennen, was sich im dunklen Bannkreis von Not, Verlust und Schwarzem Tod tat? Damit handelt es sich um die wohl tiefstgreifende Form der Krise, bewirkten eine abnorme Intensität und Dauer einander obendrein potenzierender Fehlfunktionen doch, dass sie sich fest in den Köpfen der Betroffenen einnistete.«[782]

In der Tat: Die Pestpandemie wirft noch ihre Schatten, die klimatischen Verschlechterungen bewirken Agrarausfälle und Hungersnot, die kriegerischen Auseinandersetzungen auf dem Kontinent halten das Reich in Atem, die Osmanische Expansion bedroht die christliche Ordnung – als plötzlich die Kirche, die als wichtigste, die gesamte westliche Welt zusammenspannende Institution eigentlich Trost und Sinn spenden soll, mit dem Abendländischen Schisma selbst in eine Phase der Ungewissheiten eintritt. Da sich die diagnostizierte Krise des Spätmittelalters vor allem an der Institution Kirche entlädt, entscheidet sich Müller dazu, mit Blick auf das 15. Jahrhundert von einer ›kirchlichen Krise‹ zu sprechen (so der Titel seines Bandes in der ›Enzyklopädie deutscher Geschichte‹).[783] Mit dieser Einschätzung steht er im Übrigen nicht allein: Laut Michiel Decaluwé verursacht das Abendländische Schisma die »vermutlich größte mittelalterliche Krise«[784] der Kirche, Ursula Gießmann liest die Wahl Felix V. in Basel als Symptom einer durch das Schisma ausgelösten Krise des Papsttums[785] und auch Florian Eßer legt in seiner Auseinandersetzung mit dem Pisanum einen tiefergehenden Krisenzusammenhang nahe, obgleich er als Analysekategorie den zugespitzten Problembegriff wählt, um sich auf die Akteure des Schismas zu

Zeitschrift 269 [1999], 19–55, hier 20f.; vgl. auch Werner Rösener, Die Krise des Spätmittelalters in neuer Perspektive, in: Vierteljahrschrift für Sozial- und Wirtschaftsgeschichte 99/2 [2012], 189–208, hier 190). Beispielhaft für die Um- und Neubewertung des Krisenbegriffs sei Léopold Genicot zitiert: »Crisis is the word which comes immediately to the historian's mind when he thinks of the fourteenth and fifteenth centuries. That is, not necessarily a crisis as the word is commonly understood: not regression, absence of creative thought, lack of initiative and audacity, but essentially a break in equilibrium. The end of the Middle Ages was not only a time of decadence but was also one of preparation, of search for new solutions to enduring problems« (Léopold Genicot, Crisis: From the Middle Ages to Modern Times, in: Michael M. Postan [ed.], The Cambridge Economic History of Europe, 8 Bde., Bd. 1: The agrarian life of the Middle Ages, 2. Aufl., Cambridge 1971, 660–742, hier 660).

781 Müller 2012, 1.

782 Müller 2012, 3.

783 Vgl. Müller 2012, 3f.

784 Decaluwé 2009, 318.

785 Vgl. Giessmann 2014, 378.

beschränken.[786] Das Krisenmoment hat scheinbar in den letzten Jahren wieder vermehrt Einzug in die spätmittelalterliche Konzilsgeschichte gehalten.

Die Quellen scheinen dieser Einschätzung Recht zu geben – die ›Reformatio Sigismundi‹ jedenfalls zeichnet ein apokalyptisches Bild ihrer eigenen Zeit: Simonie und Wucher greifen um sich, Eidbrüche stehen an der Tagesordnung, die Tugend christlicher Nächstenliebe weicht einem übervorteilenden Egoismus und jene, die mit ihrer Weisungs- und Handlungskompetenz eigentlich dagegen angehen könnten, lassen all dies geschehen, ja begehen die Sünden selbst, so dass die gottgegebene Ordnung vollends zu kollabieren droht. Angesichts der grassierenden Krisen fühlt sich der unbekannt gebliebene Verfasser der ›Reformatio Sigismundi‹ verpflichtet, seine eigenen Reformvorstellungen in die auf dem Basler Konzil geführten Diskussionen einzuspielen – die er jedoch nicht in der Konzilssprache Latein präsentiert, sondern auf Deutsch entfaltet. Weshalb jemand inmitten eines lateinischen Diskurses die Sprache wechselt, wie sich das auf Argumentation und Aufbau des Textes auswirkt und wie der Fordernde seine Sprachwahl rechtfertigt, stand bisher überraschenderweise kaum zur Diskussion. Forschungsabsicht der vorliegenden Arbeit war es deshalb, Sprache, Aufbau und Argumentationstechniken der ›Reformatio Sigismundi‹ zu untersuchen. Inspiriert durch die aktuellen Schwerpunktthemen der Spätmittelalterforschung, die sich in den letzten Jahren vermehrt mit konfligierenden Deutungsangeboten, Autoritätskämpfen und Legitimitätsfragen im Kontext politischer Entscheidungsprozesse beschäftigt hat, galt es dabei insbesondere, die literarischen Legitimationsstrategien herauszuarbeiten, mit denen der unbekannte Verfasser sowohl den eigenen Standpunkt als auch seine angebrachten Kritikpunkte und Reformvorschläge rechtfertigt.

Interessiert an den Kommunikationspartnern der Reform, hat das erste Analysekapitel das textimmanente Autor- und Adressatenprofil konturiert. In der dem verlorenen Original am nächsten kommenden N-Fassung tritt die Vermittlungsinstanz als selbstbewusster Reformer auf, der die in Basel versammelten Entscheidungsträger über die dritte Person Plural aus dem Gesprächsakt ausgrenzt. Gerade darin unterscheidet sich der Text von den lateinischen ›Avisamenta‹, die ihre Ratschläge als bescheidene Empfehlungen an die Konzilsversammlung dedizieren. Die Vermittlungsinstanz der N-Fassung beruft sich stattdessen auf Gott als die inspirierende Autorität, die eine Reform einfordert, und appelliert an die Reichsstände als jene Autoritäten des Reichs, die diese realisieren sollen. Was genau der Text von den Fürsten, Lehnsherren, Reichsstädten und der Ritterschaft erwartet, konkretisieren die schematischen Aussagen in der dritten Person Singular (*Item man/ es sol*), die an den Argumentationsstil der ›Avisamenta‹ zurückerinnern. Mit der ersten Person Plural schließlich

786 Vgl. Esser 2019, 23.

öffnet die Vermittlungsinstanz der N-Fassung den Reformdialog, indem sie eine abstrakte, konzilsferne Gemeinschaft integriert. Gebetsformeln, wir-Kategorisierung und kollektivierende Bilder ziehen den Rezipienten dabei in den Gesprächsakt hinein; es entsteht der Eindruck, dass hier ein anonymes Kollektiv – repräsentiert durch die Vermittlungsinstanz – Forderungen stellt. In der N-Fassung tritt ein eindeutiges Autorsubjekt somit hinter der in Gott gründenden Reformgemeinde zurück. Die späteren Bearbeitungen kompensieren diese Leerstelle, indem sie dem Text eine Autorfiguration einschreiben: Während die P-Fassung und die Drucke eine Autorschaft durch Siegmund von Luxemburg plausibel zu machen versuchen, fingiert die Vulgata einen namentlich genannten Autor auf Grundlage des in der Schlussvision prophezeiten Priesterkönigs *Friderich von Lantnewen*. Dadurch vollzieht die ›Reformatio Sigismundi‹ im Laufe ihrer Rezeptionsgeschichte eine Bewegung von konzeptueller mündlicher Anonymität hin zu verschrifteter Autorschaft.

Das zweite Analysekapitel hat mit den Narrativen (neben der Schlussvision zählen hierzu insbesondere die Exempel) und Metaphern jene Textteile zentriert, die bisher von der quellenkritisch und sozialhistorisch interessierten Forschung weitestgehend ignoriert worden sind. Exempel und Metapher beschreiben Wirklichkeit über Ähnlichkeitsrelationen, indem sie abstrakte Regel und konkretes Beispiel narrativ vergleichen (Exempel) oder indem sie differente Bildbereiche über Ähnlichkeitsstrukturen simultan miteinander in Bezug setzen (Metapher). Jenseits logischer Beweisführung helfen sie somit, Argumente zu veranschaulichen, Abstrakta zu naturalisieren, Vorstellungen in Darstellungen zu wandeln und damit Wissen intelligibel zu machen. Eben diese Funktionen erfüllen die auf populäres Erzählgut zurückgreifenden Exempel der ›Reformatio Sigismundi‹: Während die beiden Legendenerzählungen das zu erstrebende Ideal vorführen, demonstrieren die Streitgespräche zur Zeit des Basler Konzils den aktuellen Verfall und diskutieren alternative Handlungsmuster. Die Schlussvision steht hierzu als Komplement und Kontrastpunkt, der den Text als von Gott gesandten und durch den Kaiser vermittelten Auftrag ausgibt. Darüber hinaus hat der paradigmatische Vergleich offengelegt, dass die ›Reformatio Sigismundi‹ mit ihren eingelagerten Narrativen immer wieder auf sich selbst zurückweist – denn in allen Erzähleinheiten erhalten nur jene Figuren Mitspracherecht, die Aussagen des Haupttexts vorweg- beziehungsweise wiederaufnehmen. Bestimmend wird dabei die Formel ›Rat von außen‹: Immer wieder erzählt die Vermittlungsinstanz von Unbeteiligten, die ratlosen Autoritäten den Weg weisen. In Zeiten empfundener Krisen weiß nur derjenige Rat, so deuten die eingestreuten Exempel an, der die Krise nicht verursacht hat. Über ihre exemplarischen Ratgeberfiguren stabilisiert sich die Vermittlungsinstanz somit letzten Endes selbst als Ratgeber, der von außen – und das heißt im Kontext der lateinischen Reformdebatte: auf Deutsch – Kritik üben und Forderungen stellen darf. Die

Forderungen selbst legitimiert die Vermittlungsinstanz über einen dichten Metapherneinsatz: Christlich geprägte Integrationsmetaphern (Gesellschaft als Familie, Herde, Gebäude, Körper) schwören das Kollektiv auf die Reform ein, Krisenmetaphern (aktuelle Situation als Krankheit) dramatisieren die Situation, Reformmetaphern (Reform als Heilsweg) weisen den einzigen Ausweg aus der heilsgeschichtlich aufgeladenen Krise. Dem Exempel vergleichbar tragen die Metaphern das jeweilige Argument wesentlich mit, indem sie komplexe Sachverhalte in eingängige Bilder binden und eine Handlungsnotwendigkeit zum Ausdruck bringen. Wie schon im Bereich der Publikumsapostrophen nachgewiesen, öffnet die ›Reformatio Sigismundi‹ darüber hinaus mit den Metaphern den Kommunikationszusammenhang, wenn sie nicht wie die lateinischen ›Avisamenta‹ nur die Konzilsversammlung als handlungsberechtigte Gemeinschaft einbezieht, sondern mit ihren kollektivierenden Bildern auf eine abstrakte Allgemeinheit verweist. Indem sie darüber hinaus mit der Wegmetapher ein breites Kollektiv mobilisiert, gibt sie die Reform nicht als Einzelprojekt, sondern als Kollektivverantwortung aus. Die Anteile narrativer und metaphorischer Argumentation schmücken den Text also nicht einfach nur, sondern tragen im Gegenteil wesentlich zu dessen Legitimationsstrategien bei, insofern sie sowohl die präsentierten Forderungen als auch das Recht, Forderungen zu stellen, begründen.

Die am Text entwickelten Beobachtungen hat das letzte Kapitel schließlich unter Rückgriff auf Pierre Bourdieus Feldtheorie mit den Produktionsbedingungen der ›Reformatio Sigismundi‹ enggeführt: Zu Beginn des 15. Jahrhunderts bieten die Konzilien d i e Plattform für politische Aushandlungsprozesse. Sie provozieren Fragen nach Legitimität im Spannungsfeld von Tradition und Innovation, problematisieren Autoritätsansprüche, lassen neue Lösungsmodelle denk- und diskutierbar werden. Dadurch setzen sie eine Innovationsdynamik in Gang, von der auch die ›Reformatio Sigismundi‹ profitiert: Ihr unbekannter Verfasser inszeniert sich als neuer Feldakteur, der genau in dem Moment in den Diskurs eintritt, als der schwelende Konflikt zwischen Papsttum und Basler Konzil in ein weiteres Schisma mündet. Von den in Basel versammelten Konzilsvätern, die diese neuerliche Krise bewusst riskiert haben, wendet er sich kritisch ab und setzt über sprachliche Anleihen lieber auf die Aura des erst kürzlich verstorbenen Siegmund von Luxemburg, der seinen Zeitgenossen als großer Reformkaiser und Diplomat noch lebendig vor Augen steht. Nicht zuletzt über die Sprachwahl stellt der Anonymus seine Distanz zum Konzil und dessen gescheiterten Reformbemühungen aus: Indem er die Kommunikationskonventionen des politischen Felds bewusst negiert, übersetzt er seine Kritik in den Raum der Sprache – Veränderung wird nur möglich, so die implizite Logik, wenn sich die Sprachcodes verändern. Das Selbstbewusstsein, als volkssprachiges Gegengewicht zu lateinischen Deutungsautoritäten aufzutreten, verdankt der

Verfasser der ›Reformatio Sigismundi‹ dabei nicht zuletzt der neuen politischen Publizistik in der Volkssprache: Seit der Mitte des 14. Jahrhunderts drängen volkssprachige Autoren auf ihr Mitspracherecht im politischen Diskurs und entwickeln dafür zunehmend eigene Strategien der Einflussnahme, indem sie Informationen veröffentlichen, Pflichterfüllung von Herrschenden einfordern, Handlungsalternativen diskutieren – mithin Meinung öffentlichkeitswirksam bilden und damit eine zunehmend wichtigere Rolle im Prozess gesellschaftlicher Ordnungsarbeit spielen. Von den Möglichkeiten der politischen Publizistik inspiriert, versteht es der Anonymus, Gelehrtentum mit Vermittlungskompetenz zu verbinden, im Namen einer abstrakten Öffentlichkeit Funktionseliten zu apostrophieren, Exempel und Prophetie als Argument einzusetzen, die *kleinen* zum politischen Korrektiv aufzuladen, Wahrheitstreue gegen Machtgier ins Feld zu führen – und somit Meinung im öffentlichen Raum zu formen.

Ich möchte mich darin versuchen, die präsentierten Ergebnisse der drei Einzelkapitel noch einmal in einem Querschnitt zu bündeln. Die vorliegende Arbeit hat erstens nachgezeichnet, mit welchen Integrations- und Abgrenzungstechniken sich die ›Reformatio Sigismundi‹ im sozialen Raum verortet. Indem der Text Aufbau und Argumentationsstil von Scheles ›Avisamenta‹ imitiert, stellt er sich zunächst in die Nähe einflussreicher, auf dem Basler Konzil versammelter Gelehrter. Rekurse auf die Konzilsgeschichte und die reformtypische Metaphorik (Schisma als Krankheit) dokumentieren Expertenwissen. Episoden aus dem Konzilsalltag und wörtlich wiedergegebene Streitgespräche erzeugen den Eindruck von Augenzeugenschaft. Legitimation und Selbstbewusstsein bezieht die Vermittlungsinstanz der Reformvorlage jedoch gerade nicht aus ihrer vermeintlichen Nähe zum Konzil. Ihre Handlungsappelle gelten nicht jenen Konzilsvätern, die Dietrich von Nieheim adressiert, und sie widmet ihr Reformprogramm auch nicht dem Konzil, wie das Job Vener mit seinen Invokationen an *o sacrosancta Constanciensis generalis syode* (JV 382; »oh hochheiliges Allgemeines Konzil von Konstanz«) tut. Die Vermittlungsinstanz leiht sich lieber die Stimme des berühmten Reformkaisers Siegmund, indem sie den Ton seiner offiziellen Schreiben imitiert und die Reichsstände als wesentliche Reformakteure in die Pflicht nimmt. Die organologische Metapher, mit denen die lateinischen ›Avisamenta‹ Papst und Kardinäle als Einheit referenzialisieren, bleibt deshalb in der ›Reformatio Sigismundi‹ nicht auf die Kurie beschränkt; auch den Kaiser nennt die Vermittlungsinstanz als *haupt*, auch die Reichsstädte apostrophiert sie als *glider*. Indem sie darüber hinaus Gott als abstrakten Adressaten imaginiert, in Form einer Prophezeiung die Reform als göttlichen Plan präsentiert sowie über einleitende und schließende Gebetsformel ihre Reformpläne Gott überantwortet, legitimiert dieser als letzte Instanz Kritik und Reformappell. Die späteren Bearbeiter behalten den provokanten Unterton bei, versuchen den Text jedoch zu legalisieren, indem sie ihrer Vorlage einen Autor einschreiben, die historischen Exkurse mit Hintergrundinformationen anreichern, unklare Passagen streichen oder durch erklärende Einschübe ergänzen, lateinische Zitate einarbeiten und den Text im Kanon authentischer Reichsgesetze überliefern.

Die Analyse hat zweitens die Persuasionsstrategien vorgestellt, mit denen die ›Reformatio Sigismundi‹ ihre Rezipienten für ihren Reformplan zu gewinnen sucht. Inmitten chaotischer Zeiten und unzähliger Handlungsoptionen bietet die ›Reformatio Sigismundi‹ Orientierung durch ihre einfache, suggestive Sprache. Die Volkssprache stellt die Bereitschaft aus, komplexe Reformdiskussionen niederschwellig an ein breiteres, konzilsfernes Publikum zu vermitteln. Stereotype versprechen Halt, indem sie den sozialen Raum in differenten Gruppen der Eigen- und Fremdzuschreibung organisieren. Metaphern binden die gestellten Forderungen in verständliche Bilder: Das Reich sei krank, nur die vom Text umrissene Reform weise den Weg ins Heil. Allseits bekannte Geschichten belegen Behauptungen, aktivieren Kollektivwissen und erlauben, die drei Zeitebenen des Reformdiskurses zu synchronisieren: Erinnert die deskriptive Wirklichkeitserzählung in Form des historischen Exempels an eine idealisierte Vergangenheit und kritisiert die normative Wirklichkeitserzählung über das Format der Streitgespräche die eigene Gegenwart, so weist die Schlussvision als voraussagende Wirklichkeitserzählung in die Zukunft. Unter den Leitfragen, was war, was ist und was (nicht) sein soll, verhandeln die drei zum Einsatz kommenden Typen der Wirklichkeitserzählung somit unterschiedliche Modi des Realen: In historischem Exemplum, zeitgenössischer Begebenheit und Zukunftsvision kondensieren sich Vorstellungen davon, wie Wirklichkeit (nicht) zu sein hat und wie diese vor allem verändert werden kann. Gerade ein Reformdiskurs braucht dieses argumentative ›Mehr‹ der Fiktion, bietet es doch die Chance, den Schwebezustand zwischen politischer Wirklichkeit und Möglichkeit in Sprache zu übersetzen.

Schließlich hat die gebotene Studie drittens ergeben, dass die ›Reformatio Sigismundi‹ die Formel ›Rat von außen‹ propagiert. Deshalb entwirft der Verfasser seine Vermittlungsinstanz so, dass sie in der ersten Person Singular in Distanz zur Kurie tritt, in der dritten Person Singular entindividualisierte Forderungen stellt und in der ersten Person Plural den Eindruck kollektiver anonymer Autorschaft evoziert; das Stimmenprofil legt nahe, dass neue Akteure von außen in den Diskurs eindringen. Deshalb stilisiert der Text des Weiteren in seinen eingelagerten Exempeln die Figur des außenstehenden Ratgebers zum Paradigma, das auf den Rahmentext zurückweist: Den strukturellen Nachteil, als Außenstehender weder Meinungs- noch Entscheidungsrecht für sich beanspruchen zu können, verkehrt der Text in ein besonderes Privileg; nur der Außenstehende überblickt die Krise, nur er kann aus ihr herausführen. Und deshalb trägt der Verfasser letztlich auch den Reformdiskurs in die Volkssprache, um sich bewusst von den herrschenden Kommunikationsformen abzuwenden und sich als neue, unbelastete Deutungshoheit zu präsentieren; in Zeiten politischer Krisen schlägt er somit aus seiner Außenseiterposition Kapital. Selbst- und Sendungsbewusstsein gewinnt die ›Reformatio Sigismundi‹ dabei aus einer doppelten Inversionslogik: Was die deskriptiven Wirklichkeitserzählungen in der Narration auffalten, fängt der Topos der Verkehrten Welt bildsprachlich ein: Die rechtmäßige Ordnung sei invertiert und könne nur durch eine weitere Inversion wiederhergestellt werden. Diesen Gedanken teilt der Text mit der volkssprachigen politischen Publizistik, die als unbeteiligter Beobachter im Namen einer kritischen Öffentlichkeit auftritt und damit einen ›invertierten Herrschaftsanspruch‹ behauptet: Die Herrschaft sei aus den Fugen geraten, deshalb müsse der Publizist eingreifen – nicht um selbst Herrschaftsfunktionen zu übernehmen, sondern um der Ordnung im Namen des Herrschaftsverbunds zu ihrem Recht zu verhelfen. Die ›Reformatio Sigismundi‹ macht mit diesem Programm des invertierten Herrschaftsanspruchs ernst: Die *glider* müssen die erblindeten *heupter* erleuchten, die *kleinen* müssen die verirrten *grossen* weisen, der Außenstehende muss die internen Entscheidungsgremien beraten, der volkssprachige Anonymus muss den lateinischen Namens- und Würdenträgern die Reform erklären – um letzten Endes eine alte Ordnung zu restituieren. Diese Inversion zweiter Potenz gilt es zu bedenken, wenn man die Reformvorlage als revolutionär oder konservativ bewerten möchte. Meines Erachtens ist die ›Reformatio Sigismundi‹ ein Text, dem eine allzu schlichte Binärlogik nicht gerecht zu werden vermag. Gerade in der dialektischen Bewegung, über das Neue zum Alten und über das Alte zum Neuen zu kommen, liegen Stärke und Herausforderung dieser an Reformen interessierten Schrift.

Über den konkreten Untersuchungsgegenstand hinaus hat die vorliegende Arbeit außerdem exemplarisch demonstriert, wie das textimmanente Stimmenprofil Aufschluss über die lebensweltliche Position von Autor·innen und ihrer Adressat·innen geben kann; was Autorfigurationen über die Rezeptions- und Wirkungsgeschichte eines Textes aussagen; welche argumentative Funktion narrative und metaphorische Aussagemodi (eingelagerte Exempel, pseudobiografische Exkurse, metapherngesättigte Argumente etc.) in einem politisch argumentierenden Text erfüllen und welche Einblicke sie in das Textprogramm bieten; oder auch auf welchen Wegen soziopolitische Ausgangsbedingungen als Argumentationsstrategien Eingang in die Textstruktur finden und damit Textintentionen offenlegen können. Ich habe damit zu veranschaulichen gesucht, auf welche Weisen literaturwissenschaftliche Methoden in der Arbeit mit historischen Quellen Einsatz finden können.

Um ihr Reformziel zu erreichen, unterlegt die ›Reformatio Sigismundi‹ die von den lateinischen ›Avisamenta‹ entwickelte Textabsicht mit der Verbindlichkeit kaiserlicher Dekrete, der Aura von Prophetie und Gebet sowie dem breitenwirksamen Wahrheitsanspruch des Publizisten. Das Ergebnis ist ein dicht gewobener Textteppich: Die ›Reformatio Sigismundi‹ historisiert, wenn sie zu argumentieren sucht, fiktionalisiert, wenn sie Fakten präsentieren möchte, lässt ihren Reformkatalog schließlich in einer phantastischen Prophezeiung kulminieren, wo doch gegenwartsbezogene Handlungsanleitungen ihr artikuliertes Ziel sind. Mit diesen Stilexperimenten hat die deutschsprachige Reformvorlage zu einer Formdiskussion beigetragen, die sich nicht nur in den unterschiedlichen Fassungen und Drucken zeigt, die ihre Vorlage immer wieder umstellen, umdenken und umschreiben, sondern auch in jenen Texten, die Inspiration aus ihr beziehen. Zu denken wäre hier zum Beispiel an die anderen deutschsprachigen ›Reformschriften‹, allen voran an den ebenfalls anonym überlieferten ›Oberrheinischen Revolutionär‹ (1510) – ein Text, der unmittelbar auf die ›Reformatio Sigismundi‹ rekurriert, indem er (um nur einmal auf den Textanfang zu blicken) seine Reformforderungen mit einer Vision einleitet, sich *ein hirten, ein schoffstal* (OR 73; »einen Hirten, einen Schafstall«) wünscht und Gott bittet, *uns uff den gerechten weg der ewige selikeit* (OR 74; »uns auf den gerechten Weg der ewigen Seligkeit«) zu führen.[787]

Mit ihrer Sprache hat die ›Reformatio Sigismundi‹ neue Ausdrucksformen in den Reformdiskurs eingespielt, die – aufgenommen, weiterentwickelt und je nach Wirkabsicht moduliert – ihre Schatten bis in die Reformationszeit werfen. Ob man deshalb gleich mit Heinrich Koller so weit gehen wird, einen unmittelbaren Zusammenhang zwischen der deutschsprachigen Reformvorlage und Luthers ›An den christlichen Adel deutscher Nation‹ (1520) zu erkennen,[788] oder eher von einer kursierenden Grundstimmung spricht, die das Reformprojekt immer mehr auch als Sprachprojekt versteht, kann ich nur als Frage mit auf den Weg geben. In jedem Fall muss die ›Reformatio Sigismundi‹ noch zu Luthers Zeit bekannt und beliebt gewesen sein (wird sie doch allein zwischen 1520 und 1522 ganze vier Mal neu aufgelegt).[789] Wie sehr erinnern zum Beispiel die folgenden, zu derselben Zeit in Augsburg (dem »Haupterscheinungsort«[790] der ›Reformatio Sigismundi‹) entstandenen Zeilen an das Selbstbewusstsein der volkssprachigen Reformvorlage zurück:

787 Zitiert nach: Der Oberrheinische Revolutionär. Das buchli der hundert capiteln mit xxxx statuten, ed. Klaus H. Lauterbach (Monumenta Germaniae Historica. Staatsschriften des späteren Mittelalters 7), Hannover 2009 (Übersetzung S. Q.). Zu den Berührungspunkten von ›Reformatio Sigismundi‹ und ›Oberrheinischem Revolutionär‹ vgl. außerdem Koller 1964a, 25.

788 Vgl. Koller 1964a, 27. Koller betont die Gemeinsamkeiten beider Texte in Aufbau und Sprache und weist sogar Berührungspunkte auf Formulierungsebene nach (vgl. ebd.).

789 Anonym, Straßburg, 1520; Thomas Wolff, Basel 1521; Anonym, ohne Ortsangabe, 1521; Anonym, ohne Ortsangabe, [1522] (vgl. Koller 1964a, 41–44).

790 Straube 1961, 111.

*Darumb will ich sagen frey die warhait, und wil nicht scheühen bann, donnern, blützen unnd der gleychen schreck pfeyl, die man yetzund menigklich für die nasen heldt, ob mir Gott der herr verleyhen woͤl zů reden oder schreyben. Dann Christus sagt selber: Saͤlig seind die da verfolget werden umb der gerechtikait willen. Auch spricht Christus an ainem ander ort im evangelio: Qui interficit vos arbitretur se obsequium prestare Deo. Er maint aber nit etlicher der pfaffen truͤgerey, dann es wer nit gůt das sy all boͤß weren, unnd ich red allain hye von den boͤßen verkertten glertten. Er maint ain yegklichen menschen der die warhait sagt, es sey pfaff, baur oder burger, die verfolgt werden umb der warhait willen oder gerechtigkait, die Got selbs ist.*
[HS] 63f.[791]

»Deshalb will ich frei heraus die Wahrheit sagen und – solange Gott der Herr mir nur zu reden oder schreiben eingibt – weder Bann noch Donner, Blitz oder dergleichen Schreckenspfeile fürchten, die man dieser Tage vielen vor die Nase hält. Denn Christus sagt selbst: Selig sind die, die um der Gerechtigkeit willen verfolgt werden. Auch spricht Christus an anderer Stelle im Evangelium: *Qui interficit vos arbitretur se obsequium prestare Deo.* Er meint damit nicht die zahllosen Betrügereien der Geistlichen (womit ich die schlechten, verkehrten Gelehrten meine, denn es wäre schlimm, wenn sie alle schlecht wären). Christus meint vielmehr jeden Menschen, der die Wahrheit sagt, er sei Priester, Bauer oder Bürger, der um der Wahrheit oder der Gerechtigkeit willen, die Gott selbst ist, verfolgt wird.«

Die einem Hans Schwalb zugeschriebene Flugschrift, die zwischen Reim und Prosa, zwischen Latein und Volkssprache alterniert, entwickelt das Recht, im Sinne einer Allgemeinheit sprechen zu wollen, aus dem Ideal der Wahrheitsliebe und letztlich aus Gott. Ihr Verfasser gibt sich als Vermittler aus, der das lateinische Gelehrtenwissen einem Laien verständlich erklären kann, dramatisiert die Gefahr der Meinungsäußerung über starke Bilder und entwirft einen Gegensatz zwischen den *boͤßen verkertten glertten* einerseits und der Allianz von Christus, *pfaff, baur* und *burger* andererseits. Ich möchte mit diesen Parallelen keinen direkten Rezeptionszusammenhang nachweisen, aber doch vermuten, dass die ›Reformatio Sigismundi‹ – mittelbar oder unmittelbar – der Reformationszeit ein Sammelbecken für volkssprachige Formen der Kritik geboten hat. Für Johannes Wolff, seines Zeichens Politiker, Historiograph und Publizist, scheint ein solcher Zusammenhang zwischen ›Reformatio Sigismundi‹ und Reformation auf der Hand zu liegen: Wolff, der in seinen im Jahr 1600 erschienenen ›Lectiones memorabiles‹ – also gut 80 Jahre nach Thesenanschlag und 160 Jahre nach Niederschrift der N-Fassung – eine kurze Zusammenfassung der ›Reformatio Sigismundi‹ auf Latein bringt und sich dabei insbesondere für Siegmunds Vision

791 Zitiert nach: Beklagung eines Laien, genannt Hans Schwalb, über viel Mißbräuche christlichen Lebens, in: Adolf Laube/Annerose Schneider (edd.), Flugschriften der frühen Reformationsbewegung (1518–1524), unter Mitwirkung von Sigrid Looss, Erläuterungen zur Druckgeschichte von Helmut Claus, 2 Bde., Bd. 1, Berlin 1983, 63–74 (Übersetzung S. Q.).

interessiert, erkennt in dem hier prophezeiten Priesterkönig Friedrich niemand anderen als Luther selbst: *Friderici Angelus venturus est, hoc est, sub Friderico Saxone fidelis missus Lutherus* (JW 809f.; »Der Schutzengel Friedrichs wird kommen, das heißt: Unter Friedrich von Sachsen ist der treue Luther entsandt worden«).[792]

Man kann Wolffs metaphysische Lesart als Reaktion auf eine Gemeinsamkeit lesen, die Luther und ›Reformatio Sigismundi‹ tatsächlich eint: Beide denken Reform auch und wesentlich über Sprache. Sie stehen damit selbstverständlich nicht allein, sondern im Kontext eines den Einzeltext/ den Einzelakteur transzendierenden Diskurszusammenhangs. Und so wie Luther den prominenten Höhe- und Endpunkt einer umfassenderen Entwicklung markiert, baut auch die ›Reformatio Sigismundi‹ auf einem bereits existierenden reichen Diskurs in der Volkssprache auf.[793] Sie schöpft also nicht aus dem Nichts, kombiniert aber doch Vertrautes auf innovative, zum Teil überraschende Weise – und übt damit jene ungebrochene Faszination aus, die noch Karl Beer in den 1950er Jahren zu seinem überschwänglichen Lob veranlasst hat: »Es geht um eine Schrift, in der sich, wie in wenig anderen Dokumenten die deutschen Zustände in Kirche und Staat in der gärenden Zeit vor dem großen Erlebnis der deutschen Reformation höchst anschaulich spiegeln. Wer immer es unternimmt, die Zustände Deutschlands im ausgehenden Mittelalter zu schildern, kann an diesem aufschlußreichen Quellenwerk nicht vorbeigehen [...]. Es geht um das erste in deutscher Sprache abgefaßte revolutionäre Schriftwerk, das für das verwandte deutsche Schrifttum der Folgezeit eine Grundlage abgab und das, noch im 15. Jahrhundert und dann in Luthers Tagen wiederholt in Druck gelegt, zum Miterreger der tiefgehenden religiösen und sozialen Bewegung unseres Volkes geworden ist, mithin wahrhaft Geschichte machte. Die sozialen und wirtschaftlichen Fragen, die in der RS angeschnitten und zu lösen versucht wurden, haben den deutschen Menschen in den kommenden Jahrhunderten nicht mehr losgelassen. Sie ragen in unsere Zeit herein und verleihen daher unserer Quelle hohen Gegenwartswert.«[794]

Fragt man nach jenem Gegenwartswert, der die ›Reformatio Sigismundi‹ auch für Leser·innen des 21. Jahrhunderts noch aktuell macht, wird man diesen nicht nur in ihren zum Teil überraschend progressiven Forderungen finden,

---

792 Zitiert nach: Johannis Wolfii, IC. ..., Lectiones Memorabiles Et Reconditae..., Frankfurt a. Main 1672 (Übersetzung S. Q.). Zu Johannes Wolffs Lebenswerk vgl. Sabine Schmolinsky, Im Angesicht der Endzeit? Positionen in den ›Lectiones memorabiles‹ des Johannes Wolff (1600), in: Wolfram Brandes/Felicitas Schmieder (edd.), Endzeiten. Eschatologie in den monotheistischen Weltreligionen (Millennium-Studien 16), Berlin/New York 2008, 369–417. Zu der Umdeutung Friedrichs auf Luther vgl. Koller 1964a, 29.

793 Ähnlich bereits Koller 1964a, 24.

794 Beer 1951, 57.

sondern nicht zuletzt auch in jenen Strategien erkennen, mit denen sich hier ein außenstehender Diskursteilnehmer durchzusetzen versucht: Er zitiert assoziativ aus den unterschiedlichsten Wissensbeständen und spekuliert darauf, dass niemand das Behauptete überprüfen wird; er stilisiert sich als Vermittler, der auf Insiderwissen zugreifen und dieses anschaulich erklären kann; er tritt im Namen einer kritischen Öffentlichkeit auf, die seinen Standpunkt legitimiert; er polemisiert gegen etablierte Autoritäten und mobilisiert jene, die sich ausgegrenzt fühlen; er setzt auf die Suggestivkraft von Stereotypen, Metaphern und Narrativen, um abstrakte Sinnzusammenhänge auf Selbstverständlichkeiten zu reduzieren und ein Bild von Gesellschaft zu zeichnen, das der eigenen Wirkabsicht dient; er beklagt schließlich den Verlust einer traumverlorenen Vergangenheit, für den die aktuellen Herrschaftsträger verantwortlich zeichnen – all das sind Legitimationsstrategien, die in Zeiten von Populismus und Verschwörungstheorien, von Fake News und digitaler Meinungsmache nur allzu vertraut klingen und die gerade in Momenten empfundener Krisen Konjunktur haben.[795]

Eine Krise entsteht nicht erst, weil man von ihr als solcher spricht, doch erlaubt der Begriff, Ausmaß und Ernst der Lage sprachlich zu bewältigen.[796] Die Rede von der Krise bündelt Einzelphänomene zu einem erzählenswerten Gesamtereignis und transportiert die Botschaft, dass Handlungsbedarf besteht. Deshalb sprechen Politik und Presse heute auch nicht mehr nur vom Klimawandel, sondern von der Klimakrise. Ein Ereignis als Krise zu beschreiben, verleiht der Krise Ereignischarakter. Das gilt für die Politik des 21. Jahrhunderts ebenso wie für die Publizistik des 15. Jahrhunderts – und nicht zuletzt auch für die Historiographie, die die Geschichte vergangener Krisen (be-)schreibt.

Es fällt auf, dass inmitten von Finanzkrise und Flüchtlingskrise, von Corona-Krise und Klimakrise, von Kriegsausbruch und Energiekrise, von Krise der Demokratie und Krise der Männlichkeit auch die Historiographie zur Krise des Spätmittelalters zurückgefunden hat. Ich möchte deshalb mit der Frage enden, ob unsere gegenwärtigen Krisen uns nicht neuerlich für die Krisenhaftigkeit des Spätmittelalters sensibilisiert haben. Wie nicht zuletzt die bewegte Forschungsgeschichte zu den ›Reformschriften‹ zeigt, sind historiographische Beobachtungen häufig genug auch ein Reflex der eigenen Zeit – was ihrem Erkenntniswert keinen Abbruch tun muss, aber doch einen selbstkritischen Blick verlangt.

795 Vgl. Thomas Mergel, Einleitung: Krisen als Wahrnehmungsphänomene, in: Ders. (ed.), Krisen verstehen. Historische und kulturwissenschaftliche Annäherungen (Eigene und fremde Welten 21), Frankfurt a. Main/New York 2012, 9–22, hier 15.

796 Vgl. Martin Wengeler/Alexander Ziem, ›Wirtschaftskrisen‹ im Wandel der Zeit. Eine diskurslinguistische Pilotstudie zum Wandel von Argumentationsmustern und Metapherngebrauch, in: Achim Landwehr (ed.), Diskursiver Wandel, Wiesbaden 2010, 335–354, hier 335.

Bedenkt man, wie oft die ›Reformatio Sigismundi‹ Narrativen von Fortschritt und Niedergang gleichermaßen die Feder geführt hat, behält Karl Beer – wenn auch in einem anderen Sinne – jedenfalls mit einem recht: Die ›Reformatio Sigismundi‹ hat tatsächlich Geschichte gemacht.

# Verzeichnisse

## 1 Abbildungsverzeichnis



## 2 Siglenverzeichnis

| | |
|---|---|
| A | [Anonymus], Avisamentum |
| DN | Dietrich von Nieheim, Avisamenta Pulcherrima de Unione et Reformacione Membrorum et Capitis fienda |
| [G/W] RS | [Siegmund Grimm/Marcus Wirsung] (edd.), Reformation so … Sigmund weylant Ro̊mischer Keiser … in dē nehsten Concilio zu Costentz … fürgenhommen hette |
| HS | Hartmann Schedel, Das Buch der Chroniken |
| [HS] | Beklagung eines Laien, genannt Hans Schwalb, über viel Mißbräuche christlichen Lebens |
| JB RS | Johann Bämler (ed.), Hienach volget die Reformacion So … Sigmūd Ro̊mischer keyser … In dē nåchstē Cōcilien zů Basel… fürgenomē hett |

| | |
|---|---|
| JC | Johannes Cochläus, Was von Kayser Sigmunds Reformation zu halten sey |
| JS | Johannes Schele, Avisamenta Reformacionis |
| JV | Job Vener, Avisamentum sacrorum canonum et doctorum ecclesie catholice … |
| JW | Johannis Wolfii, IC. …, Lectiones Memorabiles Et Reconditae … |
| LC 50 | [Thomas Prischuch], Des conzilis grundveste |
| LC 51 | Johannes Engelmares, red vom concili zu Costniz |
| LC 52 | [Anonymus], Vom Constanzer Concil |
| LC 53 | [Anonymus], Ein klag Balthasar Cossa |
| LC 54 | Eberhart Windecke, Dis liedelin was gemachet zu Costentz … |
| LC 460 | [Anonymus], Ein newes gedicht, zeigt an die notturft eins conciliums |
| LZ RS | Lucas Zeissenmair (ed.), Reformatio Sigismundi |
| OR | Oberrheinischer Revolutionär |
| [Ö] RS | [Erhard Öglin?] (ed.), Reformation so der … herr Sigmund Rômischer Kayser … fürgenommē hat … |
| RS | [Anonymus], Reformatio Sigismundi |
| RTA 11 87 | K. Sigmund an gen. Städte |
| RTA 11 119 | Entwurf eines kaiserlichen Landfriedens für Schwaben, von den Räten des Markgrafen von Baden auf dem Tage zu Kirchheim überreicht |
| RTA 11 147 | K. Sigmund an Straßburg |
| RTA 11 162 | K. Sigmund fordert die im Gebiet gen. Fürsten etc. gesessenen Juden auf … |
| RTA 11 167 | K. Sigmund thut kund |
| RTA 12 31 | Antwort K. Sigmunds auf das Anbringen der kurfürstlichen Gesandten |
| RTA 12 61 | K. Sigmund gebietet gen. sechs Kurfürsten eine Versammlung der Reichsstände zu veranstalten … |
| RTA 12 62 | K. Sigmund bevollmächtigt gen. sechs Kurfürsten, zur Abstellung der Gebrechen des Reichs eine Versammlung der Reichsstände zu berufen |
| RTA 12 66 | K. Sigmund an gen. Städte und Städtegruppen einzeln |
| RTA 12 140 | K. Sigmund an Basel |
| RTA 12 141 | K. Sigmund an Basel |
| [S] RS | [Mathes Stöckel] (ed.), Reformacion so … Sigmund weylant Rômischer Keiser… Jn dē nehsten Concilio zu Costentz… furgenhommen hette |
| TW RS | Thomas Wolff (ed.), Die Reformation: so … Sigmund Römischer Keiser … fürgenummen hat |

# 3 Quellenverzeichnis

Die alphabetische Sortierung nach Vor- oder Nachnamen folgt den Einträgen im Verfasserlexikon.

## 3.1 Handschriften und Frühdrucke

Augsburg, Stadtarchiv, Reichsstadt – Selekt Chroniken Nr. 4d.

Johann Bämler (ed.), Hienach volget die Reformacion So … Sigmūd Roͤmischer keyser … In dē naͤchstē Cōcilien zů Basel… fürgenomē hett, in: Ders. (ed.), Ein Cronica von allen kaysern vnd künigen. Von allen Bäbsten, Augsburg 1476, 83v–138r.

Johannes Cochläus, Was von Kayser Sigmunds Reformation zů halten sey, Was auch von der newen Chroniken Sebastiani Franck zů halten sey, [Augsburg] 1533.

[Siegmund Grimm/Marcus Wirsung] (edd.), Reformation so … Sigmund weylant Roͤmischer Keiser … in dē nehsten Concilio zu Costentz … furgenhommen hette, Augsburg 1521.

New Haven (Connecticut), Yale University, Beinecke Rare Book and Manuscript Library, Marston MS 273.

[Erhard Öglin?] (ed.), Reformation so der … herr Sigmund Roͤmischer Kayser … fürgenomē hat …, Augsburg 1522.

Prag, Nationalbibliothek, Cod. XVI.D.49.

[Mathes Stöckel] (ed.), Reformacion so … Sigmund weylant Roͤmischer Keiser… Jn dē nehsten Concilio zu Costentz… furgenhommen hette, [Leipzig] 1521.

Johannis Wolfii, IC. …, Lectiones Memorabiles Et Reconditae…, Frankfurt a. Main 1672.

Thomas Wolff (ed.), Die Reformation: so … Sigmund Roͤmischer Keiser … fürgenummen het, Basel 1521.

## 3.2 Editionen und Regestenwerke

Antwort K. Sigmunds auf das Anbringen der kurfürstlichen Gesandten (Nr. 31), in: Deutsche Reichstagsakten unter Kaiser Sigmund. Sechste Abteilung 1435–1437, ed. Gustav Beckmann (Deutsche Reichstagsakten 12), Gotha 1901 (Neudruck Göttingen 1957), 53–58.

Avisamentum (Nr. 7), in: Quellen zur Kirchenreform im Zeitalter der großen Konzilien des 15. Jahrhunderts, Erster Teil: Die Konzilien von Pisa (1409) und Konstanz (1414–1418), ausgewählt und übersetzt von Jürgen Miethke und Lorenz Weinrich (Ausgewählte Quellen zur Deutschen Geschichte des Mittelalters. Freiherr-vom-Stein-Gedächtnisausgabe 38a), Darmstadt 1995, 312–335.

Beklagung eines Laien, genannt Hans Schwalb, über viel Mißbräuche christlichen Lebens, in: Adolf Laube/Annerose Schneider (edd.), Flugschriften der frühen Reformationsbewegung (1518–1524), unter Mitwirkung von Sigrid Looss, Erläuterungen zur Druckgeschichte von Helmut Claus, 2 Bde., Bd. 1, Berlin 1983, 63–74.

Dietrich von Nieheim, Avisamenta Pulcherrima de Unione et Reformacione Membrorum et Capitis fienda (Nr. 4), in: Quellen zur Kirchenreform im Zeitalter der großen Konzilien des 15. Jahrhunderts, Erster Teil: Die Konzilien von Pisa (1409) und Konstanz (1414–1418), ausgewählt und übersetzt von Jürgen MIETHKE und Lorenz WEINRICH (Ausgewählte Quellen zur Deutschen Geschichte des Mittelalters. Freiherr-vom-Stein-Gedächtnisausgabe 38a), Darmstadt 1995, 246–293.

Ein klag Balthasar Cossa (Nr. 53), in: Rochus von LILIENCRON (ed.), Die historischen Volkslieder der Deutschen vom 13. bis 16. Jahrhundert, 5 Bde., Bd. 1, Leipzig 1865–1869 (Neudruck Hildesheim 1966), 263f.

Ein newes gedicht, zeigt an die notturft eins conciliums. Zů singen in Speten ton (Nr. 460), in. Rochus von LILIENCRON (ed.), Die historischen Volkslieder der Deutschen vom 13. bis 16. Jahrhundert, 5 Bde., Bd. 4, Leipzig 1865–1869 (Neudruck Hildesheim 1966), 124–126.

Johannes Engelmares, red vom concili zu Costniz (Nr. 51), in: Rochus von LILIENCRON (ed.), Die historischen Volkslieder der Deutschen vom 13. bis 16. Jahrhundert, 5 Bde., Bd. 1, Leipzig 1865–1869 (Neudruck Hildesheim 1966), 258–261.

Entwurf eines kaiserlichen Landfriedens für Schwaben, von den Räten des Markgrafen von Baden auf dem Tage zu Kirchheim überreicht (Nr. 119), in: Deutsche Reichstagsakten unter Kaiser Sigmund. Fünfte Abteilung 1433–1435, ed. Gustav BECKMANN (Deutsche Reichstagsakten 11), Gotha 1898 (Neudruck Göttingen 1957), 236–240.

Johannes Schele, Sequuntur Avisamenta Reformacionis in Curia et extra… (Nr. 10), in: Quellen zur Kirchenreform im Zeitalter der großen Konzilien des 15. Jahrhunderts, Zweiter Teil: Die Konzilien von Pavia/Siena (1423/24), Basel (1431–1449) und Ferrara/Florenz (1438–1445), ausgewählt und übersetzt von Jürgen MIETHKE und Lorenz WEINRICH (Ausgewählte Quellen zur deutschen Geschichte des Mittelalters. Freiherr-vom-Stein-Gedächtnisausgabe 38b), Darmstadt 2002, 202–237.

K. Sigmund an Basel (Nr. 140), in: Deutsche Reichstagsakten unter Kaiser Sigmund. Sechste Abteilung 1435–1437, ed. Gustav Beckmann (Deutsche Reichstagsakten 12), Gotha 1901 (Neudruck Göttingen 1957), 227f.

K. Sigmund an Basel (Nr. 141), in: Deutsche Reichstagsakten unter Kaiser Sigmund. Sechste Abteilung 1435–1437, ed. Gustav Beckmann (Deutsche Reichstagsakten 12), Gotha 1901 (Neudruck Göttingen 1957), 228.

K. Sigmund an gen. Städte (Nr. 87), in: Deutsche Reichstagsakten unter Kaiser Sigmund. Fünfte Abteilung 1433–1435, ed. Gustav BECKMANN (Deutsche Reichstagsakten 11), Gotha 1898 (Neudruck Göttingen 1957), 200f.

K. Sigmund an gen. Städte und Städtegruppen einzeln (Nr. 66), in: Deutsche Reichstagsakten unter Kaiser Sigmund. Sechste Abteilung 1435–1437, ed. Gustav Beckmann (Deutsche Reichstagsakten 12), Gotha 1901 (Neudruck Göttingen 1957), 120f.

K. Sigmund an Straßburg (Nr. 147), in: Deutsche Reichstagsakten unter Kaiser Sigmund. Fünfte Abteilung 1433–1435, ed. Gustav BECKMANN (Deutsche Reichstagsakten 11), Gotha 1898 (Neudruck Göttingen 1957), 281–283.

K. Sigmund bevollmächtigt gen. sechs Kurfürsten, zur Abstellung der Gebrechen des Reichs eine Versammlung der Reichsstände zu berufen (Nr. 62), in: Deutsche Reichstagsakten unter Kaiser Sigmund. Sechste Abteilung 1435–1437, ed. Gustav Beckmann (Deutsche Reichstagsakten 12), Gotha 1901 (Neudruck Göttingen 1957), 116f.

K. Sigmund fordert die im Gebiet gen. Fürsten etc. gesessenen Juden auf, zu Besprechungen wegen der herkömmlichen Krönungssteuer und wegen der Gebrechen der Judenschaft zum 2. Februar nach Basel zu schicken, und giebt ihnen Geleit und Zollfreiheit (Nr. 162), in: Deutsche Reichstagsakten unter Kaiser Sigmund. Fünfte Abteilung 1433–1435, ed. Gustav BECKMANN (Deutsche Reichstagsakten 11), Gotha 1898 (Neudruck Göttingen 1957), 296f.

K. Sigmund gebietet gen. sechs Kurfürsten eine Versammlung der Reichsstände zu veranstalten und dort über einen Tag zu Eger, den er persönlich besuchen will, übereinzukommen (Nr. 61), in: Deutsche Reichstagsakten unter Kaiser Sigmund. Sechste Abteilung 1435–1437, ed. Gustav Beckmann (Deutsche Reichstagsakten 12), Gotha 1901 (Neudruck Göttingen 1957), 115f.

K. Sigmunds Gesetz über Pfalbürger und Bürger-Aufnahme (Nr. 429), in: Deutsche Reichstagsakten unter Kaiser Sigmund. Dritte Abteilung 1427–1431, ed. Dietrich KERLER (Deutsche Reichstagsakten 9), Gotha 1887 (Neudruck Göttingen 1957), 565–570.

K. Sigmund thut kund (Nr. 167), in: Deutsche Reichstagsakten unter Kaiser Sigmund. Fünfte Abteilung 1433–1435, ed. Gustav BECKMANN (Deutsche Reichstagsakten 11), Gotha 1898 (Neudruck Göttingen 1957), 309f.

Der Oberrheinische Revolutionär. Das buchli der hundert capiteln mit xxxx statuten, ed. Klaus H. LAUTERBACH (Monumenta Germaniae Historica. Staatsschriften des späteren Mittelalters 7), Hannover 2009.

[Thomas Prischuch], Des conzilis grundveste (Nr. 50), in: Rochus von LILIENCRON (ed.), Die historischen Volkslieder der Deutschen vom 13. bis 16. Jahrhundert, 5 Bde., Bd. 1, Leipzig 1865–1869 (Neudruck Hildesheim 1966), 228–257.

Quellen zur Kirchenreform im Zeitalter der großen Konzilien des 15. Jahrhunderts, ausgewählt und übersetzt von Jürgen MIETHKE und Lorenz WEINRICH, Erster Teil: Die Konzilien von Pisa (1409) und Konstanz (1414–1418) (Ausgewählte Quellen zur Deutschen Geschichte des Mittelalters 38a), Zweiter Teil: Die Konzilien von Pavia/ Siena (1423/24), Basel (1431–1449) und Ferrara/Florenz (1438–1445) (Ausgewählte Quellen zur deutschen Geschichte des Mittelalters 38b), Darmstadt 1995/2002.

Reformatio Sigismundi (Augsburg: Lukas Zeissenmair 1497), mit einem Nachwort von Ursula ALTMANN (Bibliothek seltener Bücher. Neudrucke 1), Leipzig 1984.

Die Reformation des Kaisers Sigmund. Die erste deutsche Reformschrift eines Laien vor Luther, ed. Heinrich WERNER (Archiv für Kulturgeschichte. Ergänzungsheft 3), Berlin 1908.

Reformation Kaiser Siegmunds, ed. Heinrich KOLLER (Monumenta Germaniae Historica. Staatsschriften des späteren Mittelalters 6), Hannover 1964.

Friedrich Reisers Reformation des K. Sigmund, ed. Willy BOEHM, Leipzig 1876, 161–252.

Hartmann Schedel, Das Buch der Chroniken. Kolorierte und kommentierte Gesamtausgabe der Weltchronik von 1493. Nach dem Original der Herzogin Anna Amalia Bibliothek Weimar, ed. Stephan FÜSSEL, Köln 2018.

Job Vener, Avisamentum sacrorum canonum et doctorum ecclesie catholice… (Nr. 9), in: Quellen zur Kirchenreform im Zeitalter der großen Konzilien des 15. Jahrhunderts, Erster Teil: Die Konzilien von Pisa (1409) und Konstanz (1414–1418), ausgewählt und übersetzt von Jürgen MIETHKE und Lorenz WEINRICH (Ausgewählte Quellen zur

Deutschen Geschichte des Mittelalters. Freiherr-vom-Stein-Gedächtnisausgabe 38a), Darmstadt 1995, 378–415.

Vom Constanzer Concil (Nr. 52), in: Rochus von LILIENCRON (ed.), Die historischen Volkslieder der Deutschen vom 13. bis 16. Jahrhundert, 5 Bde., Bd. 1, Leipzig 1865–1869 (Neudruck Hildesheim 1966), 261–263.

Eberhart Windecke, Dis liedelin was gemachet zu Costentz... (Nr. 54), in: Rochus von Liliencron (ed.), Die historischen Volkslieder der Deutschen vom 13. bis 16. Jahrhundert, 5 Bde., Bd. 1, Leipzig 1865–1869 (Neudruck Hildesheim 1966), 264f.

## 4 Literaturverzeichnis

### 4.1 Wörterbücher

Christa BAUFELD, Kleines frühneuhochdeutsches Wörterbuch. Lexik aus Dichtung und Fachliteratur des Frühneuhochdeutschen, Tübingen 1996.

Ulrich GOEBEL/Anja LOBENSTEIN-REICHMANN/Oskar REICHMANN (edd.), Frühneuhochdeutsches Wörterbuch, 11 Bde., Berlin/Boston/New York 1986–2021.

Alfred GÖTZE, Frühneuhochdeutsches Glossar, 7. Aufl. (Kleine Texte für Vorlesungen und Übungen 101), Berlin 1967.

Lutz RÖHRICH, Lexikon der sprichwörtlichen Redensarten, 5 Bde., Freiburg/Basel/Wien 1991.

### 4.2 Forschungsliteratur

Wilhelm ABEL, Agrarkrisen und Agrarkonjunktur. Eine Geschichte der Land- und Ernährungswirtschaft Mitteleuropas seit dem hohen Mittelalter, 2. neubearb. und erw. Aufl., Hamburg 1966.

Ursula ALTMANN, ›Reformatio Sigismundi‹, in: Reformatio Sigismundi (Augsburg: Lukas Zeissenmair 1497), mit einem Nachwort von DERS. (Bibliothek seltener Bücher. Neudrucke 1), Leipzig 1984, 1–8.

Stephanie ALTROCK/Hans-Joachim ZIEGELER, Die Geburt des Autors im späten Mittelalter. Vom *diener der ewigen wisheit* zum Autor Heinrich Seuse, in: Peter WIESINGER (ed.), »Zeitenwende – die Germanistik auf dem Weg vom 20. ins 21. Jahrhundert«, Akten des 10. Internationalen Germanistenkongresses Wien 2000, unter Mitarbeit von Hans DERKITS, 15 Bde., Bd. 5: Mediävistik und Kulturwissenschaft u. a. (Jahrbuch für Internationale Germanistik. Reihe A: Kongreßberichte 57), Bern et al. 2002, 323–332.

Elizabeth ANDERSEN et al. (edd.), Autor und Autorschaft im Mittelalter. Kolloquium Meißen 1995, Tübingen 1998.

Willy ANDREAS, Deutschland vor der Reformation. Eine Zeitenwende, 7. Aufl., Berlin 1972.

Heinz ANGERMEIER, Reichsreform und Reformation (Schriften des Historischen Kollegs. Vorträge 5), München 1983.

Gabriele Annas, Hoftag – Gemeiner Tag – Reichstag. Studien zur strukturellen Entwicklung deutscher Reichsversammlungen des späten Mittelalters (1349–1471), mit einer CD-ROM: Verzeichnis der Besucher deutscher Reichsversammlungen des späten Mittelalters (1349 bis 1471) (Schriftenreihe der Historischen Kommission bei der Bayerischen Akademie der Wissenschaften 68), 2 Bde., Göttingen 2004a/b.

Dies., *Gehorsamkeyt ist tod, gerechtigkeyt leyt not, nichts stet in rechter ordenung.* Zum Begriff der ›Gerechtigkeit‹ in Schriften zur Reichsreform des 15. Jahrhunderts, in: Petra Schulte/Gabriele Annas/Michael Rothmann (edd.), Gerechtigkeit im gesellschaftlichen Diskurs des späteren Mittelalters (Zeitschrift für historische Forschung. Beiheft 47), Berlin 2012, 223–254.

Jörg Arentzen/Uwe Ruberg (edd.), Die Ritteridee in der deutschen Literatur des Mittelalters. Eine kommentierte Anthologie, mit 3 Abbildungen, Darmstadt 1987.

Andreas von Arnauld, Was war, was ist – und was sein soll. Erzählen im juristischen Diskurs, in: Christian Klein/Matías Martínez (edd.), Wirklichkeitserzählungen. Felder, Formen und Funktionen nicht-literarischen Erzählens, Stuttgart/Weimar 2009, 14–50.

Joseph von Aschbach, Geschichte Kaiser Sigmunds, 4 Bde., Bd. 4: Sigmunds letzte Regierungsjahre zur Zeit des Basler Konzils, Hamburg 1845 (Neudruck Aalen 1964).

Jan Assmann, Das kulturelle Gedächtnis. Schrift, Erinnerung und politische Identität in frühen Hochkulturen, 5. Aufl., München 2005.

Norbert Bachleitner, Literatur und Buchmarkt in Österreich im achtzehnten Jahrhundert: ein eigenständiges Feld?, in: Karsten Schmidt/Haimo Stiemer (edd.), Bourdieu in der Germanistik, Berlin/Boston 2022, 227–250.

Armin Barsch, Fiktion/Fiktionalität, in: Metzler Lexikon Literatur- und Kulturtheorie (5. Aufl. 2013), 214f.

Roland Barthes, Der Tod des Autors, übersetzt von Matías Martínez (frz. Originalausg. Paris 1994, 491–495), in: Fotis Jannidis et al. (edd.), Texte zur Theorie der Autorschaft (RUB 18058), Stuttgart 2000, 185–193.

Ders., Das Rauschen der Sprache, übersetzt von Dieter Hornig (frz. Originialausg. Paris 1984) (Kritische Essays IV), Frankfurt a. Main 2005.

Clemens Bauer, Der Wucher-Begriff der ›Reformatio Sigismundi‹, in: Friedrich Facius/Jürgen Sydow (edd.), Aus Stadt- und Wirtschaftsgeschichte Südwestdeutschlands. Festschrift für Erich Maschke zum 75. Geburtstag (Veröffentlichungen der Kommission für geschichtliche Landeskunde in Baden-Württemberg. Reihe B: 85) Stuttgart 1975, 110–117.

Theresia Bauer, Geleitwort, in: Karl-Heinz Braun/Thomas M. Buck (edd.), Über die ganze Erde erging der Name von Konstanz. Rahmenbedingungen und Rezeption des Konstanzer Konzils (Veröffentlichungen der Kommission für geschichtliche Landeskunde in Baden-Württemberg. Reihe B: Forschungen 212), Stuttgart 2017, IXf.

Karl Beer, Zur Überlieferung der sogenannten ›Reformation Kaiser Siegmunds‹, in: Mitteilungen des Instituts für Österreichische Geschichtsforschung 40 (1925), 205–233.

Ders., Zur Frage nach dem Verfasser der ›Reformatio Sigismundi‹, in: Mitteilungen des Instituts für Österreichische Geschichtsforschung 51 (1937), 161–177.

Ders., Der gegenwärtige Stand der Forschung über die ›Reformatio Sigismundi‹, in: Mitteilungen des Instituts für Österreichische Geschichtsforschung 59 (1951), 55–93.

DERS., Was ein deutscher Reformer vor einem halben Jahrtausend vom Ärztestand erwartete, in: Gesnerus 12/1–2 (1955), 24–36.

Hans-Joachim BEHR, Der *ware meister* und der *schlechte lay*. Textlinguistische Beobachtungen zur Spruchdichtung Heinrichs von Mügeln und Heinrichs des Teichners, in: Wolfgang HAUBRICHS (ed.), Politik und Dichtung vom Mittelalter bis zur Neuzeit (Zeitschrift für Literaturwissenschaft und Linguistik 37), Göttingen 1980, 70–85.

Thomas BEIN, Zum ›Autor‹ im mittelalterlichen Literaturbetrieb und im Diskurs der germanistischen Mediävistik, in: Fotis JANNIDIS et al. (edd.), Rückkehr des Autors. Zur Erneuerung eines umstrittenen Begriffs (Studien und Texte zur Sozialgeschichte der Literatur 71), Tübingen 1999, 303–320.

Günter BENTELE, Journalismus, in: Reallexikon der deutschen Literaturwissenschaft 2 (2007), 203–206.

Wolfgang BEUTIN, Humanismus und Reformation, in: DERS. et al., Deutsche Literaturgeschichte. Von den Anfängen bis zur Gegenwart, 9., aktual. und erw. Aufl., Stuttgart 2019, 59–102.

Friedrich VON BEZOLD, Die »armen Leute« und die deutsche Literatur des späteren Mittelalters, in: Historische Zeitschrift 41/1 (1879), 1–37.

Max BLACK, Die Metapher, übersetzt von Margit SMUDA (engl. Originalausg. Proceedings of the Aristotelian Society 55 [1954]), in: Anselm HAVERKAMP (ed.), Theorie der Metapher (Wege der Forschung 389), Darmstadt 1983, 55–79.

Andreas BLANK, Einführung in die lexikalische Semantik für Romanisten (Romanistische Arbeitshefte 45), Tübingen 2001.

Hartmut BLEUMER, ›Historische Narratologie‹? Metalegendarisches Erzählen im ›Silvester‹ Konrads von Würzburg, in: Harald HAFERLAND/Matthias MEYER (edd.), Historische Narratologie – Mediävistische Perspektiven, unter Mitarbeit von Carmen STANDE und Markus GREULICH (Trends in Medieval Philology 19), Berlin/New York 2010, 231–261.

DERS., Historische Narratologie, in: Christiane ACKERMANN/Michael EGERDING (edd.), Literatur- und Kulturtheorien in der Germanistischen Mediävistik. Ein Handbuch, Berlin/Boston 2015, 213–274.

Andreas BLÖDORN/Daniela LANGER/Michael SCHEFFEL, Einleitung: Stimmen – *im Text?*, in: DIES. (edd.), Stimme(n) im Text. Narratologische Positionsbestimmungen (Narratologia 10), Berlin/New York 2006, 1–8.

Hans BLUMENBERG, Paradigmen zu einer Metaphorologie. Kommentar von Anselm HAVERKAMP unter Mitarbeit von Dirk MENDE und Mariele NIENTIED, 2. Aufl. (Suhrkamp Studienbibliothek 10), Frankfurt a. Main 2013.

Hartmut BOOCKMANN, Zu den Wirkungen der ›Reform Kaiser Siegmunds‹, in: Deutsches Archiv für Erforschung des Mittelalters 35 (1979), 514–541.

DERS., Über den Zusammenhang von Reichsreform und Kirchenreform, in: Ivan HLAVÁČEK/Alexander PATSCHOVSKY (edd.), Reform von Kirche und Reich zur Zeit der Konzilien von Konstanz (1414–1418) und Basel (1431–1449). Konstanz-Prager Historisches Kolloquium (11.–17. Oktober 1993), Konstanz 1996, 203–214.

DERS., ›Reformatio Sigismundi‹, in: Theologische Realenzyklopädie 28 (1997), 384–386.

DERS., Die Orden in den deutschen Texten zur Kirchen- und Reichsreform des 15. Jahrhunderts, in: František ŠMAHEL (ed.), Häresie und vorzeitige Reformation im Spätmittelalter, unter Mitarbeit von Elisabeth MÜLLER-LUCKNER (Schriften des Historischen Kollegs. Kolloquien 39), München 1998, 275–288.

Wayne C. BOOTH, The Rhetoric of Fiction, 1. brit. und 9. amerik. Aufl. (A phoenix book 267), Chicago 1969.

Pierre BOURDIEU, Sozialer Raum und ›Klassen‹, übersetzt von Bernd SCHWIBS (frz. Originalausg. Actes de la recherche en sciences sociales 52/53 [1984]), in: Pierre BOURDIEU, Sozialer Raum und ›Klassen‹. Leçon sur la leçon. Zwei Vorlesungen, mit einer Bibliographie der Schriften Pierre Bourdieus, ed. von Iyette DELSAUT (suhrkamp taschenbuch wissenschaft 500), Frankfurt a. Main 1985, 7–46.

DERS., Was heißt sprechen? Die Ökonomie des sprachlichen Tausches, übersetzt von Hella BEISTER (frz. Originalausg. Paris 1982), Wien 1990.

DERS./Loïc J. D. WACQUANT, Das Feld der Macht und die technokratische Herrschaft. Loïc J. D. Wacquant im Gespräch mit Pierre Bourdieu anläßlich des Erscheinens von ›La Noblesse d'État‹, übersetzt von Jürgen BOLDER unter Mitarbeit von Ulrike NORDMANN und Margarete STEINRÜCKE (engl. Originalausg. Cambridge/MA 1990), in: Pierre BOURDIEU, Die Intellektuellen und die Macht, ed. Irene DÖLLING, Hamburg 1991, 67–100.

DERS., Rede und Antwort, übersetzt von Bernd SCHWIBS (frz. Originalausg. Paris 1987) (edition suhrkamp. Neue Folge 547), Frankfurt a. Main 1992.

DERS., Soziologische Fragen, übersetzt von Hella BEISTER und Bernd SCHWIBS (frz. Originalausg. Paris 1980), (edition suhrkamp. Neue Folge 872), Frankfurt a. M. 1993.

DERS./Loïc J. D. WACQUANT, Reflexive Anthropologie, übersetzt von Hella BEISTER (frz. Originalausg. Paris 1992) (suhrkamp taschenbuch wissenschaft 1793), Frankfurt a. Main 1996.

DERS., Praktische Vernunft. Zur Theorie des Handelns, übersetzt von Hella BEISTER (frz. Originalausg. Paris 1994) (edition suhrkamp. Neue Folge 985), Frankfurt a. Main 1998.

DERS., Die Regeln der Kunst. Genese und Struktur des literarischen Feldes, übersetzt von Bernd SCHWIBS und Achim RUSSER (frz. Originalsausg. Paris 1992), Frankfurt a. Main 1999.

Sarah BOWDEN et al., (edd.), Geschichte erzählen. Strategien der Narrativierung von Vergangenheit im Mittelalter, 80. Anglo-German Colloquium Manchester 2017, Tübingen 2020a.

DIES. et al., Einleitung. Geschichte erzählen und Narrativierung von Vergangenheit, in: DIES. (edd.), Geschichte erzählen. Strategien der Narrativierung von Vergangenheit im Mittelalter, 80. Anglo-German Colloquium Manchester 2017, Tübingen 2020b, 11–23.

Walter BRANDMÜLLER, Das Konzil von Konstanz 1414–1418, 2 Bde., Bd. 1: Bis zur Abreise Sigismunds nach Narbonne [Konziliengeschichte. Reihe A: Darstellungen 11], Bd. 2: Bis zum Konzilsende [Konziliengeschichte. Reihe A: Darstellungen 19], Paderborn et al. 1991a/1997a.

DERS., Konstanzer, Konzil von (1414–1418), in: Lexikon des Mittelalters 5 (1991b), 1402–1405.

DERS., [Rezension] Quellen zur Kirchenreform im Zeitalter der großen Konzilien des 15. Jahrhunderts. Erster Teil: Die Konzilien von Pisa (1409) und Konstanz (1414–1418). Ausgewählt und übersetzt von Jürgen Miethke – Lorenz Weinrich, Darmstadt: Verlag der Wissenschaftlichen Buchgesellschaft 1995 (Ausgewählte Quellen zur deutschen Geschichte des Mittelalters. Freiherr-vom-Stein-Gedächtnisausgabe 38a). X + 555 S., in: Annuarium Historiae Conciliorum 29/1 (1997b), 259–262.

DERS., Das Konzil von Pavia-Siena 1423–1424 (Konziliengeschichte. Reihe A: Darstellungen 21), Paderborn et al. 2002.

Christina BRANDT, Wissenschaftserzählungen. Narrative Strukturen im naturwissenschaftlichen Diskurs, in: Christian KLEIN/Matías MARTÍNEZ (edd.), Wirklichkeitserzählungen. Felder, Formen und Funktionen nicht-literarischen Erzählens, Stuttgart/Weimar 2009, 81–109.

Karl-Heinz BRAUN et al. (edd.), Das Konstanzer Konzil 1414–1418. Weltereignis des Mittelalters. Essays, Darmstadt 2013a.

DERS. et al., Vorwort der Herausgeber, in: DIES. (edd.), Das Konstanzer Konzil 1414–1418. Weltereignis des Mittelalters. Essays, Darmstadt 2013b.

DERS., Die Konstanzer Dekrete *Haec Sancta* und *Frequens*, in: DERS. et al. (edd.), Das Konstanzer Konzil 1414–1418. Weltereignis des Mittelalters. Essays, Darmstadt 2013, 82–86.

DERS./Thomas M. BUCK (edd.), Über die ganze Erde erging der Name von Konstanz. Rahmenbedingungen und Rezeption des Konstanzer Konzils (Veröffentlichungen der Kommission für geschichtliche Landeskunde in Baden-Württemberg. Reihe B: Forschungen 212), Stuttgart 2017.

Georg BRAUNGART, Zur Rhetorik der Polemik in der Frühen Neuzeit, in: Franz BOSBACH (ed.), Feindbilder. Die Darstellung des Gegners in der politischen Publizistik des Mittelalters und der Neuzeit (Bayreuther Historische Kolloquien 6), Köln/Weimar/Wien 1992, 1–21.

Almut BREITENBACH, Der ›Oberdeutsche vierzeilige Totentanz‹. Formen seiner Rezeption und Aneignung in Handschrift und Blockdruck (Spätmittelalter, Humanismus, Reformation 88), Tübingen 2015.

Joachim BUMKE, Autor und Werk. Beobachtungen und Überlegungen zur höfischen Epik (ausgehend von der Donaueschinger Parzivalhandschrift $G^{\delta}$), in: Helmut TERVOOREN/Horst WENZEL (edd.), Philologie als Textwissenschaft. Alte und neue Horizonte (Zeitschrift für deutsche Philologie 116. Sonderheft), Berlin 1997, 87–114.

Thea BUYKEN, Der Verfasser der ›Reformatio Sigismundi‹, in: Josef ENGEL/Hans M. KLINKENBERG (edd.), Aus Mittelalter und Neuzeit. Gerhard Kallen zum 70. Geburtstag dargebracht von Kollegen, Freunden und Schülern, Bonn 1957, 97–116.

Albrecht CLASSEN, Kulturelle und religiöse Kontakte zwischen dem christlichen Europa und dem buddhistischen Indien im Mittelalter: Rudolfs von Ems ›Barlaam und Josaphat‹ im europäischen Kontext, in: Fabula 41/3–4 (2000), 203–228.

Eva VON CONTZEN, Narrative and Experience in Medieval Literature. Author, Narrator, and Character Revisited, in: DIES./Florian KRAGL (edd.), Narratologie und mittelalterliches Erzählen. Autor, Erzähler, Perspektive, Zeit und Raum (Das Mittelalter. Beihefte 7), Berlin/Boston 2018, 61–79.

DIES., Diachrony: The Factual in the Middle Ages, in: Monika FLUDERNIK/Marie-Laure RYAN (edd.), Narrative Factuality. A Handbook, in cooperation with Hanna SPECKER (Revisionen 6), Berlin/Boston 2020a, 625–633.

Constanza CORDONI, *O favole o parole o istorie.* Zum Parabelkorbus in der Barlaam-Legende, in: Fabula 52/3–4 (2011), 207–227.

Thomas CRAMER, Geschichte der deutschen Literatur im späten Mittelalter, 3., aktual. Aufl. (dtv 30779), München 2000.

Tobias Daniels, Diplomatie, politische Rede und juristische Praxis im 15. Jahrhundert. Der gelehrte Rat Johannes Hofmann von Lieser (Schriften zur politischen Kommunikation 11), Göttingen 2013.

Michiel Decaluwé, Das Dekret *Haec sancta* und sein gedanklicher Kontext auf dem Konzil von Konstanz und auf dem Konzil von Basel, in: Annuarium historiae conciliorum 41 (2009), 313–340.

Ders./Gerald Christianson/Thomas M. Izbicki (edd.), A Companion to the Council of Basel (Brill's Companions to the Christian Tradition 74), Leiden/Boston 2017.

Ders./Gerald Christianson, Historical Survey, in: Dies./Thomas M. Izbicki (edd.), A Companion to the Council of Basel (Brill's Companions to the Christian Tradition 74), Leiden/Boston 2017, 8–37.

Jürgen Dendorfer/Claudia Märtl (edd.), Nach dem Basler Konzil. Die Neuordnung der Kirche zwischen Konziliarismus und monarchischem Papat (ca. 1450–1475) (Pluralisierung & Autorität 13), Berlin 2008.

Ders., Zur Einführung, in: Ders./Claudia Märtl (edd.), Nach dem Basler Konzil. Die Neuordnung der Kirche zwischen Konziliarismus und monarchischem Papat (ca. 1450–1475) (Pluralisierung & Autorität 13), Berlin 2008, 1–18.

Ders., Inszenierung von Entscheidungsfindung auf den Konzilien des 15. Jahrhunderts. Zum Zeremoniell der *sessio generalis* auf dem Basler Konzil, in: Jörg Peltzer/Gerald Schwedler/Paul Töbelmann (edd.), Politische Versammlungen und ihre Rituale. Repräsentationsformen und Entscheidungsprozesse des Reichs und der Kirche im späten Mittelalter, Ostfildern 2009, 37–53.

Heinrich Detering, Vorbemerkung, in: Ders. (ed.), Autorschaft. Positionen und Revisionen. DFG-Symposion 2001 (Germanistische Symposien. Berichtsbände 24), Stuttgart 2002, IX–XVI.

Nicolas Detering/Johannes Franzen/Christopher Meid, Herrschaftserzählungen um Wilhelm II. Zur Einleitung, in: Dies. (edd.), Herrschaftserzählungen. Wilhelm II. in der Kulturgeschichte (1888–1933) (Faktuales und Fiktionales Erzählen 3), Würzburg 2016, 7–17.

Rainer Diaz-Bone, Kulturwelt, Diskurs und Lebensstil. Eine diskurstheoretische Erweiterung der Bourdieuschen Distinktionstheorie, 2., erw. Aufl. (Theorie und Praxis der Diskursforschung), Wiesbaden 2010.

Jan Louis van Dieten, Ferrara-Florenz, Konzil von (eröffnet am 9. April 1438), in: Lexikon des Mittelalters 4 (1989), 390–393.

Lothar Graf zu Dohna, ›Reformatio Sigismundi‹. Beiträge zum Verständnis einer Reformschrift des fünfzehnten Jahrhunderts (Veröffentlichungen des Max-Planck-Instituts für Geschichte 4), Göttingen 1960.

Alfred Doren, Zur ›Reformatio Sigismundi‹, in: Historische Vierteljahrschrift 21 (1922/1923), 1–59.

Karoline Dominika Döring, Sultansbriefe. Textfassungen, Überlieferung und Einordnung (Monumenta Germaniae Historica. Studien und Texte 62), Wiesbaden 2017.

Sebastian Dümling, Träume der Einfachheit. Gesellschaftsbeobachtungen in den Reformschriften des 15. Jahrhunderts (Historische Studien 511), Husum 2017.

Ders., Verfasser, Autoren, Erzähler – Zugänge zur Textlichkeit der ›Reformatio Sigismundi‹, in: Maria Rhode/Ernst Wawra (edd.), Quellenanalyse. Ein epochenübergreifendes Handbuch für das Geschichtsstudium (utb 5112), Paderborn 2020, 212–219.

Freimut DUVE, Vorwort, in: George LAKOFF/Elisabeth WEHLING, Auf leisen Sohlen ins Gehirn. Politische Sprache und ihre heimliche Macht, 2., aktual. Aufl., Heidelberg 2009, 9–11.

Florian ESSER, Aus zwei mach eins. Der Pisaner Lösungsversuch des Großen Abendländischen Schismas 1408/1409: Schismatologie und Konzilsform, in: Harald MÜLLER (ed.), Der Verlust der Eindeutigkeit. Zur Krise päpstlicher Autorität im Kampf um die Cathedra Petri (Schriften des Historischen Kollegs. Kolloquien 95), Berlin/Boston 2017, 37–54.

DERS., Schisma als Deutungskonflikt. Das Konzil von Pisa und die Lösung des Großen Abendländischen Schismas (1378–1409) (Papsttum im mittelalterlichen Europa 8), Wien/Köln/Weimar 2019.

Monika FLUDERNIK, The Diachronization of Narratology, in: Narrative 11/3 (2003), 331–348.

DIES., Factual Narrative: A Missing Narratological Paradigm, in: Germanisch-Romanische Monatsschrift 63/1 (2013), 117–134.

DIES./Nicole FALKENHAYNER/Julia STEINER, Einleitung, in: DIES. (edd.), Faktuales und fiktionales Erzählen. Interdisziplinäre Perspektiven (Faktuales und fiktionales Erzählen 1), Würzburg 2015, 7–22.

DIES./Marie-Laure RYAN (edd.), Narrative Factuality. A Handbook, in cooperation with Hanna SPECKER (Revisionen 6), Berlin/Boston 2020a.

DIES./Marie-Laure RYAN, Factual Narrative: An Introduction, in: DIES. (edd.), Narrative Factuality. A Handbook, in cooperation with Hanna SPECKER (Revisionen 6), Berlin/Boston 2020b, 1–26.

Michel FOUCAULT, Was ist ein Autor?, übersetzt von Karin HOFER (frz. Originalausg. Bulletin de la Societe français de Philosophie [Juli–September 1969]), ergänzt durch einen Abschnitt der amerik. Version, übersetzt von Fotis JANNIDIS (engl. Originalausg. London 1980, 158–160), in: Fotis JANNIDIS et al. (edd.), Texte zur Theorie der Autorschaft (RUB 18058), Stuttgart 2000, 198–229.

Manfred FRANK, Zum Diskursbegriff bei Foucault, in: Jürgen FOHRMANN/Harro MÜLLER (edd.), Diskurstheorien und Literaturwissenschaft, Frankfurt a. Main 1988, 25–44.

Günther FRANZ, ›Reformation Kaiser Sigmunds‹, in: Hellmuth RÖSSLER/Günther FRANZ (edd.), Sachwörterbuch zur deutschen Geschichte, unter Mitarbeit von Willy HOPPE und anderen Fachgelehrten, München 1958, 962f.

Johannes FRANZEN et al., Geschichte der Fiktionalität. Zur Einleitung, in: DIES. (edd.), Geschichte der Fiktionalität. Diachrone Perspektiven auf ein kulturelles Konzept (Faktuales und Fiktionales Erzählen 4), Baden-Baden 2018, 7–18.

Ansgar FRENKEN, [Rezension] Jürgen Miethke – Lorenz Weinrich (Bearb.), Quellen zur Kirchenreform im Zeitalter der großen Konzilien des 15. Jahrhunderts. Zweiter Teil: Die Konzilien von Pavia/Siena (1423/24), Basel (1431–1449) und Ferrara/Florenz (1438–1445), Wissenschaftliche Buchgesellschaft: Darmstadt 2002 (Ausgewählte Quellen zur Geschichte des Mittelalters 38b). 510 S., in: Annuarium Historiae Conciliorum 36/2 (2004), 453–455.

Käte FRIEDEMANN, Die Rolle des Erzählers in der Epik (Untersuchungen zur neueren Sprach- und Literaturgeschichte 7), Leipzig 1910.

Udo FRIEDRICH, Grenzmetaphorik. Zur Interferenz von Natur und Kultur in mittelalterlichen Körperdiskursen, in: Deutsche Vierteljahrsschrift für Literaturwissenschaft und Geistesgeschichte 83 (2009), 26–52.

DERS., Historische Metaphorologie, in: Christiane ACKERMANN/Michael EGERDING (edd.), Literatur- und Kulturtheorie in der Germanistischen Mediävistik. Ein Handbuch, Berlin/Boston 2015, 169–211.

DERS., Die Metapher als Figur der Ambiguität im Mittelalter, in: Oliver AUGE/Christian WITTHÖFT (edd.), Ambiguität im Mittelalter. Formen zeitgenössischer Reflexion und interdisziplinärer Rezeption, unter redaktioneller Mitarbeit von Steve RIEDL und Susanne KOCH (Trends in Medieval Philology 30), Berlin/Boston 2016, 83–109.

Werner FUCHS-HEINRITZ/Alexandra KÖNIG, Pierre Bourdieu. Eine Einführung, 2. überarbeitete Aufl. (utb 2649), Konstanz/München 2011.

Gérard GENETTE, Fictional Narrative, Factual Narrative, in: Poetics Today 11/4. Narratology Revisited 2 (1990), 755–774.

DERS., Diskurs der Erzählung. Ein methodologischer Versuch, übersetzt von Andreas KNOP (frz. Originalausg. Paris 1972), in: Jochen VOGT (ed.), Die Erzählung, mit einem Nachwort von DEMS., überprüft und berichtigt von Isabel KRANZ, 3., durchges. und korr. Aufl., Paderborn 2010a, 7–174.

DERS., Neuer Diskurs der Erzählung, übersetzt von Andreas KNOP (frz. Originalausg. Paris 1983), in: Jochen VOGT (ed.), Die Erzählung, mit einem Nachwort von DEMS., überprüft und berichtigt von Isabel KRANZ, 3., durchges. und korr. Aufl., Paderborn 2010b, 177–272.

Léopold GENICOT, Crisis: From the Middle Ages to Modern Times, in: Michael M. POSTAN (ed.), The Cambridge Economic History of Europe, 8 Bde., Bd. 1: The agrarian life of the Middle Ages, 2. Aufl., Cambridge 1971, 660–742.

Ursula GIESSMANN, Die *renuntiatio* Felix' V. (1449), in: Harald MÜLLER/Brigitte HOTZ (edd.), Gegenpäpste. Ein unerwünschtes mittelalterliches Phänomen (Papsttum im mittelalterlichen Europa 1), Wien/Köln/Weimar 2012, 391–410.

DIES., Der letzte Gegenpapst: Felix V. Studien zu Herrschaftspraxis und Legitimationsstrategien (1434–1451) (Papsttum im mittelalterlichen Europa 3), Köln/Weimar/Wien 2014.

Dieter GIRGENSOHN, Perpignan, Konzil von (1408–1409), in: Lexikon des Mittelalters 6 (1993a), 1897.

DERS., Pisa, Konzil von (1409), in: Lexikon des Mittelalters 6 (1993b), 2182f.

DERS., Von der konziliaren Theorie des späteren Mittelalters zur Praxis: Pisa 1409, in: Heribert MÜLLER/Johannes HELMRATH (edd.), Die Konzilien von Pisa (1409), Konstanz (1414–1418) und Basel (1431–1449). Institutionen und Personen (Vorträge und Forschungen 67), Ostfildern 2007, 61–94.

Robert GISSELBAEK, Der Wert des Wertens: Zur Bedeutung literarischer Urteile in der höfischen Kultur, in: Karsten SCHMIDT/Haimo STIEMER (edd.), Bourdieu in der Germanistik, Berlin/Boston 2022, 51–79.

Sonja GLAUCH, An der Schwelle zur Literatur. Elemente einer Poetik des höfischen Erzählens (Studien zur historischen Poetik 1), Heidelberg 2009.

DIES., Ich-Erzähler ohne Stimme. Zur Andersartigkeit mittelalterlichen Erzählens zwischen Narratologie und Mediengeschichte, in: Harald HAFERLAND/Matthias MEYER (edd.), Historische Narratologie – Mediävistische Perspektiven, unter Mitarbeit von

Carmen Stande und Markus Greulich (Trends in Medieval Philology 19), Berlin/New York 2010, 149–185.

Johannes Grohe, Pavia, Synoden von, in: Lexikon des Mittelalters 6 (1993), 1836f.

Ralf Grüttemeier, Elitäre Allianzen – über Aspekte des Verhältnisses von juristischem und literarischem Feld, in: Karsten Schmidt/Haimo Stiemer (edd.), Bourdieu in der Germanistik, Berlin/Boston 2022, 375–389.

Peter Grzybek, Kulturelle Stereotype und stereotype Texte, in: Walter A. Koch (ed.), Natürlichkeit der Sprache und der Kultur. Acta Colloquii (Bochumer Beiträge zur Semiotik 18), Bochum 1990, 300–327.

Jürgen Habermas, Strukturwandel der Öffentlichkeit. Untersuchungen zu einer Kategorie der bürgerlichen Gesellschaft, mit einem Vorwort zur Neuaufl. 1990 (suhrkamp taschenbuch wissenschaft 891), Frankfurt a. Main 1990.

Harald Haferland/Matthias Meyer, Einleitung, in: Dies. (edd.), Historische Narratologie – Mediävistische Perspektiven, unter Mitarbeit von Carmen Stande und Markus Greulich (Trends in Medieval Philology 19), Berlin/New York 2010, 3–15.

Maryvonne Hagby/Dagmar Hüpper, Gebete als dialogische Reden. Die ›Königstochter von Frankreich‹ (1400) und die ›Belle Hélène de Constantinople‹ (14. Jahrhundert), in: Nine Miedema/Angela Schrott/Monika Unzeitig (edd.), Sprechen mit Gott. Redeszenen in mittelalterlicher Bibeldichtung und Legende (Historische Dialogforschung 2), Berlin 2012, 191–214.

Käte Hamburger, Die Logik der Dichtung, 2., stark veränd. Aufl., Stuttgart 1968.

Joachim Harst, Diskursanalyse, in: Christiane Ackermann/Michael Egerding (edd.), Literatur- und Kulturtheorien in der Germanistischen Mediävistik. Ein Handbuch, Berlin/Boston 2015, 7–33.

Florian Hartmann, Kommunikation im Wandel. Medien, Autoren und Kontexte in den Debatten des Investiturstreits. Eine Einführung, in: Ders. (ed.), Brief und Kommunikation im Wandel. Medien, Autoren und Kontexte in den Debatten des Investiturstreits, unter Mitarbeit von Anja-Lisa Scholl und Eugenio Riversi (Papsttum im mittelalterlichen Europa 5), Köln/Weimar/Wien 2016a, 9–21.

Ders., Kommunikation im Wandel. Ergebnisse, Ausblick und Desiderate, in: Ders. (ed.), Brief und Kommunikation im Wandel. Medien, Autoren und Kontexte in den Debatten des Investiturstreits, unter Mitarbeit von Anja-Lisa Scholl und Eugenio Riversi (Papsttum im mittelalterlichen Europa 5), Köln/Weimar/Wien 2016b, 381–391.

Fritz Hartung, Deutsche Verfassungsgeschichte vom 15. Jahrhundert bis zur Gegenwart, 6. Aufl., Stuttgart 1954.

Wolfgang Haubrichs, Einleitung, in: Ders. (ed.), Politik und Dichtung vom Mittelalter bis zur Neuzeit (Zeitschrift für Literaturwissenschaft und Linguistik 37), Göttingen 1980, 7–11.

Walter Haug/Burghart Wachinger (edd.), Autorentypen (Fortuna Vitrea 6), Tübingen 1991.

Anselm Haverkamp, Einleitung in die Theorie der Metapher, in: Ders. (ed.), Theorie der Metapher (Wege der Forschung 389), Darmstadt 1983, 1–27.

Hermann Heimpel, Das Wesen des deutschen Spätmittelalters, in: Archiv für Kulturgeschichte 35 (1953), 29–51.

Ders., ›Reformatio Sigismundi‹, Priesterehe und Bernhard von Chartres, in: Deutsches Archiv für Erforschung des Mittelalters 17 (1961), 526–537.

DERS., Die Federschnur. Wasserrecht und Fischrecht in der ›Reformation Kaiser Siegmunds‹, in: Deutsches Archiv für Erforschung des Mittelalters 19 (1963), 451–488.

DERS., Das deutsche fünfzehnte Jahrhundert in Krise und Beharrung, in: Die Welt zur Zeit des Konstanzer Konzils. Reichenau-Vorträge im Herbst 1964 (Vorträge und Forschungen 9), Stuttgart 1965, 9–29.

Johannes HELMRATH, Das Basler Konzil 1431–1449. Forschungsstand und Probleme (Kölner Historische Abhandlungen 32), Köln/Wien 1987.

DERS., Kommunikation auf den spätmittelalterlichen Konzilien, in: Hans POHL (ed.), Die Bedeutung der Kommunikation für Wirtschaft und Gesellschaft. Referate der 12. Arbeitstagung der Gesellschaft für Sozial- und Wirtschaftsgeschichte vom 22.–25. 4. 1987 in Siegen, Stuttgart 1989 (Vierteljahrschrift für Sozial- und Wirtschaftsgeschichte. Beihefte 87), 116–172.

DERS., Rhetorik und ›Akademisierung‹ auf den deutschen Reichstagen im 15. und 16. Jahrhundert, in: Heinz DUCHHARDT/Gert MELVILLE (edd.), Im Spannungsfeld von Recht und Ritual. Soziale Kommunikation in Mittelalter und Früher Neuzeit (Norm und Struktur 7), Köln/Weimar/Wien 1997a, 423–446.

DERS., Union, kirchliche. III. Konzil von Ferrara-Florenz, in: Lexikon des Mittelalters 8 (1997b), 1241 f.

DERS., *Geistlich und werntlich.* Zur Beziehung von Konzilien und Reichsversammlungen im 15. Jahrhundert, in: Peter MORAW (ed.), Deutscher Königshof, Hoftag und Reichstag im späteren Mittelalter (Vorträge und Forschungen 48), Stuttgart 2002, 477–517.

DERS./Heribert MÜLLER, Zur Einführung, in: DIES. (edd.), Die Konzilien von Pisa (1409), Konstanz (1414–1418) und Basel (1431–1449). Institutionen und Personen (Vorträge und Forschungen 67), Ostfildern 2007, 9–29.

DERS., Das Konzil von Konstanz und die Epoche der Konzilien (1409–1449). Konziliare Erinnerungsorte im Vergleich, in: Gabriela SIGNORI/Birgit STUDT (edd.), Das Konstanzer Konzil als europäisches Ereignis. Begegnungen, Medien und Rituale (Vorträge und Forschungen 79), Ostfildern 2014, 19–33.

Klaus HERBERS, Geschichte des Papsttums im Mittelalter, Darmstadt 2012.

Mathias HERWEG, Geschichte erzählen. Die ›Kaiserchronik‹ im Kontext (nebst Fragen an eine historische Narratologie historischen Erzählens), in: Zeitschrift für deutsches Altertum und deutsche Literatur 146 (2017a), 413–443.

DERS., Kohärenzstiftung auf vielen Ebenen: Narratologie und Genrefragen in der ›Kaiserchronik‹, in: Zeitschrift für Literaturwissenschaft und Linguistik 47 (2017b), 281–302.

DERS., Das Konstanzer Konzil. Ein Ereignisprofil in zeitgenössischer deutscher Dichtung, in: Janina FRANZKE/Horst BRUNNER/Freimut LÖSER (edd.), Sangspruchdichtung zwischen Reinmar von Zweter, Oswald von Wolkenstein und Michel Beheim, Beiträge der internationalen und interdisziplinären Tagung vom 30. September bis 3. Oktober 2015 in Brixen, veranstaltet von der Oswald-von-Wolkenstein-Gesellschaft in Verbindung mit dem Lehrstuhl für Deutsche Sprache und Literatur des Mittelalters der Universität Augsburg (Jahrbuch der Oswald von Wolkenstein-Gesellschaft 21), Wiesbaden 2017c, 427–442.

DERS., Ein enzyklopädisches Ereignis: Thomas Prischuchs ›Grundvest‹ des Konstanzer Konzils (1417/18), in: Beiträge zur Geschichte der deutschen Sprache und Literatur 139/3 (2017d), 411–427.

Michael HIERSEMANN, Der Konflikt Papst-Konzil und die ›Reformatio Sigismundi‹ im Spiegel ihrer Überlieferung, in: Zeitschrift für historische Forschung 9 (1982), 1–13.

Ivan HLAVÁČEK/Alexander PATSCHOVSKY (edd.), Reform von Kirche und Reich zur Zeit der Konzilien von Konstanz (1414–1418) und Basel (1431–1449). Konstanz-Prager Historisches Kolloquium (11.–17. Oktober 1993), Konstanz 1996.

Jörg K. HOENSCH, Kaiser Sigismund. Herrscher an der Schwelle zur Neuzeit 1368–1437, München 1996.

Almut HÖFERT, Den Feind beschreiben. ›Türkengefahr‹ und europäisches Wissen über das Osmanische Reich 1450–1600 (Campus Historische Studien 35), Frankfurt a. Main/New York 2003.

Astrid HÖNIGSPERGER, »Das Boot ist voll« – Zur Metapher in der Politik. In: Folia Linguistica 25/1–2 (1991), 229–241.

Karel HRUZA, Propaganda, Kommunikation und Öffentlichkeit im Mittelalter, in: DERS. (ed.), Propaganda, Kommunikation und Öffentlichkeit (11.–16. Jahrhundert) (Österreichische Akademie der Wissenschaften. Philosophisch-Historische Klasse 307. Forschungen zur Geschichte des Mittelalters 6), Wien 2002, 9–25.

Gert HÜBNER, Erzählform im höfischen Roman. Studien zur Fokalisierung im ›Eneas‹, im ›Iwein‹ und im ›Tristan‹, Tübingen 2003.

DERS., Fokalisierung im höfischen Roman, in: Wolframstudien 18 (2004), 127–150.

DERS., Erzählung und praktischer Sinn. Heinrich Wittenwilers ›Ring‹ als Gegenstand einer praxeologischen Narratologie, in: Poetica 42/3–4 (2010), 215–242.

Anton HÜGLI, Überzeugen und Überreden. Über das Verhältnis von Philosophie und Rhetorik, in: Gert UEDING/Gregor KALIVODA (edd.), Wege moderner Rhetorikforschung. Klassische Fundamente und interdisziplinäre Entwicklung (Rhetorik-Forschungen 21), Berlin/Boston 2014, 11–30.

Erik HÜHNS, Theorie und Praxis in der Reichsreformbewegung des 15. Jahrhunderts. Nikolaus von Cues, die ›Reformatio Sigismundi‹ und Berthold Henneberg, in: Wissenschaftliche Zeitschrift der Humboldt-Universität zu Berlin 1. Gesellschafts- und sprachwissenschaftliche Reihe 1 (1951/1952), 17–34.

Johan HUIZINGA, Herbst des Mittelalters. Studien über Lebens- und Geistesformen des 14. und 15. Jahrhunderts in Frankreich und in den Niederlanden, 11. Aufl. ed. Kurt KÖSTER (Kröners Taschenausgabe 204), Stuttgart 1975.

Rainer HÜLSSE, Sprache ist mehr als Argumentation. Zur wirklichkeitskonstituierenden Rolle von Metaphern, in: Zeitschrift für Internationale Beziehungen 10/2 (2003), 211–246.

Franz IRSIGLER, Die *Kleinen* in der sogenannten ›Reformatio Sigismundi‹, in: Saeculum 27 (1976), 248–255.

Stephan JAEGER, Erzählen im historiographischen Diskurs, in: Christian KLEIN/Matías MARTÍNEZ (edd.), Wirklichkeitserzählungen. Felder, Formen und Funktionen nichtliterarischen Erzählens, Stuttgart/Weimar 2009, 110–135.

Fotis JANNIDIS, Der nützliche Autor. Möglichkeiten eines Begriffs zwischen Text und historischem Kontext, in: DERS. et al. (edd.), Rückkehr des Autors. Zur Erneuerung eines umstrittenen Begriffs (Studien und Texte zur Sozialgeschichte der Literatur 71), Tübingen 1999, 353–389.

DERS. et al. (edd.), Rückkehr des Autors. Zur Erneuerung eines umstrittenen Begriffs (Studien und Texte zur Sozialgeschichte der Literatur 71), Tübingen 1999a.

DERS. et al., Rede über den Autor an die Gebildeten unter seinen Verächtern. Historische Modelle und systematische Perspektiven, in: DIES. (edd.), Rückkehr des Autors. Zur Erneuerung eines umstrittenen Begriffs (Studien und Texte zur Sozialgeschichte der Literatur 71), Tübingen 1999b, 3–35.

DERS. et al. (edd.), Texte zur Theorie der Autorschaft (RUB 18058), Stuttgart 2000a.

DERS. et al., Einleitung. Autor und Interpretation, in: DIES. (edd.), Texte zur Theorie der Autorschaft (RUB 18058), Stuttgart 2000b, 7–29.

DERS., Zwischen Autor und Erzähler, in: Heinrich DETERING (ed.), Autorschaft. Positionen und Revisionen. DFG-Symposion 2001 (Germanistische Symposien. Berichtsbände 24), Stuttgart 2002, 540–556.

DERS., Autorfunktion, in: Metzler Lexikon Literatur- und Kulturtheorie (5. Aufl. 2013), 47f.

Nikolas JASPERT, Politische Öffentlichkeit im Spätmittelalter: Zusammenfassung, in: Martin KINTZINGER/Bernd SCHNEIDMÜLLER (edd.), Politische Öffentlichkeit im Spätmittelalter (Vorträge und Forschungen 75), Ostfildern 2011, 433–449.

Paul JOACHIMSEN, Die ›Reformation des Kaisers Sigismund‹, in: Historisches Jahrbuch 41 (1921), 36–51.

Christian JÖRG, Teure, Hunger, Großes Sterben. Hungersnöte und Versorgungskrisen in den Städten des Reiches während des 15. Jahrhunderts (Monographien zur Geschichte des Mittelalters 55), Stuttgart 2008.

DERS., Sündhaftigkeit – Hungersnot – göttliches Strafgericht. Zur Deutung von Klimaextremen, Missernten und Versorgungsengpässen in der ›Reformatio Sigismundi‹, in: Andreas HOLZEM (ed.), Wenn Hunger droht. Bewältigung und religiöse Deutung (1400–1980) (Bedrohte Ordnungen 6), Tübingen 2017, 35–53.

Joseph JURT, Das literarische Feld. Das Konzept Pierre Bourdieus in Theorie und Praxis, Darmstadt 1995.

DERS., Bourdieus Analyse des literarischen Feldes oder der Universalitätsanspruch des sozialwissenschaftlichen Ansatzes, in: Internationales Archiv für Sozialgeschichte der deutschen Literatur 22/2 (1997), 152–180.

DERS., Text und Kontext. Zur Theorie des literarischen Feldes, in: Herbert FOLTINEK/Christoph LEITGEB (edd.), Literaturwissenschaft: intermedial – interdisziplinär [Österreichische Akademie der Wissenschaften. Philosophisch-Historische Klasse. Sitzungsberichte 697], Wien 2002, 97–119.

DERS., Die Theorie des literarischen Feldes von Pierre Bourdieu, in: LiTheS. Zeitschrift für Literatur- und Theatersoziologie 1/1 (2008): Was weiß Literatur?, 5–14.

Andreas KABLITZ, Literatur, Fiktion und Erzählung – nebst einem Nachruf auf den Erzähler, in: Irina O. RAJEWSKY/Ulrike SCHNEIDER (edd.), Im Zeichen der Fiktion. Aspekte fiktionaler Rede aus historischer und systematischer Sicht, Festschrift für Klaus W. Hempfer zum 65. Geburtstag, Stuttgart 2008, 13–44.

Heinz KAMNITZER, Zur Vorgeschichte des Deutschen Bauernkrieges, Berlin 1953.

Ernst H. KANTOROWICZ, Die zwei Körper des Königs. ›The King's Two Bodies‹. Eine Studie zur politischen Theologie des Mittelalters, übersetzt von Walter THEIMER und Brigitte HELLMANN (engl. Originalausg. Princeton 1966, 2., korr. Aufl.), 2. Aufl., München 1994.

Wolfgang KAYSER, Wer erzählt den Roman?, in: DERS., Die Vortragsreise. Studien zur Literatur, Bern 1958, 82–101.

Karina KELLERMANN, Abschied vom ›historischen Volkslied‹. Studien zu Funktion, Ästhetik und Publizität der Gattung historisch-politische Ereignisdichtung (Hermaea 90), Tübingen 2000.

DIES., *ach Musgapluot/ wie seer hastu gelogen!* Lügendichtung als Zeitkritik, in: Corinna LAUDE/Ellen SCHINDLER-HORST (edd.), List, Lüge, Täuschung (Mitteilungen des Deutschen Germanistenverbandes 52/3), Bielefeld 2005, 334–346.

DIES., Vom Spiel mit den Normen zur Normierung. Die narrative Konstruktion von Gegenwelten in Zeitklage und politischer Polemik des Spätmittelalters, in: Elke BRÜGGEN et al. (edd.), Text und Normativität im deutschen Mittelalter. 20. Anglo-German Colloquium, unter Mitarbeit von Reinhold KATERS, Berlin/Boston 2012, 353–367.

DIES., *Kaiser Friderich ist komen!* Der Wiederkehrmythos und die frühe Vision eines 1000jährigen deutschen Reiches, in: Michael BERNSEN/Matthias BECHER/Elke BRÜGGEN (edd.), Gründungsmythen Europas im Mittelalter (Gründungsmythen Europas 6), Göttingen 2013, 177–199.

DIES., *Ein kurtze rede wore.* Die vier politischen Reimreden des Lupold Hornburg, in: Franz-Josef HOLZNAGEL/Jan CÖLLN (edd.), Die Kunst der *brevitas.* Kleine literarische Formen des deutschsprachigen Mittelalters. Rostocker Kolloquium 2014, in Verbindung mit Ricarda BAUSCHKE-HARTUNG und Susanne KÖBELE (Wolfram-Studien 24), Berlin 2017, 199–219.

DIES., *Der tiuvel schiez iu in den kragen!* Herrschaftskritik in der deutschsprachigen Publizistik, in: Matthias BECHER (ed.), Transkulturelle Annäherungen an Phänomene von Macht und Herrschaft. Spannungsfelder und Geschlechterdimensionen (Macht und Herrschaft 11), Göttingen 2019a, 191–212.

DIES., Meinungsmache in Braunschweig. Der Publizist Hermann Bote (ca. 1460–1520), in: Renate STAUF/Christian WIEBE (edd.), Märchenstadt und Parnass. Braunschweiger Literatur vom Mittelalter bis zur Gegenwart, Meine 2019b, 169–194.

DIES., Politische Reden allegorischer Gestalten in der deutschsprachigen Publizistik des Spätmittelalters, in: Malena RATZKE/Christian SCHMIDT/Britta WITTCHOW (edd.), Oratorik und Literatur. Politische Rede in fiktionalen und historiographischen Texten des Mittelalters und der Frühen Neuzeit, Berlin 2019c, 323–344.

DIES./Alheydis PLASSMANN/Christian SCHWERMANN, Kritik am Herrscher – Möglichkeiten, Chancen, Methoden. Einleitung, in: DIES. (edd.), Criticising the Ruler in Pre-Modern Societies – Possibilities, Chances, and Methods. Kritik am Herrscher in vormodernen Gesellschaften – Möglichkeiten, Chancen, Methoden, with 26 figures (Macht und Herrschaft 6), Göttingen 2019d, 33–53.

DIES., Poetische Heimlichkeit. Anspruch und Angst eines spätmittelalterlichen Publizisten, in: Artur D. KUBACKI/Isabel RÖSKAU-RYDEL (edd.), Literatur und Kultur zwischen West und Ost. Imagination, Kommunikation und Wahrnehmung in regionalen Kulturräumen. Festschrift für Paul Martin Langner zum 65. Geburtstag, Göttingen 2020a, 53–62.

DIES., Sebastian Brant als Wunderzeichendeuter, Publizist und königlicher Ratgeber. Der Meteoritenfall von Ensisheim (7. 11. 1492) und was der Humanist daraus macht, in: Dominik BÜSCHKEN/Alheydis PLASSMANN (edd.), Die Figur des Ratgebers in transkultureller Perspektive, mit 2 Abbildungen (Studien zu Macht und Herrschaft 6), Göttingen 2020b, 193–215.

DIES., Gerupfte Adler und kämpfende Löwen. Wappenallegorien in der deutschsprachigen politischen Kleindichtung, in: Andrea STIELDORF (ed.), Macht und Herrschaft im Siegel- und Münzbild, mit 95 Abbildungen (Studien zu Macht und Herrschaft 14), Göttingen 2021, 243–280.

Beate KELLNER, Autorität und Gedächtnis. Strategien der Legitimierung volkssprachlichen Erzählens im Mittelalter am Beispiel von Gottfrieds von Straßburg ›Tristan‹, in: Jürgen FOHRMANN/Ingrid KASTEN/Eva NEULAND (edd.), Autorität der/in Sprache, Literatur, Neuen Medien. Vorträge des Bonner Germanistentages 1997, 2 Bde., Bd. 2, Bielefeld 1999, 484–508.

Jan KEUPP/Jörg SCHWARZ (edd.), Konstanz 1414–1418. Eine Stadt und ihr Konzil, Darmstadt 2017.

Christian KIENING, Gebete und Benediktionen von Muri (um 1150/1180), in: Cornelia HERBERICHS/Christian KIENING (edd.), Literarische Performativität. Lektüren vormoderner Texte (Medienwandel – Medienwechsel – Medienwissen 3), Zürich 2008, 101–118.

Martin KINTZINGER/Bernd SCHNEIDMÜLLER, Politische Öffentlichkeit im Spätmittelalter – Eine Einführung, in: DIES. (edd.), Politische Öffentlichkeit im Spätmittelalter (Vorträge und Forschungen 75), Ostfildern 2011, 7–20.

Mona KIRSCH, Das allgemeine Konzil im Spätmittelalter. Organisation – Verhandlungen – Rituale (Heidelberger Abhandlungen zur Mittleren und Neueren Geschichte 21), Heidelberg 2016.

Christian KLEIN/Matías MARTÍNEZ (edd.), Wirklichkeitserzählungen. Felder, Formen und Funktionen nicht-literarischen Erzählens, Stuttgart/Weimar 2009a.

DERS./Matías MARTÍNEZ, Wirklichkeitserzählungen. Felder, Formen und Funktionen nicht-literarischen Erzählens, in: DIES. (edd.), Wirklichkeitserzählungen. Felder, Formen und Funktionen nicht-literarischen Erzählens, Stuttgart/Weimar 2009b, 1–13.

DERS., Von rechter Sittlichkeit und richtigem Betragen. Erzählen im moralisch-ethischen Diskurs, in: DERS./Matías MARTÍNEZ (edd.), Wirklichkeitserzählungen. Felder, Formen und Funktionen nicht-literarischen Erzählens, Stuttgart/Weimar 2009, 160–178.

Dorothea KLEIN, Inspiration und Autorschaft. Ein Beitrag zur mediävistischen Autordebatte, in: Deutsche Vierteljahrschrift für Literaturwissenschaft und Geistesgeschichte 80/1 (2006), 55–96.

Erich KLEINSCHMIDT, Gelehrtentum und Volkssprache in der frühneuzeitlichen Stadt. Zur literaturgesellschaftlichen Funktion Johann Fischarts in Straßburg, in: Wolfgang HAUBRICHS (ed.), Politik und Dichtung vom Mittelalter bis zur Neuzeit (Zeitschrift für Literaturwissenschaft und Linguistik 37), Göttingen 1980, 128–151.

Fritz Peter KNAPP/Manuela NIESNER (edd.), Historisches und fiktionales Erzählen im Mittelalter (Schriften zur Literaturwissenschaft 19), Berlin 2002.

Ursula KOCHER, »Schreib nie einen Roman aus der Perspektive einer Türklinke!« Möglichkeiten und Grenzen einer historischen Narratologie, in: Harald HAFERLAND/Matthias MEYER (edd.), Historische Narratologie – Mediävistische Perspektiven, unter Mitarbeit von Carmen STANDE und Markus GREULICH (Trends in Medieval Philology 19), Berlin/New York 2010, 415–427.

Carl KOEHNE, Die sogenannte ›Reformation Kaiser Sigmunds‹, in: Neues Archiv der Gesellschaft für ältere deutsche Geschichtskunde 23 (1898a), 689–737.

DERS., Studien zur sogenannten ›Reformation Kaiser Sigmunds‹, in: Zeitschrift für Sozial- und Wirtschaftsgeschichte 6 (1898b), 369–430.

DERS., Zur sogenannten ›Reformation K. Sigmunds‹, in: Neues Archiv der Gesellschaft für ältere deutsche Geschichtskunde 28 (1903), 739–750.

DERS., Zur sogenannten ›Reformation K. Sigmunds‹, in: Neues Archiv der Gesellschaft für ältere deutsche Geschichtskunde 31 (1906), 214–237.

Heinrich KOLLER, Eine neue Fassung der ›Reformatio Sigismundi‹, in: Mitteilungen des Instituts für Österreichische Geschichtsforschung 60 (1952), 143–154.

DERS., Untersuchungen zur ›Reformatio Sigismundi‹ I: Die Fassungen und Handschriften der ›Reformatio‹, in: Deutsches Archiv für Erforschung des Mittelalters 13 (1957), 482–524.

DERS., Untersuchungen zur ›Reformatio Sigismundi‹ II: Die Vorlagen der ›Reformatio‹, in: Deutsches Archiv für Erforschung des Mittelalters 14 (1958), 418–468.

DERS., Untersuchungen zur ›Reformatio Sigismundi‹ III: Entstehungszeit, Entstehungsort und die Verfasser der ›RS‹ und ihrer Redaktionen, in: Deutsches Archiv für Erforschung des Mittelalters 15 (1959a), 137–162.

DERS., Die Entstehungszeit der ›Summa‹ des Berthold von Freiburg, in: Mitteilungen des Instituts für Österreichische Geschichtsforschung 67 (1959b), 117–134.

DERS., Einleitung, in: Reformation Kaiser Siegmunds, ed. DEMS. (Monumenta Germaniae Historica. Staatsschriften des späteren Mittelalters 6), Hannover 1964a, 1–49.

DERS., Stellenkommentar, in: Reformation Kaiser Siegmunds, ed. DEMS. (Monumenta Germaniae Historica. Staatsschriften des späteren Mittelalters 6), Hannover 1964b, 50–353.

DERS., Die Reformen im Reich und ihre Bedeutung für die Erfindung des Buchdrucks, in: Gutenberg-Jahrbuch 59 (1984), 117–127.

DERS., ›Reformatio Sigismundi‹, in: Verfasserlexikon 7 (2., völlig neu bearb. Aufl., 1989), 1070–1074.

DERS., Zur Reformpolitik Kaiser Sigismunds, in: Josef MACEK/Ernő MAROSI/Ferdinand SEIBT (edd.), Sigismund von Luxemburg. Kaiser und König in Mitteleuropa 1387–1437. Beiträge zur Herrschaft Kaiser Sigismunds und der europäischen Geschichte um 1400. Vorträge der internationalen Tagung in Budapest vom 8.–11. Juli 1987 anläßlich der 600. Wiederkehr seiner Thronbesteigung in Ungarn und seines 550. Todestages, Warendorf 1994, 15–25.

DERS., ›Reformatio Sigismundi‹, in: Lexikon des Mittelalters 7 (1995), 550f.

DERS., Zum Finanzwesen Kaiser Friedrichs III., in: Gerhard AMMERER/Christian ROHR/ Alfred S. WEISS (edd.), Tradition und Wandel. Beiträge zur Kirchen-, Gesellschafts- und Kulturgeschichte. Festschrift für Heinz Dopsch, München/Wien 2001, 152–160.

Jonas KOLTHOFF, Die Vereinheitlichung des sprachlichen Marktes in Deutschland und deren Niederschlag in den Sprachbiographien niederdeutscher Alltagssprecher·innen. Pierre Bourdieu und die Dialektik der offiziellen Sprache, in: Karsten SCHMIDT/Haimo STIEMER (edd.), Bourdieu in der Germanistik, Berlin/Boston 2022, 133–157.

Albrecht KOSCHORKE et al. (edd.), Der fiktive Staat. Konstruktionen des politischen Körpers in der Geschichte Europas, Frankfurt a. Main 2007a.

DERS. et al., Vorwort, in: DIES. (edd.), Der fiktive Staat. Konstruktionen des politischen Körpers in der Geschichte Europas, Frankfurt a. Main 2007b, 9–14.

Reinhart KOSELLECK, Vergangene Zukunft. Zur Semantik geschichtlicher Zeiten (Theorie), Frankfurt a. Main 1979.

Erich KRAFT, Reformschrift und Reichsreform. Studien zum Wirklichkeitsverhältnis der deutschen Reformschriften im Spätmittelalter insbesondere des sogenannten ›Oberrheinischen Revolutionärs‹, Diss. masch., Darmstadt 1982.

Florian KRAGL, Autor und Erzähler – Mittelalter, in: Eva VON CONTZEN/Stefan TILG (edd.), Handbuch Historische Narratologie, Stuttgart 2019, 82–93.

Andreas KRASS, Gebet, in: Reallexikon der deutschen Literaturwissenschaft 1 (2007), 662–664.

Karl-Friedrich KRIEGER, König, Reich und Reichsreform im Spätmittelalter, 2., durchges. Aufl. (Enzyklopädie deutscher Geschichte 14), München 2005.

Werner KÜGLER, Zur Pragmatik der Metapher. Metaphernmodelle und historische Paradigmen (Europäische Hochschulschriften. Reihe 13: Französische Sprache und Literatur 89), Frankfurt a. Main/Bern/NewYork 1984.

Pascal LADNER, Revolutionäre Kirchenkritik am Basler Konzil? Zum Konziliarismus des Heymericus de Campo (Vorträge der Aeneas-Silvius-Stiftung an der Universität Basel 19), Basel 1985.

George LAKOFF, Metaphor and War: The Metaphor System used to justify War in the Gulf, Peace Research 23/2-3 (1991), 25–32.

DERS./Mark JOHNSON, Leben in Metaphern. Konstruktion und Gebrauch von Sprachbildern, übersetzt von Astrid HILDENBRAND (engl. Originalausg. Chicago 1980), Heidelberg 1998.

DERS./Elisabeth WEHLING, Auf leisen Sohlen ins Gehirn. Politische Sprache und ihre heimliche Macht, 2., aktual. Aufl., Heidelberg 2009.

Johannes LAUDAGE (ed.), Von Fakten und Fiktionen. Mittelalterliche Geschichtsdarstellungen und ihre kritische Aufarbeitung (Europäische Geschichtsdarstellungen 1), Köln et al. 2003.

Paul LEHMANN, Konstanz und Basel als Büchermärkte während der großen Kirchenversammlungen, in: Zeitschrift des Deutschen Vereins für Buchwesen und Schrifttum 4/1 (1921), 17–27.

Thomas LEMKE, Gesellschaftskörper und Organismuskonzepte. Überlegungen zur Bedeutung von Metaphern in der soziologischen Theorie, in: Martin ENDRESS/Thomas MATYS (edd.), Die Ökonomie der Organisation – die Organisation der Ökonomie, Wiesbaden 2010, 201–223.

Max LENZ, Eine kirchlich-politische Reformschrift vom Basler Concil, in: Zeitschrift für Kirchengeschichte 1 (1877), 463–469.

Walter LEONHARD, Das große Buch der Wappenkunst. Entwicklung, Elemente, Bildmotive, Gestaltung, München 1976.

Susanne LÜDEMANN, Metaphern der Gesellschaft. Studien zum soziologischen und politischen Imaginären, München 2004.

Hendrik MÄKELER, Geldgebrauch als Lebensform. Die ›Etymologien‹ des Isidor von Sevilla und die ›Reformatio Sigismundi‹ über das Münzwesen, in: Harm VON SEGGERN/Gabriel ZEILINGER (edd.), »Es geht um die Menschen«. Beiträge zur Wirtschafts- und Sozialgeschichte des Mittelalters, für Gerhard Fouquet zum 60. Geburtstag, Frankfurt a. Main et al. 2012, 47–57.

Werner MALECZEK, Die Konzilien von Pisa (1409), Konstanz (1414–1418) und Basel (1431–1449). Institutionen und Personen: Zusammenfassung, in: Heribert MÜLLER/Johannes HELMRATH (edd.), Die Konzilien von Pisa (1409), Konstanz (1414–1418) und Basel (1431–1449). Institutionen und Personen (Vorträge und Forschungen 67), Ostfildern 2007, 371–392.

Mike MALM, Heinrich von Veldeke, in: Deutsches Literatur-Lexikon. Das Mittelalter 4 (2012), 97–100.

Henrike MANUWALD, Der Drache als Herausforderung für Fiktionaltitätstheorien. Mediävistische Überlegungen zur Historisierung von ›Faktualität‹, in: Johannes FRANZEN et al. (edd.), Geschichte der Fiktionalität. Diachrone Perspektiven auf ein kulturelles Konzept (Faktuales und Fiktionales Erzählen 4), Baden-Baden 2018, 65–87.

Ernő MAROSI, ›Reformatio Sigismundi‹. Künstlerische und politische Repräsentation am Hof Sigismunds von Luxemburg, in: Imre TAKÁCS (ed.), Sigismundus Rex et Imperator. Kunst und Kultur zur Zeit Sigismunds von Luxemburg 1387–1437. Ausstellungskatalog, Budapest, Szépmvészeti Múzeum, 18. März–18. Juni 2006, Luxemburg, Musée National d'histoire et d'art, 13. Juli–15. Oktober 2006, Mainz 2006, 24–39.

Matías MARTÍNEZ, Gewissheiten. Über Wahrheitsansprüche in faktualer, fiktionaler und prophetischer Rede, in: Christel MEIER/Martina WAGNER-EGELHAAF (edd.), Prophetie und Autorschaft. Charisma, Heilsversprechen und Gefährdung, Berlin 2014, 325–333.

DERS./Michael SCHEFFEL, Einführung in die Erzähltheorie, 10. überarb. Aufl., München 2016.

Claudia MÄRTL, Der Reformgedanke in den Reformschriften des 15. Jahrhunderts, in: Ivan HLAVÁČEK/Alexander PATSCHOVSKY (edd.), Reform von Kirche und Reich zur Zeit der Konzilien von Konstanz (1414–1418) und Basel (1431–1449). Konstanz-Prager Historisches Kolloquium (11.–17. Oktober 1993), Konstanz 1996, 91–108.

Helmut MAURER, Das Konstanzer Konzil als städtisches Ereignis, in: Heribert MÜLLER/Johannes HELMRATH (edd.), Die Konzilien von Pisa (1409), Konstanz (1414–1418) und Basel (1431–1449). Institutionen und Personen (Vorträge und Forschungen 67), Ostfildern 2007, 149–172.

Andreas MAUZ, In Gottesgeschichten verstrickt. Erzählen im christlich-religiösen Diskurs, in: Christian KLEIN/Matías MARTÍNEZ (edd.), Wirklichkeitserzählungen. Felder, Formen und Funktionen nicht-literarischen Erzählens, Stuttgart/Weimar 2009, 192–216.

Christel MEIER/Martina WAGNER-ENGELHAAF, Vorwort, in: DIES. (edd.), Prophetie und Autorschaft. Charisma, Heilsversprechen und Gefährdung, Berlin 2014a, 9f.

DIES., Einführung, in: DIES. (edd.), Prophetie und Autorschaft. Charisma, Heilsversprechen und Gefährdung, Berlin 2014b, 11–38.

Leidulf MELVE, Inventing the Public Sphere. The Public Debate during the Investiture Contest (c. 1030–1122) (Brill's Studies in Intellectual History 154), Leiden/Boston 2007.

Gert MELVILLE, Durch Fiktionen von der Wirklichkeit zur Wahrheit. Zum mittelalterlichen Umgang mit Widersprüchen zwischen Empirie und kultureller Axiomatik, in: Ursula PETERS/Rainer WARNING (edd.), Fiktion und Fiktionalität in den Literaturen des Mittelalters. Jan-Dirk Müller zum 65. Geburtstag, München 2009, 83–104.

Thomas MERGEL, Einleitung: Krisen als Wahrnehmungsphänomene, in: DERS. (ed.), Krisen verstehen. Historische und kulturwissenschaftliche Annäherungen (Eigene und fremde Welten 21), Frankfurt a. Main/New York 2012, 9–22.

Volker MERTENS, Sprechen mit Gott – Sprechen über Gott. Predigt und Legendendichtung im frühen 13. Jahrhundert (Rudolf von Ems, ›Barlaam und Josaphat‹), in: Nine MIEDEMA/Angela SCHROTT/Monika UNZEITIG (edd.), Sprechen mit Gott. Redeszenen in mittelalterlicher Bibeldichtung und Legende (Historische Dialogforschung 2), Berlin 2012, 269–283.

Erich MEUTHEN, Basel, Konzil von, in: Lexikon des Mittelalters 1 (1980), 1517–1521.

DERS., Das Basler Konzil als Forschungsproblem der europäischen Geschichte (Vorträge. Rheinisch-Westfälische Akademie der Wissenschaften. Geisteswissenschaften G 274), Opladen 1985.

DERS., Das 15. Jahrhundert, überarb. von Claudia MÄRTL, 5. Aufl. (Oldenbourg Grundriss der Geschichte 9), München 2012.

Matthias MEYER, *So dûnke ich mich ein werltgot.* Überlegungen zum Verhältnis Autor-Erzähler-Fiktion im späten Artusroman, in: Volker MERTENS/Friedrich WOLFZETTEL (edd.), Fiktionalität im Artusroman. Dritte Tagung der Deutschen Sektion der Internationalen Artusgesellschaft in Berlin vom 13.–15. Februar 1992, unter Mitarbeit von Matthias MEYER und Hans-Joachim SCHIEWER, Tübingen 1993, 185–202.

Nine MIEDEMA, Zur historischen Narratologie am Beispiel der Dialoganalyse, in: Harald HAFERLAND/Matthias MEYER (edd.), Historische Narratologie – Mediävistische Perspektiven, unter Mitarbeit von Carmen STANDE und Markus GREULICH (Trends in Medieval Philology 19), Berlin/New York 2010, 35–67.

DIES./Angela SCHROTT/Monika UNZEITIG, Einleitung, in: DIES. (edd.), Sprechen mit Gott. Redeszenen in mittelalterlicher Bibeldichtung und Legende (Historische Dialogforschung 2), Berlin 2012, 1–12.

Jürgen MIETHKE, Die Konzilien als Forum der öffentlichen Meinung im 15. Jahrhundert, in: Deutsches Archiv für Erforschung des Mittelalters 37/2 (1981), 736–773.

DERS., Einleitung, in: Quellen zur Kirchenreform im Zeitalter der großen Konzilien des 15. Jahrhunderts. Erster Teil: Die Konzilien von Pisa (1409) und Konstanz (1414–1418), ausgewählt und übersetzt von DEMS. und Lorenz WEINRICH (Ausgewählte Quellen zur Deutschen Geschichte des Mittelalters 38a), Darmstadt 1995, 1–50.

DERS., Einleitung, in: Quellen zur Kirchenreform im Zeitalter der großen Konzilien des 15. Jahrhunderts. Zweiter Teil: Die Konzilien von Pavia/Siena (1423/1424), Basel (1431–1449) und Ferrara/Florenz (1438–1445), ausgewählt und übersetzt von DEMS. und Lorenz WEINRICH (Ausgewählte Quellen zur deutschen Geschichte des Mittelalters 38b), Darmstadt 2002, 15–82.

Karl MOMMSEN, Die ›Reformatio Sigismundi‹, Basel und die Schweiz, in: Schweizerische Zeitschrift für Geschichte 20/1–2 (1970), 71–91.

Heribert MÜLLER/Johannes HELMRATH (edd.), Die Konzilien von Pisa (1409), Konstanz (1414–1418) und Basel (1431–1449). Institutionen und Personen (Vorträge und Forschungen 67), Ostfildern 2007.

DERS., Das Basler Konzil (1431–1449) und die europäischen Mächte. Universaler Anspruch und nationale Wirklichkeiten, in: Historische Zeitschrift 293 (2011), 593–629.

DERS., Die kirchliche Krise des Spätmittelalters. Schisma, Konziliarismus und Konzilien (Enzyklopädie deutscher Geschichte 90), München 2012.

Jan-Dirk MÜLLER, Poet, Prophet, Politiker: Sebastian Brant als Publizist und die Rolle der laikalen Intelligenz um 1500, in: Wolfgang HAUBRICHS (ed.), Politik und Dichtung vom

Mittelalter bis zur Neuzeit (Zeitschrift für Literaturwissenschaft und Linguistik 37), Göttingen 1980, 102–127.

Ders., Auctor – Actor – Author. Einige Anmerkungen zum Verständnis vom Autor in lateinischen Schriften des frühen und hohen Mittelalters, in: Felix P. Ingold/Werner Wunderlich (edd.), Der Autor im Dialog. Beiträge zu Autorität und Autorschaft, St. Gallen 1995, 17–31.

Ders., Publizistik unter Maximilian I. Zwischen Buchdruck und mündlicher Verkündigung, in: Ute Frevert/Wolfgang Braungart (edd.), Sprachen des Politischen. Medien und Medialität in der Geschichte, mit 36 Abbildungen, Göttingen 2004, 95–122.

Ders., Gebrauchsliteratur, in: Historisches Wörterbuch der Rhetorik (2013), 588–604.

Herfried Münkler, Politische Bilder, Politik der Metaphern (Fischer Wissenschaft 12384), Frankfurt a. Main 1994.

Laura Münkler, Metaphern im Recht: Zur Bedeutung organischer Vorstellungen von Staat und Recht, in: Der Staat 55/2 (2016), 181–211.

Friedrich Nietzsche, Über Wahrheit und Lüge im außermoralischen Sinne, ed., komm. und mit einem Nachwort versehen von Kai Sina (RUB 19308), Stuttgart 2015.

Ansgar Nünning, Autor, historischer, in: Metzler Lexikon Literatur- und Kulturtheorie (5. Aufl. 2013a), 45f.

Ders., Erzähltheorien, in: Metzler Lexikon Literatur- und Kulturtheorie (5. Aufl. 2013b), 187–191.

Ders., Fiktionssignale, in: Metzler Lexikon Literatur- und Kulturtheorie (5. Aufl. 2013c), 215f.

Henning Ottmann, Geschichte des politischen Denkens. Von den Anfängen bei den Griechen bis auf unsere Zeit, 9 Bde., Bd. 2: Römer und Mittelalter. Teilbd. 2: Das Mittelalter, Stuttgart/Weimar 2004.

Andreas Pečar/Kai Trampedach, Der ›Biblizismus‹ – eine politische Sprache der Vormoderne? in: Dies. (edd.), Die Bibel als politisches Argument. Voraussetzungen und Folgen biblizistischer Herrschaftslegitimation in der Vormoderne (Historische Zeitschrift. Beihefte 43), München 2007, 1–18.

Dietmar Peil, Untersuchungen zur Staats- und Herrschaftsmetaphorik in literarischen Zeugnissen von der Antike bis zur Gegenwart (Münstersche Mittelalter-Schriften 50), München 1983.

Ders., Metapher, in: Metzler Lexikon Literatur- und Kulturtheorie (5. Aufl. 2013a), 517f.

Ders., Metapherntheorien, in: Metzler Lexikon Literatur- und Kulturtheorie (5. Aufl. 2013b), 518–520.

Ursula Peters, Autorbilder in volkssprachigen Handschriften des Mittelalters. Eine Problemskizze, in: Zeitschrift für deutsche Philologie 119/3 (2000), 321–368.

Carl Pfaff, Klerus und Laien im Spiegel der ›Reformatio Sigismundi‹, in: Eckart C. Lutz/Ernst Tremp (edd.), Pfaffen und Laien – ein mittelalterlicher Antagonismus? Freiburger Colloquium 1996 (Scrinium Friburgense 10), Fribourg 1999, 191–207.

Seraina Plotke, Autorschaft durch Autorisierung. Bearbeitungen des Alexanderstoffs als Modellfall differenter Verfasserkonzeptionen, in: Beiträge zur Geschichte der deutschen Sprache und Literatur 134/3 (2012), 344–364.

Dies., Die Stimme des Erzählens. Mittelalterliche Buchkultur und moderne Narratologie, Göttingen 2017.

Hans Pohl, Einführung, in: Ders. (ed.), Die Bedeutung der Kommunikation für Wirtschaft und Gesellschaft. Referate der 12. Arbeitstagung der Gesellschaft für Sozial- und Wirtschaftsgeschichte vom 22.–25. 4. 1987 in Siegen, Stuttgart 1989 (Vierteljahrschrift für Sozial- und Wirtschaftsgeschichte. Beihefte 87), 7–18.

Heinrich Popitz, Phänomene der Macht, 2., stark erw. Aufl., Tübingen 1992.

Maria Pümpel-Mader, Personenstereotype. Eine linguistische Untersuchung zu Form und Funktion von Stereotypen (Sprache – Literatur und Geschichte. Studien zur Linguistik/Germanistik 36), Heidelberg 2010.

Sophie Quander, [Rezension]: Sebastian Dümling: Träume der Einfachheit. Gesellschaftsbeobachtungen in den Reformschriften des 15. Jahrhunderts (Historische Studien 511). Husum: Matthiesen 2017, in: Beiträge zur Geschichte der deutschen Sprache und Literatur 140/4 (2019), 438–443.

Dies., Guter Rat kommt von außen. Belehrung durch Figur und Text anhand einer politischen Reformschrift des 15. Jahrhunderts, in: Dominik Büschken/Alheydis Plassmann (edd.), Die Figur des Ratgebers in transkultureller Perspektive, mit 2 Abbildungen (Studien zu Macht und Herrschaft 6), Göttingen 2020, 217–239.

Dies., Der Kaiser beklagt das kranke Reich. Die ›Reformatio Sigismundi‹ zwischen Personalität und Transpersonalität, in: Elke Brüggen (ed.), Macht und Herrschaft als transkulturelle Phänomene. Texte – Bilder – Artefakte, unter Mitarbeit von Anna Katharina Bücken, Ann-Kathrin Deininger und Jasmin Leuchtenberg, mit 33 Abbildungen (Macht und Herrschaft 13), Göttingen 2021, 117–131.

Dies., Die »Arbeit an der Form« – die ›Reformatio Sigismundi‹ (1439) zwischen Konzilskonflikten und publizistischer Meinungsmache, in: Karsten Schmidt/Haimo Stiemer (edd.), Bourdieu in der Germanistik, Berlin/Boston 2022, 81–104.

Rolf Quednau, Silvesterlegende und Konstantinische Schenkung, in: Alexander Demandt/Josef Engelmann (edd.), Konstantin der Große. Ausstellungskatalog (Rheinisches Landesmuseum Trier: Herrscher des Römischen Imperiums. Bischöfliches Dom- und Diözesanmuseum Trier: Der Kaiser und die Christen. Stadtmuseum Simeonstift Trier: Tradition und Mythos), Mainz 2007, 434–444.

Thomas Rathmann, Geschehen und Geschichten des Konstanzer Konzils. Chroniken, Briefe, Lieder und Sprüche als Konstituenten eines Ereignisses (Forschungen zur Geschichte der älteren deutschen Literatur 20), München 2000.

Ders., Beobachtung ohne Beobachter? Der schwierige Umgang mit dem historischen Ereignis am Beispiel des Konstanzer Konzils, in: Heribert Müller/Johannes Helmrath (edd.), Die Konzilien von Pisa (1409), Konstanz (1414–1418) und Basel (1431–1449). Institutionen und Personen (Vorträge und Forschungen 67), Ostfildern 2007, 95–106.

Boike Rehbein, Die Soziologie Pierre Bourdieus, 3., überarbeitete Aufl. (utb 2778), Konstanz/München 2016.

Andreas Rehberg, Ein ›Gegenpapst‹ wird kreiert. Fakten und Fiktionen in den Zeugenaussagen zur umstrittenen Wahl Urbans VI. (1378), in: Harald Müller/Brigitte Hotz (edd.), Gegenpäpste. Ein unerwünschtes mittelalterliches Phänomen (Papsttum im mittelalterlichen Europa 1), Wien/Köln/Weimar 2012, 231–259.

Philip Reich, Der Fahrende Schüler als prekärer Typus. Zur Genese literarischer Tradition zwischen Mittelalter und Neuzeit (Deutsche Literatur. Studien und Quellen 39), Berlin/Boston 2021.

Timo Reuvekamp-Felber, Autorschaft als Textfunktion. Zur Interdependenz von Erzählerstilisierung, Stoff und Gattung in der Epik des 12. und 13. Jhs., in: Zeitschrift für deutsche Philologie 120/1 (2001), 1–23.

Ders. Experten und Expertenwissen am Fürstenhof des 12. und 13. Jahrhunderts, in: Marian Füssel/Antje Kuhle/Michael Stolz (edd.), Höfe und Experten. Relationen von Macht und Wissen in Mittelalter und Früher Neuzeit, Göttingen 2018, 19–38.

Ivor A. Richards, Die Metapher, übersetzt von Margit Smuda (engl. Originalausg. Oxford 1936/1964), in: Anselm Haverkamp (ed.), Theorie der Metapher (Wege der Forschung 389), Darmstadt 1983, 31–52.

Francesca Rigotti, Die Macht und ihre Metaphern. Über die sprachlichen Bilder in der Politik, Frankfurt a. Main 1994.

Alan Robertshaw, Reimpublizistik und Lieddichtung am Konstanzer Konzil. Zum historisch-politischen Gedicht des Spätmittelalters, in: Cyril Edwards/Ernst Hellgardt/Norbert H. Ott (edd.), Lied im deutschen Mittelalter. Überlieferung, Typen, Gebrauch, Chiemsee-Colloquium 1991, Tübingen 1996, 245–256.

Joëlle Rollo-Koster, Civil Violence and the Initiation of the Schism, in: Ders./Thomas M. Izbicki (edd.), A Companion to the Great Western Schism (1378–1417) (Brill's Companions to the Christian Tradition 17), Leiden/Boston 2009, 9–65.

Ders./Thomas M. Izbicki (edd.), A Companion to the Great Western Schism (1378–1417) (Brill's Companions to the Christian Tradition 17), Leiden/Boston 2009a.

Ders./Thomas M. Izbicki, Introduction: The Great Schism and the Scholarly Record, in: Dies. (edd.), A Companion to the Great Western Schism (1378–1417) (Brill's Companions to the Christian Tradition 17), Leiden/Boston 2009b, 1–7.

Werner Rösener, Die Krise des Spätmittelalters in neuer Perspektive, in: Vierteljahrschrift für Sozial- und Wirtschaftsgeschichte 99/2 (2012), 189–208.

Stefan Rosmer, Von der Narratologie zur Praxeologie. Zu Entwicklung und Reichweite der praxeologischen Narratologie, in: Karsten Schmidt/Haimo Stiemer (edd.), Bourdieu in der Germanistik, Berlin/Boston 2022, 25–50.

Michael Ruoff, Autor, in: Ders., Foucault-Lexikon. Entwicklung – Kernbegriffe – Zusammenhänge (4., aktual. und erw. Aufl. 2018), 96–98.

Alexander Russell, Voting at the Council of Constance (1414–18), in: Serena Ferente/Lovro Kunčević/Miles Pattenden (edd.), Cultures of Voting in Pre-Modern Europe, London/New York 2018, 77–93.

Michael Scheffel, Wer spricht? Überlegungen zur ›Stimme‹ in fiktionalen und faktualen Erzählungen, in: Andreas Blödorn/Daniela Langer/Michael Scheffel (edd.), Stimme(n) im Text. Narratologische Positionsbestimmungen (Narratologia 10), Berlin/New York 2006, 83–99.

Wolf Schmid, Elemente der Narratologie, 3., erw. und überarb. Aufl., Berlin/Boston 2014.

Karsten Schmidt/Haimo Stiemer (edd.), Bourdieu in der Germanistik, Berlin/Boston 2022a.

Ders./Haimo Stiemer, Das Bourdieusche Paradigma in der Germanistik. Eine Einleitung, in: Dies. (edd.), Bourdieu in der Germanistik, Berlin/Boston 2022b, 1–21.

Siegfried J. Schmidt, Wirklichkeitsbegriff, in: Metzler Lexikon Literatur- und Kulturtheorie (5. Aufl. 2013a), 804.

Ders., Wirklichkeitskonstruktion, in: Metzler Lexikon Literatur- und Kulturtheorie (5. Aufl. 2013b), 805.

DERS. Wirklichkeitsmodell, in: Metzler Lexikon Literatur- und Kulturtheorie (5. Aufl. 2013c), 805f.

Silvia SCHMITZ, Die ›Autorität‹ des mittelalterlichen Autors im Spannungsfeld von Literatur und Überlieferung, in: Jürgen FOHRMANN/Ingrid KASTEN/Eva NEULAND (edd.), Autorität der/in Sprache, Literatur, Neuen Medien. Vorträge des Bonner Germanistentages 1997, 2 Bde., Bd. 2, Bielefeld 1999, 465–483.

Sabine SCHMOLINSKY, Im Angesicht der Endzeit? Positionen in den ›Lectiones memorabiles‹ des Johannes Wolff (1600), in: Wolfram BRANDES/Felicitas SCHMIEDER (edd.), Endzeiten. Eschatologie in den monotheistischen Weltreligionen (Millennium-Studien 16), Berlin/New York 2008, 369–417.

DIES., ›Reformatio Sigismundi‹, in: Killy Literaturlexikon 9 (2. Aufl. 2010), 469f.

Christian SCHNEICKERT/Andreas SCHMITZ/Daniel WITTE, Das Feld der Macht in der Soziologie Bourdieus, in: DIES. (edd.), Das Feld der Macht. Eliten – Differenzierung – Globalisierung, Wiesbaden 2020, 15–35.

Christian SCHNEIDER, Logiken des Erzählens. Kohärenz und Kognition in früher mittelhochdeutscher Epik (Hermaea. Neue Folge 148), Berlin/Boston 2021.

Joachim SCHNEIDER, Sigismund. Römisch-deutscher König auf dem Konstanzer Konzil, in: Karl-Heinz BRAUN et al. (edd.), Das Konstanzer Konzil 1414–1418. Weltereignis des Mittelalters. Essays, Darmstadt 2013, 41–46.

Rüdiger SCHNELL, ›Autor‹ und ›Werk‹ im deutschen Mittelalter. Forschungskritik und Forschungsperspektiven, in: Wolfram Studien 15 (1998), 12–73.

Stefan SCHOLL, Politik als Krankheit. Organisch-medizinische Metaphern im Grenzziehungsdiskurs zwischen Wirtschaft und Politik im 20. Jahrhundert, in: Jahrbuch für Wirtschaftsgeschichte 57/2 (2016), 367–395.

Wilfried SCHOUWINK, *Bî wem sol ich senden dar / mîn guot, swenne ich hinnan var.* Barlaams Jahreskönig bei Rudolf von Ems und in Jakob Bidermans ›Cosmarchia‹, in: Gisela VOLLMANN-PROFE et al. (edd.), Impulse und Resonanzen. Tübinger mediävistische Beiträge zum 80. Geburtstag von Walter Haug, Tübingen 2007, 245–264.

Peter-Johannes SCHULER, Recht und Billigkeit als politische Forderung der Reformschriften des 15. Jahrhunderts, in: Paul-Joachim HEINIG (ed.), Kaiser Friedrich III. (1440–1493) in seiner Zeit. Studien anläßlich des 500. Todestags am 19. August 1493/1993 (Forschungen zur Kaiser- und Papstgeschichte des Mittelalters 12), Köln/Weimar/Wien 1993, 301–315.

Peter SCHUSTER, Die Krise des Spätmittelalters. Zur Evidenz eines sozial- und wirtschaftsgeschichtlichen Paradigmas in der Geschichtsschreibung des 20. Jahrhunderts, in: Historische Zeitschrift 269 (1999), 19–55.

Merle Marie SCHÜTTE/Kristina RZEHAK/Daniel LIZIUS (edd.), Zwischen Fakten und Fiktionen. Literatur und Geschichtsschreibung in der Vormoderne (Religion und Politik 10), Würzburg 2014.

Jörg SCHWARZ, Ein Konzil – Was ist das?, in: Jan KEUPP/Jörg SCHWARZ (edd.), Konstanz 1414–1418. Eine Stadt und ihr Konzil, Darmstadt 2017, 7–10.

Michael SCHWARZBACH-DOBSON, Exemplarisches Erzählen im Kontext. Mittelalterliche Fabeln, Gleichnisse und historische Exempel in narrativer Argumentation (Literatur Theorie Geschichte 13), Berlin/Boston 2018.

Hans Gerhard SENGER, Eine Schwalbe macht noch keinen Herbst. Zu Huizingas Metapher vom Herbst des Mittelalters, in: Jan A. AERTSEN/Martin PICKAVÉ (edd.), »Herbst des

Mittelalters«? Fragen zur Bewertung des 14. und 15. Jahrhunderts (Miscellanea Mediaevalia 31), Berlin/New York 2004, 3–24.

Claudius Sieber-Lehmann, Basel und ›sein‹ Konzil, in: Heribert Müller/Johannes Helmrath (edd.), Die Konzilien von Pisa (1409), Konstanz (1414–1418) und Basel (1431–1449). Institutionen und Personen (Vorträge und Forschungen 67), Ostfildern 2007, 173–204.

Gabriela Signori/Birgit Studt (edd.), Das Konstanzer Konzil als europäisches Ereignis. Begegnungen, Medien und Rituale (Vorträge und Forschungen 79), Ostfildern 2014.

Dies., Das Konstanzer Konzil als europäisches Ereignis. Einleitung, in: Dies./Birgit Studt (edd.), Das Konstanzer Konzil als europäisches Ereignis. Begegnungen, Medien und Rituale (Vorträge und Forschungen 79), Ostfildern 2014, 9–18.

Annette Simonis, Form, in: Metzler Lexikon Literatur- und Kulturtheorie (5. Aufl. 2013), 226f.

Moisej M. Smirin, Deutschland vor der Reformation. Abriß der Geschichte des politischen Kampfes in Deutschland vor der Reformation, aus dem Russischen übersetzt von Johannes Nichtweiss, Berlin 1955.

Roy Sommer, Kollektiverzählungen. Definition, Fallbeispiele und Erklärungsansätze, in: Christian Klein/Matías Martínez (edd.), Wirklichkeitserzählungen. Felder, Formen und Funktionen nicht-literarischen Erzählens, Stuttgart/Weimar 2009, 229–244.

Benjamin Specht, Epoche und Metapher. Systematik und Geschichte kultureller Bildlichkeit. Eine Einleitung, in: Ders. (ed.), Epoche und Metapher. Systematik und Geschichte kultureller Bildlichkeit (spectrum Literaturwissenschaft/spectrum Literature 43), Berlin/Boston 2014, 1–20.

Jean Starobinski, Der Autor und die Autorität (Aus einem Notizbuch über die Beständigkeit und die Metamorphosen der Autorität), in: Felix P. Ingold/Werner Wunderlich (edd.), Der Autor im Dialog. Beiträge zu Autorität und Autorschaft, St. Gallen 1995, 11–14.

Ralf-Henning Steinmetz, Fiktionalitätstypen in der mittelalterlichen Epik. Überlegungen am Beispiel der Werke des Strickers, in: Emilio Gonzáles/Victor Millet (edd.), Die Kleinepik des Strickers. Texte, Gattungstraditionen und Interpretationsprobleme (Philologische Studien und Quellen 199), Berlin 2006, 79–101.

Michael Stolz, Autor – Schreiber – Editor. Versuch einer Feldabmessung, in: editio 9 (2005), 23–42.

Manfred Straube, Eine neue Handschrift der sogenannten ›Reformatio Sigismundi‹, in: Wissenschaftliche Zeitschrift der Ernst-Moritz-Arndt-Universität Greifswald 4. Gesellschafts- und sprachwissenschaftliche Reihe 1/2 (1954/1955), 123–138.

Ders., Die ›Reformatio Sigismundi‹ als Ausdruck der revolutionären Bewegungen im 15. Jahrhundert, in: Ernst Werner/Max Steinmetz (edd.), Die frühbürgerliche Revolution in Deutschland, Referat und Diskussion zum Thema Probleme der frühbürgerlichen Revolution in Deutschland 1476–1535, mit einer Karte, Redaktionsleitung Gerhard Brendler (Tagung der Sektion Mediävistik der deutschen Historiker-Gesellschaft vom 21.–23. 1. 1960 in Wernigerode, 2 Bde., Bd. 2), Berlin 1961, 108–115.

Ders., Die Reichsreformbestrebungen in den Jahren 1437–1439 und die Forderungen der sog. ›Reformatio Sigismundi‹ zur Umgestaltung des Reiches. Ein Beitrag zur Vorgeschichte der frühbürgerlichen Revolution, Diss. masch., Greifswald 1962.

Tilman STRUVE, Reform oder Revolution? Das Ringen um eine Neuordnung in Reich und Kirche im Lichte der ›Reformatio Sigismundi‹ und ihrer Überlieferung, in: Zeitschrift für die Geschichte des Oberrheins 126 (1978), 73–129.

DERS., Kontinuität und Wandel in zeitgenössischen Entwürfen zur Reichsreform des 15. Jahrhunderts, in: Jürgen MIETHKE/Klaus SCHREINER (edd.), Sozialer Wandel im Mittelalter. Wahrnehmungsformen, Erklärungsmuster, Regelungsmechanismen, Sigmaringen 1994, 365–382.

Birgit STUDT, Papst Martin V. (1417–1431) und die Kirchenreform in Deutschland (Forschungen zur Kaiser- und Papstgeschichte des Mittelalters. Beihefte zu J. F. Böhmer. Regesta Imperii 23), Köln/Weimar/Wien 2004.

Stefan SUDMANN, Das Basler Konzil. Synodale Praxis zwischen Routine und Revolution (Tradition – Reform – Innovation 8), Frankfurt a. Main 2005.

Christian THELEN, Das Dichtergebet in der deutschen Literatur des Mittelalters (Arbeiten zur Frühmittelalterforschung 18), Berlin/New York 1989.

Heinz THOMAS, Jeanne la Pucelle, das Basler Konzil und die *Kleinen* in der ›Reformatio Sigismundi‹, in: Francia 11 (1983), 319–339.

Bernd THUM, Öffentlich-Machen, Öffentlichkeit, Recht. Zu den Grundlagen und Verfahren der politischen Publizistik im Spätmittelalter (mit Überlegungen zur sog. ›Rechtssprache‹), in: Wolfgang HAUBRICHS (ed.), Politik und Dichtung vom Mittelalter bis zur Neuzeit (Zeitschrift für Literaturwissenschaft und Linguistik 37), Göttingen 1980, 12–69.

DERS., Die ›Wahrheit‹ der Publizisten und die ›Wahrheit‹ im Recht. Zum Aufbau gesellschaftlicher Wirklichkeit im späteren Mittelalter, in: Jürgen KÜHNEL/Hans-Dieter MÜCK/Ulrich MÜLLER (edd.), De Poeticis Medii Aevi Quaestiones. Käte Hamburger zum 85. Geburtstag (Göppinger Arbeiten zur Germanistik 335), Göppingen 1981, 147–207.

DERS., Der Reimpublizist im deutschen Spätmittelalter. Selbstverständnis und Selbstgefühl im Lichte von Status, Funktion und historischen Verhaltensformen, in: Franz v. SPECHTLER (ed.), Lyrik des ausgehenden 14. und des 15. Jahrhunderts (Chloe. Beihefte zum Daphnis 1), Amsterdam 1984, 309–378.

Anjes TJARKS, Familienbilder gleich Weltbilder. Wie familiäre Metaphern unser politisches Denken und Handeln bestimmen, Wiesbaden 2011.

Anita TRANINGER, Erzähler und ›persona‹. Rhetorik und Narratologie zwischen Mündlichkeit und Schriftlichkeit, in: Gert UEDING/Gregor KALIVODA (edd.), Wege moderner Rhetorikforschung. Klassische Fundamente und interdisziplinäre Entwicklung (Rhetorik-Forschungen 21), Berlin/Boston 2014, 185–210.

Hermann TÜCHLE, Abendländisches Schisma, in: Lexikon des Mittelalters 1 (1980), 19–22.

Monika UNZEITIG, Von der Schwierigkeit, zwischen Autor und Erzähler zu unterscheiden. Eine historisch vergleichende Analyse zu Chrétien und Hartmann, in: Wolfgang HAUBRICHS/Eckart C. LUTZ/Klaus RIDDER (edd.), Erzähltechnik und Erzählstrategien in der deutschen Literatur des Mittelalters. Saarbrücker Kolloquium 2002 (Wolfram-Studien 18), Berlin 2004, 59–81.

DIES., Autorname und Autorschaft. Bezeichnung und Konstruktion in der deutschen und französischen Erzählliteratur des 12. und 13. Jahrhunderts (Münchener Texte und Untersuchungen zur deutschen Literatur des Mittelalters 139), Berlin/New York 2010.

DIES./Nine MIEDEMA/Franz HUNDSNURSCHER, Einleitung, in: DIES. (edd.), Redeszenen in der mittelalterlichen Großepik. Komparatistische Perspektiven (Historische Dialogforschung 1), Berlin 2011, 1–14.

DIES., Göttlich autorisiertes Sprechen. Sprechen mit Gott, in: Nine MIEDEMA/Angela SCHROTT/Monika UNZEITIG (edd.), Sprechen mit Gott. Redeszenen in mittelalterlicher Bibeldichtung und Legende (Historische Dialogforschung 2), Berlin 2012, 217–228.

DIES./Angela SCHROTT/Nine MIEDEMA, Einleitung, in: DIES. (edd.), Stimme und Performanz in der mittelalterlichen Literatur (Historische Dialogforschung 3), Berlin/Boston 2017, 1–12.

Burghart WACHINGER, Autorschaft und Überlieferung, in: Walter HAUG/Burghart WACHINGER (edd.), Autorentypen (Fortuna Vitrea 6), Tübingen 1991, 1–28.

Max WEBER, Wirtschaft und Gesellschaft. Grundriss der verstehenden Soziologie, Studienausgabe ed. Johannes WINCKELMANN, 2 Bde., Tübingen 1956 (Neudruck Köln/Berlin 1964).

Sabine WEFERS, Siegmund, Sigmund, römisch-deutscher Kaiser (1368–1437), in: Lexikon des Mittelalters 7 (1995), 1868–1871.

Martin WENGELER/Alexander ZIEM, ›Wirtschaftskrisen‹ im Wandel der Zeit. Eine diskurslinguistische Pilotstudie zum Wandel von Argumentationsmustern und Metapherngebrauch, in: Achim LANDWEHR (ed.), Diskursiver Wandel, Wiesbaden 2010, 335–354.

Horst WENZEL, Autorenbilder. Zur Ausdifferenzierung von Autorenfunktionen in mittelalterlichen Miniaturen, in: Elizabeth ANDERSEN et al. (edd.), Autor und Autorschaft im Mittelalter. Kolloquium Meißen 1995, Tübingen 1998, 1–28.

Heinrich WERNER, Zur ›Reformation Kaisers Sigmund‹. Eine Entgegnung, in: Neues Archiv der Gesellschaft für ältere deutsche Geschichtskunde 29 (1904), 495–506.

DERS., Der kirchliche Verfassungskonflikt vom Jahre 1438/39 und die sog. ›Reformation des Kaisers Sigmund‹, in: Neues Archiv der Gesellschaft für ältere deutsche Geschichtskunde 32 (1907), 728–745.

Hermann WIESFLECKER, Kaiser Maximilian I. Das Reich, Österreich und Europa an der Wende zur Neuzeit, 5 Bde., Bd. 2: Reichsreform und Kaiserpolitik. 1493–1500. Entmachtung des Königs im Reich und in Europa, München 1975.

Reinhold WINKLER, Über Deixis und Wirklichkeitsbezug in fiktionalen und nicht-fiktionalen Texten (anhand von Texten Hemingways und des ›Daily Express‹), in: Wolfgang HAUBRICHS (ed.), Erzählforschung 1. Theorien, Modelle und Methoden der Narrativik. Mit einer Auswahlbibliographie zur Erzählforschung (Zeitschrift für Literaturwissenschaft und Linguistik. Beiheft 4), Göttingen 1976, 156–174.

Simone WINKO, Autor-Funktionen. Zur argumentativen Verwendung von Autorkonzepten in der gegenwärtigen literaturwissenschaftlichen Interpretationspraxis, in: Heinrich DETERING (ed.), Autorschaft. Positionen und Revisionen. DFG-Symposion 2001 (Germanistische Symposien. Berichtsbände 24), Stuttgart 2002, 334–354.

Norbert C. WOLF, Wie viele Leben hat der Autor? Zur Wiederkehr des empirischen Autor- und des Werkbegriffs in der neueren Literaturtheorie, in: Heinrich DETERING (ed.), Autorschaft. Positionen und Revisionen. DFG-Symposion 2001 (Germanistische Symposien. Berichtsbände 24), Stuttgart 2002, 390–405.

Werner WOLF, Erzähler, in: Metzler Lexikon Literatur- und Kulturtheorie (5. Aufl. 2013a), 184f.

Ders., ›Mise en abyme‹, in: Metzler Lexikon Literatur- und Kulturtheorie (5. Aufl. 2013b), 528f.

Volker Zapf, ›Reformatio Sigismundi‹, in: Deutsches Literatur-Lexikon. Das Mittelalter 3 (2012), 624–629.

Georg Zenkert, Die Macht der öffentlichen Meinung, in: Der Staat 31/3 (1992), 321–345.

Ders., Meinung, Meinungsfreiheit, in: Historisches Wörterbuch der Rhetorik 5 (2001), 1024–1037.

Ders., Die Konstitution der Macht. Kompetenz, Ordnung und Integration in der politischen Verfassung (Philosophische Untersuchungen 12), Tübingen 2004.

Ders., Macht, in: Historisches Wörterbuch der Rhetorik 10 (2012), 605–626.

Hildegard Zimmermann, Einige Titelholzschnitte Lukas Cranachs d. Ä. und ihre Druckausgaben, in: Zentralblatt für Bibliothekswesen 44 (1927), 153–159.

Dies., Druckausgaben mit Titelholzschnitten Lukas Cranachs d. Ä. (Ein Nachtrag), in: Zentralblatt für Bibliothekswesen 50 (1933), 428f.

## 4.3 Online-Quellen

Klaus Graf/Eva Haberstock/Gisela Kornrumpf, Handschriftenbeschreibung 25719, in: Handschriftencensus. Eine Bestandsaufnahme der handschriftlichen Überlieferung deutschsprachiger Texte des Mittelalters, bearb. v. Rudolf Gamper et al., https://handschriftencensus.de/25719 (15.02.2023).

## Register der Personen, Schriften, Ereignisse bis 1700

Aufgenommen wurden alle erwähnten literarischen, historischen, philosophischen, rechtlichen und theologischen Texte sowie Ereignisse und Personen bis 1700. Die Sortierung nach Vor- oder Nachnamen folgt den Einträgen im Verfasserlexikon. Zur eindeutigen Identifizierung wurde in den meisten Fällen eine kurze Erläuterung hinzugefügt.
Der Asterix (*) hinter einer Ziffer zeigt an, dass sich der betreffende Name oder Begriff auf der angegebenen Seite (auch) in den Fußnoten findet.

Abkürzungen
alttest. = alttestamentlich, avignon. = avignonesisch, Bf. = Bischof, bibl. = biblisch, d. = der, dt. = deutsch, Gr. = Graf, Hz. = Herzog, Jh. = Jahrhundert, Kard. = Kardinal, Kg. = König, Ks. = Kaiser, röm. = römisch, v. = von.

# Register der Forschungsliteratur

Aufgenommen wurden nur die Nennungen im Fließtext.

## Sachregister

Der Asterix (*) hinter einer Ziffer zeigt an, dass sich der betreffende Begriff auf der angegebenen Seite (auch) in den Fußnoten findet.